오늘의 한국 현대사 2

분단과 냉전

分斷
冷戰

오늘의 한국 현대사 2

분단과 냉전

정용욱 외 16인

책을 펴내며

2018년 4월, 푸른역사에서 《해방의 공간, 점령의 시간》을 펴낸 지도 어느새 7년이 훌쩍 넘었다. '해공점시'라는 줄임말로 부르는 이 책의 출간을 준비했던 것은 2015년부터였다. '뉴라이트 교과서'라고 불렸던 교학사 한국사 교과서가 정치적 편향은 차치하더라도 심각한 내용 부실로 교육 현장에서 외면받은 이후, 박근혜 정권이 앞장서 본격적으로 역사 교과서의 국정화를 시도하던 때였다.

국정 교과서는 하나의 '올바른' 역사관으로 '객관적' 역사를 가르쳐야 한다는 명분으로, 편향된 역사관을 공식화하고 이를 정치적으로 활용하려는 천박한 역사부정론의 산물이었다. 학계의 오랜 연구를 바탕으로 가장 설득력 있는 '학설'들로 구성되는 역사학과 그 교과서의 전문성과 역동성에 대한 몰이해와 왜곡이 빚어낸 촌극에 한국역사연구회 등 역사학계는 역사학의 학문적 근간을 위협하는 국정화를 거부하며 반대시위에 나섰다.

'해공점시'는 역사 교과서 국정화에 대한 학계의 응답이었다. 정용욱 선생님과 선생님 지도로 한국 현대사를 연구하고 가르치던 연구자들이 집필 모임을 갖고 책의 출간을 준비했다. 비록 대부분이 '신진 연구자'들이었지만, 작은 주제를 다루더라도 사료를 교차 검증하며 역사적 '사실'을 추구했던 고민을 담은 논문들을 단행본에 맞도록 수정했고, 12명의 필진이 13편의 글을 실어 한 권의 책이 탄생했다. 그 책을 통해 "건국절이나 이승만 국부 주장이 얼마나 반反역사주의적인지"를 밝히며 한국 현대사 연구의 수준과 역량을 드러냈다.

그러나 그로부터 7년 동안의 현실은 한국 현대사 연구자들에게 더 많은 고민과 과제를 안겨주었다. 전쟁, 기후위기, 정치적 퇴행 등 한국에서 발생한 일련의 사건들은 한류와 K-컬처의 성공에 가려졌던 한국 민주주의의 취약성과 자본주의의 불평등성을 드러냈다. 또한 역사 교과서 국정화를 시도했던 역사부정 세력이 어떻게 암약해왔는지도 드러났다. '방과후 교실'에서 "이승만과 박정희를 배우라"는 리박스쿨과 4월혁명으로 하야한 이승만을 다시 '국부'로 자리매김하려는 다큐멘터리 영화 〈건국전쟁〉은 역사를 학문이 아니라 정치투쟁의 장으로 만들고자 하는 또 다른 쿠데타 시도였다.

따라서 해방 80주년인 2025년을 맞아 푸른역사에서 출간하는 《오늘의 한국 현대사 1—점령과 전쟁》, 《오늘의 한국 현대사 2—분단과 냉전》은 역사부정론에 대한 우리의 두 번째 응답인 셈이다. 《해방의 공간, 점령의 시간》이 해방 3년사를 주로 다루었다면 《점령과 전쟁》

은 미군정기에서 한국전쟁기에 이르는 해방 8년사를 '점령과 분단', '전쟁과 평화'의 맥락에서 다루었고, 《분단과 냉전》은 이승만과 박정희, 전두환 정권기를 넘어 20세기 후반의 한국 현대사를 '냉전과 개발', '민주주의와 역사 인식'의 맥락에서 다루었다.

두 권의 책에는 31명의 필자들이 32편의 글을 실었다. 연구 시기와 대상도 확장되었고 집필에 참여한 연구자도 많아졌다. '신진 연구자'들이 대학과 연구기관에 자리를 잡았다. 박사과정을 수료한 현대사 강사들도 여전히 참여했다. 그럼에도 "기존의 연구 성과 위에 서서 그 시기 한국 사회의 실태와 그것을 지배한 내외조건, 한국인의 대응을 종합적으로 분석함으로써 당대의 역사를 구조와 일상의 결합으로 재구성"하고자 했던 7년 전의 문제의식은 이 두 권의 책에서도 그대로 이어졌다.

역사학의 미덕인 '종합적 분석'을 통해 역사적 사실관계를 좀 더 치밀하게 밝히는 연구뿐만 아니라 문화 냉전과 냉전 지식, 인도주의 구호와 평화, 발전주의와 공공성 문제 등 담론과 지식의 문제까지 연구의 범주를 확장한 것은 이 두 책의 미덕이다. 독자들은 제도와 사람들의 변화, 즉 구조와 일상의 시대적 변화 속에서 이에 조응하여 담론과 지식이 어떻게 변화하는지 살펴볼 수 있는 기회를 얻게 될 것이다.

전작에서는 주로 한미관계에 천착하느라 다루지 못했던 북한과 만주, 중국 등 분석의 지리적 범주를 확장한 것도 이 두 책의 또 다른 미덕이다. 한국 현대사는 종종 남한 현대사로 이해되기도 하지만, 한반도 전체를 시야에 두어야 함은 남한을 주로 연구하는 연구자에게나 북한을 주로 연구하는 연구자에게나 언제나 도전이자 과제이다. 32편의 글 중 8편의 글이 북한과 만주, 중국을 다루고 있으니 이를 다른 글들과 비교해보는 것도 흥미로운 독서가 될 것이다.

두 권의 책은 한국의 정치적·경제적 민주주의와 평화와 화해를 위한 노력들이 오늘날까지 어떻게 이어져왔는지를 생생하게 보여준다는 점에서 더욱 가치 있는 연구 성과이기도 하다. 한국이 겪고 있는 민주주의의 위기와 경제적 불평등의 심화는 세계적 현상이지만, 친위 쿠데타를 시민의 힘으로 막아내고 이를 다시 민주주의와 평화의 동력으로 전환하고자 하는 한국 사회의 경험은 매우 특별한 것이다. 필자들의 한국 현대사 연구를 통해 이러한 한국적 특수성의 가치와 연원을 좀 더 잘 이해할 수 있으리라 믿는다.

마지막으로 필진들의 '관계'에 대해서 밝혀두고자 한다. 이 책의 필진은 한국역사연구회와 한국학중앙연구원, 서울대학교에서의 수업과 세미나 등 다양한 기회를 통해 정용욱 선생님에게 학은學恩을 입은 제자 및 후배 연구자들로 구성되었다. 선생님은 2025년 8월 정년을 맞았지만 여전히 연구와 집필에 매진하며 불언지교不言之教(말없는 가르침)를 실천하고 있다. 그의 어깨 위에서 또는 그의 그늘 밑에서 공부하고 쉴 수 있었던 우리들은 매우 운이 좋은 사람들이다.

또한 박사과정 재학 중이던 2013년 세상을 떠난 신승욱 학형을 그리며 《분단과 냉전》 2부에 그가 생전에 《내일을 여는 역사》 44호에 기고했던 서울대 법인화에 관한 글을 실었음을 밝혀둔다. 올해 기광서, 이송순, 김소남, 김광운 선생님 등 선배 연구자들이 너무 일찍 세상을 떠났는데, 그때마다 우리 곁에 있던 승욱이를 떠올리곤 했다. 모든 분들이 그곳에서 평안하기를 기원한다.

2025년 겨울

필자들을 대표하여 이동원 씀

차례
오늘의 한국 현대사 2
분단과 냉전

【제1부】 냉전과 개발

【제2부】 민주주의와 역사 인식

01부

1부 〈냉전과 개발〉의 '냉전'과 '개발'은 분단과 전쟁 이후 한국 현대사의 흐름을 설명하는 데 빠져서는 안 될 중요한, 낯익은 키워드들이다. 그러나 익숙한 것과 그것을 우리가 충분히 알고 있는지는 별개의 문제이다. 수록된 9편의 글은 북한을 포함한 한국의 '냉전'과 '개발' 경험을 생소한 소재와 새로운 관점으로 조명함으로써 '냉전', '개발'의 중층성과 복합성, 표면 너머의 모순과 본질을 문제 제기하고 있다. 조금 더 자세히 들여다보면 이들은 '냉전기 한미관계', '냉전의 재건·지식·구호·지리', '개발의 양상' 등에 주목하고 있음을 엿볼 수 있다.

우선 '냉전기 한미관계'를 주목한 글로는 1장과 5장, 6장이 있다. 1장은 한국전쟁 때 미 제8군 사령관을 지낸 '한국군의 아버지' 밴 플리트의 퇴임 후 1960년대 초까지 그의 민간투자 중개 활동을 살펴보았다. 그는 퇴임 후 사업가이자 미국의 민간투자를 한국에 유치하는 중개인으로서 정유·주택·조선 등 다양한 방면에서 한국과 깊은 관계를 맺었다. 그러나 투자 중개는 대부분 제대로 실현되지 못했고, 제주 송당목장 사례가 보여주듯 그가 추진한 '개발' 과정에서 미국 군사 원조물자가 유용되기도 했다. '친한파' 군인으로서 군과 경제를 넘나들며 영향력을 행사하고 때로는 사적 이익을 추구했던 밴 플리트의 활동에서 이 시기 한미관계의 중층적 성격을 실감할 수 있다.

5장은 1957년 12월부터 1959년 5월까지 미국 총 8곳의 뮤지엄을 순회한 '한국 국보전'의 배경과 추진 과정을 살펴보았다. 이승만 정부는 국보전을 한국 홍보 수단으로, 또 미국의 대한 원조가 점감하던 상황에서 원조 획득의 수단으로 간주하고 강하게 추진했다. 미국도 자국의 한국과 한국 문화재 '보호'에 대한 '보답'이자, 한국이 오랜 역사와 훌륭한 문화유산을 가진 '지킬 만한 국가'였다는 점을 보여준다는 점에서 선전 수단으로서 국보전의 가치를 수용했다. 국보전은 곧 냉전기 한미 양쪽에서 한국과 한국의 전통을 재인식하는 역할을 했다.

6장은 냉전적 '평화'전략의 일환으로서 미국민과 자유세계 연대의 상징이자 저개발국 사회 개발 실천의 수행자 역할을 부여받았던 평화봉사단의 한국 파견을 둘러싼 1961~1966년 한미 초기 협상 과정을 살펴보았다. 평화봉사단의 활동 분야와 기대 효과에 대한 한미 양국의 생각은 서로 달랐으나 베트남전 한국군 파병으로 한국 파견이 성사되었다. 이는 '발전'의 실질적 효과를 추구하기보다 한미의 냉전적 도구로 출발했던 주한평화봉사단의 성격을 잘 보여준다.

다음 3장과 4장, 7장, 9장은 '냉전·재건·지식·구호·지리'의 성격에 주목했다. 3장은 1950년대 미군대한원조AFAK 프로그램에 의한 주한미군의 한국 지역 사회 재건 활동을 살펴보았다. AFAK는 미국의 한국민간구호CRIK 원조를 재원으로 주한미군과 한국 지역 사회의 자발적 노력을 결합해 학교·관공서·보건 시설·고아원 등 지역의 소규모 공공 건설사업과 의료 지원, 구호사업 등을 추진했다. 동시에 AFAK 프로그램은 공산주의의 확산에 맞선 인도적 민간 지원, '재건과 원조를 실천하는 미국' 이미지를 선전하고자 한 미국의 냉전전략의 일환이기도 했다.

냉전과 개발

4장은 미국 대외 원조 프로그램의 하나인 기술협조TC의 일부로서 1958년부터 1964년까지 연세대와 고려대에 공여된 워싱턴 프로젝트를 통해 한국에 경영학 지식과 기술이 보급·확립되고, 미국식 경영학이 분과 학문으로 자리 잡는 과정을 살펴보았다. 1950년대 저개발국에 공여된 미국의 경영학 기술협조는 사회 전반의 '관리기술 근대화', 나아가 미국식 자본주의 산업 질서에 대한 적응을 목표로 했다는 점에서 냉전 지식적 성격을 지녔고, 특히 한국에서는 다른 선진국에 비해 기업의 이윤 추구를 과도하게 강조하는 형태로 경영학이 도입되고 전파되었다.

7장은 미국의 식량과 자선단체들의 결합이자 냉전과 인도주의의 결합 양상을 주한케아의 '근로를 위한 식량'사업을 통해 살펴보았다. 이 사업은 1950년대 난민 정착사업으로 시작했지만 1960년대 초 개발사업에 구호물자 사용이 허용되면서 냉전의 안정과 연결된 저개발국 지역 사회 개발 및 자조사업으로 성격이 변하였다. 한국 정부는 외원外援에 의존한 구호사업에 '개발'적 성격을 강하게 부여했고, 현지에서 이는 원래 목표인 '안정'과 '개발'로 이어지기보다 기존 구호체계를 약화하는 결과를 초래했다.

9장은 1964년 '아세아 경제 토론회'와 1981년 '식량 및 농업 증산에 관한 쁠럭불가담 및 발전도상 나라들의 토론회', 각 회의 후 채택된 평양 선언을 통해 당대 북한의 세계 질서 인식과 북한이 바라는 세계상을 살펴보았다. 여기서 북한은 아시아·아프리카 단결을 강조하며 반제국주의 통일전선을 확장하려 하는가 하면, 자립적 민족경제를 건설했다는 자신감을 토대로 남남협조를 구체화하려 노력하기도 했다. 비록 북한이 바란 남남협조 질서는 쉽게 오지 않았지만, 이 같은 북한의 외교 활동은 당대 북한이 그렸던 동서 진영을 넘어서는 냉전의 새로운 공간을 엿보게 한다.

마지막으로 2장과 8장은 남북한 '개발'의 양상에 주목했다. 2장은 1950년대 관리 양곡 확보 방식과 절차, 배급처 등을 중심으로 한국 정부의 식량정책 성격과 농민 부담을 살펴보았다. 전쟁이 발발하자 정부는 재정 지출 없는 양곡 현물 확보를 최대 목표로 삼았고, 임시토지수득세법을 제정해 조세의 현물납을 강행했다. 정부는 정전 후에도 현물납을 지속했고 수납 가격과 매상 가격의 이원화로 관리 양곡을 염가로 획득해 군과 공무원 등에게 배급했다. 이 같은 식량정책은 양곡관리법의 목표인 "국민경제의 안정"과는 거리가 먼 것이었고, 전쟁 및 전후 복구 과정에서 정부가 짊어져야 했던 부담을 농민에게 전가한 것과 다르지 않았다.

8장은 1945~1956년 북한이 '자력갱생', '자립' 등으로 수식한 '사회주의공업화'와 '주체적 공업화'의 진행 과정과 성격을 살펴보았다. 북한이 추진한 사회주의공업화는 일국 단위의 자립적·현대적 공업화를 의미했다. 전후 복구 과정에서 '자주' 원칙이 유보되기도 했지만, 1950년대 중반 이후 조선로동당은 사업에서 '주체' 확립문제를 제기했고, 1960년대 중반 이후 북한식 사회주의공업화는 주체적 공업화로 새롭게 정립되었다.

冷戰

1. '전쟁 영웅' 밴 플리트의 전후 민간투자 중개와 한미관계

◎ 이동원

밴 플리트, 한국군의 아버지?

1954년 7월 이승만 대통령은 미 상·하원 연설에서 "한국인은 밴 플리트 장군을 한국군의 아버지라고 부른다"며 밴 플리트를 추켜세웠다. 한미 친선협회인 코리아 소사이어티Korea Society는 1992년부터 현재까지 한미관계 발전에 기여한 인물에게 '밴 플리트 상'을 수여하고 있다. 2020년에는 BTS가 이 상을 받아 화제가 되었다. 밴 플리트는 어떻게 이처럼 한국과 깊은 인연을 맺게 된 것일까?

제임스 밴 플리트James A. Van Fleet(1892~1992)는 한국전쟁기 미 제8군 사령관으로 약 2년간 근무하며 한국과 첫 인연을 맺었다. 유년 시절을 플로리다에서 보낸 밴 플리트는 1915년 아이젠하워, 브래들리Omar N. Bradley 등의 동기생과 함께 미 육군사관학교를 졸업했다. 제1차 세계대전에 참전해 풍부한 야전 경험을 쌓은 그는 진급이 늦은 편이었기에 52세에 1944년 6월 제4보병사단 제8보병 연대장으로 노르망디 상륙작전에 참전했고, 전투 지휘 능력을 인정받아 1944년 8월 준장으로 진급했다. 그는 독일 모젤Mosel강 도하작전 등에서 세운 혁혁한 전과로 8개월 만에 연대장에서 군단장으로 초고속 승진했고, 전쟁이 끝난 뒤에는 그리스 군사고문단장으로 발탁되었다. 중장으로 진급한 그는 1948년 2월부터 29개월간 미국의 그리스 군사 원조를 관리하고 그리스군을 훈련시켜 공산 반군을 물리치는 데 기여했고 1950년 7월 본국으로 귀환했다.

미국에서 제2군 사령관으로서 한국전쟁을 후방 지원하던 밴 플리트가 한국에 오게 된 것은 맥아더 유엔군 사령관의 해임 때문이었다. 한국전쟁의 정치적 해결을 모색하던 트루먼 대통령은 "승리만큼 확실한 대안은 없다"며 정부의 '제한전' 전략에 항명한 맥아더 대신 미 제8군 사령관 리지웨이Matthew B. Ridgway를 유엔군 사령관 겸 미 극동군 사령관에 임명했다. 이에 밴 플리트는 리지웨이의 후임으로 1951년 4월 14일부터 1953년 2월 12일까지 미 제8군 사령관을 역임했고, 한국군의 백白야전전투사령부 창설, 제2군단 창설, 4년제 육군사관학교 창설, 한국군 증강 및 증편에 기여했다. 이 때문에 이승만 대통령은 그를 '대한민국 육군의 아버지', '한국군의 아버지'라 칭송했고, 밴 플리트는 퇴역 이후에도 다양한 형태로 한국과의 관계를 이어나갈 수 있었다.[1)]

그러나 그가 퇴역 이후 제임스 밴 플리트 부동산회사 및 토지합작회사 회장으로서 과수원, 농장, 광물 채취, 주택 개발, 가축 사육 등 다양한 사업을 했던 사실은 잘 알려지지 않았다. 그는 그리스와 한국에서의 다양한 해외 경험을 활용하여 여러 회사의 상담 및 고문 역할을 맡았는데, 20세기 폭스 영화사, 웹과 냅Webb and Knapp, 씨앤씨 인터내셔널C&C International, 캔트렐과 카크레인Cantrell and Cochrane,

로버트슨 포트 협회Robertson Fort Associates, 국립 피닉스 사업회 National Pheonix Industria, 밴 펠트 국제협회Van Pelt International Corporation 이사 등을 역임했다.[2)]

밴 플리트는 1953년 9월, 1952년 설립된 비영리 사설 원조기관인 한미재단 이사장을 맡았고, 1954년 4월 극동 군사 원조를 검토하는 아이젠하워 대통령 특사로서 다시 한국에 돌아왔다.[3)] '친한파'로서 이승만과 한국 군부의 절대적 신뢰를 받았던 그는 공식 직책과 관계된 활동에만 머물지 않았다. 정유, 주택, 영화, 조선 등 다양한 한국 내 사업에 미국의 민간투자를 중개하는 역할을 했으며, 제주도 목장 개발의 경우에는 사업을 직접 총괄, 주도했다. 5·16군사정변 이후에는 '군사혁명'을 지지하며 박정희 정부와 신뢰관계를 형성했고, 미국의 '민간 경제사절단'을 이끌고 방한하여 대한對韓 민간투자를 유치했다.

따라서 이 글은 그동안 주로 '군인'으로만 알려졌던 밴 플리트의 이면, 즉 사업가이자 미국의 민간투자를 한국에 유치하는 중개인의 면모에 주목하여, 그가 냉전기 한국의 군사 분야뿐만 아니라 한국 경제에 어떤 영향을 미쳤는지 살펴보고자 한다. 이를 위해 그가 어떻게 이승만 대통령의 특별한 신뢰를 얻었는지, '민간투자 중개인'으로서 1960년대 초까지 어떤 활동을 펼쳤는지 구체적으로 살펴보고자 한다. 선행 연구에서도 울산 정유공장 및 공업단지 건설과 관련하여 밴 플리트의 활동을 살펴본 바 있으나,[4)] 이 글에서는 그가 한국 정권과 긴밀하게 연결될 수 있었던 역사적 맥락과 울산 정유공장 및 공업단지 외에도 직간접적으로 관여했던 다양한 분야들을 살펴볼 것이다.

이를 통해 1950년대부터 1960년대 초까지 미국의 대한 민간투자가 좌절되는 과정과 함께 한국 내에서 미국의 군사 원조물자가 유용되는 메커니즘을 이해할 수 있을 것이다. 또한 냉전기 미군 장성으로서의 군사적 경험이 개인의 경제적 이익으로 전환되었던 사례를 통해 이 시기 한미관계의 중층적 성격을 확인할 수 있을 것이다.

밴 플리트-이승만의 특별한 신뢰관계 형성

밴 플리트는 미 제8군 사령관으로 부임한 직후부터 주한미군사고문단KMAG의 도움을 받아 한국군의 실상을 파악하고 1951년 7월 종합적인 한국군 정비계획을 미 육군부에 제출했으며, 한국 육군 20개 사단 증설에 기여하는 등 한국군 증강을 위해 노력했다.[5)] 이 때문에 백선엽을 비롯한 한국군 장성들과 이승만 대통령은 그에게 신뢰와 지지를 보냈고, '대한민국 육군의 아버지' 같은 명예로운 칭호를 선사했다. 그러나 그가 다른 미군 장성들보다 더 '친한파'로 각인되고 이승만의 특별한 신뢰를 얻은 데는 몇 차례의 계기가 있었다.

첫 번째는 한국 부임 직후인 1951년 5월 그가 입안했던 '통천 상륙작전'이다. 당시 중국군은 1951년 1~4월 춘계 공세에서 엄청난 손실을 입은 반면 유엔군은 화력, 기동성, 병참 부분에서 유리한 위치에 있었다. 전장의 주도권이 유엔군에 넘어왔다고 판단한 밴 플리트는 5월 말 원산만 남쪽의 강원도 통천으로 상륙하여 "평양에서 원산을 가로지르는 좁은 목에 새로운 방어선을 구축"함으로써 "적의 수도 점령과 더불어 짧은 방어선 구축을 통해 방어가 수월한 위치를 점할 수 있는" 기회를 잡고자 했다. 그러나 미 합참과 리지웨이 유엔군 사령관은 이에 반대했고, 리지웨이는 항공편으로 한국에 들어와 계획된 진격작전을 취소시켰다. 이는 맥아더 해임과 상원 청문회 개최 등 "확전에 반대하는 워싱턴의 분위기" 속에서 "밴 플리트의 안은 맥아더의 거대한 구상이 반영된 것"이라고 이해되었기 때문이다.[6)]

사실 리지웨이와 미 합참은 정부의 정책 목표를 충실히 따르고 있었다. 1951년 5월 17일 확정된 미국의 대아시아 정책문서 〈NSC 48/5〉에 따르면 "미국은 전쟁 이전 국경선에 기초하여 평화를 구축하는 것"을 한국에서의 정책 목표로 수립했다. 뒤늦게 통천 상륙작전이 주목받았던 것은 밴 플리트가 퇴역 후 《리더스 다이제스트》와 《라이프》지에 미국의 제한전 정책을 비판하는 글을 기고하면서 과거의 계획안을 '정치적으로' 활용했기 때문이다.[7)]

밴 플리트의 구상은 도상계획으로 끝났지만, 중요한 것은 최대한 북진하여 군사적 상황 해결을 추구했던 밴 플리트의 입장이 이승만 정부의 입장과 정확히 일치했다는 점이다. 미 행정부 고위급 인사들 대부분이 휴전회담 등의 정치적 해결을 모색하며 이승만의 전쟁 의지를 경계할 때 등장한 밴 플리트의 구상은 이승만에게 매우 반가운 것이었다. 이 시기 한국 언론도 밴 플리트가 5월 말 '추적 소탕전'을 계속하겠다고 언명했다가 6월 초 '진격 정지' 상태로 전환한 것에 관심을 가졌고, "추적하는 것을 실질적으로 정지하고 내려오는 적만을 도살하려는 사실상 38정전停戰에는 동의할 수 없다"면서 그의 '영웅적 선전'을 촉구했다.[8)]

두 번째는 이승만 대통령이 전쟁 기간 내내 추구했던 부산 임시수도의 서울 환도문제와 관련이 있다. 9·28수복 바로 다음 날, 한국 정부는 서울에서 기세 좋게 환도식을 거행했으나 전쟁이 진행 중인 상황에서 혼란만 가중되었고, 중국군 개입 이후 1·4후퇴로 서울을 다시 비울 수밖에 없었다. 따라서 1951년 3월 16일 서울을 재탈환했지만 2차 환도는 유엔군이나 한국 정부나 조심스럽게 다루어야 할 문제였다. 그럼에도 이승만은 3월 15일 리지웨이 미 제8군 사령관, 무초 대사와의 면담에서 38선 이북으로의 진격과 보급 기지에 대한 폭격을 요청함으로써 '북진통일' 의지를 재천명했고, 3월 16일 국회, 공보처, 교통부, 서울특별시 등 부처별 선발대를 서울로 올려보내며 환도 의지를 분명히 했다. 이러한 '2차 환도' 주장에 대해서는 리지웨이뿐만 아니라 맥아더조차 "서울 환도는 이르다"며 반대했는데, 이는 불확실한 군사적 상황에서 서울의 안전을 장담할 수 없고 군에 오히려 부담이 될 수 있다는 현실적인 우려 때문이었다.[9)]

유엔군 사령관에게 한국군의 작전지휘권을 넘긴 상황에서 이승만에게 '환도'는 '북진'의 또 다른 표현이었는데, 이에 동조한 인물이 밴 플리트였다. 이승만은 1952년 1월 3일, 1·4후퇴 1주년을 맞아 밴 플리트의 발언을 인용하여 "2월 하순경 환도" 가능성을 천명했고, 1월 9일 국내 기자단과의 정례회견에서도 "3월경 환도"의 희망을 밝혔다. 1월 28일 열린 '서울 시민 환영대회'에서는 5만이 넘는 서울 시민 앞에 밴 플리트 장군을 내세우며 "아마 한 달이나 두 달 뒤에는 여기 돌아오게 될 것"이라고 '3월 환도설'을 공식화했다.[10)]

그러나 '3월 환도설'은 1월 18일 직선제 개헌을 골자로 하는 정부

개헌안이 국회에서 143대 19로 부결된 상황에서 "환도하여야만 민심이 안정될 것"이라는 이승만의 언명에서 행간을 읽을 수 있듯이 국내 정치적 의미가 더 강한 것이었다. 대통령으로서 환도 의지를 천명하는 것은 실현 가능성과 별개로 전쟁의 종결과 불안한 피란생활로 서울 복귀를 고대하던 국민에게 희망과 지지를 이끌어낼 수 있는 수단이 되었다.[11)]

'3월 환도설'은 3월 22일 상경한 이 대통령이 UP통신 기자에게 갑작스럽게 "환도계획 중지"를 언명하면서 공염불에 그치고 말았지만, 밴 플리트 장군은 우여곡절 끝에 직선제 개헌과 재선에 성공한 이승만 대통령과 더욱 끈끈한 우의를 과시하며 함께 전선을 시찰하고 8월 21일 '서울 재건운동 발족식'에 참석하여 "서울을 절대로 다시 공산군에 점령당하지 않는다. 우리는 공산주의 침략자들에 항거하기 위하여 서울에 체류할 터"라며 서울 수호 의지를 밝혔다. 밴 플리트는 이후에도 지속적으로 무력에 의한 한국문제 해결을 시사했고, 미국 대선에서 아이젠하워 후보가 "아시아 문제의 아시아화"를 천명하며 한국군 증강 이후 한국군 단독으로 전쟁을 감당할 수 있으리라 공약한 데 대해서도 이 대통령과 함께 반대 의사를 분명히 하며 주한미군이 "무기한으로 한국에 머물러야 한다"는 의견을 피력했다.[12)]

이승만과 밴 플리트의 특별한 신뢰관계는 이승만이 아이젠하워에게 보낸 1954년 3월 11일 자 서한에서 한국군을 35개 내지 40개 사단으로 증강하고, 한국과 아시아 동맹국들의 지상군 훈련을 위해 퇴역한 밴 플리트 장군을 다시 파견해달라고 요청하는 데에서 절정에 달했다.[13)] 이에 앞서 이승만은 4월 개최 예정인 제네바회담을 비관적으로 전망하며 "회의는 실패로 돌아갈 것"이고 그럴 경우 "모든 우방이 공산주의자들을 축출하려는 우리의 행동에 협력하든가 혹은 우리에게 물질적 원조를 주어 이를 수행하도록 해야 한다"고 다시 '북진통일'을 주장했다.[14] 제네바회담 보이콧 가능성까지 내비치며 "공산주의자들과 협의는 시간 낭비"라는 태도로 일관하는 이승만의 태도는 미국을 곤혹스럽게 만들었고, 이에 아이젠하워 대통령은 이승만 대통령의 서한에 대한 3월 20일 자 답신에서 35~40개 사단으로 한국군을 증강하는 것은 한국의 인적·물적 자원을 고려할 때 무리라고 거부하면서도 밴 플리트 파견에 대해서는 실제 군사적 이익과 심리적 이익을 고려하여 결정할 일이라고 여지를 남겨두었다.[15]

이승만은 브리그스 대사와의 면담에서도 밴 플리트의《리더스 다이제스트》기사를 언급하며 매우 강한 인상을 받았음을 드러냈고,[16] 한미 간의 조율 끝에 결국 아이젠하워 대통령은 4월 21일 밴 플리트를 미국의 극동 지역 군사 원조를 조사할 사절단의 특사로 임명했다. 밴 플리트는 맥닐W. J. McNeil 국방부 차관보, 워렌William C. Warren 콜롬비아대 법대 학장 등으로 구성된 사절단을 이끌고 5월 초부터 7월 초까지 한국, 대만, 일본, 필리핀 등을 방문했다.[17] 한국 언론도 이에 주목하여 이승만이 아이젠하워에게 "아세아 내 전 반공국가 군대의 훈련 지휘자로서 밴 플리트 장군을 지명할 것을 요청했다"는 사실을 4월 13일 자로 대서특필했고, 열흘 뒤에는 밴 플리트가 사절단을 이끌고 방한하여 한국군 증강과 예비군 창설 등을 논의할 것이라는 전망을 상세히 보도했다.[18]

밴 플리트 사절단의 최종보고서는 1954년 9월 30일에 완성되었으나 예비보고서는 밴 플리트가 한국을 두 차례 방문한 이후인 6월 3일 제출되었고, 여기서 기존 수준보다 40퍼센트 증강된 100만 명의 한국군 보유를 원하는 한국 정부의 입장이 재확인되었다.[19] 최종보고서에도 한국 육군을 기존 20개 사단에서 30개 사단으로 증강하는 것을 골자로 하는 밴 플리트 사절단의 권고안이 담겼는데, 이는 기존 육군 64만 5,300명을 약 80만 명까지 확대하는 것으로 한국 정부의 입장을 상당히 반영한 것이었다. 결국 1954년 11월 17일 체결된 한미합의의사록에서 한국군 최대 병력을 72만으로 규정함으로써 한국 정부의 100만 양병의 꿈은 좌절되었지만, 한국 정부의 한국군 증강에 대한 기대는 어느 정도 충족시켰다. 따라서 미국 인사로서 한국 정부의 입장을 대변한 밴 플리트와 이승만의 신뢰관계는 더욱 공고해질 수밖에 없었다.

1950년대 후반 밴 플리트의 대한 민간투자 중개

극동 군사사절단을 이끌고 한국을 다녀간 1950년대 중반 이후 밴 플리트는 정유, 주택, 영화, 조선 등 다양한 한국 내 사업에 관여하기 시작했다. 자신과 직접 관계를 맺고 있거나 혹은 가까운 미국 기업들을 한국 정부에 소개하고 실제 계약과 사업이 이루어지도록 영향력을 행사하는 일종의 '민간투자 중개인' 역할이었다. 이는 1950년대 미국의 대한정책 기조와도 잘 맞아떨어지는 일이었다.

1950년대 미국의 대한 원조는 군사 원조를 기본적인 성격으로 했고, 이는 1950년대 내내 마찬가지였다.[20] 또한 '건전한 경제'를 위해 미국 재정 지출을 억제하겠다는 아이젠하워 행정부의 뉴룩New Look 정책의 기조 속에서 1950년대 후반에도 국가 재정보다는 민간자본 활용이 강조되었는데, 1957년 8월 9일 〈NSC 5702/2〉에서 한국의 국내외 사적 투자의 확대와 기술, 행정, 경영인력 확충 등을 거론했던 것도 그런 맥락을 반영한 것이었다.[21]

밴 플리트의 민간투자 중개는 이러한 미국의 대한정책 기조와 이승만과의 특별한 신뢰관계 속에서 빛을 발했다. 그는 1955년 11월 3일 이승만에게 보낸 서신에서 시멘트공장 추가 건설과 정유산업 투자를 언급하며 이에 필요한 기계설비와 정유산업에 자본을 투자할 석유회사, 은행, 투자회사 등을 중개할 수 있음을 과시했다. 1956년 1월 서신에서는 "한국을 위한 집짓기" 계획이 "한미재단이 할 수 있는 최상의 투자"이며 1956년 한미재단의 "주력사업"이 되어야 한다고 역설했는데, 이는 1956년 5월 그의 방한 목적이 "주택 재건을 원조" 하는 것이며 "미 주택건축업자들의 한국 주택 재건계획에 관계하고 있다"고 보도될 정도로 현실화되었다.[22]

방한 후 그는 육군 본부와 제1군단, 제3군단을 방문하고 시찰하는 등 예비역 대장으로서의 면모를 드러냈지만, 동시에 본인이 고문으로 있는 20세기 폭스사 카메라맨을 대동하고 "한국군의 기록사진(천연색 영화)을 촬영"하기도 했다. 이선근 문교부 장관을 방문한 자리에서도 "외국의 영화를 도입하는 데 현재보다 더 값싸고 간편한 방법을 택할 의사는 없느냐"고 제안하는 등 미국 기업들을 위한 중개 활동도 게을리하지 않았다. 그는 이러한 문제들이 모두 이권과 관련되어 있음을 스스로도 의식했는지, "미국 사람으로서가 아니라 한국 사람으로서 제안한 것"이고 "한국의 영화 팬들에게 보다 좋은 선물을 주는 것"임을 강조하면서도 "한국 내에 어떠한 기관을 설치해야 할 것"이라며 적극적인 개입 의지를 표명했다.[23)]

민간투자 중개인으로서 밴 플리트가 가장 적극적으로 개입한 사업은 울산 정유공장 건설이었다. 국내 정유공장 재건 구상은 정부 수립 초기부터 에너지 자원의 자립화 차원에서 시도되었고, 1954년부터 전민제 등 국내 기술진을 활용한 울산 정유공장 재건계획으로 구체화되었다.[24)] 그러나 합동경제위원회 동의가 필요한 원조자금 투입은 불확실한 것이었기 때문에 한국 정부는 미국의 민간투자 가능성을 모색했고, 밴 플리트는 목장이나 주택, 영화사업보다 훨씬 규모가 큰 정유공장 건설사업에 적극적으로 개입했다.

부흥부는 1955년 10월 말 5억 5,000만 달러 규모의 1957년도 국제협조처ICA 자금에 의한 '부흥 물동계획'을 발표하면서 수력발전, 비료공장, 시멘트공장 등 이른바 '기간산업'의 신설계획을 포함시켰고, 정유공장에도 1,500만 달러를 할당했다. 그러나 이는 한국 정부의 일방적인 제안으로 합동경제위원회와 합의를 본 것도 아니었고 "57년도 대한 원조액 책정에 있어 미 행정부의 기초적인 자료"로 제안하는 것뿐이었다. 그럼에도 부흥부는 11월 3일, 우선 1956년도 ICA 자금 중 약 400만 달러를 울산 정유공장 시설 복구에 할당할 계획이라 발표하며 확고한 의지를 드러냈고, 우연일 수도 있겠지만 바로 그날 이승만에게 보낸 밴 플리트 서신에 정유산업 투자 중개가 언급되었다.[25)]

밴 플리트는 1956년 6월 28일 자 서한에서도 정유 시설과 관련해서 랄프 파슨스Ralph M. Parsons와 함께 아메리칸 인디펜던스 오일American Independence Oil과 캘리포니아 스탠더드 오일 컴퍼니Standard Oil Company of California, 그리고 넬슨 록펠러Nelson Rockefeller를 포함한 뉴욕의 몇몇 은행가들과 논의했음을 밝히고, 현재 해당 사업의 가장 큰 장벽은 통상협정임을 지적했다. 대한 민간투자는 통상협정이나 한국 법제상 달러화의 태환 및 회수에 대한 매력적인 유인 조항이 없다면 사실상 불가능하다는 지적이었다.[26] 이윤 추구를 최우선으로 하는 사기업들이 이제 막 전후 복구를 마친 한국의 대규모 기간산업에 투자하는 것은 위험부담이 매우 컸기 때문에 별도의 "매력적인 유인 조항이 필요하다"는 지적은 한국 정부에는 뼈아프지만 현실적인 지적이었다.

그가 뉴욕에서 칼텍스Caltex 및 스탠더드 바큠 오일Standard Vacuum Oil 경영진과 다시 접촉했을 때도 그들은 한국 정유사업에 관심을 표하긴 했지만 통상협정 혹은 외국인 투자 관련 법이 없다는 점을 지적했고, 밴 플리트는 정유 시설은 틀림없이 건설될 것이니 여러 혜택을 받을 수 있는 지금 시작하는 것이 그들의 이익에 가장 부합한다는 점을 강조했다. 이에 이승만도 11월 8일 자 답신에서 한미 통상협정의 한국 측 초안이 완성되었고, 미국이 곧 동의할 것이니 칼텍스와 스탠더드 바큠 측에서도 흥미를 가질 것이라며 자신감을 보였다.[27]

이런 상황에서 한국 정유공장 건설에 가장 전향적인 입장을 보인 것은 걸프 석유회사Gulf Oil였다. 밴 플리트는 1956년 12월 뉴욕에서 걸프 석유회사 사장 윗퍼드Simon Whitford와 한국 정유 시설 건설에 대해 논의했는데, 특히 한국에 대규모 석유 유통체계가 없고, 걸프사가 한국 전역에 주유소를 마음껏 세울 수 있을 것이라는 '매력적인 유인'에 관심을 표했다. 여기서 주목할 점은 밴 플리트가 걸프사의 자본투자와 파슨스사의 시공을 하나의 패키지로 제안했다는 점이다. 그는 이미 걸프 석유회사의 공장을 짓고 있는 파슨스의 전언이라면서, "걸프사가 한국 정유 시설에 가장 관심이 많은데, 걸프사가 투자한다면 파슨스사가 공장을 지어주길 바랄 것"이라고 주장했다.[28)]

걸프사가 파슨스사의 정유공장 시공을 정말 원했는지는 알 수 없지만, 밴 플리트는 1955년 11월부터 파슨스와 여러 차례 만나면서 이승만에게 파슨스사를 "정유, 시멘트 생산과 발전 분야에서 경쟁력이 있다"고 소개했고, 이승만도 "귀관은 그들과 최상의 신뢰를 갖고 있으며 우리 또한 마찬가지"라고 밴 플리트의 중개를 신뢰하는 모습을 보였다.

밴 플리트는 한국의 조선사업에도 관심을 갖고 투자를 중개하기 위해 1956년 10월 17일에는 그레이스 증기선박회사의 사장인 피터 그레이스J. Peter Grace와, 10월 18일에는 그리스의 '선박왕' 오나시스 Aristotle Onassis와 회동했는데, 이때에도 늘 파슨스가 동석했다. 밴 플리트는 이승만에게 "그레이스 씨는 돈이 있고, 파슨스 씨는 기술이 있습니다"라면서 "파슨스 씨가 전쟁 기간 중 캘리포니아 최대 조선사업 중 하나를 감독했고, 검증된 인력들을 상당수 보유"하고 있음을 홍보하기도 했다. 1957년 1월 12일 자 편지에서도 밴 플리트는 이승만에게 정유 시설 건설조사 착수에 대한 권한을 위임해주었던 사실과, 조사비용은 정유 시설 건설비용에 포함될 것이며 건설되지 않더라도 조사비용은 한국 정부에서 부담할 것이라고 약속했던 것을 재확인했다. 이는 철저히 파슨스사의 이해관계에 복무하는 입장이었다.[29)]

이런 사례들을 통해 밴 플리트와 파슨스의 관계 및 그 성격을 이해할 수 있다. 파슨스는 그리스와 한국에 특별한 인연이 있는 밴 플리트를 사업 파트너로 후원하며 활용했고, 밴 플리트도 파슨스를 통해 미국의 거대 자본과 연결되어 민간투자 중개에 나설 수 있었던 것이다. 물론 이 관계는 양측의 경제적 이익을 전제로 하는 것으로, 한국 정부에 걸프사의 투자와 파슨스사의 시공을 패키지로 제안한 밴 플리트는 파슨스사의 이해를 대변하는 민간투자 중개인으로서 자신의 역할을 충실히 수행한 셈이었다.

이승만도 1956년 5월부터 파슨스사로부터 정유 시설 건설에 대한 예비조사 보고서를 받고 원유 공급문제를 비롯한 시설의 설계와 재원 등을 포함한 상세한 보고서를 요구하는 등, 걸프의 투자와 파슨스사의 시공을 패키지로 하는 한국 정유공장 건설은 순조롭게 진행되는 것처럼 보였다.[30)] 그러나 이에 대한 합동경제위원회의 반응은 우호적이지 않았다. ICA 입찰에 많은 회사가 몰렸을 때 파슨스사는 어떤 이유에서였는지 경쟁에 참여하지 않았는데, 한국 정부가 파슨스사를 포함시키자고 제안하자 경제조정관 윌리엄 원William Warne은 몇몇 이유 때문에 파슨스사를 고려할 수 없다고 알려주면서 파슨스사에 대한 반대 입장을 표명했다. 당시 이승만 정부는 전임 경제조정관인 타일러 우드C. Tyler Wood에 비해 윌리엄 원이 한국에 우호적이며, 탁월한 협조를 받고 있다고 생각했기 때문에 그의 권고를 거절하는 것은 현명하지 않다고 판단했고, 밴 플리트와 윌리엄 원 사이에서

곤란한 입장에 놓였다.[31)]

그러나 업체 선정에 대한 시각 차이보다 더 큰 문제는 민간투자 유치의 현실적 여건과 안전문제였다. 이승만 대통령이 자신한 대로 한미 통상협정(한미 우호통상 및 항해조약)은 1956년 11월 28일 서울에서 체결되었고, 1957년 10월 7일 비준서를 교환하여 11월 7일부터 효력이 발생했다. 그러나 이것으로 한국의 경제 및 투자여건이 갑자기 달라질 리 없었다. 1957년 11월 20일 김일환 상공부 장관은 밴 플리트에게 보낸 편지에서 "외국 자본 유치 법안을 입안 연구 중"이며 "최종안이 곧 준비되어 국회에 제출될 것"이라는 희망을 밝혔지만, 조세 감면 특권을 주고 외국인 투자의 안전을 보장할 〈외자도입촉진법〉 제정은 1959년 12월 국회 부흥위원회를 통과하여 1960년 1월 1일에야 공포되었다.[32)] 같은 편지에서 김일환은 밴 플리트에게 미 수출입은행을 통한 투자를 타진해줄 것을 요청하기도 했지만, 앞서 살펴본 대로 밴 플리트의 관심은 파슨스사의 시공을 보장할 걸프사의 투자였고, 미 수출입은행도 위험 부담을 감수할 이유가 없었기에 이 또한 여의치 않았다.[33)]

이후에도 밴 플리트는 이승만과 송인상 부흥부 장관 등에게 걸프사의 투자조건으로 파슨스사가 플랜트를 맡아야 한다는 의견을 지속적으로 제기했지만, 정유공장 건설업체로 최종 선정된 회사는 배저사Badger Manufacturing Company였다.[34)] 1959년 6월 26일 민간회사로 설립된 한국석유주식회사 사장 남궁연은 배저사와 계약을 체결하고 사업을 추진하였으나, 4월혁명 이후 부정축재자로 지목되어 회사의 주식은 모두 국고로 반납되었다. 결국 울산 정유공장은 1962년 정부

가 전액 출자한 대한석유공사가 설립된 이후, 1963년 12월에야 준공될 수 있었다.[35)]

제주도 송당목장 개발과 한국군 및 군수물자의 동원

밴 플리트는 파슨스사를 매개로 민간투자 중개 역할을 했을 뿐만 아니라, 플로리다 목장 등 자신의 미국 내 사업 관련 분야에서도 일정 자본을 투자하고 해당 사업을 사실상 직접 총괄, 주도하는 역할을 맡기도 했다. 제주도 송당松堂목장 개발이 그런 경우였다.

제주도 송당목장 개발은 농림부 주도 사업으로 1957년 4월 1일 정운갑 농림부 장관이 기자단에 "목장 개발 선정지로 송당목장(제주 동측)을 선정"하여 "6월부터 육우와 유우 600두와 육식양 200두를 도입할 계획"임을 공표하며 시작되었다. 정부 예산 1억 5,000만 환(당시 500대 1 환율로 약 30만 달러)으로 초년도 3,000정보, 총 6,400정보를 개발한다는 대규모 계획이었고, '국립목장' 개발 예산 중 6,250만 환은 가축 구입에 쓰고 나머지는 3,000정보에 목장을 개설하며 축사 10개 동, 주택 8개 동, 급수 시설 등을 건설한다는 내용이 추가 발표되었다. 5월 초에는 목장 개발을 위한 정지공사에 착수했는데, 5개년계획하에 1957년 연내에 3,000여 정보의 개간을 완료할 것이며 이 중 1,300정보를 축사 및 급수지 등으로, 나머지 1,700여 정보를 목초지로 사용할 것이라는 구체적인 계획도 발표되었다.[36)]

이 시기 이승만 정부가 제주도에 국립목장을 건설하고자 했던 명분은 제주도 '개발'과 군용 부식 공급이었다. 5월 22일 정운갑 농림부 장관, 백선엽 육군참모총장, 이형근 대장과 제주도 목장 개발지를 시찰한 이승만 대통령은 현지 훈시에서 "제주도를 개발하기 위하여 소 600두와 면양 및 산양들을 사육하여 장차 일대 목장을 건설할 것"이라며 "우리 동포는 경제발전과 목장 개척으로 군인에게 좋은 식육을 공급하고 외화도 획득해야 한다"고 역설했다.[37] 1956년 6월 말 농림부 축산통계에 따르면 이미 국내에는 소 89만 8,045두, 돼지 120만 3,286두, 닭 1,068만 3,257수首를 사육하고 있어 800두 정도의 소와 양을 도입하는 사업이 산업과 경제에 미칠 영향은 미미할 수밖에 없었다.[38] 다만 국내에 없는 새로운 종을 미국에서 들여온다는 것은 의미가 있었다. 전염병에 강한 새로운 종이 도입된다면 축산업 진흥에도 도움이 될 것이며, 주한미군에 '수출'할 길이 열릴지도 모를 일이었다. 1958년 2월에는 송인상 부흥부 장관이 축산 장려를 위한 군납 계획을 언급하기도 했다.[39] 따라서 송당목장은 제주4·3사건과 한국전쟁을 거치면서 더욱 피폐해진 제주도를 재건하고 축산업 중심으로 '개발'하고자 하는 시도이자, 군납 및 유축농업有畜農業을 전망하는 "근대식 목축의 일一기초"로서 의미가 있었다.[40]

한편 "군인에게 좋은 식육을 공급한다"는 언설은 이 정부의 중점이 어디에 있는지를 솔직히 드러내는 것이기도 했다. 당시 60만 명이 넘는 한국군은 미국의 군사 원조로 지탱되고 있었지만, 사회문제가 될 만큼 보급여건이 좋지 못했다. 그러나 농가 상황은 더 어려웠는데, 이 무렵 충남·북, 전남·북 농가의 상황을 현장 취재한 기획 기사에 따르면 보리 파종을 앞둔 전 농가의 8, 9할이 절량絕糧 상태로 쑥

범벅으로 겨우 끼니를 잇는 형편이었다.[41] 이처럼 보리쌀도 못 먹는 농민들에게 고기를 먹는다는 것은 꿈도 꾸지 못할 이야기였다.

제주도 목장 개발은 농림부가 주관하는 모양새였지만 실제로는 처음부터 밴 플리트가 주도적인 역할을 하고 있었다. 1957년 3월 25일 밴 플리트가 수의사 스틴슨K. K. Stinson을 대동하고 "제주도 목장 개발사업에 대한 현지 답사를 위해 내한한다"는 소식은 그가 도착하기도 전에 한국 언론의 지면을 장식했다.[42] 밴 플리트가 이승만 등과 주고받은 서한에 의하면 그는 이미 1956년 1월에 "한국 정부를 대신하여" 스틴슨 박사와 식용 축우 목장이 건설될 제주도에 대한 축산업 자문 및 농장 감독 용역계약을 마쳤고, 6월에는 이승만에게 플로리다 주간 경매에서 인도 브라마산 축우를 구입하여 한국에 공급할 계획임을 설명했다. 이에 이승만은 이 사업에 투자하기로 약속했다는 100만 달러 중 수표로 10만 달러를 먼저 보냄으로써 밴 플리트에 대한 신뢰를 표현했다.[43] 밴 플리트는 축우 공급뿐만 아니라 소를 관리할 수의사를 선발하는 데에도 직접 관여해, 자문계약을 했던 스틴슨 박사를 최적임자로 추천하는 등 제주도 목장 개발의 전반적인 내용을 사실상 직접 총괄, 관리했다.[44]

이승만은 직접 편지에서 밝혔듯이 이 문제와 관련하여 밴 플리트에게 "전적으로 의존"했고, 밴 플리트는 축우 구입, 선박회사 계약 등을 주도하며 일정한 경제적 이익을 확보했을 것이다. 그러나 1957년 들어 사업이 본격화되자 여러 문제점이 드러나기 시작했다. 첫 번째는 운송비용으로 인한 경제성 문제였다. 밴 플리트에 의하면 플로리다에서 구입할 소들의 가격은 마리당 평균 100달러 정도로, 500

~600마리를 구입할 계획이었는데, 해운 견적을 내보니 최소 12만 달러에서 20만 달러가 들 것으로 추산되었다. 이는 한 마리당 300~400 달러로, 소 가격의 서너 배의 운임이 발생하는, 경제성이 없는 방식이었다. 그제서야 이승만도 "미국산 소들 중 다수가 먼 거리를 오는 길에 죽지 않고 운송되는 게 불가능하며 그간 소들을 호주에서 운송해오는 게 훨씬 나았다"는 주변의 우려를 밴 플리트에게 전달했다. 이승만은 경제조정관실에 운임 지불을 요청했으나 이 역시 사업성이 낮다는 이유로 거절당했고, 생각보다 큰 비용을 지출하는 것을 주저할 수밖에 없었다.[45)]

두 번째는 목장 조성에 군과 군수물자를 동원하는 문제였다. 농림부 장관 정운갑은 국방부 장관 김용우에게 목장 조성에 필요한 철조망, 철제 기둥, 퀀셋, 철판, 목재 기둥, 대형 물탱크, 전신주, 함석 지붕, 송수관, 전화선, 야전전화기, 디젤엔진이 달린 100킬로와트 발전기 2대 등 제반 물자를 제공할 것과 공병 장교 2명 포함 1개 중대, 공병대 1개 중대, 1개 차량 중대, 1개 경비 소대를 동원하여 도로 보수 및 목장길 정비, 철조망용 기둥 설치, 가축용 헛간 설치, 급수 시설 및 물탱크 완비 등 사실상 공사 일체를 담당해줄 것을 요청했다. 사실상 목장 조성에 한국군과 군수물자를 '징발'하겠다는 것이었다.[46)]

그러나 미 제8군 사령관 화이트Isaac D. White가 이에 제동을 걸면서 문제의 심각성이 드러났다. 화이트 장군은 "군사적 용도가 아니라면 물자를 제공할 수 없다"는 뜻을 분명히 했고 국방부도 군사작전 및 계획상의 이유로 목장 조성에 군대를 활용하는 일이 불가함을 농림부에 통보했다. 그에 따라 당장 울타리에 쓸 철조망을 구하는 것조차 쉽지 않았고, 결국 물자 조달과 공사에 군을 활용할 수 없게 되었다. 농림부가 이를 '사업 예산'으로 처리해야 하는 상황이 되자 비용 증가로 인한 사업 규모의 축소가 불가피해졌다.[47)]

군사적 용도가 아니라면 미국의 군사 원조에 의한 군수물자를 사용할 수 없다는 화이트 장군의 입장은 반박의 여지가 없는 원칙론이었다. 그럼에도 불구하고 이승만과 밴 플리트의 애초 구상은 1950년대 미국의 군사 원조가 어떻게 다른 방식으로 유용되었는지를 보여주는 흥미로운 사례이다. 합동경제위원회가 철저하게 관리했던 대충자금對充資金과는 달리 한국군에 직접 배정되는 군수물자는 한국군이 어떻게 관리하느냐에 따라 다른 용도로 사용될 여지가 있었다. 특히 대통령의 관심 사업이면서 "군인에게 좋은 식육食肉을 공급"한다는 명분까지 앞세웠다면 군과 군수물자를 동원하는 것이 당연하다고 판단했을 수 있다. 앞서 언급한 대로 한국군은 사회적 비난을 받아가면서도 공공연한 후생사업에 나설 정도로 보급여건이 좋지 못했는데, 이처럼 정부가 앞장서서 군수물자를 다른 목적에 사용하고 있었다면 군도 살길을 찾아 후생사업에 나설 수밖에 없었을 것이다.

원칙을 내세운 화이트 장군의 반대로 이승만은 사업 규모 축소를 고려해야 했고 밴 플리트도 이에 동의했다. 그런데 이승만은 앞서 언급한 5월 22일 제주도 방문 이후 약 일주일 뒤인 5월 30일, 밴 플리트에게 다시 편지를 보내 "울타리 제작에 쓸 철사와 다른 장비들을 구입했고, 농장을 세우기 위한 작업이 진행 중이므로 원안대로 추진하자"면서 수일 만에 급히 입장을 선회했다.[48)] 이렇게 급하게 문제를 해결할 수 있었던 정확한 사정은 알 수 없지만 제주도 시찰 시 백선엽 육군참모총장, 이형근 대장을 대동했던 것으로 미루어 화이트 대장의 반대와 국방부의 미온적 태도에도 불구하고 한국 육군 자체적으로 한국군의 물자와 인력을 동원할 다른 방법을 찾은 것이라 짐작할 수 있다.

해운비용으로 인한 경제성 문제도 쉽게 해소될 수 없었다. 1957년 9월 26일 자 서한에서 밴 플리트는 "지금까지 해운비용은 대략 21만 5,000달러이며 수송비용은 약 1만 5,000달러입니다. 10월 19일 배편 운송비용은 다음 내역과 같이 10만 달러로 추산되고 있습니다"라고 하여 이미 운송비용으로 23만 달러를 사용했고 앞으로도 최소한 10만 달러가 더 소요될 것임을 밝혔다. 이때 33만 달러는 애초의 정부 예산 1억 5,000만 환을 상회하는 수준이었고, 게다가 10만 달러가 1차 수송분인 200마리에 소요되는 운임인 것을 감안하면 이 사업에서 가장 많은 비용이 지출되는 부분은 바로 운송비였다. 조선 및 해운 사업에도 관여했고, 제주도 목장사업을 총괄하며 해운계약을 직접 주도했던 밴 플리트는 이 과정에서 상당한 경제적 이익을 취했을 것이다.[49)]

이처럼 우여곡절 끝에 개발된 제주도 송당목장에 대한 밴 플리트와 이승만의 애정은 이후에도 계속되었다. 밴 플리트 내외가 1958년 9월 말 제주도 목장을 시찰하기 위해 내한했고, 이승만 대통령도 1959년 8월 초 제주도를 시찰하고 "목장의 육축育畜 성적이 양호하여 만족"하면서도 "하기夏期 방역에 각별 유의하여 대책을 세우도록" 지시했다.[50)] 그러나 4월혁명으로 이승만이 물러난 뒤 '국립' 송당목장에 대한 정부의 관심과 지원은 급격하게 하락한 것으로 보인다. 1962

년 10월 《경향신문》은 송당목장 상황을 다음과 같이 냉정하게 평가했다. "자유당 정권은 축산 개발에 거의 무관심하였다. 57년 구좌면 송당리에 국립목장을 설치, 육우 168두를 도입하여 매년 정부 예산 8,000여만 환으로 유지해왔으나 목장은 이 전 대통령이 별장화하였고, 산업 개발에는 진전이 전혀 없어 거의 폐쇄상태에 있었다."[51)]

송당목장은 연간 500만~600만 원의 적자를 내며 유지되다가 1963년 4월 6일 개인(제주도 조천면 신촌리 안정립)에게 불하되었으나, 7월 11일 서울 소재 삼호무역주식회사에 그 운영관리권 일체가 인계되어 3개월 만에 주인이 바뀌었다. 1970년에도 송당목장은 1,044정보 규모에 450마리의 한우를 기르는 제주도 최대 목장 중 하나였으나 손병목 개인 소유가 되어있었고 그마저도 자금난으로 개체 수를 줄이고 있는 실정이었다.[52)] '국립목장'으로 경제를 발전시키고 목장을 개척하여 군인에게 식육을 공급하고 외화도 획득한다는 애초의 구상은 허황된 것이었음이 드러난 셈이다.

'전쟁 영웅'의 경제 개발, 그 한계와 의미

밴 플리트는 1960년 4월혁명에 대해 "국민들이 민주주의의 자유를 다루는 데 무능한 결과"라고 폄하했지만, 5·16군사정변이 일어나자 곧바로 한국군은 "선의를 가진 국민의 대표"라며 '군사혁명 지지'를 선언했다.[53)] 그리고 1961년 7월 17일, "개인 친선 사절의 자격"으로 내한한 그는 공항에서 송요찬 내각 수반, 박병권 국방부 장관, 3군 참모총장 및 해병대 사령관, 멜로이 유엔군 사령관, 김활란, 임영신 등의 환대와 3군 의장대의 사열을 받았다.[54] 그는 7월 24일 한국을 떠날 때까지 일주일간 체류하면서 윤보선 대통령, 박정희 국가재건최고회의 의장 등을 예방했고, 김종필 중앙정보부장 및 최고위원 10여 명과 공개 간담회를 갖는 등 '개인 친선 사절' 이상의 활약을 보였다.[55] 밴 플리트는 "군사혁명에 반대 성명을 낸 매그루더 전前 유엔군 사령관과 마셜 그린 주한미공사의 처사는 잘못된 것"이라고 비판하며, 워싱턴에 돌아가 한국 사태를 이해시키는 데 최선을 다할 것이며 그것이 "한국 방문의 임무"라고 천명했다.[56]

미 국무부는 이러한 밴 플리트의 견해가 "미국 정부의 입장과 상관이 없다"면서 그의 방문이 "개인 자격"일 뿐이라고 평가절하했지만, 그의 방문은 미 정부를 불편하게 했고, 한국의 '혁명 정부'에 힘을 실어주었다. 이는 이승만 정권기와 마찬가지로 '미국에 맞서는 친한파 미국인'으로서의 이미지를 선택한 밴 플리트의 발 빠른 처신이었다. 이런 선택은 그의 정치적 신념과 한국 군부와의 관계에서 비롯된 것이기도 했지만, 7월 20일 김유택 재무부 장관, 신태환 건설부 장관, 장경순 농림부 장관, 정래혁 상공부 장관 등 이른바 경제 4부 장관과의 회합에서 "앞으로의 미국의 대한 원조를 검토하는 동시에 미국의 민간자본 도입문제에 관하여 자유로운 의견을 교환"한 데서 알 수 있듯이 기존의 민간투자 중개문제와 관련된 경제적 이해관계와도 무관할 수 없었다.[57]

이는 1962년 5월 11일, 밴 플리트가 26명의 미국 '실업인 시찰단'을 인솔하고 들어와 박정희 국가재건최고회의 의장을 만나면서 현실화하는 것처럼 보였다. 박정희는 "적극적인 경제 원조를 요망"했고, 시찰단은 5월 17일 울산 종합제철공장에 대한 투자합의서 서명을 시작으로 비료, 알루미늄, 합성수지PVC, 스트로 펄프공장 등의 가계약을 체결하는 것으로 화답했다. 그러나 5월 23일 공식 기자회견에서도 제기되었듯이 이때 미국 기업의 투자 약속은 매우 소극적인 성격이었다. 합의된 사업의 형태는 "한미 실업인이 합동투자하는 독특한 것이며 그 투자 소요액이 모자라는 부문을 미 정부의 AID차관으로 충당"하는 것이었기 때문이다. 게다가 AID차관과 한미 기업의 합동투자 비율은 75퍼센트 대 25퍼센트로 미국 기업들의 최대 투자 비율은 25퍼센트를 넘을 수 없었다. 특히 "한국의 투자 환경이 미 실업인의 직접투자를 어렵게 하기 때문에 75퍼센트를 AID차관에 의존하는가"라는 질문에 대해서 "현재 상태로는 AID차관을 얻을 수 있기 때문에 투자 재원을 AID차관에 의존하는 것"이라는 밴 플리트의 답변은 《동아일보》가 지적했듯이 "좀 각도가 다른" 답변이었다.[58]

결국 밴 플리트가 주도한 '민간 경제사절단'의 성패는 미 국제개발처USAID의 AID차관 지원여부에 달려있었는데, 열쇠를 쥐고 있던 국제개발처는 소극적인 입장을 견지했다. 밴 플리트가 방한 중이던 5월 22일 국제개발처 극동 담당 부처장 재노우Seymour J. Janow는 정일권 주미대사에게 매년 4억에서 4.5억 달러의 대한 원조가 공여되고 있기 때문에 제1차 경제개발 5개년계획에 대규모 지원을 해달라는 요청을 받아들이기 어렵다는 뜻을 밝혔고, 6월 19일 국무부 특별차관보 브루벡William H. Brubeck은 대통령 특별보좌관 맥조지 번디McGeorge Bundy에게 보낸 비망록에서 밴 플리트 사절단의 합의 내용

과 관련하여 현재로서는 제철이나 비료공장에 대한 국제개발처 지원은 회의적이라는 입장을 밝혔다.[59]

1963년 12월, 울산 종합제철공장은 경제기획원 고위당국자 담화를 통해 "민간자본도 동원키 어려울 뿐 아니라 외자 도입 가능성도 막연하기 때문에" 도저히 성취될 수 없을 것으로 판명되었다. 그러나 밴 플리트는 1963년 3월, 이미 그리스 정부와의 계약을 통해 아테네시의 수도水道를 운영하는 회사의 중역으로 선임되었고, 한국에서는 1964년 8월 15일 광복절 경축식에 초청받아 서울시로부터 명예시민증과 행운의 열쇠를 받는 등 한국인으로부터 사랑받는 '친한파' 미국인의 이미지를 이어나갔다.[60]

이처럼 밴 플리트는 '미국에 맞서는 친한파 미국인'으로서 이승만 정권기에 이어 박정희 정권기에도 권력 최상층의 신뢰를 얻고 이를 바탕으로 미국의 민간투자를 중개했다. 이는 미국의 대한정책 기조와 민간기업의 이윤 추구, 밴 플리트의 경제적 이해관계, 그리고 해외 민간투자 유치를 필요로 했던 한국 정부의 이해관계가 모두 맞아떨어졌기에 가능한 일이었다. 특히 원조기관의 통제 속에서 원조자금을 '부흥'에 사용할 수 없었던 한국 정부 입장에서 해외 민간투자 유치는 매우 절실한 문제였다.

그러나 밴 플리트의 민간투자 유치 활동은 1950년대 중반부터 1960년대 초반까지 꾸준한 시도에도 불구하고 대부분 제대로 실현되지 못했다. 이는 한국의 투자여건, 즉 대한 민간자본 투자의 경제성과 안전성 문제가 여전히 걸림돌이 됐기 때문이었지만, 동시에 밴 플리트의 한계 때문이기도 했다. 미군 장성으로서 한국과 그리스의

이승만 대통령과 밴 플리트 미 제8군사령관이
1953년 휴전을 앞두고 낚시를 즐기고 있다.
* 출처: 국가기록원.

최고위층과 연결되어 현지에서는 엄청난 영향력을 행사할 수 있는 그였지만, 정작 미국에서는 미국의 거대 자본을 끌어들이거나 원조 기관의 고위관리들을 설득할 만한 영향력을 갖지 못했던 것이다.

그럼에도 불구하고 밴 플리트는 송당목장 사례에서처럼 사적 이익을 추구하면서도 '한국군의 아버지'로서 명예를 지킬 수 있었고, 한국 정부도 필요에 따라 예비역 미군 대장 밴 플리트 개인의 지지와 지원을 '미국의 지지와 지원'으로 치환함으로써 적어도 대내적으로는 '미국의 지지를 받는 정권'이라는 이미지를 생산할 수 있었다. 미국의 군사 원조에 기반하여 자신들의 경제력을 뛰어넘는 거대한 군사력을 유지해야 했던 한국에서, '한국군의 아버지' 밴 플리트의 영향력은 이처럼 군사와 경제, 양 방면을 모두 아우르는 것이었고, 이는 이승만 정권기에만 한정되는 것이 아니라 1950~1960년대 한미관계의 전반적 특징을 드러내는 것이기도 했다. 오늘날까지 밴 플리트의 동상은 육군사관학교 교정에 서 있고, 2022년 국가보훈처는 보훈처 내 5층 회의실 이름을 기존의 '평화실'에서 '밴 플리트 홀'로 변경했다. 한국에서 밴 플리트의 '신화'는 더 강화되고 있는 셈이다.

2. 한국전쟁이 바꾼 정부의 식량정책과 농민의 부담*

◎ 김수향

1956년, 경제 재건과 절량농가의 아이러니

1956년 2월 26일 농림부, 재무부, 내무부, 부흥부 등 경제 관련 주요 부서의 차관들이 회합하여 '절량농가구호대책위원회'를 구성했다.[1] 절량농가絶糧農家는 먹을 식량이 없는 농가를 의미한다. 쌀과 보리를 생산하는 농민이 굶주림에 허덕인다는 모순적인 상황은 오랜 역사를 가진 문제였다. 그런데 1956년엔 절량농가의 수가 대폭 증가했다는 점이 예년과 달랐다. 매년 20만 호로 집계되던 절량농가는 그해에 50만 호를 넘어섰다.[2] 당시 전체 농가가 221만 호였으니 다섯 가족 중 한 가족은 먹을 식량이 없어 초근목피로 끼니를 해결하고 있었다. 아이러니하게도 1956년은 정부가 '재건에서 부흥으로'라는 슬로건을 천명한 해였다. 한국전쟁으로 인해 발생했던 경제적 손실이 전쟁 이전으로 회복되었다는 복구 완료의 선언이었다. 전반적인 경제지표들이 전쟁 발발 이전의 수준으로 회복된 가운데 농민의 삶만 예외였다. 1955년 이래 농가의 가계부는 항상 적자였고, 농가의 빚 또한 나날이 늘어만 갔다.[3]

1950년대 중·후반 농민의 경제적 상황을 어렵게 만든 원인은 크게 세 가지였다. 한국전쟁기에 시작된 현물납부 방식의 조세제도가 주는 부담,[4] 농지개혁 후속 조치의 부진,[5] 미국산 잉여농산물의 과도한 도입[6]이다. 그중에서도 현물 납세제도(현물납제)는 농민이 생산한 농업생산물을 정부에 직접 이전하는 역할을 했다는 점에서 농민의 식량 사정과 경제 사정 모두를 어렵게 만든 근본적인 원인이었다. 일반적으로 근대국가는 조세를 화폐로 수납한다. 조세 금납제는 국가의 근대적 재정 운영과 자본주의적 화폐경제의 발달을 보여주는 지표이다. 그렇지만 1950년대 농민은 조세를 화폐가 아닌 양곡, 즉 현물로 납부했다.

정부가 조세를 현물로 거두겠다고 결정한 주된 이유는 전쟁이다. 전쟁 발발 직전 제정된 〈양곡관리법〉은 정부가 농민으로부터 양곡을 확보하는 유일한 방법을 일반 매상으로 제한했다. 특히 양곡 매상 시 농민이 지출한 생산비만큼을 지불하여 과거 공출제도의 폐단을 되풀이하지 않고자 했다. 하지만 〈양곡관리법〉에 따른 정부의 식량정책이 실시되기도 전에 한국전쟁이 발발했다. 정부는 전쟁 수행에 필요한 양곡을 확보해야 한다는 논리를 내세워, 〈양곡관리법〉 규정보다 더 많은 양곡을 돈을 지출하지 않고 확보할 방안을 고안했다. 농지개혁에 따라 분배된 농지에 대한 대가를 양곡으로 거두는 것은 물론 세금을 양곡으로 거두는 임시토지수득세를 신설했다. 자신들이 먹을 식량이자 거의 유일한 경제적 자원인 양곡을 납부해야 했기에 농민들은 불만을 가졌다. 하지만 전쟁이라는 특수 상황에서 적극적으로 저항하긴 어려웠다.

문제는 전쟁이 끝난 뒤였다. 전쟁 후엔 물자 부족으로 인한 물가 상승이 발생하게 마련이다. 물가 상승기엔 실제 물건, 즉 현물의 가치는 높아지는 반면 화폐가치는 하락한다. 전후 복구기인 1954~1956년, 한국 경제도 물가 상승세가 뚜렷했다. 농민들 입장에선 쌀과 보리를 시장에 팔아 마련한 돈으로 정부에 농지상환 대가나 세금을 납부하는 편이 더 유리했다. 또한 교육비, 생활비는 물론 소와 농기구, 종자를 마련하기 위해 화폐가 필요했다. 화폐를 얻을 유일한 길은 일 년 내내 고생해 얻은 곡식을 시장에 파는 것이다. 현물납제는 농민이 현금을 확보할 수 있는 통로 자체를 제약했다. 한편, 농지 규모가 작아 수확량 자체가 적은 영세농민들은 정부에 현물을 납부하고 나면 자신들이 먹을 식량조차 확보할 수 없었다. 이러한 모순들이 서로 겹친 결과 1956년 절량농가가 대폭 증가했다.

그렇다면 전쟁 동안, 그리고 전쟁 이후 정부는 얼마만큼의 양곡을 농민들로부터 확보했고, 농민들에겐 어느 정도의 경제적 부담을 주었을까. 그리고 정부는 그 많은 양곡을 어디에 사용했을까? 정부 관리 양곡제도가 실제 어떻게 운영되었는지를 살펴보면 이에 대한 해답을 얻을 수 있다. 1950년에 제정된 〈양곡관리법〉은 양곡 유통과 관련된 정부의 역할을 규정하는 법이다. 수차례 개정되어 현재에도 존속 중인 이 법은 '국민 식량 확보와 국민경제 안정'을 목표로 제정되었다. 1950년대 〈양곡관리법〉은 앞서 말한 목표를 달성하기 위해 국내에서 유통되는 식량을 크게 정부 관리 양곡과 시장에서 자유거래되는 양곡으로 구분했다. 정부는 정부 관리 양곡을 적재적소에 활용하여 국민의 식생활과 경제 상황을 안정시켜야 하는 의무를 갖게 되었다. 농민들이 납부한 양곡은 정부 관리 양곡의 대부분을 차지했다.

한편, 법은 정부가 매년 정부 관리 양곡을 어떻게 확보해서 어디에 사용할 것인지를 계획하고, 국회로부터 승인을 받도록 규정했다. 따라서 1950년대 정부의 식량정책, 특히 정부 관리 양곡과 관련된 각종 기록이 국가기록원, 국회 등에 고스란히 남아있다. 이 글에서는 1950년 중·후반에 만들어진 자료를 통해 정부가 정부 관리 양곡을 확보했던 방식, 절차와 양곡을 배급한 곳을 찬찬히 살펴본다. 이를 통해 한국전쟁 전후 농민이 졌던 현물납세의 부담이 결국 무엇을 위한 것이었는지 파악할 것이다.

전쟁기 정부가 국산 양곡을 확보하는 두 가지 방법

1950년 6월 25일 전쟁이 발발했다. 한국 사회 전체가 전쟁의 소용돌이 속으로 빨려들어가는 가운데, 정부의 식량정책 또한 전시 양곡 확보라는 과제를 중심으로 추진되었다. 1950년 10월 31일 정부가 앞으로 1년간 확보해야 한다고 계획한 식량은 쌀과 보리를 합해 670만 석이었다.[7] 군인, 경찰을 위한 군량미는 물론 공무원을 포함한 일반 시민 전체에게 식량을 배급하기 위해서였다.

전쟁 발발 당시 정부가 농민으로부터 양곡을 확보할 수 있는 합법적인 방법은 두 가지였다. 하나는 〈양곡관리법〉대로 농민들이 수확한 쌀을 적정한 대가를 지불하고 사들이는 일반 매상이다. 법은 일반 매상이 실시되더라도 농민들이 충분한 식량을 확보할 수 있도록 정부가 구매할 수 있는 쌀의 양을 한 해 수확량의 3분의 1 이하로 제한했다. 다른 하나는 농지상환곡이다. 전쟁 직전 실시된 농지개혁의 결과 농지를 분배받은 농민들은 연평균 수확량의 150퍼센트를 5년에 걸쳐 정부에 상환해야 했다. 농지상환곡은 일반 매상과 달리 보리도 포함했다. 1950년 말 정부가 확보할 수 있는 양곡은 일반 매상(쌀) 500만 석, 농지상환곡(쌀, 보리) 200만 석이었다. 정부는 전쟁비용 지출을 감당하기에도 정부 재정이 부족하다고 판단하고 일반 매상을 실시하지 않기로 했다. 자금 지출 없이 현물 양곡을 확보할 수 있는 농지상환곡이 정부 관리 양곡을 확보할 수 있는 첫 번째 수단이었다.

농민들이 납부하는 농지상환곡은 크게 귀속농지·분배농지 상환곡으로 나뉜다. 귀속농지는 해방 이전 일본인·일본 기업이 소유했던 농지이다. 해방 이후 미군정은 농지를 포함한 일본인·일본 기업의 재산, 즉 적산敵産의 소유권을 미군정에 귀속시켰다. 농지의 경우 미군정은 신한공사를 따로 설치하여 관리하였다. 이들 농지를 귀속농지라고 부른다. 미군정은 분단 정부 수립을 코앞에 둔 1948년 3월 신한공사 소유의 귀속농지를 분배했다. 미군정과 그 뒤를 이어 수립될 남한의 단독 정부에 대한 우호적인 여론을 만들기 위한 조치였다. 분배농지 상환곡은 1950년 실시된 농지개혁에 따라, 정부가 지주로부터 유상으로 구입한 농지를 분배받은 농민이 지불하는 농지 대가이다. 농지개혁은 해방 후 한국 사회의 핵심 과제였으며, 대한민국 정부 수립 이후 그 실시가 확정적이었다. 제헌 헌법 제86조에서 "농토는 농민에게 분배하며 그 분배의 방법, 소유의 한도, 소유권의 내용과 한계는 법률로 정한다"고 못박아놓았기 때문이다. 그렇지만 각 정당과 정부, 지주와 소작인의 입장이 첨예하게 대립하면서 농지개혁은 지연되었다. 1949년 6월 21일 〈농지개혁법〉이 제정되고, 1950년 2월 2일 〈개정 농지개혁법〉이 국회를 통과했다. 농지개혁은 전쟁 발발 직전 실시되었다.[8)]

1952년 2월 29일을 기준으로 농민에게 매각된 귀속농지는 약 24만 정보, 정부가 매상하여 분배한 농지는 33만 정보였다. 1950년 10월부터 농지개혁의 법정 만료 기한인 1954년까지 5년간 농민이 내야 할 농지상환곡은 귀속농지와 분배농지를 합쳐 매년 200만 석 이상이었다. 1949년 당시 남한에서 수확된 쌀과 보리는 총 2,000만 석으로 농지상환곡은 총생산량의 10퍼센트 정도에 해당했다. 당시에는 수중에 돈을 쥐지 못한 농민들에게 농지를 나눠주고, 그 대가를 나중에 수확물로 받는 것이 농민들에게 유리한 것으로 생각되었다.

평상시였다면 농지상환곡을 납부하는 일이 농민의 삶을 위협하진 않았을 것이다. 하지만 첫 번째 농지 대가를 상환해야 하는 1950년 가을, 전쟁이 한창이었다. 1951년과 1952년에는 심한 가뭄이 들었다. 그러다 보니 한국전쟁 동안 농민들이 실제 납부한 상환곡은 법적으로 정해진 상환량보다 한참 모자랐다. 1950년과 1951년 농민들이 농지상환곡으로 납부한 양곡은 각각 117만 석이었고, 1952년에는 70만 석이었다.[9)] 주목할 것은 1950년의 상환 실적이다. 쌀과 보리를 합친 1951·1952년과 달리 1950년 농민들은 쌀만으로 전쟁 중 가장 많은 농지상환곡을 정부에 납부했다. 한창 쌀이 여무는 여름부터 수확하는 가을까진 한반도 전역이 전쟁터였다. 이때 연간 기준 최대치의 수납량을 기록한 것은 정부가 농지상환곡 수납을 통해 양곡을 확보하는 데 최대의 노력을 기울였음을 보여준다.

한편, 임시토지수득세가 신설된 1951년부터 농지상환곡 상환 실적이 줄어드는 것도 주목할 점이다. 농민들 입장에선 자신들이 먹을 식량을 확보하려면 농지상환곡과 임시토지수득세 모두를 납부할 순 없었던 셈이다. 실제로 1952년 국회는 지가 상환 부담을 조금이라도 낮추기 위한 조치를 취했다. 상환 방식을 현금 상환으로 전환하고, 상환 기간 또한 1957년으로 3년을 연기하는 내용의 〈농지개혁법〉 개정안을 통과시켰다.[10] 정부는 농지상환곡을 금납제로 전환할 시 정부의 식량 조달이 곤란하다는 이유를 들어 거부권을 행사했다. 정부가 농지상환곡 현물 수납을 전쟁기 양곡 확보의 주된 방법으로 삼았음을 알 수 있다.

농지상환곡만으로는 정부가 목표로 하는 정부 관리 양곡을 확보할 수 없었다. 앞서 살펴보았듯이 1950년 10월 정부가 필요로 하는 정부 관리 양곡은 총 670만 석이었다. 농지상환곡이 모두 납부되더라도 300만 석 이상 부족했다. 정부는 묘안을 생각해냈다. 바로 현물 납세제도의 신설이다.

정부는 1951년 9월 25일 〈임시토지수득세법〉을 제정, 공포하였다.[11] 이 법은 종래 토지에 부과되던 지세를 비롯한 각종 세금을 토지수득세라는 이름의 현물세로 개정한 것이다. 정부는 이미 전쟁 직후인 1950년 11월 지세를 현물로 거두려 했다. 앞서 정부가 1950년 10월 말에 제출했던 〈정부 관리 양곡 수급계획〉에 이미 140만 석의 양곡을 지세 명목으로 거둔다는 점이 명기되어 있었다. 뒤이어 지세 현물납의 법적 근거가 될 〈지세법〉 제정을 제안했다. 정부가 제안한

〈지세법〉을 심사한 국회는 시대에 역행하는 물납제를 시행할 수 없다며 금납제로 수정, 통과시켰다. 그러나 〈지세법〉 시행 당일 대통령 긴급명령이 발표되었다. 전쟁 중에는 논과 밭에 대한 지세를 수확량의 6퍼센트에 해당하는 현물로 징수한다는 내용이었다. 삼권분립을 무력화하는 대통령 긴급명령에 대해 국회는 승인 거부로 맞섰다. 정부는 이미 효력을 상실한 긴급명령에 기초해 지세 현물납을 강행했다. 실제로 1950년산 쌀 65만 석이 지세로 징수되었다.

1951년 3월 재무부 장관에 취임한 백두진은 지세의 현물납제를 강력하게 추진했다. 정부의 최종 방안은 임시토지수득세 제정이었다. 국회에서 〈임시토지수득세법〉이 논의되는 동안 많은 우려가 나왔다. 지세를 물납제로 바꾸는 것은 전쟁 경비를 모두 농민에게 부담시키는 것이라거나, 각종 불법 기부금이 농민에게 강요되는 현실에서 현물납제도는 불법의 합법화를 가져올 것이라는 의견이 있었다. 하지만 '전시 상황'은 그 자체로 힘이자 논리였다. 전쟁이 장기화하는 가운데 정부가 충분한 양곡을 확보해야 한다는 주장에 힘이 실렸다. 결국 1951년 9월 9일 국회 본회의에서 〈임시토지수득세법〉이 의결되었다.

정부가 1950년부터 지속적으로 지세 물납제를 추진한 이유는 세 가지였다. 우선 임시토지수득세는 각종 세금을 통합한 것으로 농지상환곡보다 규모가 컸다. 〈임시토지수득세법〉에 의해 정부가 확보할 수 있는 양곡은 280만 석이었다.[12] 다음으로 농지상환곡과 달리 임시토지수득세는 강제징수가 가능했다. 농지상환곡은 법적으로 조세가 아니기 때문에 농민이 내지 않을 경우 정부는 강제징수가 아닌 민사소송을 통할 수밖에 없다. 무엇보다 양곡 매상자금을 방출할 재정적 여력이 없었던 정부에 물납제는 그 무엇보다 유리한 제도였다.

임시토지수득세는 현재의 세금처럼 과세표준에 따라 부과되었다. 농지에 대한 과세표준은 통상적인 평균 수확량으로 한 번 정해지면 3년간 유효했다. 다만, 수확량이 현저히 떨어진 경우에는 조사위원회를 거쳐 정부가 수확량을 결정할 수 있었다. 세율은 〈표 1〉과 같이 수확량을 기준으로 구분되었다.

〈표 1〉 한국전쟁기 농경지(논·밭)의 토지수득세율(단위: 퍼센트)

일시	생산량	10석 이하	10석 초과	20석 초과 50석 미만	50석 초과
1951. 9	일반농지	15	20	24	28
	분배농지	10	15	19	23

만약 농민 A가 쌀 9석을 생산하는 일반농지를 소유했다고 치자. A가 내야 하는 임시토지수득세는 9석의 15퍼센트인 1석 3말 5되이다. B라는 농민이 12석을 생산한다면 그는 10석까지는 15퍼센트의 세율로 1석 5말, 초과된 2석에 대해서는 20퍼센트의 세율로 4말이 적용된다. B가 내야 하는 세금의 합계는 1석 9말이다. 분배농지의 경우는 농지상환곡을 고려하여 세율이 조금 더 낮게 책정되었다.

작황이 나쁠 경우 정부는 생산량 감소에 맞춰 과세표준이 되는 수확량을 조정해야 했다. 전쟁 동안에는 징집으로 인한 노동력 부족이나 여러 어려움으로 인해 농업생산량이 평년보다 적을 수밖에 없다. 전쟁에 가뭄까지 겹쳤던 1951년과 1952년, 정부는 과세 기준을 현실에 맞춰 낮게 조정해야 했지만, 실제보다 높은 추정치를 기준으로 토지수득세를 부과했다.[13] 또한 지역에 따라 임시토지수득세가 임의적으로 부과되기도 했다. 1951년 경상북도 전체에 대해 부과된 임시토지수득세는 87만 석이었다. 그런데 농지 규모가 경상북도의 30분의 1밖에 안 되는 충청북도 영주군에는 8만 3,000석이 부과되었다.[14] 실제 농업생산량에 대한 면밀한 조사 없이 관청에서 임의적으로 생산량을 높게 잡고, 그에 기초해 계산한 임시토지수득세를 일방적으로 통고한 것이다. 이처럼 실제 농민의 부담은 법정 세율보다 높았을 가능성이 크다.

임시토지수득세에 더해 농지상환곡도 납부해야 하는 농민은 이중의 부담에 시달렸다. 임시토지수득세에 대한 국정조사를 마치고 돌아온 국회의원이 전한 농민의 삶은 충격적이었다.

> 상환농가의 1년간 총수확고가 2섬 8말 8되 9홉밖에 안 되는 것입니다. 그런데 올해 상환액이 얼마냐 하면 평년 생산고 1섬 1말을 15할로 승해 가지고 그것을 다섯 해에 균분하게 되었으니까 그것을 제하고 거기다가 3단보를 승할 것 같으면 1섬 3말 5되라는 계산이 나옵니다. 그리고 토지수득세법에 의할 것 같으면 2섬 8말 9되에서 2말 8되 9홉이라는 것이 나가게 됩니다. 그러면 이 상환액과 토지수득세법에 의한 세를 제하고 볼 것 같으면 충청남도 상환농가의 올해 수확량은 1섬 2말 5되밖에 안 되는 것입니다. 결국 이것이 충남에 있는 영세한 상환농가들의 현상입니다. 1년 내 피땀을 흘리고 지은 쌀이 전부 해서 1섬 2말 5되밖에 안 남는 계산이 됩니다. 이것이 관청의 통계입니다(밑줄 강조: 필자).[15]

1950년대 농가 1호의 평균 인원은 6명이었다. 위 인용문에 나온 농가는 농지상환곡과 임시토지수득세를 내고 나면 1인당 208홉이 남는다. 전쟁 당시 정부가 농사를 짓지 않는 일반인들에게 배급한 양곡은 1일 2홉이었다. 이를 적용하면 겨우 1년 내 피땀을 흘린 결과가 104일 치밖에 안 되는 식량이다. 이처럼 농지상환곡과 토지수득세의 현물납부 방식은 생존을 위한 식량 확보마저 위협했다.

1951년부터 1953년까지 정부는 550만 석의 임시토지수득세를 부과하였고, 538만 석의 수납 실적을 올렸다. 같은 시기 농지상환곡 수납 실적은 354만 석(1950년 제외)이었다. 임시토지수득세로 확보한 쌀과 보리가 농지상환곡 수납량보다 많은 것이 특징이다. 수득세는 체납할 경우 차압 등 강제집행이 가능했고, 정부 또한 도지사, 군수 등은 경찰, 면 직원, 세무서원 등을 동원하여 토지수득세 수납을 독려했기 때문이었다.[16]

지세의 현물납제는 정부의 재정 부담을 크게 줄여주었다. 임시토지수득세 실시 전인 1949년과 1950년 정부가 수납한 지세는 각각 8,000만 환, 1억 6,291만 환이었다.[17] 1952년 정부가 임시토지수득세로 수납한 쌀과 보리는 각각 95만 석, 24만 석이었다. 정부 예산안에 수납한 양곡량 자체를 기입할 수는 없기 때문에, 수납 가격이라는 것을 설정해 화폐가치로 환산한다. 이를 정리하면 〈표 2〉이다.[18] 정부가 걷은 1952년산 보리와 쌀을 화폐가치로 환산하면 39억 환이다. 물가 상승을 고려하지 않고 액면 금액만 비교할 경우 1950년 지세 징수액의 24배이다. 한국은행은 1952년도 정부의 토지수득세 수납 실적이 금납제일 경우와 비교해 정부 수납 가격으로 환산하면 5.5배,

시장 가격으로 환산하면 10.2배의 세율 인상과 같다고 보았다.[19] 금납에서 현물로 바꾼 것만으로 정부는 세금 인상 효과를 얻은 셈이다.

〈표 2〉 1952년산 양곡 임시토지수득세 수납 양곡의 현금가치(단위: 정곡 석, 환)

	1952년산 보리	1952년산 미곡
토지수득세 수납량(A)	240,304석	956,324석
정부 수납 가격(B)	2,038.7환	3,611.2환
시장 가격(C)	6,060환	9,870환
양곡 구매비용 1 (A*B)	489,907,765환	3,453,477,229환
양곡 구매비용 2 (A*C)	1,456,242,240환	9,675,838,440환

보다 중요한 것은 정부가 필요한 양곡을 매우 저렴하게 확보했다는 점이다. 1952년 정부가 토지수득세로 확보한 양곡을 일반 매상으로 확보한다고 가정해보자. 정부의 수납 가격을 적용하면(양곡 구매 비용 1) 39억 환이 필요하다. 그런데 수납 가격은 실제 시장 가격보다 훨씬 낮았다. 전쟁기 식량인 양곡의 가격은 천정 모르고 치솟고 있었다. 서울시 소매 가격(양곡 구매 비용 2)을 적용해보자. 119만 석의 쌀과 보리를 사는 데 필요한 돈은 111억 환에 달한다. 정부는 111억 환의 가치를 가진 양곡을 한 장의 지폐도 사용하지 않고 확보했다. 농민의 입장은 정반대다. 정부 예산안에 적힌 대로라면 농민은 39억 환의 세금을 내면 된다. 시장 가격으로 계산하면 50만 석의 쌀만 팔아도 얻을 수 있는 돈이다. 하지만 농민은 두 배의 양곡을 납부했다. 이처럼 현물납 변경으로 인해 정부는 매상자금을 절약할 수 있었다. 반면 농민의 실질적인 조세 부담은 증가했고, 양곡을 현금화할 수 있는

길 또한 차단되었다.

1950년 가을부터 1953년 가을까지, 전쟁 동안 농민이 농지상환곡과 임시토지수득세로 정부에 납부한 쌀과 보리는 총 1,163만 석으로 연평균 370만 석이었다.[20] 이 양곡들은 정부 관리 양곡으로 편입되었다. 특기할 점은 전쟁기 정부 관리 양곡이 주로 배급된 곳은 군과 경찰, 공무원이었다는 점이다. 정부가 식량정책에서 '관영 수요(관수)'라 부른 이 영역은 정부의 원활한 운영을 위한 것이었다. '관영 수요'에 우선적으로 식량을 배급한다는 방침에 따라 피란민이나 치솟는 곡가로 어려움을 겪던 일반 시민들에게는 충분한 식량이 배급되지 않았다. 민간 영역에서의 식량문제는 사실상 UN과 미국이 원조해주는 구호양곡에 의존하는 것이 현실이었다. 결국 한국전쟁 동안 정부는 〈양곡관리법〉의 테두리를 벗어난 식량정책을 실시했고, 국민경제와 식량 사정을 안정시킨다는 목표 또한 달성하지 못했다.

전후 복구기 두 가지 공정 가격과 농민의 경제적 부담

1953년 7월 휴전협정이 체결되었다. 많은 것이 바뀌었지만, 현물 수납제도는 계속 유지되었다. 이에 더해 정부는 〈양곡관리법〉의 규정이었던 일반 매상도 재개했다. 전쟁이 끝난 후에도 정부는 여전히 최대한 많은 국내산 양곡을 확보하려 한 것이다. 전후 복구기인 1954~1956년 정부가 농민들로부터 확보하려고 한 양곡은 연평균 370만 석이다. 전쟁기 연평균 수납량과 거의 비슷하다. 전쟁이 끝난 후, 정부는 대체 어디에 양곡을 써야 했던 것일까?

〈표 3〉 1954~1956년 정부의 관수용 양곡 배급계획(단위: 정곡, 석)

구분	1954	1955	1956
군	2,257,818	2,140,811	1,749,000
경찰	62,526	97,097	16,000
공무원	167,289	229,070	2,061,000
군·경 공무원 가족	1,498,398	1,584,132	
기타(형무소, 유치장 등)	113,393	116,328	100,000
합계	4,099,424	4,167,438	3,926,000

〈표 3〉은 정부가 국회에 제출한 정부 관리 양곡계획의 배급처 중 관수 부분을 정리한 것이다.[21] 가장 눈에 띄는 것은 군량미다. 3개년 평균 군량미로 소요되는 양곡은 200만 석으로 관수용 양곡의 50퍼센트에 달한다. 전쟁을 거치며 한국군 규모가 대폭 증가했기 때문이다. 1950년 13만 명이었던 한국군은 전쟁 중 50만 명대로 증가했고 휴전 이후에도 60만 명 이상을 유지했다.[22] 한국전쟁이 휴전으로 끝난 상황에서도 한국 정부와 미국은 전쟁 동안 팽창한 한국군 규모를 축소하지 않았다. 군량으로 소요되는 정부 관리 양곡도 줄어들 수 없었다. 한편, 군사비로 인한 재정 압박을 겪고 있던 정부는 공무원 월급의 일부를 양곡으로 지급했다. 전쟁기에 시작된 현물 봉급제가 전후에도 유지되었다. 경찰과 공무원 및 그 가족들에게 지급되는 양곡은 매년 200만 석에 달했다. 이렇게 관수 영역에 배급해야 하는 양곡만도 400만 석이었다.

전쟁은 끝났지만 식량정책만큼은 전쟁의 영향력이 계속되었다. 정부는 수요 양곡을 확보하기 위해 현물 수납제도를 유지했다.

〈표 4〉 1954~1956년도 양곡 총생산량 대비 수납 양곡의 비율(단위: 정곡, 석)

연도	양곡 총생산량(A)	수납항목			수납량 합계(B)	B/A
		수득세	상환곡	기타		
1954	21,541,535	1,417,037	1,691,997	28,909	3,137,943	14.57
1955	20,964,661	1,210,701	767,907	366,329	2,344,937	11.19
1956	18,586,133	953,853	320,858	607,620	1,882,331	10.13

정부가 실제로 수납한 쌀과 보리를 총생산량과 비교하면 〈표 4〉와 같다.[23] 정부가 수납으로 확보한 쌀과 보리는 총생산량의 10~14퍼센트였다. 숫자만 보면 정부에 현물을 납부하더라도 농민에게 큰 부담이 되지 않을 것처럼 보인다. 하지만 항상 그렇듯, 숫자는 면밀히 따져봐야 한다. 우선 비율을 계산할 때 분모, 즉 양곡 총생산량이 실제보다 많이 집계되었을 확률이 높다. 전쟁기 정부는 수확량을 높게 잡고, 그에 따라 임시토지수득세를 실제보다 높게 부과하곤 했다. 전후에도 비슷한 상황이 반복되는 경우가 있었다. 특히 〈표 4〉에서 총생산량이 가장 많은 1954년의 경우 지역에 따라 수확량이 30~40퍼센트 감소했다는 기록도 확인된다.[24]

다음으로 총생산량 대비 전체 수납 규모만을 계산하면 농가 간의 차이가 사라져버린다. 현재 남아있는 자료로는 농가 간의 차이를 살피긴 어렵다. 그렇지만 상식적으로 농지상환곡을 갚아야 하는 농가는 그렇지 않은 농가보다 많은 양곡을 납부했으리라 짐작할 수 있다. 이보다 주목해야 할 것은 농가 간 경작 규모의 차이다. 농가가 한 해

생산한 쌀과 보리의 10~14퍼센트를 정부에 수납해야 한다고 치자. 같은 비율일지라도 농지 자체를 적게 보유한 영세농이나 소농에겐 그 적은 양이 주는 부담은 상대적으로 커지게 된다. 농지개혁에도 불구하고 1950년대 한 농가가 보유한 경지는 매우 적었다. 1954년 당시 농림부가 집계한 총농가 223만 호 중 80퍼센트에 가까운 176만 호가 1정보(3,000평) 미만의 농지를 가지고 있었다. 보통 1정보 미만을 소유한 농민을 소농小農이라 부른다. 소농 중에서도 5단보(1,500평) 이하의 농지밖에 경작하지 못하는 영세농가는 99만 호나 되었다. 같은 시기 1단보(300평)의 평균 생산량은 쌀과 보리를 포함해 1년 1석이었다.[25] 44퍼센트에 달하는 영세농가가 손에 쥘 수 있는 수확량은 최대 5석, 소농은 최대 10석이다.

농가 평균 인원인 6명이 1년간 생명을 유지하기 위해 최소한 먹어야 하는 식량은 6석이다. 이미 절반에 가까운 영세농가는 애당초 농사를 지어 먹고살기에도 빠듯한 상황이었다. 10석을 수확하는 소농이라 하더라도 남는 식량은 4석밖에 되지 않는다. 이 같은 상황에서 정부의 현물 수납이 거의 강제적으로 이루어졌다는 점을 유의해야 한다. 농지 규모가 작은 농가가 정부가 부과한 양곡을 납부하려면 그야말로 허리띠를 졸라매야 한다. 가족이 먹을 식량을 줄이거나, 사채 등 빚을 얻어 생활하는 선택지밖에 없다.

마지막으로 수납 방식의 효과에도 주목해야 한다. 전후 인플레이션 상황에서 농민들은 여전히 현물을 납부했다. 한국전쟁이 발발한 1950년 28억 환이었던 통화량은 1953년에는 303억 환으로 10배 이상 증가했다. 전쟁비용을 충당하기 위해 정부가 통화를 남발했기 때문이다. 그만큼 화폐의 가치는 하락하고 물자의 가치는 높아졌다. 1947년의 서울 도매물가지수를 100으로 놓았을 때, 1950년에 334로 껑충 뛰었던 물가는 1953년에는 7,566이라는 놀라운 수치를 기록했다.[26] 인플레이션이 지속되는 가운데 임시토지수득세와 농지상환 대가의 현물 납부제는 전쟁기만큼이나 농민들에게 불리한 조치였다.

전후 복구기 현물납제의 유지가 농민에게 지운 부담을 보다 구체적으로 보려면, 전쟁기와 마찬가지로 농민이 납부한 양곡의 실제 가치와 정부가 책정한 가격 사이의 괴리를 추적할 필요가 있다. 앞서 임시토지수득세 신설 이후 세율 인상의 효과를 알아보기 위해 정부의 수납 가격을 언급했다. 정부의 예산안은 화폐단위로 기록된다. 따라서 정부가 농지상환곡, 임시토지수득세로 수납한 양곡을 예산안에 기입할 때는 물론, 양곡 매상 시 농민에게 지불할 매상자금을 편성하기 위해서도 양곡-화폐 간 환산 기준이 필요하다. 이때 기준이 되는 공정 가격은 두 가지였다.[27] 수납한 양곡에 적용되는 수납 가격과 매상할 때 적용하는 매상 가격이다. 두 가지 공정 가격은 쌀과 보리, 잡곡 등 양곡 종류에 따라 달랐는데, 그중 가장 많이 수납·매상된 쌀의 공정 가격은 〈표 5〉와 같다.[28] 1950년산 쌀은 매상이든 수납이든 모두 같은 가격이 적용되었다. 1951년과 1952년에는 매상이 사실상 중단되었기 때문에 1950년과 상황이 같았다. 전쟁이 끝난 1953년 가을에 수확되는 쌀부터 정부는 수납 가격과 매상 가격을 이원화했다. 1957년부터는 일반 매상제도가 폐지됨에 따라 수납 가격만 책정되었다.

휴전 직후인 1953년을 보자. 이해 가을에 수확된 쌀을 정부가 매상할 때 농민에게 지급하는 가격은 1석당 5,957환이다. 그런데 임시

〈표 5〉 1950년대 쌀(정곡 2등품) 1석의 공정 가격(단위: 환)

<table>
<tr><th>생산 연도</th><th>1950</th><th>1951</th><th>1952</th><th>1953</th><th>1954</th><th>1955</th><th>1956~1960</th></tr>
<tr><td>매상</td><td rowspan="2">296</td><td>중단</td><td>중단</td><td>5,957</td><td>9,509</td><td>14,060</td><td rowspan="2">19,062</td></tr>
<tr><td>수납</td><td>1,176</td><td>3,611</td><td>3,611</td><td>5,550</td><td>7,030</td></tr>
</table>

토지수득세와 농지상환곡으로 수납한 쌀의 가치를 계산할 때에는 석당 3,611환을 적용했다. 수납 가격이 매상 가격보다 훨씬 저렴하다. 정부가 제시한 공정 가격대로 계산해보자. 1953년 당시 정부가 임시토지수득세와 농지상환곡으로 수납한 쌀은 230만 석이었다. 여기에 수납 가격을 적용하면 정부 측 수입은 83억 환이다. 바꿔 말하면 정부는 농민에게 83억 환의 세금을 부과한 것이다. 그런데 매상 가격인 5,957환을 적용하면 정부 측 수입은 137억 환으로 대폭 증가한다. 정부는 137억 환 이상의 가치를 지닌 양곡을 수납해 정부 관리 양곡으로 이용하면서, 정부 회계상에는 83억 환만을 획득한 것으로 기록했다. 농민이 납부한 양곡의 가치를 실제보다 훨씬 낮게 평가한 것이다. 정부가 굳이 회계상의 숫자를 적게 기록한 것은 전쟁 이후 재정 규모 자체가 팽창한 데에서 비롯한 경제적 불안정을 완화하고, 재정 인플레이션을 방지하기 위해서였다.

역으로 계산할 때 정부가 얻는 효과는 더욱 분명하게 드러난다. 정부가 회계에 기입한 대로라면, 농민이 정부에 지불해야 하는 농지 대가와 임시토지수득세의 가치는 현금 83억 환이다. 1953년에는 시장의 쌀 가격이 상대적으로 저렴하긴 했지만 1석당 6,000~7,000환이었다. 정부의 매상 가격과 근접한 6,000환으로 계산해보자. 농민들이 83억 환을 마련하는 데 필요한 쌀은 139만 석이다. 반면 농민들이 실제 납부한 쌀은 230만 석이다. 둘 사이의 차는 농민의 손해를 의미한다. 다시 정부 입장으로 돌아가보자. 금납제를 시행했다면 정부는 농민들로부터 현금 83억 환을 징수했을 것이다. 이를 정부 재원으로 삼아 쌀을 구입하면 139만 석밖에 얻지 못한다. 139만 석으로는 정부 관리 양곡으로 지급해야 하는 수많은 배급처, 그중에서도 200만 석을 필요로 하는 군량미조차 공급할 수 없다.

정부에게 있어 공정 가격을 수납 가격과 매상 가격으로 이원화하고, 수납 가격을 낮게 책정하는 것은 정부 관리 양곡을 보다 저렴하게 획득할 수 있게 하는 마법의 장치였다. 매상 가격의 경우 물가 상승을 반영하여 매해 인상되었다. 하지만 정부는 수납 가격에 대해선 단호했다. "예산상의 가격"일 뿐이라는 논리를 내세워 낮은 가격을 유지했다. 그 결과 수납 가격과 매상 가격 간의 격차는 점점 벌어졌다. 1955년산 미곡의 경우 두 가격 간의 차는 두 배에 달했다.

한편, 공정 가격은 국회의 승인을 얻어야 하기 때문에 정부가 제안한 공정 가격이 국회에서 항상 원안대로 통과되진 않았다. 특히 농민들에게 직접 지불하는 매상 가격이 그러했다. 〈표 5〉에서 1954년산 쌀 매상 가격은 9,500환으로 전년도의 5,900환과 비교하면 무척 높다. 당연히 정부가 원하는 가격이 아니었다. 1954년 10월 정부가 처음 제안한 매상 가격은 7,600환이었다. 정부안을 심의한 국회의 농림위원회는 한 해 농사짓는 데 드는 생산비가 9,500환이며, 현재 시장 가격도 1만 환이라는 점을 들어 매상 가격을 9,500환으로 수정했다. 국회 본회의에서 9,500환이 통과되었지만 정부는 요지부동이었다. 현금이 급한 농민들은 상인이 제시하는 가격에 쌀을 팔았다. 기준 가격도 없이, 쌀이 한꺼번에 쏟아져나오자 지역에 따라 쌀값이 석당 6,000~7,000환까지 떨어지기도 했다. 정부가 국회의 결정 직후 매상을 시작했더라면 농민들은 생산비라도 손에 건질 수 있었다. 정부가 9,500환으로 매상을 시작한 것은 1954년 12월 중순이었다. 이미 많은 쌀이 팔리고 다시 쌀 가격이 오르기 시작하는 상황에서 정부 매상은 수월하지 않았다. 해를 넘긴 1955년 2월 정부의 매상 실적은 10만 석으로 목표량 100만 석의 10퍼센트에 불과했다.[29)]

국회가 비교적 높게 매상 가격을 책정한 이유는 〈양곡관리법〉의 정신을 지키기 위해서였다. 〈양곡관리법〉이 정부의 양곡 확보 수단을 매상으로만 한정한 것은 앞서 말한 대로 강제공출이라는 잘못된 역사를 되풀이하지 않기 위해서였다. 또한 법은 정부가 매상하는 양과 가격에 대해 국회의 동의를 얻게끔 했다. 이는 양곡 생산자인 농민에게 충분한 가격을 지불하여 국민의 대다수인 농민의 경제 상황을 안정시키기 위해서였다. 그래야만 농민이 지속해서 농사를 짓고 정부는 양곡을 구매하는 선순환적인 구조가 마련되기 때문이다. 하지만 정부는 매상제도를 원래 취지대로 운용하지 않았다. 높은 가격이라면 사지 않겠다는 정부의 배짱은 매상보다 수납으로 확보할 수 있는 양곡이 더 많았기에 가능했다.

정부의 공정 가격은 시장 가격과 비교해 낮았고, 특히 1955년에는 시장 가격과의 격차가 크게 벌어졌다. 여기에는 양곡 구매에 드는 정부 비용을 줄인다는 것과는 또 다른 맥락도 있다. 1955년 8월 15일 한국과 미국 간의 환율이 500환 대 1달러로 인상되었다. 실제 한국 화폐의 가치가 고평가되었다는 점에서 저환율이었다. 미국은 한국이 요구하는 저환율에 합의하는 대신, 환율 책정 시기의 서울 도매물가를 기준으로 연간 물가지수가 125퍼센트를 초과하면 환율을 인상한다는 단서 조항을 걸었다.[30] 물가상승률이 25퍼센트 이상이면 환율도 오르는 것이다. 이승만 대통령을 필두로 모든 경제 관료들은 500대 1 환율 유지에 사활을 걸었다. 환율이 상승하면 유엔군이 한국 정부에 상환해야 하는 한국 화폐의 가치가 하락하고, 한국이 미국으로부터 받는 무상원조의 실제 규모가 줄어든다고 생각했기 때문이다. 1950년대 중·후반 재정·금융 정책 등 정부의 모든 정책 수단이 연간 물가 상승을 25퍼센트 내로 억제하는 데 집중되었다고 해도 과언이 아니었다. 그렇다면 환율과 매상 가격은 무슨 관계가 있을까? 매상 가격이 높아지면 그만큼 시중에 풀리는 통화량도 증가한다. 특히 쌀을 매상하는 시기는 연말로 이때 물가가 상승해버리면 25퍼센트 선을 지키기가 힘들다. 게다가 연말은 일반적으로 통화량이 증가하는 시기이기도 하다. 통화량 상승이 곧 물가 상승인 상황에서 정부는 매상에 드는 자금을 최대한 줄이려 했다. 또한, 정부가 제시한 낮은 매상 가격이 일종의 가이드라인으로 작용하여 곡물의 시장 가격이 상승하는 것도 견제할 수 있었다. 곡물 가격이 전체 물가를 선도하는 경향이 있는 만큼, 저곡가 정책은 인플레이션 억제 그 자체는 물론 환율 유지의 수단이었던 셈이다.[31]

1954~1956년 정부는 현물납부제에 공정 가격이라는 마술을 더해 더 많은 정부 관리 양곡을 더 저렴하게 확보했다. 또한 낮은 공정 가격을 통해 물가 상승 억제와 환율 유지 효과까지 얻었다. 하지만 매상과 수납제도는 농민에겐 경제적 손실을 입혔다. 유명무실한 매상

은 둘째치더라도 현물납제 폐지 여론이 일어나는 것은 당연했다.

정부의 현물수납제 폐지 반대

1955년 1월 영동 지역, 경상남도를 시작으로 전국에서 절량농가가 속출하여 사회문제로 떠올랐다.[32] 1956년에는 더 많은 절량농가가 발생했다. 전쟁기부터 시작된 현물 납부제도로 인해 농가가 보유한 식량 재고가 계속 감소할 수밖에 없는 구조가 근본적인 원인이었다. 지금까지 논의한 대로 정부가 현물 수납정책을 지속하는 한, 1정보 미만을 경작하는 농가들은 구조적으로 식량 부족에 처할 위험이 컸다. 특히 이들 농가는 전체 농가의 70~80퍼센트를 차지했다.

휴전 무렵 농지상환곡을 금납제로 전환하려는 움직임이 시작되었다. 1953년 7월 국회 농림위원회 위원장이 제안한 〈농지개혁법 중 개정 법률안〉이 본회의에 상정되었다. 이 법의 제안 취지는 "토지수득세법의 실시로 분배받은 농가는 전 수확량의 7할 이상을 수득세와 상환 양곡으로 공출되고 작황이 나쁜 때에는 전 수확량을 공출해도 수득세와 상환액을 납부치 못하는 영세농가의 비참한 곤경을 구제하기 위하여 농지 대금 상환 방법을 종래 물납제에서 금납제로 상환할 수 있도록 하려는 것"이었다.[33] 〈개정 법률안〉은 약간의 수정을 거쳐 본회의에서 가결되었다. 상환곡 금납제 전환에 반대한 정부는 국회에 재의를 요구했다. 재의 형식을 띤 금납제 거부였다. 1953년 11월 24일에 열린 국회 본회의에서 〈개정 법률안〉은 다시금 가결되었다.

문제는 정부의 태도였다. 정부는 국회에서 통과된 법안의 공포를 미루고 1953년, 1954년 상환곡을 쌀과 보리로 수납했다. 정부는 법 개정 전에 이미 정부와 농민 사이에 채권·채무 관계가 성립되어 있으므로 현물 수납을 유지해도 된다고 주장했다.[34] 정부가 두 해 동안 수납한 상환곡은 270만 석이었다. 그 결과 법정 상환기일인 1954년 12월 31일, 농민들은 법정 상환량의 71.8퍼센트를 완납했다. 5년 만에 그것도 중간에 전쟁 기간이 3년이나 있었음에도 농민들의 완납률은 70퍼센트에 달했다. 이는 정부가 농민이 실제 부담할 수 있는 능력을 넘어서는 만큼의 농지상환곡을 수납했다는 것을 반증한다. 한편으론, 더 일찍부터 금납제를 시행했다면 정부에는 손해였다. 시장가격으로 환산한다면 농지를 분배받은 농가는 1950년부터 1954년까지 수납한 현물의 절반만으로도 상환을 마칠 수 있었기 때문이다.[35]

1955년 5월 농지개혁 상환 만료일이 도래했다. 1955년 6월 13일 〈농지개혁법 폐지에 관한 법률안〉을 제안했던 정부는 돌연 2년 전인 1953년 11월에 확정된 〈농지개혁법 중 개정 법률안〉을 공포하겠다고 발표했다. 그리고 스스로 제안했던 폐지 법률안은 철회했다. 오락가락하는 정부의 행보에는 다 이유가 있었다. 2년 전에 통과되었던 개정안에는 미납·체납된 상환곡은 국세징수법에 의거하여 강제징수한다는 내용이 들어있었다.[36] 1955년 5월로 상환 기간이 만료되면 농민들이 상환하지 않은 양곡은 모두 미납·체납 상환곡이 돼버린다. 그런데 1950년의 〈농지개혁법〉에 따르면 농지상환곡은 세금이 아니므로 정부가 강제징수할 수 없었다. 정부는 강제징수의 이득이 더 크다는 계산하에, 금납제 전환이 명시된 〈개정 법률안〉을 공포하겠다고 한 것으로 보인다. 하지만 이 또한 지켜지지 않을 공언空言에 불과했다. 정부는 그 뒤로도 5년간 미납·체납 상환곡을 현물로 수납했다. 도지사나 농림부 장관의 승인을 얻은 일부 농지에 한해서만 금납이 허용되었다.[37] 농지상환곡 전면 금납제가 시행된 것은 4·19혁명 이후인 1960년 10월 13일이었다. 이미 법정 상환량의 대부분이 상환된 뒤였다.

임시토지수득세 현물납제를 유지하려는 정부의 의지는 더욱 강했다. 임시토지수득세는 명칭에서 드러나듯이 전쟁을 이유로 '임시'로 신설된 세금이었다. 따라서 휴전 이후 현물납제에 의한 토지세 징수는 지속될 명분이 없었다. 정부는 임시토지수득세 폐지 및 금납제로의 전환을 요구하는 여론이 커지자 과세 구간을 조절하고, 세율을 인하하는 것으로 대응했다. 1954년에만 4월, 10월 두 차례에 걸쳐 세율이 인하되었다. 또한 과세 표준을 정하는 생산량 구간도 세분화해서 10석 이하로 통칭되었던 구간을 5석 이하와 10석 이하로 나누었다.

과연 세율 인하는 농민의 실질적인 부담을 덜어주었을까. 〈표 6〉은 1953년 토지수득세 과세실적액과 1954년 세제 개정 이후 과세예정액을 나타낸 것이다.[38] 현물납부제이기 때문에 과세액은 농민이 정부에 내야 하는 양곡량을 의미한다. 1954년 인하된 세율을 적용한 과세예정액을 보면 1953년과 비교해 전체적으로 과세액이 40만 석이 감소했다. 구간별로 1인당 납부액과 적용 세율은 어떨까. 5석 이하 납부액은 0.37석(세율 6.5퍼센트), 10석 이하는 0.66석(8퍼센트), 10석 초과 20석 이하인 자는 1.8석(10퍼센트)이다. 확실히 세율 자체는 1953년과 비교해 인하되었다. 보다 구체적으로 보자. 1953년 과세 대상 중 10석 이하 생산자는 137만 9,298명으로 전체의 65퍼센트를 차지하며, 1인 평균 0.77석을 납부했다. 이들에 대한 세율 자체는 1954년 8퍼센트로 인하되었지만 실제 과세액은 0.11석만 줄어들었다. 두 번째로 과세 인원이 많은 10석 초과 20석 이하 농민 또한 0.2석이 인하되었다.

〈표 6〉 1953, 1954년산 쌀에 대한 토지수득세 납부 실적 및 과세 예상 규모

구분	1953년산 과세 실적				1954년산 과세 예정	
	과세 대상 수확량	과세액 (양곡)	과세 인원 (명)	평균 세율 (퍼센트)	과세액 (양곡)	과세 인원
5석 이하	9,114,383	1,074,269	1,379,298	11.7	161,342	429,298
10석 이하					627,750	950,000
10석 초과	7,497,380	1,076,545	534,218	14.3	928,635	504,218
20석 초과	5,175,721	897,493	195,345	17.3	719,739	175,345
30석 초과					145,300	19,000
50석 초과	513,192	106,403	9,676	20.9	108,866	9,676
합계	22,300,678	3,154,711	2,118,537	14.1	2,691,632	2,118,537

〈표 6〉에서 정부가 임시토지수득세를 부과한 인원은 211만 명이다. 과세 인원은 사실상 과세 농가로 치환할 수 있다. 실제로 1953년 당시 전체 농가 호수는 224만 호로 과세 인원과 비슷하다. 과세 대상 수확량과 과세 인원을 기초로 계산하면, 10석 이하 과세 표준에 있는 1인의 실제 수확량은 도정 전의 조곡粗穀으로 6.6석이다. 상술한 바와 같이 1인은 보통 6인으로 구성된 한 농가를 의미한다. 이들 농가가 0.77석의 임시토지수득세를 내고 나면 수중에 남는 식량은 자가 소비 식량보다 더 적은 양곡뿐이다. 농지상환곡까지 추가로 납부하면 식량으로 소비할 수 있는 양곡은 더욱 줄어든다. 이뿐만이 아니다. 농

가는 다음 해 농사를 위하여 비료, 농기구 등에 영농자금을 지출해야 하고, 생활을 영위하기 위해서는 교육비, 의복비 등도 필요하다. 이처럼 농민의 삶을 어렵게 만드는 근본 원인은 세율이 아닌 현물 납부 제도 자체에 있었다.

1955년 임시토지수득세 금납제 전환 및 임시토지수득세 폐지문제가 본격적으로 논의된 데에는 이 같은 배경이 있었다. 이 시기에는 임시토지수득세를 지속적으로 비판해온 야당뿐만 아니라 여당인 자유당까지도 임시토지수득세의 금납제 전환 및 폐지를 주장했다. 1956년 선거를 앞두고 민심을 신경 쓰지 않을 수 없었던 것이다. 하지만 이승만 대통령과 재무부 등 관련 부처의 강력한 반대로 인해 금납제 전환이나 임시토지수득세 폐지 모두 수포로 돌아갔다.[39]

1955년 7월 14일 이승만 대통령이 발표한 대국민 담화에는 정부가 반대한 이유가 직접적으로 드러난다. 임시토지수득세를 존속한다는 내용을 담은 담화에서 이승만 대통령은 "지금 우리 농민들이 쌀을 팔면 돈을 더 바들 터이니까 돈으로 수득세를 내게 해달라 하는 것이지만 ……군사상 필요한 군량은 우리가 확보해두어야 할 것이니 민간에 좀 손실이 있다 하드라도 나라의 안정을 위해서 이것을 지켜주어야겠다"며 "이 문제로 이의가 있게 되는 것을 엄계해야 할 것"이라 말했다.[40] 군량 확보를 위하여 뒷전으로 두겠다는 뜻이었다.

정부가 현물납을 고집한 이유는 필수적으로 요하는 정부 관리 양곡을 자금 방출 없이 확보할 수 있다는 점에서 정부에 유리한 제도였기 때문이다. 만약 농지상환곡과 임시토지수득세를 현금으로 걷게 되면, 정부는 농민에게 수납한 현금으로 수납한 양만큼의 양곡을 구입해야 했다. 전후 군사비로 인한 적자 재정을 대충자금과 한국은행 차입금으로 충당하던 정부에 현물납제는 황금알은 낳는 거위와 같았을 것이다. 한편. 연말을 앞두고 거액의 양곡자금이 방출되면 물가 안정에도 악영향을 미칠 터였다. 정부는 현물납제도를 통해 최소한의 지출로 양곡을 획득하고 인플레이션도 방지하는 효과를 얻었다.

절량농가 위에서 가능했던 이승만 정권의 전후 복구

정부의 식량정책 수행에 한국전쟁은 중요한 전기였다. 전쟁 발발 이후 정부의 식량정책은 전쟁 수행이라는 최대의 과제에 집중되었다. 전쟁 발발 직전 제정된 〈양곡관리법〉에 따른 정부의 식량정책은 정부 관리 양곡과 자유 시장 매매를 동시에 활용하는 것이었다. 정부 관리 양곡제도는 총생산량의 3분의 1을 법적 최대치로 하여 일반 매상 방식으로 정부 관리 양곡을 확보하는 것이다. 정부는 이를 군과 경찰, 공무원 등 관영 수요처에 배급하고, 한편으로는 도시와 농촌의 빈민 등 민간에도 배급하여 안정적인 식량 수급상태를 유지해야 했다. 하지만 전쟁으로 인해 정부가 필요로 하는 양곡 규모는 대폭 증가했고, 시장을 통한 양곡 거래만으로는 전 국민의 안정적인 식생활을 보장할 수 없었다. 정부는 정부 관리 양곡의 규모를 확대하고, 이를 중심으로 식량정책을 실행했다.

확대된 정부 관리 양곡의 확보 방법은 일반 매상이 아니었다. 재정 지출 없는 현물 양곡의 확보가 정부의 목표가 되었다. 정부는 전쟁 수행을 위한 양곡 현물 확보를 최대 목표로 삼았고 그에 따라 법과 제도를 신설했다. 정부는 한국전쟁 발발 이후 양곡 확보를 목표로 지세의 현물납을 추진하여 결국 1951년 9월 25일 임시토지수득세법을 제정하였다. 이 법에 따라 농지에 대한 조세가 현물수납제로 바뀌었다. 〈양곡관리법〉에서 규정한 정부 관리 양곡 확보 방안이었던 일반 매상은 축소되어 사실상 중단된 상태에 이르렀다. 한편, 1948년 귀속농지 불하, 1950년 시행된 농지개혁으로 농지를 분배받은 농민들은 농지상환곡을 정부에 납부하였다. 기존의 귀속농지에 대한 상환곡과 아울러 현물로 납부되는 농지상환곡 또한 정부 관리 양곡의 현물 확보 방안이 되었다. 이 둘을 통해 정부는 일반 매상과 달리 한푼의 돈도 지출하지 않고 정부 관리 양곡을 확보할 수 있었다.

전후 복구 시기 정부의 식량정책에는 전쟁이 남긴 그림자가 깊게 드리워져 있었다. 정부는 전쟁 기간에 새로이 마련했던 현물납제를 지속했다. 전후 복구기 수납과 매상의 방식으로 정부가 확보한 정부 관리 양곡은 한국군과 공무원 등 관영 수요처를 중심으로 배급되었다. 특히 60만 이상의 한국군에 식량을 공급하는 데에만 연간 200만 석의 양곡이 소요되었다. 전쟁이 끝났음에도 정부 관리 양곡의 규모가 감소하지 않은 이유는 여기 있었다. 전후 복구기 정부 관리 양곡 수급계획에서 핵심은 관영 수요, 그중에서도 군량 조달에 있었다. 한편, 수납 양곡만으로는 관영 수요에 대응할 수 없었던 정부는 일반 매상을 실시했다. 정부가 원하는 가격이 아닐 때는 매상에 적극적이지 않았고, 양곡이 꼭 필요할 때는 최대한 낮은 가격으로 매상을 하기 위해 편법을 이용하거나 강권 발동도 서슴지 않았다. 양곡 확보 방식을 통해 정부가 농민의 안정적인 재생산보다는 한국군과 공무원이 필요로 하는 식량 수요를 조달하는 데에만 노력을 기울였다고 평가할 수 있다.

정부는 현물납에 의한 양곡 수납을 고집한 결과 군량 등 관영 수요에 공급하기 위한 양곡을 안정적으로 확보할 수 있었다. 정부는 상환곡과 임시토지수득세를 현물납제로 견지하고, 그 수납 가격을 낮게 책정하는 것을 통해 어떤 손해도 입지 않았다. 도리어 전쟁을 거치며 팽창일로였던 정부 예산을 보다 안정적으로 운용할 수 있었다. 하지만 양곡을 생산하는 농민들은 현금화, 상품화할 양곡은 물론 자가 식량마저 부족했다. 농사를 업으로 삼아 양곡을 생산하는 농민이 식량난을 겪는 아이러니는 전후 복구기를 거치며 일반적인 현상이 되어갔다. 현물납의 압박으로 농가의 경제적 수준은 점차 저하되었다. 농지상환 대가와 각종 세금을 현물로 납부하는 현물 수납제도는 4·19 혁명으로 이승만 정권이 몰락할 때까지 계속되었다.

한국전쟁을 거치며 변화한 정부의 식량정책은 〈양곡관리법〉의 목표인 "국민 식량의 확보와 국민경제의 안정"과는 거리가 있었다. 특히 국민의 70퍼센트 이상을 차지했던 "농민 식량의 확보와 농민경제의 안정"은 달성되지 못했다. 정부는 정부 관리 양곡 확보를 통해 군량미 수급을 안정시키고 양곡 확보에 드는 자금을 줄여 정부 재정을 안정시키는 것에만 심혈을 기울였다. 그러는 사이 이승만 정권이 최대 성과로 내세웠던 농지개혁을 통해 창출된 자작농은 정부의 식량정책으로 인해 무너져갔다. 1956년 한국 정부가 재건을 천명할 수 있었던 것은 전쟁기 그리고 전후 복구 과정에서 정부가 짊어져야 했던 부담을 농민에게 전가했기에 가능한 일이었다.

3. 냉전과 재건의 이중주

-1950년대 미군대한원조 프로그램의 수립과 시행

◎ 이소라

냉전의 그늘 속 재건: AFAK 프로그램의 이중성

6·25전쟁은 한반도에 막대한 인적·물적 피해를 초래했을 뿐만 아니라 국가 존립마저 위협하는 심각한 사회문제를 야기했다. 이러한 위기 상황에서 전쟁 초기부터 한국을 돕기 위한 외부의 구호와 원조가 다방면으로 이루어졌다. 특히 해방 이후 한국에 압도적인 영향력을 행사해온 미국은 전쟁 발발과 동시에 참전하여 '파괴자'로서 전쟁을 수행하는 한편, '구원자'의 역할도 자임하며 한국의 재건사업에도 적극적으로 나섰다.

휴전 이후 전국 각지의 복구 현장에서는 미군이 제공한 물자와 장비를 동원하여 교실이나 고아원을 비롯한 공공 건물을 건설하는 광경이 흔히 목격되었다. 이는 미국이 휴전협정 직후 한국의 재건을 고민하는 과정에서 구상한 '미군대한원조Armed Forces Assistance to Korea(이하 AFAK)' 프로그램에 따른 풍경이었다.

AFAK 프로그램은 미국의 대외 원조자금을 기반으로 주한미군과 한국 지역 사회의 자발적인 노력을 결합하여 해당 지역의 공공 프로젝트를 완성하는 사업이었다.[1] 미국 공식 원조자금의 일부를 할당받아 원조 규모 자체는 크지 않았으나, 전후 냉전 질서하에서 AFAK 프로그램은 그 자체로 상징적 의미를 지녔다. '주한미군'이 '자발적'으로 기술력과 자재, 중장비를 앞세워 한국 지역 사회의 '재건'사업에 뛰어드는 방식은 미국의 냉전전략에 따른 전시성을 띠는 것이었다. 동시에 이러한 구상이 실제 기획·적용되는 과정에서 구체적 성과를 달성하며 한국의 지역 사회에서 일정한 영향력을 발휘하였다.

이 글에서는 선행 연구들에서 단편적으로만 언급되었던 AFAK 프로그램을 본격적으로 소개하면서 특히 프로그램 초기의 기초적 사실을 밝히는 데 중점을 두고자 한다. 우선 프로그램의 수립 과정을 검토함으로써 이에 투영된 미국의 냉전전략을 드러내고 그 전시적 특성을 파악할 것이다. 다음으로 프로그램의 관리 책임, 구성, 절차 등을 포함한 기획 방향을 소개하여 프로그램 초기의 운영 전반에 대한 이해를 돕고자 한다. 마지막으로 1950년대를 중심으로 프로그램의 시행 양상과 그 의미를 개괄적으로 파악할 것이다. AFAK 프로그램은 1953년 11월에 본격적으로 착수되어 1971년 최종 프로젝트가 종료될 때까지 총 6,695개의 프로젝트를 완료했는데, 특히 1950년대는 한국 사회에 전후 재건사업이 시급했던 만큼, 프로그램의 본래 취지가 가장 충실히 구현된 시기였기 때문이다.

AFAK 프로그램의 수립

역사적으로 미군은 대부분의 조직적·교리적 자원을 재래식 전쟁 대비에 집중해왔다. 그러나 남북전쟁 이후 미국의 급격한 영토와 세력 팽창으로 신규 획득 지역의 관리라는 새로운 과제가 대두했다. 이에 미군은 탐사, 영토 관리, 국립공원 보호, 공공사업 참여, 재난 구호 제공, 내부 소요 진압, 미국 외교정책 지원 등 다양한 비군사적 활동에도 투입되었다.[2] 미군은 이러한 활동에 대해 명확한 정의를 내리거나 공식 교리를 개발하지는 않았지만, 그 목적이 점령 지역 주민들의 평화와 질서를 회복하는 데 있다고 표방했다.

제2차 세계대전 이후 냉전이 본격화되면서 미국 정부는 공산주의의 영향력에 대응하는 새로운 전략으로 인도적 민간 지원Humanitarian and Civic Assistance을 도입했다. AFAK 프로그램은 이 전략이 처음으로 적용된 사례이자,[3] 큰 틀에서 기존 점령 지역 관리 방식의 연장선에 있었다.

AFAK 프로그램은 미국 정부가 휴전협정 직후 한국의 재건문제를 고민하는 과정에서 구상되었는데, 이는 미국의 냉전전략과 맞닿아 있었다. 휴전 직후부터 워싱턴의 최고위층은 한국의 재건사업에 주한미군을 활용하는 방안을 구체화했다. 가장 적극적인 인물은 아이젠하워 대통령이었다. 그는 한국이 경제 재건에 착수해야 하는 중요한 시기에 공병, 의무, 통신, 병참 등 주한미군 내 기술자들이 한국의 도로, 철도 및 통신 수단의 복구, 학교의 재건, 병원과 보건위생 시설의 복구, 교사와 의료진에 대한 교육 등 다양한 사업에 참여할 필요가 있다고 보았다. 그는 이러한 활동이 양국 간 우호관계 증진은 물론, 미국의 동맹국 지원 의지를 전 세계에 보여주는 기회가 될 것이라고 기대했다. 또한 군대의 사기 진작에도 도움이 될 것으로 보았다. 주한미군을 재건사업에 활용함으로써 미국이 냉전 질서하에서 동맹국의 재건과 자유세계 국가 간의 친선관계 구축에 기여하고 있음을 전 세계에 과시하려는 의도였다.[4] 덜레스John Foster Dulles 국무장관 또한 국무성 회의에서 미군을 재건사업에 활용하는 방식이 한국을 '가장 매력적인 지역'으로 만드는 데 기여할 것이라고 피력했다.[5]

아이젠하워는 한국의 특수한 상황을 고려할 때, 이러한 재건사업 수행 주체는 일개 부처가 아닌 군이 되어야 하며, 따라서 현지 사령관의 지휘하에 운영되는 것이 바람직하다고 생각했다. 이에 1953년 8월 24일 군의 인적자원 문제를 검토하기 위해 방한한 국방부 차관보 존 한나John A. Hannah는 주한미제8군 사령관 맥스웰 테일러Maxwell D. Taylor와의 면담을 통해 주한미군의 지역 사회 복지 프로젝트 참여 방안에 대한 의견을 수렴했다.[6]

테일러의 건의는 AFAK 프로그램의 기초가 되었다. 그는 전쟁 기간에 미군들이 한국인을 돕기 위해 자발적으로 펼친 노력이 상당한 성과를 거둔 점을 지적하며, 불우한 한국인을 돕고자 하는 그들의 인도주의적 지원 의지를 제도화된 프로그램으로 확장할 것을 제안했다. 그리고 프로그램의 시행을 위해 제8군의 군사적 필요를 초과해 보유 중이던 1,500만 달러 규모의 미군 건설 자재를 공식 구호 및 재건 활동에 전용하는 방안을 건의했다.[7] 이러한 테일러의 의견은 상부에 전달되었고, 아이젠하워는 테일러가 해당 프로그램을 '전력으로' 시행할 수 있도록 전폭적인 지지를 보냈다.

워싱턴에서 관련 논의가 진행되고 있던 1953년 9월 5일, 제8군 사령부는 'U.S. Troop Aid to Korea'라는 이름의 대민 지원사업을 개시했다. 그리고 휘하 사령부에 각 지역의 필요와 여건에 맞는 다양한 공공 프로그램의 개발을 요청했다.[8] 이후 10월 18일 이 프로그램은 '미군대한원조AFAK'라는 이름으로 변경 발표되었다. 지원 범위는 제8군 관할 지역에서 비무장지대 이남의 한국 전역으로 확대되었다.[9] 11월 4일에는 지침 1, 2호가 공포되면서 프로그램의 내용이 명확해졌고, 본격적인 사업이 시작되었다.

사업의 시작과는 별개로, AFAK 프로그램의 재원 마련 문제는 한미 간 긴장을 야기했다. 당시 조정을 담당한 인물은 경제조정관 타일러 우드Tyler C. Wood였다. 그는 기존 원조자금과는 별도로 프로그램 예산을 확보하려 했으나, 워싱턴의 부정적 입장으로 인해 한국민간구호계획Civil Relief in Korea(CRIK) 원조에서 1,500만 달러를 전용하기로 합의했다. 우드는 1954년 3월 1일 백두진 국무총리에게 보낸 서한에서 군 장비와 인력을 활용한 재건사업의 신속성과 효율성을 강조하고, 이 프로그램이 한국에 재정 부담 없이 추가적인 이익을 창출할 것이라고 설명했다.[10]

백두진 총리는 답신에서 이러한 미국의 결정이 한국 정부와의 사전 협의 없이 워싱턴에서 일방적으로 결정되고 통보된 점에 대해 강하게 비판했다. 특히 군 당국의 무분별한 프로젝트 선정이 한국의 경제 재건과 재정 안정화 프로그램에서 더 핵심적인 사업들을 저해할 수 있다는 우려를 표명했다.

이에 대해 우드는 CRIK 원조자금의 전용은 미국의 법률과 관행에 따른 '내부 문제'이기 때문에 본질적으로 워싱턴의 '일방적인 결정'이 내려질 수밖에 없다고 반박했다. 오히려 현재 한국의 보건위생, 교육 등의 상황이 안보를 위협하는 수준에 이르렀다는 점을 들어, AFAK 프로그램을 통한 군 지휘부의 적극적인 개입이 필요하다고 강조했다.[11)]

한국 정부의 입장은 1953년 8월 6일 백두진 국무총리가 당시 유엔군 사령관 마크 클라크Mark W. Clark에게 보낸 서신에서 보다 명확히 드러난다. 휴전 직후 아이젠하워 대통령이 한국의 재건에 주한미군을 활용하겠다는 구상을 밝히자, 한국 정부는 즉각 이를 '매우 찬성'한다는 의사를 표명했다. 그러나 '재건'의 범위를 둘러싼 한미 간 인식 차이는 컸다. 후술하겠지만, 미국 측은 AFAK 프로그램을 통해 학교, 고아원, 공중보건 시설 등 지역 사회의 '소규모' 시설 건설에 주력하고자 했다. 반면 한국 정부는 철도, 항구, 통신, 고속도로, 전력 등 '대규모 민간 건설사업'을 기대했다.[12)] 이러한 인식의 차이는 한국 정부가 지속적으로 프로그램에 불만을 표출하는 근본적 원인이 되었다.[13)] 앞서 미국의 무분별한 프로젝트 선정이 한국이 생각하는 핵심적인 사업들을 저해할 수 있다는 한국 측의 우려는 이러한 배경에서 비롯된 것이었다.

그런데 미국이 프로그램 자금을 CRIK 원조에서 마련하고자 했다는 점은 이미 AFAK 프로그램을 구호 원조사업의 일환으로 인식했음을 시사한다. 6·25전쟁 발발 이후 유엔 결의로 시작된 CRIK 원조는 건축자재를 비롯하여 식료품, 의료위생용품, 연료, 운수용품, 고무제품, 섬유 및 의료품 등으로 구성되었다. 특히 의식주 관련 물자가 전체 원조 도입 물량의 70퍼센트에 달했기 때문에 명백한 긴급구호 성격의 원조로 볼 수 있다.[14] 따라서 이러한 CRIK 자금의 전용은 대규모 민간 건설사업을 기대했던 한국 정부의 의도와는 상당한 괴리를 보이는 결정이었다고 할 수 있다.

한미경제조정협정의 존재감을 우려했던 우드와 유엔군 사령관 헐 John E. Hull의 인식에도 불구하고,[15] 미국은 한국 정부와의 합의 없이 AFAK 프로그램을 추진했다. 이는 분명 '과감한 조치'로 인식되기도 했으나, 아이젠하워 대통령을 비롯한 워싱턴의 고위층과 주한미국 관계자들의 전폭적 지지 속에서 한국 정부의 입장은 큰 영향력을 발휘하지 못했다. 더욱이 AFAK 프로그램이 한국에서 미국의 전략적 목표 달성에 유리한 심리적 환경을 조성할 것이라는 기대가 확산되면서, 신속한 실행이 강조되었다.[16] 이에 따라 한미합동경제위원회 Combined Economic Board(CEB)를 통한 한미 간의 개별 프로젝트 조정 과정은 '소모적'이라는 이유로 생략되었고,[17] 책임자인 제8군 사령관은 광범위한 자율성을 보장받게 되었다.[18] 이처럼 AFAK 프로그램은 초기 구상 단계부터 한국 정부의 의견을 배제한 채, 미국의 냉전 전략에 따른 전시성을 강하게 띠며 추진되었다.

AFAK 프로그램의 설계

AFAK 프로그램은 1953년 11월 초 지침Directive 1, 2호가 공포되면서 본격적으로 시작되었다. 이 지침에 따르면, AFAK는 군이 전반적인 구호 및 전후 복구계획에 최대한 참여할 수 있는 방법을 제공하기 위해 수립되었으며, 프로그램의 목적은 "한국인들에게 파괴된 국토의 회복을 돕고자 하는 미국의 의지를 보여주는 것"이었다. 일련의 지침들을 통해 프로그램의 전반적인 설계 방향을 이해할 수 있는데, 크게 책임 주체와 역할 및 프로그램 구성과 절차로 나누어 살펴보겠다.

책임 주체와 역할

AFAK 프로그램은 체계적인 미군 조직을 기반으로 관리되어 초기부터 상당한 성과를 달성할 수 있었다. 프로그램이 시행되는 전 지역은 군사작전 수행과 동일한 지휘 책임하에 구획되었다. 제8군 사령관은 유엔군 사령관의 집행관Executive Agent으로서 AFAK 프로그램의 총책임을 맡아 한국 전역에서 프로그램의 시행을 조정하고 감독하는 역할을 맡았다. 또한 한국민사원조사령부Korean Civil Assistance Command(KCAC) 사령관 및 경제조정관과 협력하여 프로그램을 조정하고 한국 정부에 프로그램 현황을 통지했다. 후방 지역의 경우, 한국후방관구사령부Korean Communications Zone(KComZ) 사령관이 AFAK 프로그램의 시행에 대한 모든 책임과 권한을 담당했다. KComZ는 제8군과 대등한 위상을 갖는 별개의 부대로, 후방 지역을 관할하며 민사 관리와 민사 원조에 대한 책임도 함께 수행하였다.[19)]

제8군 사령관의 역할 가운데 KCAC 사령관 및 경제조정관과의 프로그램 조정은 원조기구가 난립하고 있는 한국 상황을 고려할 때 반드시 필요한 임무였다. 당시 미국의 대한 원조기구로는 KCAC이, 유엔 원조기구로는 유엔한국재건단United Nations Korean Reconstruction

Agency(UNKRA)이 활동 중이었다. 휴전 이후 UNKRA의 활동이 재개됨에 따라 이들 기구 간의 업무 조정 필요성이 제기되면서 KCAC은 구호와 단기 복구사업을, UNKRA는 장기 재건계획을 담당하는 것으로 조정되었다. 그러나 한국 정부와의 관계에서 이들의 활동은 중복되거나 애매한 부분이 많았기 때문에 유엔과 미국의 모든 원조기구 및 프로그램을 조정하는 경제조정관의 역할은 더욱 중요해질 수밖에 없었다.[20)]

기존의 원조기구만으로도 효율적인 운영이 어려운 상황에서, AFAK의 등장은 이러한 어려움을 가중시킬 수 있었다. 따라서 초기 단계에서부터 다른 원조기구와의 차별점을 명확히 규정하고 책임 주체에게 조정 임무를 맡기는 것이 필수적이었다. AFAK 지침 1은 이러한 맥락에서 원조기구 간 역할 구분을 명시하였다. 구체적으로 KCAC과 UNKRA가 '국가적' 규모의 구호책과 '대규모' 재건 프로젝트 및 산업 활동에 대한 원조를 진행한다면, AFAK는 군 부대를 활용한 종교, 문화 및 교육 기관 지원 등 '소규모' 지역 프로젝트의 후원과 개발, 그리고 통신 시설 복구에 주력할 것을 규정하였다.[21)]

이러한 원조기구들은 보통 각자의 사업 영역에서 활동했지만, 경우에 따라서는 1953년 11월 부산 대화재의 복구를 위한 종합계획에서처럼 공동으로 참여해 하나의 계획을 완성하기도 했다. 구체적 사례로 100만 달러 이상이 지출되는 부산 주택 건설 프로젝트는 UNKRA에서, 14만 달러가 지출되는 상수도 건설 프로젝트는 KCAC에서 지원했다. AFAK의 경우, 상대적으로 적은 비용이 드는 고아원, 도로, 교량 등 다수의 건설 프로젝트와 장병들의 기부금 전달 등을

통해 계획에 참여했다.[22)]

프로그램 구성과 절차

AFAK 프로그램은 크게 의료, 비건설, 건설 분야로 구분되었다. 의료 분야의 경우 크게 세 가지 하위 프로그램으로 구성되었다. 첫째, 민간 의료 시설에 대한 전문적·기술적·행정적 지원과 더불어 응급 상황이거나 혹은 대체 의료 시설 이용이 불가능한 한국인 민간인 환자에 대한 제한적 치료의 제공, 둘째, 민간인을 위한 자선 혹은 비영리 한국 의료 시설을 대상으로 한 의료용품과 장비의 제공, 셋째, 미군/유엔군의 전투 활동으로 인해 부상한 한국인 절단환자를 위한 정형외과 기기의 구입 및 사용 교육의 제공이었다.[23)]

비건설 분야의 경우 두 가지 방식으로 진행되었는데, 첫째는 자연재해에 대한 지원으로, 미 관재 처리 시설U. S. property disposal facilities에서 AFAK로 구호물자가 전달되면 재난 피해자들에게 물자가 분배되는 방식이었다.[24)] 일례로 1959년 9월 태풍 '사라'로 피해를 입은 이재민들에게 구호 텐트, 담요, 침구로 구성된 화물차 5대 분량의 구호물자가 기부되었다. 둘째는 미국 단체 및 개인으로부터 현금, 의복, 식량 및 보급품 등을 기부받아 한국의 지역 사회 및 단체를 지원하는 방식이었다.[25)] 특히 이 방식은 수혜자와의 긴밀한 개인적 관계를 수반하며 높은 선의와 사기를 유발한다는 점에서 적극 권장되었고, 담당 사령관의 추가 승인 없이도 언제든 실시할 수 있었다.

건설 분야는 AFAK 프로그램의 핵심 영역이었다. 건설 프로젝트의 운영 절차는 다음과 같았다. 우선 미국의 원조자금이 할당되면 다양한 경로로 개발된 프로젝트가 현지 한국인 공무원의 동의를 거쳐 공식 승인되었다. 이후 중대급 이상의 미군이 기술 지원과 더불어 원조 자금으로 구매한 보급품, 자재, 군 보유 특수 중장비를 제공하고, 해당 지역 사회가 자재 일부와 노동력을 최대한 지원하여 프로젝트를 완성하였다.

구체적 진행 과정을 살펴보면, 첫 번째 단계는 프로젝트의 개발과 승인이다. 프로젝트는 다양한 방식으로 개발되었는데, 구체적으로 자금 한도 내에서 중대 및 파견대 이상의 부대 지휘관이 개별적으로 주도하거나, KCAC 지역팀 사령관의 추천을 통해 진행되었다. 또는 지원자가 직접 신청하거나, 지역 사회 관련 협의회를 통해 개발되기도 했다.[26] 일례로 마산에서는 마산 시민과 마산에 주둔하고 있는 미국 각 기관의 친선협조를 도모하고 한미 공동의 힘으로 재건 부흥사업에 기여하기 위해 재마한미친선협의회在馬韓美親善協議會가 발족되었는데, 이 협의회에서 AFAK 프로그램 논의도 함께 이루어졌다. 사업 추진 절차는 마산 시민과 시장, 사업 대표로 구성된 대표단이 필요사항을 작성하면 협조위원회에서 이를 조사하고 군에 허가를 요청하는 방식이었다.[27] 이러한 체계는 AFAK 프로그램이 당시 한국 지역 사회의 긴급한 요구사항에 효과적으로 응답할 수 있었음을 의미한다.

이렇게 개발된 프로젝트는 빠른 진행을 위해 5만 달러 이상 비용이 드는 프로젝트일 경우에만 제8군 사령부의 승인을 받았고, 그 외의 프로젝트는 예하 사령부에서 공병의 조언을 받아 자체적으로 승인했다.[28] 이때 프로젝트의 위치, 건설 기준 또는 유형, 지역 기준에의 부합여부, 지역의 기여도 등에 대한 해당 지역 공무원의 동의가 이루어졌다.

프로젝트 승인 과정에서 중요하게 고려된 것은 지역 사회의 요구에 맞추어 최대한 많은 주민에게 혜택을 줄 수 있는지의 여부였다. 또한 거대한 구조물이 아닌 소규모의 실용적인 시설을 목표로 했다. 이에 더해 완료된 프로젝트를 지속적으로 운영하고 유지·관리할 수 있는 지역 사회의 능력 또한 모든 프로젝트 승인의 전제조건이 되었다.[29] 이러한 조건에 따라 설정된 사업의 우선순위는 학교, 공중보건 시설, 고아원, 관공서, 공공 시설, 교량 순이었다. 특히 학교와 의료, 고아원에 대한 원조는 AFAK 프로그램의 기본 목적에 가장 부합하는 것으로, 한국 사회에서 해당 분야에 대한 요구가 가장 크며 AFAK 원조를 통해 최소한의 시간으로 상당한 가시적 성과를 만들어낼 수 있다고 판단되었다.[30]

두 번째 단계는 군과 지역 사회가 연계해 프로젝트를 완성해나가는 단계이다. 프로젝트가 승인되면 건설에 필요한 미국의 공급품 및 자재가 군 보급계통을 통해 조달되었고, 그 비용은 AFAK 자금에서 지불되었다. 이때 프로그램 수행에 사용된 군 장비 또는 군 인력에 대해서는 비용이 청구되지 않았다. 또한 제한 사항으로, 유엔군 인력은 전적으로 자발적인 경우를 제외하고는 일반노동에 투입되지 않았다.[31] 군의 최우선 과제는 지속적인 전투 준비상태를 유지하는 것이었다.[32] 따라서 전투 준비상태를 손상하는 어떠한 것도 허용되지 않았고, 유엔군 인력은 기술력이나 자재 및 현지에서 구하기 어려운 유형의 특수 중장비를 제공하는 것으로 제한되었다.

한편, 혜택을 받는 한국의 지역 사회는 현지 물자와 노동력을 최대한 제공해야 할 의무가 있었다. 미군이 제공한 물품과 자재는 어디까지나 현지에서 구할 수 없거나 지역 사회의 경제적 생산 능력을 넘어서는 품목에 대한 요구를 충족시키기 위해 사용되었다. 자조自助하는 한국인을 돕는다는 프로그램의 취지는 지역 사회의 적극적인 참여를 요구했다.[33] 1954년 4월부터는 한국군도 AFAK 프로그램에 참여하여 한국 전 지역에서 원조가 고르게 이루어질 수 있게끔 지원했다.[34]

AFAK 프로그램, 한국 사회와 만나다

AFAK 프로그램의 개별 프로젝트들은 미국의 원조자금 할당과 함께 시작되었다. 원조자금 총액의 경우 사업 첫해인 1954회계연도에 1,500만 달러, 1955년에는 500만 달러, 1956년과 1957년 200만 달러 등이 할당되었다.[35] 전쟁 직후에는 복구사업의 시급성으로 인해 자금 규모가 컸고, 해가 갈수록 점차 감소하는 경향을 보였다.

AFAK 프로그램은 1953년 11월에 착수되었지만 동절기에는 대규모 공사가 불가능하여 초기에는 주로 프로그램의 기획과 편성 작업이 이루어졌다. 1954년 봄이 되자 본격적인 건설사업이 시작되어 즉각적인 성과가 나타나기 시작했다.

한편, 한국군의 AFAK 프로그램 참여는 1954년 4월 공식화되었고, 같은 해 6월 AFAK 특임대Task Forces 관련 지침 6호가 공포되면서 본격화되었다.[36] AFAK 특임대는 특정 지역에 본부를 두고 해당 지역의 AFAK 프로젝트 또는 프로젝트에 필요한 노동, 기술 감독, 후원을 제공하기 위해 지정된 한국 육군 특수조직이었다. 일반적으로 임무 수행에 필요한 장비를 갖춘 대대 규모 이상의 부대로 구성되었고, 한 명 이상의 주한미군사고문단U.S. Military Advisory Group to the Republic of Korea(KMAG) 고문이 동행하여 전반적인 감독을 수행했다. 이 특임대는 한국군 지휘 권역에 따라 지역별로 조직되는 과정에서 점차 확대되었다. 조직과 동시에 자체 프로젝트를 진행할 뿐만 아니라 기존에 미군이 계획한 프로젝트가 해당 지역 특임대로 이관되기도 했고, 미군의 해외 이동이 있을 경우 한국군에 프로젝트가 이관되기도 했다. AFAK 프로그램은 지침 1호에서 그 범위를 "비무장지대 이남의 한국 전역"으로 명시했음에도 이전에는 주로 도시 지역과 유엔군 주둔지 위주로 사업이 진행되었는데, 한국군의 참여로 인해 비로소 그 목표를 현실화할 수 있었다.[37)]

1954년 10월은 AFAK 프로그램이 최대 성과를 보인 달이었다. 그 달에만 총 226건의 건설 프로젝트가 완료되었다.[38)] 1954년 12월을 기준으로 완료된 프로젝트는 누적 1,339건, 진행 중인 프로젝트는 620건이었고,[39)] 1955년 11월을 기준으로는 보면 완료된 프로젝트는 누적 2,101건, 진행 중인 프로젝트는 299건이었다.[40)] 1955년 하반기부터는 한 달간 약 50건 내외의 프로젝트가 완료되었다. 프로그램 초기에 전후 재건사업이 시급했던 만큼, 상당수의 프로젝트가 초반에 집중되었음을 알 수 있다.

1950년대 프로그램의 전반적인 경향을 살펴보기 위해 1959년 10월을 기준으로 AFAK 프로그램의 누적 프로젝트 통계를 정리하면 〈표 1〉과 같다. 1959년 10월 기준 AFAK 건설 프로그램의 경우, 진행

〈표 1〉 1959년 10월 기준 누적 프로젝트(단위: 달러)

프로젝트 유형	진행 중 프로젝트 수	완료 프로젝트 수	물자		장비 및 노동력	총 가치
			미국	한국		
학교	99	1,562	12,053,547	8,002,776	16,944,528	37,000,851
교회	0	250	972,331	156,450	708,576	1,837,358
고아원	17	297	1,346,146	790,084	1,716,276	3,852,506
다리	0	110	471,904	58,996	629,738	1,160,638
공중보건	6	325	1,806,55	820,800	1,954,651	4,582,036
관공서	2	408	1,739,019	717,006	4,544,541	7,000,566
공공 시설	1	124	382,501	67,933	882,901	1,333,335
개간	0	53	134,272	17,258	76,935	628,465
홍수 통제	1	11	26,700	0	103,454	130,154
고속도로	0	54	83,858	22,018	747,655	853,531
부산 화재 복구	0	813	1,097,018	27,817	3,616,364	4,741,199
의료	0	0	1,411,685	0	1,712,584	3,124,269
비건설	0	0	0	0	0	2,877,272
합계	125	4,007	21,525,566	10,681,138	34,038,203	69,122,179

* 출처: "Consolidated Monthly Report of Armed Forces Assistance to Korea Program – October 1959 (Status Report #72), 1959. 11. 14, Box 123, Entry UD 1276, RG 469 재구성.

중인 프로젝트는 125건, 완료된 누적 프로젝트는 4,007건이었다. 완료된 프로젝트 가운데 학교가 1,562건으로 가장 큰 비중을 차지했고, 다음으로는 1953년 말부터 진행된 부산 화재 복구를 위한 각종 건설 프로젝트가 813건, 관공서 408건, 공중보건 시설 325건, 고아원 297건, 교회 250건 순이었다.

프로그램 초기에 설정된 사업 우선순위에 따라 학교 건설에 상당한 자원이 투입되었는데, 특히 한국 측 제공물자의 약 80퍼센트가 학교에 집중되었음을 확인할 수 있다. 이러한 성과는 1954년 9월 제8군 사령부와 한국의 교육부가 협력하여 수립한 "AFAK–한국의 표준 학교계획"에 영향을 받은 것이기도 했다. 이 계획은 학교 건설에 선호되며 쉽게 확보할 수 있는 자재를 목록화하고, 해당 지역 및 학교 당국에서 제공하는 물자와 자재의 범위를 사전에 규정함으로써 프로젝트의 신속한 진행을 가능하게 했다.[41)] 실제로 제343야전공병대대 B 중대에서 후원한 고양중학교 건설 프로젝트에서는, 다른 프로젝트를 고려하여 건축자재를 절약하기 위해 해당 지역의 석재를 활용한 석조 교사가 신축되었다.[42)] 한편, 고양국민학교 건설공사에는 어린 학생들까지 동원되었다.[43)]

이러한 건설 프로젝트들을 재정적 측면에서 살펴보면, 미국이 제공한 물자의 비용은 약 2,011만 달러, 한국이 제공한 물자는 약 1,000만 달러로 미국의 지원 규모가 한국의 두 배 수준이었다. 장비 및 노동력의 가치는 총 3,232만 달러로, 이는 한국인과 유엔군 인력 및 미국이 제공한 장비의 투입시간을 달러로 환산해 산출한 결과였다. 건설된 시설물은 한국 경제에 6,312만 달러 이상의 가치를 창출한 것으로 추산되었는데, 이는 AFAK 자재비에 한국의 지역 사회에서 제공한 현지 물자, 상품, 용역 및 노동의 추정 가치를 포함한 금액이었다. 결과적으로 지출한 금액의 3배로 계산되었기 때문에 다른 어떤 재건 프로그램보다도 뛰어난 수익률을 보인다고 자체 평가되었다.[44)]

의료 프로그램의 경우 한국군과 한국 민간인에 대한 치료 및 의료 교육 지원 외에 총액 310만 달러 이상의 의료용품과 장비가 제공되었다. 비건설 프로그램으로는 290만 달러 상당의 현금, 의류, 식량,

개인물품 등이 기부되었다. 세부적으로 공공복지에 215만 달러, 공중보건에 23만 달러, 교육에 13만 달러, 종교 분야에 35만 달러가 기부되었다. 가장 많은 기부가 이루어진 공공복지 영역은 재해 구호를 포함한 전반적인 사회 지원을 의미하는 것으로, AFAK의 관련 활동이 지역 사회를 관할하는 정부기관의 역할을 일정 부분 대신했던 것으로 볼 수 있다.[45)]

프로젝트의 구체적인 실행 양상은 강원도 춘천의 춘천고등학교 신축교사 건설 프로젝트를 통해 살펴볼 수 있다. 이 프로젝트는 6·25 전쟁으로 파괴된 교사를 복구하기 위해 1954년 4월에 착수되어 1955년 6월 완료되었다. 13개월 동안 미군 제69수송대와 한국군 제1103 야전공병대가 지원했으며, 투입된 자재비만 10만 6,228달러, 투입된 인원은 연 3만여 명에 달했다. 당시 전국의 학원 복구공사 중 가장 큰 규모이자, 소규모 사업을 지향하는 AFAK 프로젝트 가운데서도 상당한 비용이 투입된 공사였다. 24개의 교실과 각종 이화학 실험실 및 연구실을 합쳐 총 876평의 3층 건물이 준공되었다.[46)]

춘천고등학교 프로젝트의 승인 신청일은 1953년 11월 4일이었고, 승인된 날짜는 1954년 4월 1일, 착수일은 3주 뒤인 4월 21일이었다. 자재비가 5만 달러 이상인 경우에는 제8군 사령부의 승인을 받았기 때문에 상대적으로 승인이 오래 걸린 경우였다. 이와 비교하여 3,250달러가 투입된 안성 고아원 신축 프로젝트의 경우, 예하 사령부의 자체 승인이 가능했기 때문에 1955년 1월 17일에 신청되어 2월 1일 승인이 이루어졌고, 2월 10일 착수되었다.[47)] 승인 신청부터 프로젝트 착수까지 한 달이 채 걸리지 않았다. 한편, 부산 시내에 보행자를 위한 가드레일을 설치하는 프로젝트에는 676달러라는 소액이 투입되었는데, 1955년 6월 8일에 신청되어 10일에 승인되었고, 당일 바로 공사가 시작되어 이틀 만에 마무리되었다.[48] 이처럼 속도감 있는 진행이 가능했던 것은 앞서 언급한 것처럼 AFAK 프로그램이 소규모 프로젝트를 지향하고 안정적인 군조직을 활용하며, 구상 단계에서부터 신속한 실행 방안을 마련했기 때문이었다. 전쟁피해로부터 빠른 회복을 원하는 한국의 지역 사회는 이러한 특성을 AFAK 프로그램의 분명한 장점으로 인식할 수 있었다.

한편, AFAK 프로그램의 실행 과정에서 중요하게 고려된 요소 중 하나는 '홍보'였다. 프로그램 지침에서도 드러나듯, 미국은 이 사업을 통해 한국인들에게 파괴된 국토의 회복을 돕고자 하는 미국의 의지를 보여주고자 했다. 이에 따라 주한미군이 한국에 기여하는 바를 효과적으로 전달하기 위한 다양한 홍보 방식이 모색되었다. 프로그램 초기에는 한글 캡션이 포함된 사진 전시, 지역 중심가의 한국어 안내문 설치, 모든 프로젝트 현장에 AFAK 표지판, 깃발, 포스터를 배치하는 방안 등이 논의되었다.[49] 또한 프로젝트의 전 단계에 대한 뉴스 보도도 준비되었다.[50]

1954년 4월부터 미국의 대외 선전기관인 주한미공보원United States Information Service, Korea(USIS Korea)이 AFAK 프로그램의 한국 내 홍보를 전담하게 되었다. 이에 따라 USIS의 모든 일반 매체와 보급 시설 활용이 승인되었고, 프로그램 관련 영화까지 제작되었다.[51] USIS의 홍보물은 미국의 일방적인 원조를 강조하기보다는, 한국인들의 적극적인 참여 혹은 한미 공동의 협력을 통해 AFAK 프로젝트가 가치 있는 성과를 거두고, 이 성과가 한미 간의 친선으로 이어진다는 서사구조를 채택했다. 이는 자조하는 한국인을 돕는다는 프로그램의 기본 취지와도 부합하는 방식이었다. 실제로 완공된 건물들은 한미 간의 '긴밀한 유대'와 '보다 나은 이해'의 상징으로 소비되었다.[52)]

그렇다면 AFAK 프로그램에 대한 한국인들의 인식은 어땠을까. 1954년 11월 프로그램이 한국인에게 미치는 심리적 영향력을 알아보기 위해 실시된 현지조사를 통해 이를 추론해볼 수 있다.[53)] 이 여론조사는 도시와 농촌을 포함한 총 16개 지역에서 다양한 직업, 사회계층, 연령대를 아우르는 6,340명의 한국인을 대상으로 진행되었다. 크게 세 가지 문답이 진행되었다. 먼저 'AFAK 프로그램이 무엇인지 알고 있는가?'라는 질문에 대해 응답자의 대부분인 95퍼센트가 그 내용을 알고 있다고 답했다. 다음으로 'AFAK 프로그램에 어떤 영향을 받고 있는가'라는 질문에 60퍼센트는 직접적이고 유익한 영향을 받고 있다고 응답했으며, 35퍼센트는 개인적으로는 혜택을 받지 않지만 국가적으로는 유익하다고 답했다. 마지막으로 프로그램에 대한 개인적 감정을 묻는 질문에 응답자의 69퍼센트는 원조에 매우 감사하며 프로그램이 성공적으로 운영되고 있다고 평가했고, 26퍼센트는 감사함을 표하면서도 때로는 가장 필요한 프로젝트가 누락되는 경우가 있다며 아쉬움을 드러냈다.

이러한 여론조사 결과는 AFAK 프로그램이 한국 사회에서 상당한 인지도를 얻으며 긍정적인 평가를 받았음을 보여준다.[54)] 응답자의 95퍼센트가 프로그램을 인지하고, 직간접적으로 유익하다고 평가한 것은 AFAK 프로그램이 지역 사회에 실질적으로 뿌리내렸음을 시사

한다. 26퍼센트가 언급한 '필요한 프로젝트의 누락'은 지역별 혜택 배분의 불균등이나 주민 요구와 선정사업 간의 불일치 등을 반영하지만, 전반적으로는 프로그램에 대한 만족도가 높았다고 평가할 수 있다.

한 가지 지적할 점은 프로그램 지침에서 드러나는 홍보 목적은 비교적 단순했으나, 워싱턴 최고위층의 초기 구상에서 드러나듯 세계적 냉전 구도 속에서 한국이 지닌 상징성은 분명했고, 그러한 한국의 '재건'을 돕는 '인도주의적'인 '주한미군'의 이미지를 강조하는 AFAK 프로그램은 분명 미국의 냉전전략과 긴밀한 관련이 있었다는 점이다. '민주주의' 가치와 군의 '인간성'을 부각시키는 AFAK 프로그램은 공산주의와의 대결에서 미국이 우위를 점하는 데 기여할 것으로 인식되었다.[55] 이러한 미국의 전략적 의도는 재건에 대한 한국 지역 사회의 의지와 결합하여, '파괴'와 '착취'로 대표되는 공산세력과 달리, '재건'과 '원조'를 실천하는 미국의 이미지를 국제 사회에 각인시키는 하나의 도구로 기능할 수 있었다.[56]

냉전전략과 재건의 결합, AFAK 프로그램의 의미

AFAK는 미국의 냉전전략과 한국의 재건 요구가 결합하면서 탄생한 원조 프로그램이었다. 미국의 대외 원조자금을 기반으로 하되 주한미군이 직접 기술력과 장비를 제공하고 한국 지역 사회와 협력하여 프로젝트를 수행한다는 점에서 독특한 형태를 띠었다.

실제로 AFAK는 1959년 10월 기준 학교, 고아원, 공중보건 시설 등 4,007개의 프로젝트를 완료하며 한국 지역 사회의 재건에 실질적으로 기여했고, 1954년 여론조사에서 나타난 95퍼센트의 높은 인지도와 긍정적 평가는 이러한 성과를 뒷받침한다. 동시에 이 프로그램은 공산세력과 대비되는 '재건과 원조를 실천하는 미국'의 이미지를 부각시키려는 냉전전략의 일환이기도 했다.

이러한 AFAK 프로그램의 이중성은 중요한 함의를 지닌다. 미군이 전쟁 수행자이자 재건 지원자라는 상반된 역할을 수행하며 형성된 복합적 이미지는 이후 한국인들의 대미 인식에 지속적인 영향을 미쳤다. AFAK 프로그램은 미국의 대외 원조가 단순한 인도주의적 지원을 넘어 이념적·정치적 목표를 지닌다는 점을 보여주는 대표적인 사례로, 원조 프로그램의 다층적 성격을 이해하는 데 중요한 시사점을 제공한다.

4. ‘냉전 지식’으로서 경영학 보급과 한국의 수용

-1950년대 워싱턴 프로젝트를 중심으로

◎ 최혜린

경영학의 한국 도입과 워싱턴 프로젝트

자본주의가 고도로 발달하며 기업의 영향력이 커진 오늘날 기업의 운영을 다루는 학문인 경영학이 한국 사회에서 차지하는 위상은 상당하다. 경영학과가 설치되지 않은 대학이 드물며 혁신과 기업가 정신을 강조하는 자기계발 서적이 넘쳐난다. 이처럼 오늘날 한국 사회에서 경영학은 체계적인 학문으로서뿐 아니라 일종의 자기규율, 또는 자기계발 논리로 발전해 사람들의 삶에 영향을 미치고 있다.

하지만 역사적으로 볼 때 한국 사회에서 경영학의 위상이 높아진 것은 비교적 근래의 일이다. 농업 중심의 사회구조와 사농공상의 위계로 상징되는 유교적 직업관은 경영학의 전신이라 할 수 있는 상학商學에 대한 상대적 무관심으로 이어졌다. 일례로 1905년 보성전문학교 수립 당시 단일학과로 상업학과를 설치할 계획을 세우기도 했으나 지원자가 부족해 경제학, 상업학, 법률학 등이 혼성된 학과인 이재理財학과가 수립되기도 했다.[1)]

경영학에 대한 사회적 관심 증가는 필연적으로 경제 개발에 대한 열망과 함께 나타났다. 이와 관련해 전후 복구가 어느 정도 완료되고 경제 개발에 대한 관심이 높아지기 시작한 1950년대 후반은 주목할 만한 시기다. 고려대를 필두로 주로 미국식 경영학을 다루는 경영학과가 설치되기 시작하고 경영학 지식·기술을 통한 산업생산성 향상을 표방한 한국생산성본부가 수립되는 등 한국 사회 내부에서 경제 개발을 위한 학문으로서 경영학에 주목하는 움직임이 본격화된 시기이기 때문이다.

그러나 한국 사회에 경영학이 체계적으로 소개, 보급되는 데에는 역시 현대 경영학의 근원지라 할 수 있는 미국으로부터의 기술 원조가 결정적인 역할을 했다. 1958년부터 1964년까지 미 대외 원조 프로그램의 '기술협조Technical Cooperation' 항목으로서 고려대와 연세대에 공여된 워싱턴 프로젝트는 한국에 경영학 지식·기술이 보급, 확립되는 시발점이 된 것으로 평가된다.

한국 사회의 경영학 지식·기술 수용과 확산을 살피기 위해서는 이를 가능하게 한 1950년대 후반의 국내외적 요소, 즉 워싱턴 프로젝트라는 대외적 요인과 기업 경영 합리화를 통한 경제 개발 모색이라는 국내적 상황을 함께 고려할 필요가 있다. 더불어 전자와 관련해서는 왜 이 시점에 기술 원조라는 형태로 경영학이 한국에 도입되었는지 주목할 필요가 있는데, 특히 냉전기 경영학이 미 대외 원조기구 및 민간 재단들에 의해 전 세계적으로 널리 전파된 일종의 '냉전 지식'이었다는 점이 중요하게 고려될 필요가 있다.

이 글은 이러한 문제의식에서 1950년대 미 대외 원조기구가 기술 원조의 형태로 전 세계적으로 전파한 경영학의 '냉전 지식'적 성격을 파악하고, 이러한 경영학이 한국에 어떤 경로로 도입되어 수용, 전파되었는지를 워싱턴 프로젝트의 도입과 초기 활동[2]을 통해 살펴본다. 이를 위해 프로젝트와 관련된 고려대와 연세대 측 자료와 함께 워싱턴 프로젝트를 실제 담당했던 워싱턴대학 생산 자료, 한국 현지에서 워싱턴 프로젝트를 담당했던 경제조정관실OEC(Office of the Economic Coordinator) 공공행정부Public Administration Division 생산 자료, 그리고 워싱턴 프로젝트의 기획을 담당한 워싱턴의 국제협조처ICA (International Cooperation Administration) 자료 등을 주로 활용하였다.

1950년대 미국의 경영학 기술협조의 냉전적 성격

미국 경영학은 19세기 말 공장근로자의 노동생산성을 높이기 위해 고안된 프레드릭 테일러Frederick W. Taylor의 '과학적 관리법'에서 시작된 학문으로 100여 년 남짓한 역사를 갖는 비교적 젊은 학문이다. 흔히 '경영관리학'이라고 불리기도 하는 점에서도 유추할 수 있듯이 미국 경영학은 기업 경영의 '관리management' 부분에 주로 초점을 맞춘다. 미국 경영학 자체가 19세기 말, 미국 산업의 급속한 확대와 함께 경영인 또는 관리자manager라는 직종이 새로 생겨나자 이러한 직종에 전문성을 부여하기 위해 탄생한 학문이었다. 따라서 기업 관리자 입장에서 기업을 효과적으로 관리, 경영하기 위한 실용적이고 현장적인 지식을 중심으로 한다는 특징을 띠게 되었다.[3]

이처럼 산업 현장의 노동생산성 증대와 효율적 관리를 목표로 성립한 미국 경영학은 1950년대 미국이 사회·경제 개발을 목적으로 주로 저개발 국가들에 공여한 '기술협조'를 통해 세계적으로 전파된 학문들 중 하나였다. 1950년대 미국 상호안전보장법MSA(Mutual Security Act)의 한 항목으로서 실시된 기술협조는[4] 미 국무부 및 국방부의 목적과는 별개로 저개발국 개발을 위해 실시되었던 기존의 포인트 포 사업[5]을 이어받아 주로 저개발 국가들에 공여된 기술 원조였다. 사회경제적으로 낙후된 저개발국의 개발에 도움이 될 수 있는 선진국의 지식과 기술, 노하우를 전수한다는 성격을 가졌으며, 이에 따라 주로 농업, 공학, 교육, 보건과 같이 사회경제 개발과 직결되는 분야의 지식과 기술을 주로 인적교류의 형태로 전파했다는 특징이 있었다.[6] 산업발전과 긴밀히 연관되는 학문인 경영학 또한 이러한 맥락에서 기술협조를 통해 전파된 것이라고 볼 수 있다.

기술협조의 중요한 특징 중 하나는 일관성 있는 프로그램 단위 사업이 아니라 '프로젝트' 단위 사업으로 실시되었고 이에 따라 다양한 주체들이 '계약'을 통해 프로젝트들에 참여했다는 점이다. 유엔, 인도주의적 재단, 기업 기반 재단, 선교단체, 대학 등 다양한 주체들이 미 원조기구와의 계약을 통해 기술협조 프로젝트들에 참여했는데[7] 이 중 특히 미국 경영학의 전파와 관련해 주목되는 것은 미국 대학들이 참여한 기술협조 프로젝트들이다. 주로 교육과 관련된 이 프로젝트들은 미 원조기구와 계약을 맺은 미국 대학들이 수원국受援國에 특정 분야의 인력 개발을 위한 교육·연구 기관 수립을 돕는 것을 골자로 했다. 미 국제협조처ICA와 계약을 맺은 워싱턴대학이 1958년부터 연세대와 고려대 경영학과에 공여하기 시작한 워싱턴 프로젝트는 이러한 대학 참여 경영학 기술협조의 전형적인 사례였다고 할 수 있다.

〈표 1〉은 미 국제협조처가 1955년부터 1961년까지 실시한 대학 참여 경영학 기술협조 프로젝트의 현황이다.

먼저 지적해야 할 점은 국제협조처가 실시한 대학 참여 기술협조 프로젝트들 중에서 경영학 프로젝트의 비중이 그리 큰 편은 아니었다는 점이다. 실제로 1956년 12월 기준 진행되고 있던 대학 참여 기술협조 프로젝트는 모두 84개였는데 이 중 경영학 프로젝트는 총 8개로 전체 프로젝트에서 10퍼센트 내외의 비중을 차지하고 있었다. 기술협조의 주요 분야로 꼽히는 교육, 농학, 공학으로 분류된 프로젝트가 각각 32, 28, 21개로 약 25~38퍼센트가량을 차지하고 있었던 것과 비교한다면 그리 많다고는 볼 수 없는 수치다.[8)]

하지만 전체적인 우선순위는 다소 낮았음에도 불구하고 경영학 기술협조는 다른 분야의 기술협조 프로젝트와는 구별되는 몇 가지 중요한 특징이 있다. 첫 번째는 이 시기 대학 참여 기술협조 대부분이 저개발 국가들을 대상으로 실시되었음에도 경영학 기술협조의 경우에는 〈표 1〉에서 확인할 수 있듯 오스트리아, 프랑스, 일본, 스페인 등 일부 선진국들에서도 실시되었다는 점이다. 기술협조는 기본적으로 저개발국 대상 원조의 성격이 강했고 기술협조 공여 절차 또한 원칙상 수원국의 요청이 있어야만 공여가 고려되는 구조였기 때문에 오랜 대학의 역사를 가졌고 나름의 대학체계가 완성된 국가들, 특히 유럽 국가들에는 대학을 통한 기술협조가 시행되는 경우가 드물었다. 그럼에도 불구하고 미국 경영학의 경우, 일부 유럽 국가들과 일본에 대한 기술협조가 이루어졌는데 이는 생산성 향상을 목표로 하던 이

〈표 1〉 ICA 주관 경영학 기술협조 프로젝트(1955~1961)

수원국	원조 공여 대학	원조 수원 기관	원조 기간
아르헨티나	Columbia University	School of Business Administration, University of Buenos Aires	1960. 11~
오스트리아	New York University	Industrial Engineering Center, Technical School of Vienna	1959. 6~
브라질	Michigan State University	Sao Paulo School of Business Administration, Getulio Vargas Foundation	1957. 3~
〃	Michigan State University·University of Southern Calif.	Institute of Public and Business Administration, University of Bahia	1959. 11~
〃	Michigan State University·University of Southern Calif.	Institute of Public and Business Administration,University of Rio Grande do Sul	1959.11.~
칠레	University of Chicago	Economic Research Center, Catholic University of Chile	1956. 4~
프랑스	Northwestern University	Institutes of Business Administration, the National Universities of France (17cities)	1955~1959
이란	University of Southern California	Institute for Administrative Affairs, University of Tehran	1954. 9~1961. 10
이스라엘	New York University	The Eliezer Kaplan School of Economics and Social Sciences, Hebrew University	1957. 5~1960. 11
〃	New York University	Department of Industrial Management, the Technion-Israel Institute of Technology	1957. 5~1960. 11
일본	University of Michigan	Industrial Management Center, Waseda University	1956. 4~1961. 3
〃	Harvard University	Keio University	1958~1960
한국	Washington University	School of Business Administration, Yonsei University·Korea University	1958. 3~
파키스탄	State College of Washington	University of Punjab	1954~1958
〃	Texas A.&M. College System	University of Dacca	1954~1958
〃	Wharton School, University of Pennsylvania	Institute of Public and Business Administration, University of Karachi	1955~1959

수원국	원조 공여 대학	원조 수원 기관	원조 기간
파키스탄	University of Southern Calif.	Graduate School of Business Administration, University of Karachi	1960. 7~
터키	University of Nebraska	Ataturk University	1955~1958
〃	Cornell University	Faculty of Administrative Sciences, Middle East Technical University	1961. 1~
필리핀	Stanford University	College of Business Administration, University of Philippines	1956. 12. 31 당시 시행 중
스페인	ICA	School of Business and Industrial Management, Ministry of Education	1959 봄~
대만	University of Michigan	Graduate School of Public and Business Administration, The National Chengchi University	1961~1965

* 출처: International Cooperation Administration, 1957, Technical Cooperation Through American Universities, Washington D.C.: International Cooperation Administration; The Brookings Institution, 1961, Education for Social Change–Establishing Institutes of Public and Business Administration Abroad, Washington D.C.: The Brooking Institution, 1961; Institute of Research on Overseas Programs. The International Programs of American Universities. East Lansing : Michigan State University, 1958.

** 밑줄은 필자 표기.

국가들에서도 필요한 지식으로 여겨졌다는 점을 방증한다.

흥미로운 점은 이처럼 경영학 기술협조가 저개발국뿐 아니라 일부 선진국에서도 이루어졌기 때문에 미 원조기구는 경영학 기술협조의 목표를 수원국의 발전 정도에 따라 서로 다르게 설정했다는 점이다. 1961년 브루킹스연구소가 발간한 1950년대 경영학 기술협조 관련 보고서는 경영학 기술협조가 달성해야 할 유럽에서의 목표와 저개발국에서의 목표를 다음과 같이 서로 다르게 규정하고 있다.

유럽의 경우, 1항에서 볼 수 있듯 마르크스주의에 기초하고 있던 기존의 대립적 노사관계를 인간관계론적 접근을 기반으로 노사협조

〈표 2〉 대학 참여 경영학 기술협조가 달성해야 할 목표

유럽	저개발국
(1) 인간관계론적 접근법이 고려되도록 경영학의 범주를 재정향reorientation 하고 재규정redefinition 하는 것 (2) 경영학과 관련된 환경을 대학 환경과 연결시키는 것 (3) 초국가적인 경제 단위를 다루는 관리구조administrative structure를 만드는 것	민간기업 및 국영기업의 기업가 정신을 증진하기 위한 경영 인력business administrative corps 확대

* 출처: The Brookings Institution, Education for Social Change – Establishing Institutes of Public and Business Administration Abroad, Washington D.C.: The Brooking Institution, 1961, pp. 28~29.

를 강조하는 미국식 경영학을 통해 순화하고자 하는 냉전적 목적이 강하게 드러나며, 그 밖에 대학 학과체제 내에 경영학을 안착시키려는 의도와[9] 마셜 플랜의 주요 목표 중 하나였던 유럽의 사회경제적 통합이 목표로 제시되고 있다. 이에 비해 산업화 자체가 미숙해 경영 인력이 크게 부족한 상태였던 저개발국의 경우에는 인력 개발이 경영학 기술협조의 목표로서 보다 강조되었음을 알 수 있다.

〈표 1〉에서 확인할 수 있는 또 다른 중요한 특징은 이 시기 기술협조에서 경영학은 행정학과 함께 묶여 조직의 관리기술을 다루는 일종의 '관리학'으로 사고되는 경향이 강했다는 것이다. 〈표 1〉의 밑줄 친 부분에서 확인할 수 있듯 많은 경영학 프로젝트들, 특히 브라질, 이란, 파키스탄, 터키, 대만 등 저개발국을 대상으로 공여된 프로젝트들이 단순한 경영학 연구기관이 아니라 경영학과 행정학을 함께 다루는 행정·경영 연구기관Institute of Public and Business Administration 수립을 목표로 했다. 한국에는 비록 이 국가들처럼 행정·경영 연구기관이 수립되지는 않았지만 고려대·연세대에 공여된 경영학 원조와 함께 서울대학교에 행정학 원조가 동시에 공여되었다.

행정학과 경영학은 정부와 기업이라는 전혀 다른 조직을 대상으로 하는 학문임에도 조직의 효율적인 관리에 초점을 맞춘다는 점에서 공통점을 가지고 있었고, 특히 보편적이고 기능주의적인 접근 방식을 중시하는 미국 사회과학의 한 분야로서 성립한 미국식 행정학과 경영학은 인간관계론, 조직행동론 등 이른바 '관리이론'으로 분류되는 많은 이론을 실제로 공유했다. 미 원조 당국이 경영학을 행정학과 묶어 관리학으로 사고한 데에는 이와 같은 미국식 행정학과 경영학의 학적 공통점이 중요한 배경으로 작용했다.

당시 경영학 기술협조에 나타난 이러한 관리학적 특성은 저개발국에 공여된 경영학 기술협조를 보다 깊이 이해할 수 있는 중요한 단초를 제공해준다. 즉 저개발국에 이루어진 경영학 기술협조는 저개발국 사회 전반의 '관리기술 근대화administrative modernization'를 또 다른 목적으로 했으며, 이를 위해 보통 행정학 기술협조와 한 쌍으로 공여되었다는 것이다.[10] 실제로 〈표 1〉은 선진국으로 분류할 수 있는 국가들에는 경영학 기술협조만이 공여된 데 비해 저개발 국가들에는 대부분 경영학과 행정학 기술협조가 동시에 공여되었다는 사실을 보여준다.

정부와 기업의 운영은 각각 국가의 정치체제와 경제체제의 성격을 규정짓는 핵심 요소라고 할 수 있다. 이를 고려할 때 냉전기 미국이 낙후된 정부와 기업 운영을 '근대화' 시키겠다는 명분으로 저개발국에 미국식 행정학과 경영학을 전파했다는 사실은 의미심장하다. 양자는 각각 다원적 민주주의에 기반한 미국의 정부 운영, 민주적 노사협조주의에 기반한 미국의 기업 운영을 모델로 삼아 형성된 학문이기 때문이다. 따라서 해당 학문을 익힌 인력을 양성하는 것만으로도 사회경제 전반의 '미국화'를 꾀할 수 있다는 점에서 행정학과 경영학 원조는 이데올로기적 성격을 내포하고 있었다.

흥미롭게도 당시 미 원조 당국은 행정학과 경영학 원조의 이와 같은 이데올로기적 성격을 충분히 인지하고 있었으며 이를 적극적으로 강조해야 한다고 보았다. 1960년 브루킹스연구소The Brookings Institution가 미 국제협조처ICA의 요청을 받아 개최한 행정학·경영학 원조 관련 컨퍼런스에서 참가자들은 행정학·경영학 기술협조의 주된 목표로 '민주주의의 확대'를 들었고 이러한 목표가 원조 과정에서 더욱 강조되어야 한다고 보았다. 이들은 또한 수원국의 행정가와 경영인들이 군부 및 정치 지도자들과 더불어 국가 변화의 방향과 수준을 좌우할 세력임을 강조하며 이들의 민주적 양성이 중요하다고도 주장했다. 결국 미 원조 당국이 주장한 저개발국의 '관리기술 근대화'는 미국의 민주주의·자본주의 시스템에 기반한 근대화에 다름 아니었고, 바로 이러한 측면에서 당시 저개발국에 공여된 행정학·경영학 기술협조의 냉전적 성격을 찾을 수 있을 것이다.[11)]

인력 양성과 미국식 경영학 지식 전파를 위한 원조 : 워싱턴 프로젝트의 계획과 도입

워싱턴 프로젝트는 이상에서 살펴본 미국의 저개발국 대상 경영학 기술협조의 맥락에서 도입되었다. 그리고 이러한 기술협조 구상은 한국전쟁 이후 수립된 구호, 재건, 방위 지원이라는 미국의 대한 원조정책 틀 내에서 마련되었다.

이를 잘 보여주는 문서는 1953년 8월, 국제협조처의 전신인 대외활동본부FOA가 작성한 1954회계연도 한국 원조 제안이다. 휴전 후 상황 변화에 따른 미국의 대한 원조정책 결정을 위해 타스카 사절단이 파견되었고, 사절단의 보고서가 구호, 재건, 방위 지원이라는 향후 대한 원조의 방향에 큰 영향을 미쳤음은 잘 알려져 있다.[12] 주로 전후 재건과 방위 지원의 관점에서 작성된 이 제안에서 교육 관련 원조의 초점은 재건에 필요한 기술인력 양성을 위한 직업교육에 맞춰졌고 다음으로는 교사 양성 등을 통한 초등교육 강화가 강조되었다. 이에 비해 대학 참여 기술협조의 주 대상이라 할 수 있는 고등교육과 관련해서는 주목표인 직업교육 및 초등교육과 직접적으로 관련된 교원교육, 농학, 공학, 경영학과 보건 분야에만 원조를 국한할 것이 제안되고 있다.[13] 이는 휴전 무렵 한국 고등교육에 대한 미국의 원조 방향이 재건, 구호, 방위 지원이라는 전후 대한 원조의 틀 내에서 일반적인 저개발국 기술협조의 기조를 따르는 방식으로 정해졌음을 보여준다.

비슷한 시기 대외활동본부는 한국 현지 경제조정관실OEC에도 한국 교육 관련 제안을 작성, 발송하였다. 이 제안 또한 한국 교육의 우선 목표로 직업교육을 들고, 고등교육 분야에 대해서도 앞의 문서와 비슷하게 보건, 행정학, 농학, 공학, 경영학 분야에 국한된 원조계획을 언급하고 있는데, 특히 경영학과 관련해서는 일제시기 기업 고위직이 모두 일본인들에 의해 독점되었다는 점을 들어 부족한 한국인 인력 양성을 위해 경영학 원조가 공여되어야 한다고 권고하고 있다.[14] 역시 저개발국 대상 경영학 기술협조의 주목표인 인력 양성이 특히 한국의 식민지 경험에서 비롯된 인력 공백과 관련해 강조되고 있음을 확인할 수 있는 부분이다.

그런데 이 문서에서 또 하나 주목해야 할 부분은 적어도 농학, 공학, 경영학 분야에 있어서는 국립서울대학교에 원조 공여를 권고하고 있으며, 그 밖의 분야의 원조도 효율성 측면에서 극소수 기관에 집중될 필요가 있다고 보았다는 점이다.[15] 이 제안은 경제조정관실의 교육정책 수립을 위한 참고 목적으로 작성된 것으로 현지 상황에 따라 수정할 것을 권고하고 있으나 적어도 고등교육 분야와 관련해 본다면 해당 제안은 대부분 수용되었다. 1954년 미네소타대학과의 계약을 통해 국립서울대학교에 농학, 공학, 의학 분야의 기술 원조를 집중적으로 공여하는 미네소타 프로젝트가 개시되었으며, 2년 후인 1956회계연도부터는 역시 해당 제안에서 권고된 경영학에 대한 기술협조 예산이 행정학 기술협조 예산과 함께 대한 원조 예산에 포함되기 시작한 것이다. 다만 경영학 원조를 서울대학교에 공여할 것을 권고한 제안과는 달리 실제로는 한국의 대표적인 두 사립대학인 고려대와 연세대에 경영학 기술협조를 공여하기로 결정되었다. 이는 정부 통제력이 큰 국공립 교육기관에 원조를 공여했던 일반적인 기술협조 경향에서도 다소 벗어난 것으로 바로 해당 제안에서 말한 "한국 현지 상황에 따라 수정된 부분"이라 할 수 있다.

한국에 도입된 경영학 기술협조에 영향을 미친 현지 상황이란 무엇이었을까? 우선적으로 고려할 수 있는 것은 2대 문교부 장관이자 초대 연세대학교 총장인 백낙준의 영향이다. 1950년대 백낙준은 경영학, 행정학, 교사교육, 간호학 4부문에 대한 기술 원조를 각각 고려대와 연세대, 이화여대, 세브란스 의대에 공여하는 원조안을 미 당국에 제안한 바 있는데, 수원受援 대학 구성에서 알 수 있듯 이는 서울대학교 중심 원조안과 상반되는 사립대학 중심의 원조안이었다. 관련 자료의 설명에 따르면 백낙준의 제안은 미 원조 당국이 서울대학교 중심 원조안을 채택하며 실현되지 못했지만, 경영학 원조만은 제안자 백낙준을 고려해 연세대와 백낙준 제안에서 본래 경영학 원조를 공여받기로 되어있던 고려대에 함께 공여가 결정되었다는 것이다.[16)]

하지만 이처럼 수원기관이 정해지고 1956년도 기술협조 예산을 배정받았음에도 당시 험지로 인식되던 한국과의 기술협조 계약에 선뜻 나서는 미국 대학이 없었다.[17)] 이로 인해 워싱턴 프로젝트는 미 세인트루이스에 위치한 워싱턴대학Washington University of St. Louis이 국제협조처와의 계약에 응한 1958년 3월에 들어서야 본격적으로 개시될 수 있었다.

비록 예정보다 시작이 늦어지기는 했지만 워싱턴 프로젝트는 개시 당시부터 경제조정관실의 상당한 기대와 관심을 받았다. 경제조정관실이 주목한 것은 한국의 경제발전에서 기업 관리, 즉 '경영' 개념이 갖는 중요성과 워싱턴 프로젝트가 해당 개념의 교육과 전파에 미칠 긍정적 영향이었다. 경제조정관 윌리엄 원William E. Warne은 프로젝트 개시 직후 백낙준에게 보낸 서신에서 경영기술은 한국 경제발전을 위해 핵심적인 요소이며, 현재 한국에서 가장 시급한 과제는 경영진executives, 기업 경영management과 같은 개념을 발전시키는 것이라고 주장했다.[18] 워싱턴 프로젝트의 목적이 단순히 경영학 연구기관 수립과 인력 양성에 그치는 것이 아니라 한국 사회에 기초적인 경영학 개념과 기술을 전파하는 것이라고 밝힌 것이다.

한국 사회에 경영학 개념과 기술이 필요하다는 그의 믿음은 한국 경제발전을 위해 민간기업의 역할이 중요하며 궁극적으로는 이들을 중심으로 생산성 향상이 이루어질 필요가 있다는 미 대외 원조기구의 기본 입장에서 비롯된 측면이 컸다.[19] 한국 내부적으로도 워싱턴 프로젝트가 계획되고 도입되는 1950년대 후반은 미국의 원조 감축이 예상되며 원조에 의존치 않는 이른바 '자립경제' 수립을 위한 방안이 모색되고 이윤 동기 없이 방만하게 운영되고 있던 국영기업의 문제가 불거지며 기업의 경영 합리화론이 대두하기 시작한 시기였다. 1955년을 전후해 이루어진 대규모 귀속사업체 불하 조치 또한 민간기업인들이 주축이 된 경영 합리화 필요성을 증대시켰다.

윌리엄 원의 입장은 1958년 5월 그가 대한상공회의소에서 한국 기업인들을 대상으로 한 연설에서 보다 분명히 드러났다.[20] 그는 이 연설에서 경제발전을 위해서는 궁극적으로 자유기업 시스템에서 발견되는 에너지, 풍부한 자원, 끈기 등의 요소를 위해 민간기업에 주목해야 한다고 주장하며, 그 연장선에서 경영의 중요성을 강조했다. 그는 경영이 한국의 경제 수준과 자립도 향상을 위해 필요한 가장 핵심적인 요소이며, 상품생산을 위해 사용되는 기계, 즉 생산수단만큼이나 중요한 도구라고 추켜세웠다. 주목해야 할 점은 그가 경영의 첫 번째 목적으로서 이윤 추구를 들고 있다는 점이다. 그는 경영의 결과는 경제적 성과로 나타나며 경영이 기업의 부를 창출하는 능력을 향상시키지 못하거나 최소한 유지하지 못한다면 그 경영은 실패한 것이라고 단언했다. 이러한 논리의 연장선에서 경영은 이윤 추구의 원천인 시장의 요구를 파악하고 이에 맞는 재화와 서비스를 생산하기 위한 기술 및 지식으로 규정되었고, 워싱턴 프로젝트는 해당 기술과 지식을 익힌 인력을 기업인들에게 보내줄 수 있는 수단으로 홍보되었다.

경제조정관실의 이러한 입장은 워싱턴 프로젝트를 통한 미국식 경영학의 도입이 자본의 이윤 추구를 선진적인 것, 바람직한 것으로 옹호하는 방향으로 전개되었음을 보여준다. 그 배경에는 민간기업 중심의 자유경제 체제 수립이라는 미 원조기구의 궁극적인 지향과 이윤 동기 없이 방만하게 운영되던 한국 국영기업에 대한 문제 제기가 있었지만, 이러한 기업의 이윤 추구에 대한 강조는 과도한 측면이 있었다. 이러한 보수성은 같은 시기 선진국에 전파된 경영 개념과 비교해볼 때 더욱 명료하게 드러나는데, 마르크스주의의 영향을 받은 노동자 계층의 영향력이 컸던 선진국의 경우 사회주의와의 경쟁을 의식해 기업 경영에 노동자들을 끌어들이기 위한 최소한의 노력을 보여주었기 때문이다.[21)]

워싱턴 프로젝트의 초기 활동(1958. 3~1960. 3)

1958년 3월 5일 시작된 워싱턴 프로젝트는 1964년 3월 종료될 때까지 약 6년에 걸쳐 진행되었다. 이 중 1958년 3월부터 1960년 3월까지 약 2년여의 기간 동안 가장 집중적인 활동이 이루어졌다. 이 기간에 총 6명의 미국 자문관이 파견되었는데, 찰스 길리랜드Chales E. Gilliland, Jr.가 수석자문관을 맡았다. 그는 미국의 주요 경영대학, 경영대학원들로 구성되어 있으며 미국 경영대학의 수립과 운영에서 핵심적인 역할을 담당한 단체인 AACSB(The Association to Advance Collegiate School of Business)의 사무총장을 역임한 바 있었는데, 그가 팀의 수석자문관으로 파견되는 데는 이러한 경력이 중요하게 고려되었다.[22] 이 기간에 한국에 파견된 자문관들의 명단과 직책, 파견 기간은 〈표 3〉과 같다.

〈표 3〉 1958. 3~1960. 3 기간에 파견된 워싱턴 프로젝트 자문관

이름	직책	현지 소속 및 직책	파견 기간
찰스 길리랜드 Chales E. Gilliland, Jr.	수석자문관	경영학 교수 (워싱턴대)	58. 4~59. 12
조지 로빈슨 J. Gorge Robinson	연세대 주자문관	비즈니스 컨설턴트 겸 마케팅 교수	58. 8~60. 5
R. C. 레이덴바흐 R. C. Reidenbach	고려대 주자문관	경영학 교수 (워싱턴대)	58. 8~60. 5
로버트 맨하트 Robert Manhart	사례 개발 및 공업 관리·생산 관리 자문	생산관리 교수 (미주리대)	58. 8~60. 2
윌리엄 에모리 C. William Emory	마케팅 커리큘럼 자문	마케팅 교수 (워싱턴대)	59. 2~60. 7
윌리엄 허스킨스 William R. Hoskins	회계학 자문	회계학 교수 (인디아나대)	59. 8~61. 6

* 출처: WUPIK, 〈Semi-Annual Progress Report(1958. 2. 1~1960. 2. 1); Powell Niland and Joseph W. Towle, 〈Business Research In South Korea – An Experiment in Foreign Aid〉, 김규삼, 1994, 앞의 책, 178쪽.

워싱턴 프로젝트팀이 사전조사를 통해 작성한 프로젝트 목표에 따르면 대학 내에 최신식 경영학 기술을 활용한 경영학 교육체제를

수립하는 것과 단기적인 효과를 위해 한국 기업인들이 도움을 받을 수 있는 교육 프로그램을 마련하는 것이 양대 목표로 명시되었다.[23)] 이 장에서는 워싱턴 프로젝트팀의 활동이 가장 집중적으로 이루어진 초기 단계(1958. 3~1960. 3) 활동을 목표로 제시된 두 가지 영역을 중심으로 살펴보도록 한다.

인력 양성을 위한 미국식 경영학 교육체계 수립

워싱턴 프로젝트의 첫 번째 목표는 고려대와 연세대에 경영학 교육체계를 수립하는 것이었다. 이에 따라 커리큘럼 조직, 한국 교수진 교육, 교수법 지도, 교재 및 교구 지원과 개발, 연구 지원 등 경영학 교육과 관련된 다양한 자문 활동이 이루어졌다. 이 중 초기 단계에 가장 중점이 두어진 부분은 경영학 커리큘럼 편성이었다. 연세대의 경우, 워싱턴 프로젝트 개시와 함께 경영학과가 신설되어 경영학 커리큘럼을 새로 마련해야 하는 상황이었고, 고려대의 경우는 프로젝트 개시 전인 1955년에 경영학과가 신설되었으나 기존 상학과 커리큘럼에 경영경제학, 경영재무론, 경영관리론, 공업경영론, 경영학 특강 등의 과목이 추가된 정도였다.[24)] 이에 경영학 커리큘럼 편성은 1959년까지 워싱턴 프로젝트팀의 핵심 사업이 되었다.

경영학 커리큘럼 편성에서 워싱턴 프로젝트팀이 가장 중점을 둔 것은 미국 경영학 교육의 기준이라 할 수 있는 AACSB 기준의 적용이었다. 이 방식의 가장 중요한 특징은 일반적인 기업 경영에 두루 적용할 수 있는 일반관리학general management의 강조와 경영학 핵심 과목core curriculum 개념이라고 할 수 있다. 미국의 경영학 커리큘럼은

AACSB 기준에 따라 교양과목, 전공 필수과목인 핵심 과목, 그리고 전공 심화 과목으로 나누어졌는데, AACSB는 그중에서도 특히 교양교육을 중시해 교양교육이 전체 커리큘럼의 적어도 40퍼센트 이상이 되어야 한다고 명시했다. 이는 실제 기업 경영을 위한 문화적 토대와 이를 기반으로 한 현장에서의 의사결정을 중시한 것으로 AACSB의 일반관리학적 지향이 잘 드러난 부분이었다. AACSB 기준은 또한 경영학의 토대가 되는 핵심 분야로 경제학, 회계학, 통계학, 상법, 재무학, 마케팅, 관리(생산관리, 산업관리, 인사관리 등 광범위한 관리기술 포함)를 규정하고 해당 분야의 과목을 핵심 과목으로 삼아 한 과목 이상 의무적으로 이수하도록 하는 기능주의적 접근 방식을 취했다.[25)]

이러한 조정에 따라 1959년이 되면 두 대학 모두 교양과목으로 분류되는 과목이 70학점에 달해 총 이수학점 160학점의 40퍼센트가량을 충족하게 되었다.[26)] 또한 이전에는 다소 중구난방 식으로 편성되었던 전공 과목들도 중복되는 과목의 통합 및 삭제, 새로운 과목들의 추가를 통해 AACSB가 경영학 핵심 분야로 선정한 회계학, 경제학, 통계학, 상법, 재무, 마케팅, 관리학의 범주로 정리되었다. 그 과정에서 기존 상학과 커리큘럼에 존재하던 부기와 같은 일부 과목들이 폐지되고 재무관리, 인사관리, 인간관계, 판매관리, 생산관리, 마케팅 등 미국식 경영학의 특징을 잘 반영하는 관리 관련 과목들이 다수 추가되기도 했다.

그러나 경영학 커리큘럼 편성이 전적으로 워싱턴 프로젝트팀에 일임된 것은 아니었다. 워싱턴 프로젝트팀은 고려대, 연세대가 그들의 상황에 맞게 미국의 경영교육 개념을 받아들여 한국 환경에 적용하는 것이 중요하다고 보아 실제 커리큘럼에 들어갈 교과과목의 결정은 최종적으로 고려대와 연세대 교수진에 맡겼다.[27] 따라서 고려대와 연세대 커리큘럼이 모두 AACSB 기준에 따라 조직되었음에도 커리큘럼이 미국식 경영학 체제로 정비되는 데 걸린 시간은 두 대학 간에 차이가 났으며, 두 대학의 실제 전공 과목 구성에도 다소 차이가 있었다. 워싱턴 프로젝트 개시와 함께 경영학과가 신설된 연세대의 경우, 상대적으로 AACSB 기준에 따른 커리큘럼 편성이 빠르게 이루어졌고 미국식 관리학의 도입 또한 적극적으로 이루어졌다.[28] 그러나 프로젝트 개시 이전 경영학과가 수립되어 기존 경영학 커리큘럼이 존재했고 교수진의 독일 유학으로 독일 경영학의 영향력이 컸던 고려대의 경우,[29] 1961년에 들어서야 교과목이 대대적으로 개편되며 비교적 미국식 경영학 커리큘럼에 가까워졌고 개편 이후에도 전공 심화 과정에 독어 원강, 공업경영론, 상업경영론 등 독일 경영학의 영향을 받은 과목이 잔존하는 모습을 보였다.[30]

한편 경영학 커리큘럼 편성과 더불어 이 시기 경영학 교육체계 수립과 관련해 중점적으로 추진된 활동은 워싱턴대학에서 이루어진 한국 교수진의 교육이었다. 이를 위해 워싱턴 프로젝트팀은 크게 세 가지 교수 교육 프로그램을 운영하였는데, 첫 번째와 두 번째는 사실상 참관 프로그램에 가까운 6개월 또는 1년 프로그램이었고, 세 번째는 MBA 이상의 학위 취득을 목적으로 하는 18개월 이상의 교육 프로그램이었다.[31] 이 중 가장 중시된 것은 역시 학위 취득을 목적으로 한 세 번째 프로그램이었다.

이와 관련해 워싱턴 프로젝트팀은 자체 선정한 6개 핵심 분야(회계학, 경제기획, 재무학, 경영경제학, 마케팅, 인사·생산 관리)의 학위를 대학

별로 적어도 1명씩 취득하게 하는 야심찬 계획을 세웠다.[32] 그러나 한국 대학과의 의견 차이로 실제 계획대로 학위 취득은 이루어지지 못했다. 특히 계획에 이의를 제기한 것은 고려대 측이었다. 고려대는 워싱턴 프로젝트팀의 기능주의적 접근 방식에는 동의하면서도 고려대 교수들이 반드시 6개 분야의 모든 학위를 취득해야 한다는 데에는 의견을 달리했다.[33] 따라서 대개 워싱턴 프로젝트팀의 계획에 따라 학위 취득이 이루어진 연세대와는 달리 고려대에서는 프로그램에 참여한 교수진 중 2명만이 회계학과 재무관리 분야에서 학위를 취득하는 데 그쳤다.

〈표 4〉 워싱턴 프로젝트 참여를 통한 학위취득자

이름	소속학교	전공 및 학위
유세환	고려대학교	회계학/ M.B.A., D.B.A.
이준범	고려대학교	재무관리/ M.B.A.
김규삼	연세대학교	회계학/ MSBA
임익순	연세대학교	재무관리/ M.B.A., D.B.A.
이종하	연세대학교	마케팅/ M.B.A., D.B.A.
송자•	연세대학교	회계학/ M.B.A.
이규원	연세대학교	생산관리/ M.B.A.
이제민	연세대학교	경영학/ M.B.A.
황일청••	연세대학교	마케팅/ M.B.A.

• 프로젝트 종료 후, 워싱턴대학에 재유학하여 D.B.A. 취득.

•• 프로젝트 종료 후, 워싱턴대학에 재유학하여 D.B.A. 취득.

* 출처: 김규삼, 《연세대학교 경영학교육 40년》, 연세대학교출판부, 1994, 84~85쪽; Powell Niland and Joseph W. Towle, 〈Business Research In South Korea – An Experiment in Foreign Aid〉, 김규삼, 앞의 책, 180~181쪽.

이 프로그램으로 고려대에서 12명, 연세대에서 13명의 교수가 워싱턴대학에서 교육을 받았다.[34] 또한 고려대에서는 이 중 2명이, 연세대에서는 7명이 학위를 취득했다. 그 내용은 〈표 4〉와 같다.

단기 교육 프로그램 개최와 경영학 지식·기술의 사회적 보급

워싱턴 프로젝트의 두 번째 목표는 단기적인 효과를 위해 한국 기업인들이 도움을 받을 수 있는 교육 프로그램을 마련하는 것이었다. 첫 번째 목표가 경영학을 체득한 인력 양성 시스템 구축에 관련된 것이었다면, 두 번째 목표는 경영학 지식·기술의 한국 사회 보급, 즉 저개발국 사회의 즉각적인 '관리기술 근대화'와 관련된 것이었다고 할 수 있다.

해당 목표 달성을 위해 워싱턴 프로젝트팀은 1958년부터 1962년까지 1960년을 제외하고[35] 매년 단기 집중 교육 프로그램을 개최했다. '경영실무연구회'라 불린 이 프로그램은 보통 여름에 온양, 해운대 등 휴양지 호텔에서 2주가량 진행되었으며, 일정의 대부분이 강의와 토론으로 구성된 강도 높은 교육 프로그램이었다. 프로그램 개회 현황은 〈표 5〉와 같다.

이러한 경영학 단기 집중 교육 프로그램은 1950년대 미국에서 확대되며 큰 성공을 거둔 바 있었고, 이른바 '자유세계'에서 행해지는 경영자 교육 중에서도 가장 공신력 있는 프로그램으로 성장한 바 있었다. 워싱턴 프로젝트팀은 이러한 프로그램이 자유세계의 다른 국가들에서 보여준 효과를 고려할 때, 경영인의 공급이 부족한 한국의 상황에 즉각적인 도움이 될 수 있을 것이라 판단했다.[36]

〈표 5〉 경영실무연구회 개최 현황(1958~1963)

개최 일자	개최 장소	주최	참가 인원
1958. 7. 14~7. 25	온양	워싱턴 프로젝트팀, 고려대, 연세대	29
1959. 7. 13~7. 24(온양) 1959. 7. 27~8. 7(해운대)	온양, 해운대	워싱턴 프로젝트팀, 고려대, 연세대	39
1961. 7. 16~7. 28	온양	워싱턴 프로젝트팀, 연세대	33
1962. 8. 5~8. 11	온양	워싱턴 프로젝트팀, 연세대	40

* 출처: WUPIK, 〈Semi-Annual Report Washington University Project〉; WUPIK 〈Monthly Report〉.

주한경제조정관실과 한국 정부 또한 해당 프로그램에 대한 기대가 컸다. 전술했듯 당시 한국에서는 국영기업을 중심으로 기업의 경영 합리화를 요구하는 목소리가 높아지고 있었다. 이러한 상황에서 비교적 단기간에 기업인들에게 기업 경영을 위한 경영학 지식과 기술을 전달할 수 있는 교육 프로그램은 고려대와 연세대 경영학과에 주어진 자문 이상으로 큰 기대를 받았다. 경제조정관 윌리엄 원은 경영실무연구회에 큰 관심을 보이며 이에 대해 최고의 지원을 아끼지 않을 것이라고 약속했다.[37] 그는 또한 워싱턴 프로젝트 개시 직후 대한상공회의소에서 행한 연설에서 워싱턴 프로젝트의 주요 활동으로 기업인 대상 교육 프로그램을 언급하며 기업인들의 적극적인 참여를 독려하기도 했다.[38]

한국 정부 또한 큰 관심을 보였다. 경영실무연구회 개막식에는 송인상 부흥부 장관을 비롯해 문봉재 교통부 장관, 김선기 교육부 차관, 김의창 상공부 차관이 참석했다.[39] 특히 가장 큰 관심을 보인 부처는 부흥부였다. 송인상 장관이 개막식에 직접 참석해 축사를 한 것은 물론 차균희 경제계획관 또한 개막식에 참석했다. 부흥부는 더 나아가 경영실무연구회를 부흥부가 주관하고 고려대와 연세대가 실행을 맡는 일종의 정부 프로그램으로 만들고자 하는 의사를 내비치기도 했다.[40] 비록 이는 실현되지 못했지만, 부흥부를 비롯한 한국 정부가 경영실무자연구회에 가졌던 기대와 관심을 잘 보여준다.

이와 같은 관심과 기대 속에서 워싱턴 프로젝트팀은 경영실무연구회 개최에 대학에서 진행한 프로그램 이상으로 많은 공을 들였다. 워싱턴 프로젝트팀이 생산한 문서들은 경영실무연구회 준비작업이 보통 실제 연구회가 개최되기 적어도 6개월여 전부터 이루어졌으며 한국의 실정에 맞는 커리큘럼과 교재를 개발하기 위해 워싱턴 프로젝트팀 간에 많은 논의가 이루어졌음을 보여준다. 또한 경영실무연구회에서 진행될 강의를 위해 해당 기간에는 워싱턴대학의 교수진 3~4명이 추가로 한국에 파견되었다.

대학 커리큘럼이 관리 분야뿐 아니라 재무학, 회계학, 경제학 등의 분야를 함께 포함한 것에 비해 경영실무연구회의 커리큘럼은 미국식 경영학의 가장 특징적인 분야인 관리 분야의 교육에 초점을 맞추었다. 이에 따라 경영실무연구회에서는 생산관리, 마케팅 관리, 재무관리, 인사관리에 대한 집중교육이 이루어졌다. 이와 더불어 경영실무연구회에서 강조된 것은 사례연구법Case Study이었다. 사례연구법은 구체적인 기업 현장의 사례를 수집해 분석하고 이에 대해 토론하는 것으로 이론보다는 현장의 문제 해결에 초점을 맞춘 미국식 경영학의 실용적인 특징을 가장 명확하게 보여주는 방법론이었다.[41]

그렇다면 경영실무연구회에는 실제로 어떤 기업들이 참여했을까? 〈표 6〉은 제1회 경영실무연구회 참가자들의 소속 기업 명단이다.

〈표 6〉 1958년 제1회 경영실무연구회 참가 기업 명단[42]

대한상공회의소, 풍한산업주식회사, 경남기업주식회사, 흥아타이야회사•, 한미석유주식회사•, 신한제분주식회사, 동방생명보험주식회사, 동양세멘트공업주식회사, 충주비료주식회사•, 경성전기주식회사•, 조선전업주식회사•, 남선전기주식회사•, 대한조선공사•, 대한중공업주식회사•, 한국산업은행•, 대한철광주식회사•, 대한석탄공사•, 육군본부관리부, 육군군수학교, 한국상업은행, 제일은행, 한국흥업은행, 조흥은행, 농업은행•, 한국산업은행•, 한국은행•, 조선기계제작소•, 상호운수주식회사

* 출처: WUPIK, 〈First Semi-Annual Report Washington University Project〉(1958. 2. 1~1958. 8. 31); •은 국영기업체, 단 흥아타이야회사는 민간기업이었으나 당시에는 부채를 갚지 못해 산업은행이 운영권을 갖고 있었음.

가장 먼저 눈에 띄는 점은 참가자들 중 국영기업의 비율이 높다는 점이다. 또한 민간기업이라 할지라도 동양세멘트, 한국상업은행, 제일은행, 한국흥업은행, 조흥은행 등 본래 국영이었다가 한국 정부의 귀속재산, 귀속주 불하를 통해 민영화 된 지 얼마 되지 않은 기업들이 많았다. 분야에 있어서는 전력회사와 은행의 참여가 두드러지며, 당시 한국 경제에서 삼백산업이 차지하는 비중이 상당했음에도 신한제분 외에는 삼백산업체가 전혀 참여하지 않은 점도 주목된다. 기업 규모 면에서는 중소기업보다는 대기업의 비율이 압도적으로 높았다. 그 밖에 육군관리본부, 육군군수학교 등 기업체가 아닌 한국군이 프로그램에 참여했다는 점 또한 특기할 만한 부분이다.

이러한 경영실무연구회의 참가자 구성은 경제조정관실OEC과 한국 정부가 참가자 선정 과정에 적극 개입하며 나타난 결과였다. 기업들의 참가 신청을 받기는 했지만 경영실무연구회의 참가자 선정은 최종적으로 선발을 통해 이루어졌다. 워싱턴 프로젝트를 담당했던 경제조정관실 공공행정부가 작성한 보고서에 따르면 경영실무연구회 참가자는 경제조정관실 산업부와 한국은행이 신청자들 중에서 우선 선발하고 이들만으로 정원 25명을 다 채우지 못할 경우 남는 인원은 서울 및 부산 기업계의 도움을 받아 선발할 계획이었다.[43] 그마저 자발적인 신청자가 별로 없어 결국은 추천을 통해 대부분의 참가자를 결정했던 것으로 보인다. 당시 한국 기업들에 단기 교육 프로그램이라는 개념이 생소하기도 했거니와 20만 환이라는 높은 참가비용, 2주간 진행되는 빡빡한 스케줄 등이 신청을 가로막는 장애물로 지적되었다.[44]

그 결과 실제 교육을 원하는 기업들이 경영실무연구회에 참가하기보다는 한국 정부와 경제조정관실이 우선적으로 교육이 필요하다고 판단한 기업들이 주 참가 대상이 되었다. 참가자 명단에서 드러나듯 이들은 민간기업보다는 국영기업, 중소기업보다는 대기업, 그리고 민간기업 중에서도 국영에서 민영으로 전환된 지 얼마 되지 않은 기업들이었다. 이는 국영기업의 경영부실 문제가 사회문제로 불거지고 있던 당시 상황에서 한국 정부와 경제조정관실 또한 이 문제를 우선적으로 해결해야 할 과제로 인지했다는 것을 보여준다. 특히 이러한 문제의식이 잘 드러나는 부분은 당시 경영부실로 인해 강력한 비판에 직면하고 있던 전력 3사가 모두 경영실무연구회에 참가한 점이다. 당시 전력사업은 1960년 7월을 기준으로 3사의 부채가 232억 환을 돌파하고 조선전업과 남선전기의 손실이 각각 40억 환과 6억

5,000만 환에 이르는 등 경영부실 문제가 심각한 상황이었다.[45)]

전력회사와 더불어 경영실무연구회에 적극적으로 참여한 은행 또한 귀속주를 통해 사실상 국영으로 운영되며 1950년대 내내 민영화와 경영독립 문제로 논란이 끊이지 않았던 분야였다. 은행의 경우 경영부실 문제보다는 정부의 금융 개입과 이로 인한 정경유착, 부정대출이 문제가 되었다. 귀속주 불하를 통한 민영화가 이를 해결하기 위한 이른바 '금융 민주화'로서 지향되었고 논란 끝에 1957~1958년 다수의 시중은행이 귀속주 불하로 민영화되었으나, 여전히 관으로부터의 경영 독립이 주요 쟁점이 되고 있었다.[46)]

이처럼 전력회사를 비롯한 국영기업과 은행의 참가가 당시 불거지고 있던 국영기업 운영문제를 반영한 것이었다면, 육군본부관리부, 육군군수학교 등 한국군의 참가는 경영실무연구회의 '관리기술 근대화'적 측면을 보여준다는 점에서 흥미롭다. 한국군은 테일러의 과학적 관리법에 근거한 미군의 기획제도 등을 접하며 비교적 이른 시기부터 미국식 관리기술을 조직 운영에 적극적으로 적용해온 조직이었다.[47)] 또한 정부에 의해 전쟁기 구호·재건 사업에 동원되고 더 나아가 대한석탄공사와 같은 국영기업체의 운영에까지 투입되는 과정에서 1950년대 경제에 깊숙이 개입해온 조직이기도 했다.[48)] 이러한 상황에서 한국군은 비록 경영실무연구회가 주 대상으로 한 기업은 아니었지만 연구회가 보급한 관리 지식·기술에 대해 기업 이상으로 큰 관심을 가졌으리라 추측할 수 있다.

경제조정관실 또한 경영실무연구회의 대상을 굳이 기업에 국한하지 않고 이를 한국군이나 공무원들에게 개방하고자 하는 의도를 보였다. 일례로 윌리엄 원은 송인상 부흥부 장관에게 보낸 서신에서 경영실무연구회가 "민간기업에서 행하는 것과 본질적으로 비슷한 성격의 직무에 종사하는 공무원이나 한국군, 또는 산업경제의 중요 분야에 대한 조정을 담당하는 정부 관료들을 대상으로 할 수 있다"고 언급했다.[49] 이는 경영실무연구회가 단순히 기업계에 경영학 지식·기술을 보급하는 것만을 목표로 한 것이 아니라 한국 사회 전반에 보다 일반적인 미국식 관리 기술·지식을 보급하고자 한 시도이기도 했다는 점을 잘 보여준다. 실제로 한국군은 1962년까지 진행된 경영실무연구회에 모두 참가했으며, 1961년과 1962년에 진행된 연구회에는 재무부, 국방부 등 정부 부처 또한 참가자 명단에 이름을 올렸다.

이상을 통해 볼 때 경영실무연구회는 워싱턴 프로젝트의 초기 활동에서 대학에 대한 자문만큼이나, 어쩌면 그 이상으로 중요했던 활동이었음을 알 수 있다. 다만 참가자의 편중된 구성에서 드러나듯 실제 경영실무연구회의 파급력은 국영기업과 일부 대기업, 한국군과 정부 등 일정 범위를 넘어서지 못하는 것이었다.

미국의 원조와 정부의 장려로 확산된 경영학

1950년대 미국의 기술협조 프로그램을 통해 세계에 활발히 전파된 경영학은 수원국의 개발 정도에 따라 그 강조점이 조금씩 다르기는 했지만, 궁극적으로 수원국에 미국식 자본주의 질서를 이식시키기 위한 것이었다는 점에서 '냉전 지식'적 성격을 띠었다고 할 수 있다.

특히 저개발국이었던 한국의 경우 노사협조보다는 인력 양성 및 기업가 교육에 집중한 미 원조 당국의 목표, 반공주의로 인한 노동자 계층의 미성장, 그리고 1950년대 후반부터 본격화된 경제 제일주의 등의 요소로 인해 다른 선진국에 비해 기업가의 이익을 옹호하고 장려하는 형태로 경영학이 도입되고 전파되었음을 확인할 수 있다. 또한 1950년대 후반 경제위기를 해결하고자 했던 한국 정부가 원조 프로젝트에 적극 개입해 경영학 지식을 확산시키고자 했다는 점, 기업가뿐 아니라 공무원, 군인 등을 교육 대상으로 설정해 정부의 '관리기술 근대화'를 꾀했다는 점도 주목되는 부분이다.

워싱턴 프로젝트는 한국 사회에 구체적으로 어떤 영향을 미쳤을까? 경제조정관실의 기록에 따르면 워싱턴 프로젝트 종료 후인 1967년 현재 경영학과가 설치된 대학은 초급대학까지 포함해 모두 26개였다. 프로젝트 도입 당시 경영학과가 설치된 대학이 고려대와 연세대뿐이었음을 고려한다면 이는 엄청난 발전이었다고 할 수 있다. 이러한 경영학과의 증가는 일차적으로는 경제발전과 직접적으로 연관된 학과를 지원한 박정희 정부의 장려책에서 비롯된 측면이 컸지만, 경영학과의 틀을 만든 프로젝트의 경험 또한 상당한 영향을 미쳤다고 할 수 있다. 그러나 경영실무연구회가 주로 공기업 및 정부가 추천한 대기업과 군 위주로 이루어진 데서도 알 수 있듯이 막 도입된 미국식 경영학의 사회적 영향력은 당시로서는 분명한 한계가 있었다.

워싱턴 프로젝트 초기를 다룬 이 글에서는 미처 다루지 못했지만 4월혁명 이후 경제 제일주의를 본격적으로 내세운 장면 정부와 박정희 정부가 수립된 뒤 주한유솜USOM 또한 한국의 경제 개발에 초점을 맞추게 되는 1960년대에 들어서면, 경영실무연구회를 본 딴 세미나와 경영학 연구소들의 기업 진단이 활발히 전개되는 일종의 '경영학 붐'과 같은 현상이 나타나며 경영학의 사회적 영향력이 보다 강해지는 것처럼 보인다. 그러나 그 또한 자세히 살펴보면 대체로 미 원조의 영향력과 정부 주도 사업의 범주에서 크게 벗어나지 못하는 현상이었음을 알 수 있다. 기업의 발전을 위해서는 지식이나 기술의 활용보다는 여전히 미 원조 당국과 정부와의 밀착관계가 훨씬 더 중요했던 한국의 상황에서 경영학 지식이 가지는 실질적인 영향력은 한계가 있을 수밖에 없었다. 그럼에도 불구하고 대학 내 경영학과 설치를 통해 미국식 자본주의 문법을 체계적으로 학습한 인력을 최초로 양성해내기 시작했다는 점, 그리고 기업가의 이윤 추구를 최우선시하고 정당화하는 이론적 기반을 제공했다는 점에서 워싱턴 프로젝트가 갖는 의의를 찾을 수 있다.

5. 1950년대 '한국 국보전' 개최와 한국 '전통'의 구현*

◎ 한진금

1950년대 세계에 비친 '한국'이란 나라

1959년 5월 16일, 《호놀룰루 스타 블러틴*Honolulu Star Bulletin*》의 토요판 〈하와이안 라이프Hawaiian Life〉 표지에 흥미로운 사진이 등장했다. 노트와 펜을 들고 반가사유상 옆에 무릎을 꿇고 앉은 한 여자아이가 불상의 포즈를 따라 하며 사랑스러운 표정으로 불상의 얼굴을 살짝 올려다보고 있는 모습이다. 표지 뒷면에는 "그림을 좋아하는 아이나 학교 4학년 크리스틴 니블리가 5월 31일까지 호놀룰루미술관에서 열리는 3,000만 달러 규모의 '한국 국보전Masterpieces of Korean Art'에 전시된 금동 미륵불을 스케치하고 있다"는 사진 설명이 있다. 이어 커버스토리에서는 이 전시회 유물 중 하나인 또 다른 청동 불상을 소개하며 이 두 작품이 '한국 국보전'에 담긴 '문화적 풍요로움cultural riches'을 대표한다고 언급한다.

이 기사는 1957년 12월 워싱턴 국립미술관을 시작으로 미국 내 총 8개 뮤지엄을 순회하여 마지막으로 하와이 호놀룰루미술관에서 열리고 있던 '한국 국보전'에 관한 것이다. 이 전시가 진행 중인 약 1년

반 동안 미국 언론은 한국의 오랜 문화적 성취와 고유성, 아름다움에 대해 칭송하는 수많은 기사를 쏟아냈다. 동시대 미국에서 형상화되어 있던 전후 한국의 이미지를 고려하면, 이는 분명 흥미로운 장면들이다. 당시 미국인에게 한국은 전쟁으로 폐허가 된 나라이자 반공의 최전선으로, 구호救護의 대상이었다. 특히 전쟁고아는 한국의 이미지를 대표하는 소재였다. 예컨대 1·4후퇴 직전 전쟁고아들을 제주도 보육원으로 피신시켜준 미 공군 딘 헤스Dean E. Hess 대령의 일화를 극화한 영화 〈전송가Battle Hymn〉(1957)에서는 미군 천막 쓰레기통을 뒤지는 전쟁고아의 모습 등이 재현되어 가난하고 후진적인 한국의 이미지가 전형적으로 강조되었다. 그러나 흥미롭게도 동시대 또 다른 한편에서는 미국의 아이들이 보고 배울 만한 찬란한 문화의 탄생지로서 한국이 소개되고 있던 것이다.

'한국 국보전' 개최를 둘러싼 논란

1950년대 한국 박물관계와 문화사업 전반의 분위기를 보았을 때 이 대형 해외 전시의 사례는 분명 이례적이다. 한국전쟁 시기 부산으로 피난해 광복동 소재 경상남도관재국 창고 건물을 임시로 사용했던 국립박물관은 휴전 후 경복궁 청사와 남산 분관을 거쳐 1955년 6월 덕수궁 석조전으로 이전 개관하여 다시 정상 운영을 시작했다. 그러나 여전히 박물관 유물은 완전히 이전되지 못하고 부산대학교 박물관 건물 예정지에 임시로 보관 중이었다. 또한 1958년경이 되어서야 한국전쟁기 망실된 유물에 대한 대조작업이 본격적으로 이루어지는 등 박물관 소장품에 대한 전반적인 관리도 미흡한 상황이었다. 출판, 학술, 미술 등 문화 부문은 아시아재단, 록펠러재단 등 미국 기관의 지원에 기대어 사업이 이루어지고 있었으나, 전쟁의 여파를 털고 완전히 일어났다고 할 만큼 뚜렷한 결실이 있다고 평가받지는 못했다.

문화재 반출 및 해외 전시 개최에 대해 국내외 반응이 긍정적인 것도 아니었으며, 긴 시간에 걸쳐 지난한 논의가 이루어졌다. 해외 전시에 대한 구체적인 구상은 한국전쟁 발발 초기 문화재 보호를 위해 국립박물관 및 이승만 정부가 문화재 해외 소개疏開를 추진한 것에서 시작되었다. 국립박물관장 김재원은 전쟁 상황에서 위험에 처한 문화재를 보호하기 위해 하버드대학교 포그박물관Fogg Museum 동양미술 큐레이터 랭던 워너Landon Warner, 연합국 최고사령부SCAP 민간정보교육국CIE 조지 케이츠George Kates 등에게 편지를 보내 국립박물관 소장품의 해외 이송을 도와달라고 부탁했다. 그러나 미 국무부는 기금 부족 및 문화재 손상 위험 등을 이유로 가까운 도쿄의 박물관으로 옮길 것을 권유했고, 한국 정부는 강력하게 반발했다. 이후 1951년 김재원 관장과 친분이 있던 호놀룰루미술관 로버트 그리핑Robert Griffing 관장이 한국 문화재 보관 및 전시에 대한 구체적인 계획을 한국과 미국 측에 제안하며 해외 반출안이 다시 논의되었다. 그러나 연합국 최고사령부 정보교육국장 도널드 뉴전트Donald Nugent는 한국 문화재를 미국으로 이송하는 것이 '문화재 약탈'의 사례로 공산권의 선전에 악용될 것을 우려하며 해외 반출안을 반대했다.

1952년 이승만 대통령 재선 이후 문화재 해외 반출안은 다시 적극적으로 추진되어 1952년 9월 30일 〈국보 미술품 국외 반출 전람에 관한 동의안〉이 국회에 회부되었다. 그러나 이는 문화재 해외 반출에 관한 논란만을 지피며 부결되었다. 세 차례에 걸친 시도 끝에 1955년 4월 문화재 해외 전시안이 최종 국회 동의를 받기까지 반대 여론은 상당했다. 전쟁의 와중에는 "일반 대중에게 한국동란은 이토록 위태롭구나 하는 커다란 불안감을 주어서 싸우는 백성들의 의지를 상하게 할 우려가 크다"[1]는 이유로, 휴전 후에는 국보 파손 위험의 문제 및 "북한 괴뢰들의 죄악을 폭로하는 영문 팸플릿 하나도 예산이 없다고 못 만들고 있는 처지에 불란서·이태리에서도 못하는 국보 해외 전시를 한국에서 하겠다는 그 동기를 알 수 없다"[2]는 실현 불가능성을 이유로 해외 전시를 반대했다.

그럼에도 그 기나긴 논란을 거쳐, 한국의 문화재와 역사를 미국 유수의 뮤지엄에서 보여준다는 구상은 결국 실현되었다. '한국의 보물 Korean Treasure'이라는 수식하에 약 200여 점의 문화재가 1957년 겨울부터 약 1년 반 동안 미국 전역을 순회하였고, 대부분의 국내외 관계자들이 성공적인 전시였다고 평가했다. 전쟁과 구호, 냉전 또는 반공이라는 시각으로만 소개되었던 나라 한국은 이 전시를 통해 2,000년 넘는 역사를 가진 동양의 한 나라로서 정체성이 부과되었다. 전시 구성과 스토리, 선정 유물들과 전시 연출 방식, 국내외 언론에서 이 전시에 부여했던 서사와 의미들은 식민지와 전쟁의 경험을 딛고 다시 세워나갈 '한국'이라는 나라의 뿌리와 전통을 색칠하고 각인시키는 데 중요한 역할을 하였다.

1950년대 제반 환경에서 국보급 문화재를 장기간 해외에 반출해야 하는 한국 국보전이 성사되기까지는 국제관계를 비롯해 다양한 정치·사회·문화적 요소가 복합적으로 얽혀 있었다. 당시 여러 불리한 여건에도 긴 시간에 걸친 노력으로 마침내 전시를 실현할 수 있었던 추동력은 무엇일까? 한국 국보전이 형상화하고 보여주고자 했던 것, 즉 전시품, 전시 설명, 전시 연출, 개막 퍼포먼스, 도록 등 이 전시를 통해 시각적으로 실체화되고 선전·배포된 한국의 '전통'은 그 추동력을 설명하기 위한 핵심 키워드다. 미국과 한국은 어떠한 배경으로 한국 '전통'의 '쇼잉showing'에 이토록 적극적이었는가?

'미국'이 지켜낸 한국의 전통

한국 문화재를 국외로 반출하여 전시한다는 〈문화재 국외 전시에 대한 동의안〉이 세 번째로 국회에 제출되어 본회의 개최를 기다리고 있던 1955년 1월 12일, 미 국무부에서는 국회 통과에 참고가 될 수 있다며 지난 시기 미국에서 개최된 타국의 문화재 전시 중 몇몇을 골라 주한미국대사관 측에 도록 발췌 글을 보내주었다.[3] 미국 측에 감사와 우정을 표한다는 뜻으로 열린 국제 전시 사례를 언급한 이 서신에서는, 흔히 한국 국보전의 모델로 제시되는 '6~19세기 일본 회화와 조각'(1953)을 포함, '네덜란드에서 약탈당한 회화, 미군의 노력으로 돌아오다'(1946~1947), '프랑스 태피스트리'(1947~1948) 등 다양한 전시 사례를 거론했다.

이 중 "나치가 약탈한 네덜란드 보물 중 중요한 것들을 미군의 노력으로 되찾을 수 있었습니다. 네덜란드 정부는 이에 대한 감사의 표시로, 되찾아온 그림들을 미국으로 보내 전시할 수 있게 해주었습니다. 반환된 방대한 전리품에서 가져온 이 작품들은 큰 꽃다발 중의 꽃 몇 개에 불과합니다"라는 글이 언급된 네덜란드 전시는 오스트리아 린츠의 히틀러 뮤지엄으로 향할 뻔한 귀중한 회화들을 미군의 노력으로 되찾은 것에 대한 감사의 의미로 열린 전시다. "국가 간 예술작품의 교류"라는 문구로 소개된 '비엔나 컬렉션의 국보'(1949~1950)는 제2차 세계대전 중에 오스트리아 소금광산에 숨겨져 있던 작품들을 발견하여 안전한 곳으로 소개疏開한 미국에 보답하는 의미에서 열린 전시다.

10여 년 전으로까지 거슬러 올라가 한국 국보전의 참고 사례로 언급된 이 전시들은 제2차 세계대전을 승리로 이끈 미국의 성과를 과시하고 특히 추축국의 공격과 약탈, 전쟁의 참상으로부터 인류 보편의 문화유산을 보호하기 위한 미국의 노력을 강조하기 위한 목적으로 개최되었다. 국외로 대량 반출되어 한자리에서 공개된 국보급 전시품들은 미국 국민에게 보내는 일종의 선물이다. 인류 보편의 도의로서 자신의 문화재를 '지켜주었던' 미국에 대한 감사의 표시이자 새로 쌓아갈 우정의 증표인 것이다. 그리고 '보호'에 대한 '보답'으로서의 전시라는 이 아이디어는 십여 년이 지나 또 다른 전쟁 이후 열린 한국 국보전에서 그대로 계승된다.

군과의 협력을 통한 개최, 전쟁 지역의 역사 기념물 보수기금 마련이라는 명분, 인류 문화 '수호자'로서의 미국에 감사를 전한다는 의미 등 제2차 세계대전기 약탈·반환 문화재를 이슈로 삼은 전후 미국

내 국제 전시는 여러모로 한국 국보전 개최의 모델이 되었다. 미국은 제2차 세계대전 중 연합군의 유럽 진격이 분명해지자 1943년 6월 '전쟁 지역 내 역사 기념물 보호 및 구조를 위한 미국위원회American Commission of the Protection and Salvage of Historic Monuments in War Areas(이하 로버츠위원회)'를 설립했다. 워싱턴 국립미술관에 본부를 둔 로버츠위원회는 나치의 문화재 약탈 우려 속에 탄생한 것으로, 당시 전쟁부와 협력하여 문화재 훼손 및 약탈에 대한 정보를 수집했으며 추축국으로부터 문화재를 되찾기 위해 노력했다. 인류 문명의 상징이기도 한 역사 기념물을 보호하려는 미국의 노력을 보여줌으로써 우방 및 적에게 선전효과를 얻을 수 있다는 점도 기대되었다. 1946년 6월에 로버츠위원회는 폐지되었지만, 당시의 경험과 위원회의 인적 구성은 이후 제3세계의 문화 원조와 관련해 간접적으로 영향을 미쳤다.

한국 국보전의 미국 측 대표자인 국립미술관 관장 데이비드 핀리David Finley는 1956년 11월 국무부에 보내는 서신 초안에서 한국의 뮤지엄 건물 및 기념물 복원, 문화재 이동 등의 문제를 거론하며 동 위원회의 이름과 함께 제2차 세계대전기 경험에 대해 언급한다. 전쟁 구역의 문화유산을 보호하는 데 군의 역할이 컸고, 그 결과 군이 신뢰를 얻을 수 있었으며 대체 불가한 많은 예술품과 건축물이 보존되었다는 것이다. 현재 한국 문화유산을 복원하는 데 로버츠위원회에서 활동했던 사람들이 도움을 줄 수 있다는 점도 덧붙인다.[4)]

미 국무부에서 한국 국보전에 참여할 미국 내 뮤지엄을 물색하는 과정에서도, 제2차 세계대전 당시 로버츠위원회와 협력한 경험이 있는 메트로폴리탄미술관, 보스턴미술관, 미니애폴리스미술관, 캘리포니아 리전아너미술관, 호놀룰루미술관을 후보로 거론했다.[5] 한국 국보전 사업을 실무적으로 추진했던 중심 인물인 미국 국무부 소속 미술 및 기념물 고문 아델리아 홀Ardelia Hall[6]은 로버츠위원회와 공식·비공식적으로 긴밀히 일했던 인물이다. 한국 국보전의 미국 측 전시품 선정위원이었던 알랑 프리스트Alan Priest와 로버트 페인Robert Paine도 로버츠위원회 명단에 자원봉사자로 이름이 올라가 있다.[7]

한국 국보전 입장료는 한국 뮤지엄 및 유적지 복원을 위한 특별기금으로 적립하기로 했으며,[8] 전시 기간에 한미재단과의 협력을 통해 역사 기념물 복원과 뮤지엄 재건을 위한 민간기금을 모금하자는 안도 제기되었다.[9] 전쟁으로부터 인류의 문화유산을 지키고 후세에 계승한다는 로버츠위원회의 이상은 한국 국보전 추진 과정에서 종종 드러난다. 국무부 공보 담당 알랑 라이트너Allan Lightner는 미니애폴리스미술관 등에 전시 참여 의사를 묻는 서신에서, 한국의 기념물 복원과 뮤지엄 재건이 긴급하다며 입장료를 통해 기금 마련을 할 수 있을 것이라 적었다. 베를린 회화전과 이탈리아 사진전이 유럽에서의 구호 및 재건에 상당한 기여를 했음을 참고 사례로 언급했다.[10] 그러나 실제 박물관 관계자들은 그간 경험을 통해 베를린 회화전 등 소수 사례를 제외하고는 국제 전시 입장료를 통해 수익을 내기란 어렵다는 사실을 알고 있었다.[11] 특히 한국 문화재 전시는 대중은 물론 박물관 내 동양학자들 사이에서마저 그리 큰 관심을 끄는 사안이 아니었으므로 전시 수익을 통한 특별기금 마련은 애당초 크게 기대하기는 어려웠을 것이다.[12]

아델리아 홀이 한국 국보전 준비 및 유적지 피해 상황 조사 등을 위해 1954년 10월부터 약 두 달간 한국을 방문한 후 작성한 보고서[13]를 보면, 전시의 실제 목적에 대한 미국 측 입장을 짐작해볼 수 있다. 방문 당시 아델리아 홀은 광주, 안동, 부여 등 한국 전역을 돌며 50여 개의 사찰, 서원 등을 방문했고 통신대 및 미대사관 사진사의 도움으로 많은 기록사진을 남겼다. 이는 추후에 미국에서 한국 국보전이 열릴 때 '한국 건축 사진전'을 동시에 개최하기 위한 예비작업이었다. 아델리아 홀은 한국 국보전이 미국 내 대여섯 개 뮤지엄에서 제한된 기간에만 열리면 다른 지역에 거주하는 한국전쟁 참전군인들이나 그들의 가족이 비난할 수도 있다는 점을 염려했다. 복제가 쉬운 사진전을 동시에 열어 소규모 장소에서 많은 전시를 열면 그러한 비판을 잠재울 수 있다고 생각한 것이다.

미국으로서는 광범한 인적·물적 피해로 끝난 한국전쟁과 관련해, 미국이 어렵게 지켜낸 한국이 오랜 역사와 훌륭한 문화유산을 가진 나라라는 점, 즉 보편적으로 '지킬 만한 가치'가 있었다는 점을 보여줄 필요가 있었다. 1955년 11월, 미 국무부가 육군부와 협력해 펜타곤에서 개최한 한국의 명소 및 사찰에 관한 사진전[14]은 한국전쟁 참전에 대한 보답이라는 의미를 담은 것으로, 한국 국보전의 예비적 성격을 지녔다고도 할 수 있다. 아델리아 홀은 동양적인 분위기 연출을 위해 보타닉 가든에 대나무, 소나무, 국화 등의 대여를 요청하는 등 전시에 공을 들였다.[15]

또한 한국 국보전은 미국이 한국의 문화재를 약탈하고 파괴한다는 공산권의 선전에 대항하기 위한 좋은 장치이기도 했다. 1956년 4월 주한미국대사관은 한국 국보 및 기념물 촬영을 위해 극동군 사령부FEC 소속 사진사 조지 포스너George Posner 파견을 요청하면서, 이는 "박물관 전시에 활용하는 것과 함께, 유엔군이 무자비한 파괴를 한다는 공산주의자들의 선전에 대응하기 위한 중요한 프로젝트"라고 말했다.[16] 미국은 한국전쟁 중 제안된 한국 문화재 미국 반출·전시안에 대해 문화재 약탈로 비칠 염려가 있다고 거절했지만, 휴전 이후로는 "공산주의자에 맞서 미국이 마침내 지켜낸 인류 문화유산"이라는 스토리텔링으로 공산권의 선전에 맞섰다. 또 다른 사례로, 1954년 방한 당시 아델리아 홀은 한국전쟁기 미 병사가 습득하여 로스앤젤레스박물관에 보관하고 있던 도검을 한국에 반환했다. 당시 반환식에서 아델리아 홀은 한국 정부로부터 감사장을 받았고, 주한미대사 브리그스는 미국에서 한국 문화재 전시가 개최될 수 있도록 적극 지원하겠다고 말했다.[17]

1956년 6월 8일 아델리아 홀 및 국무부 관계자, 국립미술관 관장, 한표욱 주미공사 등이 모여 전시 일정, 예산, 보험, 유물 포장 등 중요 사항을 큰 틀에서 논의하기 시작하면서 전시 실무가 본격적으로 추진되었다.[18] 그리고 약 1년 반의 준비 기간을 거쳐 1957년 12월 15일 워싱턴 국립미술관에서 한국 국보전의 첫 막이 올랐다. 전시 개막식에서는 국악 연주와 민요 독창 등 전통 공연이 무대에 올라 그 의미를 더했다. 전시에 대한 언론의 관심은 지대했다. "한국의 과거 예술은 너무나 광범위하게 파괴되었기 때문에 20세기의 발굴이 없었다면 한국의 위대한 예술사는 거의 알려지지 않았을 것이며 현재와 같은 전시도 불가능했을 것"이란 국립미술관 관장 존 워커의 도록 서문이 언론 보도에 자주 인용되었다. 오랜 시기 전쟁과 외세의 침략으로 인한 광범한 파괴의 역사, 그럼에도 중국·일본과는 차별화되는 고유성을 보존해온 한국 민족의 굳센 의지, 혹여 공산주의자들에 의해 파괴될 뻔한 '민족의 고유성'을 지켜준 미국, 그에 대한 감사의 선물로서의 전시라는 서사가 한국 국보전 개최 의미로 부각되었다.

> 1950년 6월 25일 북한군이 38선을 넘어 남침했을 때, 그들이 노렸던 보물 중 하나는 서울 국립박물관의 한국 미술품이었다. 박물관 직원들의 지연 전술과 공산군에 함락된 서울을 3개월 만에 탈환한 덕분에 보물들을 구할 수 있었다. "공산주의 침략에 맞서 우리와 함께 싸웠던 알려지거나 알려지지 않은 모든 친구에게 감사의 표시"로서 첫 한국 해외 대여 전시가 열린다.[19)]

국무부 및 전시 개최기관에서는 이 전시에 대단히 만족했던 것으로 보인다.[20)] 워싱턴 국립미술관의 전시 관람객 수는 총 4만 3,393명으로 일일 1,500여 명이 방문했다. 1953년에 열린 일본 회화 전시의 국립미술관 하루 관람객 수 5,600여 명, 1961년에 열린 대만 국보 전시가 1,800여 명인 점과 비교하면 적은 수치다.[21)] 그러나 일본·대만 전시가 1년 안팎의 기간에 5개 뮤지엄을 순회했던 것에 비해, 한국 전시는 전체 전시 기간 1년 반 동안에 총 8개 뮤지엄을 순회, 전시하였기에 그 보급효과는 더욱 광범했다고 할 수 있다. 이제껏 세계에 거의 알려지지 않았던 한국의 문화와 예술은 한국 국보전을 통해 세계에 '등단'했다. 한국 국보전의 전시품과 전시 원고, 사진 등은 한국 전통문화의 대표 격으로 세계에 보급되었다. 캐나다 로얄 온타리오

박물관[22] 등 관계기관에 도록이 배포되었고, 1959년 5월경 국립미술관에서는 도록 재고가 소진되었다며 참여 뮤지엄에 재발간 의사를 문의하기도 했다.[23] 특히 동아시아 미술에 대한 책이나 백과사전 출판계획이 있는 출판사에서는 도록에 게재된 유물사진을 국립미술관 측에 요청했다.[24] 한국의 문화와 예술에 대한 깊이 있는 영문서적이 거의 없던 시기, 한국 국보전은 세계가 한국을 이해하는 하나의 창이자 보급통로가 되었다.

원조를 받을 가치가 있는 '한국'

1955년 4월 25일, 〈문화재 국외 전시에 대한 동의안〉이 마침내 한국 국회에서 여당의 압도적인 지지로 통과되었다. 1952년 한국전쟁 중에 〈국보 미술품 국외 반출 전람에 관한 동의안〉이 국회에 회부된 것을 시작으로 기나긴 갑론을박을 거쳐 총 세 차례에 걸친 시도 끝에 국회의 동의를 얻은 것이었다. 1948년 록펠러재단의 지원으로 미국에서 연수 중이던 국립박물관장 김재원이 하버드대학교 랭던 워너 및 호놀룰루미술관장 로버트 그리핑을 만나 막연하게 하나의 아이디어로서 이야기했던[25] 해외 전시안이 드디어 현실에서 결실을 보는 듯했다. 전년에 국회의 요청으로 김재원 국립박물관장과 문화재 수집가 전형필 등이 포함된 해외전시위원회가 구성되어, 전시할 유물에 대한 순차적 검토가 이루어지고 있는 중이었다.[26]

그러나 이번에는 미국에서의 논의가 잠시 정체되었다. 이미 1954

년 4월 그리핑과 다몬 기파드Damon Giffard[27]가 이승만과 직접 면담하여 미국 측의 전시 개최 의지를 확인시켜주었고, 같은 해 10월에는 국무부의 아델리아 홀이 두 달간 한국에 머물며 정부 및 박물관 관계자를 두루 만나 신뢰를 쌓고 난 뒤였다. 당연히 전시가 수월하게 추진될 것이라 여겨졌지만, 대형 국제 전시니만큼 전시자금 및 참여 뮤지엄을 조직하는 것은 쉽지 않은 일이었다. 1956년 초 워싱턴 국립미술관 측에 전시 주최를 타진하던 아델리아 홀은 당시 수석 큐레이터였던 존 워커에게 서신을 보내 국무부와 록펠러재단의 자금 지원 결정, 대략적 전시비용 등을 알리고 국립미술관의 참여를 촉구하였다.[28] 그러나 국립미술관 이사회는 해당 전시가 박물관의 활동 범위를 벗어난다는 이유로 전시 개최안을 부결시켰고, 국립미술관 관장 데이비드 핀리는 대신 국립미술콜렉션National Collection of Fine Arts에서 전시를 열 것을 제안했다.[29]

전시 구상 초기 단계부터 관여하여 이승만 정부 및 국립박물관 측과 밀접히 연락하고 있었던 호놀룰루미술관의 그리핑은 미국 내에서 전시 관련 논의가 지지부진하게 돌아가고 정확한 정보가 자신에게 전달되지 않자 매우 당혹스러워했다. 그는 아델리아 홀 및 국립미술관 측에 서신을 보내 자신의 난처한 입장을 알리고 관련 정보를 빨리 전해달라고 재촉했다. 특히 국립미술관장 핀리에게 보낸 서신에서는 “한국 미술의 수준을 낮게 평가하는 어떤 인물이 이번 전시회를 상당히 반대한다는 루머가 있다”고 언급하면서, 이번 전시를 통해 서구세계가 잘 몰랐던 한국문화의 높은 예술적 수준을 증명하게 될 것이라고 강조했다. 또한 “이 전시를 위해 무엇이든 보내준다는 한국 정부

의 관대한 제안을 거절하는 것은 올바른 정치가 아니다"라며 전시 개최의 중요성을 계속 설파했다.[30)]

그리핑이 언급한 "이 전시를 위해 무엇이든 보내준다"는 이승만 정부는 사실 또 다른 연락망을 통해 메트로폴리탄미술관과도 적극적으로 접촉을 시도하고 있었다. 미군정기 서울시장을 역임한 바 있고 이승만의 친구로도 알려진 제임스 윌슨James E. Willson이 그 다리가 되어주었다. 이승만은 메트로폴리탄미술관에서 한국 문화재 전시를 열고 미국을 순회하자는 윌슨의 제안에 적극적으로 응대했다. "오랜 시간 우리의 고미술들을 미국에서 전시하고 싶었다"며 전시에 대한 강한 추진 의사를 밝히고 메트로폴리탄미술관 전시 성사를 위해 한표욱 주미공사와 윌슨이 직접 연락할 수 있게끔 조치해주겠다고 했다. 윌슨은 이러한 이승만 정부의 서신을 메트로폴리탄미술관 측에 전달하여 한국 정부의 의지를 보여주었다.[31)]

이승만 정부는 세 차례나 국회에 동의안을 요청할 정도로 해외 전시에 대한 강한 의지를 갖고 있었다. 특히 1954년 사사오입 개헌안으로 장기독재의 기반을 마련한 후 공보처를 공보실로 개편하는 등 선전 업무를 완전히 장악하고자 하는 추세 속에,[32)] 세계 특히 서구권을 대상으로 한 '한국' 홍보계획에도 관심을 기울였다. 1955년 2월, 이승만은 임병직 유엔대사에게 한국 홍보 업무의 체계화를 지시하면서 "일본이 태평양에서 힘을 키우면 미국에도 큰 문제가 될 것이다. 우리는 미국인들에게 한국인이 어떤 민족이고 한국인이 어떤 사람인지, 어떻게 미국을 도울 수 있는지 알리고 싶다"라고 언급했다.[33)]

세계를 향한 '한국' 홍보의 중요성이 점차 제기되는 와중에, 1955

년 10월 공보처에서 발간한 《한국 핸드북*Handbook of Korea*》의 서문은 의미심장하다. 그간 한국에 관한 영문 책은 외국인 여행객의 입장에서 낯선 나라를 묘사한 것에 그쳤다며, "한국의 지난한 과거와 현재, 그리고 미래의 잠재력을 전 세계에 보여주고 이를 통해 동양사 및 세계사에서 한반도의 중요성을 제대로 평가받을 수 있는 공정한 시각을 확보하고자 한다"[34)]고 발간 목적을 밝혔다. 이 시기 몇 안 되는 해외 간행물인 *Korea Republic*, *Korean Survey*에서는 정부의 중요 정책 및 전후 재건 모습을 담았다.[35)] 또한 정부는 《한국보고서*Korean Report: Reports from the cabinet ministries of the Republic of Korea*》를 매년 발간하여 각 부처에서 수합한 정보를 외국 언론에 배포하였다.[36)] 일간으로 발행해 일본 내 소식을 전달하는 《일본 공보*Japan Information*》를 참고 사례로 거론하며, 일간은 어렵겠지만 주간으로라도 부처 정보를 공보처가 수합하여 미국 내 배포하는 안이 구상되기도 했다.[37)]

정부는 언론이나 정부기관에 배포되는 공식적인 정부 발간물 외에 미국 대중의 마음을 사로잡을 '한국' 선전 방식도 고민했다. 이를 위해 문학출판 에이전트와 만남을 가진 임병직은 "민주주의, 자본주의, 제국주의 등과 같은 단어는 공산주의자들에 의해 너무 많이 훼손되어 이제 진정한 의미를 완전히 잃어버렸기 때문에 사용을 피해야 한다"는 에이전트의 말을 인용하며, "미국의 대중이 어떤 나라에 대한 사실을 즐겁게 읽도록 하는 것 그 자체로 큰 홍보 가치가 있다"고 하는 그의 의견에 큰 동감을 표했다.[38)] 이를 위해 정부는 국제 홍보 에이전시를 물색하였고 독일 및 칠레 국가 홍보의 경험이 있는 로이 버나드Roy Bernard 등의 회사와 접촉해 한국 홍보안에 대해 논의했다.[39] 그리고 이러한 한국 홍보계획은 "조용히 장기적으로 움직이고 개인적인 우의에 바탕해야 한다"고 강조되었다.[40]

> 제임스 미치너James Michener가 저술한 일본 회화에 관한 책인《플로팅 월드*The Floating World*》[41]를 참고로 보냅니다. 최근 출판 시장은 일본에 관한 책으로 넘치고 미국과 유럽에서의 선전효과가 어마어마합니다. 아무리 급하게 읽어도 독자의 마음속에는 일본인이 오랜 문화와 문명의 역사가 있다는 인상이 새겨지게 됩니다. 이 책을 읽으면 일본인이 얼마나 고귀한 존재인지 알 수 있고, 그래서 호감을 갖고 친구로 사귀고 싶다는 생각이 듭니다. 우리는 일본보다 훨씬 더 높은 본질적 가치를 지닌 더 나은 재료를 가지고 있습니다. 결국 일본의 예술, 장인정신, 문학은 한국의 모방품에 불과합니다. 한국은 일본보다 훨씬 더 절실하게 서양의 이해와 우정이 필요합니다. 우리 박물관에는 원본자료가 풍부하고 도서관에도 매혹적인 이야기가 넘쳐납니다.[42]

《플로팅 월드》를 일본 국가 선전의 마스터피스라고 극찬한 이승만은 우리도 한국 예술에 관한 비슷한 류의 책을 발간하기 위해 전력을 다해야 한다고 강조했다.[43] 또한 이러한 국가 홍보의 맥락에서 국외 각지에서 열리는 전람회에 한국이 참여하기 시작했다. 1955년 5월 30일부터 6월 10일까지 캐나다 토론토에서 열린 국제박람회에 공예품 2,000여 점이 출품되었다.[44] 이어 캘리포니아 새크라멘토시에서 개최된 산업박람회에 대한민국 전시장을 설치해 나전칠기, 주전자, 방석, 바구니 등이 전시되었다.[45] 이듬해에도 미국 시애틀, 호주 시드니에서 열리는 박람회에 한국 공예품이 전시되었다. 이러한 전시는 공예품 수출의 성과로 이어지기도 했지만,[46] 산업 부문의 성과보다 더 중요한 전시 목적이 있었다. "언론인들과 다양한 조직의 대표자들을 초청해 우리의 제품과 예술품들을 보게 하고 한국인들의 능력과 창의성, 문화적 유산을 인정하게 하는 것", "한국의 문화와 예술적 성과를 소개하는 것"이었다. 어차피 대량 주문을 소화할 수 있는 제조 시설이 없기 때문에 국제 거래나 교환의 기회는 제한적이었다.[47]

한국 국보전은 이러한 한국 국가 홍보의 가장 정점에 있었던 사업이었다. 1953년 5월 30일 1차로 국외 전시 동의안이 국회에 회부되었을 때는 "단군의 혈족으로서 우리의 예술과 문화를 국제적으로 전시해서 이것을 선전한다"[48]는 정도로 다소 추상적으로 이야기되었다면, 1955년 4월 국외 전시 동의안이 최종 통과되었을 때의 발언들은 더욱더 확신에 차 있다. 특히 이선근 문교부 장관은 샌프란시스코 회의 이후 일본이 미국에서 미술품 순회 전시를 개최함으로써 반일 감정을 완화하는 데 상당한 성과를 거뒀다는 점, 작년 꼬마합창단의 미국 순회 공연으로 큰 원조를 획득하고 유·무형의 효과를 얻었다는 점 등을 거론했다. 국회 문교위원장 김법린은 "국토 통일과 경제 부흥에 있어서 미국을 위시한 자유 우방의 물질적·정신적 지도가 절대로 기대되는 이때이니만치 우리는 몽고나 서장西藏이 아니라는 것을 서양 각국에 알려야 될 것이고 우리 문화의 역사적 지위를 똑똑히 인식시켜야 할 것이고 한국이 장래에 있어서 자유 진영을 위해서 얼마나 활동할 수 있느냐 하는 것을 보여주어야 하겠습니다"라고 전시의

당위성을 설명했다.[49]

특히 1950년대 후반에 이르면 대한 원조 축소에 대한 우려의 목소리와 함께 원조 획득의 수단으로서 한국 국보전의 성과가 더욱 돋보이게 되었다. "미 국회에 있어 한국동란 이후 해가 갈수록 군사 원조의 축소와 경제 원조의 차관 전환의 여론이 점점 높아가고 있다.…… 자유세계의 일선 보루로서 한국의 중요성을 지속적으로 인식시킬 뿐더러 한국의 문화, 교육, 경제 등의 제 분야에 있어서 발전상을 그침없이 선전 소개할 필요가 있을 것이다. 한국 고미술 전시회의 성과는 금년도의 사업으로서 특기할 사업이다"[50]라는 한 정치학자의 글처럼, 한국 국보전은 내실 있는 '한국'을 전시함으로써 미국의 우방 자격을 확고히 하려는 노력이 반영된 것이다.

1957년 12월 18일, 한국 국보전 개막식이 성황리에 끝난 후 이승만의 홍보 고문 로버트 올리버Robert Oliver는 전시에 대한 반응이 상상 이상으로 엄청나게 좋으며 "오랜 세월 전쟁과 고통, 논란을 겪어온 한국이 이제 오랜 문화적 성취의 빛나는 역사로 대중의 주목을 받게 되었다"고 이승만 대통령 부부에게 보고했다. 또한 계속되는 사업 지연에도 불구하고 이승만이 전시 성사를 위해 끊임없이 노력해온 점에 대해 치하했다. 이에 대한 답신으로 프란체스카 여사는 전시에 대한 광범한 관심 및 언론 보도에 대한 보고를 받고 있다며, 영국 측에서도 개최 의사를 타진해왔다는 사실도 함께 적었다.[51]

워싱턴 국립미술관의 전시 개막식은 미국 내 동양미술 전문가들을 비롯해 국방부 및 국무부 관계자, 각국 대사관 측이 참석하여 성대하게 치러졌다. 저녁에는 한국대사관 주최로 대규모 리셉션을 개최하여 워싱턴 주재 200여 외국 대사 및 그의 가족을 초청하였다. 더할 나위 없는 국위 선양의 현장처럼 보였지만, 이승만은 이 전시가 너무 화려하게 보이는 것도 경계하였다. 국립미술관 전시가 끝나고 메트로폴리탄미술관 전시를 앞둔 시점, 이승만은 임병직에게 서신을 보내 "대규모 리셉션 개최를 승인한 바 없다. 원조를 요청하면서 다른 한편으로는 대규모 모임과 지출로 깊은 인상을 남기고 싶지 않다. 접대를 위해 수천 달러를 쓸 수 없다. 초대 인원을 줄여서 300명 이하로 했으면 한다"고 지시를 내린다. 또한 "한 공사가 워싱턴으로 돌아갈 때 오 공보관이 동행해 박물관 당국 및 언론과의 연락 업무를 계속하면서 모든 것이 계획대로 진행되도록 하는 것이 좋을 것 같다. 이것은 우리의 매우 좋은 홍보 수단 중 하나다"라며 정부의 전시 본연의 목적을 다시 한번 상기시켰다.[52)]

'전통'의 강렬한 시각화, 한국 국보전

'한국'을 세계에 보여주고 선전한다는 것은 원조를 받기 위한 국가 홍보정책 차원으로만 그치는 걸까? 선전과 홍보 이전에, 그 대상이 되는 '한국' 자체를 어떻게 규정하고 설명할 것인가 하는 정체성 담론의 중심에 한국 국보전이 위치해 있다. 해방 공간 및 신정부 수립 과정에서 '민족문화' 건설을 둘러싸고 이념적으로 다양하게 제기되었던 주장과 도전들은, 한국전쟁 이후 또 다른 국면하에서 논의가 전개되었다. 식민지로부터 벗어났으나 여전히 '가난'과 '비합리'의 후진상태에 머무르고 있다는 불안감, 정부 수립 이후 남한 사회에 밀려들어온 미국식 모더니티의 이념, '재건'과 '부흥'에서 남북한 대결에 패할 경우 언제 공산화가 될지 모른다는 공포 의식[53] 등 '후진성' 인식과 냉전의 자장 속에서 새로이 만들어갈 '한국'에 대한 질문이 던져졌다.

이러한 질문은 명백히 외부를 의식한 것이며 외부의 요청으로 재촉된 것이었다. 한국 국보전의 전시품 선정위원이기도 했던 홍종인은 전시 개최를 주장하는 기고에서 미국 여행 중 에피소드를 소개한다. 그것은 "너희 나라 사람들은 어떤 말을 쓰고 있느냐? 중국말을 쓰느냐? 일본말을 쓰느냐?"라는 질문을 받았던 '어이없고 불쾌한' 기억이다. 그는 미국에서는 '한국'이라는 글자가 매일같이 신문에 나오지만, 정작 한국이 어떤 문화를 가진 민족이냐에 대해서는 전혀 알려지지 않았다는 것을 지적하며 이제 "독립국가로 세계 문제의 화제의 중심이 되어 있는 한국은 문화국으로서 그 역사와 전통을 세계에 보여주어야 할 때가 온 것"이라고 전시 개최의 당위성을 설파했다.[54] 화가 김기창은 한 미국인이 지인에게 "당신네 나라에서도 회화나 영화를 만들며 라디오도 듣느냐?"는 질문을 했다는 것을 예로 들며 "지금 세계 각국이 우리나라에 대한 인식이 얼마나 그릇되어 있는지"를 언급하고 문화외교로서 전시의 필요성을 강조했다.[55] 1950년대 미국 등 소위 선진국을 시찰하거나 여행하고 돌아온 이들은 중국이나 일본의 아류로서 한국이 취급되고 문명이 발달하지 못한 '미개한' 국가로 인식된다는 사실에 수치심을 토로하고 분통을 터뜨렸다.

사상과 정신, 보이지 않는 힘으로서의 '전통'을 구체적인 실체로서 시각적으로 드러내는 것이 바로 문화재였다. “우리 자신의 커다란 고전문학의 전통, 그 독특한 사상과 유머, 그것을 옮기는 특수한 비유와 사증법을 가졌다고 이야기하면 그들이(미국인들이) 실제로 작품을 볼 수 없기 때문에 반신반의로 그러냐고 확실치 않은 찬성”을 할 뿐이라는 한 문학평론가의 토로처럼, 언어가 갖기 힘든 강렬한 힘을 문화재는 갖고 있었다.[56] 한국 국보전 해외 전시를 앞두고 전시품을 미리 공개한 ‘고미술품 전시회’ 관련 평론에서는, “한 민족의 문화를 통하여 그 민족의 생활과 성격을 타에 소개함에 있어서 예술에 지난 바 없으니 예술 중에서도 실로 미술은 언어와 문자를 초월하여 어느 민족이나 국가에도 친근할 수 있는 요소를 가지고 있는 까닭”[57]이라며 민족문화 구현에 있어 미술의 중요성을 언급하고 있다.

한국 국보전은 이러한 문화재를 세계에 자랑하여 선진의 대열 속에 들어가고자 한 1950년대의 가장 큰 이벤트였다. “우리나라의 민족성이라든가 또는 우리나라의 투철한 개성을 나타내는 독창적인 것”을 선보여야 하며, “아무래도 세계 학계에서 그것이 의의 있다는 지칭을 받게” 되어야 하니 ‘세계 학계에 공헌할 수 있는 문화재’를 내보내 “우리나라가 타국에 못지않게 문화가 빛나고 있음”을 보여주어야 했다. 이렇듯 한국 국보전은 “배달의 얼이니 반만년 역사니 민족의 전통이니 하는 것이 막연한 상투어구로서가 아니라 실체를 가지고 실감을 주는” 것으로서 역할했으며, “전통이라고 하는 추상적인 말의 개념보다는 구체적인 사실을 볼 수 있는 자리”로서 “일반에게 우리나라의 미술문화에 대한 자존과 인식을 새롭게 하였다”는 의미를 가져다주었다.[58] 한국 국보전은 한국 ‘전통’에 대한 강렬한 현시顯

示였으며, 한국 국보전에 대한 찬사는 곧 한국 전통 및 고전예술 전체에 대한 세계의 인정으로 받아들여졌다.

한국 국보전은 국립미술관 최초로 전문 디자이너에 의해 현대적인 전시 연출이 도입된 케이스로 평가받는다. 전시를 디자인한 스미소니언박물관의 벤자민 로리스Benjamin Lawless와 로버트 위더Robert Widder는 평판 조명 및 검은 자갈, 대리석 조각, 화초 등을 활용하여 동양적인 분위기를 연출했다. 또한 전시의 중요 유물인 신라 왕관 3개를 눈에 띄게 배치하였으며, 쇼케이스 안에 숨겨진 작은 팬을 통해 바람을 불러일으킴으로써 왕관의 금과 옥 장식이 미세하게 흔들리는 효과를 연출하였다. 전시실 4개를 사용한 뉴욕 메트로폴리탄미술관에서는 한 전시실을 흑막으로 하고 반가사유상 두 점만을 설치한 뒤 스포트라이트 조명을 불상에 비추어 신비하고 성스러운 분위기를 극적으로 연출하였다.

국립박물관 관계자 및 직접 전시를 보고 온 이들은 놀라움을 금치 못했다. 새삼 우리 문화재의 "찬란한 진가"를 재인식한 순간이었으며, '전통'을 재발견하게 되는 자리였다. 이러한 감격은 언론을 통해 국내에 고스란히 전해졌다. "사람이나 물건이나 대접을 잘 받으면 광채가 더욱 난다"면서 감개무량함을 느꼈고, 당시 박물관 직원으로 동행했던 고고미술사학자 김원룡도 "이것이 우리나라의 것이며 우리가 가지고 온 것인가"라며 감탄했다고 전해진다.[59] 전시품으로 구현된 한국의 '전통'은 미국 전시 디자이너들의 현대적인 아이디어와 기술에 의해 그 내재된 찬란함을 여과 없이 발휘했다.

전시는 대체로 "대성공"이라고 평가받았다. "기껏해야 6·25동란"

으로 알려졌던 한국이 문화와 역사를 가진 하나의 국가 자체로서 인정받았다는 점에 들떴다. 무엇보다 세계로부터 '문화민족'으로 평가받았다는 것에 크게 고무되었다. 어린이를 비롯한 미국 일반 대중의 반응에서부터, 《뉴욕타임스》 등 유명 언론에 나온 찬사, 미술평론가의 전문 비평에 이르기까지 전시에 대한 반응과 평가가 국내 언론을 통해 다시 소개되었다. 한국 국보전을 통해 '한국'은 타국으로부터 재발견되었으며, 이러한 타국의 인정을 바탕으로 '전통'은 우리가 세계 무대의 대열에 올라갈 수 있는 무기가 되었다. "아이젠하워 대통령 내외가 이 대통령 내외와 같이 총재 격으로 이름을 나란히 걸게 된 것"은 4년 전 열린 일본 미술전에서도 없었던 일로 한국 국보전은 문화외교의 대표 격으로 내내 평가받았다. 고려자기와 산수화, 신비가 감도는 불상은 "무언無言의 대사大使"[60] 역할을 톡톡히 하였다.

그러나 일각에서는 우리가 전시의 주최가 아니라는 점에서 한계를 지적했다. 이상백은 한국 국보전이 거둔 성과 및 미국 측 박물관의 노고를 충분히 인정하면서도, 고려자기 전시실의 배경을 밝은 황색으로 하여 섬세한 고려자기 색채와 문양을 살리지 못한 점, 하나의 쇼케이스 안에 너무 많은 유물을 전시한 것, 소박한 이조자기와 함께 너무 큰 인조화를 전시 연출물로 사용한 것 등을 세세히 지적하였다.[61] 또한 애초 전시품 선정 자체가 알랑 프리스트, 로버트 페인 두 외국학자의 전권으로 이루어져 조선시대 회화가 많이 빠지게 된 것은 두고두고 한계점으로 지적되었다. 중국 또는 일본적인 것을 제외하고 보존상태가 좋은 것만 선택하다보니, 도자기나 불상에 비해 회화 부문이 너무 초라해졌다는 것이 국내 미술계의 평가였다.

이러한 비판의 와중에 1958년 8월, 정부 수립 10주년을 맞이하여 국립박물관 주최 및 공보실 후원으로 '고미술품 전시회'가 열렸다. 덕수궁 석조전 및 서편의 신관까지 사용한 전시로, 국립박물관과 덕수궁미술관을 비롯해 전형필 등의 소장품까지 총 282점을 전시했다. 한국 국보전에 출품된 이름난 문화재들이 대거 빠진 전시였지만, 한국 국보전 전시품으로 선정되지 못했던 회화작품이 대거 출품되어 전체 목록의 절반 이상을 차지했다. 전시품 도록 책자의 표지로는 한국 국보전 전시품 선정 당시 미국 측 위원으로부터 낮은 평가를 받아 논란이 되었던 김홍도의 작품 중 〈무동舞童〉을 실었다. 전시의 주체성에 대한 언급도 의미심장하다. "해외 전시 국보전이란 주로 외국 위원들이 와서 자기 취미에 맞는 것을 선정하였고 이번 전시는 한국인의 안목으로 선정한 만치 우리 민족 문화재 중에서 골고루 우수한 작품을 선정한 것이 역연히 보이었다. 금번 진열된 작품 중 도자기보다도 특히 회화에서는 미술사에 특기할 만한 우수한 명작이 나열되었다."[62]

또한 같은 해 11월에는 정부 수립 이후 10년간 새로 지정되거나 지정키로 예정된 국보 및 천연기념물의 현물과 사진이 전시되었다.[63] 1957년 광복 후 처음으로 이루어진 국보 지정작업에서는 일제강점기에 대형 석조문화재 및 고건축물 위주였던 경향에서 벗어나, 《훈민정음》 등 한국문화의 정체성을 드러내거나 《난중일기》처럼 국난 극복의 '정신'을 담은 전적들도 포함이 되었다.[64] 이렇게 신규 지정된 국보들은 본 전시의 대표유물로 소개되어 새로이 만들어나갈 '한국'의 모습을 예비했다.

냉전과 발전의 전략으로서 '전통'

한국의 '전통'과 국가 정체성을 문화재라는 시각적 표현으로 구현한 한국 국보전에는 각각의 입장에 따라 다른 서사와 의미가 부여되었다. 미국 정부로서는 이 은둔의 나라의 보물들을 공산주의자들로부터 지켜낸 미국의 강력한 힘, 또한 인류 보편의 문명과 다양한 문화를 보호하고자 하는 미국적 정신의 상징이었다. 한국 정부로서는 한때 일본의 침략을 받았지만, 사실 그보다 더 오랜 문명과 풍부한 문화를 지닌 한국, 즉 미국의 자유우방 파트너로서 가장 가치 있는 존재로서의 '한국'을 의미했다. 한국 사회와 문화 분야 지식인에게는 그간 뚜렷이 정의되지 않았던 '전통'을 외국으로부터 인정받고 그 스스로 재발견하는 자리로서, 한국 국보전을 계기로 '선진'으로서의 '전통'에 대해 확신할 수 있었다.

1950년대 '전통'은 그 자체로 이야기되기보다는, 후진을 넘어선 '선진', 고립이 아닌 '세계'와 함께 거론될 때 그 의미를 인정받았으며 이는 전후 한국의 생존전략이자 '국가 재건'의 한 방안이었다. 그리고 1960년대 중·후반 이후 근대화가 진행되어갈수록 '전통'은 퇴영적이고 벗어던져야 할 과거가 아니라, '근대'와 동행하는 '찬란한 과거'로서 더욱이 조명되기 시작했다. 이후 1970~1980년대 한국의 문화정책 및 냉전문화의 변화에 따라 '전통'은 그 결을 달리하여 지속적으로 '발견'되었다가 또 사라지기를 반복하여 현재에 이르고 있다.

6. 냉전 속 '평화'를 외치다

– 주한미평화봉사단의 탄생*

◎ 윤성민

미국의 평화봉사단, 그들은 왜 한국에 왔는가?

미국의 평화봉사단Peace Corps은 1961년 3월 1일 존 F. 케네디 행정부의 정책적 요구에 부응하기 위해 창단되었다. 케네디 행정부는 미국의 이익을 관철하는 데 우호적인 환경을 조성하기 위해 저개발국의 탈식민적 열망을 통제하고자 했다. 평화봉사단은 미국 청년들의 에너지, 열정과 이상주의를 동원하여 저개발국의 교육·공중보건 등 사회 분야를 개발하는 일종의 모델로 제시되었다. 평화봉사단이 제공하는 미국식 교육과 사회 전반에 대한 개발 활동은 해외 저개발국에 경제 성장과 민주주의 정치가 함께 발전할 수 있다는 미국적 이상과 가치관을 전파하고 사회·문화적 영향권을 확립하는 데 영향을 미쳤다.

평화봉사단에 참여한 바 있는 미국의 한국 현대사 연구자인 브루스 커밍스Bruce Cumings는 1967년부터 1968년까지 한국에서 K-3Korea-III 기수 단원으로 활동했다. 1967년 12월 공중보건 프로그램에 참여할 K-4 평화봉사단원들이 처음으로 한국 땅에 발을 내디딜 무렵, 주한미평화봉사단의 월간 소식지 《여보세요*Yobosayo*》에는 평화봉사단의 목적과 성격에 대한 논평 기사들이 실렸다.[1] 커밍스는 단원들의 지나치게 희망적인 자기인식과 평화봉사단에 대한 낙관론에 제동을 걸어야 한다는 필요를 느낀 것 같다. 평화봉사단의 출현이 "일종의 행운어린 역사적 우연"이며 미국 외교정책의 전통과는 다른 방향으로 갈 것이라는 전망과 달리, 평화봉사단은 단원들이 비판하는 미국 대외정책의 전통을 충실히 계승하고 있었다. 커밍스는 "결국 우리는 현재의 미국 정책과는 궤를 달리하는 정책들을 장려하고 실현할 수 있는 위치에 서게 될지도 모른다라고 하는 예측을 결코 자명한 진실로 받아들여서는 안 된다"라고 경고의 메시지를 내비쳤다.[2]

1967년 10월 K-3기 교육과정 중 USOM·USIS·주한미군 소속 인사들의 발표가 있었다. 그런데 놀랍게도 그 누구도 '평화봉사단이 왜 한국에 왔는가'에 대한 인식은 보이지 않았다. 오직 자기 소속기관의 필요에 봉사하거나, "외교 사절단의 임무를 보완하는 수단to round out the diplomatic missions" 정도로만 인식했다. 이 경험으로 커밍스는 평화봉사단이 당면한 핵심 과제가 무엇인지 분명하게 직시할 수 있었다. 커밍스가 보기에 단원들뿐 아니라 미국 정부 당국자들도 스스로 상상해낸 평화봉사단의 목표를 갖고 있으며 이로 인해 모두가 평화봉사단을 오해하고 있었다. 그리고 이들의 오해가 실제로 평화봉사단이 어떤 목적으로 사용되었는지 드러내는 단서가 될 수 있었다. 평화봉사단은 미국 정부 내 위계구조에서 명백히 하위이며 언제든 대체 가능한 위치에 있었다. 이에 따라 평화봉사단 내부의 목표와 별개로 외부에서는 결국 그것을 자신들의 목적에 맞게 사용하려고 할 것이다. 평화봉사단에 부여되는 목표가 장기적으로 볼 때 후세가 기억할 평화봉사단의 모습이 될지도 모른다는 것이다.

평화봉사단이 한국에 온 지 58년, 한국을 떠난 지 43년이 지난 현재, 한미 양국의 이해관계자들은 한국에서 15년 동안 활동한 "평화봉사단이 성공적이었다"라고 자평한다. 그러나 미 평화봉사단 활동의 성공여부를 운운하는 것은 더 이상 유의미하지 않다. 이미 선행 연구에서 미국의 평화봉사단에 대한 사실관계와 라틴아메리카·남아시아·아프리카 지역에서의 전반적인 사업 내용, 다층적인 행위자들의 인식을 다루며 충분한 설명을 제공했다.[3)]

그러나 한국과 관련하여 미국의 평화봉사단이 누구를 위해 존재했는지에 대해서는 근본적인 질문을 다시 던져볼 필요가 있다. 이 질문은 한국으로의 초청 과정에서 드러나는 평화봉사단의 성격문제와 밀접하게 연결되어 있다. 이와 관련해서는 다양한 견해가 존재하지만, 평화봉사단 연구들은 대체로 루스벨트의 뉴딜에서부터 트루먼의 포인트 포Point IV, 케네디의 뉴프런티어New Frontier까지 이어지는 미국 정부의 정책을 추적하며 자국의 잉여 지식인력을 효율적으로 활용하기 위해 평화봉사단을 활용한 측면에 주목했다. 이들 연구는 평화봉사단이 저개발 국민을 지향하기보다 미국 자국민을 우선시했다고 주장한다. 또한 존슨 행정부 시기 '위대한 사회Great Society' 및 '빈곤과의 전쟁War on Poverty'에 동참하기 위해 국내 복지기관에 취업하거나 2~3년간의 평화봉사단 활동을 끝내고 고국에 돌아온 단원들이 후속 단원을 양성하는 교육자로 활동하는 경우가 많았다. 미국 자국의 인력 순환에 주목한 이 연구들은 미국의 평화봉사단이 궁극적으로 미국 국민을 위한 사업이었다고 주장한다. 어떤 연구는 미 평화봉사단이 스스로 개발주의와 인도주의를 매개로 제3세계의 민족자결권을 성취하기 위한 반제투쟁에 협조하는 역할을 한다는 '환상을 형성'하는 데 기여했다고 지적한다.[4] 국내 연구들도 기본적으로 미국의 평화봉사단 연구에 기대고 있는데, 미국은 대외 원조를 활용하여 저개발 사회에 '근대화'의 조건을 충족시켜 자유세계를 결속하기 위한 목표를 우선시했다.[5] 김승경과 마이클 로빈슨은 평화봉사단이 "자선의 목적을 가지고 있다고 하지만 어디까지나 미국의 정치적 이해관계를 향상시키기 위해 고안된 조직이었다"고 말한다.[6] 요컨대, 미국은 자국민과 자유세계의 연대를 상징하는 담론이 필요했고 평화봉사단은 수행자를 자처했다.

그렇다면 미국의 평화봉사단이 한국으로 오게 된, 한미 양국 각각의 정책 결정의 맥락과 동기는 어떠하였을까?

한국에서 활동한 미 평화봉사단은 '주한미평화봉사단Peace Corps Korea'이라고 부른다. 영문명 'Peace Corps'의 직역 명칭인 '평화군단'은 세계적으로 적지 않은 논란을 불러일으켰는데,[7] 창설 당시부터 한국 언론은 '평화봉사단'·'평화군단'을 혼용해서 사용했다. 주한미평화봉사단이 본격적으로 활동을 시작한 1966년은 "대한민국 외교 최고의 해"라고 불릴 만큼 한국의 외교 활동이 활발했던 시기다. 이 시기에 한국 정부는 미국에 베트남 파병을 역제안하면서 한미 양국 간의 관계에서 한국 정부의 입지가 강화되는 변화를 가져왔고, 양국 간의 유착관계는 더욱 심화했다. 한국은 미국의 정치적 이해관계에 적극적으로 편승함으로써 주한미평화봉사단의 파견을 실현할 수 있었다. 이처럼 주한미평화봉사단은 한미 양국의 협력으로 태동했다.

그러나 한미관계의 '밀월'이 오래가지 못하였듯이,[8] 주한미평화봉사단은 한국 정부가 파한을 성사시키기 위해 보였던 열성을 평화봉사단의 구체적인 활동에까지 지속하지 않았고 결과적으로 평화봉사단의 활동은 원활하게 진행될 수 없는 구조적 제약에 봉착했다. 한국 정부의 일구이언一口二言한 태도를 이해하기 위해 초기 협상 과정을 '평화' 담론을 둘러싼 냉전의 헤게모니 투쟁과 연관지어 살펴보고자 한다. 이를 통해 실제 활동에서의 불안정한 토대가 경고하는 주한미평화봉사단의 정치적 성격을 재고할 수 있을 것이다.

미 평화봉사단은 이름에서도 시사하듯이 냉전시기 '평화'라는 담론의 상징적인 대표성을 가졌다. 이들이 호명한 '평화'는 한국에서 독특한 의미가 있었다. 냉전은 세계 각 지역마다 구체적이고 고유한 양상을 보이는데, 한국에서 활동한 평화봉사단은 유독 다른 지역에서의 활동과도 차별화된 모습을 보였다. 한미관계를 규정하는 주요 군사·경제 사안들은 주로 원조체제로부터 파생되었다고 해도 과언이 아니다. 한국전쟁을 전후하여 군사·경제 부문에 막대한 자금을 투여했던 미국 및 유엔의 원조 프로그램은 '재건'·'개발'로 양적 경제성장의 토대를 닦은 가시적 성과로 평가되지만, 한국에서의 평화봉사단의 사업은 한국 경제에 미친 양적 효과를 도출하기는 어렵고 포인트 포 이후 미국 정부가 오랜 기간 한국에서 주도했던 원조사업의 맥락 속에서 이해하기 쉽지 않다. 다른 원조사업들에 비해 평화봉사단이 벌인 활동은 상대적으로 규모가 작았다는 것도 이를 뒷받침한다. 분명한 것은 주한미평화봉사단은 측정 가능한 경제적 성과를 제시하지 못한다. 그러나 주한미평화봉사단은 스스로 '평화'의 담지자라는 인식을 기반하여 활동했으며 1966년부터 해체되는 1981년까지 미국 정책의 연장선상에서 한국 사회 저변에 유의미한 영향을 미쳤다. 특히 미국이 말하는 '평화'와 '인도주의'를 연결짓는 하나의 고리로서 협상 과정을 조망할 때, 주한미평화봉사단은 미국의 대한 원조정책의 전환에 따른 외교적 부산물이었음이 명확하게 드러난다.

냉전적 '평화'와 평화봉사단의 탄생

1961년 3월 1일 존 F. 케네디 대통령은 행정명령 10924호를 발령하여 미국 평화봉사단의 설립을 공식적으로 발표했다. 미 의회에 제출된 평화봉사단의 교서는 이른바 '평화봉사단의 3대 목표'를 통해 미국식 제도와 가치, 미국식 문화를 '평화'적으로 전파하는 데 중점을 두고 있음을 강조했다.[9] 평화봉사단은 농업, 교육, 보건 등 다양한 분야에서 저개발 사회에 인도주의적 원조와 '평화' 활동을 제공하는 청년 봉사단체로 정의할 수 있다. 보다 구체적으로, 이들이 호명하는 '평화'는 두 가지 목표를 가졌다. 첫째, 미국에 대한 우호적인 인식을 저개발국에 심어주고 자유민주주의적 가치와 이상에 대한 기대를 증진한다. 둘째, 그러기 위해 초청국과 미국 간의 친밀한 외교관계를 형성하고 소비에트 블록의 저개발 지역 확산을 저지한다. 즉, '평화'라는 미명하에 인도주의 지원이란 형태를 띤 평화봉사단의 활동 지향은 근본적으로 냉전적이었다.

1960년 10월 14일, 미국 공화당 대통령 후보 닉슨 부통령과의 대선 토론을 마친 후 피로가 역력했던 케네디는 미시간-앤아버대학 학생회관 앞에서 3시간 이상 대기하고 있던 학생들을 지나치지 못하고 단상 위로 올랐다. 비록 즉흥적이었으나, 이날 케네디의 연설은 미국의 경쟁력을 증진하기 위해서는 청년들이 해외로 나가야 한다는 도전정신을 학생들에게 심어주기에 충분했다. 이후 케네디는 11월 2일 샌프란시스코 카우팰리스 광장에서의 연설에서 평화봉사단을 주요 대선공약 중 하나로 내세웠고 미국의 대외정책 및 인식론적 위기를 '평화'적으로 극복할 계획을 선포했다. 이를 계기로 본격적인 '평화봉사단' 계획이 공식화되었으며 평화봉사단은 미국인들의 관심 속에 자리 잡기 시작했다.

흥미롭게도, 평화봉사단이 주창한 '평화'는 그들이 새로 고안한 담론이 아니었다. 이들이 말하는 '평화'는 미국의 개발주의를 동반하는 미국의 오랜 역사적 사명과 관련이 있다. 개발주의는 문명화론과 개척주의 정신으로 무장한 '명백한 운명론Manifest Desinty'을 내세워 19세기 서부 프론티어로의 영토 확장과 정복의 경험으로부터 파생했다. 이것은 미국식 규범을 세계로 확산해야 한다는 도덕적 우월감과 특수한 사명을 가진 민족이란 의식 형성으로 이어졌다. 20세기 초반에 가서는 선민적 사명감과 영향력 확장을 위시한 미국인의 예외주의적 주체성을 강조하는 '문명화' 담론은 그 효력을 다했다. 그것의 대체재로 부상한 냉전기 '개발' 담론은 제국주의 비판과 탈식민 흐름 속에서 저개발국에 대외 원조를 제공하는 미국의 군사·정치적 지배로 전환했음을 의미했다. 미국의 개발주의는 대외 팽창적 지향성을 가졌지만 결국 미국 자국민을 겨냥했다. 미국은 국가적 위기에 직면할 때마다 미국식 개발의 성공적인 역사적 경험들을 세계적으로 전파하였고 미국의 국가적·국민적 정체성을 확립하기 위해 소환했다.[10] 예를 들어, 경제 대공황과 제2차 세계대전으로 인한 '전체주의 국가의 개발에 도전받는 자유주의적 개발'이라는 구도는 미국인의 역사적 의식체계에 지대한 영향을 끼쳤다. 대외적 불안이 곧 자국 전선의 불안으로 연결된다는 1950년대 미국 사회의 역사적 위기의식은 불안을 잠재우기 위해 자국의 개발 경험을 해외로 수출해야 한다는 인식으로 이어졌다. 이것은 근대화론이란 저개발국에 대한 개발 모형을 제조하려는 1950년대 미국 사회과학계의 이론적 시도로 귀결되었다.

냉전을 '덜 호전적'이고 '더 진보적인 방식'으로 치르고 싶어한 케네디 대통령은 미국의 역사적 의지를 담은 '평화' 담론을 정책적으로 재등장시켜 외교 방면에 활용하고자 했다. 당시 미국의 대외적 입지는 불안정했다. 저개발국에서 현지인들의 지지를 얻으며 유능하고 숙련된 외교 활동을 펼친 소련과 대조되는 미국인 외교관들의 오만과 무능함을 조명해준 소설 《어글리 아메리칸》(1958)은 미국이 아시아의 냉전에서 패하고 있다는 경고를 내비쳤다.[11] 이 소설은 케네디 행정부의 필독 권장도서로 지정될 정도로 미국 사회에 큰 영향력을 가졌다. 소설에서 주목하는 미소 양 초강대국의 상반되는 이미지는 저개발 지역에서 불안정한 미국의 입지를 확인해주었다. 또한 소설은 자국민과 타국민을 동시 겨냥한 미국의 자유세계의 통합전략에 새로운 계기가 되었다. 미국의 각성은 곧이어 미국의 대외정책적 전환을 추동했다.

한편, '평화'는 주로 사회주의권이 선점했던 담론으로 이해되고 통용되고 있었다.[12] 물론 제2차 세계대전 이후 냉전의 양극화 시대에 들어서고 평화 담론이 유럽세력 진영의 양분화로 인한 적극적인 군비 확장 및 전쟁계획으로부터 위협을 받으면서 '평화'의 의미는 점차 변모해갔다.[13] 소련은 자본주의 진영의 제국주의적 단계에서부터 파생된 '전쟁'에 대항하기 위한 사회주의권 확장이란 의미를 내포한 '반전 평화론'을 제창했다. 소련이 전개한 평화운동을 연상케 하는 '평화'는 전 세계적 반제투쟁을 조직하는 주요 투쟁 방식으로 소비에트 블록의 '평화'를 상징하게 되었다. 특히 1940년대 말은 사회주의권 '평화' 담론의 확립에 매우 중요한 시기였다. 소련은 1947년 말 코민포름을 창립하여 미국을 최대의 적으로 규정하는 '양대 진영론'을 공표했으며 '마셜 플랜'으로 대표되는 미국의 대소봉쇄 정책에 대응했다. 이때부터 소련이 내건 '반전 평화'의 슬로건은 미국 중심의 자유주의 진영과의 이데올로기적 투쟁과 경제 경쟁을 개시하여 냉전적인 의미를 명시하는 본격적인 '평화 공세'를 의미했다.[14]

미국은 소련에 대항할 자유세계만의 담론이 필요했다. 소련이 미국을 전쟁세력으로 간주하고 정책의 모순을 비판함으로써 '반전 평화론'을 정당화하고자 하면서, 미국은 '국제 협력'과 핵에 의한 외교적 통합·통제를 지향하고 자본주의 진영의 우위를 확보하기 위해 현실주의적 목표를 추구하는 선택을 취했다. 그러나 이것은 곧 자유세계만의 또 다른 협소한 '평화'를 의미했다. 핵기구 통합은 서구 진영에 우호적인 '평화'를 유지하려는 미국 정부의 의도를 반영했지만, 미국의 군사전략적 선택권 아래 핵우산을 포함한다는 비평화적 '평화'의 모순적 의미도 담았다. 1950년대 아이젠하워 대통령이 유엔 총회에서 발표한 '평화를 위한 원자력Atoms for Peace'은 이와 일맥상통하는 것이었다.[15] 그러나 미국은 평화 담론이 핵무기를 통한 '하드파워'의 잠재력만 내포한 것이 아님을 외교적으로 보이고자 했다. 1950년대 말 아이젠하워 정권은 소비에트 블록과 경제 친선을 도모하거나 미국 잉여농산물을 저개발국에 지원하는 PL 480 프로그램을 '평화를 위한 식량Food for Peace'으로 개명하는 등 미국이 제시하는 평화 담론을 대내외적으로 정당화하고자 했다. 그러나 미국의 평화 담론은 저개발 지역이나 소비에트 블록을 대상으로 충분한 설득력을 얻어내지 못했다. '평화'란 사회주의 진영과 자유주의 진영의 세력을 구별·포섭하는 정치 논리로 작동했다. 케네디 정권도 이러한 '평화'를 계승했다.

경제력과 군사력을 동반한 '하드파워'가 평화 담론의 설득력을 담보할 수 없다는 것을 깨달은 미국은 미국의 '전쟁 대 평화' 정책의 부조화를 완화하기 위해 비교적 '평화'적인 '소프트파워' 전략을 추구했다. 케네디 정권은 평화봉사단을 포함한 일련의 인도주의적 구호·원조 프로그램인 라틴아메리카 개발 원조계획 '진보를 위한 동맹Alliance for Progress'과 '새로운 아프리카New Africa', '평화를 위한 식량Food for Peace' 등을 이와 연동된 외교정책으로 내세웠다.

미국의 정책입안자들은 정치·사회적으로 취약한 저개발 사회가 사회주의권에 의해 쉽게 전복될 것을 우려했다. 특히 미국의 저명한 근대화론자이자 정책기획위원장이었던 월터 로스토우의 시각이 실질적인 대외정책으로 직결되면서 미국이 저개발 지역에 영향력을 확장하는 사회주의권에 대응하기 위한 방책을 모색했다. “뉴프런티어”, “개발의 10년Development Decade”, “미국을 다시 움직이자Let's get this country moving again” 등 존 F. 케네디의 대선 유세 활동 구호 대부분의 정책적 논리가 로스토우의 구상에서 파생되었던 것에서 알 수 있듯,[16] 로스토우는 케네디 행정부의 정책 부문에서 상당한 영향력을 행사했다. 로스토우를 비롯한 당시 미국의 사회과학계는 저개발 지역의 부정적인 대미 인식은 아이젠하워 정권의 우유부단한 뉴룩New Look 정책이 미국의 개발주의가 가졌던 효력을 상당히 쇠퇴하게 한 결과라고 진단하며 미국이 마주한 ‘개발의 위기’를 극복하기 위해 케네디 정권에서 적극적인 정책으로 전환할 것을 제시했다.[17] 그리고 저개발국 정책을 추구하는 미국의 대외정책적 흐름에서 평화봉사단 계획이 고안되었다.

평화봉사단이 구사한 원조 방식은 어디에서 온 것인가. 미국의 지역 개발사업의 전형인 미국 테네시강 유역 공사Tennessee Valley Authority(TVA) 사업과 그 전철을 밟은 트루먼 대통령의 포인트 포 정책에서 그 기원을 추적할 수 있다. TVA사업은 1930년대 뉴딜정책에서 추진한 미국 남부 개발의 성공적인 사례로 자리 잡았다. TVA사업의 주요 정신은 풀뿌리 민주주의로 집약된다. 풀뿌리 민주주의는 당시 자국 개발을 실현하는 과정에서 미국 민주주의의 중요한 요소였던 “미국 시민을 위해, 미국 시민에 의해For the People, By the People”라는 가치관을 자조Self-Help 개념과 함께 제시하여 미국 시민의 풀뿌리 참여를 유도했다. 다시 말해 개인의 자발성과 적극적인 참여를 유도하여 효율적인 인적자원을 창출하는 한편, 개인의 자아실현을 공동체의 공익과 연결했다.[18] 포인트 포 사업은 이와 같은 TVA사업의 개발 정신과 윤리적 접근법을 강조했다.

평화봉사단의 고안자들도 평화봉사단을 설계할 때 1950년대 포인트 포 사업의 방식을 의식했다.[19] 보다 직접적으로 평화봉사단이 추구한 'P2P(people-to-people)'라는 대인외교적 접근의 초기 형태는 저개발 지역민을 겨냥한 포인트 포 사업의 형식인 풀뿌리 참여정신과 방식을 그대로 계승한 것이었다. 이러한 연속성은 인적인 차원에서도 가시화되었다. 케네디 행정부는 TVA사업의 이데올로그 데이비드 릴리엔탈David E. Lilienthal을 평화봉사단 국가자문위원회 일원으로 초빙함으로써 정책적으로 연결하고자 했다.

프로그램명마저 포인트 포 사업의 모습을 빼닮았다. 자원봉사 활동을 통한 지역 사회 개발에 대한 믿음을 가졌던 진보주의자 민주당 하원의원 헨리 루스Henry Reuss는 1950년대 자신의 '포인트 포 청년단' 구상을 상원의원 리처드 뉴버거Richard Neuberger의 구상과 결합하여 '루스-뉴버거' 안을 창안했다. '루스-뉴버거' 안의 포인트 포 청년단 구상을 기반으로 상원의원 허버트 험프리Hubert Humphrey의 평화봉사단 계획안 〈평화를 위한 노력〉을 구체화할 수 있었다. 험프리 상원의원은 1950년대 후반부터 냉전기 '평화' 담론을 적극적으로 전개한 흥미로운 인물 중 하나다. 그는 특히 '평화'를 냉전에서의 승리를 가져올 수 있는 외교적 방안으로 채택하도록 역설하였는데, 이후 케네디 정권에서부터 미국 인도주의 구호의 주요 자원으로 자리매김하게 된 잉여농산물과 '평화'를 결합해 1959년 4월 16일 〈평화를 위한 식량 법안Food for Peace Act〉을 제출했다.[20] 당시 콜로라도주립대학 연구재단과 MIT대학의 국제학연구소CIS의 밀리칸, 미시간대학의 샘 헤이즈 박사 등 여러 보고서가 제출되었는데, 험프리는 '루스-뉴버거' 안과 미국 사회과학계의 결과물을 종합하여 1959년 7월 민주당 전당대회가 개최하기 직전에 평화봉사단 계획안을 제출·통과하여 미 평화봉사단 창단의 기초를 다졌다.[21)]

1961년 3월 1일에 설립된 미국의 평화봉사단은 미국민의 많은 기대와 염원에 힘입어 탄생했다. 1961년 초 개정된 〈상호안전보장법MSA〉은 1950년대 중반부터 미국의 경제 원조를 담당한 미 국제협조처ICA가 평화봉사단의 감사기관 및 재무 대리기관으로 기능하고 유솜USOM과 미대사관에 평화봉사단 행정자금을 조달하는 역할을 맡겼다.[22)] 미국의 평화봉사단법은 평화봉사단이 창설된 후 6개월이 지난 1961년 9월에 가서야 미국의 〈대외원조법〉과 함께 입법화되었다. 이를 기점으로 평화봉사단은 국무부 산하 행정체계에 종속, 편성되었고 민간과 정부 주도 원조 프로그램 사이에서 현존하는 원조 프로그램의 이행과 확충을 지원했다.[23)] 요컨대, 미국의 평화봉사단은 미국의 대외위기를 극복하기 위한 현실대응책으로 부상했다. 그러나 평화봉사단은 '어글리 아메리칸'을 낳았던 미국의 대외정책에 껍데기에 불과한 변화만 가져왔을 뿐, 사실상 기존 정책을 인적·조직적·정신적으로 계승한 것이었다.

엇갈린 셈법: 평화봉사단을 둘러싼 초기 협상

미 평화봉사단이 창단된 사실이 알려지자 한국 정부는 이들을 초청하기 위한 준비에 들어갔다. 당시 미 평화봉사단의 초기 파견계획에 한국이 파견 대상국에 포함되었는지는 확인되지 않았다. 그럼에도 불구하고 한국 정부 내에서는 파한派韓 가능성을 매우 긍정적으로 보았다. 여기에 평화봉사단의 파한 가능성이 국내 언론에 보도되면서 여론은 한국 정부의 파한 요청 활동에 많은 힘을 실어주었다. 1961년 3월 2일 자 《경향신문》에서 평화봉사단의 설립 배경과 목표, 케네디의 평화봉사단 계획이 상세히 보도되면서 미국 정부가 주한미대사관을 통해 한국 파견을 제의했다는 보도가 실렸다.[24] 3월 중순 주한유솜USOM/K 처장 레이먼드 모이어Raymond Moyer가 "한국은 평화봉사단 파견을 받을 자격이 있다"라고 언급한 사실도 회자되었다. 한국 외무부는 미국의 제안을 수락하며 단원들을 초청하기 위해서 주한미대사관과 협의할 것이라고 발표한 내용이 보도되었다.[25]

한국 정부가 어떻게 평화봉사단의 초청을 추진했는지 살펴보기 전에 당시 한국에 주재하고 있는 미국의 대외기관과의 관계망을 간략하게 설명하겠다. 먼저, 평화봉사단 워싱턴 본부는 원칙적으로 당시 현지 미국대사가 전체 원조를 관할하는 '컨트리팀Country Team' 체제하에 초청국의 요청을 대리 검토하는 방식을 취했다. 한국의 경우, 이전까지는 전후 한국의 상황을 반영하여 유엔군사령부를 중심으로 한 원조사업 형태가 유지되었는데, 1950년대 후반에 가서야 컨트리팀 체제가 부활하였다. 1960년 9월 평화봉사단이 설립된 이후 한국에서는 현지 경제 원조사업에 대한 감독권을 가진 주한유솜USOM과 '선전'의 차원에서 활동한 미공보원USIS, 이들과 한국 정부 간의 조율과 컨트리팀 활동을 지휘한 주한미대사관이 하나의 컨트리팀을 구성했다.

주한유솜은 부책임자인 휴 D. 팔리Hugh D. Farley를 주축으로 1961년 1월경부터 평화봉사단의 한국 활동에 관한 사업 타당성을 검토했다. 워싱턴 본부가 선정한 1차 파견국—탕가니카, 콜롬비아, 필리핀 등—에는 미국인 대학생들이 활동할 교육·보건·재건 분야의 범위는 분명했다. 1961~1962년 사이에 라틴아메리카와 아프리카, 동남아시아 국가들 중 엘살바도르, 가나, 토고, 네팔, 보르노(사라왁), 칠레, 나이지리아, 파키스탄, 시에라리온, 세인트루시아, 태국 등이 파견국 대상 목록에 추가되었다. 그러나 한국에서 사업을 전개할 경우를 대비한 특정 분야나 활동에 관해서는 구체적인 결정이 없고 추상적인 구상만 있었다.

당시 유솜의 기술협력부는 평화봉사단을 한국 지역 사회의 P2P사업에 투입할 경우, 미국에 대한 한국의 문화·정치·사회적 이해를 높일 수 있다고 보았다. 유솜의 지역사회개발부도 평화봉사단 활용을 긍정적으로 보았으나 사업의 효율성을 높이기 위해 추가 감독관을 선별하는 방식도 검토했다.[26] 그러나 유솜은 대체로 평화봉사단 활동에 대해 강한 의문을 품고 있었다. 1961년 5월 말 워싱턴 본부가 돌려받은 9,000여 건의 설문조사에 따르면, 잠재적인 인력풀은 대부분 실무 경험이 없는 대학생이나 졸업생이었다. 워싱턴 본부는 창단 초기부터 대학 캠퍼스, 국가기관, 시민단체, 기업과 여성단체 등에서 보인 미흡한 호응에 대한 우려를 불식시킬 수 없었다. 인력 수급의 문제와 더불어, 유솜이 관여하는 원조사업은 대부분 실무 경험이 요구되는 기술 업무였기 때문에 한국 활동을 낙관하는 기술자들조차 전문적인 교육이 요구된다는 점과 대학에서 갓 졸업한 청년들을 투입하기가 어렵다는 점을 도외시할 수 없었다.[27] 유솜 관리들은 "평화봉사단이 제공할 수 있는 인력은 한국이 가장 필요로 하는 기술 인력과 거리가 멀다. 건설 업무나 설계·사무직과 관련된 실용적인 경험이 없는 대학졸업생들이 한국의 국가경제 건설사업에 효율적으로 기여할 수 있는 분야는 없다"라며 의구심을 표현했다.[28]

1961년 2월경 유솜 내부에서는 이미 평화봉사단의 한국 사업에 대한 회의론이 지배적이었다. 이들이 우려하는 점은 다음과 같았다. 우선, 기술자, 선교사, 미군 등 상당한 규모의 미국인들이 이미 한국에서 다양한 활동을 펼치고 있었다. 다음으로 장면 정부는 경제개발계획을 수립하여 미국의 원조 규모를 축소하고 자체 재원으로 충당한 경제개발 사업을 주도하고자 했다. 따라서 유솜은 불필요한 추가 인력이 한국으로 유입되는 것을 최대한 유의해야 했다. 이후 유솜이 지역 사회 민간사업에 바로 흡수될 수 있는 소규모 인력을 한정적으로 투입하고 1~2년 정도의 보류 기간을 두자고 양보했다. 이처럼 유솜 내부에서 상충되는 견해를 보인 것은 한국 사업에 대한 신중함과 회의론이 복합적으로 얽혀있는 미국 대외 원조기관 내부의 현실적 어려움을 반영하고 있었기 때문이다.[29]

한편, 1961년 3월 21일 자 서신에서 미공보원 근동·남아시아 지부 부단장 데이먼G. H. Damon은 공보원 관료들에게 평화봉사단의 파한에 관한 오보가 만연하다는 점에서 민감하게 대응할 필요를 제기했다. 미국 관료들이 명확한 사실관계를 숙지하고 한국 측에 전달하라고 지시했다.[30] 워싱턴 본부가 한국에 먼저 파견을 권유했다고 한국 정부가 오해하고 있다는 점을 인지한 미공보원의 관리들은 평화봉사단의 계획 및 조직 규모가 점차 확립되어가기 전에 오보로 인한 잘못된 인식을 바로잡고자 했다. 평화봉사단 파견 원칙은 "파견국의 필요여부"를 판단하는 워싱턴 본부의 결정에 따랐다. 미 평화봉사단 1차 연보가 제시하는 평화봉사단의 원칙 13가지 중 가장 첫 번째 원칙은 "평화봉사단은 초청받은 국가에만 파견한다"는 것이었다.[31] 파견 희망국의 공식적인 초청 절차를 생략하고 파견한 경우가 없었을 뿐 아니라 평화봉사단이 한국의 인력 수요를 충족시킬 수 없다는 유솜의 현실 판단이 컨트리팀 내부에서 공유되고 있었던 것으로 보인다.

한국 정부는 1961년 3월 17일 관계부처 주무자 회의에서 수합한 문의사항을 3월 22일 주한미대사관에 전달하였고 1961년 5월 9일 장리욱 대사가 미 국무부와 접촉하여 교섭을 개시했다.[32] 장리욱 대사는 국무부 극동 담당 차관보 매카나기Walter P. McConaughy와 만나 평화봉사단을 초청하고자 한다고 의사를 밝혔다. 그러나 매카나기는 한국을 비롯한 구체적인 특정 국가사업을 논할 준비가 되어 있지 않다고 하는 입장에서 파견 유보를 권고했다.[33]

한국 정부의 계획은 어땠는가. 당시 한국 정부는 교육 훈련을 제대로 시킨다면 노동력의 질적 향상을 통해 경제성장을 이룰 수 있다는 전망으로 국내 인력개발 계획을 구상했다. 한국 정부는 1950년대부터 이어온 미국의 대한對韓 기술 원조사업을 유지하고 장기적인 경제개발 계획안에 맞추어 인력개발 정책안을 작성해나갔다. 한국 정부의 인력개발 정책의 핵심은 청년을 포함하는 전반적인 인력 양성에 있었고 인력 양성의 주요 사업으로 직업훈련 사업이 추진되었다. 그런데 5·16쿠데타 이후 장면 정권의 경제개발 계획을 일부 흡수하고 청년 인력개발 정책을 포용한 군사정부는 산발적인 인력개발 계획을 전개했다. 1962년 제1차 경제개발계획을 추진한 이후 수립된 인력개발 정책은 기술인력 양성과 기술발전을 도모해 국가 건설에 일조하도록 유도한 것이었다.

군사정부는 단기·중장기적으로 청년 인력 수급 현황을 파악해 인력개발계획을 수립했다. 군사정부는 1961년 6월 12일 국가재건국민운동본부를 설립하여 전반적인 사회개혁을 주도하면서 다양한 경로에서 국민의식 개혁을 명시하는 일련의 '재건국민운동' 활동을 펼쳤다. 국민계몽운동과 생활개선 및 교육사업, 대학생을 동원한 재건청년회의 봉사 활동으로 추진한 농촌 지역 계몽사업이 추진되고 있었다. 재건국민운동은 평화봉사단의 조건들에 응하기 위한 직접적인 정책이 아니었고, 평화봉사단과는 다른 맥락에서 추진되었다. 재건국민운동은 "내핍생활에서의 탈출, 근면정신 고취, 생산과 건설의식 증진, 국민 도의 앙양, 정서 순화, 국민 체위 향상 등을 목적"으로 한 관제운동으로, 기존의 다양한 농촌운동들을 흡수하여 형식상 '개발'을 표방하면서도 지역 사회 개발사업이 쇠퇴하는 결과를 초래했다는 점에서 그 한계가 명확하다.[34] 그러나 동시에 이러한 군사정부의 노력들은 당시 미국의 대한정책에 최대한 순응하려는 의도로 해석할 수도 있다. 당시 군사정부가 개발계획에 평화봉사단을 활용할 계획에 대한 구체적인 논의 과정은 아직 확인하지 못했다. 다만 상이한 배경 속에서 등장한 당시의 인력개발 계획들은 정부 및 민간기관과 협력하여 필요한 인력을 제공하고 현지인을 적절한 인력으로 활용할 수 있도록 교육하는 평화봉사단이 향후 농촌 지역 공중보건 및 청년교육 사업에 투입될 수 있도록 하는 국내 기반을 형성했다.

요컨대, 한국 정부의 평화봉사단 파한 요구는 두 가지로 요약된다. 첫째, 한국 정부는 근대화 전략 수행, 경제개발 계획에서 평화봉사단의 활용성이 가져올 수 있는 잠재적 선전효과를 기도했다. 이것은 경제 개발에 국한된 발상은 아니었으며, 케네디 행정부의 지지를 받지 못했기 때문에 일련의 정책적 선택을 매개로 미국으로부터 정권의 정당성을 획득하고자 했던 군사정부 집권 초기 이해관계와도 일치했다. 미국의 승인을 받기 위한 노력의 일환으로 민정 이양계획 발표를 포함해 1961년 8월 25일 미국 평화봉사단법 발안을 계기로 평화봉사단을 받아들이기 위한 여러 가지 국내 계획을 조정하여 조금씩 교섭에 박차를 가하기 시작했다. 평화봉사단의 활동을 한국 잉여 인력자원을 생산적인 노동력으로 전환하기 위한 미국의 기술협조 계획과 함께 추진하였음을 알 수 있다. 둘째, 한국 정부는 평화봉사단으로 한국 사회(청년)의 전반적인 사고방식과 의식을 바꾸는 사회개혁을 추진하고자 했다. 한국 정부는 군사쿠데타 이후 체제 정당성을 내부적으로 획득하려는 목표와 함께 평화봉사단의 활동이 경제 개발의 목표 달성과 사회개혁에 일조하리라는 기대가 컸다.

한국 정부의 기대는 정일권 대사가 1961년 10월 20일 평화봉사단 사무국장에게 전달한 평화봉사단 초청계획서에 반영되었다. "첫째, 한국 사회에 젊은 세대가 자리를 잡으면서 다양한 사회적 개혁을 전개하여 활력이 넘쳐나며 한국 청년들이 미국 청년들로부터 시민적 책임과 고양된 이상을 배우면 한국의 국가 건설에 기여할 수 있다. 둘째, 한국 정부가 장기 경제개발 계획을 추진하고 완전한 경제·사회적 개발을 이룩하기 위해 소규모의 '풀뿌리' 차원의 사업들도 간과되어선 안 된다. 셋째, 지금까지 한국이 의존했던 학계의 이론적 논의만으로는 국가발전이 진전될 수 없으며, 마지막으로 한국의 군사적인 분위기를 완화·경감하고 한국 내의 미국인에 대한 우호적인 이미지를 조성할 필요가 있다." 정일권 대사가 초청 서신을 보냈을 당시에는 슈리버R. Sargeant Shriver 단장이 라틴아메리카 지역에 있는 평화봉사단 활동지를 순방하는 중이었다. 절차에 따라 평화봉사단 사업개발부가 한국 측의 초청계획서를 사전에 검토한 후 슈리버가 이를 컨트리팀의 주한유솜 처장 킬렌James Killen에게 넘겨 검토를 맡겼다. 외무부는 11월 30일에 평화봉사단 초청계획서 최종안을 송부했다.

1961년 12월 13일 주한미대사관에서 첫 회의를 가진 후, 외무부는 미국 담당자에게 한국 측의 요구를 상세하게 기술한 〈평화봉사단 한국 사업계획 추진 제안보고서〉를 제출했다.[35] 본 제안서가 가장 주목한 사업은 농촌의 4-H클럽 활동 개선사업 및 지역 사회 개발사업, 보건사업과 영어교육 사업이었다. 보고서를 작성한 장명하는 평화봉사단이 한국 정부의 경제개발 5개년계획과 더불어서 한국의 경제 건설에 크게 기여할 것이라는 기대를 표현하고 한미재단이 평화봉사단과 농촌 4-H클럽과의 협력관계를 수립하자고 요청한 점을 제시하면서 평화봉사단 활동의 다목적성에 대해 높이 평가했다. 특히 영어교육은 한국 정부가 가장 많은 인력을 요청한 분야였다. 교육사업은 서울 지역을 포함하여 전국적으로 농·공·어업 분야뿐 아니라 가정과와 영어교육까지를 아울렀다.[36]

외무부는 1962년 1월 31일, 2월 5일에 미대사관에 한국의 구상 제안서를 송부하여 1962년 3월 2일 경제기획원장실에서 한국 측과 미국 측 간의 4자 회담으로 성사되었다. 그러나 이미 컨트리팀 내부에서 회의론이 확산되었기 때문에 평화봉사단이 한국의 개발에 적합하다는 논리를 설득하고 합리화하기란 쉽지 않았다. 미국 측은 회담 시작부터 평화봉사단 활동지의 우선순위는 라틴아메리카·아프리카, 근동·남아시아 지역임을 명시하여 한국 사업에 대한 논의는 당분간 보류하자고 제안했다.[37] 컨트리팀의 판단으로는 한국은 자체적인 경제개발계획이 수립되고 있었으며 한국 측이 요구한 기술 및 교육 인력 지원은 현존하는 미국의 원조기관으로 대체 가능하다는 것이었다. 요컨대, 한국 사업에 대한 미국의 대외 원조기관 및 한국 정부 간의 이견 조율이나 합의가 이뤄지지 못함으로써 1차 파한 협상 시도는 실패했다.

파병과 '평화' 사이에서: 주한미평화봉사단의 성립

1963년 10월 대선 후 한국이 정치적으로 안정된 국면에 접어들자, 한국 정부는 평화봉사단의 파한문제를 다시 협상 테이블에 올릴 방안을 모색하기 시작했다. 1963년 민정이양은 박정희 정권에 대한 국내 여론을 개선하는 계기가 되었으며 1960년대 중반 경제성장이 본격화됨에 따라 미국과 한국 간의 신뢰가 형성되기 시작했다. 당시 컨트리팀에서는 버거 대사가 박정희를 긍정적으로 평가하였고, 미국 행정부 내부에서도 박정희 지지론자들이 증가함에 따라 원조문제를 한미 정부 간의 관계유지를 위한 수단으로 활용하고 박정희를 지원해야 한다는 주장이 힘을 얻었다. 특히 박정희 대통령이 케네디 대통령의 강력한 한일 국교정상화 요구에 응함으로써 정권의 정당성을 확보할 수 있었다.[38] 박정희에 대한 지원은 이후 케네디 대통령의 피살로 대통령직을 승계한 린든 B. 존슨 행정부에서도 지속되었다. 존슨 대통령은 베트남전쟁에 더욱 깊이 개입하게 되면서 베트남에 대한 전투력 증강의 필요성을 주장하며 1964년 4월 '더 많은 깃발 캠페인More Flags Campaign'을 전개하여 동맹국에 베트남 파병을 요청했다. 한국이 존슨 대통령의 긴급한 파병 요청에 즉각 응답하면서 한미관계는 새로운 국면으로 접어들게 되었다.[39]

한국의 베트남 파병 결정은 양국 간의 실리적인 선택을 따랐다. 미국은 상대적으로 저렴한 비용과 베트남인들과 유사한 외모를 가진 아시아인들의 참전을 통해 경제적·군사적 효과를 기대할 수 있었다. 반면, 한국은 미국의 파병 요청에 응함으로써, 한일 국교 정상화 반대운동으로 인해 정치·사회적으로 어려운 상황에 있던 시기에 양국 관계에서 외교적 균형을 유지할 수 있는 실용적인 명분을 확보하였다. 이와 함께 평화봉사단의 한국 사업은 재논의 가능성을 보였다. 1965년 5월 박정희 대통령의 방미 시 비로소 한미회담의 안건으로 상정되었다. 박정희 대통령의 방미에 앞서, 1965년 5월 17일 러스크 국무장관은 존슨 대통령에게 박정희와의 회담에서 논의할 수 있는 적절한 주제 중 하나로 평화봉사단 파한문제를 제안했다.[40] 평화봉사단 파한문제는 다소 부차적인 논의 수준에 그쳤으나, 한국 정부가 미국의 베트남 파병 요청을 수락함에 따라 한국의 경제 개발을 보조할 추가적인 경제 원조사업의 일환으로 언급되었다.

1965년 가을, 평화봉사단 파한에 대한 논의가 구체화되었다. 1965년 10월 미 평화봉사단 태평양 지부 극동 지역 단장 프리차드가 한국을 방문하면서 파한 가능성이 재검토되었고,[41] 1965년 12월 29일 험프리 부통령의 방한을 통해 한미 정부는 평화봉사단에 대한 본격적인 논의를 재개할 수 있었다.[42] 잘 알려진 바와 같이, 미국의 파병 요청에 응한 한국 정부에 대한 미국의 공약은 두 가지 차원에서 이루어졌다. 첫째, 1억 5,000만 달러의 추가 경제차관 지원이다. 미국은 12월 말 험프리 부통령의 방한 이후 박정희 대통령으로부터 강력한 파병 의사를 전달받고, 한국군 추가 파병에 필요한 물자 공급여부를 검토했다. 둘째, 한미 간의 친선관계를 강화하기 위한 상징적 지원이다. 박정희 대통령은 베트남 파병을 통해 미국으로부터 해외 수당 및 군사물자 지원과 최대한의 경제적 이득을 확보하기 위해 미국에 압박을 가했으며, 아시아에서 공산권의 침범에 맞서는 적극적인 태도를 보이며 반공국가로서 미국과의 친선을 도모하려는 의지를 강조했다. 박정희 대통령은 험프리 부통령과의 회담에서 "동아시아에서 선도적인 역할을 도맡아 한국의 이해관계에 따라 아시아에서의 공산권을 저지하고 더욱 친밀한 한미관계를 형성하기 위해 파월에 응하겠다"

고 밝혔다.[43] 프리차드 단장이 방한했을 당시 한국 정부와의 구체적인 논의 내용은 자세히 알려져 있지 않지만, 그의 방한이 이후 1965년 12월 말과 1966년 1월 사이에 험프리 부통령의 방한으로 이어졌으며, 컨트리팀을 중심으로 한 한국 주재 미국 관리들과 한국 정부가 찬반 토론을 거쳐 평화봉사단 사업을 추진하기로 합의했다는 점은 분명하다.

1966년 3월, 브라운 대사와 이동원 장관이 서명한 이른바 '브라운 각서'는 평화봉사단의 한국 사업에 정책적 근거를 제공하는 중요한 계기가 되었다.[44] 브라운 각서의 경제 원조 관련 조항에서는 1965년 5월에 한국에 대해 약속된 1억 5,000만 달러 규모의 차관에 덧붙여, "미국 정부는 적절한 사업이 개발됨에 따라 1억 5,000만 달러 제공 약속에 적용되는 같은 정신과 고려하에" 한국의 경제발전을 지원하기 위한 추가 AID차관을 제공할 것이라고 명시하고 있다.[45] 이 각서는 1965년 5월 박정희 대통령의 미국 방문 당시 존슨 대통령과의 회담에서 논의된 내용을 바탕으로 하여, 미국이 한국에서 전투병을 파병 받는 대신에 원조차관 외에도 평화봉사단을 포함한 추가 사업들을 한국에서 추진할 수 있도록 길을 열어주었다.

파한 시기 및 인원 구성을 이미 일찍부터 확정했음을 보면 이제 양국은 평화봉사단의 파한에 대한 강한 열의를 보였던 것이 분명했다.[46] 주한미대사 버거S. D. Berger와 정일권 국무총리는 1961년에 교환한 의견을 바탕으로 합의에 도달하였다. 한국 외무부와 주한미대사관은 1966년 4월 26일에 평화봉사단 협정문에 대한 1차 회담을 개최하였다. 2차 회담은 같은 해 8월 5일에 진행되었다. 협상이 급물살을 타면서 각 회담을 전후하여 관계자들은 일련의 수정 과정을 거쳐 최종안에 합의하였다. 한국 측은 8월 30일 국무회의에서 한미 평화봉사단 협정각의서를 통과시켰다. 협정 과정은 전반적으로 한국의 요구에 따라 진척되었다. 1966년 9월 14일, 이동원 외무부 장관과 주한미대리대사 뉴만G. S. Newman은 〈미국 평화봉사단에 관한 협정〉을 공식 체결함으로써 평화봉사단의 한국 내 제반 활동이 합법화되었다.

주한미평화봉사단은 서울에 본부를 두고 2~3개의 도를 하나의 지역으로 구성하여 총 4개의 지부를 설립하였다. 서울, 중부, 호남, 영남 등 총 4개의 지역으로 나뉜 지부는 각각 서울, 대전, 광주(이후 전주로 이전), 대구에 위치하였다. 주한미평화봉사단의 첫 파견단(K-1)은 1966년 9월 15일에 한국에 도착하여 활동을 개시했다. 초기 활동은 문교부와 연계하여 교육 프로그램 중심으로 진행하였으며,[47] 1967년부터는 보건사회부 산하에서 다양한 공중보건 프로그램을 운영하였다.

협상 이후의 냉전 속 '평화'봉사단 재조명

1961년부터 1966년까지 지속되었던 평화봉사단을 둘러싼 협상은 당시의 정치적 필요와 밀접한 관련이 있었다. 1961년 8월 25일 미국에서 〈평화봉사단법〉이 발의되면서 평화봉사단이 설립되자, 한국 정부는 평화봉사단을 수용하기 위한 다양한 국내계획을 조정하고 교섭을 점차 활성화하였다. 그러나 케네디 행정부는 라틴아메리카·

아프리카, 근동·남아시아 지역의 저개발국에 대한 정책을 우선시하여 한국에 대한 논의를 잠정 보류하였다. 이는 한국 정부의 의도와 평화봉사단의 실제 활동 간의 괴리를 예고했다. 군사정부가 당국의 개발정책과 평화봉사단 간의 직접적인 연관성을 입증하지 못했기 때문이었다.

이후 한국 정부는 미국의 대한 원조와 한국의 개발 의지가 교차하는 시점에서 미국 중심의 자유세계에 편승하려는 적극적인 태도를 보였으며, 미국은 베트남전쟁이라는 '위기'에 직면하여 한국 정부에 도움을 요청함으로써 위기를 타개하고자 하였다. 이처럼 평화봉사단의 한국 진출 경위는 국내 정책 결정과 대외적 정세 변화에 따른 복합적인 결과였다. 미국의 요청에 응한 한국 정부에 대한 일종의 보상으로 간주될 수 있다는 점에서 주한미평화봉사단의 출범이 갖는 '한미관계의 친선 강화'라는 외교적 의미는 부정할 수 없다.

주한미평화봉사단이 성립할 수 있었던 것은 미국의 자국 중심적인 냉전 논리와 결합된 발전 담론의 범위 안에서 한국 정부의 의지가 반영되면서 양국의 정치적 이해관계가 일치했기 때문이다. 주한미평화봉사단은 베트남 파병 요청에 응한 한국과의 제휴와 이를 통한미국의 전 지구적 차원의 개입이 갖는 정치적 함의를 은폐하는 목적을 동반했다. 다시 말해, 평화봉사단의 목적과 실행 간의 괴리문제는 궁극적으로 한반도를 미국 중심의 냉전 질서 안에 배치하려는 양국 간의 전략적 이해관계에서 비롯되었다.

미 평화봉사단은 동아시아 지역의 정세 악화로 인해 손상된 미국의 대외 이미지를 회복하기 위한 냉전문화 정책이자, 한국의 경제개발 계획에 필요한 인력을 제공하는 개발주의 냉전전략을 따랐다. 이로써 한미 양국의 목표를 평화적으로 달성할 수 있다는 '환상'을 심었다. 이 환상은 미국의 정치적·문화적·경제적 이해관계를 대변하는 '평화' 담론이 근대화론으로 대표되는 '발전' 담론과 결합된 이데올로기적 정책으로 구현되었다. 미국이 초기 협상에서 유보적인 태도를 보였으나, 베트남 파병 국면에서 한국에 대한 인적·물적 지원을 아끼지 않았던 것은 평화의 외피를 쓰고 있는 이 환상이 허구가 아니라 한미관계를 규정하는 실질적인 힘으로 작용했음을 방증한다.

이러한 물음이 제기될 수 있다. 평화봉사단을 유치하기 위한 한국 정부의 정치적 수사를 어떻게 해석할 것인가? 한국 정부는 주한미평화봉사단의 활동이 개시된 이후 서울 본부에 사업 권한을 위임하고 평화봉사단의 사업을 사실상 방치하였다. 이는 초기 단계에서 파견을 요청하던 한국 정부의 화려한 유치 노력과 상당한 괴리를 보인다. 당시 평화봉사단과 협력한 대외기관들이 한국 사업에 대해 나타낸 회의론은 이러한 상황을 암시하고 있었다. 하지만 이 질문은 한국만의 특수한 맥락만으로는 설명될 수 없으며 냉전기 미국의 대외정책 전체 맥락 속에서 재구성해야 한다.

앞의 검토를 통해 주한미평화봉사단은 경제 개발을 위시하는 '발전'의 실질적 효과를 추구하기보다 한반도와 동아시아 냉전의 정치적 긴장과 갈등을 해소하기 위한 한미 양국의 냉전적 도구라는 성격이 드러났다. 그러나 이것은 외교적 층위에서의 일면을 규명했을 뿐, 이후 활동에서의 성격 규정까지 적용되기가 어렵다. 따라서 주한미평화봉사단의 성격을 이해하기 위해서는 단순히 '인도주의'나 '인적

교류' 혹은 '한미 친선 강화'라는 공공외교적 차원에서만 접근할 것이 아니라, 미국식 '평화' 담론을 통해 세계 질서를 재편하려는 거시적 맥락과 한국 사회와의 관계 속에서 고찰해야 한다.

앞으로 주한미평화봉사단 연구에서 나아가야 할 방향은 명확하다. 선행 연구에서 브라질, 칠레·페루·볼리비아, 가나, 필리핀·인도네시아 등의 사례를 통해 평화봉사단의 개입이 현지 사회와의 충돌을 동반했음을 밝혔듯이,[48] 미국식 '발전'과 '평화' 담론의 모순은 외교적 차원뿐만 아니라 현지 사회의 수용과 저항에 대한 비판적인 관점에서 재구성될 필요가 있다. 단원이 배치된 지역은 미국식 문화와 현지 사회의 갈등, 상호작용, 저항의 공간이었다. 지역 사회가 평화봉사단의 활동을 일방적으로 수용했다는 전제는 더 이상 유효하지 않다. 국가 단위가 아닌 지역 사회의 경험을 중시하여 한국 현지인과 단원 간의 직접적이고 개인적인 인적 교류를 지역별로 구체적으로 추적하는 것이 필요하다. 베트남 파병, 새마을운동, 한국 민주화운동으로 이어지는 한국 사회와의 상호작용을 밝혀낼 수 있다면, 글로벌 네트워크 안에서 이들이 호명하는 '평화'의 환상을 보다 다층적으로 분석할 수 있을 것이다.

7. 미국의 식량 원조와 인도주의 구호
-주한케아의 '근로를 위한 식량'을 중심으로

◎ 한봉석

냉전과 식량 원조

'세계기아지수Global Hunger Index(GHI)'라는 것이 있다. 유엔 등 국제기구의 수치를 바탕으로 매년 국제 사회의 영양 결핍, 아동 발육부진, 아동 저체중, 아동 사망지수를 합산해 산출하는 지표이다. 국제사회의 기아 해소를 위한 노력을 촉구하기 위해 인도주의 구호단체인 컨선월드와이드Concern Worldwide 등이 매년 발표한다. 가장 최근인 2024년도 결과에 따르면 여전히 전 세계 인구의 약 8~9퍼센트가 기아상태에 놓여 있다. 냉전하 국제 사회는 인도주의 구호 등을 통해 저개발국의 빈곤·기아 문제 등을 해결하고자 노력하였다. 그러나 결과적으로 이 지수가 등장한 2006년 이후 현재까지 상황은 크게 변하지 않았다. 믿을 수 없지만, 세계사적으로 볼 때 기아는 현대 세계의 '상수'가 되었다. 세계가 빈곤으로 그득하지만, 정작 식량은 부족하지 않다고 한다. 그렇다면 왜 이런 일이 발생했을까? 이를 이해하기 위해서는 근대 서구 국가들의 식량문제에 대한 해법, 그리고 냉전 이후 미국의 식량정책이 결합되는 과정을 이해할 필요가 있다.

일찍부터 제국주의 국가에 합류했던 유럽은 19~20세기 발생한 시민의 기아문제를 사회구조 등의 결과가 아닌 식량과 유통의 문제로 인식하였다. 당시 국제적으로 식량은 부족하지 않은 것으로 간주되었고, 남아도는 식량을 신뢰할 수 있는 국가에 저장하고 필요에 따라 유통하는 방식이 제안됐다.[1] 이 발상은 당대에는 성공하지 못했다. 그러나 20세기 이후 유엔 등 국제 사회의 빈곤 대책으로 인적·물적으로 연결되었다. 실제로 1945년 출범한 유엔식량농업기구FAO는 영양, 식량 유통, 기아 퇴치를 빈곤의 해결책으로 내세우면서, 전전 유럽의 발상을 냉전 이후로 연장하는 태도를 취했다.

양차 대전을 통과하면서 급격히 농업생산력이 개선된 미국은 점차 잉여농산물의 판매경로에 주목하기 시작했다. 1954년 약간의 모색 끝에 미국 농산물(혹은 잉여농산물)의 해외 지원을 허용하는 법안이 만들어졌다. 이후 미국은 현재까지 해외 농산물 원조에 대한 법령 제정 및 개정을 게을리하지 않았다. 그중 핵심이 되는 것은 1954년부터 2016년까지 제정된 4개의 법령인데, 미국 정부는 이의 원활한 활용을 위해 지속적인 보조입법 및 개정 등을 계속하고 있다.

이 미국의 (잉여)농산물은 제2차 세계대전 종전부터 현재까지 미국의 민간 자선단체들[2]이 전 세계에서 활약할 수 있었던 물적 토대가 되었다. 이들 단체들의 성격은 비영리, 혹은 종교단체 등 각양각색이었지만, 기본적으로 인도주의 구호를 표방하였다.

원래 '인도주의 구호humanitarian aid'란 적십자의 출현을 기원으로 자선과 박애에 기반을 둔 국제적 행위로 시작됐다.[3] 이후 냉전하에서 국제기구인 유엔의 지휘하에 인도주의 구호는 여러 산하 기구와 다양한 분야에 진출하게 되었다. 오늘날 인도주의 구호는 대체로 분쟁 지역에 대한 긴급구호, 재난구호가 주를 이룬다. 이러한 재난구호에는 주로 식량 및 의약품이 구호물자로 동원된다. 식량에 한정할 경우, 인도주의 구호에 사용되는 농산물 등은 유엔식량농업기구 혹은 세계식량계획WFP, 혹은 미국 〈평화를 위한 식량법Food for Peace Act〉 등에 의해 조달된다. 여기서 미국이 다시 등장한다. 유엔 산하의 수많은 인도주의 구호단체들에는 케어C.A.R.E. 등 미국의 민간 자선단체들이 포함되어 있다. 유엔의 식량 저장고는 결과적으로 미국의 잉여농산물(최근에는 현물)로 충당되었는데, 한때 WFP의 경우 미 공법 제480호 제2관의 규정하에 그 전체 곡물의 80퍼센트가 지원되기도 했다. 결과적으로 냉전하 미국의 식량과 국제기구, 자선단체들의 결합은 인도주의 구호라는 명목하에 미국의 이익을 수행하는 하나의 원조 방식으로 완성되기에 이르렀다.

물론 미국은 이러한 미국의 식량 원조를 평화, 진보, 안보 등으로 호명함으로써 이에 대한 세계의 비판적 시선을 희석해왔다. 그러나 미국이 제시한 '진보'란 결국 제1세계의 지배적 체제를 훼손하지 않는 범위 내에서 저개발국의 산아제한, 보건위생, 교육, 기아문제 등을 해결하는 형태로 귀결되고 말았다.[4] 미국 오바마 행정부 때 통과되었던 '미래세대의 식량을 위한 계획Feed the Future Program' 역시 미래보다는 미국의 국가 '안보'에 방점이 놓여 있었던 점은 이를 반증한다.[5] 냉전하 미국의 선의는 그렇게 저개발국에 '지속가능한' 유리천장이 되고 말았다.

한국은 미국의 냉전정책과 인도주의 구호가 모두 오랫동안 영향을 끼쳐왔던 나라이다. 실제로 1980년 초까지 미국 잉여농산물을 수원하였으며,[6] 한때 100여 개가 넘는 민간 구호단체들이 30여 년 혹은 그 이상을 머무른 보기 드문 사례가 한국이다. 다만 그동안은 주로 발전주의적 시선이 대세를 이뤘기 때문에 관심은 주로 1954년 제정된 미 공법 Public Law 480호 제1관, 즉 대충자금의 원천이 되는 조항에 집중되었다. 하지만 개발주의를 벗어나 저개발국 공동체에 영향을 끼친 인도주의 구호의 토대가 되었던 제2관(기아와 구호 원조)과 제3관(미국 민간 자선단체들의 개입 조항)에 대한 관심은 국내의 경우 김종덕의 연구를 제외하면 많지 않았다. 미국 등의 경우 미 공법의 역사, 인도주의 구호의 역사 등에 대해 주목했으나 한국 사례가 특히 주목된 적은 많지 않았다.[7]

그런 의미에서 이 글은 이러한 거대한 냉전과 인도주의의 결합이 한국에서 교차한 사례였던 주한케아C.A.R.E.의 '근로를 위한 식량 Food for Work' 사업을 살펴보고자 한다. 이 사업은 1950년대 난민 정착사업에서 시작했다. 하지만 1960년대 초반 미 공법 480호 2관 조항 개정을 통해, 구호물자를 개발사업에 허용하기 시작하면서 그 성격이 변하였다. 이 사업은 한국 정부 및 보건사회부는 물론 주한미경제협조처USOM(United States Operations Mission to the Republic of Korea), 그리고 주한케아 등 여러 외국 민간 원조단체들이 함께했으나, 결국 정부의 착복, 비리 등으로 상당 부분 훼손되고 말았다. 이 글에서는 사업의 법적 배경이었던 2관과 3관의 내용을 살펴보고, 그 구체적 사업인 '근로를 위한 식량' 사업의 배경과 전개, 그리고 이를 통한 주한케아 사업의 의미를 되짚어볼 것이다. 이를 통해 오늘날 미국 대외 원조에서 드러난 인도주의 구호가 저개발국에서 과연 어떤 중층적 의미를 지니고 작동하였는지를 살펴보겠다.

이 글에서는 국내 정책 및 사건의 동향을 파악하기 위해 국회 전자도서관, 국가기록원, 외교사료관에 소장된 기록물들, 그리고 국내 신문들을 주로 활용하였다. 그 외 미 공법 480호 규모와 정책에 대해서는 미국 정부에서 간행한 'Food for Peace, annual report on Public Law 480' 시리즈를 연도별로 활용하였다. 그 외 한국에서 미 공법 480호 2관 자조근로 사업[8] 및 유통에 대한 기록들은 RG286 문서들 중 미국 잉여농산물에 대한 기록들을, 주한케아의 미 공법 480호 3관 사업에 대해서는 뉴욕 공공도서관New York Public library에 소장된 케아 문서 중 한국 부분을 참조하였다.

미국 농산물 해외 지원을 이끈 4개의 축

한국에서 미국 잉여농산물에 대한 관심은 주로 1954년 미국 〈농업무역 발전과 원조 법안Agricultural Trade Development and Assistance Act of 1954(이하 미 공법 480호)〉에 의거한 1관에 집중되어 있다. 이는 미국의 잉여농산물 원조 중 70퍼센트를 점유한 미국 잉여농산물 중 대부분이 1관이었다는 점, 그리고 1관의 판매대금이 한국 경제의 '발전'과 직결된 원조물자의 판매대금을 수원국 통화로 적립하는 이른바, 대충자금 계정에 예치된다는 점 때문일 것이다.[9] 그러나 역사적으로 미국은 미 공법 480호를 포함한 다음의 중요 법령들을 통해 잉여농

산물의 해외 지원을 해왔다.[10]

1. 〈평화를 위한 식량법the Food for Peace Act〉(FFPA, 흔히 미 공법 480호)
2. 2007년 이후 효과가 상실된inactive 416조(b)[11]
3. 1985년의 〈진보를 위한 식량법The Food for Progress Act〉
4. 〈맥거번법McGovern–Dole International Food for Education and Child Nutrition Program〉

위의 법령 중 1번 〈평화를 위한 식량법〉은 우리가 흔히 아는 1954년의 미 공법 480호와 동일한 법이다. 다만 1966년 이후 법령 자체가 〈평화를 위한 식량법〉으로 개칭되었다. 1970년 이후는 농업 법안들의 후속으로서 재승인되었다. 1~5관으로 구성되며, 지금 현재는 1관을 미국 농무부가, 2~5관을 미국 국제개발처USAID(United States Agency for International Development)가 관할한다. 전시 기아와 영양실조 방지를 최우선 목표로 한다. 1955~1989년까지는 대외 원조에서 1관이 가장 큰 비중을 차지했지만, 1980년대 중반부터 2관이 성장하여, 1990년대에 1관을 훌쩍 압도하였다. 1950~70년 당시 미국의 대한 농산물 원조의 대부분이 1관이었던 점과 비교되는 지점이다.[12]

2번의 416조(b)는 미국 자선단체들의 해외 구호에 있어서 가장 중요한 조항이다. 미국 상품신용공사CCC(Commodity Credit Corporation) 비축분으로, 미국 농무부가 직접 관할한다. 1949년 〈미국 농업법Agricultural act of 1949〉에서 처음으로 416조가 등장하였다. 이 조항은 자선단체들의 미국 해외 구호에 미국 잉여농산물을 사용할 수 있도록 규정한 조항으로, 초기에는 '폐기 직전의 식량'들만 사용했다(실제로는 유통 기한 2년 이내). 그 후 조항의 수정을 통해 사용 가능한 상품의 종류가 늘어갔다. 1954년 미 공법 480호 3관에 계승되면서, 이후 미국 내 민간 자선단체들의 해외 구호에 핵심적인 조항이 되어갔다. 1956년 개정에서는 처음으로 '곡물'을 상품에 포함함으로써 대량의 밀가루와 옥수숫가루 원조가 가능해졌다. 1960년대 이후에는 416조(b)에 속하는 상품들을 주로 '평화를 위한 식량', '진보를 위한 식량'에서도 이용 가능하도록 하였다. 2007년 이후 더 이상 미국 상품신용공사 상품들을 이용하지 못하게 되면서, 그 효력을 상실했다.[13)]

3, 4번은 1980년대 중반 이후 추가된 법령들이다. 〈진보를 위한 식량법〉은 1985년 승인되었으며, 미국 농무부의 대외농업서비스 Foreign Agricultural Service of USDA(FAS)가 관할한다. 긴급구호가 필요하거나 혹은 민주주의에 위기가 닥친 국가에 대해 지원한다. 〈맥거번법〉은 2002년 농업법의 일환으로 승인되었으며, 마찬가지로 미국 농무부의 대외농업서비스가 관할한다. 식량위기 국가들에서의 학교 급식사업 등을 지원한다. 그 외에도 2010년 미국 국제개발처의 2관을 보충하는 기능을 하는 긴급식량안보프로그램EFSP(Emergency Food Security Program), 2016년 7월의 〈국제식량안보법Global Food Security Act. PL 114-195〉 등이 대외 식량 원조를 운영하기 위해 추가 입법 후 승인되었다. 오바마 행정부에서는 식량과 안보가 함께 고려된 결과, '미래세대의 식량을 위한 계획Feed the Future Program'이 출범하기도 하였다.[14)]

냉전하 인도주의 구호의 통로: 미 공법 480호 제2관 및 제3관

미국의 대한 농산물 원조에서 미 공법 480호 내 2·3관의 비중은 집계 형태에 따라 다르겠지만 대략 30퍼센트 내외에 달한다.[15] 이 규모는 비슷한 시기 미국 원조 수원국들 중 인도에 이어 두 번째로 많은 물량이었다.[16] 다만 1953~1961년까지 한국의 경우 2관보다는 3관의 지원이 더 많았다.[17] 이들은 각각 다음과 같은 법령하에 사업의 목적 및 주체를 규정하였다.

1954년 제정 당시 2관은 그 산하에 201조, 202조, 203조, 204조를 둔 간단한 법령이었다. 201조는 미국 잉여농산물을 기아 또는 긴급구호를 필요로 하는 우방국에 제공할 것을 규정하였다. 202조는 지원의 형태 및 유형을 규정하였다. 즉 국가 대 국가, 혹은 자선단체를 통한 지원 등의 유형을 설명하였다. 이때 공통적으로 상품의 판매는 금지되었다. 203조는 원조의 최대치와 지원 수단을, 204조는 본 법의 시효를 규정하였다.[18] 이후 제2관은 시대별로 몇몇 조항의 삽입 및 개정을 통해 그 내용을 확대해갔다. 다만 미 공법 480호는 초기 미국 의회로부터 장기계획이 아닌 단기적 계획으로 승인받았기 때문에, 매번 미국 의회의 승인을 거쳐야 했다. 이 과정에서, 행정부 및 의회의 의지에 따라 계속해서 법령이 수정되었다. 대표적으로 1956년 2, 3관의 운송비용에 대한 항목이 개정되었고, 1960년과 1963년에는 지원 대상에 대한 수정 등이 있었다.[19]

2관에서 핵심은 201조의 난민 정착사업과 재난구호, 그리고 202

조의 경제 개발과 아동 급식, 자선단체들 지원에 대한 부분이었다. 1962년 4월 유엔세계식량농업기구UN Food and Agriculture Organization of the United Nations에 의해 세계식량계획World Food Program이 출범한 이후에는 이에 대한 상품 기부와 대륙 운송 역시 2관에서 담당하게 되었다.[20] 그 후에도 2관은 모자보건, 아동 영양 지원, 기아 해소 등으로 사업 영역을 계속 확대하였다.

3관은 301-5조의 다섯 개 하부 조항으로 구성되는데, 그중 1949년 농업법에 따라 자선단체의 해외 활동 지원을 명시한 302조와 CCC 상품과 외국 물자의 교환을 지시한 섹션 303이 법안의 핵심을 차지한다.[21] 이때 302조를 보완, 승계하는 것이 416조로 1954년 7월, 그리고 1956년 개정을 통해 이들 302조의 활동에 밀가루, 옥수수 등의 곡물을 사용할 수 있도록 하였다.

이러한 법적 조항하에서, 주로 한국의 구호 활동에 나섰던 것은 한국전쟁 이후 급증한 외국 민간 원조단체들이었다. 이들은 1950년대 중반 이후 한국 보건사회부에 외원단체로 등록을 함으로써, 미국 잉여농산물을 구호사업에 사용할 수 있었다.[22] 이들은 흔히 1952년 결성된 한국외원단체연합회KAVA(Korea Association of Voluntary Agencies)로 대표된다. 그러나 KAVA 등록단체 중에서도 특히 아래의 8개 단체가 이러한 미국 잉여농산물들을 사용한 사업에 참여했다.[23]

> 한미재단AKF, 케아C.A.R.E, 가톨릭구제위원회Catholic Relief Service -United States Catholic Conference, 주한기독교세계봉사회Korean Church World Service, 루터세계구호Lutheran World Relief, 메노파교

도 중앙위원회Mennonite Central Committee, 제7일안식일교SDA, 세계구호위원회World Relief Commission

이들은 보건사회 분야의 예산이 전체 예산의 1퍼센트에도 미치지 못하는 한국 사회에서 '구호'의 중요한 축을 담당하였다.

초기에는 2관의 비중이 약소하였다. 1966년 〈평화를 위한 식량법〉이 개정되기 전까지, 미국 민간 자선단체들은 운송비용 등의 문제로 2관보다는 3관 물품의 사용에 집중하였다.[24] 1960년 미국 의회가 2관하 202조의 지원 유형을 확대하면서 변화가 생겼다. 이제 2관 상품을 저개발국 개발사업, 즉 자조사업 등에 투입하는 것이 가능해졌다.[25] 1963년 12월 16일 미국 의회가 H.R.7885를 통과시킴으로써 지원 대상 사업의 범위는 조금 더 확장되었다. 201조 개정을 통해 우호국이 아니더라도, 농산물 지원이 가능하게 되었고, 202조의 경우, 경제 개발 대신, '경제 개발과 지역 사회 개발'을 문구에 삽입함으로써 사업의 범위를 확대하였다. 결론적으로 기존 인도주의 구호에 사용되어야 할 식량들이 냉전의 안정과 연결된 저개발국 지역 사회 개발사업, 자조사업 등에 전용되게 되었다.[26] 그 대표적인 사례가 바로 '근로를 위한 식량food for work', 즉 한국의 자조근로 사업이었다고 할 수 있다.

일하지 않는 자여, 먹지도 마라:
'근로를 위한 식량사업'의 배경

원래 '근로를 위한 식량' 사업은 1950년대 말 등장한 것으로, 경제 개발은 물론 지역 사회 개발사업을 함께 도모하는 것이 목적이었다.[27] 프로그램의 핵심은 단순한 구호식량의 전달이 아니라, 지역 주민의 노동 의욕을 고취하는 것으로서, 임금을 식량으로 지원한다는 취지를 지니고 있었다. 따라서 사업은 지역 사회 개발사업, 자조를 표방한 사업에 전적으로 활용되었다. 1963년 하반기에 이르면 전 세계 23개 국가들이 단순 구호에서 이러한 '근로를 위한 식량' 프로그램으로 이전하는 모습을 보이고 있음을 알 수 있다. 특히 미국 정부는 튀니지의 사례를 한국은 물론 저개발국 일반에 모범으로 강조하기도 하였다.[28]

한국 정부의 '근로를 위한 식량' 사업 참여는 큰 틀에서는 장면 정권의 실업 진작 프로그램이었던 국토건설단 사업에서 시작해서, 쿠데타 이후의 자조근로 사업으로 연결되었다. 다만 양자의 성격은 크게 다르다. 전자가 실업 구제 및 사회복지를 겸한 뉴딜 식의 공공 부흥적 성격을 띠고 있다면, 후자는 실업 구제 부분은 삭제하였다. 또한 사회복지 부분 또한 축소해 일종의 소수자 격리정책의 성격을 강하게 띠고 있다.

먼저 장면 정권에서, 미 공법 480호 2관 202조가 언급된 것은 한국 정부의 경제 개발 여망에 대한 답변을 담았던 '딜론C. D. Dillion 각서'에서였다.[29] 1960년 10월 25일 작성된 '딜론 각서'에서는 한국 정부가 1930년대 대공황기 미국과 유사한 사업을 수립한다면, 이를 미

공법 480호 2관의 "새로운 조항"에 따라 지원할 수 있다고 명시하였다. 그 결과가 바로 장면 정권의 국토 건설사업이었다.[30] 하지만 이는 예산문제, 내부 갈등, 그리고 결정적으로 5·16쿠데타로 제대로 수행되지 못했다. 쿠데타 세력은 국토건설단을 발족하는 등 실업대책으로서 국토 건설사업을 크게 확장하는 듯했으나, 곧 이를 폐기하였다.[31]

미국은 딜론 각서 이후, 2관 202조의 임금 사용에 대한 방법 등을 다각적으로 고려하였다. 1961년 초반, ICA는 국토건설단에 202조 사용을 논의하였다. 동시에 튀니지의 사례 등을 현지 유솜USOM 측에 공유하는 등, 202조 사업의 전형을 알리는 데 집중하였다.[32] 1961년 5월부터 워싱턴 ICA는 미국 대한 원조의 현장 실무를 담당한 유솜 측에 미 공법 480호 2관 202조의 수정 내용과 그 가능성을 공유하였다. 보고서는 2관 202조의 경제개발 계획에의 전용 가능성, 한국이 튀니지, 모로코와 함께 훌륭한 사업지가 될 수 있다는 사실 등이 기록되어 있었다. 특히 미국 시민이 대표로 있는 민간 자선단체들이 이 사업에서 중요한 역할을 할 것이라는 내용이 포함됨으로써 미국 민간 자선단체들의 참여를 예측할 수 있게 하였다.[33]

미국 대한 원조의 실무를 담당했던 유솜은 한국 정부, 외국 민간 원조단체 등과 함께 '근로를 위한 식량' 사업의 진행에 대해 꾸준히 논의했다. 1963년 준비 과정에서 초기 기독교세계봉사회CWS(Church World Service)와 주한케아, 세계구호위원회WRC(World Relief Commission), 그리고 제7일안식일교Korea Union Mission of the Seventh-Day Adventists Welfare Service가 2관을 활용한 사업 프로젝트에 참여할 것이 결정되었다. 그리고 여기에 참여한 단체들은 "현재 3관하 수원자에게 할당된 상품들을 새로운 지역사업 프로그램으로 이전할 것"이 결정되었다. 그 결과 정부 지원의 2관에 더해 외국 민간 원조단체의 몫인 3관 상품이 결합된 '근로를 위한 식량' 사업이 구성될 수 있었다.[34)]

1963년 2월 보건사회부는 외국 민간 원조단체 4곳의 프로젝트를 승인하였고, 동년 3월 사업에 대한 승인 요청을 하였다. 1963년 2월 20일 계획에 의하면 네 기관이 아래와 같은 사업을 예비하였다.[35)]

〈표 3〉 1963년 2월 20일 4개 외국 민간 원조단체 근로를 위한 식량사업 계획

	기독교세계봉사회 KCWS	주한케아 C.A.R.E.	구제위원회 WRC	제7일안식일교 SDA
작업자	2,310명	1,283명	2,009명	915명
작업 기간	6개월	4~5개월	8개월	8, 9. 12개월
토지개척	4,101에이커	2,840에이커	3,818에이커	1,391에이커

1964년 7월 한국 정부는 "평화를 위한 식량계획, 미 공법 480호 제2관 양곡의 원조로서 실시하고 있는 보건사회부 소관 자조근로 사업"을 시작하였다.[36)] 이 사업은 자조근로(계단식 개간, 일반 개간, 토지 개량, 간척) 748개소, 치수사업 336개소, 사방사업 899개소로 구성되었다. 1965년 사업의 효율성을 위해 '지역종합개발프로그램PCDP (Provincial Comprehensive Development Program)'이라는 관점이 시범적으로 도입되었다. 이는 지방 정부의 권한을 좀 더 확대하는 방식이었다. 그리고 1965년의 시범사업을 거쳐, 1966년과 1967년 사업은 지방 정부에 의해 추진되었다. 이 사업은 보건사회부, 농수산부, 건설부와

합동으로 시작되었고 사방, 댐, 길, 교량, 관개, 그리고 운하, 토지 평탄화, 재식림 등의 사업을 내용으로 하였다.[37)]

1965년 8월 한미 양측은 경제기획원, 보건사회부, 건설부, 농수산부의 대표와 유솜 대표로 구성된 평화를 위한 식량위원회를 수립해 사업 전체를 통괄하고자 했다. 당시 여기에 참여했던 자선단체들은 2관 상품 지원하의 사업과 동시에 3관 상품 지원하의 사업을 병행하고 있었다. 그러나 한국 정부는 기존 미국 민간 자선단체들이 수행하던 사업 일체를 한국 정부가 주도하는 2관하의 지역 종합개발 사업으로 통합하고자 하는 의도를 드러냈다. 그 결과 1966년 7월 1일 한국 내 미 공법 480호 2관과 3관을 이용한 미국 민간 자선단체들의 한미 합동사업들은 모두 한국 정부가 주도하는 2관하 지역 종합개발 사업으로 이전, 통합되었다.[38)]

구호 대신 발전으로:
주한케아의 '근로를 위한 식량'사업

사업에 참여했던 케아Cooperative for American Relief to Everywhere[39)]는 제2차 세계대전을 겪은 유럽 지역에 대한 구호물품 전달을 위해 미국 내에서 여러 단체 및 개인들이 모여서 만든 비영리 민간 자선단체이다. 한국에서는 1949~1979년까지 30년 동안 활동하였으며, 초기부터 미 공법 480호 2관과 3관을 핵심 기금으로 사용하였다.[40)]

미 공법 480호의 통과 이래 미국에서 케아는 미국 잉여농산물의 해외 이용에 깊은 관심을 보여왔다. 특히 케아에 관여했던 전·현직 이사들이 미국 '평화를 위한 식량' 디렉터 직을 그대로 맡기도 하면서 양자의 관계는 더욱 긴밀해졌다. 실제로 케네디 정권하 '평화를 위한 식량' 디렉터를 담당했던 리처드 로이터Richard W.Reouter는 케아의 이사 출신이었다. 결과적으로 그의 지휘 아래 이루어졌던 지원들 속에서 케아는 미국 대외 원조에서 중요한 미국 민간 자선단체로 성장할 수 있었다.[41)]

주한케아가 근로를 위한 식량사업에 참여하게 된 몇 가지 이유가 있었다. 첫째, 주한경제조정관실의 후신인 유솜의 적극적 권유였다. 이미 1950년대 말에 지역사회개발사업국의 루시 아담스Lucy W. Adams가 주한케아의 여러 사업 중 '자조사업'에 관심을 보인 바 있었다. 둘째, 주한케아는 근로를 위한 식량사업의 배경이 되었던 난민정착사업에 이미 깊게 관여하고 있었다. 따라서 기존 사업에 더해 자조사업의 성격을 지닌 '근로를 위한 식량사업'의 시범사업을 2관하에 추가하는 것이 어려운 일은 아니었다.

다만 1960년대 초 주한케아 등 외국 민간 원조단체들의 '근로를 위한 식량사업' 참여는 사실상 기존 인도주의 구호사업의 질적인 변화가 시작된 신호였다. 〈표 4〉를 살펴보자.

첫 번째는 1964년도 미 공법 480호 2관과 3관의 비중이다. 〈표 4〉 윗쪽에 의하면, 1964년도 인도주의 구호 물량 중 대부분은 3관 상품이었다. WFP는 세계식량계획World Food Program을 통해 지원된 상품이었다. 아래쪽 표는 당시 외국 민간 원조단체들이 주로 사용하도록 되어 있는 3관 상품이 주로 구호사업에 사용되었음을 보여준다. 그중

'정착 난민'이라고 표시된 부분이 '근로를 위한 식량'사업, 혹은 자조 근로 사업에 사용될 몫이었다. 표에서 드러나듯이 '근로를 위한 식량' 사업이 다른 구호사업을 압도하고 있음을 알 수 있다. 당시 한국 사회복지 분야의 예산이 대부분 외원에 의존하였음을 고려할 때, 이는 정부의 구호사업이 '개발'적 성격으로 변화하였고, 외원 민간 원조단체들 역시 이에 순응하고 있음을 알 수 있다.

사업에 참여할 당시 주한케아의 물적 토대는 푸드 크루세이드 사업, 2관 및 3관 상품이었는데, 3관을 제외한 나머지는 미미한 액수였다.

〈표 4〉 1964년도 미 공법 480호 도입 현황과 3관 구성

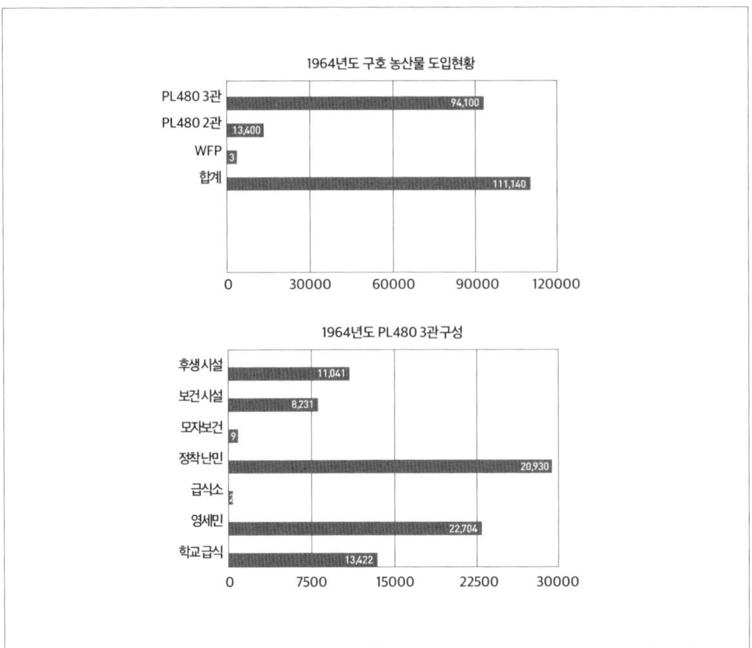

1964년 주한케아가 제3관하에 진행한 사업은 학교 우유 급식 프로그램, 난민 정착 및 개척 사업이었다. 그런데 1964회계연도 기준으로, 당시 주한케아가 입수한 전체 물량 중 절반에 가까운 2,800만 파운드의 옥수숫가루가 난민 정착 및 개척 사업에 전용되었다. 그리고 2관 상품 역시 보건사회부와 함께 진행했던 6개 시범마을에 사용되었다. 결과적으로 1964년 주한케아는 보유 상품의 절반 이상을 개발적 성격을 지닌 '자조사업'에 사용하였다.

주목할 점은 당시 주한케아가 기존 구호사업을 진행할 상품을 여유있게 확보하고 있는 형편이 아니었다는 점이다. 1950년대 말부터 주한케아는 미취학아동 우유 급식사업에 전용할 탈지유 확보에 어려움을 겪었다. 미국 현지의 재고 확보문제도 있었지만, 이를 대체할 옥수숫가루 확보 역시 이런저런 사정으로 쉽지 않았다. 즉 주한케아는 우유 급식사업을 진행할 상품이 부족한 상태에서 정부 등의 방향전환과 더불어 '개발'사업의 비중을 높인 것이다.

물론 이렇게 전용된 상품들이 농촌 '개발'에 기여했다면, 그것은 그 나름대로 인도주의 구호를 실천했다고 볼 수 있다. 하지만 '근로를 위한 식량'사업에는 근본적 한계가 있었다. 첫째, 식량을 임금으로 지불하는 것이 갖는 한계였다. 2관과 3관은 그 비중에 차이가 있지만, 결국 소맥과 옥수숫가루로 구성된 것으로 한국인의 주식인 쌀이 아니었다. 임금도 동일하지 않았다. '근로를 위한 식량'사업에서 2관 상품은 재정착 이주민들에게, 3관 상품은 정주인 혹은 향후 토지 획득을 기대하고 참여한 자발적 노동자들에게 지급되었다. 이때 2관하 사업은 한 달 임금으로 최대 160파운드(20일 노동, 160파운드 임금)

를,[42] 3관하 사업은 가구당 '월 10일 노동 100파운드 최대 지급'을 원칙으로 했다.[43]

주한케아 사절단장 피터 스트롱Peter Strong은 이러한 상황에서 주한케아의 3관 상품이 '2와 1/2관'으로 불리고 있다며, 3관 상품의 과도한 개발사업 전용을 비판했다.[44] 물론 부족한 임금을 한국 정부 등이 지원했다면, 이러한 3관 상품의 전용은 구호로서, 혹은 개발의 밑절미로서 큰 의미가 있었을 것이다. 그러나 한국 정부는 공개적으로 지원 선언을 한 부랑아 및 한센병 환자들에 대한 '자활정착 사업'장 25개소에 대해서만 지원할 뿐이었다.[45]

둘째, 임금인 상품의 운송 지체, 혹은 상품 착복 및 유용의 문제였다.[46] 운송에 따른 지연은 부족하지만 보상책이 마련되어 있었다.[47] 더 큰 문제는 2관 상품에 대한 다양한 형태의 착복, 혹은 유용이었다. 한국 정부는 형식적으로는 보건사회부를 중심으로 '시장 유출 외원양곡 단속주보'를 작성하는 등, 최소한 언론에 노출된 유용 실태에 대해서는 조사 방침을 세웠다.[48] 이는 미국 정부 및 유솜 측이 한국 언론에 드러난 유용 실태를 보고받아, 한국 정부 측에 점검을 요구한 탓이기도 했다.[49] 주한케아는 이 문제가 당시 미국 잉여농산물 유입으로 인한 한국 내 녹말 및 주류 산업의 시장 교란과 깊은 관계가 있음을 지적했다. 특히 미국 잉여농산물 운송 과정에서 한국의 4개 식품회사에 상품이 판매되는 경우가 있다는 점, 민주공화당이 곡물 유용에 관여하고 있다는 점, 민주공화당 – 보건사회부 – 대한개척단 단장으로 이어지는 커넥션이 존재한다는 점 등에 주목하였다.[50] 주한케아는 상품 유용을 인지한 이후 즉각적으로 잉여농산물 지원 중지를 결정하였다. 나아가 보건사회부와 체결한 협정을 한국 정부 측이 위반하였다고 보고, 약 20만 달러에 달하는 위약금을 한국 정부 측에 청구하기도 했다. 그러나 1965년에 제기된 이 문제는 1960년대 말까지 해결되지 못했다.[51)]

마지막으로 근로를 위한 식량사업은 한국 정부가 외원 등 사회복지 분야의 재원을 개발 자원으로 전유하는 과정이었다고 볼 수 있다. 난민 정착사업을 연구했던 김아람에 의하면 자조근로 사업의 등장은 기존 구호 대상자를 난민에서 영세민으로 축소하는 과정이었다.[52)] 정부는 '영세민의 근로의식'과 '지역 사회 발전'을 강조하였다. 기존의 요구호 대상자들은 노동자가 되지 않고서는 더 이상 2관 및 3관의 인도주의 지원을 받기 어려워졌다.

1965년 11월 16일 한국 보건사회부는 기존 '평화를 위한 식량'사업을 추진하고 있는 한국 내 단체들을 일괄 정리하고, 이를 정부 주도로 추진할 것을 선언하였다. 이러한 조치들은 당시 3관을 활용한 한국 내 외국 민간 원조단체들의 사업 전반을 위협하는 조치였지만 사전 논의는 생략되었다. 유솜과 보건사회부는 이 결정을 알리기 위해 중요 5개 외원 단체들(SDA, NCWC, WRC, KCWS, CARE)을 초청하여, 향후 한국 정부와 유솜이 직접 2관 협정하에 경제개발 계획, 학교 급식 프로그램, 아동 보건, 가구당 급식사업을 진행할 것을 선언하였다.[53)]

1966년 7월 1일, 외국 민간 원조단체들의 사업에 대한 한국 이관이 결정되었다. 이것은 동시에 향후 기존 외국 민간 원조단체들이 지원하던 3관 상품을 대신해 한국 정부가 2관 상품을 지원해야 하는 것을 의미했다. 실제로 유솜 측은 1965년 및 1966년 회계연도 외국 민간 원조단체들의 3관 상품 사용계획에 대한 승인을 거절했다. 이러한 조치는 당장 1965년 말 1966년 초 케아를 포함한 외국 민간 원조단체들의 활동에 영향을 끼쳤다. 당장 3관 상품의 사용에 문제가 발생했다. 원래 한국 정부, 주한케아, 유솜 측은 필요에 따라 1~3관 상품들을 회계연도 사업을 완료하기 위해 상호간 대차를 반복하였었다. 그러나 1965년 말 유솜 측이 이러한 행위를 금지하면서, 주한케아는 미도착 3관 상품을 활용한 사업을 지속할 수 없게 되었다.[54)]

이후 한국 정부는 이들 사업장에 대한 지원을 마무리하지 못했다. 주한케아가 사업에서 배제된 이후, 3관 상품은 암시장에서 유통되었고, 현장에서 간척된 땅의 뒤처리도 불분명해지는 경우가 발생했다.[55)] 충남 서산군 용신리 근흥 난민정착사무소 등도 비슷하게 사업이 졸속으로 마무리되었다.[56)] 서산 간척단으로 유명한 서산 자활 정착사업장은 1966년 9월 관리 주체가 외국 민간 원조단체에서 한국 정부로 이관된 후 양곡 및 자재대의 횡령이 증가함은 물론 양곡의 지연 공급에 따라, 사업장 자체가 황폐해지고, 심지어 폐촌의 위기에 달하기도 하였다.[57)] 여기에 2관 상품의 인도가 지연되면서, 1960년대 말 '평화를 위한 식량'은 애초의 기획과 달리 개인의 구호 및 자활에 큰 기여를 하지 못하게 되었다.

1961~1966년 한국의 사회복지 분야 구호 활동은 주로 외국 민간 원조단체들이 3관 상품을 통해 지원하였다. 하지만 1963~1964년 새롭게 도입된 '근로를 위한 식량'사업의 확대에 따라 구호사업 분야의 예산은 점점 축소되었다. 한국 정부는 1960년대 초 구호정책의 대상

을 축소하였고, 요구호 난민들을 '간척장'으로 끌어들여 '자활'을 강조하였다. 한국 정부의 의도는 곧 미 공법 480호 2관하 '근로를 위한 식량'과 일치하는 지점이 있었다. 하지만 미국이 의도했던 인도주의하 '개발'은 농촌 안정을 도모하는 것이었고, 현지 차원에서 이는 '개발'로 이어지기보다는 기존 구호체계를 약화하는 방향으로 진행되었다. 하지만 양 정부의 압력하에 외국 민간 원조단체들은 구호의 대부분을 자조근로 사업으로 전환해야 했고, 그마저 1966년 중반을 기점으로 한국 정부에 사업을 이관해야 했다. 하지만 한국 정부에 사업이 이관된 후 강화된 2관 '자조근로 사업'에서 원조의 구호적 성격, 즉 인도주의적 측면은 더욱 약화되었다.

인도주의 구호: 저개발국의 희망? 혹은 시멘트 천장

2025년 미국 대통령 트럼프가 재등장하면서 가장 먼저 착수한 일 중 하나는 유엔 등 국제 사회에 대한 인도주의 구호를 축소하는 행위였다. 냉전체제하 인도주의 구호라는 이름하에 미국의 냉전 도구로 기능했던 WHO나 FAO와 같은 국제기구들과의 단절이 미국 행정부 수장에 의해 자행되었다. 그러나 이 소란이 지난 후 미국 대통령은 은밀히 식량 원조에 관한 내용들을 복원하였다. 유엔 및 국제 사회의 식량문제에 대한 해법 역시 별로 변하지 않았다. 국제 사회는 여전히 영양학과 식량 유통을 통해 저개발국의 기아를 해소하고자 한다. 그렇기에 세계의 식량 저장고인 미국의 변화에 촉각이 곤두선 것이다.

반면 흔히 개발학에서 남반부로 호명하는 지역 출신의 연구자들은 식량문제를 유통이 아닌 식량권 차원에서 접근한다. '식량권right to adequate food'이란 식량문제를 특정 영양소를 섭취할 수 있는 최소한의 권리에 한정하는 것이 아닌 식량의 생산과 분배, 소비를 위한 물리적이고 경제적인 접근이 보장되는 권리로 정의한다.[58] 이는 남반부 출신의 수많은 연구자들의 목소리와 비슷하다. 이들은 식량문제가 빈곤과 연결되어 있고, 빈곤은 곧 자본이 앗아간 공동체의 기능 회복과 연결되어 있다고 외친다. 그렇기에 이들의 이야기는 오래된 저개발국의 논제, 농지개혁으로 회귀한다. 그렇기에 이들은 녹색혁명의 결과 재배치된 작물의 독점, 즉 종적 다양성을 잃어버린 바나나를 비판하고, 커피 대신 식량을 재배할 것을 외친다. 이들 지역은 하나같이 냉전하 전선 중 하나이자, 인도주의 구호의 수원지 중 하나였지만, 여전히 지역 내 기아를 해소하기에는 난망한 상황에 놓여 있는 경우가 많다. 세계는 지속가능한 발전을 외치지만, 그 어떤 방안에도 저개발국의 유리천장은 깨지지 않고 있는 것이다.

그런 의미에서 냉전하 최대의 수원국 중 하나였던 한국의 경험과 성찰은 중요하다. 1960년대 초 한국의 사례는 개발도, 인도주의 구호도 만능이 아니라는 것을 보여준다. 특히 미국발 인도주의 구호사업이 '개발' 담론을 제시하면서 오히려 저개발국 한국의 사회복지와 구호 시스템을 파괴하고 공백으로 대체한 것에 주목할 필요가 있다. 이러한 점은 오늘날 천명되는 지속가능한 개발과 인도주의 구호의 결합에 대한 역사적 검토가 더 필요함을 보여준다. 특히 남반부와 북반부의 경험을 지닌 한국의 사례는 세계 식량 원조의 역사와 함께 좀 더 다양한 방면에서 검토될 필요가 있을 것이다. 그동안 한국은 주로 성공사례만을 복기했지만, 다음 세대의 대안을 위해 우리의 고통도 회고할 필요가 있을 것이다.

8. 북한의 '자립적 중공업화' 전략 선택과 추진 (1945~1956)*

◎ 장초

'사회주의공업화'와 '주체적 공업화'

이 글은 북한이 주장한 '주체적 공업화'가 다른 나라들의 공업화 진행과 무엇이 달랐고, 그렇게 할 수밖에 없었던 국내외 조건과 이유를 찾아보고자 한다.

연구 주제와 관련하여 북한 학계는 '주체적 공업화'를 개설적으로 정리한 연구 성과를 여러 편 발표했다.[1)] 가장 큰 특징이자 한계는 승리와 영광만을 선택적으로 집중하여 서술한 점이다. 시기마다 마주쳤던 난관을 어떻게 극복했는지 말하지만, 자체의 한계에 대해서는 거의 언급하지 않았다. 북한 연구자들에게 '주체적 공업화'의 '왜'는 주체·자주·자립·자위를 위한 한 길이었고, '어떻게'는 김일성의 위대성과 조선로동당 정책의 성과, 인민 대중의 결합과 동원일 뿐이다.

남한 학계에서 '주체적 공업화'를 전면적으로 다룬 연구 성과는 아직 없다. 북한체제의 성격과 성립 요인을 밝히기 위해 북한 산업화 과정을 살피거나,[2)] 사회주의 이행전략 관철과 '자력갱생' 경제 구축,[3)] 냉전기 북한 경제 및 대외관계와 관련한 중공업 정책 추진[4)] 등을 통해 성과를 쌓고 있다. 북한의 경제, 대중운동, 기술 혁신 등을 다뤘지만 북한이 '자립적 중공업화'를 내세울 수밖에 없었던 조건과 이를 뒷받침할 자원(원료, 연료, 동력, 인적 자원)에 대한 관계를 소홀히 취급했다. 모두들 '중공업 우선 노선'에 주목했지만, 1953년 당 제6차 중앙위원회 전원회의부터 추진을 방해받았던 역사적 현실을 제대로 설명하지 못했다. 그 결과 북한의 공업화 과정을 분석할 때 외부 영향 또는 영도자의 역할을 과장하며 북한 노동자, 기술자, 과학자들의 삶을 소홀히 취급했다. 또한 역사 흐름 속에서 '주체', '주체적'이란 개념을 제대로 이해하려 하지 않았다.

이 주제와 관련하여 몇 가지 쟁점을 살피면 다음과 같다. 첫째, 1950년대 북한에서 '중공업 중심의 공업화 전략과 급진적 사회주의 개조를 추구한 세력' 대 '상대적으로 온건하며 인민소비품 생산도 강조했던 세력' 간 대립의[5] 실재여부이다. 둘째, 1947년 북한 최초의 경제발전 계획의 종합정책을 제시하며 모습을 드러낸 '민족경제의 자립적 발전'에 대한 문제 제기와[6] 관련한 논의에 대해[7] 자립적 경제발전 노선이 언제, 어떤 내용으로 시작하여 자리 잡았는지 밝힌다. 셋째, '자력갱생', '자립', '주체' 개념의 등장 시기와 배경, 의미에 대한 사실 규명이다. 북한이 선택한 것은 '자본주의 공업화' 또는 '종속적 공업화'가 아닌, '사회주의공업화'였다. 그런데 왜 그것을 '자력갱생', '자립' 등으로 수식했고, 이후 북한만의 독창적인 '주체적 공업화'라고 주장했을까?

이 연구의 시기적 범위는 1945년부터 북한의 '주체적 공업화' 토대를 준비한 1956년까지로 한다. 연구 폭과 깊이의 확장을 위해

1945~1956년 북한의 공업화 추진을 경제 측면과 함께 당시 북한의 대외관계도 함께 살폈으며 생산 현장의 모습도 확인했다.

'사회주의공업화'의 기원

'사회주의공업화'란 1925년 12월 개최한 제14차 볼셰비키당대회에서 스탈린이 소련을 농업국으로부터 자력으로 필요한 설비를 생산할 수 있는 공업국으로 전환시키자고 제기한 것을 말한다.[8] 사회주의공업화는 레닌-스탈린의 '일국사회주의 승리론'과 소련 사회주의 건설계획의 본질을 반영했다. 1920년대 소련 공산주의자들은 서로 다른 관점에서 논쟁했다. 한 그룹은 소련의 산업화를 위해 적극적 국가계획 입안과 투자를 위한 자본 축적을 강조했다. 반대파는 시장의 작동을 활용한 소비모델에 토대한 산업화를 주장했다.[9] 스탈린은 중공업 발전을 선택했고, 그중에서도 기계공업과 연료산업 및 철 생산을 위한 원료산업을 확장시켰다. 국방산업을 발전시키면서 현대적 농기구 공장도 신설했다. 한 국가의 경제를 주도하는 기간산업 또는 주도세력을 의미하는 '커맨딩 하이츠commanding heights' 개념도 처음으로 만들었다. 소련에서 사회주의공업화 실천은 외국 차관에 의존하지 않고 자립적으로 이뤘다.[10]

제2차 세계대전 이후 동유럽 국가들은 소련을 좇아서 사회주의공업화의 길을 걸었다. 경제성장에서 가장 중요한 특징은 국내의 중공업 건설이었다. 헝가리는 1950년부터 제1차 5개년계획 기간에 중공업을 발전시켰다. 폴란드는 중공업 생산에서 전쟁 전 수준을 125퍼센트 초과했다. 루마니아는 전전보다 3배 이상의 강철을 생산했다. 체코슬로바키아는 1951년까지 전전 공업 생산량을 3배 초과했다. 낙후한 농업국가였던 불가리아, 루마니아, 알바니아도 대규모 공업 건설을 진행했다. 사회주의공업화 과정에서 이 국가들은 새 공업 부문도 만들었다.[11] 동유럽 국가들은 집권당 지도하에 사회주의공업화에 기초한 농업의 사회주의적 개조도 전개했다. 1949년 이후 사회주의 공업화의 전면적 추진을 위해 5~6개년 계획 수행으로 넘어갔다.[12] 그런데 기계설비, 원료, 기술 등을 소련 원조에 의존했기 때문에 점차 소련과 하나의 경제블록으로 묶였다. 중국은 1954년 9월 제정한 〈중화인민공화국 헌법〉에서 과도기 중국의 총임무와 관련하여 사회주의공업화와 사회주의 개조를 통해 착취제도를 점차 제거하고 사회주의 사회 건립을 규정했다. 중국공산당은 1953년 하반기에 중화인민공화국 건립 시점부터 사회주의 개조의 기본을 완성할 때까지 과도기의 당 총노선과 총임무를 사회주의공업화 실현으로 설정했다.[13]

소련에서 '사회주의공업화' 경험은 북한 공산주의자들도 배워야 할 모범이었다. 북한은 1949~1950년 인민경제계획 실행을 통해 "과거 일제가 남긴 식민지적 편파성과 기형성을 완전히 퇴치하고 민족자립적 경제 토대를 튼튼히 구축함으로써 민주 완전 자주독립을 촉진시키며 근로인민들의 생활수준을 부단히 향상시키고자" 했다.[14] 북한이 당시 추진한 '사회주의공업화'는 소련이 경험하고 성취했던 그리고 중국 등도 실현하던 한 나라 단위의 자립적이며 현대적인 공업 창설이었다.

국가의 독립적 경제 기초 마련과 전시 군수공업 성장(1945~1953)

북한 공업화 조건과 폐허로부터 경제 복구 조치들

북한이 과거로부터 물려받았던 조건은 일제의 식민지 지배 폐해, 분단에 의한 경제적 연계 단절 그리고 미국의 대북 적대시 정책, 소련 군대 점령시기 약탈 경험 등이었다. 해방 직후 북한 공산주의자들은 자신들의 역사적 경험과 주어진 현실에서 민족 자주성을 싹틔웠고, 자체 생산으로 나라의 발전과 인민생활에 필요한 물품을 보장할 경제를 마련하고자 했다. 가장 중요시한 원칙은 자체 원료와 연료 및 기술에 의한 공업 건설이었지만 정책 목표를 자신들의 언어로 제대로 표현하지 못했다.

북한의 공업 발전은 일제의 식민지 통치가 남겨놓은 약점과 낙후성 해결에서 출발해야 했다. 일제강점기 조선에서의 공업화는 일제의 침략전쟁 수행과 식민지 초과이윤 획득이 목적이었으므로 불균형적·기형적이었다. 경제 각 부문, 공업 각 부문 간 구성과 배치에서 연계가 부족했고 완제품 생산도 없었다.[15] 일제는 패망하며 조선의 242개의 탄광과 광산을 완전 또는 부분 파괴했고 흥남공장 등 47개 공장과 수풍발전소를 쓸모없게 만들었다.[16] 따라서 일제가 파괴하고 간 공장과 광산 및 철도 시설을 복구하며, 빠르게 공업의 식민지적 기형성을 퇴치해야 했다. 식민지시기 조선에서의 공업화는 공업 건설과 운영 경험 및 일부 생산 시설을 남겼다.[17] 그런데 소련군에 의한 경제 수탈은 상황을 악화시켰다. 소련은 전쟁 배상금 명목으로 수풍발전소 발전기를 해체하여 소련으로 가져갔다. 38개소의 중공업 공장을 복구하여 2,050만 엔에 달하는 전리품과 1,410만 엔에 달하는 신제품을 반출했다.[18)]

북한 공산주의자들은 북한 지역을 하나의 단위로 인민정권을 수립하여 인민민주주의제도를 실현하고자 했다.[19)] 북조선임시인민위원회는 1946년 8월 10일에 중요산업 국유화를 선포했다.[20)] 이를 지지한 사람들은 "과거의 파행적 예속산업을 우리의 자주산업으로 전환하여 인민의 생활을 확보하고 또한 향상시킬 수 있는, 진실로 우리 국가와 인민을 위한 계획경제의 기초를 확립하게 된 것"으로 환영했다. 자립적 공업화를 위한 첫 출발점이기 때문이었다.[21)]

김일성은 1945년 10월 2일에 평천벌에 있던 평양 병기제작소 자리를 방문하고, 자체의 병기공업 창설 포부를 밝혔다. 일반적으로 무기 제작은 기계공업 발전을 전제로 한다. 그런데 김일성은 다른 나라와 다르게 기계공업에 앞서 병기공업을 창설하고 그에 기초하여 기계공업을 발전시키고자 했다. 일제의 식민지 지배를 방금 벗어났지만 또다시 미국과 맞서야 했던 상황에 대한 대응이었다. 그 꿈은 1947년 6월 22일에 첫 병기공장 조업 선포로 이어졌다. 1947년 10월 6일에 자체 기술과 자재로 기관단총을 처음 만들었으며, 1948년 초부터 대량생산하기 시작했다.[22)]

북한 당국은 1946년 10월 17일에 '제1차 북조선 과학기술인 전체대회'를 개최했다.[23)] 김일성은 "우리나라의 현실과 우리의 모든 자원을 세밀하게 조사 장악하고 우리의 구체적 실정에 맞게 계획을 수립하며 그 계획에 근거하여 자기의 손으로, 자기의 힘으로, 자기의 재간으로 우리 공업과 전체 인민경제를 급속히 복구 발전시키자"고 주장했다. 건국사업에서 '독립적 경제적 기초'를 갖기 위한 과학자, 기술자 육성도 강조했다.[24] 이 같은 문제의식은 이후 '자주적 공업' 육성과 거기에 필요한 독창적 과학기술 인력 양성으로 발전했다. 대회에서는 북조선임시인민위원회 직속으로 종합기획기관을 설치하여 산업의 생산과 분배 계획화 및 자주산업 건설을 기할 것 등을 결정했다.[25]

1947년 인민경제계획 수행

1947년 1월 1일 현재 북한에서는 822개 기업소가 가동되었다.[26] 북한은 1947년부터 인민경제계획을[27] 통한 계획적 경제를 건설하기 시작했다. 1947년 2월 19일 북조선 도·시·군 인민위원회 대회에서 김일성은 〈1947년도 북조선 인민경제 발전에 관한 보고〉를 통해 첫 인민경제계획을 발표했는데 "민족경제가 자립적으로 발전될 수 있는 토대를 축성"하기 위함이었다. 1947년 인민경제계획은 공업 생산량을 1946년도에 비하여 92퍼센트 늘릴 것을 예정했다. 주요 부문별 생산량은 화학공업 2배, 흑색금속공업 3배, 제강업 5.7배, 기계제작공업 2.5배, 경공업 0.6배였다.[28] 김일성은 "전 당은 이 임무를 위하여 연구하며 구체적 정형에 따르는 정확한 계획을 수립하여 각자 당원들의 분공적 책임으로서 계획 완수를 보장할 것"을 지시하였다.[29]

최초의 1947년도 인민경제계획은 1946년도에 비하여 국영산업 총생산액 226퍼센트, 노동생산성을 2배 이상 향상시켜 102.5퍼센트로 초과 달성했다. 바로 이어진 1948년 인민경제계획은 산업 총생산액을 1947년도 실적에 비해 41퍼센트 증가로 예정했다. 분야별 목표는 철강과 기계 생산을 1947년 실적에 비해 93퍼센트, 화학 부문 143퍼센트 증가 등이다. 이를 위해 필요한 공장들을 복구, 확장, 신설했고, 기술인력 양성을 위한 전문교육도 확충했다.[30] 1947년 인민경제계획 완수는 인민정권의 위신을 높였고, 국가경제를 계획적으로 발전시킬 가능성도 확인했다.[31]

1948년 9월 10일, 김일성은 〈정부 정강〉을 발표하며 "경제적 번영과 정치적 및 민족적 독립을 보장할 오직 자주적인 민족적 인민경제체계 수립"을 약속하며, 대책으로 "민족공업의 독자성 발휘"를 제기했다. 김일성은 "자립적 민족경제를 건설한다는 것이 나라를 부강하게 하고 인민생활을 높이는 데 필요한 중공업 및 경공업 제품들과 농업생산물을 기본적으로 국내에서 생산 보장할 수 있도록 경제를 다방면적으로 발전시키고 현대적 기술로 장비하며 자체의 튼튼한 원료기지를 닦아 모든 부문이 유기적으로 연결된 하나의 종합적인 경제체계를 이룬다는 것을 의미한다"고 풀이했다.[32] 새로 출범한 정부는 "자주적인 민족적 인민경제 체계" 수립을 대내외에 공포했고, 이에 호응하여 흥남비료공장 근로자들이 제기한 생산 경쟁운동을 함께한 결과 22개 기업소가 1948년 3/4분기까지, 90개 중요 기업소가 11월 말까지 계획을 완수하여 전년에 비해 139.1퍼센트, 1946년에 비해 2.6배 성장했다.[33]

공업 시설의 복구 확장

북한은 1949년부터 2개년계획을 작성하여 법령으로 발표했다. 최고인민회의는 인민경제의 부흥과 발전을 위한 1949~1950년 2개년 계획과 관련한 과업으로 "첫째, 현존 설비의 이용률을 고도로 높일 것이며 파괴된 기업소들을 남김없이 복구 운영하는 동시에 많은 생산설비를 신설, 확장함으로써 1950년 총생산액을 1948년 생산 실적에 비하여 약 2배로 성장시켜 1944년 수준을 능가하도록 할 것이다. 둘째, 인민경제의 급속한 부흥과 발전에 수응하여 성장하는 금속류의 수요를 충족시키기 위해 야금공업을 더욱 확장할 것인 바 특히 압연강재 생산을 양적·질적으로 제고시키기 위하여 압연기술에 특별한 관심을 돌릴 것이며 중소형 압연공장 증설을 적극 추진시킬 것이다. 셋째, 우리 산업의 낙후성으로 말미암아 인민경제 각 부문의 수요를 아직 충족시키지 못하고 있는 기계공업과 조선공업을 급속히 발전시켜 기계기구 및 부속품들과 중소형 선박들을 불원한 장래에 자립적으로 해결할 수 있는 기술적·경제적 기초를 확립하며 특히 공작기계 공업의 발전에 특별한 주의를 돌릴 것" 등을 제기했다.[34]

북한은 1949년에 들어서며 공장, 기업소를 대체로 복구했고, 생산설비를 신설 확장했다. 성장하는 경제 수요에 맞춰 야금공업을 확장했고, 낙후했던 기계공업 기초도 마련했다. 1949년 계획은 노동자들의 증산 경쟁운동에 힘입어 102.8퍼센트로 초과 달성했다.[35]

1949년 2월 22일, 김일성은 소련을 방문하여 조소 양국 간의 경제적 및 문화적 협조에 관한 협정을 체결했다.[36] 초창기 북한 공업은 소련 원조와 기술협조 속에 자립적 '사회주의공업화' 토대를 준비할 수 있었다.[37] 공화국 내각은 1950년 6월 20일, 1951~1953년 3개년 인민경제계획 실시를 결정하고 국가계획위원회에 작성을 지시했다.[38] 그러나 전쟁 발발로 계획을 추진하지 못했다.

전시 군수공업 성장

전쟁 발발에 따라서 북한은 공장 기업소들을 전시 상황에 적응하도록 개편했고, 병기와 군수용품 생산에 주력했다. 그러나 1950년 8월 말에 이르러 흥남비료공장, 본궁화학공장, 황해제철소, 성진제강소, 청진제철소, 청진방직공장 등 52개 중요 기업소들이 미군 폭격으로 기본 생산이 정지되었다. 원료와 자재도 크게 부족했고, 공장의 많은 관리 간부와 노동자들이 사망하거나 전쟁으로 흩어졌다.[39] 조선로동당은 생산설비들을 보호하기 위해 주요 공장들의 대형 전동기, 발전기, 변압기, 압연기들을 안전지대로 옮겨 생산을 계속했다.[40]

1950년 12월 21일에 개최한 당 중앙위원회 제3차 전원회의에서 김일성은 북한 인민들이 전선에 보낼 군수품 보장사업을 전 인민적 운동으로 전개한다고 보고했다. 특히 병기공장을 위시한 군수공장들에서 생산계획을 전쟁 이전 시기에 비해 5~6배로 초과 달성했다고 주장했다.[41] 김일성 수상의 보고에서 가장 눈에 띄는 것은 “누가 어떻게 도와주든지 간에 우리 문제는 자신의 손으로써 해결해야 합니다. 주인은 우리 조선 인민입니다. 주인이 더 많이 노력하여야 하겠습니다.……우리 민족의 자력갱생 여하는 우리 당 사업과 우리 인민군 투쟁 여하에 달려있습니다”라며 ‘자력갱생’을 처음 공개적으로 언급한 대목이다.[42] 김일성이 국가 발전전략의 기준으로 “우리 민족의 자력갱생”을 주장한 것이다. 이를 통해 인민이 국가, 정권, 생활의 주인이란 점을 분명히 하며 문제들을 인민 자체의 힘으로 해결해간다는 원칙을 제시했다. 김일성은 사실상 소련과 중국이 북한 정권의 생명줄을 쥐고 있던 파국적 상황에서 독자성을 지켜내기 위해 '자력갱생'을 제기했던 것이다.

북한 내각은 1951년 1월 13일에 〈경제 및 문화의 제1차 복구대책에 관한 내각 결정 제191호〉를 채택하여 전시 생산을 계속 보장하며 군수공업 발전에 힘을 쏟았다.[43] 김일성은 1951년 2월 17일, 65호 군수공장을 직접 찾아서 "무기를 더 많이 생산하여 전선에 보내자"고 담화했다.[44] 북한의 '주체 병기' 생산은 국방공업이 전혀 없던 상황에서 군수공업 생산 능력을 갖추며 점차 자체 설계로 기술을 장악하며 성장했다. 김일성은 1951년 10월 15일, 산업상 정일룡에게 "자체 힘으로 기계공장 건설"을 위해 희천기계공장을 만들라고도 지시했다.[45] 희천기계제작공장 건설은 1951년 11월에 착수했다. 조선로동당은 전국 각지에서 기계 부문의 노동자, 기술자들을 소환하여 희천에 보냈다. 김일성은 1953년 2월에 공장 건설 현장을 찾아서 "현재는 전쟁을 진행하는 조건에서 전시제품을 생산하고 있으나 전쟁에서 승리한 후에는 파괴된 인민경제를 복구하고 자립적 민족경제의 토대를 축성하는 데 필요한 공작기계를 생산해야 한다. 그러자면 지금의 공장 규모를 가지고서는 도저히 안 되므로 본래 예견한 규모대로 공장을 빨리 완공해야 하겠다. 동무들이 건설하는 이 공장은 우리나라 기계제작공업의 모체 공장이 될 것"이라고 격려했다.[46] 희천기계제작공장은 북한의 첫 최신식 공작기계 생산공장이다.[47] 그 외에도 정전협정 체결 때까지 17개 기계제작공장을 가동했으며, 금속, 화학 등 기간공업 복구와 비날론의 공업적 생산을 위한 공장 건설 준비도 진행했다.[48]

'자립적 중공업화' 추진을 위한 기초 마련(1953~1956)

1953년 당 중앙위원회 제6차 전원회의와 '자립적 중공업화' 추진의 굴절

3년간 전쟁으로 북한의 8,700여 공장, 60만 호 주택, 5,000개 학교, 1,000개 병원 및 진료소, 263개 영화관과 수천 개소의 문화후생 시설들이 파괴당했다. 그 결과 1953년 공업 총생산액은 전쟁 전에 비하여 40퍼센트 이상 감소했다. 특히 연료공업, 금속공업, 화학공업, 발전소, 건재공업 생산액은 66~93퍼센트로 줄었다. 코크스, 선철, 동, 연, 화학비료 생산 시설은 완전히 없어졌다.[49)]

북한은 전후 복구 건설에 필요한 노동력과 기술, 자금과 자재 등 모든 것이 부족했다. 따라서 복구 건설의 선후차를 어떻게 정하여 역량을 집중하느냐가 중요한 문제였다. 김일성은 정전협정 체결에 즈음한 방송 연설에서 "중공업의 확장과 인민생활 안전을 위한 공업들을 급선무로 복구 건설함에 치중하자"며 "제철공업, 기계공업, 병기공업, 광업, 전기공업, 화학공업, 건재공업, 철도 운수 및 방직공업들을 점차적으로 복구 발전시키자"고 주장했다.[50)] 김일성은 자립적 공업 창설을 기본으로 하는 사회주의공업화를 계속 추진하고자 했다. 그는 정전된 지 3일 만에 황해제철소를 찾아서 인민경제를 복구하자며 "중공업을 발전시켜야 경공업과 농업도 따라서 발전하게 된다. 그래야 우리나라의 경제 토대를 튼튼히 할 수 있고 인민생활을 빨리 개선할 수 있다"고 원칙을 확인했다.[51)]

조선로동당의 전후 복구 건설 기본노선과 원칙은 1953년 8월 5~9

일 진행한 당 중앙위원회 제6차 전원회의에서 논의되었다. 회의에서는 "정전과 관련하여 전후 인민경제 복구 발전의 기본 방향과 국가의 공업화와 인민들의 물질문화 복리 향상과 조국의 평화적 통일의 정치적·경제적 기초를 반석같이 다지는 위대한 전망을 명시하는" 수령의 보고가 있었지만,[52] 관례를 깨고 《로동신문》 등 어디에도 실리지 않았다. 김일성이 "중공업의 선차적 복구 발전을 보장하면서 경공업과 농업을 동시에 발전시키는 방향으로 나아가야 할 것"을 주장한 것은 분명하다.[53] 그러나 "토론이 광범히 전개"된 후 공업 복구 발전의 방향과 원칙을 일부 바꿔야 했다. 보고 전문은 안팎의 갈등을 해결한 한참 후에 공개되었다.[54]

김일성 수상의 사회주의적 공업화의 기본 원칙이 당 중앙위원회에서 관철되지 못했던 까닭은 무엇이었을까? 보고와 토론에 이어진 김일성 수상의 결론 역시 회의가 끝나고 약 20여 일이 지난 후에 "금번 당 중앙위원회 제6차 전원회의의 기본 과업은 우리 조국의 혁명적 원천지–민주기지를 공고히 하며 강화하기 위하여 전쟁으로 인하여 파괴된 인민경제를 복구하며 발전시키는 데 있으며 그리하여 조국의 평화적 통일을 위한 물질적·경제적 토대를 튼튼히 구축하기 위한 투쟁으로 전 당과 전체 인민들을 궐기시키는 데 있다"고 공개한[55] 이유는 또 무엇이었을까?

전쟁으로 가장 많이 피해를 본 부문은 중공업이었다. 1953년 공업 총생산액은 1949년과 비교하여 64퍼센트로 감소했으며, 그 가운데 생산수단과 소비재의 비중은 59퍼센트 대 41퍼센트에서 38퍼센트 대 62퍼센트로 바뀌었다.[56] 이런 형편에서 생산수단 비중을 높일 중공업의 우선 발전은 국방력 강화 필요성까지 고려할 때 조선로동당이 만들어온 공업 건설의 근본 방향 실현의 원칙이다. 그러나 전원회의 결정서는 김일성의 보고대로 담지 못했다.[57] 소련이 10억 루블[58] 무상원조를 조건으로 간섭했고 박창옥 등이 추종했기 때문이다.[59] 그 결과 공업 건설의 근본 방향 실현에서 '자주적 원칙'은 유보되었다. 북한은 아직 소련에 대한 의존을 끊고 경제발전에 필요한 것을 자체로 보장할 수 있는 상황이 전혀 아니었다.

사회주의공업화를 하려면 방대한 자금문제부터 해결해야 했다. 김일성도 제6차 전원회의 보고에서 "자금이 없이는 인민경제를 복구 건설할 수 없다는 것은 누구에게나 명백합니다. 우리 앞에는 공장, 기업소들을 복구 건설하는 데 필요한 자금을 확보해야 할 중요한 과업이 나서고 있습니다"라고 말했다. 그런데 생산과 건설자금 보장 방안으로 스스로 할 수 있는 것은 낭비·절취 현상과의 투쟁 강화, 경공업 부문과 국가상업 부문 사업의 개선, 외화 획득 및 절약이었다.[60] 자금 확보를 소련 등의 원조로 해결하면서 기본 원칙이 가려진 것이다.

1953년 9월 11~19일, 모스크바에서 김일성 수상과 소련 말렌코프 수상 및 흐루쇼프 소련공산당 제1비서의 회담 결과 소련 정부가 무상으로 배당한 10억 루블을 수풍발전소·성진제강소·김책제철소·흥남비료공장·승호리시멘트공장 복구와 건설, 방직콤비나트·육류콤비나트·어류통조림공장 건설에 이용하기로 합의했다.[61] 소련 방문 정부대표단 환영 군중대회에서 김일성은 "원조에 의하여 우리 공화국 인민경제는 그 복구 발전에 있어 물질적 담보를 받게 되었으며 앞으로 최단 기간 내에 전전 수준으로 회복할 뿐만 아니라 우리 인민경제의 여러 부문, 특히 중공업 부문에 있어서 많은 기업소들이 전쟁 전보다 더욱 확장될 것이며 경공업 및 식료품 공업에 있어서는 전쟁 전에 볼 수 없던 여러 새 공장들을 가지게 될 것입니다.……우리나라가 자주적인 공업국으로 발전할 수 있는, 실로 우리 인민경제의 근본적인 질적 변화를 가져올 전망을 가지게 되는 것…… 우리는 외국의 간섭이 없이 조선문제를 조선인들 자체로 하여금 해결하게 할 것"을 주장했다.[62)]

김일성은 자신이 하고자 하는 복구 건설의 방향과 원칙을 대중과 직접 만나며 추진해나갔다. 그는 북한의 풍부한 원료 자원, 전쟁을 통해 얻은 인민의 자신감, 비록 파괴되었으나 원래 일정한 토대가 있던 중공업, 소련 등의 원조를 함께 고려하여 비우호적 현실에 대응해나갔다.[63)] "외국의 간섭이 없이 조선문제를 조선인들 자체로 하여금 해결하게 할 것", 즉 '자력갱생' 원칙도 잊지 않았다.

북한은 생산수단과 인민소비품을 생산하는 공업의 두 부문을 다 갖춘 현대적 공업을 건설해나갔다. 중공업을 위한 중공업이 아니라 경공업과 농촌경리의 발전에 이바지하는 중공업을 국내의 자연부원에 의거하여 추진했다. 지금까지 학계에서 논의했던 것처럼 중공업에 대한 선택과 집중은 사실상 없었으며, 중공업과 경공업·농업의 배합과 균형 노선을 추구했다. 더불어 '종속 성장'이 아닌 '자립 발전'의 원칙을 지켰다.

김일성과 마오쩌둥은 1953년 11월 23일에 경제 및 문화 합작에 관한 협정을 통해 전쟁 기간에 조선 인민에게 원조해준 일체 비용과 물자를 무상으로 북한에 증정하는 것과 함께 복구 건설에 필요한 중국

인민폐 8억 원 제공에 합의했다.[64] 동유럽 인민민주주의 국가들은 소련이 제공하지 않았던, 하지만 북한에 가장 절실했던 기계제작공업을 지원했다. 체코는 희천자동차부속품제작공장과 희천기계제작공장,[65] 폴란드는 서평양철도공장과 각 철도공장,[66] 헝가리는 구성공작기계공장 등,[67] 동독은 디젤엔진제작공장[68] 건설을 도왔다. 동유럽 인민민주주의 국가들의 무상원조 총액은 약 9억 루블이었다.[69]

1953년 12월 21일, 최고인민회의 제6차 회의에서 김일성은 "원료의 출처와 제품의 용처를 과학적이며 현실적으로 타산한 기초 위에서 우리 공업의 다면성과 자주성을 보장하는 방향으로 나아가야 할 것"을 주장했다. 더불어 고립·폐쇄가 아닌 사회주의 블록과의 국제분업 및 교역 발전을 주장했다.[70] 이것이 전후 복구 발전의 기본 지침인 '자립적 중공업화'의 기본 내용과 원칙이었다.[71]

김일성은 1954년 3월 21~23일 개최된 조선로동당 중앙위원회 전원회의 보고에서 1954~1956년도 전후 인민경제 복구 발전의 3개년 계획의 마지막 해인 1956년에 이르면 1949년에 비해 산업이 153퍼센트 성장하여 "수다한 새 현대적 공장들이 건설되어 조업을 개시"할 것을 확약했다.[72] 조선로동당은 소련과의 협력 유지를 위해 박창옥을 내각 부수상 겸 국가계획위원회 위원장에 앉혔다.[73] 전임 정준택은 화학건재공업상으로 자리를 바꿔 핵에너지 문제를 담당했다.[74]

김일성은 소련과 당내 일부의 반대에도 불구하고[75] 중공업을 우선 발전시키며 경공업과 농업을 동시에 발전시키려는 경제건설 기본노선을 계속 수행했다. 조선로동당과 내각 등에서도 《김일성선집》을 계속 간행하며 "우리의 모든 사업에서 빛나는 성과를 거두기 위하여 김일성 원수의 제 노작을 연구하고 또 연구하자"고 선동했다.[76] 이에 따라 당과 국가기관, 기업소들에는 전후 복구 건설 승리를 위한 《김일성선집》 연구사업을 조직, 진행했다.[77] 이 과정에서 김일성이 가리켰던 사회주의공업화의 기본노선, 근본 원칙은 향후 북한 발전의 궤도로 자리 잡았다. 북한에서의 '주체' 확립은 정치에서 자주보다 경제에서 자립이 실천적으로 우선했다.

3개년 인민경제계획(1954~1956)의 수행과 '자주적 중공업화' 추진 기초 마련

북한 내각은 1954년 4월 22일에 〈1954~1956년 인민경제 복구 발전 3개년계획에 관한 법령 초안〉을 발표했지만 어디에도 김일성의 자립적 중공업화를 우선으로 한 공업 추진 원칙을 언급하지 않았다.[78] 최고인민회의 상임위원회 위원장 김두봉에 따르면, "(당은) 중공업 특히 우리에게 가장 긴요한 금속, 기계제작, 건재 및 화학공업과 그와 관련하여 전력, 석탄공업을 우선적으로 복구 발전시키는 동시에 경공업과 농업을 급속히 복구 발전시키는 길을 택했으며 지금도 이 길을 따라 계속 전진"했는데 "일부 사람들 가운데는 우리 당의 이러한 정당한 정책을 이러저러한 방법으로 비난 중상하거나 또는 왜곡 시비했다"고 비판했다.[79]

조선로동당은 소련의 견제와 박창옥 등의 시비에 공개적 논의를 피한 채, 공장·기업소 등 현장에서 중공업 우선 정책을 계속 추진했다. 1954년 5월 25~27일 열린 중공업 부문 전국열성자대회에서 중공업상 정일룡은 당 중앙위원회 3월 전원회의에서의 수령의 교시를 높이 받들고 전후 복구 건설사업의 성과적 수행에 총궐기할 것을 강조했다.[80] 대회에서는 "생산 및 건설 계획의 기간 단축 및 초과 완수를 위한 증산운동을 적극 조직 전개"와 "중요 복구 대상의 조업 개시 기일 단축" 보장을 약속했다.[81] 더불어 "중공업 부문은 인민경제의 기간공업으로서 인민경제 각 부문의 균형적 발전을 보장하며 인민들의 물질문화 생활을 향상시킴에 거대한 역할을 수행한다"며 국가계획의 무조건적 수행 등을 결의했다.[82]

북한은 각 공장들의 열성자회의를 통해 생산 앙양이 일어나도록 힘썼다. 1954년 6월 6일, 황해제철소 제1호 평로 출강식에서 근로자들은 "강재를 다량 생산하며 3개년 인민경제계획의 첫해인 금년도 국가 과제를 완수 및 초과 완수하기 위하여 조선로동당 중앙위원회 3월 전원회의에서 진술하신 당신의 교시를 더욱 심오하게 연구"하여 부과된 생산계획을 단축하여 실행할 것을 맹세했다.[83] 북중기계제작소 노동자들은 1954년 6월 18일, 1954년도 생산계획 완수를 기계제작공업 부문 전체 노동자들에게 호소했다.[84] 1954년 7월 17일 개최된 흥남비료공장 종업원대회에서는 "김일성 원수의 교시를 우리들의 행동강령으로 삼고 8·15해방 9주년을 경축하는 증산 경쟁운동의 불길을 더욱 높임으로써 생산 부문에서 노동생산능률 125퍼센트 이상으로 제고하겠다"며 증산 경쟁운동 총궐기를 호소했다.[85]

노동자들의 증산 경쟁운동은 새로운 창의 고안을 생산에 받아들이는 방식으로 발전했다. 중공업 분야에서 이것을 이끈 성진제강소 기사 김형욱, 희천기계공장 선반공 김원식, 희천자동차부속품제작공장 기계기사 박충상 등은 소련 유학을 했던 기술자들이다.[86] 그래서 인지 1955년 1월 현재 공업 부문 기계설비 중 소련 등지에서의 수입 비중이 90~98퍼센트였다.[87] 북한의 당시 사회주의공업화 추진은 소련과 깊게 연결된 것이었다. 김일성도 "소련 학자들과 전문 기술자들에게서 우리는 허심하게 겸손하게 어깨를 낮추고 배워야 한다"고 말했다.[88]

북한이 1955년을 전후하여 '주체'를 내세우기 시작한 것은 이미 잘 알려진 사실이다. 그런데 조선로동당은 '주체'를 제기하고도 현실 정치에서 주춤했다. 그 이유는 소련으로부터의 선진 과학기술 도입이 절실했기 때문이다.[89] 북한은 1955년부터 1961년까지 원자력 분야에서도 소련과 협력했다.[90] 1956년 7월, 모스크바에서는 〈연합원자핵연구소 설치에 관한 협정〉이 체결되었다. 이 회의에 북한은 화학공업상 정준택이 참가하여 서명했다.[91] 북한으로서는 이렇게 중요한 문제들이 추진되던 상황에서 '주체성'을 대놓고 옹호하기 어려웠다. 소련의 원조와 함께 그들의 과학기술을 배우며 자립적 공업화의 밑천을 만들어야 했기 때문이다.

북한 중공업 부문은 1954년에 자립적 공업화 기초를 쌓을 수 있는 중요 생산설비들을 적지 않게 복구 확장했다. 자체 생산하지 못했던 직류발전기를 비롯한 전기기계, 신형선반, 금속절삭공작기계, 광산기계, 축력파종기, 제초기 등을 새롭게 생산했다.[92] 1955년 11월 말까지 연간계획을 완수한 기업소 수는 182개에 달했다. 공업 총생산액도 1949년 실적에 비해 140퍼센트, 1953년 실적에 비해 241퍼센트 높였다. 특히 중공업 부문에서는 선철 115퍼센트, 특수강괴 251퍼센트, 전동기 생산 199퍼센트, 변압기 생산 134퍼센트를 초과 완수했다.[93] 당시 공업의 심장이라고 불린 기계공업에서는 최신식 공작기계를 1956년에 전년보다 1.5배 더 많았던 생산계획을 12월 25일 118.9퍼센트로 초과 실행했다. 처음으로 착암기도 생산했다.[94]

공업의 부문별 구성도 변화하여 일제 식민지시기 가장 낙후했던 기계공업과 금속가공업의 비중이 현저히 높아졌다. 즉 1944년 1.6퍼센트로부터 1949년 8.1퍼센트, 1955년 17.9퍼센트로 높아졌다.[95] 북한 공업은 식민지적 편파성을 퇴치하며 역사상 처음으로 '자주적 중공업화' 추진의 토대를 마련했다. 1950년대 중반 북한이 꿈꾼 자주적 공업이란 "(제철소의) 해탄로가 돌고 용광로가 쇳물을 뽑고 대형 평로가 선철을 녹여 강괴를 만들며 각종 철제품들을 생산하게 될 때……강철을 만드는 노동자들이 보낸 소재로 건조된 튼튼한 선박들이 연료와 원료를 실어오고 더욱 다양하고 많은 강재를 기계제작소로 싣고 가는 선박들을 보게 될 것이다.……기계공업에 원료를 공급하는 제철공업이, 제철공업에서 받은 원료로 최신식 공작기계며 제철 제강의 대형부속품을 깎는 기계를 만드는 기계공업"이었다.[96]

조선로동당 제3차 대회는 북한 '자립적 공업화'의 전환기였던 1956년 4월 23일에 개막했다. 김일성은 "5개년계획 기간에 인민경제 발전에 있어서의 주도적 역할은 우선 중공업, 즉 생산수단의 생산이 담당할 것"이라며 "중공업의 우선적 발전에 의거하면서 농업과 경공업을 보다 급속히 발전시키겠다"고 사회주의공업화 노선을 다시 한 번 확인했다. 더불어 "인민경제의 전반적 발전의 기초가 되는 금속, 전력, 기계, 석탄, 화학 및 건재 공업 부문들을 우선적으로 발전시키며 특히 우리나라에서 제일 약한 고리로 되고 있는 기계공업을 급속

히 발전"시킬 사회주의 건설에 대한 당의 총노선을 제시했다.[97]

김일성은 남한 경제를 언급하며 "중요 생산 시설들은 미국 과잉상품으로 실어온 원료·기자재에 결정적으로 의존"함으로써 "예속의 기형성이 더욱 심각화했다"고 비판했다. 같은 회의에서 금속공업상 강영창은 "야금공업을 자체의 원료와 연료로써 해결하는 문제가 중요하다"면서 국내 원료로 철콕스 제조와 수입탄을 대체할 무연탄가스화 연구 및 공업화를 주장했다. 소련을 직접 언급하진 않았지만, 과학 발달의 수준 때문에 교역에서 큰 손실을 보고 있다고 불만도 말했다.[98] 두 사람의 보고와 토론은 북한 공업화의 근본 원칙과 관련하여 다른 나라에 의존하지 말고 자신들의 힘, 자재, 기술로 만들어 써야 한다고 원칙을 강조한 것이다.

1957년 2월 22일, 국가계획위원회 중앙통계국 발표에 따르면 3개년계획 기간에 공업 부문의 복구 건설을 위해 399억 원을 투자(중공업 324억 원, 경공업 75억 원)하여 240여 개의 공업기업소들을 새로운 기술로 장비하여 완전 또는 부분 복구 확장했다. 또한 기양기계공장 등 80여 개 공업 기업소를 신설했다. 이를 통해 중요 공업제품 생산 능력은 1957년 1월 현재 1954년 1월에 비해 전력 3.4배, 강철 13배, 압연강재 3.2배, 합금철 3.7배, 카바이드 12배, 면직물 3배 성장했다. 1956년에는 1953년에 비해 생산수단 생산은 4배, 소비재 생산은 2.1배 성장했다. 3개년계획 기간에 공업 총생산액의 연평균 성장속도는 42퍼센트(그 가운데 생산수단 생산 59퍼센트, 소비재 생산 28퍼센트)에 달했다. 이로써 전후 3개년계획 기간에 중공업의 우선 성장을 보장하면서 동시에 경공업의 복구 발전을 도모한 당의 경제정책을 관철하였다.[99] 그리고

이 같은 결과를 '자랑스러운 승리의 총화'로 선전했다.[100)]

사회주의공업화와 '자력갱생'

북한이 해방 이후 추진한 사회주의공업화는 소련이 경험하고 성취했던 한 개 나라 단위의 '자립적'이며, '현대적 공업' 창설이었다. 그런데 1950년대 들어서며 소련은 자국 중심의 사회주의 블록을 형성하며 사회주의공업화의 뜻을 '현대적 공업' 창설만으로 한정한다. 소련 주도의 블록 내 협력을 위해 '효율성'을 내세워 레닌과 스탈린의 공업화 원칙의 하나였던 '자립'을 뺐다. 북한 입장에서 나라마다 자연부원과 생산력 발전 수준 그리고 생산물의 품종과 양도 다른 현실에서 수행해야 할 경제 건설의 구조, 방향은 자주적으로 설정해야 할 문제였다. 여기서 북한의 사회주의공업화는 소련에의 종속이 아닌 자립을 선택했다.

1954년 말부터 1955년 사이에 조선로동당은 사업에서 '주체' 확립 문제를 전당적으로 제기했다. 그러나 제대로 된 '주체' 확립에 시간이 걸렸다. 그 결과 자신들이 진행 중인 공업화의 성취를 양적 증가를 기준으로 자랑했지만 다른 나라들과의 질적 차이에 대한 의미를 부여하지 못했다. 북한 학자들은 조선로동당이 주장한 '주체'를 제대로 이해하지 못했기 때문에 남의 것만 쳐다봤고 자기들의 공업화 성취를 "레닌적 사회주의공업화" 또는 "사회주의공업화의 스탈린적 정책" 등으로 이름 붙였을 뿐이었다. 대중의 새로운 경험 축적도 마르크스·레닌주의의 "조선 현실에의 창조적 적용"으로 설명했다.[101] 그들은 1960년대 중반 이후에야 비로소 북한식 사회주의공업화에 대해 새롭게 '주체적 공업화'로 개념화했다.

북한의 '주체적 공업화'는 본질에서 '사회주의공업화'의 자주성 및 현대성과 다르지 않다. 일본제국주의의 식민지 공업화가 낳은 기형성을 해결하고 경제의 자립적 발전을 지향하면서 나온 것이며, 한반도 분단 상황에서 남한의 미국 주도 자본주의 세계시장 편입을 전제로 한 성장전략과 다른 것이었다. 그것은 전쟁 시기 중국의 영향력이 커지면서 '자력갱생' 원칙을 천명할 수 있었던 판단의 원천이며, 전후 복구에서 자립적 중공업을 우선 발전시켜야 한다는 선택의 기준이었다. 또한 소련이 사회주의 경제블록을 만들어 북한 경제를 종속적 하부단위로 편제하고자 했던 외압에 맞선 개별적 독립국가로서 자주노선의 경제적 발현이었다. 북한의 '자립적 중공업' 발전의 특징은 '자생, 자강의 역사', 즉 '주체적 공업화'이다. 기본 내용은 기계제작공업을 핵심으로 자립적 중공업 건설을 우선하면서도 인민소비품의 생산을 보장하는 경공업 건설을 통해 다면적인 생산구조의 확립, 자체의 원료·연료기지 축성, 과학자·기술자의 내부 양성을 통한 생산의 기술적 토대 강화이다.

9. 냉전기 북한의 상상 지리와 '평양 선언'*

◎ 옥창준

냉전기 상상의 경계선

2025년 4월 대한민국-시리아 수교가 전격적으로 이루어지면서, 한국은 국제연합 회원국 중 북한을 제외하고 모든 회원국과 외교관계를 맺은 나라가 되었다. 북한이 최후의 미수교국으로 남았다는 점을 반대로 생각해보면 한국 외교의 상당 부분은 북한을 의식한 행위이자, 냉전적 경쟁의 산물이었다는 말과도 통한다. 즉 한국 외교의 저류에는 냉전의 요소가 존재하는 것이다. 그렇기에 현대 한국 외교의 역사를 다루는 한국 외교사는 흔히 냉전적으로 서술되곤 했다.

흔히 냉전기 세계를 해석하는 지리적 감각은 양 진영론에 입각한 '사상 지리ideological geography'와 '상상 지리imaginative geography'의 경계가 일치할 것으로 가정된다. 하지만 사상의 경계선과 냉전기 상상의 경계선이 실제로 꼭 일치한 것은 아니었다. 아시아·아프리카의 탈식민 국가들의 등장, 비동맹운동의 세력화 등이 그 대표적이다. 냉전은 사상 지리와 상상 지리의 끊임없는 균열을 조정하는 해석 과정이기도 했다. 국제 질서의 변동을 나름대로 예민하게 의식하고 있던 북한 외교사는 이 조정 과정을 보여주는 좋은 사례이기도 하다.

이 글은 평양에서 개최된 일련의 국제회의 이후 채택된 '평양 선언'에 주목한다. 그 대상은 1964년 평양에서 열린 '아세아(아시아) 경제 토론회', 1981년 평양에서 열린 '식량 및 농업 증산에 관한 쁠럭불가담(비동맹) 및 발전도상 나라들의 토론회'이다. 1964년의 회의는 북한이 개최한 최초의 아시아·아프리카 관련 회의라는 점에서 의미가 있으며, 1981년의 회의는 북한에서 열린 최초의 쁠럭불가담(비동맹) 관련 회의라는 역사적 의미가 있다. 각 회의 이후 채택된 평양 선언에는 당대의 세계를 바라보는 북한의 인식, 북한이 원하는 세계상이 잘 반영되어 있다. 이 글은 평양 선언의 내용보다도 평양 선언이 등장할 수 있었던 시대적 맥락을 짚고, 평양 선언을 통해 북한이 세계, 그리고 자신을 향해 어떤 메시지를 보내려고 했는지에 주목할 것이다.

참고로 이 글은 북한의 용어인 쁠럭불가담을 사용할 것이다. 쁠럭불가담은 영어 Non-alignment의 번역어인데, 남북한의 번역이 다르다. 한국의 경우, 한미상호방위조약과 같은 '동맹'으로부터의 반대 개념으로 '비동맹'이 의식되었고, 북한에서는 '양대 진영(블록)'으로부터의 탈피의식이 강조되었다. 이는 각자가 강렬하게 체험한 냉전이 무엇이었는지를 보여준다. 그렇기에 이 글은 그 차이를 존중한다는 의미에서 쁠럭불가담이라는 용어를 있는 그대로 드러낼 것이다.

1964년 평양 '아세아 경제 토론회'와 자립적 경제 노선

1950년대 전후 복구 과정에서 북한은 사회주의 진영의 원조를 대거 받았으며, 북한의 외교는 사회주의 국가들과의 '국제주의적 친선'관계에 집중되어 있었다. 1955년의 시점에서 북한이 수교를 맺은 국가는 총 12개국이었는데 이들은 모두 사회주의 진영 내 국가들이었다. 건국 초기부터 한국전쟁 직후까지 북한의 외교 노선을 정리해본다면, 사회주의 종주국으로서 소련의 지도력에 대한 존중, 사회주의 진영 내 단결의 추구, 탈식민 민족해방운동을 향한 지지라 할 수 있었다.

그러나 소련의 리더십을 향한 유고슬라비아의 공격, 스탈린 사후 수면 위에 드러나기 시작한 소련과 중국의 갈등 등으로 사회주의 진영 내 구심력이 약화되는 가운데 북한에서는 김일성과 빨치산파를 중심으로 하는 이른바 '주체' 노선이 제기되었다. 이와 맞물려 소련의 지도력을 존중하기도, 사회주의 진영 내의 단결을 추구하기도 현실적으로 어려워지면서 북한은 아시아·아프리카의 신생 독립국가를 향한 외교에도 관심을 기울이기 시작했다.

1957년 아프리카·아시아 인민단결회의Afro-Asian Peoples' Solidarity Conference에 대한 관심도 그 일환이었다. 1956년 수에즈 운하 국유화 문제로 영국과 프랑스에 맞섰던 이집트의 나세르가 1955년 반둥 아시아·아프리카 회의의 정신을 이어받아 제창한 아프리카·아시아 인민단결회의는 아프리카·아시아 제국諸國 인민에 특별히 관계가 있는 국제문제를 토의하고 두 대륙 간의 정치·경제 및 기술 협력, 사회적 발전 및 문화교류 협력 등을 포괄적으로 논의하는 민간 차원의 협력

기구였다. 1957년 12월부터 1958년 1월까지 이집트 카이로에서 제1차 인민단결회의가 개최된다.[1)] 이때 북한은 소설가 한설야를 단장으로 하는 민간 대표단을 파견했다.[2)]

북한은 회의 직후인 1958년 3월 20일 카이로에 무역대표부를 설치한다. 이후 카이로는 북한의 아프리카·중동 외교 활동의 주요 거점이 된다. 제2차 인민단결회의가 개최될 예정지이자 1958년 10월 프랑스로부터 독립한 기니를 독립 선언 직후에 북한이 바로 승인한 것을 고려해보면 인민단결회의 참석을 경험하며 북한은 아프리카의 탈식민 민족주의를 의식했던 것으로 보인다.

1960년 4월 기니Guinea(Guinée)[3)]의 수도 코나크리에서 제2차 아프리카·아시아 인민단결회의가 열렸다.[4)] 1958년 프랑스 식민지에서 독립한 기니는 반식민주의 기치를 내걸고 프랑스 식민지배를 받았던 국가의 모임인 프랑스공동체Communauté française 가입을 거부하는 등 강력한 반식민주의 노선을 채택하고 있었다. 이 회의에도 소설가 한설야가 북한대표단의 일원으로 참석했다. 회의 직후 북한과 기니는 상주 대사 관계(1960)를 수립했으며, 이후 기니의 코나크리는 북한의 서아프리카 외교의 거점이 된다. 이후 북한은 아프리카 여러 신생독립국가 정상을 평양으로 활발하게 초청했다.

그 외교적 노력은 결실을 맺어 1964년 6월 16일부터 23일까지 아시아·아프리카 34개국 대표들이 참가하는 제2차 아세아(아시아) 경제 토론회Asian Economic Seminar가 평양에서 개최되었다. 이는 북한에서 개최된 최초의 아시아·아프리카 관련 국제회의였다는 점에서 주목할 가치가 있다. 그렇다면 이 회의는 어떻게 평양에서 개최될 수 있었을까. 이를 위해서는 제1차 아세아 경제 토론회부터 이야기를 시작해야 한다.

제1차 아세아 경제 토론회는 1962년 10월 25일부터 11월 1일까지 스리랑카(실론)의 콜롬보에서 개최되었다. 이 회의의 주최자는 아프리카·아시아 인민단결회의의 아시아 지부였다. 하지만 이 회의는 당대의 주목을 거의 받지 못했는데, 그 이유는 아시아의 두 거인 중국과 인도의 전쟁(1962년 10월 20일~11월 21일)이 가져온 충격 때문이었다.

전쟁에서 밀리던 인도가 중국과 이념 갈등을 벌이고 있던 소련과 더욱 밀착하고, 중국은 인도와 대립하던 친미 노선의 파키스탄과 접근하는 등 중국-인도 전쟁은 이후 아시아·아프리카 단결운동에 깊은 상흔을 남긴다. 이는 소련도 참여하고 있던 아프리카·아시아 인민단결회의에도 영향을 주었다. 이후 인민단결회의 내에서는 소련과 인도 그리고 중국의 격한 대립이 시작된다.

이 대립 구도는 1963년 2월 탄자니아 모시Moshi에서 열린 제3차 아프리카·아시아 인민단결회의에도 반영되었다.[5)] 중국은 소련이 주도하는 세계평화위원회World Peace Council가 아프리카·아시아 인민단결회의에 참여하는 문제를 두고 소련을 강하게 비판했고, 중국과 인도가 여전히 대립하는 가운데 소련이 인도를, 북한이 중국을 지지하는 등 아프리카·아시아 인민단결회의 내부 분열이 더욱 격화되었다.

제3차 인민단결회의의 난맥상 이후 아프리카·아시아 인민단결회의 집행위원회 회의가 1963년 9월 키프로스 니코시아에서 열렸다. 이 회의는 1965년 무렵 알제리 알제에서 아프리카·아시아를 포괄하는 경제 토론회를 진행하기로 결정했다. 하지만 이 결정과 달리 북한을 중심으로 한 아시아 국가들의 경제 토론회가 1964년 6월 전격적으로 진행됐다. 주최는 콜롬보 회의를 주도했던 아프리카·아시아 인민단결회의의 아시아 지부가 맡았다.

평양에서 개최된 회의는 '아세아 경제 토론회'였지만 이 회의 참가국은 알파벳 순서로 알제리, 앙골라, 오스트레일리아, 레소토(당시 바수톨랜드), 보츠와나, 카메룬, 스리랑카(실론), 중국, 콩고-브라자빌, 콩고-레오폴드빌, 감비아, 가나, 인도네시아, 이라크, 일본, 케냐, 북한(코리아), 말리, 모잠비크, 네팔, 뉴질랜드, 니제르, 북부 칼리만탄, 팔레스타인, 르완다, 소말리아, 서남아프리카(현재의 나미비아), 수단, 시리아, 타이, 우간다, 베트남민주공화국, 남부베트남, 잔지바르를 포괄했다.[6] 1963년 제3차 아프리카·아시아 인민단결회의에서 중국과 대립했던 인도, 당시 인도를 지지했던 소련, 이집트, 모로코, 남아프리카, 탄자니아 등이 모두 초청되지 않았다는 점에서 이 회의는 북한이 명백히 중국의 소련 비판 노선에 동참하고 있다는 사실을 시사한다.

이 평양 회의 말미에 '평양 선언: 자력갱생하여 자립적 민족경제를 건설할 데 대하여'가 채택되었다. 이 선언은 미국을 포함한 제국주의자들의 원조를 아시아·아프리카·라틴아메리카 나라들에 원조를 수단으로 삼아 진행된 경제적 침투 현상이라며 신식민주의의 전형적인 형태라 비판했다. 그리고 정치적 독립의 달성은 민족해방혁명의 종국적 승리를 위한 첫걸음이라 규정하며, 민족해방혁명의 중요한 단계로서 '자립적 민족경제' 건설을 내세웠다.[7] 그리고 진정한 경제적 협조와 상호 원조는 "완전한 평등과 호혜와 자주성, 내정 불간섭의 원칙에 기초해야 효과적"이라는 평양 선언의 대원칙을 천명했다. 이를 위해

서는 개별 국가들의 구체적 실정에 맞는 자주적 해결이 필요했다.[8)]

폐막식에 참석한 김일성은 제국주의와 신구新舊 식민주의에 모두 반대하며 정치적 독립과 자력갱생에 기초한 자립적 민족경제를 건설하기 위해 아시아·아프리카·라틴아메리카가 단결해야 한다고 제창했다. 그리고 북한은 아시아·아프리카·라틴아메리카의 반제국주의 민족해방투쟁을 적극적으로 지지하며 이에 언제든 연대할 것이라 천명했다.[9)]

흥미로운 사실은 평양 선언에서 채택된 자립경제 건설이라는 목표가 기실 미국뿐 아니라 소련을 향한 비판이기도 했다는 점이다. 이는 소련공산당 기관지 《프라우다》가 1964년 8월 18일 평양 선언에 대한 비판적인 논평("누구의 리익을 위함인가?")을 게재했다는 사실에서 잘 드러난다. 《프라우다》는 평양 회의를 소위 '제2차 아세아 경제 토론회'라고 비판하면서 본래 알제에서 먼저 개최되었어야 했던 회의를 굳이 평양에서 소집한 배후에는 중국 분열주의자들의 책동이 있다고 보았다.[10)] 이어 《프라우다》는 자립경제의 증거물로 평양 회의 참가자들이 참관한 평양의 방직공장과 흥남의 비료공장이 모두 소련의 설계에 기초하여 건설되고 소련의 기계장비를 갖춘 시설이라는 점을 강조했다.[11)]

이에 질세라 북한의 《로동신문》은 소련의 논설을 반박하는 기사("왜 평양 경제 토론회의 성과를 헐뜯으려 하는가?")를 1964년 9월 7일 자에 게재했다. 《로동신문》은 아세아 경제 토론회를 마치 비법적인 기구인 듯이 말하는 《프라우다》의 주장은 모든 것이 다 자기의 비위에 맞아야 하며 모든 것을 자기가 승인해야 한다는 '대국주의'의 산물이라고 비판했다.[12] 또한 아세아 경제 토론회는 알제 경제 토론회를 대체하는 것이 아니라 이를 보완하기 위한 것이었다고 논박했다.[13] 이어 평양방직공장과 흥남비료공장의 복구 건설에 소련 인민들이 도움을 준 것은 사실이지만, 전후에 이 공장을 복구한 데에는 조선 로동계급의 창조적 로동과 지혜가 있다고 맞받았다. 그리고 공장 복구 건설에 소련은 국제시장 가격보다 훨씬 더 비싼 자재를 주고, 그 대가로 훨씬 더 싼 가격에 원료를 강탈해갔다고 비판했다.[14]

이어《로동신문》은 결국 제2차 아세아 경제 토론회가 누구의 이익을 위함이냐고 묻는《프라우다》에 대해 아시아·아프리카·라틴아메리카 인민들과 세계의 혁명적 인민들의 이익을 위해 진행되었다는 점을 밝히고, 소련이 평양 선언을 비방하는 일은 그들이 이 지역 인민들의 전투적 단결을 마땅치 않게 여기는 태도가 반영된 것이라 일갈했다.[15] 이후 북한의 외교 노선은 아시아·아프리카 단결에 대한 강조로 나아갔다. 사실 이와 같은 노선을 국제적으로 일찍부터 제창해온 국가가 있었으니 바로 1955년 반둥 아시아·아프리카 회의를 개최했던 인도네시아였다. 1955년 인도네시아의 휴양도시 반둥에서는 유럽제국주의 국가의 식민지 지배를 받았다가 제2차 세계대전 이후 독립한 국가들이 모여 신생 국가들의 단결과 협력을 모색했다.

비록 한반도의 분단 상황으로 북한은 1955년 반둥 회의에 공식 초청을 받지 못했지만, 1960년대를 지나며 북한의 위상은 국제무대에서 크게 높아진 상태였다. 1965년의 시점에서 북한은 제2차 아시아·아프리카 회의의 개최를 둘러싸고 중국, 인도네시아와 논의를 할 수 있는 수준의 국격을 지닌 국가가 되어 있었다. 실제로 이 무렵 북한은 인도네시아와의 관계를 급속히 진전해나갔다. 1964년 4월 인도네시아와 대사급 외교관계를 수립한 데 이어 같은 해 11월에는 인도네시아 지도자 수카르노의 방북까지 이끌어냈다. 수카르노의 방북에 대한 답방 형식으로 김일성은 1965년 4월 인도네시아를 방문했다. 이는 김일성의 첫 비사회주의 국가 방문이기도 했다.[16] 그리고 바로 이곳에서 김일성은 주체사상의 근간으로 유명해지는 연설을 행한다.[17] 북한은 아시아·아프리카 회의라는 기존의 국제적 틀을 활용하여 제국주의에 맞서는 반제국주의 통일전선을 최대한도로 확장하려는 목표에 조금씩 접근할 수 있었다.

1965년 6월 19일, 제2차 아시아·아프리카 회의 개최 예정국이었던 알제리에서 쿠데타가 발발하여 아시아·아프리카 회의에 적극적이었던 기존의 벤 벨라 정권이 붕괴했다. 이어 1965년 9월 공산주의자의 쿠데타 미수사건으로 인도네시아 수카르노 정권이 치명상을 입는 등 국제정세가 극적으로 변하면서 제2차 아시아·아프리카 회의는 몇 차례의 논의가 이어졌지만 결국 개최되지 못했다. 이집트가 중심이 되었던 아프리카·아시아 인민단결회의도 나세르의 죽음(1970) 이후 약화되기 시작했다. 하지만 중소 갈등의 시대적 분위기 속에서 발견된 새로운 공간에 대한 탐색은 이후에도 줄곧 이어졌다. 북한과 쁠럭불가담(비동맹)운동의 조우가 시작된 것이다.

1981년 쁠럭불가담 식량 및 농산물 증산 토론회와 김일성농업과학연구소

북한 외교에 있어 1975년은 매우 의미 있는 해였다. 1975년 4월부터 6월까지 김일성은 루마니아, 알제리, 모리타니, 불가리아, 유고슬라비아를 방문했다. 특히 알제리, 모리타니의 경우 김일성의 첫 아프리카 대륙 방문이기도 했다. 아프리카 방문 이후 쁠럭불가담 회의의 제창자이며 이를 주도하는 국가인 유고슬라비아를 방문한 김일성은 티토를 만나 의견을 교환했고 이후 쁠럭불가담 회의 가입을 위한 적극적인 행보에 나섰다. 북한이 티토의 노선을 '수정주의'라고 오랫동안 비판해온 것을 감안할 때, 김일성과 티토의 만남 역시 의미심장한 변화를 상징했다.

티토와의 만남에서 김일성은 유고슬라비아의 "쁠럭불가담 정책이 현 시대 발전의 요구를 폭넓게 반영하고 있는 것으로 하여 각이各異한 사회제도를 가진 많은 나라들을 단합시키고 있으며 날이 갈수록 전반적 국제정세 발전에 커다란 영향력을 미치고 있습니다"라고 추켜세웠다. 그리고 쁠럭불가담운동의 원칙은 조선로동당의 자주적인 대내외 정책의 원칙과 일치한다고 발언했다.[18] 이렇게 쁠럭불가담운동과 스스로를 수사적으로 연결하며 북한은 사회주의 진영 내의 일개 국가, 또 정치지리적인 개념에 가까웠던 아프리카·아시아 국가를 넘어서려는 구상을 드러냈다.

이미 김일성은 아프리카·아시아 인민단결회의가 확장된 형태인 아프리카·아시아·라틴아메리카 인민단결기구OSPAAL(Organization of

Solidarity with the People of Asia, Africa and Latin America) 기관지 《트리콘티넨탈*Tricontinental*》에 기고한 글에서 '큰 나라들'에 대한 의존심을 버리고 '작은 나라들'이 단결하여 제국주의에 반대하는 투쟁을 해야 한다고 주장했다. 제국주의는 작은 나라들을 각개격파하려고 하기 때문에 이에 맞서 작은 나라들이 서로 '달라붙는' 전략을 취해야 한다는 것이었다.[19] '수정주의' 소련에 이어 '교조주의' 중국 역시도 미중 화해로 나아가는 등 1970년대 세계 냉전의 구도가 다시금 흔들렸다. 이 속에서 큰 나라를 신뢰할 수 없다는 북한의 인식은 이처럼 '작은 나라'에 대한 강조로 나아갔다. 이후 북한은 '달라붙는' 전략하에 쁠럭불가담운동의 가입에도 관심을 기울였다.

이와 같은 외교적 노력은 곧 열매를 맺어 1975년 8월 페루에서 열린 리마 쁠럭불가담 국가 외교부 장관 회의에서 북한의 가입이 만장일치로 결정되었다. 이는 북한의 대외 노선이 1) 평화적 공존에 기초를 둔 자주적 정책을 펼 것, 2) 민족해방운동을 무조건 지지할 것, 3) 군사블록에 속하지 않으며 군사조약에 참가하지 않을 것, 4) 동서분쟁과 관련된 지역적 군사동맹이나 쌍무협정에도 참가하지 않을 것, 5) 자국 영내에 외국 군대의 기지를 설치하지 않을 것이라는 쁠럭불가담 회의의 대원칙을 충족시켰다는 의미뿐만 아니라, 쁠럭불가담 국가들의 대외적 인정과 지지를 받고 있다는 사실로도 해석되었다. 쁠럭불가담 회의 가입은 북한의 단독 가입을 막기 위해 남한이 펼친 외교적 공세를 딛고 얻어낸 성과이기 때문에 이는 북한 내에서 더욱 큰 의미를 지녔다.

1980년대 쁠럭불가담운동 내에서의 북한의 적극적인 행보는 이와 같은 배경 속에서 이루어졌다. 1981년 2월 인도 뉴델리에서 개최된 쁠럭불가담 외교부 장관 회의 결정에 따라 북한은 1981년 6월 평양에서 식량 및 농업 분야 조정국 회의(1981년 6월 10일~12일)를 개최할 자격을 획득했다. 이어 1981년 8월에는 평양에서 식량 및 농산물 증산 토론회를 개최할 예정이었다. 북한은 쁠럭불가담 회의에서 식량 및 농업, 여성의 역할, 과학기술 개발, 어업, 보건 분야의 조정국coordinator 역할을 맡았다. 이는 쁠럭불가담 회의에서 북한의 비교우위가 어디에 있었는지를 잘 보여준다.

1981년 8월 26일부터 31일까지 개최된 식량 및 농산물 증산 토론회Symposium on Non-Aligned and Other Developing Countries on Increasing Food and Agricultural Production는 북한이 유치한 첫 쁠럭불가담 회의였으며 이는 1961년 창립된 쁠럭불가담 회의 20주년과 맞물려 상당한 역사적 의미가 있었다. 8월 23~25일에 걸쳐 아시아·아프리카만이 아닌 라틴아메리카 국가들이 포함된 참가국 대표단이 속속 평양에 도착하기 시작했다. 이 회의에는 G-77뿐만 아니라, 식량농업기구FAO, 유엔무역개발회의UNCTAD 등의 국제기구도 참가했다.[20)]

식량의 자급자족, 개별적 및 집단적 자력갱생을 논의한 1981년 평양에서 열린 토론회는 8월 26일부터 28일까지 3일간 진행되었다. 8월 31일에는 '식량 및 농업 증산에 관한 평양 선언'을 채택했다.[21)] 이 선언은 우선 여러 쁠럭불가담 국가들과 발전도상 나라들의 노력에도 불구하고 식량 및 농산물 상황이 개선되지 않고 오히려 악화되고 있는 현실을 진단했다. 이를 개선하기 위해 여러 국가들이 식량을 수입하기 시작했지만 이를 통해 늘어나는 식량 의존은 사회경제적으로 심각한 후과를 낳았고 식량을 정치경제적 압력의 도구로 활용하려는 시도로 인해 이들 국가의 정치적 독립 자체도 위협받고 있었다.

회의에 모인 국가들은 현재의 식량 및 농산물 불안정 상태의 원인은 식민통치가 남긴 사회적 불평등과 착취에 기반을 둔 국제경제 체제에 있다고 진단했다. 이를 극복하기 위한 궁극적인 방법은 식량의 자급자족이었다. 평양 선언은 식량의 자급자족을 위한 일국 차원의 구체적인 실천 방안뿐 아니라 동시에 쁠럭불가담 국가 및 기타 발전도상 나라들의 협조와 연대의 강화를 통해 유리한 국제환경을 만들어나가야 한다는 방향을 제시했다.[22)]

이처럼 북한은 구체적인 실천을 통해 그들이 원하는 바를 세계에 직접 보여주고자 했다. 이는 1964년 평양 선언에서 북한이 제창한 "완전한 평등과 호혜, 자주성과 내정 불간섭의 원칙에 기초한 경제·기술적으로 효과적인 원조"의 구체적인 형태이기도 했다. 북한은 자국의 자립적 경제 모델에 자부심을 지니고 있었으며, 농업 부문의 자립화가 이루어져야 쁠럭불가담운동이 지속가능하다는 점을 은연중에 주장하며 이와 같은 정신을 아프리카에 전파하여 자국의 지도력을 확인, 행사하고자 했다.

최근 북한에서 이 시기 기니로 파견된 농업 일꾼들의 이야기를 다룬 실화소설 《조국을 떠나 먼 곳에서》가 발간되어 주목된다. 이 소설은 아프리카 기니의 수도 코나크리 근교 낀디아주州 낄리씨Kilissi에 1982년 김일성농업과학연구소를 설립한 인물 등의 이야기를 각색하여 북한과 아프리카의 연대의식을 형상화하고 있다. 실화소설은 사실에 기초했다는 점에서 북한이 기억하는, 혹은 기억하고 싶어하는 아프리카 개입의 양상을 보여주는 생생한 자료이기도 하다.

소설은 1981년 12월 농업기술자들이 기니로 파견된 이유를 현지 조사단장 김계현의 입을 빌려 다음과 같이 전한다. 이 파견은 '단순한 경제교류'가 아니라 아프리카 인민들의 식량문제를 자체적으로 해결하게 하자는 데 그 목적이 있었다. 식량문제의 해결이야말로 "경제적 자립을 이룩하고 나라와 민족의 자주성을 지키는 데 관건적인 문제"이기 때문이다. 이에 따라 1981년 11월 기니로 가는 조사단과 관련하여 실무적 차원의 준비와 협의가 마무리되고,[23] 12월 김계현을 단장으로 하는 조사단이 기니로 파견되었다.

소설 속에서 미국과 한국의 요원들은 기니의 농업 관련 간부들이 1981년 8월 평양 회의에 참석하는 일을 막고자 했다. 왜냐하면 이를 통해 아프리카에 '평양물'이 들어와 아프리카 국가들이 평양을 본 따 자주, 자립, 자위의 길로 나아간다면 미국을 비롯한 서방 나라들은 이 인적·물적 자원이 풍부한 아프리카 땅에서 부득불 쫓겨날지도 모르기 때문이었다.[24] 그래서 이들은 아프리카 국가들이 1981년 8월 평양 회의가 아니라 1981년 11월 로마에서 개최되는 식량농업기구FAO 회의에 좀 더 집중하기를 원했다.

하지만 그들의 기대와 달리 베안진 세네농Behanzin Senainon이 이끄는 기니의 농업 관련 간부들은 평양 회의에 참석한다. 1981년 평양 회의에 참석해서 깊은 감명을 받고 돌아온 그들은 정력적으로 농업과학연구소 설치를 추진한다. 서방 국가의 사주를 받고 있던 기니 내부 인사의 방해 공작에도 불구하고 기니 정부와 북한 농업 일꾼들은 수도 코나크리 근처 작은 마을인 낄리씨에 농업과학연구소를 설치하기로 합의하고 연구소 부지를 확보하는 데 성공했다. 그리고 북한 측은 이를 당시 기니 대통령의 이름을 따서 '세쿠투레농업과학연구소'로 명명하고자 하나, 기니 측은 이와 같은 북한 측의 제안을 거절하고 '김일성농업과학연구소'라는 이름을 붙일 것을 간청한다. 결국 기니 측의 간곡한 요청이 받아들여지고 1982년 1월 13일, 김일성농업과학연구소가 창설된다.[25)]

김일성농업과학연구소가 설치되는 과정은 낄리씨의 촌장 꿀리바르의 꿈을 통해 다음과 같이 환상적으로 묘사된다. 꿀리바르는 북한 농업과학 연구진이 오기 전 날 묘한 꿈을 꾼다. 매번 홍수나 가뭄으로 고생하는 낄리씨 마을을 생각하며 꿀리바르는 전지전능한 알라의 계시를 받기 위해 근방에서 제일 높은 산을 향해 걷기 시작한다. 그곳에서 갑자기 나타난 백발의 노인은 꿀리바르에게 다음과 같은 이야기를 시작한다.

> 물이 필요하단 말이지. 너희들은 이제 내 말을 새겨듣거라. 지금까지 너희들은 서쪽을 향해 걸어왔거늘 이제부터는 방향을 바꾸어 동쪽을 향해 갈지어다. 그쪽으로 가면 해 솟는 나라가 나타날 것이다. 거기에 가서 물 다스리고 씨앗 뿌리는 일을 맡아보는 신하에게 너희들의 소청을 태양님께 아뢰여달라고 청드리도록 하여라. 너희들이 이제 이 길을 헛갈리면 천길 기아의 낭떠러지에 떨어져 영영 솟아나지 못할지어다. 알아들었느냐?[26)]

꿀리바르는 이 말을 듣고 '동쪽'(이는 북한의 상징임이 분명하다)으로 나아가다가 같은 방향으로 나아가는 말리, 니제르, 부르키나파소 사람들을 만나 계속해서 동쪽으로 걸음을 재촉하다가, 동쪽 하늘에서 흰 옷을 입고 낄리씨 방면으로 날아가는 사람들, 이른바 '구원의 용사'들을 만난다.[27] 여기에서 태양은 김일성을, 날개를 달고 날아가는 사람들은 낄리시에 파견된 북한 조사단을 상징한다는 점은 짐작하기 어렵지 않다.

그러나 같은 시기에 파견된 탄자니아의 사업단(이들 연구소의 명칭은 천리마농업과학연구소였다)과 비교할 때 기니 농업과학 일꾼들의 초기 성과는 미약했다. 그렇다면 왜 실화소설은 탄자니아가 아니라 기니의 이야기를 다뤘을까. 이는 김일성의 이름을 딴 '김일성농업과학연구소'라는 연구소의 명칭 때문이기도 하지만, 김일성의 체계적인 지도와 교시 아래 연구소의 실적이 변모했음을 더 잘 보여줄 수 있기 때문이다.

김일성의 교시를 통해 체계적인 지도를 받은 후, 기니의 북한 일꾼들은 기니 사람들에게 혁명적인 지식인, 주체사상으로 무장한 지식인의 모습을 보여주기 위해 열성적으로 임무에 임한다. 이는 낄리씨 마을 주민들의 눈에는 그야말로 신기한 풍경이 아닐 수 없었다. 북한 일꾼들이 보여주는 행동은 존경과 동시에 걱정과 측은지심의 대상이 되기도 했다. 백진석은 농업과학연구소에서 일하는 기니 청년에게 기니 인민을 '진심'으로 도와주는 일의 의미를 열렬히 강의한다. '진심'으로 도와준다는 것은 기니 사람들이 스스로의 힘으로 살 수 있도록 도와줌을 뜻했다.

유럽의 자본주의 나라 사람들이 '물고기를 잡아주는 사람'이었다면 북한은 '물고기 잡는 방법'을 가르쳐준다는 것이다. 앞서 나온 '평양 회의'와 '로마 회의'의 대립 구도가 그대로 이어지고 있음을 확인할 수 있다. 특히 이미 발전한 국가의 제국주의자들은 발전도상 및 신흥세력 나라들을 계속 수탈하면서, 심한 부등가교환과 불공평한 거래관계로 특징지어지는 무역거래 제도, 그리고 발전된 자본주의 나라들은 공업 완제품을 생산하고 발전도상 나라들은 원료, 반제품만 생산하도록 되어 있는 편파적인 분업체계를 통해 착취와 약탈을 감행하고 있었다.[28)]

결국 발전도상 국가들은 미국과 소련이 주도하는 국제적 분업체계에 일방적으로 편입되지 않고 자립적인 민족경제를 건설해야만 했다. 이를 위해 먼저 농업문제가 해결되어야 하고, 이를 기초로 하여 공업을 발전시켜야 했다. 이러한 경로에 모범이 될 수 있는 국가가 바로 북한이었다. 백진석은 다음과 같은 말을 덧붙인다.

> 발전도상에 있는 나라들은 서로 진심으로 도와주어야 된다는 것. 사람이건 나라이건 다시 식민지 노예가 되지 않으려면 자기 힘을 키워 자체로 살아나갈 수 있도록 되어야 한다는 것이요. 다시 말하면 다시 식민지 노예살이를 하지 않으려거든 자립적 민족경제를 꼭 건설해야 한다는 거요.[29)]

중요한 건 식민지가 아니라는 '선언' 이상으로 자립적인 진정한 자주독립 국가를 건설하는 일이었다. 이를 위해서는 제국주의 침략과 약탈에 맞서는 동시에, 국내의 식민잔재를 완전히 청산하고, 인민들의 통합과 단결을 이끌어내는 일이 긴요했다. 이와 같은 단결과 자주의 추구가 반드시 모순되지는 않았다. 자주성을 견지한다는 것이 꼭 협조를 거부한다는 의미는 아니기 때문이다.

1981년 쁠럭불가담 회의 창설 20주년을 맞이하여 북한은 이 회의를 정치적 포럼을 넘어서, 남남협조가 구체적으로 진행되는 장으로 탈바꿈하고자 했다. 이와 같은 남남협조를 통해서 북한이 강조하고 싶었던 바는 자립적 민족경제를 건설해냈다는 자신감을 넘어서 북한이 지닌 경제기술적 우위였다. 소설《조국을 떠나 먼 곳에서》에 등장하는 기니의 김일성농업과학연구소 설립은 이와 같은 북한의 대외개입 방향성을 보여주는 하나의 상징이었다.

그러나 북한의 바람과 달리 발전도상에 있는 나라들은 자국의 성장을 위해 자립경제 노선이나 남남협조에만 집중하지 않았다. 이는 오랫동안 반식민주의 투쟁에 앞장서왔던 기니도 마찬가지였다. 1984년 세쿠투레 대통령이 심장마비로 급사한 이후 기니 내부의 권력투쟁이 치열하게 진행된다. 이후 등장한 기니 신정권은 북한만이 아니라 남한으로부터 수교를 대가로 경제적 지원을 얻어내고자 했다.

《조국을 떠나 먼 곳에서》에는 잘 드러나지 않지만, '조국을 떠나 먼 곳에서' 일하는 이들은 북한인만이 아니었다. 1975년 리마 회의의 충격 이후 한국은 적극적인 제3세계 외교를 통해 반격을 준비하고 있었다. 한우석 외무부 제1차관보가 1984년 기니를 방문하여 경제원조를 제안했고 이에 기니 정부 사절단이 한국을 방문하기도 했다. 이처럼 기니를 포함한 여러 아프리카 국가들은 남북한의 경쟁을 활용하여 그 사이에서 자국의 이익을 극대화하고 있었으며, 북한이 제창한 남남협조 질서는 쉬이 오지 않았다.

탈냉전과 북한의 상상 지리

이 글은 탈냉전적 시각에서 냉전 외교사를 서술하기 위한 하나의 시론으로서 냉전을 시간이 아닌 일종의 공간으로 재해석하자고 제안했다. 이를 위해 북한에서 개최된 두 번의 평양 회의와 그 결과문인 평양 선언을 살펴보았다. 제3세계와 깊은 관계를 맺기 어려웠던 냉전기 한국과 비교해볼 때, 북한은 아프리카·아시아 인민단결회의, 아시아·아프리카 회의, 쁠럭불가담운동 등에 적극적으로 참여했다. 냉전기 북한의 '상상 지리'는 당대의 외교적 경험으로서 좀 더 적극적으로 해석할 필요가 있다.

북한에게 있어 냉전은 자유 진영과 공산 진영의 대립만으로 환원되지 않았다. 오히려 북한은 적어도 1960년대 중반부터는 본격적으로 '쁠럭' 논리를 극복하고자 노력했다. 이는 냉전 안에 진영 간의 대립뿐만 아니라 제국과 식민의 문제가 교차하는 또 다른 공간이 존재했기에 가능했다. 제국주의와 맞서는 민족해방투쟁을 해왔으며, 이를 자랑스러워하는 지도자와 함께 북한은 아프리카·아시아 인민단결회의, 아시아·아프리카 회의, 쁠럭불가담운동 등으로 대표되는 제국주의와 탈식민의 대립 구도를 보여주는 회의들에서 적극적으로 발언할 수 있었다.

또 냉전기의 식민성은 비단 정치적인 의미뿐만 아니라 경제문제와도 긴밀히 연결되어 있었다. 냉전기에 독립을 이룬 아시아와 아프리카의 여러 국가들뿐 아니라 일찍부터 정치적 독립을 이루었던 라틴아메리카 국가들의 최대공약수는 경제문제였다. 북한은 자국의 경제 건설 경험에 자부심을 지녔고, 이를 기초로 냉전기 북한의 활동 범위는 공간적으로 크게 확장될 수 있었다. 이를 북한의 '세계화'라고 해석할 수 있을 것이다.

북한의 '세계화'는 북한의 자립적 경제 노선이 일정 부분 지구적 차원의 매력을 지닐 수 있기에 가능했다. 이와 같은 배경하에 1964년 북한은 평양에서 아세아 경제 토론회를 개최했으며, 또 제2차 반둥회의 개최를 준비하는 데에 적극적으로 뛰어들었다. 1980년대부터는 수많은 북한인이 조국을 떠나 먼 곳의 다른 국가들을 진심으로 돕기 위해 떠났다. 분단이 된 상황에서도 자력갱생하면서 자주적인 국가를 건설했다는 북한의 자부심은 다른 많은 탈식민 국가 지도자들의 부러움을 사기도 했다. 두 차례의 평양 회의가 공통적으로 경제문제를 전면적으로 다루었다는 점은 상징적이다.

그러나 역설적으로 북한이 선택한 자주-자립 노선으로 인해 북한이 외부로부터 받을 수 있는 경제 원조나 군사적 안전보장 장치는 매우 적었다. 그렇기에 북한은 이 부분을 스스로 해결하는 방도를 찾아내야만 했다. 북한은 이를 위해 끊임없이 국내 자원을 동원하는 방법을 고안했지만 북한이 지닌 국내적 역량은 서서히 소진되었다. 더욱이 1980년대 소련과 동구권의 붕괴, 그 이후 1990년대 고난의 행군으로 대표되는 미증유의 경제위기를 겪으면서 북한의 '세계화'는 더 이상 진행되지 못했다.

1991년 소련의 해체 이후, 진영 논리에 입각한 세계는 종언을 고한 듯이 보였다. 그러나 북한의 입장에서 볼 때 '탈냉전'은 냉전의 종식이 아니라 오히려 세계 질서의 일극이 된 미국제국주의가 마수를 더욱 뻗치는 시기였다. 냉전이 지니고 있던 제국과 식민의 문제는 오히려 그 모순을 격하게 드러냈다. 북한은 소련 해체 이후에도 혁명을 위해서는 민족국가들 자체의 주체적 역량이 중요하다고 보았다. 소련과 동구권의 해체는 소련의 교조주의와 동구권의 사대주의의 약점을 드러낸 생생한 역사적 증거였다. 북한은 지난 시대의 역사의 교훈으로 "개별 국가의 인민이 사대주의, 교조주의, 대국주의와 지배주의를 단호히 배격하고 자기 나라 혁명을 자주적으로, 창조적으로 해나가는 과정을 통해 승리해나가야 한다는 것"을 꼽았다.[30]

1992년 4월, 김일성의 80세 생일을 맞이하여 북한은 전 세계 30여 개국의 사회주의 정당 대표들을 평양으로 소집했다. 지금까지 냉전기 평양에서 열린 회의들이 아프리카·아시아, 쁠럭불가담운동과 같이 새롭게 등장한 지역을 대상으로 했다면, 오히려 탈냉전기에 사회주의라는 사라져버린 공간이 강하게 의식되었다는 점이 주목된다. 상상의 공간이 대폭 축소되는 과정에서 '사상 지리'가 더 강화되고 만 것이다. 1992년에 열린 평양 회의에서 북한은 소련의 해체 이후 세계혁명운동을 지도할 새로운 코민테른을 창설하자는 일각의 주장을 반박한다.

> 하나의 국제적인 중앙이 세계 모든 나라 혁명을 지도한다는 것은 실패와 불행의 화근이고 현실성도 없는 일입니다. 현대는 자주성의 시대입니다. 각 나라 당들이 자기 나라 혁명의 주인이 되어 자기 나라 실정에 맞는 로선과 전략전술을 세우고 혁명을 령도할 때 승리할 수 있다고 생각합니다. 이번에 국제당을 내오자고 강력히 주장하는 대표들 중에는 이전에 쏘련당에 많이 의존했던 청소한

당들의 대표들도 있습니다. 쏘련당이 없어지니 의지할 데가 없어 허둥거리는 것 같습니다.[31)]

새로운 코민테른 창설에 대한 대안으로 북한이 제시한 것이 바로 "사회주의 위업을 옹호하고 전진시키자"라는 이름의 1992년 4월 20일의 '평양 선언'이었다. 마르크스와 엥겔스의 첫 공산당 선언이 사회주의, 공산주의운동이 역사에 등장한 시기에 나왔다면, 이번 평양 선언은 사회주의가 좌절된 엄혹한 환경에서의 공산당 선언이라고 북한은 의미를 부여했다. 앞으로의 운동은 각 민족 단위 당들의 확고한 자주성에 기초하여 이루어져야 했다. 이 선언은 소련 해체 이후 세계를 살아가는 북한의 청사진이었다.

사회주의 위업은 민족적 위업인 동시에 인류 공동의 위업이다.
모든 당들은 자주성, 평등의 원칙에서 동지적 단결과 협조, 련대성의 뉴대를 강화하여야 한다.
사회주의를 위한 투쟁에서 국제적 단결은 필수적이다.
국제적으로 제국주의자들과 반동들이 련합하여 사회주의와 인민들을 공격하고 있는 조건에서 사회주의를 건설하는 당들과 사회주의를 지향하는 당들은 국제적 판도에서 사회주의를 옹호하고 전진시키며 또한 제국주의 지배와 자본의 예속, 신식민주의를 반대하고 사회적 정의와 민주주의, 생존권과 평화를 위한 투쟁에서 호상지지와 련대성을 강화해나가야 한다. 이렇게 하는 것은 사회주의를 위한 모든 당들과 진보적 력량 앞에 나서고 있는 국제적 의무인 동

시에 자기 자신의 위업을 위한 일이다.[32)]

이 평양 선언은 사회주의의 공간적 범위를 북한이라는 일국으로 축소하는 과정이었고, 이제 북한이 이룩한 사회주의 위업은 곧 인류가 공동으로 지켜야 할 위업으로 보편화되었다. 이는 북한이라는 나라의 존재 이유가 단극화된 세계에서 자주와 주체의 깃발을 수호하는 혁명 기지의 역할을 맡으며 지도자를 옹위하는 일이 되어버린 것과 일맥상통하는 과정이기도 했다. 현재 북한에서 유일하게 공식적으로 기억되고 기념되는 다자 회담의 결과물은 1992년의 평양 선언뿐이다. 북한은 이 평양 선언이야말로 현재의 혁명 정당들이 나아갈 행동 방향을 규정한 지도적 지침이라 외치고 있으며, 최근에도 여러 정당들이 평양 선언에 서명하고 있다는 소식을 간간히 전한다.

반면에 탈식민 세계의 미래와 정의로운 남남협조 방안을 논의하던 1964년과 1981년의 평양 선언은 현재 한국뿐만 아니라 북한의 공식 기억에서 제대로 조명되지 못하고 있다. 김일성과 김정일, 김정은으로 이어지는 혁명의 계승 서사가 강화되고, 핵무기 확보 등으로 인해 정권의 생존이 어느 정도 안정되고 있지만, 오히려 그 결과 세계에서 북한이라는 국가가 지닌 매력은 떨어지고 있다. 1992년 평양 선언이 성공하는 만큼 북한이 세계에서 '게토화'되고 있는 것이다. 모든 나라, 모든 민족의 자주권을 실현한다는 북한의 꿈이 이루어지는 날이 과연 언제일지는 모르지만, 이야말로 북한이 세계에 표방해온 가치이자 북한 자신의 매력을 회복할 수 있는 유일한 길이라는 점은 분명하다. 1964년과 1981년의 평양 선언을 새삼 되짚어본 이유다.

02부

2부 〈민주주의와 역사 인식〉에서는 1970년대 이후 현재까지 한국 사회의 '민주주의'와 '역사 인식'의 문제를 다루었다. '분단'과 '냉전', '개발'은 한국 사회에 양극적 대립과 대결의식, 성장 지상주의를 불어넣었고, 민주주의 그리고 진실과 정의에 입각한 역사 인식을 협소한 공간에 가두었다. 수록된 8편의 글은 우리 사회의 '민주주의'와 '역사 인식'이 그간 좁은 공간을 벗어나기 위해 얼마나 지난한 길을 걸어왔는지, 그럼에도 여전히 해결해야 할 과제들은 무엇인지 성찰케 한다. 이들은 구체적으로 '민주주의'를 둘러싼 여러 문제와 '역사 인식'의 변천에 주목하고 있다.

우선 '민주주의' 문제는 1~4장과 6장이 다루었다. 1장은 민주주의 헌정 질서를 전복한 1961년 5·16 군사쿠데타를 미국 국립문서기록청 문서들을 토대로 주로 주한미국대사관과 한국 컨트리팀의 시선과 대응을 중심으로 살펴보았다. 박정희와 그 주변 인물들에 대한 치밀한 정보 수집과 분석, 사전에 조율되지 않은 〈정치활동정화법〉과 통화개혁 등 일련의 스캔들, 그리고 민정이양에 미온적인 분위기 같은 '위기'상황에서 미국의 개입 양상은 한국 사회 민주주의의 주요 고비마다 미국과 한미관계의 역할을 새삼 상상케 한다.

2장은 1970년 전후 공해의 실태와 정부의 대응, 사회적 인식을 살펴보았다. 1960년대 중반을 넘어서면 국내에서도 공해가 일상으로 다가왔다는 인식이 등장했고, 대책을 요구하는 여론도 높았다. 정부는 〈공해방지법〉을 부분 개정했지만, 사후 대응의 성격이 짙었고 한계가 많았다. 그렇지만 사회적으로는 '공해 방지'를 넘어 '인간환경'에 주목하고 생존권적 기본권으로서 환경권을 제창하는 논의가 등장하는 등 주목할 만한 진전이 있었다. 이 같은 당대 공해/환경 인식의 변화는 이후 헌법상 환경권 규정(1980), 오늘날 '환경민주주의'에 대한 고민으로 이어진다.

3장은 대의제 민주주의의 틈새에 존재하는 영부인의 활동을 당대 정치의 일부로 봐야 한다는 관점에서 전두환 정권의 영부인 정치 활동을 살펴보았다. 이순자는 전임 육영수를 모델로 삼아 새세대육영회 회장으로서 '어머니'를 자임하고 '가정 밖' 유아교육과 보육 부문을 중심으로 활동 영역을 넓혔다. 그렇지만 그의 활동은 영부인 단독사업이라는 한계, 각종 스캔들로 인해 1980년대 중반 이후에는 '가정 안' 아동 양육의 가치를 강조하는 방향으로 축소되었고, 정권 이임 후 '5공 비리'의 상징이 되었다.

4장은 6월항쟁의 승리에도 불구, 87년 체제의 한계와 모순을 직시해야 한다는 관점에서 가장 말단에서 민주화운동을 억압했던 경찰기구, 특히 1980년대 대공경찰의 변화–확대 과정을 살펴보았다. 이승만 정권기 사찰분실로 시작된 대공 부서는 1975년 사회안전법 제정에 따른 업무 증가로 정보과 산하에서 독립해 단일한 조직체제를 갖추었고, 학생운동에 대응하는 과정에서 1983년 '좌경의식화 분실'이 설치

민주주의와 역사인식

되며 한층 팽창했다. 6월항쟁 이후에도 기본구조는 그대로였고, 더욱 1989년 이후 노태우 정권의 공안 정국 아래서 대공경찰력은 다시 증가했다.

6장은 국공립대 행정·재정 체제 및 지배구조 개혁문제를 1987년부터 2010년대 초까지 전개된 서울대학교 법인화 논의를 중심으로 살펴보았다. 민주화 이후 민주성·공공성과 효율성 가치가 병존하면서 대학 자율화 담론이 전개되는 가운데 서울대 개혁은 서울대의 특권적 지위를 규정한 서울대학교법(안)을 거쳐 독자적인 법인화를 추구하는 방향으로 나아갔다. 이 과정에서 효율성은 거듭 강조되었지만 학문의 자유 보호, 대학 운영의 민주화, 교육복지 확충과 같은 민주성·공공성에 대한 진지한 고민은 찾기 어려웠다.

5장과 7~8장은 '역사 인식'의 문제에 주목한다. 5장은 오늘날 한국 사회에서 '역사전쟁'으로까지 비화된 근현대사 역사 인식 투쟁의 시발점이자 정부 차원의 과거사 정리 시원으로서 김영삼 정권의 '역사 바로 세우기' 추진 과정을 살펴보았다. 1995년 하반기 두 전직 대통령의 비자금 조성 폭로로 5·6공 비리 청산 요구가 제기된 가운데 5·18특별법 제정과 12·12 및 5·18사건 핵심 관계자들에 대한 수사와 재판, 전두환·노태우 사면에 이르는 일련의 과정은 단지 국민적 관심사에 의해 추동된 것만이 아닌, 정치적 대립과 타협의 과정이기도 했다.

7장은 1965년 한일협정 체결 후 매 10년 주기로 한국 사회가 한일협정과 한일관계를 어떻게 바라보았는지를 살펴보았다. 냉전기에는 대부분의 언론이 경제와 안보 관점으로 한일관계를 돌아보는 가운데 일부 '종속'에 대한 우려의 시선도 있었다. 탈냉전기에는 과거사와 영토 문제가 전면에 등장하면서 과거사를 둘러싼 양국 기억전쟁이 본격적으로 시작되었다. 한국 대법원의 일제 강제동원 피해자 배상 판결을 둘러싼 양국 대립과 갈등의 불씨가 여전한 현재의 한일관계는 국가가 아닌 시민사회 영역에서 교류와 협력의 강화 필요성을 제기한다.

마지막 8장은 식민지 지배의 잔재와 유제, 냉전의 도래와 현재화로 인한 한국 사회의 갈등과 폭력, 희생에서 비롯한 과거사 문제가 오랜 민주화운동의 노력과 탈냉전이라는 세계사적 변화에 힘입어 1990년대 이후 과거사 정리 또는 기억투쟁의 형태로 등장한 경위, 그것의 해결과 회복 또는 여전한 갈등 양상을 너른 안목으로 살펴보았다. 민주화는 진실과 정의의 회복을 떠받치는 배경이자 기반이었지만, 동시에 진실규명을 둘러싼 논쟁 자체가 한국 사회가 지향해야 할 민주주의 원칙과 인권의 범위를 확대하고 심화하는 데 기여하였다. 그러나 한국의 과거사 문제는 탈식민과 분단, 냉전과 같은 구조적 문제와 연결되어 있다는 점에서 궁극적으로 분단을 극복할 수 있는 지혜를 모색해야 할 것이다.

1. 5·16 다시 보기

◎ 고지훈

자료에 기반한 현대사 글쓰기

이 글은 국사편찬위원회가 지난 30여 년 이상 미국 국립문서기록청 NARA에서 수집한 자료를 토대로 5·16쿠데타를 다시 살펴보기 위해 작성된 글이다. 이 글을 작성한 이유는 단순하다.

'5·16? 내 전공은 미군정기인데? 그래도 뭐 짧은 글이나 한편 써볼까?'

전공이 다르거나 혹은 일반 시민이라도, 국사편찬위원회를 비롯한 여러 공공기관이 미국에서 수집한 자료만 보더라도 현대사와 관련된 글을 충분히 쓸 수가 있다는 것이 이 글을 통해서 잘 드러나면 좋겠다. 시민이라면 누구나 '현대사에 관해서 객관적이고 구체적인 자료를 토대로 짧은 글을 쓸 수 있으면 좋겠다'는 생각처럼 말이다. 이 글이, 미국에 직접 건너가서 확인한 자료를 토대로 한국 현대사를 기록하고 평가한 첫 번째 세대의 연구자였던 정용욱 교수의 정년을 기념하기에 모자라지 않기를 바라면서.[1)]

박정희의 전력

쿠데타가 일어나면서 미국은 "누가 이 난장판의 주인공"인지를 찾아야 했다.[2] 장도영이 쿠데타 직후 혁명위원회 의장이란 직함으로 표면적인 주인공인 것처럼 보였지만, 그 뒤에 누가 있는지를 확인하는 데에는 하루 정도의 시간이 걸렸다.[3] 육군 소장 박정희가 주인공이었다. 그다음 문제를 푸는 데는 두 달 가까이 걸렸다.

"그는 공산주의자인가?"

쿠데타의 주인공이 공산주의자인지 여부를 확인하기 위해, 대사관에서는 여러 루트를 통해서 관련 증거들을 검토했다. 미8군 보고서, 대사관 문건, 각국 대사들과의 면담, 군인들의 증언, 전·현직 관료들 인터뷰, 지역별 여론조사, 각 정당 및 언론인들과의 만남 등등. 이렇게 수집된 정보들은 이미 대사관이 구축해놓은 다른 문서 정보들과도 면밀하게 교차 검토되었다. 이를 통해서 대사관은 공산주의의 지시 혹은 지원을 받아서 쿠데타를 일으킨 것이 아니라는 것을 확인해야만 했다.

백악관의 긴급임무팀Korean Task Force에서는 여러 차례 회의를 거쳐서 "영악한 공산주의자들에 의해 발생한 쿠데타가 아니다"라고 결론 내렸다.[4] 물론 워싱턴에서 이런 최종 결정을 내리기 위해서는 대사관은 물론이고,[5] CIA, ICA 등에서 여러 차례 논의가 진행되었지만, 이 글에서는 대사관의 활동을 중심으로 검토할 것이다.

대사관이 박정희의 전력에 관해서 가지고 있는 정보들 중 우리가 실제 확인할 수 있는 것은 대부분 인적정보Humint, 그러니까 '소문'

이나 '경험'을 통해서 구축된 정보들이다. 이제 겨우 육군 소장에 불과했던 박정희는 "미국에 우호적인 인물"도 아니었고 "골프도 좋아하지 않는" 인물이었다. 비사교적인 인물이었기 때문에 증언이나 정보를 통한 인적정보 역시 당연하게 제한적일 수밖에 없었다.

대사관이 보유했던 두 번째 박정희 전력 관련 정보들은 주한미군이 작성한 정보 보고서들이다. 대사관에서는 미8군 정보 보고서를 매일 받아보고 있었으며, 과거 기록들 역시 마찬가지로 비축하고 있었던 것으로 보인다.

1963년 대선이 종료된 이후 미국대사를 직접 초청해서 만난 박정희는, "미국이 선거에 개입하고 있다는 많은 보고서를 받아보았지만 나는 하나도 믿지 않았어요. 이 문제에 대해서 뭐 하실 말씀이 있으신지?"라고 일종의 비아냥처럼 말을 꺼냈다. 버거 대사는 "대사관에서는 여러 자료, 특히 황태성 관련 자료도 가지고 있지만, 필요한 게 있다면 추가로 말씀해주시길"이라고 자신만만하게 답했다.[6] 버거가 말한 이 자료들 중에는 아마 여순사건 관련 박정희 보고서도 포함될 것이다. 남로당에서 전향해서 군부 숙청 과정과 한국전쟁을 거친, 그리고 "탁월한 업적"에 따라 소장까지 진급한 장군을, 공산주의자가 지나간 흔적을 "잠깐" 밟았다고 해서 공산주의자로 매도하는 것은 우둔한 짓이었다. 미대사관에서는 그 누구도 과거 전력으로 박정희의 사상을 의심하지는 않았다. 그러나 대사관 밖의 상황은 달랐다. 문제가 있다고 말한 사람들은 대부분 한국의 장성들과 관료 출신들이었다.

가장 대표적으로 박정희의 사상을 의심한 사람은 최경록 2군 사령관이었으며, 그 외에도 백선엽 대사,[7] 송요찬 전 참모총장,[8] 김정렬

전 국방장관, 이호 전 내무장관,[9] 고광림 주미공사[10] 등 많은 관료가 박정희의 좌익 관련 악몽들을 떠올렸다.[11] 무명의 한국인들조차 대사관과의 면담, 지역조사, 심지어는 장관에게 보내는 탄원서 그리고 소문을 통해서[12] 박정희가 "공산주의자"라고 비난했다.[13] 기이한 일이지만 이렇게 널리 알려진 공산주의 경력이 왜 군부정권의 숨통이 끊어져가는 선거 막바지에서야 이슈로 떠올랐는지는 수수께끼이기는 하다. 그러나 대사관(국무부)이 이런 정보들을 하나하나 모으고 있었다는 점은 주목해야 한다.

미국이 가장 주목하고 있던 인물은 최경록이었다. 쿠데타 직후 미국으로 망명한 최경록은 미국과 두 차례 정도 면담을 진행했다. 한 번은 쿠데타 직후인 5월 20일이고, 두 번째는 미국 망명 직후에 매카나기 자택에서 이루어졌다.[14] 최경록과의 첫 번째 면담 결과를 대리대사 그린은 다음과 같이 보고했다.[15]

> 대사관에서는 최경록의 발언에 대해서 아주 높은 평가를 하고 있지만, 다음과 같은 점 때문에 그의 발언은 비현실적으로 보인다.……
>
> (1) 가장 강력한 인물인 박정희 소장은 휘하의 장교들을 동원하여 자신의 지휘관인 최경록의 권위를 보기 좋게 실추시킨 바 있다.
>
> (2) 쿠데타를 지지하지 않았기 때문에 최경록은 모든 권한을 빼앗겼으며 지금 역시 감금상태에 있을지 모른다.
>
> (3) 최경록의 처사촌인 전임 외무부 장관 정일형[16] 역시 사퇴 압력을 받았으며 지금 현재 수감된 상황이다.

> 공산주의가 이번 쿠데타와 관련이 있다는 현재 혹은 미래에 발생할지도 모를 쿠데타와 관련이 있을 수도 있다는 점에 대해서는 언제나 세심하게 관찰되어야만 한다.……대사관에서는 국무부 혹은 대만에서 박정희와 관련된 정보를 확보할 수 있을 것으로 판단하며, 이 불가사의한 인물의 충성심이 어디에 있는지 확인할 수 있기를 기대한다.

한국의 군부 최고위직 인물이 쿠데타가 공산주의자들의 소행이라고 지적한 것은 쉽게 넘어갈 수 없는 문제였다. 이 보고서를 토대로 미국 내부에서는 여러 차례 회의가 진행되기도 했다. 이 작업들을 짧은 기간 동안 신속하게 해야 했기 때문에 과중한 업무라는 비난이 있었을지는 모르지만, 대사관에서는 혁명 초기에 공산주의와 무관한 쿠데타라고 결론을 내렸으며, 얼마 지나지 않아서 앞서 본 것처럼 워싱턴에서도 비슷한 결론에 도달했다.

쿠데타 직후에 대리대사와 미8군 사령관을 몇 차례 만났지만, 국무부의 지침에 따라서 "새로운 정부로 수립"된 최고회의를 상대로 그린이 박정희를 만난 것은 6월 9일이었다. 전문에 나온 회의 분위기는 "그저 아이스 브레이킹 정도의 방문"이었지만, 박정희는 미국대사를 만날 때마다 인사말처럼 하던 말을 또 뱉었다. 그것도 아주 "예의 바르고 상세하게 설명까지" 덧붙여서. "저는 공산주의자가 아닙니다. 모두 오해로 인한 소문 때문입니다."[17] 쿠데타 지도자의 첫마디에 그린 대사는 적이 놀랐다. 그는 "박정희가 자신의 공산주의와 관련된 과거에 대해 예민하게 늘어놓는 것으로 볼 때 이후에 우리가 박정희를 다룰 때에는 이 점을 조심해야만 할 것"이라고 주의를 촉구했다. "그가 공산주의와 관련되어 있었다는 점에 대해서 우리가 전혀 신경 쓰지 않는다는 점을 미리 밝히는 것이 좋을 것"이라고 지적했다. 박정희와의 만남에서 공산주의 관련성에 대해서는 한마디도 하지 않는 것이 좋겠다는 이 발언은 기억해놓는 것이 좋다. 1963년 선거가 종료된 이후 버거 대사도 같은 말을 했다. 어쨌건 "과묵하고 먼저 말을 하지 않는 타입"의 사람임에도 불구하고 누가 묻지도 않았는데 자신의 전력 관련 발언을 하는 것은 놀랄 일이다. 좀처럼 앞에 나서지 않으려는 박정희의 태도는 다른 대사관 문서에서도 확인된다. 좌익이나 라이벌을 숙청할 때에도 박정희는 이 점을 신경 쓰고 있었다. 쿠데타가 발생한 지 한 달이 넘은 시점에서도 박정희는 "나의 권한을 확대하는 것을 그다지 탐탁지 않아 했는데, 공산주의와 관련된 전력으로 미국이 자신을 의심할 것이라고" 생각했기 때문이다.[18)]

버거와의 만남이 있을 무렵, 대사관에서는 박정희 전력을 계속해서 조사하고 있었다. 이 조사 중에는 박정희가 과거 공산주의 관련해 기소되었다는 점도 포함되었을 것이지만, 국편에서 수집한 자료 중에서는 찾아보기 힘들다. 그 외 다른 자료들 몇 가지는 확인된다. 첫 번째 전문은 쿠데타 발발 직후 대사관에서 박정희와 관련된 인물 정보들을 긁어모아서 국무부로 보고한 내용이고, 두 번째는 미8군 정보참모부에서 작성한 박정희를 비롯한 한국군 장성들에 대한 인물평이다.

> 이 논문에서 공산주의자와 관련된 영향을 찾기는 어렵다.……박정

희의 민주주의에 대한 이해를 우리가 민주주의를 이해하는 것과 비교하기는 어렵다. 그가 민주주의에 대해 무관심한 것은 공산주의자이기 때문이라서 그런 것이 아니라 동양적인 사회철학(유교) 때문으로 보인다. 당신도 이 논문을 보게 된다면 금방 알아차리겠지만, 경제적 기원과 관련해서는 거의 아무런 정보도 담지 않고 있다. 아울러 맑스주의의 영향력도 1930년에서 1945년까지 한국에서 학교를 다닌 사람들이 가질 수 있는 일반적인 수준의 내용도 없다는 점을 알게 되면 아마 깜짝 놀라게 될 것이다. 박정희가 다녔던 대구보통학교의 소년들이 맑스주의에 관해서는 더 많이 알고 있었을 것이다.……또한 나는 민족주의적 성향도 특별하게 관찰하지는 못했다. 반히틀러 논문에 가깝다.[19]

인물평(미국 장교들이 발언을 토대로 기록됨).

조용한 성격의 신중한 장교로 키는 작은 편이다. 신체적으로는 호리호리하고 빠른 체형이다. 스태미너도 좋다. 그는 양심적인 인물이며 사령관으로서 책임을 다하고자 한다. 그는 언제나 복지에 관심이 많으며, 생활하는 데 지장이 없는지 부관들을 일일이 챙기는 스타일이며 부대를 격려하기 위해 자주 방문하기도 한다. 그는 자신에게 주어진 어려움을 해결하고자 하며 문제를 분석하고 바로 해결책을 찾아낸다. 그는 대충하는 법이 없이 언제나 장교는 최선을 다해서 노력해야만 한다고 강조한다. 그는 내가 만나본 한국의 최고의 장교들 중 한 명이며 군사전략도 잘 알고 있으며, 이런 지식을 잘 활용하는 사람이다. 이런 평가는 매일매일 그를 관찰한 결

과를 토대로 진술되었다.[20)]

헨더슨은 박정희가 작성했을 것으로 판단되는 글에 대해서 "아무리 잘 보아주더라도 구미보통학교 학생들 수준보다 못하다"고 악평했다. 박정희의 "정치·사회 사상을 염두에 둔다면" 그가 공산주의자란 사실은 누가 보더라도 말이 되지 않아야 한다. 좌파 혐의를 가장 잘 증명해주는 것은 그 사람이 쓴 글이다. 한데 박정희는 잠시 보통학교 교사를 지내기는 했지만, 평생을 군인으로 살아왔던 사람이다. 당연히 그런 글들은 찾기가 어려웠을 것이다. 여기서 검토된 논문이 어떤 것인지는 알 수 없지만, 그가 남긴 글에서는 공산주의의 흔적은 물론이고 민주주의에 대한 이해도 등을 감안해보자면 "초딩적 수준"보다도 모자라다는 평가다.[21)]

그다음은 1956년 국방대학에 잠시 가 있을 때 작성된 인물평가 보고서인데, 내용은 간단하다. 좌익 관련은 찾을 수 없으며 훌륭한 장군이라는 평가 외에는 별다른 내용을 찾기 어렵다. 아무리 뒤져봐도 박정희의 공산주의 전력을 확증해줄 문서는 찾기 어렵다. 그럼 결론은 간단하다. 그는 잠시 공산주의에 눈을 팔았다가 곧이어 평생을 반공주의자로 살아왔다고. 문제는 미대사관의 이런 행동으로 인해서 이후 공산주의에 대해서는 박정희가 눈에 불을 켜고 박멸하려고 했다는 점이다.

쿠데타 직후 많은 사람이 박정희가 공산주의자일지 모른다는 의혹 제기에도 불구하고 관련된 물증을 찾을 수 없었다는 점은 대사관 직원의 입장에서는 난감한 일이었을지도 모른다. 만약 그 직원이, 혹은 그 미8군 정보관이, 성시백 사건[22]까지 거슬러 올라가서 자료를 일일이 하나씩 다 뒤져보면서 야근까지 해야 했다면 말이다. 이런 업무상의 지옥에서 탈출할 수 있는 방법은 다른 곳에서 생겼다. 만약 박정희 외에 다른 인물들이 공산주의자라면? 이제 시야를 확장해서 다른 인물들을 검토해야만 했다.

"젊은 대령들"과 "분파주의"

"젊은 대령들young colonel"이란 호칭은 쿠데타 직후부터 대사관 전문에 자주 등장하고 있다. 미국의 이해관계에 적대적인 사람들, 말을 듣지 않는 사람들, 도무지 설득이 안 되는 사람들, 뭔가 꿍꿍이를 하고 있는 작자들 등등의 뜻으로 사용했던 이 말은, 쿠데타를 미국의 입장에 맞게 인도하기 위해서 제거되어야 할 사람들을 의미했다. 미국의 입장에서는 "젊은 대령들"의 존재가 "쿠데타 세력 내부의 분파주의"와 같은 의미로 사용되었다.

"젊은 대령들"의 "주동자"인 김종필이 처음으로 미국을 만난 것은 1961년 5월 19일이었다.[23] 5월 25일까지 세 차례 만나서 유엔군 사령관의 작전지휘권 회복을 비롯해서 여러 문제를 논의하고 합의했다. 당시 김종필에 대한 매그루더의 인상은 그가 합참으로 보낸 전문에서도 얼핏 보인다.[24] 이 맹랑한 중령을 제거하고자 1년간 노력했지만 결국 허사였다. "(최고회의 내부의) 장군들 모두를 제거할 수 있을 정도로 강력한 대령들"[25]의 존재는 군정 2년 6개월 동안 계속해서 대사관의 골치를 썩게 만들었다. “대령들”을 하급 장교로만 대우하던 장군들의 입장에서는 새롭게 권력의 실세로 떠오른 그룹들을 믿을 수 없다면서 “공산주의자”, “민족주의자”, “과격한”이라는 단어를 자주 사용하며 공격했다. 쿠데타 직후 송요찬 장군은 “진정한 위험은 육사 6, 7, 8기생들로 이들은 한국전쟁 당시 정보참모부(G-2)에 근무하면서 전투에는 참가하지 않고 자신들의 임무에 따라 공산주의 서적들을 읽어야 했던 장교들이다. 이 자들이 누구인지 확인해서 제거해야만 한다”고 경고했다.[26)]

“쿠데타에 반대하는 세력을 찾아내고 또 분쇄하기 위한 억압적인 수단을 사용하기 위해” 중앙정보부가 수립[27)]되었으며, 혁명재판소 관련 법,[28)] 그리고 반공법 및 〈인신 구속 등에 관한 임시특례법〉[29)]은 “영장 없는 체포와 수색이 가능”하게 만들어서 “새로운 정부가 사실상 계엄하의 정부와 동일한 권력을 누리게 되었다”[30)]는 것은 쿠데타 권력이 강화된다는 것을 의미했다. 그리고 그런 권력이 누구에게 귀속될지에 대해서는 〈국가재건비상조치법〉이 설명한다. “명백하게 젊은 장교들의 특권을 보장해주는 법안”이었으며, 박정희가 의장을 맡게 될 “상임위원회라는 소수의 그룹에게, 그 누구도 견제할 장치가 없는 최고의 정책 결정권”을 부여했다.[31)] “젊은 대령들”을 보고서도 이러지도 저러지도 못하는 대사관의 입장은 당분간 유혈 충돌이 불가피하다는 것을 인정하는 것이었다. 따라서 대사관의 단기 전망은 이 분파주의로 몇 차례 쿠데타 시도 혹은 음모, 숙청 등을 피할 수 없을 것이라는 점이었다. “군부 요인들 간의 갈등이 이전 한 달 동안 보다 분명해지고” 있었으며,[32)] 그 중심에 “젊은 대령들”이 숙청 음모를 꾸미는 중이었다. "박정희가 적어도 51퍼센트의 지분을 가지고 있으며 장도영에게는 49퍼센트 정도의 지분"으로 대립해 있는 라이벌 간에 위기가 찾아오고 있었다.[33)]

분파주의의 첫 번째 사건이 터졌다. 7월 3일 장도영의 최고회의 의장직 사임이 라디오로 발표되었다. 장도영의 숙청은 이미 한 달 전부터 징조가 보였지만, 실제 그가 해임되는 것을 보면서 대사관에서는 "박정희는 스스로를 공개적으로 '정부의 독재자'로 만들고 있으며 라이벌들, 혹은 잠재적인 라이벌들조차 모두 제거하거나 무력화시키고 있다"[34)]고 우려했다. 장도영의 퇴임과 함께 장성 30여 명도 함께 퇴역하면서 쿠데타 이후 첫 번째 숙군 조치가 취해진 것이다. 이 첫 번째 숙군 조치로 쿠데타에 소극적이었던 '평안도파' 장성들 대부분이 군대를 떠나게 된다. 그리고 장도영 사임 이후 이틀 만에 장면 정부 역시 공산주의와 관련된 음모 혐의로 장면을 포함한 대부분의 내각 구성원들이 체포 혹은 구금된다.[35)] 대사관에서 관측한 바, 새로운 기구들을 통해서 독재적 억압 조치가 실시될 것이 뻔했으며, 물론 좌익과 깡패들을 상대로는 일찍부터 적용이 되었지만, 이제 그 범위가 정치 분야까지 확장된다.

1차 숙군 및 내각 교체[36)]에 대해서 박정희는 "믿음이 가지 않는 인사들을 제거한 것"이라고 설명했지만 "이런 움직임은 정부의 민간인화를 강조하면서 실질적으로는 박정희의 지위를 더욱 공고하게" 만드는 조치라고 대사관은 평가했다.[37)] 1961년 7월 중순까지도 쿠데타 세력은 누가 누구인지 판별하면서 하나씩 제거하는 과정을 밟고 있으며, "젊은 대령들"을 제외하고는 누가 혁명에 가담하는지 가담하지 않는지를 말이 아니라 행동을 통해서 확인하고 제거하는 조치가 반복되고 있었다. 장면 정권의 공산주의 음모사건은 모두가 믿지 않았던 것처럼 해프닝으로 끝났지만, 장도영의 해임은 문제가 달랐다. 장도영이 쿠데타 음모로 낙마하더라도 여전히 박정희와 "젊은 대령들"에 반대하는 군인들은 많았다. 이후 반복되는 쿠데타 음모사건들은 모두 이들에 대한 두려움을 반영하는 것이었다.

"박정희의 야심은 국가재건최고회의를 자신에게 충성을 다하고 또 자신의 욕구를 채우기 위해 필요한 세력으로 채우려는 것이 분명"[38] 했으며, 박정희 자신이 말한 바대로 이제 "혁명의 제2단계",[39] 바꿔 말해서 나머지 군부세력들을 축출해야 했다. 미국 역시 정부의 쿠데타 승인 입장을 이미 정해버린 상황에서 마땅한 대안도 없었다. 새로운 대사 버거는 박정희의 독주체제를 당분간 지켜봐야만 한다고 보고했다. 버거가 보기에는 "최고회의 내부의 분파주의는 미국이 간섭하더라도 결국 발생할 수밖에 없는 문제"였다. 결국 누가 이길지, 아니 정확히는 박정희가 나머지 세력을 축출할 때까지 기다려야만 했다.

쿠데타를 이미 인정한 이상 쿠데타를 안정화하는, 약간의 극단적인 조치들을 참지 못할 이유를 미국으로서는 찾을 필요가 없었다. 한 가지 전제조건이 있다면 그것이 원래의 목표, 즉 분파주의를 해소한다는 원칙과 분파주의 해소와 필연적으로 연관이 있는 민간 전문가가 보다 많이 정부의 주요 직위로 확대되기만 한다면 말이다. 물론 가만히 앉아서 지켜본다는 것은 침묵하겠다는 의미는 아니었다. 미국은 이런 숙청 과정을 지켜보겠지만, 무언가 받아낼 생각이었다. 이런 미국의 판단은 쿠데타 세력들과도 맞아떨어졌다. 쿠데타 직후 윤보선이 "그들도 머리가 있는 사람들"이라며 미국이 조금만 칭찬한다면 더 좋은 사람들이 될 것이라고 했던 적도 있었다. 쿠데타 세력은 국내적으로는 자신의 위상을 강화하는 쪽으로 가고 있었지만, 대외적으로는 유화 제스처도 검토 중이었다. 특히 민정 이양계획의 "정확한 시간"을 확인해준 '8·12성명'을 무기로, 미국과 공식적인 거래관계를 맺고 싶어 했다.[40] 그리고 이 계획은 대성공이었다.

1962년 4~6월의 위기와 "젊은 대령들"

민정 이양계획이 분명해진 이상 서두를 게 없었던 대사관에서는 1962년 벽두부터 몇 가지 이상한 낌새를 접수하기 시작했다. 박정희는 1962년 1월 25일, "군부에서는 여전히 (정권의 민간 이양 이후 생겨날) 새로운 정부에 가이드 역할 혹은 워치 도그watch dog 역할을 지속할 것"이라며 "갑자기 기자실을 찾아와" 천장을 보고는 쏘아붙였다.[41] "젊은 대령들"이 민정 이양 절차와 시기를 정확히 표현하지 않았던 이유를 이제 알 것 같았다. "교도식 민주주의 운운"[42]부터 "혁명 공약이 위태로워지면 언제라도 다시 돌아올 수도 있는" 군부세력들은 점점 더 노골적인 '감시기구 구성문제'를 공개적으로 논의하기 시작했다. 민정에 대한 개입 혹은 감시를 눈치챈 윤보선은 "민간으로의 권력 이양 이후 군정이 계속해서 정치에 개입하고자 한다. 한국은 버마와 같은 나라가 되어서는 안 된다"고 경고했다.[43] "새로운 법령(《정치정화법》)은 군부정권이 권력을 영구화하겠다"[44]는 의지라면서,

윤보선은 역사상 처음으로 대통령직 사임 성명을 두 번이나 발표하는 촌극을 빚기도 했다. 대사관에서는 신속하게 관련 법안이 공포된 이후 법안의 내용을 검토했다. "악용될 가능성이 매우 높다"라고 판단한 〈정치정화법〉은 "오로지 의장(박정희)의 뜻에 따라" 누가 감옥에 갈지 누가 정치를 할지가 결정될 여지가 높은 법령이기 때문이었다.[45] 〈정치정화법〉의 발표로 그러지 않아도 활동이 금지되어 있던, 그러나 머지않아 풀리리라고 생각했던 정치인들은 "사실상 6년 동안 야당의 정치 활동을 금지하는 법"[46]의 발표로 휘청거리게 되었다. "부패한 정치인들"은 대사관 직원과의 면담에서 분을 삭이는 중이었다.[47] "군부 인사들의 사전에서 '부패한 정치인들'이란 단어는 '과거 정치인들'과 같은 의미로 사용되기 시작했다"면서, 이런 분위기는 지난 8·12성명으로 "타임 테이블"에 올라 있는 "권력의 민간정부로의 이양을 진행할 생각이 있는지" 누가 보더라도 의심스럽게 만들었다. 게다가 이런 정치인들의 "배후에는 조종하는 북한의 간첩들이 있으며, 이들이 불평, 불만, 중상자들을 조종하고 있다는 것은 확실해 보인다"는 중정 부장의 경고도 더해졌고.[48] 게다가 "왜 우리가 내정에 관한 결정을 미리 당신들에게 통보해야 하나?"라며 대사의 코앞에서 면박을 줬던 박정희에게는 "(〈정치정화법〉의 발포로) 양국 관계에 심각한 악영향을 줄 것"이라는 버거 대사의 협박도 통하지 않았다.[49] 대사관에서는 "군부정권이 근시안에 사로잡혀서 자신의 혁명이 성공할 수 있는 기회를 놓쳐버리는 시기가 올지도 모를 것"이라며, "지난 1년간 잘 수행해오던 정부 운영 방식"에 심각한 문제가 생겼음을 깨닫기 시작했다.[50] 이 무렵 국무부가 전달한 지침 역시 점점 더 심각해지고 있었다. 국무부의 눈앞에까지 "젊은 대령들"의 모습이 다시 나타나기 시작한 것이다. "미국의 영향으로부터 자유로운" 그리고 "독립된 한국의 안보와 관련된 욕구"[51]들이란 쿠데타 직후부터 대사관이 경고했던 "숨어있는 대령들"의 영향력을 지칭하고 있는 것으로 보인다. 〈정치정화법〉 외에 어떤 것에서 시사를 받았을까? 분명 그런 조짐들이 나타나기 시작했다. 1962년 봄은 이런 "젊은 대령들"의 존재가 여기저기에서 확인되고 있었다.

1962년 4월경, 지방 순찰 보고서에서는 "재건국민운동본부, 각지의 농업협동조합, 그리고 노조 등을 중심으로 선거와 관련된 활동이 관찰"[52]되기 시작했다. 중정이 자체 여론조사를 통해서 도심 지역에서는 선거 승리가 쉽지 않다고 판단하고 있었기 때문에,[53] 농촌을 중심으로 선거조직을 구축해서 1963년 선거를 치르겠다는 판단을 내린 것은 당연해 보였다. 쿠데타를 긍정적으로 평가하던 언론인의 입장도 180도 달라지기 시작했다.[54] 대사관의 입장에서는 "모든 곳에 존재하는 중정의 위력"[55]으로 인해서 "모든 문제의 원인은 중정으로부터 시작되고 있다"고 판단할 수밖에 없었다.

위기는 점점 더 선을 넘고 있었지만, 마지막 남은 희망이 있었다. 결국 이 모든 군정 연장의 기도를 최고지도자가 거부할 수 있을 가능성이었다. 바로 박정희와 "젊은 대령들"이 〈정치정화법〉과 구정치인들의 활동 금지를 두고 분열할 수도 있다는 기대였다. 적어도 대사관이 보기에는. 〈정치정화법〉의 발표로 한창 시끄러웠던 3월 19일 박정희와 두 시간가량 면담한 버거는 "헌정적인 정부로 복귀하는 과정이 매우 복잡한 문제라는 점을 박정희도 인정했으며, 이를 달성하기 위해서 자신의 모든 노력을 다하겠다고 다짐한 바 있다"면서, "젊은 대령들"과의 싸움에서 박정희가 승리할 수 있다고 전망했다. 게다가 경제 상황도 호황을 보이면서 "1962년도에는 모든 경제 방면에서의 활동이 순조롭게 목표 달성을 향해 달려가던" 참이었다.[56] 〈정치정화법〉에 대한 우려에도 불구하고, 그래도 웃으면서 달력을 넘길 수 있었던 것은 이런 낙관적인 대사관의 기대 탓이었다. "비록 1962년 초반부터 일련의 문제들, 〈정치정화법〉의 도입과 같은 문제들이 발생하기는 했지만, 그래도 지난 1년간 군정은 모든 방면에서 훌륭한 역할"[57]을 해오지 않았던가?

그러나 박정희와 "젊은 대령들" 사이에 넘을 수 없는 선을 계속 긋고자 했던 대사관의 이런 판단이 근거 없는 낙관론이란 점을 증명하는 데에는 많은 시간이 걸리지 않았다. "미리 상담" 받지 않고 "무대 뒤에서" 업무를 처리해오던 "젊은 대령들"의 행동들이 점점 더 노골화되기 시작했다. 먼저 민간의 전문가들이 정부에서 해임되었다.[58] 특히 "경제 분야에 맞는 경력이나 능력을 갖춘 사람은 (그를 제외하면) 현재로서는 찾아보기 힘들다"[59]는 평가를 받던 김유택이 경제기획원장 직에서 물러났다. "더 이상 민간의 전문가들을 정부에 영입"하지 않고 있으며, 눈에 띄지는 않지만 지방과 농촌을 중심으로 "선거 준비를 위한 중정의 활동"이 계속된다는 보고가 여기저기서 입수되고 있었다. 일본 자동차회사와의 스캔들[60]이나 워커힐 스캔들[61]과 관련된 푼돈은 그리 중요하지도 않았다. 증권시장 조작사건과 통화개혁 발표는 1962년 4~5월에 찾아온 지배체제의 위기를 잘 보여준다.

증권시장 조작의 첫 번째 목표는 돈이었다. 많은 화폐가 필요했다.[62] 1962년 정부 예산은 이미 "몇 차례의 최고위급 한미 관련자들의 회의 결과, 최고회의에서는 엄격한 예산 심사를 수행했고, 첫 번째 예산을 미국이 만족할 수 있는 수준으로 통과시킨" 상황이었다.[63] 다시 말하자면 중앙정보부에서는 더 많은 예산이 필요했을 것이지만, 필요한 자금들이 정부 재정을 통해서 충당되기도 어려웠다는 의미였다.

어디서 조짐이 보였는지는 알 수 없다. 아마 미8군과 대사관의 정보 수집에서 실마리가 잡혔을 수도 있지만, 결정적으로는 증권시장 관련자들이 정보를 제공했을 것으로 보인다.[64] 1962년 4월 말경, 대사관은 증시가 수상하게 돌아간다는 판단을 내리고 있었다. 박정희에게 "중정의 임무나 분파주의에 대해서도 질문을 했으며 조만간 이에 대해 깊게 논의할 기회를 가지자"[65]고 버거가 물어본 것은 이미 관련 내부 조사를 시작했다는 의미였다.[66] 시작된 위기는 곧이어서 내각 총사퇴 요구로 번져나갔다. 증권시장 조작과 관련해서 가장 크게 저항했던 인물은 송요찬 내각 수반이었다. 그는 비밀리에 논의되던 증권시장 조작문제를 최고회의에서 공개적으로 제기한 인물이었다. "박정희와 '젊은 대령들'이 송요찬에 대해서 큰 불만을 가지게 되었는데, 특히 최고회의에서 증권시장 문제를 조사할 위원회를 구성했는데도 내각 수반이 증권시장 조사위원회를 만든 것은 불필요한 충돌을 야기하는 행위였다"면서 그의 사임은 이에 대한 반발이라고 판단했다.[67] 증시를 조작하는 과정에서 도움이 되지 않았던 경제 전문가들, 유창순 한국은행 총재, 부총재, 증권시장 책임자 등이 모두 해임되었다. 공식 조사위원회가 만들어지고 수사가 진행되었으며,

박정희는 "김종필이 잘못을 저질렀다면 처벌받을 것"이라고 장담했다.[68] 수사 과정에서 또 다른 사건이 터져나오면서 위기가 증폭되었다. 통화개혁이었다.

통화개혁 내용을 전달받은 대사관에서는 "왜 우리가 내정에 관한 결정을 미리 통보해야 하냐"는 박정희의 주장을 더 이상 참지 못했다. 통화개혁이 어떻게 진행되었는지도 모르는 재무장관의 방문을 받고 대사는 노발대발했다.

> 한국의 통화개혁 정책과 같은 혹은 미국이 이해관계를 가지고 있는 다른 정책들에 대해서 미국과의 사전협의도 없이 진행한다면, 우리는 더 이상, 강조하지만 더 이상 한국 정부를 지지할 수 없다는 점을 분명하게 말씀드립니다.[69]

한 번으로는 안 될 것 같아서 항의는 여러 번 반복되었다. "법안 발표 이전에 우리 측과 전혀 협의하지 않았으며 게다가 내용적으로도 문제가 많을 수밖에 없었다"면서, "이 문제를 우리의 공식적인 항의로 박 의장에게 전달해달라"고 요청하기도 했고,[70] "이들이 진정으로 통화개혁과 증권시장 문제에 대해서 논의를 할 준비가 되었는지를 우리는 계속 지켜봐야 할 것"이라고 주의를 게을리하지는 않으면서도, "새로운 기초 위에서 한미 양국의 관계가 재정립되었음을 축하"하기 위해서 유원식 재무경제위원장이 주최하는 기생파티에 참가하겠다고 하기는 했지만 말이다.

한데 이런 내정간섭에 매번 굴복했다면 박정희는 쿠데타를 일으키

지도 않았을 것이다. 쿠데타 주체들은 오기가 있는 사람들이었다. 결국 1962년 봄에 찾아온 한미관계의 위기는 증권시장 조작, 송요찬의 사임,[71] 통화개혁 등 5~6월을 거쳐 확대되면서, '컨트리팀' 회의에서는 최종 목표물을 정했다. 누군가가(!) 책임을 져야 한다고 말이다.

> 박정희가 여전히 최고의 지위에 있지만 김종필과 그의 중정 조직들은 엄청난 위력을 갖고 있으면서 정치적·경제적 정책들을 조종하고 있다. 또한 억압을 위한 엄청난 위력을 가지고 있으며 자신들의 정책에 동의하지 않는 사람들에게는 위협을 가하고 있다.…… 정부, 군부, 기업계, 정치, 언론, 지식인 지도자들에 대해서 한국의 중정은 압도적인 영향력을 행사하고 있다. 증권시장 파동, 비밀스러운 계약 관련 사건들, 통화개혁과 관련된 기본적인 철학 등을 검토해보면 중정이 관련되어 있음이 분명해 보인다. 박정희는 김종필의 활동을 이미 잘 알고 있다. 최고위층의 부패 의혹이 연관되어 있는 중정의 주식시장 조작에 이어 통화개혁과 관련된 당혹스럽고 더 우려스러운 자의적 통화 규제안이 이어졌으며 이는 곧 지난 며칠 동안 리더십 위기에 대한 공개 증거일지도 모른다.……새로운 법안은 한국에서는 모든 작은 경제 활동조차도 국가가 통제하게 만들고 있다. 혹은 경제 전문가들 중 누군가가 "스파이"로 활동하면서 공산주의적인 목적을 위해 이런 사태를 조장하는 조언을 했을지도 모른다. 우리는 이 점에 대해서 증거들을 현재 조사 중에 있다.[72]

문제만 생기면 공산주의의 탓으로 돌리는 대사관의 생각이 흥미롭다. 쿠데타가 발생한 지 무려 1년이 지났음에도 불구하고. 불과 두 달 전만 하더라도 모든 것이 잘 돌아갈 것처럼 보였다. 박정희와 "젊은 대령들" 사이에 선도 잘 그어지고, 그래서 과격한, 막무가내의, 비밀리에 이루어지는 정책 결정으로 미국을 놀라게 하는 일들이 벌어질 줄은 꿈에도 몰랐다. 〈정치정화법〉, 증권시장 조작, 통화개혁은 모두 이런 예상을 완전히 빗나가는 일이었다.[73] "대체 왜 우리에게 미리 통보하고 검토받지 않았죠?"는 대사관 직원들의 화두 같았다. '이 사람들이 대체 왜?' 통화개혁에 일조했던 극소수의 경제 자문가들,[74] 증권시장 조작에 나섰던 이름 모를 중정 요원들, 그리고 이들이 지지하던 김종필. 누군가 대표적으로 책임을 져야 했다면 아마 김종필이 가장 첫 번째 후보였을 것이다.[75]

대사관에서는 오랫동안 입에 달지 않았던 "공산주의자들"이란 용어까지 써가면서 이들을 굴복시키려고 했다. 그러나 정확히 이때 대사관이 어떤 일을 했는지는 문서상으로는 확인되지 않는다. 미국이 여전히 공개하지 않는 문서들도 많고, 무엇보다도 미8군 정보참모부가 어떤 정보 활동을 했는지는 완전히 베일에 가려져 있다. 그러나 미국 측은 1962년 6~7월 사이에 김종필과 "젊은 대령들"을 제거하기 위해서 무언가 중요한 음모를 꾸몄던 것은 확실해 보인다.[76]

마지막 충돌과 지켜보기

1962년 4~6월의 위기는 그럭저럭 봉합되었다. 왜냐하면 선거가 코앞으로 다가왔기 때문이었다. 김종필은 이제 공화당 창당작업에 몰두했다. 1962년 8월경, 대사관에서는 김종필이 새로운 작업에 몰두하고 있다는 정보를 입수했다. '공화당'이라는 정당을 창당하는 작업이었다. 1962년 봄 지방 시찰 보고서에서 나온 지역조직을 세우는 활동은 공화당으로 나아가기 위한 사전 정지작업이었다.

강병규(중앙정보부 정치고문)는 정부가 "쿠데타에 호의적인" 정치인들 명단을 가지고 있으며, 선거를 위해서 작은 조직들이 아주 조용하게 전국에서 건설 중에 있다고 했다. 쿠데타에 호의적인 단체와 그렇지 않은 단체들을 중앙정보부가 면밀히 관찰 중에 있다고. 이러한 단체들에 적절한 시점에 접근해서 정부 여당에 참가할지 여부를 확인한 다음에 지지자 리스트에 올릴 계획이라고. 젊은 층이 이 조직의 핵심을 구성하게 될 것이다.[77)]

청조회를 중심으로 한 "구정치인들의 영입계획"은 이미 진행 중에 있었으며,[78)] 〈정치정화법〉과 관련해서도 박정희가 "선의에 입각"해서 최종 선택에서는 대부분 해제해줄 계획이라고 했다.[79)] 중정의 몇 차례의 여론조사 결과도 그랬으며, 대사관의 지역 시찰 보고서에도 지적된 것처럼 농촌 지역에서는 '공화당'의 승리 가능성이 매우 커 보였다. 따라서 공화당의 조직은 지역별로 사전조직을 만들어놓고 유력한 정치인들이 있을 경우에는 이들을 영입하고 없을 경우에는 새로운 인물을 후보로 내세울 계획이었다. 물론 그에 따른 인건비[80)]

나 정치비용 등은 모두 비축해둔 자금을 활용하면 되고,[81] 모든 계획은 미리 수립되어 있었다. 공화당의 최고책임자 자리에는 김종필이, 그리고 박정희의 대선 출마 역시 "사실상 결정"[82] 되어있었다. 이 무렵 진행된 여론조사에서도 그랬고, 대담[83]들을 보면, 정치 기자들과 교수들을 포함해서 대부분 모두가 농촌 지역에서의 여당의 승리는 이미 결정된 것이나 마찬가지라고 입을 모았다.

한데 쿠데타 세력 내부의 "분파주의"가 다시 머리를 들기 시작했다. "젊은 대령들"에 대한 마지막 저항이 시작된 것이다. 이미 숙청된 송요찬을 중심으로 "김종필과 젊은 대령들"에 반대하던 세력들이 공화당 창당 준비, 4대 스캔들 등으로 김종필을 숙청해야 한다는 목소리가 여러 명의 입을 통해서 나오기 시작했다. 이에 맞서 김종필이 "자주"의 문제를 꺼내들었다. "경제적 식민지가 되어서는 안 된다"는 민족주의자인 척을 한 셈이다. 앞서 최고회의에서도 이런 주장을 내놓았던 것처럼 자신을 제거하려는 세력의 배후에는 미국이 있다는 것을 그도 잘 알고 있었다.[84] 쿠데타에 동정적이던 사람들을 비롯해서 권력 내외부의 반자주 세력들이 "핵심 계층", "중정 그룹", "비밀조직", 그리고 "김종필"[85]을 비난하기 시작했다. 그중에는 "북한 공작원들을 심어서 한국 정부에 침투하려는 시도"(이는 명백히 황태성을 지목했음이 분명하다)가 있을지도 모른다면서 "당신(버거)이 이 조직을 막아야만 한다"고 경고했다.[86] 목표가 누구를 향하고 있는지는 뻔했다. 김종필이다. 여러 요인이 있었겠지만 1962년 11~12월경에는 공화당이 서서히 모습을 드러내고 있었으며, 이 "남한을 통치할" 새로운 조직의 책임자가 바로 김종필이었던 것이 문제였다.[87] 더 많은 사람이, 더 긴밀히 결집해서, 단 한 사람의 표적물을 향해서 사격 준비를 하고 있었다. 남은 것은 미국의 결단이었다. 이미 한 차례 실패한 경험을 살려서 이제야말로 김종필을 몰아낼 때가 되었다고 판단했다.

"공산당을 빼다 박은 공화당"[88]이란 용어를 써가면서 김종필을 공화당에서 몰아세우기 위한 싸움이 시작되었다. 쿠데타 음모가 다시 논의되기 시작했고,[89] 암살 음모도 간혹 입수되었다. 1963년 1월 중순경에는 양측이 다음 날 아침에 총격전을 벌였다고 해도 이상할 게 없는 상황이었다. 유혈 충돌이 일어날 수도 있었지만, 결국 해법은 마련되었다. 박정희가 김종필을 출국시키기로 결정한 것이다.[90] "젊은 대령들"이 패배한 순간이었다.[91]

이후 대사관에서는 약간의 변화는 있었지만 선거를 "두고 보기로" 결정한 것으로 보인다. 이후 2·18성명(박정희의 민정 참가 거부)과 3·15성명(군정 연장) 등으로 혼란(이라기보다는 협박[92]에 가까운)이 빚어지기는 했지만, 미국이 숨겨놓은 무기인 원조 중단 등의 협박을 통해서 모두 철회되었고, 비로소 선거운동이 본격화되었다. 대체로 4월 말이 되면, 미국은 이 선거를 지켜보기로 결정한 것으로 보인다.

선거 결과는 그야말로 "충격적인 것"이었다. 미국은 노골적으로 윤보선의 당선을 지지한다는 발언은 하지 않았지만,[93] 대체로 윤보선이 당선되기를 기대했다. 그러나 야당 후보가 단일화되지 않았으며 공화당의 선거자금이 너무나도 풍족했던 것도 패인 중 하나였다. 아울러 윤보선의 마지막 승부수였던 '여순사건 관련'과 '황태성 간첩 사건'은 위력을 발휘하기에는 너무 늦은 시기였다. 또 다른 주제이겠지만, 이 "8개월의 기간 동안, 정부 최고위직에 있던 반김종필파 인사들이 제거되어왔으며, 정부 내부에서 그리고 총선 이후 공화당 내에서 권력을 키우려는 김종필의 야심을 거스를 수 있는 힘은 거의 남아있지 않은 상황"이 되었다.[94] 그는 출국 이전에 많은 계획을 세워놓고 비행기를 탔던 것이 분명했다. 일본에 도착하자마자, 친구에게 이렇게 말했다.

김종필은 자신의 정치조직을 조성하기 위해 상당한 돈을 쓰고 많은 노력을 기울였다. 이 조직은 전국적인 기반 위에 세워졌으며, 따라서 대한민국 내에서 그의 위치는 매우 확고한 발판 위에 서 있다.

미8군 정보참모부에서 오래 근무했던 찰스 브로드헤드는 김종필이 출국한 직후 파파노와의 대담에서 이렇게 말했다.

> 박정희 장군은 김종필의 또 다른 자아에 불과합니다. 김종필이 없다면, 김종필이 끌어모았던 충성스럽고 명민한 장교들이 없는 상황에서는 박정희는 더 이상 살아남기 힘들 것입니다. 김종필이 없이는 한국의 미래는 쿠데타와 반쿠데타만 반복해서 발생할 뿐입니다.[95]

김종필의 출국으로 더욱 약화된 박정희는 결국 무너지게 될 것이라는 암울한 전망이었다. 김종필과 박정희의 관계를 "또 다른 자아alter-ego"라고 이해한 그의 판단은 정보 업무를 오랫동안 수행해온 정보원에 걸맞았다. 김종필이 8개월간 한국을 떠났음에도 불구하고 박정희와 김종필은 단 한 번도 분열하지 않았기 때문이다. 그러나 정치적 전망은 낙제점이었고, 이후 김종필과 박정희의 정치적 운명에 대해서도 마찬가지다. 김종필은 돌아왔으며, 그것도 승리자의 말을 타고 귀환했다.

결과적으로 말하자면, 김종필은 사실상 자신의 선입견, 자신의 야망, 자신의 행동 방식을 전혀 고치지 않았다.[96] 8개월 가까운 외유에도 불구하고 그는 "그야말로 권좌에 복귀한 사람의 인상"[97]이었다. 박정희는 어땠을까? 그도 김종필과 비슷했다. 그와 김종필은 "알터 에고"와도 같은 존재였으니.

CIA 관련 자료들과 미8군의 정보 관련 문서를 찾아

국사편찬위원회에는 지난 30여 년 동안 현대사 관련 기록들을 수집하면서 상당히 많은 양의 정보들이 축적되어 있다. NARA에서는 한국 관련 자료들을 지금도 비밀해제 절차를 거쳐서 매년 상당한 분량의 자료들을 일반에게 공개하고 있다. 5·16 관련 자료 역시 마찬가지다. 5·16과 관련해서 특히 미 국무부 자료나 한국 주재 미대사관 자료들이 RG 59와 84 등을 통해서 공개되었으며, 앞으로도 비밀해제되지 못한 자료들이 지속적으로 공개되리라고 생각한다. 다만 아쉬운 점은 한국에서 정보 활동을 담당했던 CIA 관련 자료들과 미8군의 정보 관련 문서들은 거의 찾아볼 수 없었다는 점이다. 드 실바가 CIA 지국장을 맡았던 1961~1963년 무렵에는 '대사관 파견관' 혹은 특별보좌관 대리Acting Special Assistance라는 이름으로 여러 회의에 참가한 기록이 보인다. 그러나 실제 CIA가 작성한 문서들은 거의 비밀해제 되지 않았다. 다만 CIA 대표가 컨트리팀 회의에 계속 참석하면서 몇 가지 발언한 내용들,[98] 미국 CIA와 중앙정보부의 협조를 검토하는 문건,[99] 한국 관련 보고서를 작성했다는 내용이 확인되는 문건,[100] 국내 정치인과 관련한 지부장의 몇 가지 활동[101] 등만 확인될 뿐이다. 가능성은 낮지만 관련 자료들을 찾을 필요가 있다. NARA의 홈페이지에는 비밀이 해제된 자료의 목록이 매일 업데이트 되고 있으며, 국사편찬위원회가 상당한 분량의 자료를 수집했다고는 하지만 여전히 더 많은 자료가 공개되고 있으며 이를 수집할 필요가 있다.

2. 발전의 그림자
-1970년 전후 공해의 일상화와 환경권 인식의 씨앗*

◎ 신재준

개발의 이면: 공해/환경 문제

현대 환경주의의 개막을 선언한 기념비적 저작으로 평가받는 레이첼 카슨Rachel Louise Carson의 《침묵의 봄*Silent Spring*》은 1962년에 출판되었다. 이 책은 주로 DDT 등 살충제의 폐해를 고발한 것이었지만, 방사능 낙진이나 제초제 등 독성화학물질에 대한 공포가 점증했던 당시 미국 사회의 분위기와 맞물리면서 환경운동의 대중적 고양과 확산에 중요한 역할을 했다.[1] 이후 미국에서는 닉슨Richard Milhous Nixon 대통령이 연두교서에서 1970년대 국내 정책상의 최대 과제로 환경문제를 든 것을 전후해[2] 국가환경정책법National Environmental Policy Act 제정(1969) 등 관련 조처가 잇따랐다.[3] 일본에서도 거의 같은 시기에 환경청이 설치되었다(1971).

이처럼 공해 또는 환경 문제는 1960년대를 거치며 세계적인 이슈로 자리매김했다.[3] 또 현재 진행 중인 이슈이기도 하다. 일련의 그린라운드Green Round와 국제회의·기구, 그리고 한국의 경우 최근 미세먼지 문제에 대처하기 위한 국가기후환경회의 출범(2019)이 말해주듯 보다 나은 환경을 위한 노력은 여전히 유효하고 중요한 과제이다. 그렇다면 당대 한국의 공해 실태는 어떠했을까? 사회는 공해를 어떻게 인식했고, 정부는 어떻게 취급-대응했을까?

이 글은 1970년 전후를 배경으로 공해의 실태, 정부의 대응과 그것의 의미 및 한계, 사회적 인식 등을 살펴보고자 한다. 이 시기를 주목하게 된 것은 크게 다음 두 가지 이유 때문이다.

첫째, 한국에서도 공해는 1960년대를 거치며 주요한 사회적 이슈이자 일상의 문제가 되었다. 그렇지만 한국 환경사를 통사적으로 접근한 연구들은 대개 1980년 이전을 본격적인 논의의 전사로 소략하게 취급하는 경향이 있다.[5] 1960~1970년대 이미 경시할 수 없는 수준에 달했던 공해의 실태나 문제의 중요성을 간과하게 될 우려가 있다. 환경오염이 사회문제로 번진 효시로 평가되는 1965년 5월의 부산 감천화력발전소 사건을 비롯해 울산공업센터 기공 후 1967년부터 시작된 인근 삼산평야 농민들의 피해보상운동 등에서 알 수 있듯, 이 시기 공해는 이미 하나의 사회문제로 일상에 자리 잡았다.

둘째, 1970년 전후는 공해에 대한 정부의 대응과 사회적 인식 차원에서 나름의 변화, 또는 변화의 단초가 보인다는 점에서도 의미가 있다. 선행 연구들은 이 시기 정부의 대응을 대개 비판적으로 평가한다.[6] 그들의 지적대로 이 시기 정부가 공해문제에 적극적이었다고 보기는 어렵다. 다만 실태조사를 하거나 법을 개정하고 시행령을 보완하는 등 나름의 대응 방안을 강구했던 것도 사실이다. 또 사회적으로도 유의미한 수준의 관심 제고와 문제 제기가 있었다. 특히 일련의 흐름 가운데 즉자적인 '공해' 방지를 넘어 인간'환경'과 '환경권'으로

향하는 시각이 싹튼 것은 주목할 만한 현상이다.

요컨대 1970년 전후는 공해의 실태는 물론 정부와 사회의 인식·대응 차원에서도 중요하다. 이 시기 관련 실상을 이해하는 것은 환경보전법 제정(1977), 환경청 발족(1980), 헌법상의 환경권 규정(1980)과 같이 1970년대 후반 이후 환경문제의 굵직한 변화의 맥락을 이해하는 데도 도움이 될 것이다.

일상으로 다가온 공해

일본의 독자적 개념으로 Environmental Pollution 또는 Pollution으로 번역할 수 있는 공해라는 용어는 1960년을 전후로 국내에서도 널리 쓰였다.[7] 환경문제의 차원에서는 '인간생활에 의하여 발생하는 유해물질 또는 에너지가 공기·물·토양 등을 매체로 하여 계속적인 상태에서 공중의 건강 또는 지역적인 자연환경에 끼치는 피해' 정도로 정의되었으며, 법률상으로는 〈공해방지법〉에서 처음 등장했다. 현상에 따라 대기오염, 수질오염, 소음·진동 등으로 세분하는 것이 일반적이었다.[8]

1960년대 경제개발 5개년계획을 앞세운 정부 주도하에 산업화, 그리고 직간접적으로 도시화가 빠른 진전을 보이면서 자연 공해문제가 표면화되었다. 여러 관련 통계자료는 당시 공해가 어느 정도 빠르고 위협적으로 일상에 스며들었는지를 직간접적으로 보여준다.

첫째, 대기오염. 서울대 의대 예방의학교실의 조사에 따르면 1966

년 서울시 대기오염도는 평균 0.6PPM으로 안전 기준(0.2PPM)을 훨씬 상회했다(〈그림 1〉). 특히 영등포·원효로 등 주요 공장지대는 기준치의 6배를 넘었다. 같은 기사에서 미국에서도 대기질이 가장 나쁘다는 공업도시 피츠버그의 오염도가 0.3PPM으로 제시된 것과 비교하면 서울시의 대기상태를 가늠할 수 있다.

문제는 공장과 차량 증가 등으로 인해 오염도가 더욱 악화하는 추세였다는 것이다. 추계에 따르면 1971년의 대기오염물 총량은 1965년 대비 2.8배 늘어날 것으로 예상되었다(〈그림 2〉, (516.2→1,431.1)). 특히 배출원별로 보면 공장 및 산업장 오염물은 같은 기간 절대량 7.2배(58.0→415.0), 총량 대비 비중은 11퍼센트에서 29퍼센트로 급등했다. 교통기관 오염물도 절대량 3.3배(105.5→351.2), 비중 20퍼센트에서 25퍼센트로 증가했다. 주무 부처인 보건사회부(이하 보사부)에서도 1967년 대비 1969년 서울의 아황산가스(대기오염의 주요 지표) 수치가 2배 가까이 증가해 대기오염이 격심한 상태라고 지적하며 과감한 대책을 요청할 정도였다.[9)]

둘째, 수질오염. 〈그림 3〉에서 보듯 한강으로 합류하는 주요 하천의 수질이 모두 급격히 악화했다. 청계천·성동천의 경우 1970년의 BOD는 1963년 대비 4.2배 뛰었고(171→725), 욱천·원효교도 3.8배 올랐다(152→576). 특히 청계천과 중랑천 하수의 유입으로 유해도가 가장 높은 용산구 보광동 일대 수역의 대장균은 1967년, 법정 기준치 3,000마리(㎤당)의 30배가 넘는 10만 마리로 조사되었다. 이는 1963년 조사 때보다 150배 증가한 수치였다.[10)]

이처럼 수질오염이 심각해진 것은 각종 공장폐수·생활하수가 적

〈그림 1〉 1966년 서울시 대기오염도
(5~6월, 서울대 의대 예방의학교실 조사, 단위: PPM)

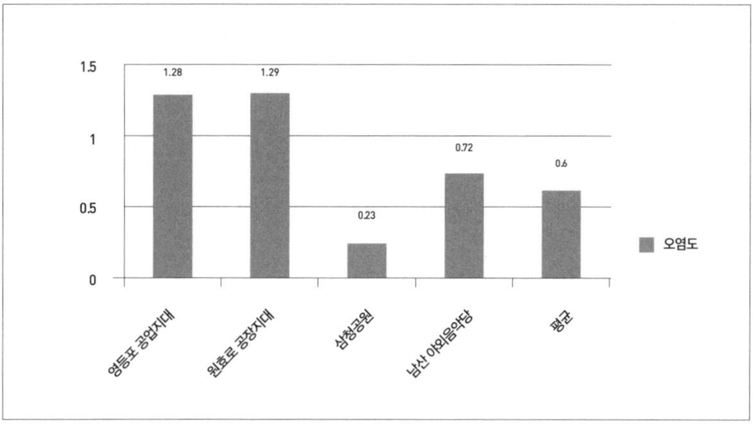

* 출처: 〈오염 서울(상) 대기〉, 《경향신문》 1966. 7. 20.

〈그림 2〉 대기오염물의 증가(단위: 1,000톤/연간)

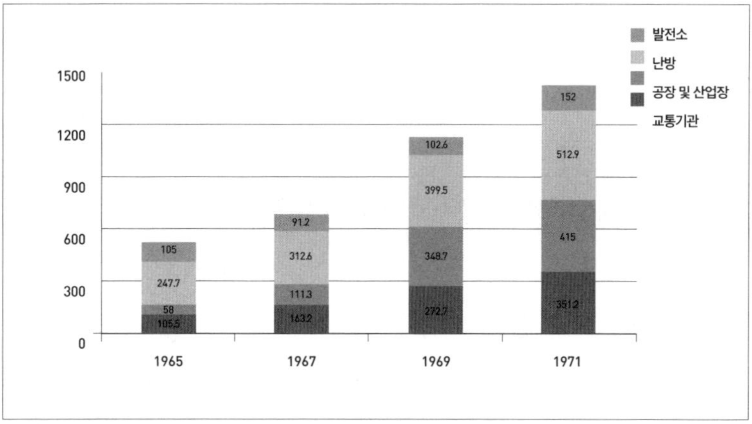

• 에너지 공급계획에 따른 각종 연료의 연소량 추계.
•• 1971년 단위면적당 배출량은 15.1ton/㎢로 1966년 미국의 그것(13.5ton/㎢)을 능가.
* 출처: 권숙표, 〈도시 및 산업공해〉, 《과학과 기술》 2-3, 1969, 20쪽.

절한 종말처리 시설을 거치지 않고 하천에 그대로 방출되었기 때문이다. 서울시의 경우 1968년 기준으로 1만 4,500정보 주택지 가운데 7,000정보, 즉 전체 면적의 48퍼센트(인구로는 350만 중 216만으로 62퍼센트)에만 하수도 시설이 있었고, 그나마 합류식 약식 수도[11]가 대부분이었다. 서울시 《하수도백서》(1966. 8)에 의하면 1일 분뇨배출량 1,857kℓ 중 수거량은 954kℓ(51퍼센트)로 수세식 239kℓ(13퍼센트)를 제외한 나머지 664kℓ[12](36퍼센트)는 방치되는 형편이었다. 이들이 소위 자연소실로 지하 및 지표로 침투함으로써 토지 및 수질오염의 주된 요인으로 작용했다.[13] 지방의 상황도 비슷했다.[14]

셋째, 소음. 〈그림 4〉에서 보듯 1965년과 1970년에 측정한 서울시 주요 지역의 교통소음도는 최소 76폰, 심한 곳은 90폰 이상으로 유해 소음도 기준을 넘었다.[15] 동식물들도 소음의 영향을 받았는데, 보도에 따르면 1965년 창경원의 대만산 꽃사슴이 자동차 소음에 정신이상을 일으켜 뿔을 박살내고 죽은 적이 있으며 캥거루·고라니·노루·산양 등 25마리가 주위 소음으로 죽었다. 또 1967년 봄엔 호주산 타조가 자동차 경적에 놀라 미쳐 죽기도 했다.[16]

이상 여러 자료에서 1960년대 중반 이후 공해가 어느 정도 심각해졌는지 엿볼 수 있다. 눈길이 가는 것은 공해 관련 진정 또한 1966년 337건에서 1970년 2,585건으로 7배 이상 증가했다는 점이다(〈그림 5〉). 공해가 비단 수치로만 확인되는 것이 아닌, 사람들이 피부로 느낄 수 있는 일상의 문제가 되었음을 실감할 수 있는 대목이다. 유형별 몇몇 사례를 통해 당시 실상을 좀 더 생생하게 가늠해 볼 수 있다.

〈그림 3〉 한강 유입 하수의 연도별 생물학적 산소요구량
(BOD, 단위: PPM)

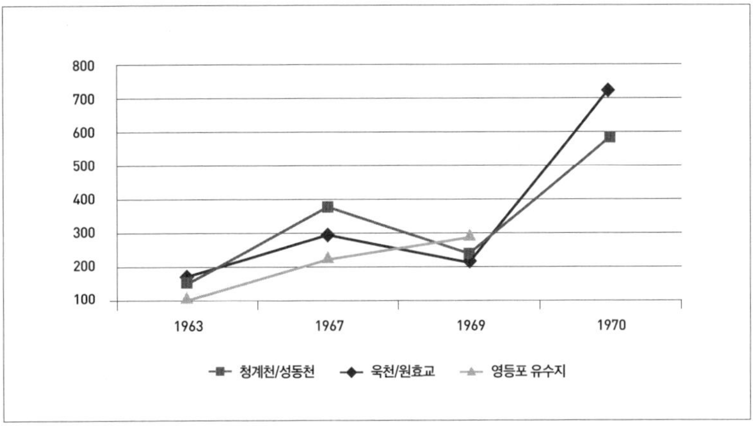

* 출처: 차철환, 《공해와 질병》, 최신의학사, 1974, 201쪽.

〈그림 4〉 서울 시내 주요 지역 교통소음도
(평균, 단위: 폰Phon)

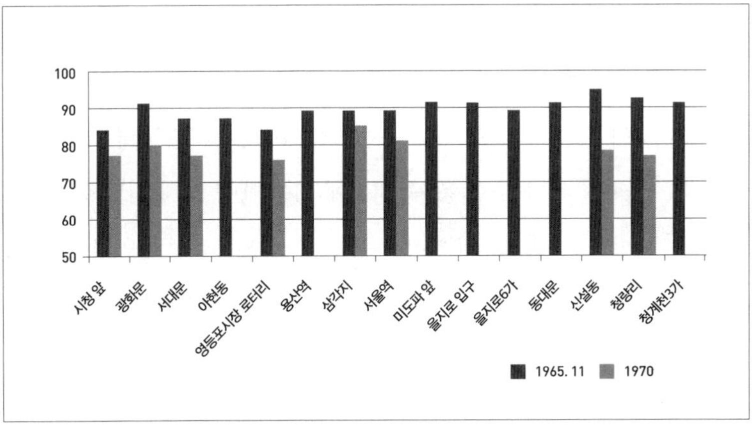

• 1965. 11 자료는 서울시 위생시험소 추정. 유해소음도 기준=40.

•• 원자료의 1970 수치는 오전/오후로 구분. 여기서는 오전 수치 적용.

* 출처: ① 1965. 11 자료는 〈무실한 3년 공해방지법〉, 《동아일보》 1966. 5. 28. ② 1970 자료는 김재근, 〈한국의 소음·진동 공해〉, 중앙대 의과대학 편, 《공해문제 학술세미나》, 1972, 86쪽.

〈그림 5〉 1966~1970년, 공해 진정 건수의 증감 추이

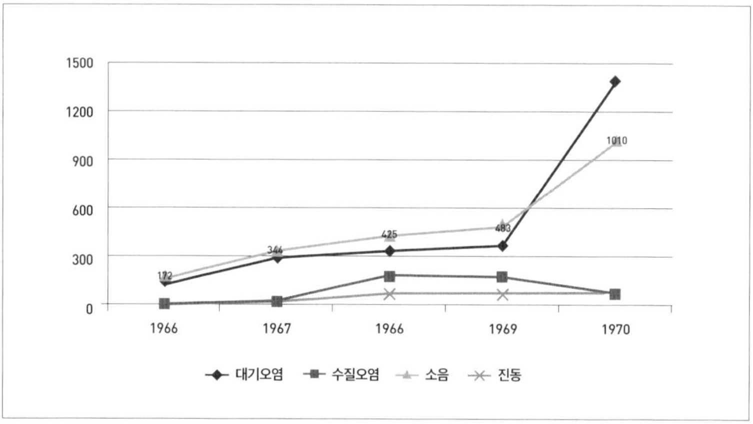

• 지역별 진정 건수는 서울 2,306(40.2퍼센트), 경북 1,679(29.3퍼센트), 부산 1,116(19.4퍼센트) 순으로 이 세 지역이 기간 중 전체 진정 건수(5,733)의 90퍼센트에 근접.
* 출처: 차철환, 앞의 책, 1974, 150, 152쪽(자료는 우석대 보건행정과 교실).

• 사례 1(서울—공장): 1964년 6월 동대문시장 및 광장시장 직물부에 나일론류 직물에서 발산되는 포르말린 유독가스가 충만해 2,000여 명 상인과 행인들이 눈을 뜰 수 없어 6월 20일 상오 보사부, 〈공해방지법〉을 적용, 동시장에 대한 행정 조치 검토 중(작년 5월, 이미 배기 시설 설치 지시했었음). 우선 상공부에 나일론 생산 직물공장에서 포르말린 약품을 충분히 건조해 냄새 나지 않게 하도록 단속 의뢰.[17)]

• 사례 2(서울—주택가 공장): 1965년 10월 종로구 예관동 주민 16명, 주택 한가운데 전기도금공장에서 발생하는 악취·진동·소음·

그을음 진정. 병원에 입원한 환자들은 마치 비행기 탄 기분이며 책상 위에 차트를 둘 수 없을 정도. 유해한 화공약품 탓에 이따금 구토는 물론 몇몇 주민은 질식 졸도한 적도. 그러나 보건소는 공해 기준을 훨씬 넘는 분명한 공해라면서도 법의 미비로 조처할 수 없어 상부 지시만 기다리는 중, 위생시험소에 의뢰만 한 채 수수방관. 경찰도 주무 부처는 보사부라며 미온적.[18)]

● 사례 3(공장 노동자들의 직업병)[19)]: 비닐테이프, 파스 등을 생산하는 영등포구 D화학주식회사, 제조공 15명 벤젠 중독여부 검진 결과 모두 14명이 중독 현상. 한 명은 재생불능성 적혈구 감소 진단. 사업장 제조부 내 벤젠 함유량은 접착제 탱크를 열었을 경우 서한도 35PPM의 10배, 닫았을 때 300PPM. 서울대 보건대학원과 국민보건연구소가 1969년 7월 14일부터 2개월간 경인지구 30개 주요 사업장 1만 2,000여 명 근로자 표준으로 보건실태 조사 결과 60퍼센트의 사업장 보건실태 불량.

● 사례 4(지방): 1964년 12월 충북 단양군 매포면 한일시멘트공장 인근 4개 면 주민 2만여 명, 공장 굴뚝에서 매일 1,680킬로그램(시멘트 40부대 상당) 분말이 날아와 주민 건강 및 농작물에 막대한 피해를 끼치고 있다며 보상금 지불과 굴뚝 높이를 30미터 더 올릴 것을 공장 측에 여러 차례 호소. 보사부에 이첩.[20)]

여론의 고조

이처럼 1960년대 중반을 넘어서며 많은 사람이 공해가 그야말로 "우리 곁에 와 있다"고 느끼기에 이르렀다. "우리의 자랑인 좋은 물과 좋은 공기를 지키는 일은 어떤 근대화 작업보다도 중요한 과업"으로 여겨졌다.[21] 언론은 "산업진흥에 따르는 도시의 제조건"은 전염병처럼 눈에 잘 띄지는 않지만 국민의 건강을 광범하게 해칠 수 있으며 나아가 농경수산에까지 피해를 입히는 중요한 문제이니 "공중보건에 미치는 악조건의 근원을 공해로 취급하고 이것을 공중도덕에 호소"하는 정도가 아닌, "강력한 특별법을 마련"하여 조속히 "사회공해를 제거"할 것을 촉구했다.[22]

이 같은 당대 여론에는 몇 가지 짚어둘 지점이 있다. 하나는 공해 지식·담론의 수입경로이다. 최악의 대기오염 피해로 알려진 1952년 영국 런던의 스모그를 비롯해 주요 선진공업국에서는 1950년대 이미 각종 환경오염과 그로 인한 피해가 발생하고 있었고, 1960년대에는 관련 논의가 매우 활발했다. 한국 사회도 그러한 동향을 예의주시했다. 공해 관련 기사에는 외국의 공해 실태나 입법을 포함해 그들이 어떻게 대처하고 있는지 소개하는 내용이 많다.[23] 그중에서도 일본은 특히 주요한 참고 대상이었다. 일본의 경우 실태를 전하는 정도를 넘어서 학술 성과를 적극적으로 받아들이고 나아가 인적 교류로까지 이어졌던 것으로 생각된다.[24]

또 하나 특기할 만한 점은 공해 해결의 필요성과 논리를 산업화·근대화의 맥락에서 찾는 경우가 많았다는 것이다. 정부가 각 방면에서 근대화를 부르짖는 바, 그것은 결국 생활 방식의 근대화가 수반되어야 하며 그때 1차적으로 요구되는 것이 생활환경의 정비, 다시 도시 정비라는 주장이 한 예이다.[25] 공중보건상의 유해조건을 제거하는 것 자체가 하나의 산업조건이라는 설명과도 맥이 닿는다.[26]

청결과 위생, 건강한 신체 등은 흔히 근대적 가치로 여겨진다는 점에서 공해 해결을 생활, 나아가 산업상의 근대화와 연결하는 것은 별반 이상하지 않다. 그런데 이는 한편 공해에 대한 인식과 관련 있다.

> 공해는 공장의 부산물이 가져오는 간접적인 폐해이다. 보다 직접적인 폐해는 공장 안에서 일하는 사람에게 끼쳐진다.……이 사람들이 입는 피해는 산업재해라고 불리게 된다.……아무튼 공장 등 산업 시설이나 기기의 부산물이 주는 해가 그 시설 밖에까지 미치면 공해가 되고 울타리 안에서 그치고 말면 산업재해가 된다.[27]

이 기사에서 공해를 산업화(공장)의 부산물로 간주하는 인식을 엿볼 수 있다. 그 해가 공장 안에 그치면 산업재해, 밖으로 번지면 공해라며 공해를 산재와 같은 성질 내지 그 일부로 파악하는 시각도 같은 맥락이다. 즉 공해≒'산업'공해라는 인식은 이 시기 여러 지면에서 어렵지 않게 찾을 수 있다. 후술하듯 이는 법률상의 규정과도 상통한다. 공해문제를 근대화와 연결한 것은 바탕에 이런 시각이 있었기 때문이다. 여기서는 예방적 차원을 포함해 보다 넓은 맥락에서 '환경'에 대한 인식·고려는 잘 드러나지 않는다.

정부의 대응: 법적·제도적 정비

공해가 사회적 이슈로 등장하면서 덩달아 도마에 오른 게 〈공해방지법〉이었다. 명칭대로 공해 방지를 목적으로 한 것이었으나 의외로 "하나의 치레로서 낮잠만 자고 있는" 또는 "제정되자마자 망각된 법률"이라는 비아냥과 "그럴 바에야 법을 폐기하라"는 비판을 받았다.[28)]

전문全文 21조의 이 법은 안팎으로 여러 문제점이 산적했다.[29)] 우선 법조문 자체를 놓고 보면, 첫째, 법의 적용 범위를 공해 방지 구역으로 제한했다. 방지 구역을 벗어나면 아무런 소용이 없었고, 그나마 후술하듯 시행령이 마련되기 전까지는 방지 구역 자체가 전무했다. 둘째, 규제 수단이 미약했다. 특히 공장·사업장 건설 시 오염물질 배출·정화 시설을 설치토록 하는 규정이 없어 사전 규제가 불가능했고, 개선 명령을 이행하지 않더라도 조업의 전부 또는 일부 정지 명령과 최후 수단으로서 5만~20만 원의 벌금이 고작이었다. 셋째, 업자들의 공해 방지 노력 외에 정부의 의무사항은 규정하지 않은 것이나 피해 발생 시 피해보상 청구 규정이 없던 것도 결점이었다.

그렇지만 가장 중요하고 근본적인 지점은 법의 목적이었다. 즉 〈공해방지법〉은 "공장·사업장 또는 기계·기구의 조업으로 인해 야기되는 대기오염·하천오염·소음 또는 진동 등으로 인한 보건위생상의 위해를 방지"(1조)하기 위한 법이었다(밑줄은 필자). 다시 말해 이 법은 기본적으로 산업공해에 초점을 맞춰 제정되었던 것이다.[30)] 또 피해의 범위를 신체에 대한 위해로 제한했다. 1971년의 개정법과 비교할 때, 법의 시야가 '환경보전'을 넘지 못한 채 개개인에 대한 직접적·가시적 피해 방지에 그치고 있다고 볼 수 있는 대목이다.

법조문 외적으로는 정부의 집행 의지를 의심케 하는 대목들이 있었다. 첫째, 법의 집행을 위해 뒤따라야 할 시행령과 시행규칙 마련이 한참 늦었다. 시행령은 법이 제정된 지 약 1년 후에야 갖춰졌고, 시행규칙이 마련된 것은 그로부터 다시 3년여가 지난 1967년 5월이었다. 당연히 공해 방지 구역은 물론 안전 기준, 공장·사업장 범위 등에 대한 세부지침도 한동안 공백상태로 방치되었다.

둘째, 담당 행정기관과 예산상의 무성의도 두드러졌다. 보사부 환경위생과 내 공해계가 신설되어 공해문제를 전담하게 된 것은 1967년 2월이었고, 공해 방지 예산은 1970년에야 처음 책정되었다. 크게 보면 보사부 자체가 환경행정의 전담기구가 아니었다. 경제기획원·상공부·건설부 등 경제부처와 내무부·문화공보부·과학기술처 등 여러 부처가 저마다 분장하는 형태였다.[31] 공해방지심의위원회도 유명무실했고, 일선 보건소의 보건지도과나 시 위생검사소의 역량도 부족했다.[32]

상황이 이러하니 앞서와 같은 비판은 당연했을지 모른다. 한 일간지는 "한국의 경제적 현실에서는 지나치게 사치스러운 법률일지 모르나 법률로서 존재하는 한은 입법정신대로 시행해야 한다"며 정부당국이 미온적 태도를 버리고 적극적으로 대처해주길 요청했다.[33] 그 외에도 여러 기사가 공해문제에 대한 정부의 능동적인 대응을 촉구했다.

정부가 가장 먼저 착수한 것은 시행령을 제정하는 것이었다(1964.

10. 16, 대통령령 제1959호). 이를 통해 그간 빠져 있던 몇 가지 주요 사항에 대한 규정이 추가되었다. 예컨대 공장·사업장의 경우 금속공업·유기공업 등 해당 사업장이 구체적으로 적시되었고, 소음과 가스, 분진, 폐액·폐수, 하수처리장 방류수 등의 안전 기준도 설정되었다. 또 서울시와 부산시가 공해 방지 구역으로 지정되었다.[34)]

시행령이 마련되면서 법을 집행하기 위한 최소한의 기준·근거는 마련된 셈이다. 이에 정부는 법대로 공해 단속에 나서기도 했다. 1호 케이스는 부산 감천화력발전소였다. 화전에서 배출되는 매연이 문제가 됨에 따라 보사부가 1965년 6월, 집진기 설치를 명령한 것이다.[35)] 서울시에서도 업체별 실태조사를 실시했다.[36)] 1966년 한 해, 보사부는 서울 시내 3,706개 업체를 조사해 488개 위반업체를 적발했고, 〈공해방지법〉에 의거해 개선 명령을 내렸다.[37)]

다만 이러한 후속 조치만으로는 문제가 해결될 수 없었다. 무엇보다 적절한 공해 분석·측정 기구가 절대적으로 부족했다. 때문에 공해 방지 구역으로 지정되어도 공해 검사가 제대로 이뤄지지 않는 경우가 많았다. 설령 검사가 적절히 이뤄졌다고 해도 당국의 지시에 따르지 않는 업체도 적지 않았다. 규제 수단이 미약하다는 결함은 그대로였기 때문이다. 경제성장이 최우선 국정과제인 상황에서 생산업체들에 조업 정지 명령을 내리는 것은 쉬운 일이 아니었고, 최대 20만 원의 벌금은 큰 위협이 되지 못했을 것이다.[38)]

안전 기준의 실효성에도 물음표가 붙었다. 악취와 같이 판정 기준이 아예 없거나, 기준이 있더라도 느슨한 지점이 있었다.[39)] 또 소음의 경우 공업 지역과 준공업 및 상업 지역, 주택 지역 등 용도 지역에 따른 '안전' 기준을 규정했을 뿐 발생원 자체에서의 배출 또는 발생 기준이 없었다.[40] 이 점은 가스·분진 등 여타 요소 전반에 해당하는 문제였다. 법의 초점이 산업공해에 맞춰졌음에도 정작 오염물질 배출의 주 당사자인 업체들의 입장에서는 준용할 기준이 없는 것이나 마찬가지였던 셈이다.

자동차 배기가스에도 큰 허점이 있었다.[41] 1960년대 자동차 보급은 해마다 늘어나는 추세였다.[42] 당시 디젤자동차 배기가스의 유해성에 대한 문제 제기와 논란이 있었고,[43] 대기오염의 주범 중 하나라는 인식이 강했지만 정부는 노후차량 대체, 디젤차량 시외 운행, 유해 배기가스 제거 장치 대량 수입 등의 차선책만을 검토했다.[44] 문제는 〈공해방지법〉이 "공장이나 사업장 또는 기계·기구의 조업으로 인하여 야기되는" 공해만을 대상으로 했다는 점이다. 안전 기준에도 매연 관련 규정은 없었다. 자동차는 법의 적용 대상이 아니었기에 매연 단속이 어려웠다.[45]

이처럼 시행령을 보완하고 단속을 강화하는 등 나름의 조처가 있었지만 결코 충분할 수는 없었다. 언론과 전문가들은 지역·분야의 특수성을 고려하는 것을 포함해 배출 규정을 현실화해야 한다든지, 우선 공해 검사부터 빠짐없이 또 정확하게 실시하고 공해관리인·환경위생감시원·공해방지심의위 같은 법적 제도를 충분히 활용하고, 처벌 등 강제수단을 강화해야 한다는 등의 조언을 내놨다. 또 즉흥적·간헐적 단속 대신 발생원 대책(시설·장치·연료)과 기업 대책(융자·기술지도), 행정 대책 등을 아우른 종합계획 수립을 강조했고, 공해 방지기술 개발, 예산 증액을 강조했다.[46]

여러 제언 가운데서도 예방에 대한 강조는 눈여겨볼 필요가 있다. 이것은 우선 공해문제를 국토 및 산업개발 계획에 선제적으로 반영해야 한다는 주장으로 표출되었고[47] 한편으로는 '환경'에 대한 강조로 연결되었다. 그러한 인식을 잘 보여주는 게 보사부 환경위생과 보건기사 윤종칠의 기고문이다.[48] 그는 공중보건 행정을 크게 방역 행정·환경위생 행정·기타 일반보건 행정으로 구분하고, 특히 방역과 환경위생의 균등한 조화·발달이 필요하나 현실은 후자가 매우 뒤처지는 형편이라고 지적했다. 따라서 그는 여러 공중보건 사업 중에서도 환경위생 사업이 가장 시급하고 긴요하다고 주장했다.

이때 방역이 주로 인체를 대상으로 예방의학 기술을 적용해 인체를 질병으로부터 보호하는 것이라면 환경위생은 위생공학 기술을 이용해 생활환경 조건을 개선·개조함으로써 인간이 건강하고 명랑한 생활을 할 수 있도록 하는 것을 의미했다. 그럼으로써 질병 예방 및 생활능률의 향상에 근본적으로 기여하는 것이 환경위생 행정의 목표였다. 이 같은 논지는 〈공해방지법〉의 가장 약한 구석이었던 예방을 중시하는 것은 물론, 비록 명시적으로 언급되진 않았지만 '공해'를 넘어서 주변 생활'환경'으로 시선을 돌리고 있다는 점에서 주목할 만하다.

사회적 변화: '공해'에서 '환경'으로, 공해 인식의 확장

정부도 공해의 심각성이나 〈공해방지법〉의 여러 문제점을 모르진 않았을 것이다. 신문 기사에 따르면 주무 부처인 보사부에서는 적어도

1967년부터는 법을 개정하려는 움직임이 있었고, 1968년에는 도시계획과 공단 등 특정 산업 지역 입지 기준을 포함한 공해방지종합계획(안)을 내놓기도 했다. 크게는 경제기획원이 1971년 초, 제3차 경제개발 5개년계획을 발표하면서 주택과 위생 시설의 확충을 통한 국민생활환경 개선을 계획의 중점목표 중 하나로 제시한 것에서도 관련성을 찾을 수 있다.[49)]

이는 공해가 산업·경제 정책, 국토의 이용·관리 차원에서도 논의되기 시작했음을 의미한다. 다만 3차계획의 경우 발표 당시에도 환경문제에 대한 진지한 배려가 부족하다는 비판을 듣는 등 구체적인 내용은 부족했다. 그보다 앞선 건설부의 국토계획 기본 구상도 국토의 능률적 개발·배분·이용을 강조했지만 상대적으로 공해에 대해서는 "장차 심각해질 것이므로 철저한 사전 예방 조치를 강구해야 한다"는 정도로 언급하는 데 그쳤다.[50)] 정부가 안팎으로 공해문제를 의식하곤 있었지만 적극적으로 대처했다고 하긴 어려울 것이다. 정부·여당에서 1968년부터 〈공해방지법〉 개정을 추진한다는 말이 나왔지만[51)] 1971년에야 전면 개정된 것도 이를 방증한다.

개정법(1971. 1. 22, 법률 제2305호)은 1963년의 첫 법률과 비교해 개선된 측면이 분명했다. 우선 공해 방지 구역을 폐지하고, 전국의 모든 배출 시설을 적용 대상으로 삼은 것은(제2조) 이전보다 나아진 부분이다. 안전 기준의 경우 배출 허용 기준과 피해지점 허용 기준을 구분했고(제3조), 기준 자체도 강화했다.[52)] 또 배출 시설 설치 시 사전 허가(제4조) 및 검사(제5조)를 의무화했고, 행정명령 위반 시 업체 허가 취소 권한을 부여했으며(제8, 9조), 벌칙도 강화했다(제26조).

다만 이에 대한 평가를 유보하게 되는 것은 법의 목적 또는 능동성의 측면에서 여전히 미진한 구석이 있기 때문이다. 개정법은 "보건위생상의 위해를 방지하여 국민보건의 향상을 기한다"고만 규정한 구법과 달리 "보건위생상의 위해와 생활환경의 피해를 방지하여 국민보건의 향상과 적정한 생활환경을 조성함이 목적"이라고 밝혔다(제1조, 밑줄은 필자). 이것은 원론적 차원이지만 눈앞의 '공해'를 넘어 주변 '환경'까지 고려한 것으로 해석할 수 있다. 기존 법에 없었던 오염실태조사(제15조)와 개발·산업입지 선정·조성 시 사전대책 조사(제16조) 규정도 예방의 중요성과 국가의 의무를 명시했다는 점에서 일보진전이다.[53] 그렇지만 행정 주체의 공해 방지 조사나 개발·산업 입지 사전조사 등을 의무로 하면서도 강제성을 보장하거나 구체적인 방법에 대한 규정은 없었다.

요컨대 개정법에는 조문상 진일보한 측면과 여전한 현실적 한계 사이의 양면성 또는 미묘한 긴장이 있었다. 공해 방지 구역을 없앤 것이라든지 조사 및 분쟁 조정 의무, '적정한 생활환경 조성' 목적 등은 분명 사후 즉자적인 대응 성격의 구법과는 차별된다. 그렇지만 이 같은 '표방'을 관철할 수단과 의지는 부족했다. 실제로는 여전히 '환경'보다 '공해', '사전 예방'보다 '사후 대응'에 초점이 두어졌다. 이 점에서 개정법은 1960년대 공해의 사회문제화 과정을 거치며 형성된 정부 대응의 성과와 한계를 동시에 보여주는 바로미터였다.

단 〈공해방지법〉에서 단초만 보였던 '공해'에서 '환경'으로의 인식의 확장이 사회적으로는 제법 활발히 등장하기 시작했다는 것은 짚어둘 필요가 있다. 세계적으로 1970년대 초는 공해 방지를 넘어 '인간환경'에 주목하고 인간과 자연의 조화·공존, 나아가 "인간환경의 보호와 개선"을 "전 인류의 절박한 염원이자 모든 정부의 의무"로 이해하는 논의가 대두한 시기였다.[54] 이와 관련해 중요하게 언급되는 것이 1972년 6월, 스톡홀름에서 열린 유엔인간환경회의United Nations Conference on Human Environment이다.[55]

이 회의는 특히 '환경권'[56]이 제창된 것으로 잘 알려져 있다. 즉 회의에서 채택된 인간환경 선언은 "'인간환경'[57]의 보호와 개선은 인간의 복지와 경제발전에 미치는 주요 문제로서 전 인류의 절박한 염원이자 모든 정부의 의무"라고 선언했고, "인간은 존엄과 풍요로운 생활을 가능케 하는 환경 속에서 자유·평등 및 쾌적한 생활조건을 누릴 기본적 권리를 가지며, 현재 및 다음 세대를 위해 환경을 보호하고 개선할 엄숙한 책임을 가진다"는 것을 행동 원칙으로 제시했다.

이보다는 덜 알려졌지만 두 해 앞선 1970년 3월, 도쿄에서 열린 국제사회과학평의회 '환경 파괴' 심포지엄에서도 환경권이 논의되었다. 당시 저명한 환경문제 사회과학 연구자를 망라한 이 심포지엄은 환경 파괴를 사람들의 복지와 직접 관련된 현대 사회의 주요 문제 중 하나로 정의했고, "사람이라면 누구도 건강이나 복지를 침해하는 요인에 화를 입지 않는 환경을 누릴 권리"를 강조했다.[58]

이들 심포지엄과 회의는 당시 국내에도 보도되었고, 관심 있는 사람들의 주목을 받았다. 자연 여기서 논의된 환경문제·인식의 국제적 동향도 잘 알려졌을 것이다. "공해문제뿐 아니라 자연환경의 보전과 개발을 위한 국제적 동향에 맞추어……환경교육과……새로운 환경대책" 수립을 강조한 한 잡지 기사는 한국의 언론·학계도 이 같은 흐

름을 포착하고 있었음을 보여준다.[59)]

이와 관련해 1972년 산업은행 《조사월보》에 실린 무명필자의 한 논문은 눈여겨볼 만하다.[60)] 지구적 규모의 환경 파괴가 극심해졌다는 인식하에 법 개정, 나아가 환경문제에 대한 인식의 전환을 촉구한 이 글은 우선 앞에 언급한 국제 사회의 동향을 상세히 소개했다. 그 연장에서 시민법 원리에 근거한 종래의 관련 법이 사후적·미봉적 공해 대책으로 일관했음을 비판하고, 적극적 공권公權이자 생존권적 기본권으로서의 환경권 사상을 도입해야 한다고 주장했다. 즉 공해문제를 '인간환경의 보전'이라는 환경의 문제로 인식, 취급해야 한다는 게 글의 핵심이다.

문제의식을 공유한 이들에게 이 같은 생각은 낯설지만은 않았을 것이다. 그랬기에 한 신문 기사는 세계 인권의 날을 맞아 공해와 근로자 환경을 새롭게 제기된 인권문제로 규정하고, 특히 전자를 환경권과 연결할 수 있었다.[61)] 공해 등 서울시의 사회문제에 관한 좌담회에서 건축가 김수근이 "인간을 중심으로 하는 생활환경의 문제로서 인구·공해·정보·교통 등의 여러 가지 문제를 종합적으로 다루어야 되지 않을까 생각이 돼요.……인간과 환경이라는 면에서 먼저 인간과 자연 사이에 조화가 이루어져야 될 것 같아요"라고 발언한 것도 같은 맥락이다.[62)] 학술 세미나에서는 공해 대신 환경 개선이라 해야 한다는 견해도 나왔다.[63)]

환경 또는 환경권에 관한 이러한 언설들은 발화의 맥락이 조금씩 다르다. 때문에 이 시기 환경·환경권 논의가 어떤 내용을 담았고, 그것이 어느 정도 수준에서 공유되었는지는 좀 더 면밀히 따져볼 필요가 있다. 다만 비록 작은 단초 정도일지언정 공해를 넘어 '환경'을 내다보는 인식이 등장한 것은 분명하다. 산업공해에 국한되어 있었던 그전까지의 공해 인식이 한층 확장된 것이다. 이 같은 사회적 인식과 논의는 1970년대 후반 이후 〈환경보전법〉 제정(1977)과 같은 더 굵직한 변화로 흘러들어가게 된다.

계속 이어져야 할 인간과 환경에 대한 고민

이처럼 1970년 전후는 공해/환경 문제의 실태와 정부의 대응, 사회적 인식의 차원에서 중요한 전기였다. 1960년대 중반을 넘어서면서 공해 관련 수치가 부쩍 나빠졌고, 그에 따라 실상을 알리며 경각심을 촉구하거나 대책을 요구하는 여론이 높아졌다. 정부는 우선 관련 법인 〈공해방지법〉을 보완, 개정하는 것으로 대응했다. 부분적으로 공해 방지 업무의 개선이 있었던 것은 분명하지만 직접적인 피해가 발생할 때 대응한다는 법의 기본 취지와 공해의 개념까지 달라지진 않았다.

반면 사회적으로는 좀 더 주목할 만한 흐름이 있었다. 즉 같은 시기 미일을 포함한 국제 사회의 최신 동향을 따라가면서 공해를 넘어서는 인간환경에 대한 관심, 생존권적 기본권으로서 환경권을 제창하는 논의가 등장했다. 물론 이것은 아직 여러 갈래 논의의 하나였을 뿐이고, 그 점에서 변화의 가능성 또는 조짐에 가깝다. 그럼에도 산업공해에 치중했던 기존의 공해 인식이 한층 확장되었다는 의의는 분명하다. 나아가 연대 후반 이후 헌법상의 환경권 규정(1980)과 같은 변화의 싹이 되었다고 볼 수 있다.

요컨대 1970년 전후는 공해가 주요한 사회 이슈로 자리 잡으면서 정부는 물론 사회적으로도 그것을 실감하고, 그에 대한 고민과 논의를 시작하던 시기였다. 따라서 한국 현대 환경사에서 이 시기를 1980년대 이후의 전사前史 정도로 간주하는 것은 절반의 이해에 불과하다. 나머지 절반을 채우기 위해서는 하나의 변곡점으로서, 정부 대응과 특히 사회적 논의 차원에서 이 시기에 등장한 공해 인식의 확장 또는 다변화 양상을 포착하고 그것이 정책·운동을 포함한 환경사적으로 어떤 맥락과 의미를 갖는지 짚어내야 한다.

이때로부터 반세기가 훌쩍 지난 오늘날, 환경문제는 해결되기는커녕 오히려 더 전면적으로 우리 앞에 다가섰다. 우리 삶의 근본을 위협하는 기후변화와 환경위기, 이른바 인류세anthropocene의 시대에 인간과 환경, 인간환경에 대한 고민과 성찰은 어느 때보다 절실하다.

3. '5공의 어머니', 전두환 정권의 영부인 정치와 새세대육영회

◎ 조민지

공직자의 배우자라는 틈새

2024년 연말부터 이어진 이른바 '탄핵정국'에서 대통령 배우자의 활동은 핵심적인 뇌관 중 하나였다. 윤석열 정부가 "제왕적 대통령제"를 바꾸겠다며 그동안 영부인을 보좌하던 제2부속실을 폐지한 후, 관행적으로 이어진 영부인의 대외 활동이 공적 제도 안으로 포섭되지 않다 보니 오히려 더 큰 논란이 되고 말았다.[1] 몇 년 전 프랑스 대통령 마크롱이 배우자의 역할을 미국처럼 법제화하려다, 지지율이 큰 폭으로 하락하면서 철회한 적이 있었다. CNN은 유럽에는 미국식 퍼스트레이디 개념이 없다며 이 사건을 일종의 문화적 차이로 해석했다. 미국 정치에서는 개인의 사적인 선택까지 모두 포함해서 품성을 평가하지만, 프랑스를 비롯한 유럽에서는 사생활보다는 정책에만 초점을 맞춘다는 것이다.[2]

이처럼 정치인의 배우자, 그중에서도 최고지도자의 배우자는 대의제 민주주의 제도의 틈새에 존재하는 흥미로운 존재이다. 민주주의 절차에 따라 선출된 대표가 아니기 때문에 지위에 따르는 권한에 절차적 정당성이 없다. 오로지 사적 영역에서 남편과 맺고 있는 관계를 통해서만 발생하는 지위임에도, 현실 정치에서는 공적 영역의 활동에 상당 수준의 영향력을 당연하게 발휘한다. 이것은 근대 정치체제가 전제하는 공사公私 영역의 분리가 실은 그렇게 일관되지도, 합리적이지도 않다는 점을 잘 보여주는 하나의 사례이다.

한국의 경우 미국식 퍼스트레이디 개념을 번역하여 대통령 배우자를 통상 '영부인令夫人'이라고 지칭해왔다.[3] 특히 박정희 정부의 '영부인' 육영수의 경우 성공적인 이미지메이킹을 통해 현재까지도 강력한 상징 자원으로 남을 수 있었다.[4] 2012년 딸 박근혜가 대선에 출마하자, 누구보다도 먼저 육영수가 소환되었다. 월간지《서울 21》이 박근혜 후보에게 유리한 여론을 형성하겠다며 기획 기사를 내자, 전국경제인연합회(전경련)는 억대를 협찬해주었는데, 그 특집 제목이 바로 '영원한 퍼스트레이디, 고故 육영수 여사 추모 38주년'이다.[5] 반면 그의 후임자 이순자의 경우는 전임자의 성공전략을 답습하려 했는데도 오히려 여론조사상 결과가 보여주는 가장 큰 실패 사례가 되고 말았다.[6]

여론조사에서 가장 선호하는 영부인 모델인 육영수의 사례는 '정치에 관여하지 않고 사회봉사에 헌신하는' 유형으로 분류된다.[7] 영부인에게 기대하는 헌신적인 '사회봉사'는 도대체 무엇이며 '정치'와는 어떻게 다른가? 한국 사회에서 정치인의 여성 배우자는 남편의 공식 일정에 개입하지 않아도 공격의 대상이 된다. 2014년 서울시장 선거에서는 유력 후보의 부인이 선거운동과 거리를 둔 탓에 상대 진영의 집중 표적이 됐다. 상대 후보의 부인은 현장 유세에 동참할 뿐 아니라 본인의 이름을 건 영상물까지 만들 정도였는데, 생방송에 나가 "유권자는 후보 아내가 어떤지 궁금해 한다"라고 상대 진영을 간접적으로 겨냥했다.[8] 문재인 정권에서도 영부인의 역할은 끊임없이 화제가 되었으며, 영부인이 미국 순방 당시 손수 담근 간장게장을 재미 한인들에게 선물한 것이 미담으로 회자되었다.[9]

영부인이 선출직은 아니지만 고위급 정책 결정에 개입할 수 있는 현실적 영향력을 가진 소수의 여성이라는 점에서, 여성계는 이들에게 일정한 역할을 기대하기도 한다. 1995년 9월 김영삼 정권 당시 영부인 손명순이 유엔세계여성회의에 참석하자 대통령은 청와대 수석비서관 회의에서 영부인이 참석했던 회의를 언급했고, 그해 12월 〈여성발전기본법〉이 제정되었다. 1999년 김대중 정권의 영부인 이희호는 행정부의 여성정책 담당관들을 청와대로 초청했고, 몇 달 뒤 행정자치부는 관리직 여성공무원 중점 육성계획을 발표했다.[10] 자연히 "남녀차별이 만연한 우리 사회에서" 여권 신장을 위해 적극적인 대통령 부인상을 정립하는 것이 필요하며, 전문성을 갖춘 정치적 동반자가 되어야 한다는 의견이 나오기도 한다.[11]

이처럼 한국 사회에서 영부인이라는 지위는 그동안 무성적으로 여겨진 공적 영역의 제도들이 실제로는 얼마나 이성애 결혼제도, 정상가족, 성별 분업과 같은 사적 영역의 성별화된 관행과 착종되어 있었는지를 보여준다. 가정의 이미지를 활용한 청와대 홍보가 영부인의 활동을 어떤 방식으로 확장하고 또 제약하는지, 나아가 이것이 어떻게 공적 영역에서 여성이 대표성을 갖는 전형이 되는지 언제나 그 자체로 노골적으로 전시해온 사례이다. 그럼에도 영부인의 활동은 정치적 혹은 사회적 분석의 영역이 아니라 '여성잡지'에나 나올 가십으로 취급되어왔다. 드물게 나온 연구는 비교적 간단하게 유형을 분류하는 접근에 그쳤다.[12)] 이제는 영부인 활동도 당대 정치의 일부로 보고, 보다 적극적인 분석이 필요한 시점이다.

특히 전두환 정권은 이 예외적인 존재인 영부인의 활동 공간이 최대로 팽창했다는 점에서 특별한 주목을 요한다. 그동안 한국 사회에서는 영부인의 대명사로서 '퍼스트레이디' 활동의 전형을 확립한 육영수의 활동만이 주로 거론된 경향이 있다. 이 글에서는 육영수의 후임자로서[13)] 또 다른 쿠데타로 집권한 제5공화국 영부인 이순자의 활동에 초점을 맞춘다. 육영수의 성공전략을 답습하는 한편 전임자의 성공으로 유례없이 넓어진 영부인의 활동 영역을 더욱 확장하려 했지만, 아이러니하게도 가장 실패한 영부인으로 평가되는 사례이다. 이 점에서 이순자의 활동은 육영수라는 성공 사례만으로 설명할 수 없는 영부인 활동의 범위와 그 한계선을 보여준다.

영부인 사업의 출발: 전임자 육영수의 성공전략을 따라

박정희 정부는 성공적인 영부인 정책으로 정권 홍보효과를 크게 누렸고, 이 점에서 육영수는 한국에서 '영부인'의 활동 또한 정치임을 보여준 최초의 사례였다.[14)] 대통령 배우자의 지위가 공식적으로 백악관 직책으로 규정되어 있으며 별도의 예산을 편성해놓은 미국 등과 달리, 한국에서는 배우자의 법적 역할이 명시되어 있지 않다.[15)] 구체적인 내용이 비어있는 대통령 배우자라는 직위를 본격적으로 활용하기 시작한 사례가 바로 육영수였다. 신문 보도에도 상대적으로 남편을 수행하는 의전 기사가 적고 단독 활동 기사가 많다는 점에서, 독자적인 활동 영역을 구축하기 시작한 것으로도 평가된다.[16]

대표적인 사례가 영부인의 외부 활동을 보좌했던 '양지회陽地會'의 봉사 활동이었다. 정부 관료 및 국영기업체 책임자들의 '부인'을 조직한 사회사업체로, 육영수는 1965년부터 이 단체를 적극적으로 활용했다.[17] 크게 각종 성금, 수재의연금, 장학금 등을 모아 전달하는 모금 활동과 고아원, 양로원, 일선 장병을 방문하는 위문 활동이 주축이었고, 그동안 대중적으로 접할 기회가 없던 바자회라는 행사도 선보였다.[18] 신문에 실을 만한 그림을 연출하는 것에 주력하다 보니 회원을 이끌고 고아원, 양로원, 전선의 장병이나 전투경찰대를 찾는 육영수의 모습, 고관 부인이 일선 장병들에게 보내는 위문품을 손수 마련하는 장면이 양지회의 간판 이미지가 되었다.[19] 이들의 활동은 국립영화제작소에서 국정 홍보용 영화로도 만들어졌다.[20]

무엇보다 영부인이 자녀를 돌보는 '어머니'로 보이는 것이 관건이었다. 1969년 육영수가 설립한 육영育英재단은 곧바로 서울 남산에 체육관, 과학관 및 도서관 등을 갖춘 어린이회관을 짓는 작업에 들어갔고,[21] 이듬해 열린 개관식에서도 육영수 본인이 남편인 대통령은 물론 자녀들과 함께 '어머니'로 등장했다.[22] 유독 양로원과 고아원을 자주 방문했던 것도 이른바 '환과고독鰥寡孤獨'을 구휼의 대상으로 삼았던 전근대 제왕의 애민愛民사상과 같은 발상이었다. 백성들의 곤궁이 극적일수록 전시효과는 더 커져서, 1971년부터 시작된 한센인들과의 인연은 소외된 자를 보듬는 자애로운 어머니를 연출하는 데 결정적이었다. 육영수는 두 차례에 걸쳐 한센인촌을 방문했고, 틈틈이 약품과 종돈種豚 등을 '하사'하거나 어린이들을 청와대로 불러 다과를 베풀기도 했다.[23)]

이처럼 어머니를 자임하는 온정주의가 당대 노동자들의 저임금에 기반한 산업화 프로젝트와 완전히 동떨어진 것은 아니었다. 발전국가는 분배를 둘러싼 갈등을 무마하기 위해 민족공동체를 강조하게 마련이다.[24)] 공장 새마을운동이 강조한 노사 '협동' 역시 기업이 노동자를 가족처럼 여겨 복지를 향상시키고, 노동자는 기업을 집으로 여기면서 열심히 일하는 '가족'의 유비類比를 활용했다.[25)] 이때 민족공동체를 개개인에게 구현하는 매개체는 역시 익숙한 가정의 감각이다. 1973년에는 평화시장 노동자들의 열악한 환경에 대해 알게 된 영부인이, 자애로운 어머니로서 시장 내 '새마을 노동교실'에 라디오 1대와 새마을문고 350권을 지원하기도 했다.[26)] 전태일 사건을 계기로 결성된 청계피복노조가 인근 1만 5,000여 명 노동자들을 교육하던 곳이었다.[27)]

즉, 박정희가 가난한 나라를 짊어지고 고군분투하는 가장의 이미지를 구축했다면,[28)] 육영수는 전투경찰대나 전선의 장병에게 음식을 만들어주거나,[29)] 고아원과 양로원에 방한용 내의를 증정하는 장면으로[30)] 가정 내에서 어머니가 담당하는 돌봄 노동을 연출했다. 엄부자모嚴父慈母의 구도를 세심하게 유지하면서, 비판을 허용하지 않는 권위주의 정부하에서 일명 '청와대 내 야당'으로 엄한 아버지와 자식 사이의 매개 역할을 자임하기도 했다.[31)] "파월 장병과 일선 장병이 따끈한 떡국이라도 들었는지" 염려하는 인터뷰는[32)] 대중이 육영수를 마치 개인적으로 아는 사이인 것처럼 느끼도록 했다.[33] 대중이 매체를 통해 유명인에게 친근감을 느끼는 일종의 '의사사회적 상호작용para-social interaction'이다.[34]

이런 식으로 구축한 대통령 영부인의 이미지가 대중적으로 호응을 얻으면서, 이순자를 비롯한 후임들에게는 이것이 하나의 전범으로 자리 잡았다. 영부인을 담당하는 기구가 청와대 내에 공식적으로 설치된 것도 육영수 때였다. 1969년 대통령비서실 내에 대통령 부부를 가장 측근에서 보좌하는 부속실이 설치되고, 1972년에 이 조직이 대통령을 보좌하는 제1부속실과 영부인을 보좌하는 제2부속실로 나뉜 것이다.[35] 전두환 정권이 출범한 직후 영부인 이순자 역시 육영수가 확립해둔 영부인 활동의 양식을 상당 부분 답습했다. 육영수가 했던 것처럼 "청와대 안방은 민의의 창구"라고 홍보한 바 있으며,[36] 고아원과 양로원을 위로방문하거나[37] 일선 경찰이나 장병에게 위문품을 전달했다.[38]

나아가 전임자의 성공으로 영부인이라는 지위가 가진 활용 가능성을 본 전두환 정부는 영부인의 활동을 양적으로 더더욱 팽창시켰다. 단독으로 수많은 일정을 소화한 것은 물론, 공식 행사마다 부부동반으로 참석한 끝에 1981년 한 해 동안만 영부인이 접견한 인물이 외국인 87명, 해외동포 566명, 어린이 및 청소년 834명을 포함, 총 7,996명이었고, 참석한 행사가 181건이었다.[39] 청와대 입성 8개월 만에 여기자들과 기자회견을 갖고 청와대 생활, 대통령 내조, 남녀평등에 대해 입장을 밝혔는데, 문화공보부가 이것을 국판 12페이지 분량의 영문책자로 발간하기도 했다. 집권 1년도 되기 전에 영부인을 단독으로 홍보하기 위해 발간된 이 책자는 〈영부인의 생활과 역할The First Lady Talks About Her Life And Role〉이라는 제목으로, 1981년 초 해외 순방 때 홍보자료로 활용되었다.[40)]

활동 내용 면에서는 이번에도 자애로운 어머니의 모습을 연출하는 것이 당연하게 여겨졌고, 1981년 5월 사단법인 새세대육영회가 출범한 것도 그 연장선이었다. 육영수의 양지회가 적십자사에서 거즈를 접었다면[41)] 이순자 역시 종종 육영회에서 유아 교구를 직접 만들었는데,[42)] 역시 사진 찍히는 용도에 매우 적합했다. 다만 육영재단에 이사장을 따로 두고 주요 행사에만 등장하여 사진 찍히기에 주력했던 육영수와 달리,[43)] 이순자의 경우 법인을 설립하는 과정부터 회장으로 조직 전면에 등장했다. 이듬해 육영회는 영부인이 가장 비중을 두는 사업이 되었고,[44)] 영부인은 정기총회나 이사회에서 회의를 주도했다. 의사 진행 자체가 매번 회장의 발언을 듣고 회원들이 이의 없이 찬성하는 식이었다.[45)] 정기총회가 열릴 때마다 의장으로서 의사봉을 들거나 연단에 서서 회의를 주재하는 영부인의 사진이 대대적으로 보도되었다.[46)] 회장이 유아원 교직원들을 대상으로 재교육하는 현장을 직접 방문하는 일도 종종 있었다.[47)]

물론 이 단체가 담당한 가장 중요한 역할은 무엇보다 영부인 개인을 홍보하는 작업이었다. 1982년 8월에는 국립영화제작소가 아예 〈새세대육영회〉라는 이름으로 상영시간 20분짜리 기록영화를 기획했으며 영문판도 동시에 제작했다. 곧이어 9월에 〈어린이는 국력의 자원〉이라는 흥미로운 이름의 육영회 홍보영화를 추가 제작했는데, "영화의 중요성을 감안"하여 국립영화제작소가 대폭 지원했다고 한다. 특히 두 번째 영화는 "영부인 이순자 여사께서도 평소에 유아교육의 중요성을 절실히 느껴" "유아교육에 이바지할 순수한 민간단체의 출범"으로 이어졌다는 내레이션을 넣는 등 영부인의 존재를 전면에 내세우고, 육성 연설도 비중 있게 배치했다. 어린이라는 소중한 자원을 개발하는 것은 "우리 여성들에게 주어진 막중한 책임"이라는 결론이었다.[48)]

존재 자체로 성별 역할 분담을 상징하는 인물을 돋보이게 하려는 만큼, 육영회는 발기문에서 명시적으로 '여성단체'를 표명하여[49)] 아동 양육의 성별 분업 구도를 명확히 했다. 정부가 나서서 여성이 공적 영역에서 맡아줄 수 있는 역할로 유아교육과 보육 부문을 강조하던 시기였다. 법인이 설립된 1981년은 한 해 내내 대통령 새해 연설부터 유례없이 조기교육을 언급했고,[50)] 영부인이 어린이날은 물론,[51)] 전국여성대회에서 여성들이 이 부문에 성과를 내달라고 주문하던 해였다.[52)] 이후 육영회의 첫 번째 정기총회에서 영부인은 전국의 어머니 모두가 잠재적 회원이라고 야심차게 선포했으며,[53)] 창립 3주년 기념사에서는 "어머니들의 합쳐진 힘을 보여주었다"고 자평했다.[54)] 이후 1983년 정부 출연 연구기관으로 한국여성개발원이 발족했을 때도,[55)] 현판식에 참석한 영부인은 정부가 여성 인력을 개발해야 하는 이유로 자녀교육 문제를 들었다.[56)]

영부인 사업의 한계: 가정 밖 아동 양육과 정책적 개입의 제약

이처럼 육영회는 청와대 홍보정책의 일환으로 영부인의 '어머니' 이미지를 구축한다는 점에서 육영수라는 성공사례의 자장 속에 있었다. 그러나 구체적으로 유아교육과 보육 부문을 선택한 것은 이 시기 가정 밖 아동 양육에 대한 관심이 높아졌기 때문이기도 했다. 보육에 대한 수요가 점점 높아지는데도 정부가 1961년 요보호아동 수용 시설을 대상으로 제정된 〈아동복리법〉을 변칙 운영하여 일반 아동의 보육까지 관리하던 상황이었다.[57] 농촌 지역에서는 1960년경부터 적십자사, 부녀회 또는 4-H클럽이 만든 농번기 탁아소가 생겨났고, 농촌진흥청이 이들을 관장하였다.[58] 주부클럽연합회의 경우 1980년부터 '탁아모'라는 이름으로 자녀 양육을 끝낸 고졸 이상의 가정주부를 재교육하여 베이비시터를 양성했다.[59]

한편에서는 1960년대 후반부터 행동과학의 영향으로 취학 전 교육에 대한 관심도 높아졌다. 이는 해방 이후부터 지속된 교육열이 미취학아동으로 확장된 것이기도 했다. 1970년도부터 서울을 중심으로 유치원 수와 원아 수가 급증했고, 1976년 3월에는 최초로 서울 시내 국민학교 시설을 활용한 공립 유치원이 설립되었다.[60] 이들 유치원은 보건사회부 소관의 보육기관이던 어린이집과 달리 문교부 소관의 교육기관으로, 이용하는 계층에 차이가 있었다. 저소득층이 주로 이용하는 어린이집은 15퍼센트만 서울에 분포했지만, 유치원은 부유층 자녀를 위한 사립 교육기관에 가깝다 보니 30퍼센트가 서울에 있었다.[61] 어린이집 '보모'는 유치원 '교사'와 달리 문교부가 교육경력을 인정해주지 않았기 때문에, 노동시장에서 더 낮은 등급으로 여겨졌다.[62]

이처럼 중·상류층의 전유물로 여겨지던 유아교육의 대상을 확대하는 방향은 전두환 정권이 출범하면서 적극 내세운 "위화감 해소"라는 정치 수사에도 들어맞는 방향이었다.[63] 특히 청와대에서 어머니 이미지를 담당하는 영부인이 저소득층에게 시혜적으로 기회를 부여하는 것은 정권 홍보에 적절한 사업 아이템일 수 있었다. 사업 출범 직후인 1982년 9월에 제작한 홍보영화 〈어린이는 국력의 자원〉이 그동안 일부 계층만이 사립유치원에 접근 가능했다며 "이보다 더한 불평등은 없을 것"이라고 강조하거나, "유아교육을 통한 국민화합의 성과"를 언급한 것도 같은 맥락이었다.[64]

그런 논리라면 우선 보육 시설이든 교육 시설이든 양적으로 확충할 필요가 있었다. 기껏 8퍼센트 정도의 아동만이 소수의 유치원이나 어린이집에 다니던 상황이었다.[65] 1950년대부터 조직된 이익단체들이[66] 정원 미달 가능성에 민감하게 반응하던 유치원 시장의 상황 때문에,[67] 정부는 교육기관인 유치원 대신 보육 시설인 유아원을 지어서[68] 교육까지 겸하려 했다. 정부 부처 중 지방 행정 조직과 재정 확보 능력이 있던 내무부를 통해 보육기관을 양적으로 확대하며, 여기에서 유치원 수준의 교육까지 제공하는 방향이었다. 그리하여 1980년 12월 새마을협동유아원이 시, 군, 구마다 1개소씩 총 218개소에서 시범적으로 시작되었고,[69] 영부인의 새세대육영회가 이 유아원의 운영을 위탁받았다. 1년 반이 지난 1982년 12월, 정부는 〈유아교육진

흥법〉을 제정하여 기존 어린이집, 농번기 탁아소 등 보육 시설을 모두 내무부 산하 '새마을유아원'으로 일원화하려 했다.[70)]

이처럼 육영회는 영부인의 홍보를 담당할 뿐만 아니라, 정부가 정책적으로 업계의 지형 자체를 바꾸려던 분야에 주요 행위자로 등장했다. 그러나 정부 차원의 사업을 주도하는 단체이면서도 활동 초기부터 회장인 영부인의 단독 활동에 전적으로 의존했다. 서울시나 중앙 정부 부처로부터 간헐적으로 보조금을 받기는 했지만, 출범한 직후 초기 3년간 영부인이 주요 기업에서 걷은 대규모의 기부금이 핵심이었다. 제5공화국이 종결된 후인 1988년 이른바 '5공 비리'를 조사하는 과정에서 서울시교육청이 국회에 제출한 실태조사 보고서에 따르면, 육영회가 출범한 첫해 영부인 비서실에서 접수한 기부금만 120억 원이 넘었다. 영부인이 기업 관계자를 접견하면 청와대 산하의 비서실에서 기부금을 접수하는 식이었다.[71)]

이처럼 중앙 정부의 정책과 긴밀하게 연동하는 데다 재정적으로나 조직적으로 청와대에 종속되었지만,[72)] 육영회는 끊임없이 정부와의 연계를 부인하고 민간단체임을 강조해야 했다. 그것이야말로 공직자 본인이 아닌 배우자라는 특수한 지위가 갖는 활동 범위였다. 5월에 공식적으로 창립총회가 열리기 며칠 전, 영부인은 기자회견을 열어 이것은 어디까지나 민간 차원의 사업이라고 못을 박았다. 한정된 국가 재정이 미치지 못하는 어린이들을 "떠들썩하지 않고 알차게" 따로 후원하고 싶다는 것이었다. 한 기자가 필리핀 영부인 이멜다 마르코스를 암시하며 "퍼스트레이디가 정치에 어느 정도까지 관여할 수 있다고 생각하느냐"고 질문하자, 영부인은 "정치에 관한 한 대통령 그분을 믿고" 있기 때문에 "보통국민의 정치에 대한 관심, 그 이상의 관심은 가지려 하지 않고 가질 필요도 없다"고 답했다.[73]

게다가 영부인이 아무리 독자적인 활동을 도모한다 해도, 기본적으로 대통령과의 관계 안에서만 근거를 가지는 지위였기 때문에 남편의 일정과 완전히 별개로 움직일 수가 없었다. 대통령이 대사를 접견하면 대사 부인을 접견하고,[74] 대통령이 장관을 동반하는 것처럼 장관 부인도 영부인 모임에 배석하는 등 의전 일정의 비중이 여전히 컸다.[75] 공적 영역에서 갖는 입지가 사생활 속 남편과의 관계에서 나오므로, 금슬이 얼마나 돈독한지도 자주 언급해주어야 했다. 누구보다 "원만한 모범가정"을 꾸려온 부부라는 점을 시종 강조하며, "가장으로서의 대통령 모습"을 영부인이 직접 알려주는 기사가 기획되었다.[76] 영부인도 어디까지나 '부인'이어야 했기 때문에, 인터뷰를 할 때는 바깥일에 바빠서 여자로서 가장 중요한 가정에 소홀하다는 반성도 한 번씩 해주어야 했다.[77] 동시대 필리핀에서 이멜다가 본인의 정체성에 대해 "아내, 어머니, 퍼스트레이디" 순으로 선언한 것과 같은 전략이었다.[78]

남편의 지위에 연동하는 부인이라는 지위가 영부인에게 국한된 것은 아니었다. 남편이 청백리나 모범용사로 선정되면 대개 부부동반으로 청와대에 초청받았고, 이럴 때 대통령은 "고생을 참고 남편이 깨끗한 공직생활을 하도록 도운 부인들의 공이 컸기 때문"이라든가,[79] "군인 부인이 알뜰하다"라는 식으로 치하했다.[80] 공을 나누는 만큼 지위에 걸맞은 의무도 함께 졌다. 3급 이상 고위공무원들의 경우 부인들도 특별연수를 받았고,[81] 전경련 같은 경우 최고경영자 부인을 위한 교육과정도 개설했다. 이런 자리에는 의당 '부인 중의 부인'인 영부인이 참석하여 내조 방법론을 전수하게 마련이었다.[82] 기업가의 부인들이 노동자들을 사랑으로 대할 것을 주문하고, 불황 타개를 위해 밖에서 고생하는 남편들이 가정을 다소 등한히 하더라도 나무라지 말고 마음 놓고 일할 수 있는 환경을 만들어주자고 당부하는 식이다.[83]

이러던 와중에 1982년 5월 '이철희·장영자 어음 사기사건'이 발생하여 영부인뿐만 아니라 대통령에게까지 정치적인 부담이 되었다. 영부인의 삼촌인 이규광이 구속되는 가운데, 권력형 금융 비리에 비난이 집중되었다. 전두환 정부로서 임기 중 첫 번째 정치적 위기였다.[84] 《조선일보》는 영부인의 삼촌이 구속된 것이 "정부의 결연한 자세를 입증한다"고 강조했지만, 그 '배후'에 쏠린 대중의 관심을 쉽게 무마할 수는 없었다."[85] 결국 대통령이 나서서 "마음 아프기 그지없으며" 누구든 "특권의식"을 가진 사람은 엄단하겠다고 공언해야 했다. 함부로 말을 얹으면 국가이익에 전혀 도움이 되지 않을 것이라며 은근히 위협도 했다.[86] 대통령 인척이라도 법 앞에서는 심판받는다는 증거이니 오히려 긍정적인 현상이라고도 했다.[87]

스캔들 이후 대통령 측은 부부동반으로 아프리카 순방을 떠났다. 언론은 대통령 옆에 배우자가 있는 것이 얼마나 중요한지, 우리 영부인이 얼마나 "조용"하게 내조하는지를 어필하는 데 초점을 맞추었다. 《경향신문》은 이번에 방문한 국가 중 캐나다를 제외한 4개국에서 모두 영부인이 나오지 않았음을 강조했다. 케냐에서는 대통령이 별거 중이었고, 세네갈의 영부인은 해외 여행 중이었으며, 특히 나이지리아의 경우 부인이 이슬람 율법에 따라 사회 활동을 하지 않아 부통령 부인이 영부인 역할을 대행한 것이 불충분했다는 것이다. 그래서 "이순자 여사의 조용하면서도 내실 있는 활동"이 좋은 평가를 받았다고 강조했다.[88]

아프리카 순방에서 돌아온 직후에는 그동안 준비해온 세계여성단체협의회 총회가 서울에서 열렸다. 이때도 영부인은 여성들의 "조용한" 태도를 각별히 강조했다. 남녀평등을 쟁취하기 위해서는 "현실적으로 가능한 현명한 길을 모색하라"고 충고한 것이다. 소리 높여 투쟁할 것이 아니라 어디까지나 여성 새마을지도자들처럼 조용하게, 기존 가정의 울타리를 허물어뜨리지 않고 전통과 정면으로 충돌하지 않으면서도 스스로 지위를 향상시키라고도 했다.[89] 열흘간의 행사가 끝난 이후에는 남편 전두환이 직접 이들을 청와대로 불러 구호나 투쟁도 필요하지만 무엇보다도 스스로 잠재 역량을 착실히 개발하는 노력이 중요하다고 되풀이했다.[90]

이토록 청와대에서 "조용한" 태도를 강조했건만 이듬해인 1983년에도 정초부터 대통령 친척이 연루된 청탁사건이 터지는 등 악재가 계속되었다. 한 건설업체에서 대통령 친척을 앞세워 사업면허를 받아낸 다음, 그 대가로 1억 원 상당의 공로주를 배정한 것이었다.[91] 정권 초기인 1981년에 이어[92] 또 한 번 대통령의 사촌이 구속된 것이었고, 결국에는 또 대통령이 직접 나서서 법 앞에는 특권층이나 예외가 없다며 "대통령을 포함해서 지위 고하를 막론하고 법에 의거 엄단하라"고 지시해야 했다.[93] 곧이어 3월에는 영부인과 엮여 있는 이철희·장영자 사건도 15년 형이 확정되어 이목을 끌었다. 이날 대법원에 정원의 2배에 달하는 방청객이 몰렸다.[94] 영부인의 삼촌인 이규광은 판결을 받은 직후 입원을 반복하다가 곧 형집행정지를 받았고,[95] 일련의 사태는 여론에 영향을 미치지 않을 수 없었다.

이해부터 육영회에서도 그동안 홍보매체의 전면에 내세웠던 영부인의 존재감을 줄이고 화려하고 적극적인 면모를 누그러뜨리는 데 주력했다. 1983년 1월에는 홍보영화 〈새세대육영회〉를 개작했는데, 영부인이 시설을 시찰하는 장면을 빼고 실제 시설이 운영되는 장면으로 대체했다. 또한 의상이 사치스럽다는 비난을 의식하여[96] "영부인 의상에 신경 쓰고" 직영 유아원 시설이 "화려하지 않도록" 조정했다. "시설 소개 때 가능하면 영부인 모습을 줄이고" 다른 장면을 사용하라고 덧붙이기도 했다. 영부인이 등장하는 장면을 처음만 살리고 뒷부분은 다른 장면으로 대체했다. 또한 "영부인께서"를 "영부인"으로 고치고 "주셨다"를 "주었다"로, "계시다"를 "있다"로 바꾸는 등 내레이션에서 전반적으로 경어를 완화했다.[97]

특히 1984년에 재차 〈새세대육영회〉를 개작하면서는 직영 유아원에서 영부인이 직접 작업복을 입고 작업하는 장면을 삽입했고, "영부인"이라는 호칭을 "본회 회장"으로 고쳤다.[98] 1986년에 이 영화를 한 번 더 재녹음할 때는 아예 영부인 육성을 아나운서 음성으로 교체했다.[99] 애초에 정부가 1983~1984년을 기점으로 '새마을유아원' 사업에서 서서히 손을 떼던 참이었다. 육영회 정기총회는 1984년을 마지막으로 열리지 않았고,[100] 기부금 역시 1984년을 기점으로 급격히 감소했다.[101] 위탁받은 유아원에도 중앙에서 부담하는 경비를 대폭 축소하고,[102] 영세 교육기관에 지원하던 금액이나 건수도 줄였다.[103]

동시에 정부는 사립유치원의 설립 기준과 규제를 완화하면서 보육료 자율화를 추진했다.[104] 1985년에는 대통령이 문교부에 직접 유치원 운영지침과 관련된 지시사항을 내려보냈는데, 새마을유아원을 사립 유치원으로 전환할 것과 사립유치원 보육료를 자율화하는 방침이 포함되어 있었다.[105]

영부인 사업의 귀결: 가정 내 아동 양육과 정상가족 이데올로기

1983~1984년을 전후하여 육영회는 직접 운영하는 시범 유아원을 제외하고, 그간 위탁받아 관리하던 대부분의 유아원을 정리했다.[106] 1983년 3월 문을 연 시범 유아원은 국민에게 무엇보다 "질서"가 부족하다며 복도에 줄을 그어 좌측통행을 시키거나 소변기 앞에 발 딛는 자리를 표시하는 등 아동의 행동을 교정하는 데 초점을 맞추었다.[107] 정권 초기 사회정화운동과 내용이 유사하지만,[108] 육영회의 경우에는 사업 규모를 확장하던 초기 2, 3년보다 유아원 사업에서 손을 떼기 시작한 시점부터 유독 질서와 의식개혁, 행동 교정과 정상성을 강조하기 시작했다는 점에서 약간의 시차가 있다. 가정 밖 아동 양육 부문에서 가시적인 성과를 내지 못한 육영회가 다시금 가정 내 아동 양육의 중요성을 역설하며 비가시적인 가치를 내세운 것이다.

이때 강조했던 것이 '정상'가정과 '결손'가정의 차이였다. 유아원을 대신할 새로운 사업 아이템이 바로 청소년 문제와 예비부모 교육이었기 때문이다. 1983년 4월, 대구 시내 디스코홀에서 대형 화재가 일어나 25명이 숨지고 70명이 부상당한 사고야말로 이 시기 "청소년 문제"가 만들어지는 과정을 보여주는 대표적인 사례이다. 사건의 여파 때문에 당일 오후에 국무총리가 대국민 사과를 하고,[109] 같은 날 일본 소방청까지 긴급회의를 열어 도쿄 시내 70여 개의 디스코홀을 일제히 점검할 만큼 대형 참사였다.[110] 한국 언론에서는 부실한 방화 시설이나 안전 매뉴얼의 불비가 아니라 사상자들 반수가 미성년자라는 점을 강조하여 이 문제를 '청소년 탈선'으로 규정했다. 19세 여성 사망자의 옷에서 가명을 사용한 3개 병원의 산부인과 진찰권이 나와서, 신원 파악에 나선 경찰관들이 혀를 찼다는 보도가 대대적으로 이어졌다.[111]

사고의 책임이 개별 청소년들의 불량한 행실에 돌아가자, 자녀를 단속하지 못한 가정의 책임이 집중 조명되었다. 대부분 유족들이 "자식을 잘못 가르쳐 비명횡사케 한 죄로 얼굴마저 들 수 없는데 피해보상금까지 받을수 있겠느냐"라는 태도여서 피해배상이 쉽게 끝났다고들 했다.[112] 문교부는 참사를 계기로 학생의 비행을 보도하는 기사에 학교 이름 대신 집 주소와 학부모 이름을 써서 개별 가정의 책임을 명시하도록 지시했다.[113] 대통령까지 청소년 문제는 "일차적으로 부모에게 책임이 있다"고 한마디 얹으며 아버지의 역할을 강조했다.[114] 1984년 연말 정부가 내놓은 '청소년 문제 개선 종합대책'도 청소년 범죄사건의 손해배상에 대해 보호자에게 연대책임을 부과하는 것이었다.[115]

청소년 문제에 대한 책임을 개별 가정에게 묻게 되자, 가족구조의 변동이야말로 결손가정의 증대가 문제의 원인으로 지목되었다.[116] 육영회와 함께 주요 여성단체 중 하나였던 한국부인회가 1980년부터 10년간을 '건전가정 기능회복의 연대'로 선포한 것도 이 시점이었다.[117] 청소년 문제는 산업화와 핵가족화 때문이므로 3대 가족을 유지하는 것이 해결책이라는 논리다. '건전가정 정착을 위한 대정부 건의문'에는 부모를 부양하는 3세대 가족을 유도·장려해야 한다는 제안이 담겼다.[118] 대통령 역시 할아버지 무릎 위에 앉아 옛날이야기를 들으며 자랐던 것이 올바른 유아교육이었다며 핵가족 때문에 가정교육이 사라졌다고 지적했다.[119] "청소년 문제도 경로효친 사상의 확산으로 해결할 수 있는 것"이라고 언급하기도 했다.[120]

여기에 핵가족의 조건조차 미달한 결손가정은 결국 아버지 없는 가정을 뜻했다. 이 시기 '부권父權'이 유독 강조되는데, 가정 내 성별 분업이 뚜렷해지고 여성이 소비와 자녀교육을 전담하는 경향을 두고 모권母權이 강화된다고 진단했기 때문이었다. 물질만능주의 속에서 아버지가 생활비 버는 기계 취급을 받는다는 주장이 막 등장한 참이었다. 규율과 질서를 가르치는 아버지가 밀려나서 자녀교육도 부실해지고, "최근의 청소년들이 나약하고 여성화되어가는 경향도 부친 부재에서 기인한다"는 결론이 되었다.[121] 《동아일보》에서는 1984년 1년간 '아빠 힘내세요'라는 제목의 독자투고 컬럼란을 운영했다.[122] 대통령도 본인이 엄격한 아버지라고 자평하면서,[123] 아버지가 자식들과 최소한 일주일에 한 번쯤 1~2시간 대화를 나누어야 한다고 강조했다.[124]

이들의 논리에 따르면 아버지가 없는 결손가정은 규율과 질서에 입각한 자녀교육을 수행할 수가 없기 때문에, 청소년 문제 및 범죄를 초래할 위험이 커진다. 이때 아버지의 구체적인 역할보다는 생물학적 존재여부를 문제삼는다. 경찰 측에서는 실제로 1983년 1분기에 일어난 사건을 통계적으로 분석한 결과 아버지 없이 어머니만 있는 집의 자녀가 반대로 어머니 없이 아버지만 있는 집의 자녀보다 4배 이상 범죄를 더 저질렀다고 발표했다. 그러면서 "아버지와 함께 사는 자녀들이 어머니와 함께 사는 자녀들보다 정서적으로 더 안정돼 범죄에 유혹되는 비율이 적다"는 결론을 내렸다.[125]

이 시기 육영회 활동 역시 다시금 가정 내 양육을 강조하며 개별 가정 내에서 아버지의 존재를 강조하기 시작했다는 것이 특징이다. 아버지의 구체적인 역할이나 의무가 아니라 존재 자체를 문제삼았으므로, 아동 양육에 대한 성별 분업 논리를 본질적으로 바꾼 것은 아니었다. 여전히 질 좋은 양육을 구사할 의무는 어머니에게 있었지만, 이제 바람직한 어머니 역할은 가정 내에 아버지를 보유할 것까지를 포함하는 것이었다. 육영회 회장이 가진 영부인라는 지위야말로 대통령의 존재를 전제해야만 성립한다는 점에서, 정상가족 이데올로기를 전달하기에는 최적화된 조건이었다. 1984년 회장으로 정기총회를 주관한 자리에서, 영부인은 새로운 사업으로 청소년을 위한 "새세대 생활관"을 세우겠다고 선언했다.[126]

이는 1984년 이후 진행하게 될 일련의 '예비부모' 교육의 중심이 되는 공간이었다. 청소년 범죄는 결손가정에서 발생하므로, 이들에게 정상가정을 실습해볼 기회를 주어 향후 정상가정을 재생산하도록 하는 일종의 청소년 교육이었다. 부모교육이라는 발상이 전에 없던 것은 아니어서, 이전에도 육영회 정기총회에서 "유아보다 성인을 위한 사업이 많다"는 비판이 나올 때면 영부인이 나서서 "교육의 우선순위를 어머니에게 두고 있다"고 해명한 적도 있다.[127] '건전한' 어머니상을 정립하기 위해 지역별 회원교육을 실시하거나,[128] 유아원 학부모 대상의 강연회 및 워크숍, 부모 면담이나 참관수업도 이미 진행한 바 있었다.[129] 그러나 '예비'부모 교육은 목적과 내용이 완전히 달랐다. 각종 대학이나 지역의 여성회관, YWCA와 같은 민간단체에서 진행하던 '신부대학'이나 '결혼강좌'에 포함된 예비부모 교육과도 달랐다.

육영회가 규정한 '예비부모'란 자식을 가질 것으로 간주되는 집단, 결국은 가임기 인구집단 전체를 가리켰다. 이들 중 향후 자녀 양육에서 오류를 저지를 '위험성'이 높은 집단을 가려내 예방 조치를 하려면 이중의 논리적 전제가 필요하다. 우선은 가임기 집단이 당연히 임신·출산을 거쳐 부모가 될 것이라고 전제해야 한다. 새세대생활관의 건립 취지문부터 교육 대상인 여학생들이 "미래의 어머니"이고 "아내"라고 규정한다.[130] 다음으로는 오류를 저지를 위험성이 높은 표지를 식별해야 한다. 육영회에 따르면 "빈곤층, 시설아동, 아동학대, 양친 부재, 편모·편부 가정" 출신이라는 점이 그런 표지였다. 이들을 싸잡아 산업사회의 병리 현상으로, 예방이 필요하다고 규정하는 것이다.[131] 맞벌이 부부, 재혼가정이나 양자를 들인 가정의 아이들 역시 "전형적인 가정"의 아이들보다 불리하기 때문에, 아픔과 모자람을 보상할 수 있는 경험을 누군가와는 해야 한다고도 했다.[132]

흥미로운 것은 결손가정 출신의 자녀가 다음 세대의 자녀교육에 오류를 저지르지 않기 위해 미리 실습하는 동안, 지금 당장 '결손'의 낙인이 찍힌 구성원들에게는 아무 대책이 없었다는 사실이다. 자식이 없음에도 앞으로 자식을 가질, 혹은 가져야 할 집단을 예비부모로 규정한다면, 반대로 자식을 가지지 않을, 혹은 가지면 안 될 집단으로 간주되는데도 이미 가져버린 이른바 '미혼모'들이야말로 그 논리적인 대칭일 것이다.[133] 예비부모 교육 프로그램이 한창 진행되던 1980년대 중반은 그동안 고아, 입양 등의 이슈에서 가려져 있던 출산 당사자의 존재가 1970년대 이후 점차 미혼모라는 명칭으로 부각되던 시기이기도 했다. 한국부인회, 홀트아동복지회, 한국여성개발원 등 여타 단체나 기관에서 미혼모 실태조사를 실시하고, 세미나를 개최했지만,[134] 육영회의 경우 1982년부터 일찍이 예비부모 교육은 언급한 적이 있어도[135] 미혼모 문제는 절대로 시야에 넣지 않는다.

그리하여 육영회는 "올바른 가정관"을 심어주기 위한 "미래의 어머니 전당"으로 서울시 송파구에 새세대생활관을 건립했다.[136] 국가안전기획부 소유의 땅 2만 8,277평을 시가의 55퍼센트 정도 싸게 매입하여 지은 건물로,[137] 복지 시설의 여고생들이 만 18세가 되어 시설을 떠나기 전에 "참다운 어머니"가 될 수 있도록 교육하는 것이 설립 목적이었다.[138] 개관식에서 테이프를 끊은 영부인은 여학생들이 "건전한 가정시간을 이해하는" 시간을 가질 시설이라고 강조했다.[139] 교육 대상의 범위는 복지 시설 출신 여고생뿐 아니라 서울 시내 실업계 여고생들,[140] 1986년부터는 "일시적이나마 정상적인 가정생활을 할 수 없는" 생산직 미혼여성 노동자들,[141] 1988년부터는 시설 밖의 소녀가장[142] 중 20세 이하까지, 1989년부터는 복지 시설 출신자 중 남고생까지 포함했다.[143] 1984년부터 1990년까지 총 264회에 걸친 생활관 교육을 받은 인원은 10만 5,137명에 달했다.[144]

커리큘럼은 여학생들이 며칠간 숙식하며 모의 '정상가정'을 실습한다는 점에서[145] 예절이나 조리기술을 배우던 기존 예절관·생활관 수업과는 차원이 달랐다. 10~12명의 여학생으로 이루어진 각각의 '가족'은 층마다 2세대씩 침실, 부엌, 식당이 갖추어진 작은 가정집을 배정받았다. 한 가족당 1명씩 배치된 지도교사는 대체로 전직 교사였으나 현재 가정주부들인 자원봉사자들이었다. "고학력의 여성 유휴인력이 불우계층의 삶의 질을 향상시키는 데 적합한 인력 자원"이라는 인식에 근거한 것이었다. 자체 설문조사는 생산직 여성노동자 수료생 중 61.5퍼센트가 "친엄마처럼 지도해주었다"고 응답했다는 점을 강조한다.[146]

교육 기간은 3박 4일이 기본이었지만, "정상적인 가정생활 경험이 부족한" 복지 시설 출신자들에게는 하루나 이틀이 더 배정되었다.[147] 커리큘럼 역시 이들에게는 가족관계 영역에 더 긴 시간을 할애했다. 가족관계 교육은 가족 내에서 아버지, 어머니 등의 역할을 직접 맡는다는 점에서[148] 일종의 역할극 형식이었던 것으로 보인다. '일반' 여고생의 경우 남는 시간은 대체로 식사 관리, 즉 김치 담그기, 상차림 등을 배우는 데 충당되었다.[149] 1989년부터 합류한 남학생들의 경우 "가장으로서의 역할과 책임을 가르친다"는 명분으로 의식주 관리의 비중이 극히 낮은 대신 명상이나 산행 정도만 했다.[150]

과목별 교육 목표를 살펴보면, 모든 교육생에게 할당되는 '가정관 정립'과 '가족관계 교육' 시간의 핵심은 가정 내 성별 분업을 학습하는 것이다. 따라서 역할 분담 체험이 중요할 수밖에 없었다. 이 역할극의 구체적인 내용은 남아있지 않지만, 이 시기 육영회가 시범 유아원에서 지침으로 사용하도록 출판한 참고서에 나오는 가족 역할놀이 방식에 따르면 교사는 액세서리, 핸드백, 앞치마, 넥타이, 와이셔츠, 술병 등을 도구로 비치해두어야 했다.[151] 특히 '가족의 역할은 서로 다르다' 단원에서는 동물이 새끼를 보호하는 장면이나 어머니가 아기를 안고 있는 그림을 전시하여 어머니 역할을 자연의 원리로 자연스럽게 받아들이도록 했다.[152] 유년기를 복지 시설에서 보낸 여성이라면 '정상가정' 내에서 재생산되고 있는 위와 같은 성별 분업에 대해 충분히 접하지 못했으므로 가까이에서 체험하고 모방할 기회를 가져야 한다는 논리이다. 이럴 때 영부인은 정상가정의 상징이자 정점으로서 한 번씩 참관하여 이들을 격려하게 마련이었다.[153]

독재정권의 영부인이라는 약한 고리

1980년 또 한 번의 쿠데타로 전두환 정권이 들어선 후, 영부인 이순자는 육영수라는 전범을 참고할 수밖에 없었다. 박정희 정부 시기 성공적인 영부인 활동의 핵심에는 모성의 이미지가 있었다. 1974년 영부인 육영수가 대통령 저격사건으로 사망하자 대대적인 충격과 추모 열기 속에서 "목련과 같이 청초한",[154] "부덕과 모성의 거울"[155]이라는 평가가 정점에 이르렀다. 이순자는 유독 성공적이었던 육영수의 전략을 답습하는 한편 전임자의 성공으로 유례없이 넓어진 영부인의 활동

이순자는 육영수의 전략을 답습하는 한편 전임자의 성공으로 유례없이 넓어진 영부인의 활동 영역을 더욱 확장하려 했다. 단독 활동의 범위도 늘렸고, 공식적으로 맡은 직함과 권한도 더욱 키웠다. 가장 대표적인 사례가 새세대육영회이다.

영역을 더욱 확장하려 했다. 그러다 보니 졸지에 신문 지면 수에 대비하여 역대 가장 자주 보도된 영부인 사례가 되어버렸다.[156] 단독 활동의 범위도 늘렸고, 공식적으로 맡은 직함과 권한도 더욱 키웠다. 가장 대표적인 사례가 새세대육영회이다.

전두환 정부는 다수의 이해관계자가 얽혀있던 가정 밖 아동 양육 부문에서 처음으로 정부가 주도권을 잡으려고 시도한 사례이기도 하다.[157] 이때 청와대에서 어머니 역할을 담당하던 영부인이 주요 행위자로 나섰고, 권위주의 정권의 인적 상징이라는 지위를 활용해 유관 부처의 지원은 물론 사기업들로부터 고액의 기부금을 동원했다. 그러나 이익단체가 강했던 이 분야의 지형을 바꾸기 쉽지 않은 데다 남편의 지위에 종속된 부인이라는 지위의 특성상 영부인 단독사업으로는 운신에 한계가 있었다. 전국 단위로 유아원을 확충하여 가정 밖 아동 양육의 지형을 바꾸려는 비현실적인 목표로는 성과를 과시하기 어려웠고, 결국 1980년대 중반 이후부터 예비부모 교육이라는 명목으로 '정상'가정 내에서 이루어지는 아동 양육의 가치를 강조하는 쪽으로 방향을 전환해야 했다.

이처럼 이순자가 유례없이 확장한 영부인 단독 활동의 범위는 권한의 근거가 되는 남편이 실각하자마자 가장 먼저 비난의 대상이 되었다. 1987년 대선에서 노태우 진영은 전 대통령이 비판받는 이유 중 하나로 영부인이 '설친다'는 것을 꼽았고, 후보 부인 김옥숙의 전략은 '이순자와 반대로 하는 것'이었다.[158] 1988년 초 육영회가 일해재단과 함께 이른바 '5공 비리'의 대표적인 사례로 지목되자 이순자의 이미지는 최악으로 떨어졌다. 그해 내내 육영회 기사가 쏟아진 끝에,[159] 연말에는 이순자 회장이 사임한 것은 물론 임원진 전원이 해임되었다. 육영회의 처리를 고심하던 국회는 결국 단체를 존속시키는 대신 이순자의 자취를 지우기 위해 "사회적 물의를 불식하고……새로운 출발을 위하여" 이름을 '한국어린이육영회'로 바꾸기로 했다.[160] 남편의 지위조차 사실은 헌정 질서 바깥의 쿠데타를 통한 것이었다는 점에서, 군사정권 내 영부인이라는 지위는 제도 속에 존재하는 틈새이자 정권에 대한 불만이 쉽게 옮겨갈 수 있는 약한 고리이기도 했던 것이다.

4. 87년 체제의 한계

- "탁 치니 억 하고 죽었다" 대공분실의 생명 연장*

◎ 권혁은

1991년, 1987년의 한계가 만든 좌절

1980년대는 '혁명의 시대'로 불릴 만큼 민주화운동이 급속히 확산·고조된 시기였다.[1)] 이 시기 운동은 내용적 급진성, 방식과 규모 면에서 이전 시기와 비교할 수 없을 정도로 성장한 모습을 보여주었다. 그러나 다른 한편으로 1980년대는 국가폭력의 시대이기도 했다. 5·18민주화항쟁의 비극, 강제징집과 녹화사업, 수많은 고문과 의문사 사건 등은 1980년대를 암흑의 시대로 호명한다. 문제는, 1987년 민주화 이후에도 국가폭력이 끝나지 않았다는 것이다. 6월항쟁의 승리 뒤에도 각종 시국사건과 고문, 의문사 사건은 끊이지 않고 발생했다. 혁명의 시대와 암흑의 시대의 공존은 마침내 1991년 강경대·김귀정 열사의 사망과 그에 뒤따른 수많은 죽음, 그리고 5월투쟁과 관련된 패배와 좌절의 기억으로 이어졌다.[2)]

'승리' 직후에 곧바로 '패배'가 이어졌다면 승리의 과정을 다시 찬찬히 살펴볼 필요가 있다. 이는 6월항쟁의 성취와 의의를 기리는 작업도 중요하지만, 그 한계를 충분히 평가하는 작업 역시 중요하다는 점을 의미한다. 이를 위해 운동사적 관점을 뒤집어 '통치'의 관점에서 1987년 전후 국가기구, 특히나 가장 말단에서 민주화운동을 억압했던 경찰기구의 변화를 분석해야 한다.

일반적으로 박정희–전두환 정권기의 통치체계에서 경찰은 중앙정보부(안기부)와 보안사령부(보안사) 같은 국가기구에 비해 중요성이 덜했던 기구로 인식된다. 그러나 1980년대 안기부와 보안사가 각각 5,000~6,000명 규모였던 데 비해 경찰은 그 열 배가 넘는 5만~8만 명으로, 안기부의 지휘를 받아 실무를 담당하고 안기부와 보안사가 손을 뻗지 못하는 영역을 메우는 기능을 담당했다. 1980년대 안기부와 보안사만으로는 운동이 급진화·대중화되는 상황에 대처하지 못했을 것이며, 거꾸로 경찰의 역할이 없었다면 그토록 많은 조작사건이 만들어지지도 못했을 것이다. 그리고 그 중심에는 대공경찰과 대공분실이 있었다.

1970년대 중반까지 대공경찰은 경찰 정보과의 한 부서로, 산하에 분실을 운영했다.[3)] 분실은 직제상 반드시 편성하지 않아도 되는 조직으로 1950년대와 1980년대의 〈내무부직제〉와 각 시·도경찰국 사무분장에만 그 모습을 드러낸다. 일반적으로 분실은 외부의 별도 공간에서 민간회사로 위장해 운영되었다. 이러한 모든 조건은 분실을 사건 조작과 불법 구금, 가혹한 고문이 가해지는 공간으로 만들었다.

그런데 1970년대 중반 이후 대공경찰과 분실은 질적·양적 차원에서 모두 변화를 겪었다. 1975년 〈사회안전법〉 시행 이후 정보과 산하 부서였던 대공경찰이 별도 조직으로 독립했기 때문이다. 1983년 대공분실 내에 '좌경의식화 분실'이 설치되고, 이후 이 조직이 급격히 팽창하면서부터는 대공경찰의 엄청난 성장세가 이어졌다. 즉, 1970년대 중반까지 경찰기구 내의 작은 산하 조직이었던 분실이, 1983년 이후에는 대공경찰의 팽창을 이끌었고, 그로 인해 대공경찰이 정보경찰을 압도하게 된 것이다. 민주화운동에 대한 감시·탄압은 1970년대까지 정보경찰 소관이었지만 1983년 이후에는 대부분 대공경찰 소관으로 변화했다.[4)]

이 글에서는 먼저, 1980년 이전 경찰 분실의 존재 형태와 위치, 역할 등을 추적하고 이를 통해 1983년 좌경의식화 분실이 신설된 의미를 파악한다. 그리고 1987년 3월 이후 대공분실 개편과 대공경찰의 변화를 분석함으로써, 6월항쟁과 민주화 이후 대공경찰의 변화가 어떤 성격을 갖는지를 살펴보겠다. 분실은 시·도경찰국마다 존재했지만 시기별로 그 존재 형태와 양상이 다양하며, 추적 역시 쉽지 않기에 치안국-치안본부와 서울시 경찰국의 분실에 초점을 맞춰 논의를 전개하겠다.

이승만 정권기 사찰분실로 시작된 대공분실

> 나는 궁리 끝에 사찰과 아래 따로 분실을 만들기로 했다. 분실은 직제 개정이나 예산 조치 없이 만들 수 있는 데다 인원도 파견 형식으로 마음대로 데려다 쓸 수 있는 이점이 있었다.……시경 사찰분실은 48년 9월 현 치안국 별관 전 여자 경찰서 자리에서 발족했다. 발족 당시에는 직원이 30여 명이었으나 차차 증원, 나중에는

> 분실 직원이 사찰과 직원보다 훨씬 더 많았으니 배보다 배꼽이 더 큰 격이었다.……좌익사건이 잦아지자 나중에는 분실 밑에 또 분실을 두어야 했다. 분실의 분실은 동대문시장·서울역·남대문시장 등 사람이 많이 모이는 곳에 두었으며 모두 개인회사 간판을 내걸어 사찰분실이 아닌 것처럼 위장했다.[5)]

분실의 역사는 정부 수립 전후로 거슬러 올라간다. 위의 인용문은 1948년 9월부터 1950년 8월까지 서울시 경찰국장을 지냈던 김태선의 회고이다. 인용문을 통해 서울시 경찰국(이하 서울시경) 사찰분실이 정부 수립 직후 발족했으며, 직제상 잘 드러나지 않고 처음부터 개인회사로 위장된 형태의 조직이었다는 사실을 보여준다.

당시 서울시경 사찰분실이 위치한 여자 경찰서 자리는 중앙청 맞은편, 경기도 경찰부가 위치했던 자리(현 서울특별시 종로구 세종로 76-2)였다.[6)] 1950년대 진보당 사건에 관여했던 서울시경 사찰분실인 '남일사'가 남산에 위치했다는 점에서 이후 서울시경 사찰분실은 남산으로 이전한 것으로 보인다.[7)]

분실은 직제상 반드시 편성되는 조직은 아니지만, 1950년대엔 치안국 직무분장과 서울시경 사찰과 사무분장에 분실의 존재가 드러난다. 이를테면 1953년 치안국 특수정보과 사무분장에 '중앙 분실'이라는 조직이 발견되고, 1957년 11월 서울시경 사찰과 사무분장에도 '분실'이라는 조직이 발견된다. 이 당시 분실은 사찰 사범, 요시찰 주의인물, 반공포로 등에 대한 사찰과 함께 정보망 및 세포망을 운영하며 '공작'을 담당하는 조직이었다.[8)]

4월혁명과 이승만 정권의 붕괴는 사찰경찰에 대한 대대적인 숙청과 사찰과 조직의 개편을 이끌었다.[9)] 1960년 6월 1일 치안국 특수정보과가 정보과로 변화되었고, 각 시·도경찰국의 사찰과는 정보과로, 각 경찰서 사찰계는 정보계로 개편되었다.[10)] 또한 〈내무부직제〉를 통해 사찰 대상을 대공 분야로만 한정함으로써 정치, 문화 등 사회 각 분야에 대한 포괄적 사찰이 제한되었다.[11)]

그러나 5·16쿠데타 이후 정보과는 이전의 기능을 상당 부분 회복한다. 5·16쿠데타 이후 개정된 〈내무부직제〉의 치안국 정보과 사무분장에 따르면 '사찰정보 수집·분석', '사찰범 수사 지도', '반국가적 범벌의 수사 및 지도'가 추가되었기 때문이다. 특히나 '반국가적 범벌'이라는 개념이 극히 모호하기 때문에 이 규정하에 1950년대 경찰이 정치, 문화 등 사회 각 분야에 대해 수행했던 사찰 업무가 부활했다. 물론, 5·16쿠데타 이후 정보 및 보안 업무의 조정·감독권이라는 막강한 권한을 가진 중앙정보부가 탄생했기 때문에 정보경찰의 위상은 1950년대보다는 낮았다.

이러한 사무분장 속에서 1975년까지 치안국 정보과와 시·도경찰국 정보과는 대체로 〈그림 1〉과 같이 서무 업무를 담당하는 제1계와 정보 업무를 담당하는 제2계, 마지막으로 대공 업무를 담당하는 제3계로 구성되었다.[12)] 〈그림 1〉의 반 편성에서 짐작할 수 있듯이 정당, 노동조합, 학원, 기업, 언론 등에 대한 광범위한 사찰은 정보2계의 담당이었다. 정보과가 정보1·2과로 개편된 후이긴 하지만 박정희 정권기 인권침해나 의문사 사건을 다룬 과거사진상규명위원회 보고서에서 학원 사찰이 대학 관할 경찰서 정보과의 정보2계와 치안국 및 시·

〈그림 1〉 5·16쿠데타 이후~1975년까지 치안국(치안본부) 정보과·
서울시경 정보과 구성

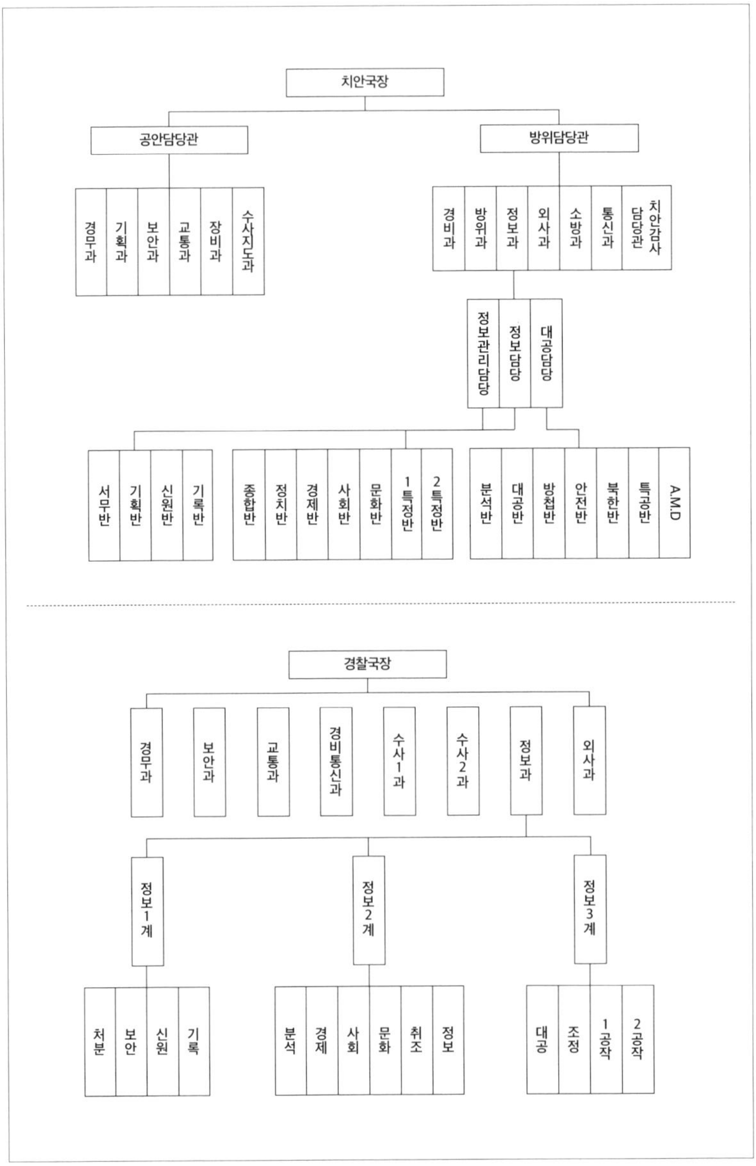

* 출처: (위) 내무부 치안본부, 《한국경찰사 3》, 1985, 1149쪽.
(아래) 서울특별시 경찰국, 《서울경찰통계연보 1967》, 1968, 15쪽.

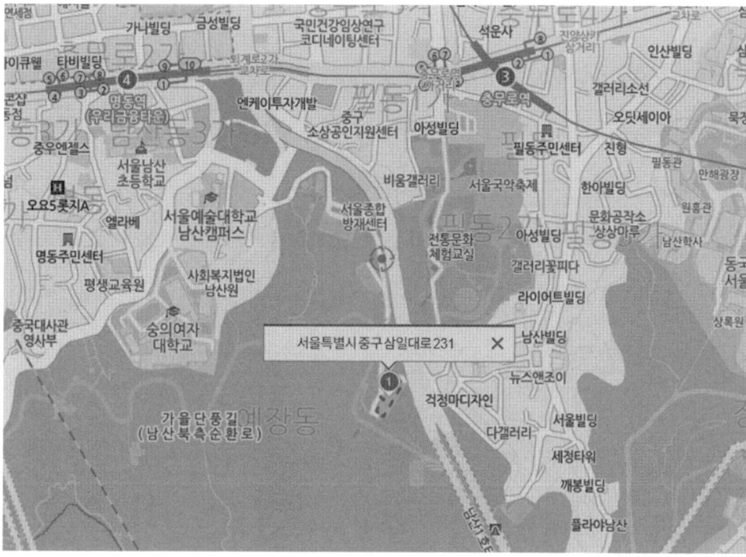

〈그림 2〉 1976년 이전 치안국 공작분실(남영동 대공분실 전신)의 위치.
이후 중앙정보국 대공수사국이 들어섰으며, 현재는 서울시청 남산 별관으로 사용되고 있다.

도경찰국 정보과의 정보2계 담당이었음이 확인된다.[13)]

사찰·정보과의 사무분장과 편제 변화를 이렇게 길게 서술한 이유는 분실의 존재 형태를 논의하기 위해서이다. 장면 정권기 사찰경찰 숙청으로 잠시 흔들렸던 분실의 위상은 5·16쿠데타 이후 일정하게 회복되었다. 4월혁명 이전까지 '사찰분실'이라고 불렸던 분실의 명칭도 '공작분실 '로 변화했다. 물론, 분실 자체가 직제상 정식 조직이 아니기 때문에 분실의 정식 명칭을 따지는 것은 무의미하다. 그러나 경찰 발간 자료들은 모두 1976년 이전 대공 업무 담당 분실의 명칭을 모두 '공작분실 '로 명기하고 있다.[14)]

1976년까지 치안국-치안본부 공작분실은 현재 서울시청 남산 별관이 위치하고 1995년까지는 중앙정보부 대공수사국이 위치했던 남산 1호터널 부근(서울특별시 중구 삼일대로 231)에 있었다.[15] '신한무역'이라고 불렸던 서울시경 공작분실 역시 정확한 주소는 파악되지 않지만 1978년까지 옥인동 대공분실 설립 전까지 남산에 위치했다.[16] 그리고 이러한 공작분실(대공분실)은 모두 〈그림 1〉에서 대공 업무를 담당한 정보과 제3계 산하에 편제되었다.

대공경찰을 확대한 남영동 대공분실 신축

이렇듯 수많은 분실의 역사에서 가장 획기적이었던 사건은 단연 1977년 치안본부의 남영동 대공분실 신축이었다. 남영동 대공분실의 탄생은 1975년 7월 9일 〈사회안전법〉의 제정과 떼놓을 수 없다. 〈사회안전법〉은 형법상의 내란 및 외환죄, 군 형법상의 반란 및 이적죄, 〈국가보안법〉과 〈반공법〉 위반자 중 출소한 이들을 관리하기 위한 법안이었다. 한국전쟁을 전후해 교도소에 수용된 사상범 가운데 형기 종료를 앞둔 비전향자를 규제하기 위한다는 명목으로 만들어졌다.[17] 1975년 4월 남베트남의 패망과 총력안보 체제로의 진입도 〈사회안전법〉 제정의 중요한 배경이었다.

〈사회안전법〉은 만기출소자에 대한 보호관찰, 주거제한, 보안감호 등의 보안처분을 규정했기에 필연적으로 대공 업무량의 막대한 증가로 이어졌다. 이에 따라 1976년 4월 정보과가 정보 업무를 담당하는

〈그림 3〉 남영동 치안본부 대공분실 준공 후 모습.
* 출처: 민주인권기념관(https://dhrm.or.kr/)

등기사항전부증명서(말소사항 포함)
- 토지 -

고유번호 1103-1996-039101

[토지] 서울특별시 종로구 옥인동 45-21

【 표 제 부 】 (토지의 표시)					
표시번호	접 수	소 재 지 번	지 목	면 적	등기원인 및 기타사항
1 (전 1)	1978년11월15일	서울특별시 종로구 옥인동 45-21	대	2952.8㎡	부동산등기법 제177조의 6 제1항의 규정에 의하여 2000년 06월 22일 전산이기

【 갑 구 】 (소유권에 관한 사항)				
순위번호	등 기 목 적	접 수	등 기 원 인	권리자 및 기타사항
1 (전 2)	소유권이전	1997년1월6일 제263호	1996년12월27일 교환	소유자 국 경찰청 252 부동산등기법 제177조의 6 제1항의 규정에 의하여 2000년 06월 22일 전산이기

열람용

【 을 구 】 (소유권 이외의 권리에 관한 사항)
기록사항 없음

-- 이 하 여 백 --

관할등기소 서울중앙지방법원 중부등기소

〈그림 4〉 서울시경 옥인동 대공분실 등기부 등본.

정보1과와 대공 업무를 담당하는 정보2과로 확대·분리되었다.[18] 5·16쿠데타 이후 줄곧 정보과 산하 계로 존재했던 대공 부서가 비로소 독립하게 된 것이다. 이제 '대공경찰'은 단일한 조직체계를 갖게 되었다.[19]

대공 부서의 독립은 대공분실의 변화를 야기했다. 앞에서 살펴봤듯이 1970년대 중반까지 대부분의 분실은 남산에 위치했다. 그러나 1976년 남영동 대공분실이 '국제해양연구소'라는 명칭으로 착공에 들어가 1977년 문을 열었고, 1978년엔 서울시경 대공분실이 옥인동 45-21번지에 건물을 신축해 이전했다. 남영동 대공분실은 무려 지상 5층 규모의 건물이었으며, 옥인동 대공분실은 몇 층 건물이었는지 확인은 어려우나 등기부등본상 1978년 11월 15일 면적 2951.8제곱미터의 토지 등기가 이루어진 것으로 확인된다.[20]

독립적 조직체계, 넓은 부지의 고층 건물은 대공분실의 역할 확대, 즉 대공사건 조작으로 이어졌다. 통일혁명당 재건위원회 사건, 삼척 가족간첩단 사건 등이 대표적인 사례였다. 그러나 1970년대까지 학생운동과 재야의 민주화운동에 대한 대응은 기본적으로 정보2과가 아닌 정보1과의 담당이었다.

학생운동 전담 좌경의식화 분실의 등장

1980년 서울의 봄과 5·18민주화항쟁은 민주화운동, 특히나 학생운동에 막대한 영향을 미쳤다. 학생운동은 5·18민주화항쟁에 대한 평가를 시작으로 한국 사회 지배세력의 성격, 수행해야 할 변혁의 단계 등에 대한 급진적이고 전면적인 해결책을 모색하기 시작했다.[21] 학생운동의 급진화에 대응하기 위해 경찰 역시 크게 변화했다. 그 변화는 정보경찰보다 대공경찰의 역할을 확대하는 방향으로 나아갔다.

대공경찰의 확대에는 일차적으로 신군부 집권 이후 중앙정보부·보안사령부·경찰 간 위상의 변화, 그리고 긴급조치 9호의 폐지라는 요인이 존재했다. 1980년대 "육사 위에 보안사"라는 말이 돌 정도로 보안사령부의 위상이 높아졌고, 국가안전기획부로 개칭된 중앙정보부의 위상은 상대적으로 하락했다.[22] 그 틈새 속에서 학생운동, 포괄적으로는 민주화운동에 대응하는 경찰의 활동 범위가 확대되었다.

박정희 정권기 재일교포학생 사건을 제외한 대부분의 학원 간첩단 사건과 반국가단체 사건은 중앙정보부에 의해 만들어졌다. 1974년 민청학련과 인혁당재건위 사건, 1976년 3·1민주구국선언 사건, 1979년 크리스찬 아카데미 사건 등이 대표적이다. 대공경찰이 주도적으로 만든 사건으로는 1973년 '검은 10월단 사건'과 전남대《함성》지 사건이 있다. 두 사건 모두 유신체제 비판 유인물을 반국가단체 사건으로 조작한 것이었다. 1979년 부마항쟁 직전 치안본부 대공분실이 '남조선민족해방전선 사건'을 발표하긴 했지만, 학생운동 관련 사건은 아니었다. 그 외 일반적인 학내 유인물 및 시위 사건의 경우 일선 경찰서에서 긴급조치로 구속 처리되었다.[23]

긴급조치는 단순 유언비어도 유기징역으로 처벌하는 무시무시한 법률이었다. 그러나 그 존재는 유신 반대운동이 국가보안법과 반공법 위반사건으로 조작될 필요를 감소시키는 역설적 효과를 자아냈다. 10·26으로 긴급조치 9호가 실질적으로 효력을 상실하자 쿠데타를 통해 집권한 전두환 정부에는 민주화운동에 대응할 정책적·조직적 변화가 필요했다. 나아가 운동의 급진화·대중화 경향은 대공경찰과 대공분실 확대를 추동했다.

1981년 6월, 〈내무부직제〉 개정으로 대공 업무를 담당했던 정보2과가 대공과로 개편되었다.[24] 같은 해 11월 각 시·도경찰국에서도 정보1과가 정보과로, 정보2과가 대공과로 개칭되었다.[25] 그리고 1983년 7월 치안본부와 6개 시·도경찰국 대공과에 '좌경의식화 분실'이 설치되며, 대공 부서가 본격적으로 팽창하기 시작했다.[26] 1985년 9월엔 모든 시·도경찰국에 '좌경의식화 분실'이 신설되었다.[27]

좌경의식화 분실은 학생운동이 급진화됨에 따라 "기존에 시위학생 관련 조치를 담당하던 정보과 학원반보다는 국가보안법 위반 사범 전담 부서인 대공과에서 조사할 필요가 있다"는 이유로 신설되었다.[28] 이러한 변화는 다른 국가기구의 변화와 흐름을 같이했다. 학림사건이 발표되기 직전인 1981년 6월 3일, 국회 문공위에 출석한 이규호 문교부 장관과 권순찬 문교부 교육정책실장은 최근의 학원사태를 보고하며 "소수 문제학생의 의식이 좌경화되고, 주동자 주장의 좌경화 등이 특징"이라고 밝혔다.[29] 1981년 10월 13일 국군 보안사령부는 재일교포 유학생인 김태홍 등의 간첩단 사건을 발표하며 '좌경의식화'라는 용어를 처음으로 사용했다.[30] 보안사령부는 1982년 5월 〈좌경의식화 불순분자 대상 대공 활동 지침〉을 수립하여 1980년부터 대거 강제징집되어 전역을 앞두고 있는 학생운동 전력자들에게 프락치 활동을 강요하는 녹화공작을 실시했다.[31]

이처럼 '좌경의식화'라는 독특한 용어는 보안사령부에 의해 처음으로 사용되었다. 좌경의식화 분실은 이와 같은 변화에 영향을 받아 설치된 것으로 보인다. 긴급조치가 사라진 상황에서 급진화된 학생운동을 억압하기 위해서는 국가보안법을 보다 광범위하게 적용할 필요가 있었다. 그 결과 대공분실 내에 학생운동만을 전담하는 부서가 설치된 것이다.

대공분실을 삼켜버린 좌경의식화 분실

〈표 1〉은 1983년 7월 좌경의식화 분실이 설치된 직후와 같은 해 12월 대공수사단이 탄생한 직후의 치안본부 대공과 편제를 나타낸 것이다.[32] 표에서 볼 수 있듯 초창기 좌경의식화 분실의 직제상 명칭은 5계였으며, 관리반·지도반·5분실로 편제되었다. 좌경의식화 분실은 같은 해 12월 대공분실과 합쳐져 대공수사단으로 개편되었다. 그리고 대공수사단 산하의 공작2과로 편제되었다.

발족 당시 대공과장은 박종철 고문치사 사건 은폐 주범이었던 박처원(경무관)이었으며, 대공분실장은 1985년 민주화운동청년연합 사건을 담당했던 윤재호(총경), 5계장은 이헌만(총경), 5분실장은 박종철 고문치사 사건 당시 "탁 치니 억 하고 쓰러졌다"는 사건 경위서를 작성한 홍승상(경감)이었다.[33] 홍승상의 회고에 따르면 좌경의식화 분실은 경감 1명(홍승상 본인), 경위 7명, 경사 7명 등 총 15명으로 발족했다고 한다.[34] 〈표 1〉에서 볼 수 있듯 동인물들의 직위는 1983년 12월 대공수사단 발족 이후에도 동일했다. 다만 애초 총경급이 임명되어야 하는 대공수사단장을 경무관인 박처원이 차지하면서 대공수사단의 총경들이 계장급에서 과장급으로 올라갔음을 확인할 수 있다.[35] 경무관은 치안본부 과장과 도경 국장급으로 1983년 말 전체 정원은 39명

〈표 1〉 1983년 7월 치안본부 대공과 5계(좌경의식화 분실) 신설·
12월 대공과 대공수사단 탄생

<table>
<tr><th></th><th colspan="2">1983년 7월 1일</th><th colspan="4">1983년 12월 4일</th></tr>
<tr><td rowspan="12">대공과
(경무관)
박처원</td><td>1계</td><td rowspan="3">미상</td><td rowspan="12">대공과
(경무관)
길육</td><td>1계</td><td colspan="2" rowspan="3">미상</td></tr>
<tr><td>2계</td><td>2계</td></tr>
<tr><td>3계</td><td>3계</td></tr>
<tr><td rowspan="4">대공분실
(총경)
윤재호</td><td rowspan="4">미상</td><td rowspan="9">대공수사단
(경무관)
박처원</td><td>관리계</td><td>관리반</td></tr>
<tr><td rowspan="5">공작1과
간첩수사 공작
과장(총경)
윤재호</td><td>공작1반(경감)
백남은</td></tr>
<tr><td>공작2반(경감)
김수현</td></tr>
<tr><td>공작3반</td></tr>
<tr><td rowspan="5">5계
(총경)
이헌만</td><td rowspan="2">관리반</td><td>지도반</td></tr>
<tr><td>기술반</td></tr>
<tr><td>지도반</td><td rowspan="3">공작2과
좌경의식화
전담 수사
과장(총경)
이헌만</td><td>조정반</td></tr>
<tr><td rowspan="2">5분실(경감)
홍승상</td><td>분실1반(경감)
홍승상</td></tr>
<tr><td>분실2반(경감)</td></tr>
</table>

* 출처: 박처원은 1982년 12월 치안본부 대공과장으로 임명되었다. 《매일경제》 1982. 12. 24. 윤재호는 동시에 대공분실장으로 임명되었다. 《조선일보》 1982. 12. 25. 이헌만은 1983년 12월 현재 총경으로 "대공5" 소속으로 보도되었다. 총경은 계장급이기 때문에 "대공5"는 대공과 5계를 의미한다. 더불어 12월 4일 대공분실과 5계가 통합해 대공수사단으로 발족했기 때문에 역시나 총경급이 맡아야 하는 공작2과장을 이헌만이 역임했을 것이다. 《경향신문》 1983. 12. 9. 백남은과 김수현의 경우 1988년 10월, 1985년 9월 민청련 사건 당시의 김근태를 고문한 주범이었다는 사실이 언론에 발표되며 그 부서와 직급이 드러났다. 《경향신문》 1988. 10. 20. 백남은은 1982년 10월에, 김수현은 1983년 10월에 치안본부 경감으로 재직 중이었다는 사실이 확인된다. 《조선일보》 1982. 10. 22; 《경향신문》 1983. 10. 21. 보통 치안본부나 같은 시·도경 내에서 부서를 옮기는 경우가 없다는 사실을 고려하면 이들은 1983년 7월경 대공분실에 근무 중이었을 확률이 높다. 계와 반 구성은 다음을 참조. 경찰청, 《한국경찰사 4》, 1994, 1117쪽.

에 불과했다.[36] 그중 2명이 치안본부 대공과에 배치되었던 것이다.

1983년 남영동 대공분실은 지상 5개 층에서 7개 층으로 증축한다. 이 증축은 좌경의식화 분실 신설과 무관하지 않았다. 6층에 '5분실장실'과 함께 외근반, 서무반, 연구실 등이 위치했으며 7층에는 단장실, 비서실, 단장 응접실, 관리 및 지도반, 회의실 등이 위치했기 때문이다.[37] 〈표 1〉을 고려했을 때 '5분실장실'은 홍승상의 사무실이고, '단장실'은 박처원의 사무실이었을 것이라고 판단된다.[38] 1985년 대공수사단 공작2과 분실2반에 경사로 근무했던 김OO는 당시 좌경의식화 전담반(공작2과)이 "남영동 분실 후문 쪽에 콘센트 막사가 따로 있어 본관 건물을 사용한 1과와는 나누어져 그곳에서 일을 하였다"고 진술했다.[39] 그러나 5층에 조사실이 있었고, 6층에 '5분실장실'이 위치했다는 점에서 1983년의 증축은 상술한 조직 확대에서 기인했을 것이다.

대공경찰력 팽창과 전문적 대공 요원 양성

좌경의식화 분실의 발족과 함께 대공경찰력은 급격히 팽창했다. 전문적인 대공 요원도 양성되었다. 1982년 8월 4일, 내무부는 이듬해부터 경과를 일반경과와 특수경과(통신, 항공, 해경운전)로 나누고 형사·조사·감식·대공 공작·외사 등 전문 요원은 해당 특기 분야에서만 근무하게 한다고 발표했다.[40] 대공은 그 이전부터 특기 분야로 분류되었지만, 1983년부터는 대공경찰들이 대공 분야 내에서만 진급하게 되었다.

한편, 치안본부는 1984년 9월 〈대공 정보경찰 인력 증강계획〉을 〈표 2〉와 같이 입안한다. 정보과와 대공과가 설치된 경찰서와 달리, 파출소는 경과警果로 구성되어 있지 않았다. 그럼에도 〈표 2〉를 통해 파출소에 1,020명의 대공형사가 새로 배치되었다는 사실을 알 수 있다. 이때 대공형사의 임무는 ① 대공 정보망 직장 운용, ② 대공 공작 첩보 수집, ③ 관내 각종 인적 위해 요소의 시찰 및 순화 관리(좌경의식화 분자, 문제성 인물, 대공 위해 분자), ④ 각종 집회, 상황 파악, ⑤기타 관내 민심 동향 파악으로 규정되었다.[41]

〈표 2〉 1984년 9월 치안본부 〈대공 정보경찰 인력 증강계획〉

구분	내용	명	비고
파출소 대공형사 배치계획	서울	552	
	부산	207	
	대구	109	
	인천	66	
	광주	45	
	대전	41	
	소계	1,020	
공업 지역 정보형사 배치계획	32개 공단	232	도산침투 등 위약공단 10개 업체당 1명 기타 공단은 업소별 종업원 수를 감안, 적의 배치
	구로공단 주변 벌집군	100	1만 4,966세대 노동자 5만 6,000명
	공단 외 50명 이상 상용업체	527	1만 5,800개소 30개 업체당 1명
	소계	769	
합계		1,789	

* 자료: 경찰청 경무기획국 혁신기획과, 〈대공 정보경찰 인력 증강계획〉, 1984(국가기록원 관리번호 BA0821202).

파출소 단위까지 대공경찰이 배치되었다는 점은 급진화·대중화된 민주화운동에 대한 감시망이 더욱 촘촘해졌다는 사실을 의미한다. 더욱이 〈표 2〉는 공단 주변에 769명의 정보형사가 추가로 배치되었다는 점도 보여준다. 이 시기 학생운동의 노학연대 지향과 학생운동가의 노동 현장 투신이 그 배경이었다.

〈그림 5〉는 1979~1992년간 정보·대공경찰 정원 변화를 보여준다. 그림을 통해 1983~1986년간 정보·대공 인력이 두드러지게 늘어났다는 점을 확인할 수 있다. 1985년에는 기능별 구분이 이루어져 있지 않지만 1984년과 1986년 정보·대공경찰력 비율을 살펴보면 대부분의 증원이 대공 부문에서 이루어졌음을 확인할 수 있다. 결과적으

〈그림 5〉 1979~1992년 정보·대공 기능 경찰공무원 정원

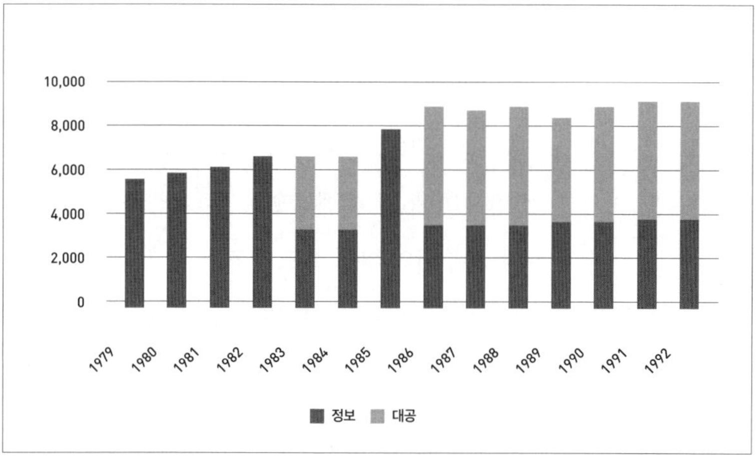

* 비고: 1979~1982년, 1985년에는 정보·대공 기능 경찰 정원이 구분되지 않아 정보경찰란에 표기했다. * 출처: 내무부 치안본부, 《제33호 경찰통계연보 1989》, 1990, 22~23쪽; 경찰청, 《제36호 경찰통계연보 1992》, 1993, 18~19쪽.

로 1983~1986년간 대공경찰 정원은 약 2,100여 명이나 증가했고, 이는 같은 시기 증가된 경찰 총 정원 2,409명의 87퍼센트를 차지했다.[42] 이와 같은 대공경찰 증원은 상술한 1984년 9월 치안본부 〈대공정보경찰 인력 증강계획〉과 밀접한 관계가 있었을 것이다.

필연적 결과였던 박종철 고문치사 사건

특히나 1985~1986년은 대공경찰에 가장 많은 변화가 나타난 시기였다. 이 시기 삼민투위, 민투위, 민청련 사건, 우종원 의문사 사건, 자민투·민민투, 서노련, 구학련 사건, 5·3인천항쟁 배후조종혐의 사건, 부천경찰서 성고문 사건 등 대공경찰이 만든 사건이 연이어 일어났다.[43] 그중 1986년은 대공경찰조직이 대공수사단을 중심으로 크게 확대·개편된 해였다. 〈내무부직제〉가 무려 두 차례나 개정되며 〈표 3〉의 공작1·2과가 각각 '부' 수준으로 격상되었기 때문이다.

〈표 3〉은 1986년 대공경찰 편제 변화와 부서장 직급, 확인된 책임자 이름을 명기한 것이다. 1986년 이례적으로 두 차례나 〈내무부직제〉가 개편된 이유는 대공 부서의 확대 속도가 직제 변화 속도를 뛰어넘었기 때문이었다. 내무부는 1986년 1월 직제 개정을 통해 대공과를 대공부로 격상시키고 대공수사단을 직제상 대공수사과로 명명했다.

그러나 1986년 5월 국가안전기획부가 〈국가 대공 기능 강화 방안〉을 입안함에 따라 7월 24일, 대공수사단(직제상 대공수사과)이 대간첩 공작을 전담하는 대공수사1단과 좌경의식화 업무를 전담하는 대공수사2단으로 분리되었다.[44] 대공수사1단장은 대공수사단장이었던 박처원이 맡았으며, 대공수사2단장에는 새로이 경무관이 된 전석린이 임명되었다.[45] 직제상의 변화가 아니었던 이러한 변화로 인해 총

〈표 3〉 1986년 대공경찰 조직 개편 과정

<table>
<tr><th colspan="4">〈내무부직제〉, 1986. 1. 28.
4조정관–9부–26과</th><th colspan="4">〈내무부직제〉, 1986. 10. 27
5조정관–11부–32과</th></tr>
<tr><td rowspan="13">제4
조정관
(치안감)
주병덕●</td><td rowspan="13">대공부
(경무관)
김효은</td><td>대공1과
(총경)
이용제</td><td>미상</td><td rowspan="13">제5
조정관
(치안감)
박처원</td><td rowspan="3">대공1부
(경무관)
김효은</td><td>대공1과</td><td>미상</td></tr>
<tr><td rowspan="2">대공2과
(총경)</td><td rowspan="2">미상</td><td>대공2과</td><td rowspan="2">미상</td></tr>
<tr><td>대공3과</td></tr>
<tr><td rowspan="10">대공
수사과
(총경)
공석</td><td rowspan="3">대공
수사1단●
–대간첩 공작
(경무관)
박처원</td><td rowspan="3">대공2부
(경무관)
김우진</td><td>대공
수사1과</td><td rowspan="3">미상</td></tr>
<tr><td>대공
수사2과</td></tr>
<tr><td>대공
수사3과</td></tr>
<tr><td rowspan="7">대공
수사2단●●
–좌경의식화
(경무관)
전석린</td><td rowspan="7">대공3부
(경무관)
전석린</td><td rowspan="3">대공
수사4과</td><td>관리계</td></tr>
<tr><td>수집계</td></tr>
<tr><td>분석계</td></tr>
<tr><td rowspan="2">대공
수사5과
(경정)
유정방</td><td>학원계
(경감)
홍승상</td></tr>
<tr><td>문화계
(경정)
박원택</td></tr>
<tr><td rowspan="2">대공
수사6과</td><td>노동계</td></tr>
<tr><td>종교계</td></tr>
</table>

● 1986년 1월 28일 제4조정관은 정보1부, 정보2부, 대공부를 관할함.

●● 1986년 7월에 조직 내부적으로 나타난 변화로, 내무부 직제상의 변화는 아니었지만 참조를 위해 표기.

* 출처: 대공수사단 분리는 다음을 참조. 경찰청, 《한국경찰사 4》, 1994, 1118쪽; 계 명칭은 다음을 참조. 경찰청 제주도지방경찰청 경무과, 〈좌경의식화 전담 공안분실 신설 운용〉, 1987 (국가기록원 관리번호 CA0323850). 부서장 직급 및 이름 출처는 다음을 참조. (사)평화박물관 건립추진위원회, 앞의 책, 2022, 62쪽; 《매일경제》 1986. 11. 3; 《조선일보》 1987. 5. 29.

경을 장으로 해야 하는 대공수사과 아래 그보다 한 직급 높은 경무관을 장으로 하는 대공수사1·2단이 놓이게 된 것이다. 더군다나 대공부장을 합해 치안본부 대공경찰 부서에 경무관이 무려 세 명이나 배치되었다. 1986년 경무관 총 정원이 40명이었다는 사실을 고려하면 엄청난 비중이었다.[46] 경무관은 도경 국장급이었기 때문에 치안본부 대공 부서는 무려 도경찰국 3개를 합친 것과 맞먹었다.

따라서 10월의 직제 변화는 대공수사1·2단장의 경무관 직급에 맞게 대공수사1단을 대공2부로, 대공수사2단을 대공3부로 개편한 것이면서, 대공수사단의 실질적 책임자인 박처원을 치안감으로 승진시켜 제5차장에 보하는 성격을 지녔다. 대공 부서 확대와 인사 이동에 따른 사후적 직제 조정이었다. 1986년 10월의 직제 개편으로 치안본부는 5조정관–11부–32과로 변화했는데, 그중 대공경찰 부서가 무려 1조정관–3개부–9개과를 차지했다. 1975년까지 정보과 3계 대공 부서 산하에서 운영되었던 대공분실이 치안본부 3개의 부로 확대된 것이다. 특히나 1986년 7월의 대공수사단 분리 확대와 10월의 직제 개편으로 대공경찰 부문에 치안감 1명, 경무관 2명, 총경 6명이 늘어났다. 대공경찰 복무는 가장 빠른 승진을 보장해주는 길이었다.

1987년 1월 박종철 고문치사 사건은 대공 부서의 급격한 팽창이 낳은 필연적 결과였다. 박종철에 대한 고문은 대공3부 대공수사5과 문화계(2계) 1반(학원문화)의 조한경, 황정웅, 강진규, 반금곤, 이정호에 의해 자행되었고,[47] 제5조정관 박처원, 대공수사5과장 유정방, 대공수사5과 2계장 박원택에 의해 사건이 조작되었다.[48] 이를 통해 대공수사5과 문화계에도 별도로 학원반이 존재했다는 사실을 확인할 수 있다. 1986년 10월 건국대 사건 발생 이후 전두환, 김종호 내무부 장관, 강민창 치안본부장 등 정권 고위층의 압박이 거셌기 때문에 대공경찰 조직은 박종철이 아닌 누구라도 죽음으로 몰아넣었을 것이다.[49]

말뿐이었던 대공경찰 축소

1987년 1월의 박종철 고문치사 사건은 확대일로에 있던 대공경찰에 제동을 걸었다. 사건의 은폐·조작이 폭로된 것은 5월 18일이었지만, 1월 중순부터 민주화운동 세력이 활발히 대응하기 시작했고 여론의 움직임도 심상치 않았다. 치안본부는 2월 3일 대공수사2단(직제상 대공3부)을 중앙 공안분실로 개칭하고, 각 시·도경찰국에도 "대공수사단을 창설하되 좌경의식화와 관련한 시국사범을 담당하는 공안분실과 순수한 대공 수사만을 맡는 대공분실을 분리 운영하며 단순 시국사범은 일반 수사 부서로 이관하겠다"고 밝혔다.[50] 2월 18일에는 대공수사2단(대공3부)의 수사요원 26명을 서울시경으로 전출시켜 "일반적인 시국사범 및 좌경용공 색출 업무는 직접 수사하지 않고 기획 업무 위주로 업무를 한정하겠다"는 방침이 발표되었다.[51]

그러나 당시엔 공개되지 않았던 자료는 동개편안이 대공 부서 축소와 거리가 멀었다는 사실을 보여준다. 치안본부의 대공 부서 개편계획은 1987년 2월 20일 〈대공 부서 조정 등에 따른 인력 운용지침〉과 2월 27일 〈좌경의식화 전담 대공 부서 조정(안)〉에서 구체적으로 드러난다.[52] 안에 따른 업무분장은 1) 대공분실: 간첩을 포함한 내란죄는 기타 이에 준하는 국사범, 2) 공안분실: 국가의 정치, 경제, 사회, 문화 등 체제에 직·간접으로 연관되는 범죄, 3) 단순한 〈집시법〉 위반 사범 및 가담자: 수사 기능, 4) 집단연행 시 총괄: 대공 기능 등이었다.

그런데 〈대공 부서 조정(안)〉은 서울시경의 경우 오히려 1개과였던 대공과를 3개과로 확대하고 그중 3과를 공안수사단으로 개편하며, 대공 업무만을 전담하는 제5담당관까지를 편성할 계획을 담고 있다. 즉, 계획상 공안분실의 창설은 오히려 대공 부서 확대의 일환이었다. 게다가 그중 제5담당관 편성안은 이미 1986년 12월 19일 대통령이 재가한 〈경찰 직제 개정 추진계획〉에 담겨있던 내용에 불과했다.[53)]

〈대공 부서 조정 등에 따른 인력 운용지침〉에 따르면, 개편의 실제 목적은 "용공좌경 세력을 척결하기 위한 일선 시·도의 기동력 있는 수사 기능을 신설", "치안본부와 일선 시·도 간의 효율적인 업무 및 지도 감독체계를 확립"하는 것이었고 "치안본부는 지도, 조정, 통제, 분석, 정책 업무 등 기획 기능 위주로 운영하고 집행 기능은 일선 시·도에 이양"하는 것이었다. 그에 따라 치안본부 대공3부에서 감축된 인원은 그대로 서울시경으로 넘어와 공안수사단 신설 인력에 편입될 예정이었다.

1988년 7월 치안본부 중앙 공안수사단은 서대문구 홍제동 산1~8 대한경무협회 소유지인 구 경찰전문학교 분교 자리에 신축한 홍제동 분실로 이전했다. 홍제동 분실은 "겉으로는 건물 1동처럼 보이나 실제로는 연건평 1,215평짜리 A동 건물과 380평 규모의 B동 등 2개 동"으로 이루어진 대형 건물이었다. 치안본부는 1986년 말 이미 쌍용건설을 시공자로 하고 공신종합건축사 사무소에 설계를 의뢰했다.[54] 즉, 대공 부서를 대공분실과 공안분실로 분리하는 계획은 박종철 고문치사 사건이 발생하기 전부터 추진되었던 것이다.[55]

홍제동 분실의 설계를 의뢰한 시기와 유사한 1986년 12월 4일, 대공1부장 김효은이 〈대공경찰 활성화 계획에 따른 증원 인원 확보계획〉을 제출했다는 점에도 주목할 필요가 있다. 동계획은 1986~1988년 3개년간의 단계적 충원계획으로 3년간 총 1,501명을 충원하는 안이었다. 이때 경정 이하 계급별 충원계획과 신규 충원 요구 내역은 〈표 4〉 및 〈표 5〉와 같다. 즉, 1986년 12월 말, 치안본부는 1984년부터 1986년까지 이미 2,000명 이상 늘어났던 대공경찰을 1,500명 이상 더 충원하는 계획을 세웠다. 홍제동 분실 신축, 공안분실 신설은 대공경찰 축소가 아닌 확대를 위한 변화였다.

〈그림 5〉 서울시경 홍제동 대공분실(서울특별시 서대문구 세검정로 90-15).

공안통치로 다시 늘어난 대공경찰

다시 〈그림 5〉로 돌아가보자. 대공경찰 증원안을 입안한 1986년부터 1989년까지 실제로 대공경찰력은 약간 감소했다. 1986년 말의 대공경찰 증원안은 제대로 실행되지 못했다는 사실을 보여준다. 서울시경 대공과를 3개로 확대하는 안도 실현되지 못했다. 말할 것도 없이 6월항쟁의 영향이었다.

〈표 4〉 1986~1988년간 경정 이하 계급별 충원계획

구분	계급별	계	경정	경감	경위	경사	경장
계	T / O	1,501	37	221	125	516	602
	충원 인원	1,501	28	175	155	515	628
자체 상위직 충원(직대)		115		9	55	25	26
타 부서 전입		482	28	166	73	77	138
유공자 승진		224			21	52	151
제한 공채		652				351	301
특별채용		28			6	10	12

* 출처: 경찰청 경무국 인사과, 〈대공경찰 활성화 계획에 따른 증원 인원 확보〉, 1986(국가기록원 관리번호 CA0314188).

〈표 5〉 1986년 12월 4일 현재 신규 충원 요구 내역

	충원계급	충원인원	충원시기	비고	조치
1단계	경사	300	1987. 5	학사 경사 특채	이미 모집 요구 (교육과 진행 중)
2단계	경장	214	1987. 6	전문대졸 이상 및 3년 이상 경력자로 특채	1988. 1 예산 조치되므로 1987. 7 모집, 12월 충원토록 조치

* 출처: 경찰청 경무국 인사과, 〈대공경찰 활성화 계획에 따른 증원 인원 확보〉, 1986(국가기록원 관리번호 CA0314188).

노태우 정부는 1987년 6월항쟁의 성과를 가로채 출범했지만, 경찰 개혁 여론의 눈치를 볼 수밖에 없었다. 그로 인해 1989년 1월 17일 치안본부는 시국공안 사건을 담당해온 대공분실 2개과를 폐지하고 수사 인원 97명을 감축한다고 발표한다.[56] 2월 10일에는 "20일부터 시국사범 수사를 전담해오던 대공 부서의 기능을 축소, 전담 인력 450여 명을 일반 치안 수사 부서로 전보"하고 "시위 관련 사범 중 〈집시법〉, 형법 또는 경범죄 처벌법 위반자는 일반 형사범 수사 부서에서 다루게 된다"고 발표했다.[57] 대공경찰력 감소는 그에 따른 결과였다.

이러한 부서 개편은 1989년 8월 7일 개정된 〈내무부직제〉에 반영되었다. 〈표 6〉은 〈내무부직제〉 개정에 따른 치안본부 대공경찰 조직의 변화를 나타낸 것이다. 대공2부의 대공수사2·3과가 합쳐졌으며, 대공3부의 대공수사5·6과가 합쳐짐으로써 3부–9과 체제였던 치안본부 대공경찰 조직이 3부–7과로 변화했다. 더군다나 1987년 2월 치안본부 총 정원 1,562명 중 약 23퍼센트를 차지했던 대공 부서 정원 358명도 1989년 말엔 319명으로 39명 감소했다. 동시기 치안본부 정원이 2,331명으로 늘어났기 때문에 그 비중은 약 14퍼센트로 줄어들었다.[58] 1987년 이후 대공경찰에는 분명 변화가 나타났다.

그러나 6월항쟁과 민주화라는 거대한 사회적 변화에 비하면 이와 같은 인원과 조직상의 축소는 극히 미미한 변화였다. 치안본부 대공3부 체제, 대공분실과 공안분실의 병립이라는 기본적인 구조는 변화하지 않았기 때문이다. 더욱이 〈내무부직제〉가 개정된 1989년 8월 7일, 6월항쟁 이후 보류되었던 서울시경 대공과 확대안은 대공2과와 제5담당관직 신설로 일부 실현되었다. 〈그림 5〉가 보여주듯이 1989년 이

〈표 6〉 1989년 8월 7일 치안본부 대공경찰 조직 개편

<table>
<tr><th colspan="3">〈내무부직제〉 1986. 10. 27</th><th colspan="3">〈내무부직제〉 1989. 8. 7</th></tr>
<tr><td rowspan="9">제5조정관</td><td rowspan="3">대공1부</td><td>대공1과</td><td rowspan="9">제5조정관</td><td rowspan="3">대공1부</td><td>대공1과</td></tr>
<tr><td>대공2과</td><td>대공2과</td></tr>
<tr><td>대공3과</td><td>대공3과</td></tr>
<tr><td rowspan="3">대공2부</td><td>대공수사1과</td><td rowspan="3">대공2부</td><td>대공수사1과</td></tr>
<tr><td>대공수사2과</td><td rowspan="2">대공수사2과</td></tr>
<tr><td>대공수사3과</td></tr>
<tr><td rowspan="3">대공3부</td><td>대공수사4과</td><td rowspan="2">대공3부</td><td>대공수사3과</td></tr>
<tr><td>대공수사5과</td><td>대공수사4과</td></tr>
<tr><td>대공수사6과</td><td colspan="2">외사관리관</td></tr>
</table>

후 대공경찰 정원도 다시 증가해 1992년엔 5,262명에 달했다.[59]

왜 1989년 이후 대공경찰력이 다시 증가했을까? 두말할 것도 없이 노태우 정권이 조성한 공안정국 때문이었다.[60] 노태우 정권의 공안통치가 1991년 5월투쟁으로 이어졌다는 점은 주지의 사실이다. 6월항쟁의 '승리'에도 불구하고 국가기구의 가장 말단에서 민주화운동을 억압하던 경찰기구의 근본적인 개혁 실패는 반동과 좌절의 기억을 낳게 되었다.

87년 체제의 모순을 직시하자

1980년대 사회운동은 분명 '혁명'을 지향했으나, 1987년 6월항쟁의 결정적 국면에서 운동의 요구는 직선제 개헌으로 협소화되었다. 이는

대중의 분출된 에너지를 하나의 제도개혁으로 수렴시켜 민주화를 성취한 역사적 의의를 남겼지만, 동시에 가장 급진적인 순간조차 국가기구를 어떻게 근본적으로 재편할 것인가에 대한 고민은 실종되었다. 곧이어 등장한 87년 체제는 보수 정치세력 간의 타협으로 구축되었으며, 그 속에서 사회운동이 축적해온 '혁명 지향'은 제도권 정치의 표면적 합의에 의해 철저히 무력화되었다. 이 괴리 속에서 국가기구 개편에 대한 문제의식은 봉쇄되었고, 경찰·검찰·정보 기구 등 폭력적 국가 장치에 대한 민주적 통제는 처음부터 사실상 의제화되지 못했다.

노태우 정부의 출범은 그러한 결핍을 구조적으로 고착시켰다. 여소야대라는 정치적 조건 속에서 잠시 경찰·검찰 개혁이나 국가보안법 폐지와 같은 민주적 과제가 부상했으나, 1990년 3당합당과 공안몰이가 그 가능성을 완전히 압살했다. 그 결과 국가기구는 민주화되지 못한 채 오히려 검찰권이 강화되고, 대공경찰은 다른 이름과 형식을 빌려 살아남았다. 이는 6월항쟁의 성과를 국가폭력 기구의 민주적 재편으로 이어가지 못한 치명적 실패였다. 1991년 5월의 수많은 희생과 좌절은 단순한 비극적 사건이 아니라, 바로 그 실패가 낳은 구조적이고 필연적인 귀결이었다. 혁명의 이름으로 분출했던 대중적 열망은 제도권 타협 속에서 소거되었고, 그 공백은 국가폭력이 다시금 활개칠 수 있는 공간으로 남았다. 따라서 87년 체제는 민주화의 성취이자 동시에 국가폭력의 생명 연장을 허용한 근본적 모순의 체제였으며, 그 모순을 직시하지 않는 한 한국 민주주의는 언제든 동일한 실패를 반복할 수밖에 없다.

5. '역사전쟁'의 서장
-김영삼 정권의 역사 바로 세우기*

◎ 정무용

개혁, 역사청산, 정치 과정

현재 한국 사회에서 역사 인식, 특히 근현대사 인식은 역사학이라는 학문 영역에 국한된 문제가 아니다. 근현대사를 둘러싼 해석 투쟁은 정치적·학문적인 토론을 넘어 정치·사회적 갈등의 핵심 축으로 기능하며 특정 정치세력의 정체성 형성과도 밀접하게 연관된다. 그 갈등은 2010년대 역사 교과서를 둘러싸고 '역사전쟁'으로 비화되었다.[1] '올바른' 역사 인식을 둘러싼 갈등은 한국의 국가 또는 국민의 현재와 미래의 정체성에 관한 논쟁이(었)다.

한국 근현대사 인식을 둘러싼 정치적 갈등은 정부 차원의 역사청산을 대대적으로 시도한 노무현 정권기에 본격화되었으나 김영삼 정권 시기에 시작되었다. 문민정부를 표방한 김영삼 정권은 집권 초부터 개혁 의지를 강력히 내세웠고 그 개혁을 자신과 전 정권들과의 차별성으로 내세웠다. 개혁을 통해 '신한국'을 건설하며 '신한국'의 정신을 역사청산에서 찾고자 했다. 김영삼 정권은 임정 법통 계승을 강조하며 민족정기를 바로 세우겠다고 천명했으나 그들의 의도를 넘어 당시 한국 사회에서 요구되었던 역사청산의 과제는 '5·18'을 비롯한 현대사의 굴곡진 과거였고 결국 5·18특별법 제정과 5·6공 청산이 역사 바로 세우기의 핵심 위치에 놓이게 되었다.

이러한 맥락에서 김영삼 정권의 역사 바로 세우기는 5·18 진상규명과 책임자 처벌과 연관되어 주로 논의되며 대체로 당위적 차원에서 그 한계가 지적된다.[2] 당대부터 지금까지 가장 중요한 쟁점은 '진상규명'과 그에 따른 '책임자 처벌'이었다. 역사 바로 세우기의 핵심은 '진실에 다가가기'였기 때문에 그 지적은 당연하다. 따라서 5·18의 진상을 알리고 희생자를 추모하면서 진행된 운동을 '5월운동'으로 명명한 연구들이 1995년 특별법 제정을 전후한 시기부터 시작되었고 '5월운동'이라는 개념을 적용한 연구가 본격적으로 제출되었다.[3] 5월운동론에 입각한 정리 방식은 5·18이 민주화운동으로 정의되는 과정을 다루는 서사에서 주로 쓰인다.[4] 그러나 한계에도 불구하고 김영삼 정권은 역사 바로 세우기를 통해 현대사 검토를 통한 역사청산을 정부 차원에서 처음으로 공식화했고 이는 김대중·노무현 정부로 이어져 대대적인 정부 주도의 과거사 정리로 진전되었다.[5] 따라서 김영삼 정권의 역사청산 작업은 정부 차원의 과거사 정리의 시원으로 규정될 수 있다.

한편 김영삼 정권이 역사 바로 세우기를 내세우며 5·6공 청산에 나선 것은 과거사 청산과 현대사 재해석에 대한 '국민적' 관심이 있었기 때문이기도 하지만,[6] 정치적 입지를 다지려는 판단도 중요한 이유였다. 그 과정에서 민자당(신한국당) 내외의 보수(수구)세력의 반발이 있었고 이는 보수 정치세력의 재편으로 이어지기도 했다. 종국에는 김영삼 정권의 실정과 경제위기로 인하여 '박정희 신드롬'이라는 역사청산 작업에 대한 반작용이 나타나기에 이른다.

따라서 이 글은 문민정부를 표방한 김영삼 정부 시기 전개된 개혁 정책 중의 하나인 '역사 바로 세우기'의 맥락과 5·18을 연결해 5·18 특별법의 제정, 전두환·노태우 재판과 사면 국면을 살펴보면서 정치 대립과 타협 과정에서 역사 인식이 어떻게 기능하며 정치적 목적에 의하여 선택 활용되는지 살펴볼 것이다. 또한 김영삼 정권의 역사청산 작업에 대한 반작용으로 보수세력이 재편되며 최종적으로 박정희 신드롬이 등장한 과정도 서술할 것이다.

문민정부의 개혁론: 민족정기의 회복

1992년 대선에서 대통령으로 당선된 김영삼은 '문민정권'을 자처하면서 강력한 개혁 조치를 실시하겠다는 의지를 표명했다. 그는 "지역 간, 계층 간, 세대 간 갈등을 해소하고 국민 대화합을 통해 결집된 힘으로 신한국을 창조하는 것"을 가장 중요한 과제로 설정하고 이를 위해 변화와 개혁을 통해 "우리 사회에 만연된 한국병을 치유해야 하며 침체된 경제에 새로운 활력을 불어넣어 제2의 도약을 이룰 것"이라고 역설했다. 또한 권위주의 정치 행태의 청산, 부정부패의 일소와 불로소득의 척결, 민생을 위한 정치 등을 추진하겠다고 밝혔다.[7] 그가 내세운 개혁에는 한국의 굴곡진 근현대사에 대한 재조명도 포함되었다. 김영삼은 1994년 4월 19일 현직 대통령으로는 처음으로 4·19묘역을 참배하면서 "4·19는 30여 년의 굴절된 역사를 거쳐 문민정부의 출현으로 비로소 완성의 길로 나아가게 됐다"라며 4·19를 "3·1운동 다음가는 역사적인 의거"로 재평가해야 한다고 역설했다.[8] 1995년 1월에는 〈국가유공자 예우 등에 관한 법률〉을 개정하여 4·19의 성격을 '의거'에서 '혁명'으로 변경했다.[9] 김영삼 정권은 4·19혁명 정신의 계승을 강조하면서 이전 군사정권과의 단절을 강조하고자 했다.[10]

김영삼은 당선인 시절부터 "민족정기를 바로 세운다"는 취지에서 경복궁 복원에 강한 의지를 내비쳤고[11] 1993년 8월 9일 "우리 민족의 자존심과 민족정기의 회복을 위해서는 조선총독부 건물을 가능한 한 조속히 해체하는 것이 바람직하다는 결론에 도달했다"라며 건물 해체와 새로운 박물관의 건설계획을 세우라는 지시를 내렸다. 같은 해 광복절을 앞둔 시점에 "민주공화정의 법통을 최초로 세운 임시정부 요인들의 유해 봉환에 즈음하여 심사숙고한 결과 우리 조상의 빛나는 유산이자 민족문화의 정수인 문화재를 옛 조선총독부 건물에 보존하는 것은 분명히 잘못된 것이라고 판단했다"고 그 배경을 설명하고 "이를 계기로 우리는 민족사의 잘못된 큰 줄기를 바로잡아서 세계 속의 한국으로 나아가야 할 것"이라고 강조하였다.[12] 이에 앞선 8월 5일에는 대한민국임시정부 요인 5인(김인전, 노백린, 박은식, 신규식, 안태국)의 유해 봉환에 즈음하여 담화문을 발표하였는데 자신의 정부가 "상해임시정부의 문민적인 전통을 이어받고 있다"는 사실을 강조하면서 "오늘 임정 요인 5인의 유해를 모셔오는 것은 우리나라가 바로 상해임정의 법통을 잇고 있었다는 것을 만천하에 밝히는 것이 된다"고 역설하였다.[13] '민족정기'의 회복의 의미가 무엇인지는 설명되고 있지는 않았으나 그 담화의 중심은 식민잔재 청산과 임정 법통의 계승에 놓여 있었다. 그는 임정 법통 계승을 강조함으로써 군사정권과의 차별을 역설하였다.

민족의 자존심과 민족정기의 회복을 위해서 그가 행한 조치들은 충분치 않았다. 김영삼이 일제 식민지시기의 역사문제를 들고나오자 사회 일각에서는 '제주4·3사건' 등 해방 후의 비극적인 사건들에 대한 진상규명의 필요성이 제기되었다.[14] 그중에서도 5·18은 그 요구들 사이에서 핵심적인 위치에 있었다. 문민정부에서 본격적으로 역사청산을 들고나오기 전인 1993년 1월 16일, 5·18광주민중항쟁 위령탑 건립 및 기념사업추진위원회, 5·18광주민중항쟁연합 의장단, 광주시의회 5·18특별위원, 광주 지역 출신 민주당 의원 등은 연석회의를 가졌다. 이 자리에서 이들은 특별법을 제정하여 광주항쟁 관련자들에 대해 무죄를 선고해줄 것을 새 정부에 건의하기로 결정하였다. 또 이들은 광주문제 해결을 위해서는 반드시 진상규명, 책임자 처벌, 명예회복, 배상, 기념사업 등 5대 원칙이 지켜져야 한다고 강조하는 한편, "새 정부는 망월묘역 단장이나 기념탑 건립 등 기념사업만으로 광주문제를 마무리해서는 안 된다"면서 "역사를 바로 세우기 위해 진상을 반드시 규명해야 하고 5·18기념일 제정과 함께 교과서에 5·18정신이 실려야 한다"라고 주장했다.[15] 김영삼의 개혁론에 대응하여 5·18에 대한 진상규명을 역사 바로 세우기의 기준으로 제시한 것이었다.

그러나 3당합당이라는 정치적 타협을 바탕으로 형성된 문민정부는 그러한 요구를 담아낼 수는 없었다. 그들은 정권 초기부터 그 기대를 저버렸다. 5월 8일 황인성 국무총리는 국회에서 '12·12군사반란'을 합법이라고 발언했고 이에 국회에서는 12·12를 둘러싼 치열한 논쟁이 벌어졌다. 이러한 상황에서 한 언론은 "김 대통령을 중심으로 추진해온 '개혁'이 과거 5공·6공과의 단절 위에서 이뤄지는 실질적인 민간정부의 개혁이냐, 아니면 12·12사태를 시작으로 5·17, 5공, 6공까지 이어진 역대 정권의 역사적 위상과 성격을 인정한 아래서 진행되는 그것이냐를 가름하는 상황이 왔다"고 논평을 냈다.[16] 당연히도 그 개혁이 실질적인 민간정부의 개혁으로 판가름 되는 기준은 5·18을 대하는 방식일 수밖에 없었다.

황 국무총리의 발언이 몰고 온 파장으로 인하여 김영삼은 5·18에 관한 언급을 피할 수 없었다. 그는 5월 13일에 "80년 5월 광주의 희생은 이 나라 민주주의를 위한 것이었고, 오늘의 정부는 그 연장선 위에 있다"라며 '광주민주화운동 기념공원 조성', '관련 전과 기록 말소', '사망·행불·부상자 추가 신고 기회 제공' 등의 방안을 담은 특별담화를 발표하였다. 그는 망월동 묘역을 민주 성지로 가꾸어나갈 수 있도록 묘역의 확장 등 필요한 지원을 다 할 계획이고, 광주시에서 기념일을 제정하기를 희망하며, 현 상무대 터의 일부를 광주시가 추가로 무상으로 사용할 수 있게 하여 시민공원 조성을 지원하겠다고 하였다.

그러나 광주민주화운동의 진상규명과 책임자 처벌 요구에 대해서는 "진상규명과 관련해 미흡한 부분은 훗날 역사에 맡겨야 하고, 오늘 다시 보복적 한풀이가 되어서는 안 된다"라며 반대 입장을 나타냈다. "나 역시 그 문제를 놓고 많은 고뇌를 거듭했으나 이제 미움과 갈등의 고리를 우리 모두의 손으로 끊어야 한다고 생각한다"며 "다 같이 잊지는 말되 과감히 용서함으로써 새롭게 화해하자"라고 호소했다.[17] 그러나 진상규명에 대한 요구는 여전히 외면하고 있었고 용서와 화해의 주체와 대상이 누구인지도 말하지 않은 채 핵심적인 사안을 뒤로 미루고 있었다. 하지만 최소한의 사건에 대한 진상을 알아야 화해와 용서도 가능했다.[18] 이러한 김영삼의 담화는 노태우 정권이 발표했던 '광주사태 치유 방안'에서 한 발짝도 나아가지 못한 것이었다.[19]

김영삼은 민족정기를 바로 잡겠다는 의지를 표명했지만, 5·18뿐만 아니라 정권 및 자신과 제휴한 보수세력이 민감했던 현대사 문제에 대해서는 학계에 맡기자는 이중적 태도를 유지했다. 그는 국사편찬위원들과의 대담에서 "'한국병'이란 따지고 보면 해방 이후 민족정기를 바로 세우지 못한 탓"이라며 이를 바로 세우기 위해 역사를 바로잡아야 한다고 말하면서 문민정부의 정책 방향을 설명했다. 그는 "해방 이후의 정치사에서 중요한 의미를 지니는 사건, 예를 들면 5·16, 유신, 12·12, 광주민주화운동 등등에 대해 새 정부는 나름대로 정치적 평가를 내렸으나 궁극적으로는 국사편찬위 같은 데서 충분한 토론을 거쳐 역사적 평가를 하는 것이 바람직하다"며 "먼 역사만이 아니라 가까운 역사에 대해서도 자신 있게 평가의 목소리를 내는 것이 바로 사관史官의 역할"이라고 강조하였다.[20] 학문적 평가를 학자들에게 맡기자는 그의 발언은 일견 당연한 말이었지만 이미 김영삼은 임정 법통을 내세우며 학문적 평가를 학자들에게만 맡기지 않았다. 따라서 그의 발언은 정권에 제기된 어려운 정치적 쟁점을 학자들에게 떠넘기겠다는 의도를 보여준다.

문민정부의 입장과 별개로 시민사회 각계에서는 진상규명과 책임자 처벌을 요구하는 움직임이 전개되었다. 1988년부터 5·18광주민중항쟁동지회가 주도한 '고소·고발 운동'은 문민정부 들어 다양한 방면에서 전개되었다. 1993년 7월 19일 정승화 등 22명이 전두환 및 신군부 인사 38명을 군사반란 등의 혐의로 서울지방검찰청에 고발했고 정동년 및 5·18 피해자 320명은 전두환 등 35명을 내란 및 내란목적 살인혐의로 서울지방검찰청에 고소했다. 그리고 1994년 5월 13일에는 5·18진상규명국민위원회 위원 294명도 내란 및 내란 목적 살인혐의로 그들을 서울지방검찰청에 고발했다.[21)]

그러나 김영삼 대통령이 5·18의 진상규명과 책임자 처벌문제를 역사에 맡기자고 공개적으로 밝힌 상황에서 검찰이 이에 적극적으로 나설 리 없었다. 전두환과 노태우가 직접 검찰에 출두하지 않고 답변서를 제출하는 형식으로 수사가 진행되었고 최규하 전 대통령은 검찰 수사에 불응하였다. 이러한 상황에서 검찰은 1995년 7월 18일 "성공한 내란을 처벌할 수 없다"는 논리로 '공소권 없음'이라는 결론을 내렸다.[22)]

검찰이 5·18 피고소·피고발인들에 대해 '공소권 없음' 결정을 내리자 그 직후부터 이에 항의하는 집회와 국회 청원을 위한 서명운동 등이 이어졌다. 7월 19일 명동성당에서는 5월단체 회원 100여 명이 무기한 항의 농성에 돌입하였고 8월 1일부터 전남도청 앞에서 재야단체 회원 20여 명이 항의 농성을 전개하였다. 뿐만 아니라 5·18진상규명과 광주항쟁 정신계승 국민위원회(5·18국민위원회)가 주최한 국민대회가 7월 22일 이후 서울, 부산, 광주, 대구, 대전 등지에서 열렸고, 그 과정에서 집회 참가자와 진압 경찰 사이에서 충돌이 발생하였다. 5·18책임자 처벌을 위한 특별입법 청원서 서명운동도 동시에 전개되었다. 5·18국민위원회는 28만여 명의 서명을 담은 서명부를 국회에 접수하였고 참여연대와 민주교수협의회도 각각 8월 7일과 25일에 특별검사제 도입, 5·18관련자 공소시효 적용 배제 등을 내용으로 하는 법안을 입법 청원하였다.[23] 이러한 움직임은 정치권으로도 이어져 9월 22일에는 새정치국민회의가 5·18 관련 특별법안을 국회에 제출했고 23일에는 민주당이 특별법안을 제출했다.[24]

이러한 정국 속에서 8월 9일 김수환 추기경은 해방 50주년을 맞이하여 '민족의 화해와 일치를 위하여'라는 제목의 담화문을 발표하고 '5·18광주학살'에 대한 철저한 진상규명과 조국 통일을 위한 남북 지도자들의 대화, 국가보안법 사범에 대한 전향적 조처를 강력히 촉구했다. 김 추기경은 담화에서 "광주학살은 인간성에 대한 범죄"라고 규정하고 "사회의 정의를 밝히고 민족의 정기를 바로 세우기 위해서는 역사의 진상이 기필코 밝혀져야 하며, 그래야 그들을 진심으로 용서할 수 있다"고 강조했다.[25] 진상을 제대로 알지 못한 채로는 그 무엇도 바로 세울 수는 없었다.

비자금 정국과 '역사 바로 세우기'라는 정치적 선택

1995년 8월 1일 서석재 총무처 장관은 언론사 기자들과 만난 자리에서 "두 전직 대통령 중 한 명이 대리인을 통해 4,000억 원 대의 가·차

명계좌를 실명으로 전환하는 과정에서 자금출처 조사를 회피할 수 있게 하는 대신 2,000억 원을 국가에 희사하겠다는 뜻을 타진해"왔고 이를 확인한 결과 "정상적인 실명 전환 절차를 밟지 않으면 자금출처 조사가 불가피하다"라고 발언하였다. 이어서 그는 "자금의 실제 주인이 누구인지는 알고 있으나 이를 구체적으로 밝힐 수는 없다"고 말했다.[26] 누구라고는 말하지는 않았으나 둘 중 하나인 것은 확실하다는 이 발언은 이내 정치적 파장을 몰고 왔고 해당 발언을 한 서장관은 8월 3일 사임하였다.[27]

그 발언으로 인한 파장은 그치지 않았다. 두 전직 대통령은 해당 내용이 사실무근이라는 입장을 계속 내비쳤지만, 비자금의 주인이 누구인지 관심은 줄어들지 않았다. 여당과 야당 사이의 정치 공방은 지속되었다. 그러던 중 10월 29일 민주당 박계동 의원은 국회에서 노태우 전 대통령의 비자금 4,000억 원이 시중은행에 40개의 차명계좌로 예치되어 있다고 주장하였고 비자금 의혹에 대한 구체적인 사실들이 확인되기 시작했다.[28] 이는 6공 비리에 대한 청산 요구로 이어졌다.

두 전직 대통령의 비자금 문제가 뜨거운 화두였던 10월 26일 5·18 진상규명과 책임자 처벌을 위한 연대기구인 '5·18학살자 처벌 특별법 제정 범국민대책위원회'(이하 범대위)가 결성되었다. 297개 시민사회 단체를 망라한 통합조직인 이 범대위는 5·18특별법 제정운동을 적극적으로 추진하기로 하였다. 범대위는 출범 선언문에서 "전직 대통령의 거액 비자금 조성 등 곳곳에서 터져나오는 부정부패와 각종 대형 사고는 일제와 군사독재의 잔재를 제대로 청산하지 못한 데서 비롯"되었고 "5·18문제의 올바른 해결은 민족정기를 바로잡는 첫걸음"이 될 것이라고 주장했다. 또한 범대위는 5·18특별법 제정을 위한 활동을 펼쳐나가는 동시에 전두환·노태우 등 군부세력이 자행한 부정과 비리의 청산을 위해서도 투쟁할 것이라고 선언했다.[29] 문민정부가 집권 초부터 주장한 '민족정기 바로잡기'를 위해서는 5·18문제를 해결해야 한다는 것이었다.

노태우·전두환의 비자금 문제는 1992년 대선에서 김영삼·김대중의 정치자금 문제로까지 연결되어 여·야 간의 정쟁이 계속되었다. 그러한 상황은 개혁 이미지를 근간에 두고 있었던 김영삼 정권에 악재였다. 김영삼은 11월 24일 5·18특별법을 이번 정기국회에서 제정하라고 민자당에 지시하기에 이르렀다. 그는 "5·17쿠데타는 국가와 국민의 명예를 실추시킴은 물론 민족 자존심을 한없이 손상시켜 우리 모두를 슬프게 했으며 국가의 최후 보루로서 조국과 민족을 지키기 위해 헌신하고 있는 군인의 명예를 더럽혔다"면서 "특별법 제정을 계기로 이 땅에 정의와 진실, 그리고 법이 살아있다는 것을 국민에게 보여주는 기회가 되도록 하겠다"고 그 지시의 취지를 설명했다.[30]

김영삼의 담화와 관련하여 강삼재 민자당 사무총장은 특별법을 제정함으로써 관련 당사자들을 법에 따라 처리하여 "우리를 슬프게 한 이 사건을 마무리하겠다"는 것이 김영삼 대통령의 의지라고 설명하였다. 그는 야당과 협의하여 민자당이 독자적인 법안을 만들 것이며, "슬픔과 고통을 안겨준 당사자" 속에 전두환과 노태우가 포함될 것으로 이해한다고 언급하였다. 그러나 야권과 시민사회 단체들이 주장한 특별검사제는 도입할 생각이 없다는 뜻을 명확하게 밝혔다. 한편 "이

조치가 5·6공화국 세력들과의 결별을 뜻하는가"라는 질문에는 확대 해석을 염려하며 특별법 제정과 5·6공과의 단절을 연결하지 말라고 주문하였다.[31] 당내 계파 간 갈등을 염두에 둔 발언이었다.

12월 12일 군사쿠데타 16주년을 맞아 김영삼 대통령은 '국민에게 드리는 말씀'이라는 담화를 발표해 "역사 바로 세우기야말로 국민의 자존을 회복하고 나라의 밝은 앞날을 여는 '명예혁명'"이라 규정하고 "제2의 건국이라는 신념으로 어떠한 반역사적·반민주적 도전도 분쇄하고 이 과업을 반드시 완수할 것"이라는 뜻을 밝혔다. 그는 "역사 바로 세우기는 단순한 과거의 정리작업이 아니라 바로 미래를 향한 창조의 대업"이기에 "군사문화의 잔재를 과감히 청산하고 쿠데타의 망령을 영원히 추방함으로써 피와 땀의 눈물로 이룩한 민주주의를 확고히 지켜나가야 한다"고 말했다. 이어서 그는 "어떤 헌정 질서 파괴행위도 단호히 응징해 법치주의가 이 나라를 지배하는 원칙이 되게 해야 하며, 나라를 병들게 한 부정부패의 구조와 정경유착의 고리를 타파해 깨끗하고 공정한 선진사회를 만들어야 한다"고 강조했다.[32] 김영삼은 5·18특별법 제정을 지시하던 때와 달리 군부세력과의 단절을 보다 강조하는 한편, 집권 초기부터 유지한 개혁의 이미지를 더욱 강화하고자 하였다.

김영삼은 1996년 1월 19일 전국 시장, 군수, 구청장 230명과 오찬을 함께한 자리에서 노태우와 전두환을 구속한 경위와 '역사 바로 세우기'의 배경을 스스로 밝혔다. 그는 이 자리에서 "12·12나 5·18이 없었으면 그 같은 비리 정부가 생겨나지 않았을 것이라 생각했고 가지치기만 할 것이 아니라 전 씨도 구속해야 한다고 생각했다"고 언급하였다. 그러면서 "역사 바로 세우기는 단순한 운동이 아니라, 국가 바로 세우기, 제2의 건국, 명예혁명"이라는 점을 강조하였다.[33] 지난 3년의 "'역사 바로잡기'가 잘못된 과거의 청산 과정이었다면, 역사 바로 세우기는 그 토대 위에서 창의력과 창조력을 실천의식에 담아 새롭고 밝은 미래를 건설"하는 것이라고 설명했다.[34]

김영삼의 역사 바로 세우기에 대해 김대중 국민회의 총재는 1996년 1월 12일 "신한국당이 5·6공과 단절하려면 전두환·노태우 씨의 법통, 인물, 재산, 정책을 이어받은 당을 해체하고 새 출발해야 한다"고 주장했다. 이어서 그는 "역사 바로 세우기는 과거청산이 선행되지 않고서는 불가능"하며 "지난 2년간 광주문제를 덮어놓았던 이유를 해명함으로써 자기 역사를 바로 쓴 뒤에 비로소 역사 바로 세우기를 할 수 있다"는 점을 강조하였다. 그리고 김영삼에게 "대선자금의 내용을 밝히라"고 요구하였다.[35] 김대중은 3당합당으로 탄생한 신한국당(민자당) 역시 청산 대상이라는 점을 강조하였다.

김영삼의 5·18특별법 제정 지시와 역사 바로 세우기 담화는 이듬해 4월에 실시될 총선을 의식한 정치적 선택이었다. 노태우·전두환 비자금 사건을 계기로 당내 민정계 인사들의 입지를 더욱 축소하는 한편, 비자금 문제가 그 자신에게 미치는 것을 막으려는 방편이었다. 그러한 측면에서 이에 대한 반발은 당내 민정계를 비롯한 보수세력에게서 나타났다. 민자당은 1995년 12월 6일 당무회의를 열어 당명을 신한국당으로 바꾸기로 의결하는 한편 '헌정 질서 파괴 범죄의 공소시효 등에 관한 특별법안'을 국회에 제출하기로 결정하였다.[36] 이러한 당명의 변경은 과거와의 단절을 시사했다. 그러나 이러한 시도에 대한 당내 반발도 있었다. 민정계 의원들이 신한국당이 제출한 5·18특별법안에 대한 반대를 표명하였다.[37] 일부 당내 반발이 있었지만 신한국당은 역사 바로 세우기를 밀어붙였고 당의 강령과 기본 정책에 김영삼의 역사 바로 세우기를 명시하였다.[38]

이러한 김영삼의 시도에 보수(극우)세력들은 거세게 반발하였다. 이들은 김영삼의 시도를 표적 수사, 정치보복으로 규정하였고 과거 부정은 역사 부정이라고 주장하였다.[39] 특히 보수(극우) 성향의 잡지인 《한국논단》 3월호에 김영삼 정부의 역사 바로 세우기에 관한 토론이 게재되었는데 토론자 중 노태우 정부에서 총리를 지냈던 노재봉은 "지금 제일 큰 문제는 (현 정권이) 권력을 정당화하기 위해 도덕을 내세워 역사 바로잡기니 하는 데까지 이르렀다는 것"이라며 "지금 정부는 혁명정부이며, 대통령이 헌법 제정적 권력(국민) 위에 서 있는 형편이 되어버렸다"라는 주장을 개진하였다.[40] 이에 대해 김철 청와대 정무비서관은 "김영삼 정부의 방향은 개혁을 통해 보수를 강화하는 것"이며 그의 "개혁작업은 보수가 보수다운 건강상태를 회복하도록 치유하는 작업"이라고 반론하였다. "김 대통령은 보수가 남긴 과오를 개혁을 통해 교정해가는 부담을 스스로 짊어지고 있다"는 것이었다.[41]

그러나 김영삼의 역사 바로 세우기는 보수세력에게 받아들여지지 않았다. 한승조는 "자유민주주의가 원활하게 실시되고 있는데 군사쿠데타가 잘 나가는 제도를 파괴하고 들어선 것이 아니라 자유민주주의가 잘 안 되어서 군부정권이 들어섰으며" "이러한 사실을 받아들이는 것이 역사 바로 세우기의 본뜻"이라고 김영삼의 역사 바로 세우기를 비난하였다. 나아가 그는 "일부 사람들이 주장해온 왜곡된 진실만 내세울 것이 아니라 생각을 전혀 달리하는 사람들이 믿고 있는 역사적 진실도 존중해야" 하며 "불편부당한 위치에서 종합적으로 서술하고 평가하는 것이 역사를 바로 세우는 정도"라고 김영삼에 대한 불편함을 드러냈다. 그러면서 "역사 바로 세우기란 종전의 정통주의적 사관을 배제·축출하고 현대사를 부정 일변도로 보려는 수정주의 사관·민중사관을 받아들이는 것이 아니라 민중사관에 의하여 왜곡 오염된 한국 현대사를 공정하고 객관적인 시각으로 복원하며 역사적 진실을 불편부당한 입장, 다원주의적 시각에서 인식하고 평가하는 것이 역사를 바로 세우는 바른 길"이라고 주장했다.[42] 그는 불편부당한 시각을 강조했지만 그 자신이 편협한 이념을 잣대로 김영삼의 역사 바로 세우기를 수정주의 사관·민중사관이라고 배척하고 있었다.

한승조의 입장은 단지 한 명의 학자의 의견에만 머물지 않았다. 1995년 3월 민자당에서 나온 김종필이 주도하여 결성된 자유민주연합은 이러한 역사 인식을 바탕으로 5·18특별법안에 반대하던 신한국당 내 민정계 인사들을 포섭하려고 했다. 자민련은 1996년 2월 27일 총선을 앞두고 출정식을 겸해 열린 중앙위 전체회의에서 본격적인 '이념전쟁'을 선언하였다. 김종필 자민련 총재는 색깔론과 위장 보수론을 제기하며 자민련만이 유일한 보수정당임을 강조하였고 김영삼 대통령과 집권 여당을 이념 공세의 표적으로 삼았다. 김종필은 "극우와 극좌가 함께 동거하는 정당들의 보수주의 운운은 한마디로 국민 기만"이라며 "역사와 전통을 부정하고 질서와 안정을 파괴하는 정파들의 보수 강변은 위선"이라고 주장했다. 이날 자민련은 '자유민주주의 선언'을 채택하였는데 이 선언에서 그들은 "역사는 우여곡절은 있으나 역사 그 자체로 존재하면서 발전하는 것"이라면서 "민족역사를 훼절하는 것은 죄악"이라고 규정했다.[43] 또한 김종필은 김영삼의 '역사 바로 세우기', '명예혁명', '제2의 건국' 등의 언급은 "나라를 분열시키고 대한민국의 정통성을 부정하는 일"이라고 비판하면서 김영삼에게 "현대사를 부정 일변도로 보는 수정주의적·민중적 사관을 버리고 정통주의 사관을 확립해주기를 바란다"고 언급하기도 했다.[44]

보수 서사의 등장: 전·노 사면과 박정희 신드롬

김영삼이 특별법을 제정하라는 지시를 내린 지 한 달도 되지 않은 1995년 12월 19일 자민련과 신한국당 일부 의원들의 반대 속에서 찬성 225표, 반대 20표, 기권 2표로 〈5·18민주화운동 등에 관한 특별법〉이 통과되었고 〈헌정 질서 파괴 범죄의 공소시효 등에 관한 특례법〉은 만장일치로 국회에서 가결되었다. 이와 더불어 국회는 12·12 군사반란 및 5·18내란사건 등에 대한 검찰의 수사 내용을 국회에 보고하도록 하는 결의안을 채택하였다. 또한 특별법에 따라 5·18민주화운동 및 민주화운동과 관련해서 유죄 확정판결을 받은 사람들의 명예회복과 관련하여 5·18관련자들의 유죄가 확정되면 특별재심을 청구해 무죄판결을 받을 수 있게 되었고, 5·18광주민주화운동 정신을 계승할 기념사업이 실시될 수 있었다.[45]

이 특별법에 따라 12·12사건 및 5·18사건 특별수사본부가 구성되어 전두환, 노태우를 비롯한 핵심 관계자들에 대한 수사가 시작되었다. 특별수사본부의 수사는 1996년 2월 28일에 종료되었고 신군부 핵심 인사 16명은 군사반란 및 내란 피의자로 구속기소되어 재판에 회부되었다.[46] 1996년 8월 26일 1심 공판에서 전두환에게 사형, 노태우에게는 22년 6개월 형이 선고되었고, 1997년 4월 17일 대법원의 최종심에서는 전두환에게 무기, 노태우에게는 17년이 선고되었다.[47]

전두환·노태우 재판에 관하여 재판 직후부터 두 가지 대립된 견해가 제시되었다. 그 하나는 이 재판을 본격적인 과거청산의 시발점으로 보는 견해이다. 불법적인 과거의 청산은 미래를 위한 초석을 닦는 일이라는 것이었다. 또 다른 견해는 이를 과거청산의 대미로 보는 견해이다. 이러한 견해를 보이는 사람들은 21세기를 앞두고 있는 지금 더 이상 과거에 얽매이지 말자는 것이었다.[48] 그러한 견지에서 대법원 확정판결이 나온 직후부터 전두환과 노태우에 대한 사면·복권 문제가 제기되었다. 청와대 관계자들 사이에서는 "결자해지 차원에서 김 대통령이 재임 중 사면을 단행해야 한다는 견해가 지배적"이지만 "조기 사면보다는 '대선 후 퇴임 전' 쪽이 다소 우세하다"고 지적했다. "조기 사면은 역사 바로 세우기의 의의를 퇴색시킬 뿐만 아니라 반대 여론도 상당할 것이기에 대선에 도움이 되지 않는다"는 것이었다.[49] 또한 정치권에서도 자민련 김종필 총재, 신한국당의 김윤환·이한동 고문은 대구 경북 지역 및 보수층의 여론을 의식하며 사면·복권에 적극적이었고 국민회의 김대중 총재는 "본인들의 반성과 국민 정서가 허용될 때 이루어져야 한다"면서도 사면·복권 그 자체에

는 반대하지 않았다.[50]

이들의 사면·복권에 반대하는 움직임들이 격렬하게 전개되고[51] 사면·복권에 반대하는 여론도 우세하였으나,[52] 1997년 하반기의 경제위기와 대선 정국 속에서 김영삼이 제창한 역사 바로 세우기는 뒤로 밀려나기 시작했다. 대선을 앞두고 신한국당과 민주당의 합당으로 결성된 한나라당은 당헌 전문에서 역사 바로 세우기를 삭제했다.[53] 야권의 대선 후보인 국민회의 김대중도 사면의 필요성을 강조하였다. 그는 8월 말 한 시사 주간지와의 인터뷰에서 "화해라는 것은 잘못한 사람이 잘못했다고 사과해야 이뤄지는 것이지만 용서는 다르며", "그분들이 반성하는 모습을 보이지 않는다고 우리도 똑같이 대응할 수는 없다는 생각이 들었다"고 말하는 한편, 김영삼 대통령의 임기 내에 사면을 단행하여 하루빨리 동서 화합의 길이 열리도록 해야 한다는 생각을 밝혔다.[54] 1997년 12월 대선에서 승리한 김대중은 앞서 말한 동서 화합의 취지에서 김영삼 대통령에게 임기 내 사면을 제안했고 김영삼은 12월 20일 이들에 대한 특별사면과 복권을 단행하기로 결정했고, 22일 이들에 대한 사면이 의결되었다.[55]

이러한 결정에 대해 의견은 엇갈렸다. 광주의 재야인사들은 두 사람의 사면에 동의를 표했다. 강신석 목사, 조비오 신부 등 광주의 재야인사와 5·18민중항쟁유족회·부상자회·구속자회 등 단체는 이날 〈김대중 당선자에게 드리는 글〉을 통해 "두 전직 대통령의 사면문제가 국민 대통합이란 역사적 소명에 걸림돌이 되어서는 안 된다"며 "두 전직 대통령의 사면에 동의한다"라고 했다. 이들은 "전제조건은 없으며 사면이 이뤄지면 마땅히 뉘우침의 뜻을 밝힐 것으로 기대한다"며 "김 당선자가 국민을 하나로 통합하고 국가위기를 극복하길 바란다"고 말했다. 그러나 양심수 석방이 선행되지 않고 전두환, 노태우가 참회의 뜻을 밝히지 않은 상태에서 이들만 사면한 것은 명분과 형평에 맞지 않는다는 의견도 상당수 제기되었다.[56]

이후 광주에서는 5·18희생자를 위한 신묘역 공사가 진행되었고 정부는 5·18을 법정기념일로 공식 지정했다. 2002년에는 5·18피해자들이 민주유공자로 규정되었고 희생자들의 묘지가 '국립5·18민주묘지'로 승격되었다. "광주항쟁의 승리의 역사는 대단원의 막을 내린 것" 같아 보였다.[57]

그러나 다른 한편에서는 5·18의 역사에 대응할 보수세력을 위한 역사 서사가 준비되고 있었다. 그것은 바로 박정희 신화를 그려내는 작업이었다. 1997년 10월 《조선일보》는 "한반도란 화폭에 가장 큰 밑그림을 그린 인물로 역사에 기록될 박정희"라는 "혁명가를 객관적으로 볼 수 있는 여유와 자료를 갖게" 되었고 그 자료를 바탕으로 1997년 10월 20일 자부터 〈내 무덤에 침을 뱉어라〉라는 박정희 전기를 연재한다고 밝혔다. 이들은 "잠자던 민족의 에너지를 대폭발시킴으로써 모든 한국인의 삶을 변화시켰던 그의 이야기는 바로 우리가 살아온 이야기이자 우리가 살아갈 이야기"라며 연재 취지를 밝혔다.[58]

박정희 신드롬 현상은 김영삼 정권의 실정과 경제위기의 국면 속에서 곳곳에서 나타나고 있었다.[59] 1997년 박정희 생가 방문객이 급증하기 시작했고[60] 1996년 12월 공보처가 여론조사 기관에 의뢰하여 실시한 설문조사에서 응답자 중 가장 많은 23.4퍼센트가 가장 좋아하는 역사적인 인물로 박정희를 선택했다.[61] 이러한 움직임에 대해 “어떤 구체적인 평가 기준도 없이 그저 현실에 대한 불만을 과거에 대한 향수로 귀착시키는 것은 시민사회의 미성숙을 드러내 보여주는 징표”라는 비판도 일각에서 제기되었으나 한 언론이 썼듯이 박정희 유령이 떠돌고 있었다.[62]

또한 김종필의 자민련과 손을 잡아 탄생한 김대중 정권은 동서 화합의 차원에서 박정희시기 역사를 끌어안고자 했다. 1999년 5월 13일 김대중은 박정희 대통령의 업적을 평가하고 박정희 전 대통령 기념사업에 대해 정부 차원에서 적극 지원하겠다는 뜻을 밝혔다. 그는 “정부 수립 후 전직 대통령이 전체적으로 존경받는 분이 없었으나 그런 속에서 박 전 대통령은 국민 속에 가장 긍정적인 평가를 받고 있다”면서 “근대화도 했지만 국민들에게 새로운 눈을 뜨게 하고 확신감을 갖게 해 ‘우리도 하면 된다’는 자신감을 갖게 한 것은 큰 공로”라고 말했다. 또한 그는 “내가 과거에 박해도 받았지만 다 청산하고 박 전 대통령과 오늘 다시 화해하고 다시 한번 내 입으로 그분을 재평가해 기념사업을 위하는 것은 나에게도 뜻이 있다”고 말했다.[63] 김대중은 전두환·노태우의 사면을 제안했을 때와 같이 피해 당사자로서 자신이 화해와 용서의 주체가 될 수 있음을 강조하였다.

역사전쟁의 본격 개시

김영삼은 1992년 대선에서 당선된 직후부터 문민정부를 내세우면서 강력한 개혁 의지를 표명했다. 그 개혁에는 ‘왜곡된’ 역사를 바로잡겠다는 것도 포함되었다. 김영삼 정권은 민족정기를 바로잡겠다며 조선총독부 건물을 해체했고 1993년 8월 상해임시정부 요인 유해를 봉환하면서 임시정부의 법통을 잇는다는 점을 강조하기도 했다. 김영삼 정부가 일제 식민지시기 역사를 바로잡겠다는 의지를 표명하자 시민사회에서는 한국 현대사의 비극적인 사건들을 재조명해야 한다는 주장이 표명되었다. 그 가운데 5·18 진상조사는 역사적 문제이자 현안으로서 중심적인 위치에 있었다.

그러나 3당합당이라는 정치적 타협을 배경으로 출범한 김영삼은 이 문제를 직시할 수 없었다. 그러한 요구들에 대해 그는 민감한 현대사 문제는 역사에 맡기자며 뒤로 미루는 태도를 유지했고 5·18진상규명과 책임자 처벌문제도 예외는 아니었다. 시민사회에서는 5·18특별법을 제정하자는 움직임이 전개되었고 국회에서도 야당을 중심으로 특별법안이 국회에 제출되었다. 민족정기를 바로잡기 위해서는 역사의 진상이 밝혀져야 한다는 주장이 강력히 제기되고 있었다.

그런데 상황은 다소 예외적인 국면에서 급진전되었다. 1995년 하반기에 불거진 전두환·노태우의 비자금 조성 폭로로 5·6공 비리 청산 요구가 제기되었다. 이는 5·18특별법 제정과 진상규명에 대한 요구로 이어졌다. 더욱이 정치자금 문제가 김영삼에게도 제기되었다. 김영삼은 민주자유당에 5·18특별법을 제정하라는 지시를 내렸고 12월 12일에는 '역사 바로 세우기'를 주창하는 대국민 담화를 발표했다. 그의 '역사 바로 세우기' 담화는 이듬해 총선을 의식한 것으로 민자당 내 민정계 인사들의 입지를 축소하고 자신에게 비자금 문제가 미치는 것을 막으려는 조치였다. '역사 바로 세우기' 담화에 대한 비판은 민정계를 비롯한 보수집단에서 강력하게 제기되었다. 이들은 김영삼의 시도를 표적 수사 및 정치보복으로 규정하였고 과거 부정은 역사 부정이라고 주장했다. 이러한 보수집단들의 불만에 대응하여 자민련은 유일 보수론을 제기하며 보수세력에 대한 정치적 포섭을 시도했고 보수의 재편이 진행되었다.

1995년 12월 19일 5·18특별법은 국회에서 통과되었다. 이 특별법에 따라 12·12사건 및 5·18사건 특별수사본부가 구성되어 전·노를 비롯한 핵심 관계자들에 대한 수사가 시작되었고 최종적으로 1997년 4월 17일에 열린 대법원 최종심에서 전두환에게 무기징역, 노태우에게는 17년 형이 선고되었다. 그러나 이들에 대한 최종심이 선고된 직후부터 격렬한 반대에도 불구하고 사면·복권에 대한 논의가 등장했고 1997년 12월 외환위기의 와중에 대통령으로 당선된 김대중은 동서 화합을 이유로 김영삼에게 임기 내 사면을 제안했고 김영삼은 이를 받아들여 12월 22일 이들에 대한 사면이 의결되었다.

이후 5·18은 법정기념일로 공식 지정되고 피해자들이 민주유공자로 규정되는 등 5·18의 역사는 공식적으로 승인되었다. 민족정기의 회복을 추구한 문민정부의 역사청산 작업은 그 의도를 벗어나 5·18특별법의 제정으로까지 연결되었다. 그 과정은 1980년대부터 이어진 민주화운동이 이룩한 하나의 결실이었다. 그러나 다른 한편에서 이러한 역사 인식에 대응하기 위한 보수집단의 역사 서사가 준비되고 있었다. 극소수 인사들이 5·18부정론을 주장하고 있었으나 더 강력한 대항 서사가 준비되고 있었다. 김영삼 정권이 실정과 경제위기라는 상황은 박정희 신화를 만들어내었다. 이와 더불어 여전히 5·18과 관련된 많은 역사적 진실들은 베일에 가려져 있으며 역사적 사실을 왜곡 폄훼하려는 시도 역시 반복적으로 나타나고 있다.

6. 공공성 가치의 위축과 특권 유지
–서울대 법인화 논의의 역사*

◎ 신승욱

‘반값 등록금’과 서울대 법인화

최근 한국 사회에서 고등교육 관련 문제들이 화두로 떠오르고 있다. 대학교육이 학생들에게 실질적인 도움을 주지 못하는 폐단이 오랜 시일 누적되어오다가 결국 등록금이 너무 비싸다는 문제 제기로 표출되었다. 정치권에서는 소위 ‘반값 등록금’을 요구하는 시민사회의 목소리에 대응하여, 일단 등록금 부담이 절대적으로 높은 사학私學의 문제점을 지적하며 사학개혁 논의를 시작했다. 한편에서는 서울대 법인화 문제가 논쟁이 되고 있다. 법인화는 현행 국공립대 체제를 전면적으로 개혁하는 방안으로서 고등교육 제도에 큰 영향을 미치는 사안이지만, 사회적 합의가 이루어지지 않은 채 강압적으로 진행되면서 점차 갈등이 커가고 있다. ‘반값 등록금’과 서울대 법인화 문제는 결국 대학개혁이라는 복잡하지만 중요한 사회적 의제와 맞닿아 있다고 볼 수 있다.

대학개혁에는 다양한 주제가 포함될 수 있지만, 이 글에서는 법인화 문제와 관련하여 국공립대 행정·재정 체제 및 지배구조 개혁

문제에 주목하고자 한다. 구체적으로는 한국에서의 국공립대 법인화 논의를 살펴보는 작업의 일환으로서, 서울대 법인화가 역사적으로 어떤 경과를 거쳐 진행되었는지 살펴보고자 한다. 서울대 법인화 사례에 특별히 주목하는 이유는 두 가지 사실 때문이다. 하나는 실질적으로 국공립대의 '맏이'라 할 수 있는 서울대의 개혁 논의는 항상 정부의 국공립대 정책과 긴밀히 연관되었다는 점이다. 정부는 서울대에만 지원을 몰아준다는 비난 여론에 대응하여, 고등교육 개혁을 추진할 때마다 서울대 개혁을 중요한 정책 과제로 삼곤 했다.

또 하나는 법인화와 같은 대학 지배구조 개혁문제에서 정부보다 서울대가 적극적인 태도를 보인 경우가 많았다는 점이다. 정부는 오랫동안 국공립대 법인화를 일관된 정책 기조로 설정하긴 했으나, 교수·학생 등 문제 당사자들의 반발을 고려하여 적극적으로 추진하지 못하는 경우가 많았다. 한편으로는 정부의 교육개혁 정책이 입시제도와 같은 초·중등교육 부문을 중시하는 경향이 강했던 측면도 있다. 오히려 국공립대 개혁의 필요성을 주장하고 구체적인 정책 논의를 선도하는 쪽은 정부가 아니라 서울대였다. 이 글에서는 대학 지배구조 개혁문제에서 정부와 서울대가 어떤 영향을 주고받았는지 살펴보고, 나아가 서울대가 개혁 논의를 이끌어가게 되는 경과와 그 배경을 분석해보고자 한다.

이 글에서 다룰 대학개혁 논의의 시간적 범주는 1987년 민주화 이후부터다. 민주화 이후의 대학개혁 논의는 정부의 획일적인 통제에서 벗어나 대학 구성원들이 활발히 참여했을 뿐만 아니라, 대학의 자율성 확보가 가장 중요한 목표였다는 점에서 이전 시기의 개혁 논의와는 성격이 다르다고 할 수 있다.[1] 즉 법인화 논의의 역사적 성격을 알기 위해서는 민주화 이후의 대학개혁 논의가 줄곧 대학의 자율성을 확보해야 한다는 문제의식과 결부되었다는 사실을 감안할 필요가 있다. 본론에서는 본격적인 논의를 시작하기에 앞서 대학개혁 논의에서 자율성이 특히 중시될 수밖에 없었던 역사적 배경을 간략히 소개하고, 이어서 당시에 운위되었던 자율성 가치의 성격이 어떠했는지 알아보고자 한다. 이를 통해 서울대 법인화 논의의 역사적 성격을 더 명확하게 드러낼 수 있을 것이다.

민주화 이후 대학 자율화 담론의 흐름

오랜 독재정권 치하에서 한국의 대학은 국공립과 사립을 막론하고 정부 당국의 획일적인 통제 아래 놓여 있었다. 고유한 건학이념을 추구해야 할 사립대마저 정부의 지시에 맹목적으로 따라야 했던 현실에서 국공립대의 자율성은 언감생심이었다. 대학의 자율성을 요구하는 목소리가 터져나올 때마다 정권은 가혹한 탄압으로 일관했다.[2] 1980년대 전두환 정권이 대학 자율화 정책을 추진하기는 했지만, 실상은 학원 탄압을 정당화하기 위한 허울에 불과했다.

정부 주도가 아닌 대학 구성원들이 자발적으로 참여하는 대학개혁 논의는 1987년 민주화 이후에야 비로소 시작될 수 있었다. 여전히 국가는 대학개혁 문제에 적극적으로 개입했지만, 대학의 자율성을 최대한 보장해야 한다는 기조는 이제 거스르기 힘든 대세가 되었다. 사학은 물론이거니와 국공립대 역시 정부의 획일적인 통제에서 벗어나 최대한 자율성을 확보하는 개혁을 추진해야 한다는 요구가 강해졌다. 서울대가 추진했던 개혁 역시 이러한 시대적 조류와 밀접하게 연결되어 있었다.

민주화 이후 본격적으로 형성되기 시작한 대학 자율화 담론은 크게 보아 두 가지 흐름이 있었다. 하나는 민주화로서의 자율화였다. 기실 1970년대부터 대학생들이 꾸준하게 벌여왔던 교련 반대 투쟁, 학도호국단 철폐투쟁 등 일련의 학원자주화운동은 대학에서 민주성 가치를 실천하려는 행동이었다. 교수들 역시 정부의 집권적 통제를 비판하고 민주적 의사결정을 추구했다. 서울대의 사례를 보자면, 박정희가 사망하여 유신체제가 종말을 고한 직후인 1979년 12월 대학체제 개편을 임무로 삼은 학사조정위원회를 출범시켰다. 위원회가 발표한 대학개혁 구상에서는 교수회의 활성화를 통해 '연구의 독립성'과 '운영의 자율성'을 신장하기 위한 방안들이 담겼다.[3] 대학 자율화를 민주화로 이해하는 이러한 움직임은 1987년 민주화 직후 자연스레 널리 확산되었다. 즉 정부의 개입을 줄이는 것을 탈정치화, 즉 민주화로 새기며 대학개혁을 논의하는 흐름이 자리 잡았다.[4]

또 하나의 흐름은 '효율화'로서의 '자율화'였다. '효율화'란 경제적 효율성의 증대를 의미하는데, 곧 정부의 통제는 비효율을 불러오므로 대학의 자율적인 운영을 보장해주어야 한다는 논리였다. 이러한 견지의 주장이 잘 드러난 사례는 교육개혁심의회가 발표한 〈교육개혁 종합구상〉이다. 교육개혁심의회는 전두환 정권이 교육개혁을 추진하기 위해 조직한 대통령 직속 자문기구였는데, 3년여의 활동 끝에 1987년 12월 최종보고서인 이 구상안을 대통령에게 제출했다. 구상안은 "향후의 한국 사회는 고도·기술 정보화, 개방·국제화 그리고 다변·다원화 사회로 급진전될 전망"이기 때문에 "질적인 수월성"과 "다양성"을 추구하여 교육여건의 획기적인 개선을 기하는 동시에 "고등교육의 산출을 극대화할 수 있도록 효율성을 제고해야 한다"고 밝혔다. 이러한 효율화의 기조 아래 구상안은 대학 형태의 다양화·특성화 방안과 학사 운영의 자율화 방안 등을 제시했다. 또한 국공립대의 경우 행정·재정 운영의 효율화를 위해 장기적으로 '특수법인화' 한다는 방침도 제시했다.[5] 이것은 정부가 국공립대 법인화 방침을 제시한 최초의 사례이기도 하다.

1980년대 말의 대학 자율화 담론에서는 민주성과 효율성 가치가 병존하는 가운데, 대학 사회에서는 민주화의 여파로 인해 전반적으로 민주성을 중시하는 분위기가 강했다고 평가할 수 있다. 학생들은 물론이거니와, 교수 사회 역시 대학 운영의 효율성 문제보다 총장 직선제와 같은 민주적 의사결정 구조문제에 더 큰 관심을 기울였다.[6] 그러나 1990년대에 들어서면서 담론 지형이 급격하게 변화했다. 주지하다시피 이때 이르러 '세계화' 구호가 흘러넘치는 가운데 경쟁과 성장의 논리가 한국 사회를 지배해가기 시작했다. 1993년 출범한 김영삼 정부는 이러한 조류에 적극 편승하여 교육개혁에서도 '국제경쟁력' 확보를 최우선 과제로 내세우며 교육 규제 완화, 학사 운영의 자율화를 추진했다.[7]

1990년대에 들어 대학 운영에서 효율성을 확보해야 한다는 담론은 대학교육의 시장화·기업화 경향과 밀접하게 결부되며 빠르게 확산되었다. 대학의 민주성을 높여야 한다는 담론은 이러한 흐름에 대응하여 대학교육이 공익에 부응해야 한다는 공공성 가치를 더욱 중시하게 되었다. 민주성·공공성 담론에서 보면 대학이 시장화할 경우 자본의 필요에 맞는 학문만 육성되고, 자본이 선호하는 교육만 권장되어 결국 '학문의 자유와 다양성'이 침해될 가능성이 컸다.[8] 그러나 이러한 공공성 가치는 효율성 가치의 확산에 밀려 상대적으로 위축되었다. 공공성 담론은 흔히 시장주의적 대학개혁 논의를 비판하고 국공립대를 육성하여 교육의 공공성을 확보해야 한다는 주장으로 이어졌는데, 그런 식의 주장은 곧잘 "국공립대가 기득권을 지키려 한다"는 따위의 비난에 직면하곤 했다.

〈서울대학교법〉의 추진과 좌절(1987~1997)

〈서울대학교법〉의 추진

민주화 이후 민주성과 효율성 가치가 병존하면서 대학 자율화 담론이 전개되는 가운데, 대학 운영의 자율성을 높이기 위한 대학개혁 방안들이 모색되기 시작했다. 서울대 개혁의 경우 크게 세 가지 방향이 제시되었다. ① 특수법인화, ② 법적 지위 격상, ③ 현행 국공립대 제도 내에서의 점진적 개선 등이었다.[9] 이 중 마지막 방안은 정부의 개입에 대한 반감이 심했던 당시 분위기에서 환영받기 힘들었고, 앞의 두 가지 방안이 현실적으로 검토될 만했다. 여기서 ①안은 위에서 살폈듯이 정부가 취한 방안이었다. 반면 서울대는 일단 ②안을 채택하여 〈서울대학교법〉 제정을 추진해나가기 시작했다.

〈서울대학교법〉 구상은 서울대가 1987년 1월 발표한 〈서울대학교 발전 장기계획(1987~2001)〉에서 처음으로 제시되었다. 이것은 1977년 〈서울대학교 종합10개년계획〉이 종료된 후 10년 만에 다시 수립된 장기계획안이었다. 여기서 서울대는 '국제 수준의 대학원 중심 대학'으로의 도약과 대학 운영의 자율성 강화를 목표로 내세웠다. 〈서울대학교법〉은 이러한 목표를 법제적으로 지원하기 위한 방안으로서 제시되었다. "〈서울대학교설치령〉을 〈서울대학교법〉으로 개편"하고, "동법에는 대학원 중심 대학으로의 개편 방향, 지원 기준의 강화, 행정·재정상의 자율성 확대 등이 명시되도록 한다"는 구상이었다.[10] 여기서 지배구조와 관련한 구체적인 목표는 제시되지 않았다. 향후의 논의 과정에 따라 법안이 추구하는 지배구조의 상은 달라질 수 있었다.

서울대가 장기계획안을 발표한 이후인 1987년 12월 교육개혁심의회가 발표한 〈교육개혁 종합구상〉에서는, 상술했다시피 수월성 논리를 강조한 고등교육 정책을 내놓고 국공립대 특수법인화 방침을 밝혔다. 다만 국공립대 법인화 방침은 일단 '장기적인 목표'로서 우선적인 정책 과제는 아니었다. 정부의 고등교육 정책에서 대학 지배구조 개혁사업이 지지부진한 동안[11] 〈서울대학교법〉 제정 역시 당장 추진되지 못했다. 서울대의 계획안이 정부의 공식 승인을 받지못했거니와[12] 다른 시급한 사업들에 밀려 법안 연구작업이 지연되었기 때문이다.[13] 서울대는 1989년 7월에 정부의 특수법인화 정책 추진 가능성에 대비하여 〈서울대학교법〉 제정 연구소위원회를 구성하여 법안 연구작업을 추진했지만, 뚜렷한 성과를 내지는 못했다.[14]

서울대는 1987년도 장기계획안을 중간 점검하고 계획 종료 이후의 미래상을 제시하기 위한 취지에서 1995년 1월 〈서울대학교 2000년대 미래상〉(이하 〈미래상〉)을 발표했다. 여기서는 지배구조 개혁 방안으로서 '특수법인화'와 '법적 지위 격상'을 모두 추진할 것을 밝혔다. 〈미래상〉은 현행 국공립대 법제하에서는 서울대가 타 국립대학들과 동일하게 운영되고 있어 하향 평준화를 벗어나기 어렵다고 진단했다. 개혁을 위한 운영상의 자율성을 확보하기 위해서는 '예외규정'을 인정받을 필요가 있으므로, 서울대학교의 관할청을 교육부 장관에서 국무총리로 격상시키는 〈서울대학교법〉을 제정할 것을 제시했다. 〈미래상〉은 예외규정을 보장받기 위한 또 다른 방안으로서 서울대를 장기적으로 특수법인체로 전환할 것을 제안했다. 여기서 특수법인화는 운영상의 재량권을 확보할 수 있는 가장 바람직한 방안이자 '경영 합리화'를 촉진할 수 있는 방안으로 상정되었다.[15]

〈서울대학교법〉 제정사업은 1995년 3월 이수성 총장이 취임하면서 본격적으로 추진되었다. 4월 12일 '서울대학교법 제정을 위한 기획 과제 연구진'이 위촉되어 법안 연구사업이 시작되었고, 그 결과물로서 1996년 3월 가칭 〈서울대학교법(안)〉이 완성되었다. 그런데 이 법안은 전년도의 〈미래상〉 보고서와 달리 법적 지위 격상을 통한 자율화 확보만 명시했을 뿐 특수법인화는 규정하지 않았다. 그 배경을 정확히는 알 수 없으나, 정부의 의지가 미약한 현실을 감안함과

아울러 〈미래상〉에서도 장기적인 추진 과제로 상정한 때문이었다고 보인다.[16]

이때 발표된 〈서울대학교법(안)〉의 내용을 살펴보면, 크게 나누어 서울대학교 설치법(안)과 설치법 시행령 그리고 특별회계법(안)으로 구성되었다. 대학 지배구조와 행정·재정 자율성 문제와 관련한 이 법안의 핵심 내용은 법적 지위 재정립과 특별회계의 설치였다. 법안은 서울대를 교육부가 아닌 국무총리 관할 아래 둠으로써 교육부의 일괄적 통제에서 벗어나 실질적인 독립기관으로서의 위상을 부여할 것을 규정했다. 대학 운영에서는 '평의원회' 조직을 개편하여, 국무총리가 의장, 총장이 부의장이 되고 국회 교육위원회 위원장과 교육부 장관이 참여하는 실질적인 심의·의결 기구로서의 위상을 가지도록 규정했다. 한편 기존의 일반회계 외에 서울대 특별회계를 신설하여 총장이 자율적으로 운용할 수 있도록 규정했다.[17] 이런 규정들은 〈미래상〉에서 제시했던 대로 서울대에 광범한 '예외규정'을 통한 특혜를 부여하는 성격을 띠고 있었다.

〈서울대학교법〉을 둘러싼 논란과 법제화 실패

서울대의 특권적 지위를 규정하는 〈서울대학교법(안)〉은 공식적으로 발표되기도 전부터 커다란 사회적 논란을 불러일으켰다. 다른 국공립대와 사립대 측이 서울대를 강하게 비판하고 나섰다. 주된 비판의 요지는 이미 충분한 물적 자원을 확보하고 있는 서울대에 법적으로 더 많은 혜택을 부여하는 법안은 지극히 불공평하다는 것이었다. 나아가 서울대의 국제경쟁력이 뒤떨어지는 이유는 외부적인 지원이 부족해서가 아니라 자체적인 개혁 노력이 부족하기 때문이므로, 법안 제정에 앞서 자기반성과 내부개혁을 선행할 것을 촉구했다. 서울대 측은 "서울대가 특권적 지위를 누리겠다는 것으로 받아들이면 곤란하다. 대학의 평준화는 불가능할 뿐더러 바람직하지도 않은 만큼 서울대가 조금 앞서 나가겠다는 것"이라고 주장하며 논란을 정면 돌파하려 했지만, 논란을 잠재울 수는 없었다.[18] 이 시기에는 서울대의 특권적 지위에 대한 누적된 비판의식이 법안 관련 논란으로 폭발하여 이른바 '서울대 망국론'·'서울대 폐교론'이 등장하기도 했다.[19]

서울대는 학내외의 비판 여론을 이기지 못하고 결국 법안을 수정하는 방침으로 선회했다. 선우중호 총장은 1996년 5월 3일 열린 '전국 국공립대학교 총·학장협의회'에서 국무총리 직속으로 전환하는 방안을 포기하고 특별회계법의 적용 대상을 모든 국공립대학으로 확대하는 수정안을 제안했다.[20] 다만 그는 설사 '국공립대법'을 만들게 되더라도 "모든 국공립대학에 동일한 수준의 연구와 교육 기능을 맡겨야 하는 취지라면 반대"라고 밝혀, 서울대에 대한 특혜가 유지되어야 한다는 입장은 견지했다. 이러한 총장의 입장을 반영하여 5월 말 본부 기획실이 수정안을 마련했다. 골자는 ① "서울대를 국무총리 관할 아래에 둔다"는 내용의 법적 지위 조항 전면 삭제, ② 〈국공립대 특별회계법〉 추진, ③ 외부 인사를 줄이고 교직원과 학생을 포함하는 평의원회 구성 등이었다.[21]

서울대의 수정안에서 특기할 만한 부분은 바로 평의원회 구성안이었다. 대학의 의사결정 기구에 교직원과 학생 등 학내 구성원들까지 포함한다는 방안은 이전까지 서울대가 보였던 보수적 태도를 감안하면 상당히 돌출적인 성격이었다. 짐작건대 이 조항을 통해 학내의 비판 여론을 무마하여 법안을 추진할 동력을 확보하고자 했다고 보인다. 비록 교직원과 학생 대표는 최대 4명까지만 참여할 수 있는 한계가 있었지만, 이 조항은 대학의 자율성을 추구하는 개혁 논의 과정에서 민주성과 효율성 가치를 혼합하려 했던 보기 드문 사례로 평가할 만하다.[22)]

서울대는 연구작업과 여론 수렴 과정을 통해 수정안을 다듬어 1997년 8월 25일 공식으로 발표했다.[23)] 그러나 IMF사태를 당하고 정권이 교체되는 과정에서 법안은 결국 법제화되지 못했다. 법적 지위를 변경하여 자율성을 확보한다는 방안은 서울대의 특권을 더욱 확대하는 것이라는 비판을 받으면서, 더 이상 추진되기 힘들었다. 사회적 논란 끝에 결국 좌초당한 〈서울대학교법〉은 다시 추진되기까지 일정한 냉각기를 거쳐야 했다. 이제 서울대에 남은 방안은 1990년대에 활발히 논의되었지만 정작 〈서울대학교법(안)〉에는 포함되지 않아 논쟁을 비켜갔던 '법인화'였다.

서울대 법인화의 추진(2005~현재)

김대중-노무현 정부의 국립대 법인화 정책

외환위기의 충격과 함께 출범한 김대중 정부는 사회 각 분야에서 강력한 구조조정 정책을 추진했다. 고등교육 정책에서도 예외가 아니었는데, 특히 1998년 3월 단국대학교가 최종 부도 처리되면서 대학 역시 구조조정되어야 한다는 여론이 크게 일었다. 정부는 대학의 시설 투자를 축소하고 유사 학과를 통폐합함과 아울러 교수 계약 임용제·연봉제 등 성과주의적 운영 방식을 도입하는 등 대학 구조조정 정책을 시행했다. 정부는 구조조정 실적과 재정 지원을 연계하는 등 매우 강력하게 밀어붙였는데, 기실 이러한 대학 구조조정 방안은 대학의 현실을 고려하지 않은 무리한 측면이 있었다. 대학·교수·학생 사회에서는 정부의 강압적인 구조조정 정책에 크게 반발하고 나섰고, 사회적 갈등이 지속되면서 정부의 고등교육 정책은 구실을 하기 힘들었다.

김대중 정부는 대학 구조조정 정책에 뒤이어 1999년에 들어서면서 본격적으로 대학개혁 정책을 내놓기 시작했다. 1999년 3월 교육부는 〈교육발전 5개년계획 시안〉을 발표했는데, 고등교육 부문에서는 대학평가 시행·이공계 지원 등 효율성 진작과 '대학경쟁력 증대'를 목표로 삼은 정책들이 많았다. 대학 운영의 자율성 측면에서는 2000년까지 국립대에 특별회계 제도를 도입한다는 방안이 제시되었지만, 지배구조 전환문제는 언급되지 않았다.[24] 정부는 이듬해인 2000년부터는 국립대학 관련 정책을 다듬기 시작하여 그해 12월 〈국립대학 발전계획〉을 내놓았다. 이 계획안은 전반적으로 전년도의 시안을 구체적으로 다듬은 것이었는데, 다만 국공립대의 의사결정 구조 개편을 위하여 '책임운영기관제도'를 도입한다는 방안이 담겼다.[25] 그러나 하나의 시안 차원이었고, 확정된 정책으로 추진되지는 못했다. 김대중 정부는 대학개혁 문제에서 지배구조 개혁 방안에 그다지 관심을 기울이

지 않았고, 어떤 구체적인 정책을 내놓지 않았다.[26)]

서울대는 정부의 '국립대학 발전계획'에 대응함과 아울러 1987년도 장기계획안에 뒤이은 새로운 장기계획안을 만들고자 하는 취지로 〈서울대학교 장기발전계획(2002~2011)〉을 작성했다. 이 계획안은 2003년 8월 완성되었지만, 공식적으로 발표하지는 않고 내부 방침으로만 활용하기로 결정했다.[27)] 계획안은 법인화와 같은 특정한 운영체제 개혁 방안을 담지는 않았고, "국가는 국가의 비용으로 대학을 설립하고, 그 (국립)대학이 대학의 본질과 원래의 기능에 합당하게 운영되도록 할 필요가 있다"는 원칙을 재확인했다. 다만 이러한 원칙론에는 당시 구조조정이라는 명분 아래 대학에 대한 행정·재정적 통제를 강화하려던 정부의 행태를 우회적으로 비판하는 성격이 내포되어 있었다.[28)]

2003년 출범한 노무현 정부는 초기부터 국공립대 법인화 방침을 표명하기는 했으나 구체적인 정책으로 추진하지는 않았다. 2004년 4월 교육인적자원부가 국무회의에 '학벌주의 극복 종합대책'을 보고하면서 국립대 법인화 방안을 제시했으나, 안병영 교육부총리가 "공론화한다는 뜻이지 당장 추진하는 것은 아니다"라고 밝혔듯이 구체적인 정책화를 의미하지는 않았다.[29)] 사실 당시 정부는 고등교육 정책에서 〈사학법〉 개정에 거의 모든 역량을 쏟아붓고 있었다. 〈사학법〉 문제만으로도 갈등이 심각하던 상황에서 국공립대 개혁을 동시에 추진하기는 어려웠을 것이다.

〈사학법〉 개정정책이 고비를 넘기면서 비로소 정부는 국공립대 개혁문제를 다루기 시작했다.[30)] 2005년 5월 교육인적자원부는 총장 간

선제와 국립대 법인화를 골자로 하는 대학경쟁력 강화 방안을 발표했다. 이 자리에서 김진표 교육부총리 겸 교육인적자원부 장관은 "자율경영 능력이 있다고 스스로 판단하는 대학들은 법인으로 전환할 수 있도록 하겠다"고 발언하여 '선별적·단계적 법인화' 방침을 밝혔다.[31] 교육인적자원부는 2006년 1월 국립대 법인화의 구체적인 로드맵을 제시하는 '대학 특성화 추진 방안'을 대통령에게 보고했다. 이 방안은 국립대의 선택적 법인화 및 회계제도 변경을 규정한 법안을 상반기 중에 국회에 제출하고, 법안이 시행될 경우 2010년까지 서울대를 비롯한 5개 대학가량을 특수법인화한다는 계획을 담았다.[32] 그러나 논란이 커지는 가운데 법안 제출은 계속 지연되었고, 결국 해를 넘겨 2007년 3월이 되어서야 교육인적자원부는 〈국립대학법인의 설립·운영에 관한 특별법〉을 입법 예고할 수 있었다. 이 법안은 6월에 국무회의를 통과하여 국회에 제출되었지만, 상임위에서조차 제대로 논의되지 못하고 결국 폐기되었다.

서울대의 '독자적' 법인화 추진

서울대는 정부의 적극적인 국립대 법인화 정책에 대응하여 오랫동안 묵혀두었던 법인화 방안을 다시 추진하기 시작했다. 2005년 9월 열린 서울대 교수협의회 주최의 법인화 관련 토론회에서 정운찬 총장은 "교육부의 법인화 계획이 아주 야무진 것은 아니지만 개인적으론 긍정적으로 검토하고 싶다"고 발언하여 공식 석상에서는 처음으로 법인화 추진 의사를 밝혔다.[33] 서울대는 11월 말 태스크포스를 구성하여 법인화 방안 연구작업을 시작했다.[34] 2006년 취임한 이장무 총장 역시 적극적인 법인화 추진 의지를 밝혔다. 다만 정부의 정책에 반드시 순응하지만은 않겠다는 입장에서 "서울대학교 발전에 가장 적합한 법인화 방안을 추진하겠다"는 신중한 자세를 보였다.[35)]

서울대는 국공립대의 법인화 형태를 일괄적으로 규정하는 노무현 정부의 입법을 비판하고, 각 국립대의 특성을 반영하는 개별 입법을 통해 법인화를 추진해야 한다고 주장했다. 서울대는 2007년 3월 발표한 〈서울대학교 장기발전계획(2007~2025)〉에서, "모든 국립대학을 단일 법률에 의해 획일적 방식으로 법인화할 경우 당초 목적을 실현하기는 무리"라고 주장하면서, "세계 수준의 외국대학과 당당히 경쟁하는 대학으로서의 위상을 확립하기 위해서는 서울대의 위상과 특성을 반영하는 법률을 제정해야 한다"고 요구했다.[36)] 즉 서울대는 1990년대 중반 〈서울대학교법〉을 제정하려 했던 때처럼 서울대의 '위상'을 높일 수 있는 새로운 형태의 〈서울대학교법〉을 추진하기 시작한 것이다. 이전에는 '법적 지위 격상이 자율성 확보와 특권 유지'의 수단이었지만, 이제는 당시 논란을 피해갔던 법인화가 유력한 수단으로 떠올랐다.

서울대는 정부의 입법작업과는 별도로 독자적인 법률안을 연구해 나갔다. 2007년 3월 교육인적자원부가 〈국립대학법인의 설립·운영에 관한 특별법〉을 입법 예고했을 때에도 독자적인 서울대 법인화 입법을 추진하겠다는 입장을 재확인했다. 서울대는 노무현 정부의 임기가 끝날 때까지는 주로 법인화를 찬성하는 한나라당 국회의원들과 협조하며 연구사업을 진행시켰다.[37)] 2007년 대선에서 국공립대의 단계적 법인화를 공약으로 내건 이명박 대통령이 당선되자,[38)] 서울대는 본격적으로 법인화 사업을 서둘렀다. 2008년 10월에 90명의 위원으로 이루어진 서울대학교 법인화위원회가 출범하여 구체적인 법안 제정작업에 돌입했다.

법인화위원회는 2009년 3월 법인화 연구보고서 초안을 발표했고, 이것을 다듬어 7월에 국립대학법인 〈서울대 설치·운영에 관한 법률안〉 시안을 발표했다. 서울대가 시안을 발표하자 교수·학생 사회에서 충분한 여론 수렴 없이 성급하게 법인화를 강행한다는 비판이 쏟아졌다. 서울대는 여론 수렴 과정을 거쳤다고 밝혔지만, 사실 보고서 초안을 공개하고 시안을 확정하기까지 걸린 4개월여의 시간은 충분한 여론 수렴을 거치기엔 부족한 것이었다.[39] 서울대는 갈등이 벌어지는 가운데에서도 시안을 가지고 주무 부처인 교육과학기술부와 협의를 시작했다.

서울대와 정부 간의 협의 과정에서 가장 이견이 컸던 부분은 정부의 재정 지원문제였다. 정부는 이전부터 국공립대에 투입하는 예산 규모가 과도하다고 지적했고, 재정 부담을 줄이기 위한 시도로서 국공립대 법인화를 추진해왔다. 이런 측면에서 정부의 법인화 정책은 김대중 정부 때부터 추진되었던 '대학 구조조정'의 연장선에 있다고 볼 수 있다.[40] 반면 서울대는 법인화 이후에도 정부의 재정 지원이 계속되어야 한다고 주장했다. 정부의 특혜적인 재정 지원은 서울대가 특권을 유지해올 수 있었던 가장 중요한 요소였다. 서울대가 굳이 개별 입법을 통해 법인화를 추진하는 가장 큰 이유도 다른 국공립대나 사립대보다 더욱 많은 재정적 지원을 확보하기 위해서였다.

교과부는 2009년 9월 〈국립대학법인 서울대학교 설립·운영에 관한 법률안〉을 입법 예고했다. 그런데 이 법안은 부처 간 협의를 진행하지 않은 채 재정 지원 부분에서 서울대의 요구를 그대로 수용한 것이어서 논란을 불러일으켰다. 재정기획부는 다른 지방국립대 법인화에 나쁜 선례를 남기고 정부의 법인화 정책 취지에도 어긋난다는 이유로 반대 입장을 표했다.[41] 결국 정부는 부처 간의 이견을 조정하는 작업을 거친 끝에 2009년 12월 국무회의에서 법안을 통과시켰다. 약간의 조정은 있었지만, 재정 지원과 같은 서울대의 핵심 요구가 여전히 전면적으로 반영된 성격의 법안이었다.

정부 입법으로 국회에 제출된 서울대 법인화 법안은 사회적 논란으로 인해 처리가 지지부진했다. 서울대는 국무회의에서 통과된 법안을 더욱 서울대의 요구에 맞게 고친 수정안을 국회에 제출하는 등 적극적인 입법 활동을 벌였다. 결국 해를 넘기기 직전인 2010년 12월, 한나라당은 예산안을 '날치기' 통과시키는 과정에서 서울대 법인화 법안 역시 같이 통과시켜버렸다. 서울대는 즉시 시행령 제정 연구사업을 시작하는 한편 2011년 4월 '국립대학법인 서울대학교 설립준비위원회'를 발족시켜 법인화 사업을 추진해나갔다. 그러나 법인화가 충분한 의견 수렴 없이 막무가내로 시행되어선 안 된다는 비판이 여전히 제기되고 있다. 2012년 야당 의원들은 '날치기' 통과를 비판하며 법인화법 폐기법률안을 제출했고, 서울대학교 학생들은 5월 30일 비상총회를 열고 설립준비위원회 해체를 요구하며 한 달 가까이 대학 본부를 점거하기도 했다.

자율성과 공공성, 대학의 책무

독재정권의 강압이 오랫동안 계속되었던 한국 사회에서 대학개혁은 대학의 자율성을 확보해야 한다는 문제의식과 항상 결부되었다. 1987년 민주화가 이루어지면서 대학 사회 구성원들은 자율성을 보장받기 위한 대학개혁 논의를 시작했다. 민주화 직후 제기된 '대학 자율화' 담론에서는 크게 두 가지 흐름이 병존했다. 하나는 '민주성'으로서의 '자율성'으로, 정부의 통제는 비민주적이므로 대학의 자율성을 확보해야 한다는 논리였다. 또 하나는 '효율성'으로서의 '자율성'으로, 정부의 개입은 경제적 비효율을 불러오므로 운영상의 자율성을 확보해야 한다는 논리였다.

1980년대 말까지만 하더라도 민주화의 여파가 남아있어 민주성 가치에 기초한 대학개혁 논의가 활발하게 이루어졌지만, 1990년대 이후에는 효율성 담론이 강해지면서 민주성 담론을 압도해나갔다. 민주성 담론은 대학교육의 시장화 경향을 비판하며 공익에 부응하기 위해 학문의 자유와 다양성을 지켜야 한다는 공공성 가치를 강조했다. 이러한 민주성·공공성 담론은 교육 공공성을 높이기 위한 국공립대의 역할을 강조하곤 했는데, 그런 주장들은 국공립대의 경직성·비효율성을 성토하는 효율성 담론에 밀려 환영받지 못했다. 현재까지도 이러한 흐름은 대체로 지속되었다.

민주화 이후 서울대 내에서는 대학 행정·재정 체제 및 지배구조 개혁 방안으로서 '법적 지위 격상'과 특수법인화 방안이 모두 모색되었다. 그런데 1995년 들어 본격적으로 추진하기 시작한 〈서울대학교법〉에는 법인화 방안은 포함되지 않고 '법적 지위 격상'을 통한 자율성 확보만 규정되었다. 〈서울대학교법〉은 커다란 논쟁을 불러일으켰는데, 서울대에 지나친 특혜를 부여한다는 비판이 잇따랐다. 사실 〈서울대학교법〉에서는 모든 국공립대와 사립대를 배제하고 오직 서울대에만 특혜적인 '예외규정'을 적용하겠다는 의도가 너무 뚜렷이 드러났거니와, 정부의 법인화 방침과도 다른 법적 지위 격상 방안을 추진함으로써 서울대의 독단이 더욱 부각되고 말았다. 결국 서울대는 학내외의 비판을 이기지 못하고 민주성을 강화하는 방향의 수정안을 만들었지만, 이조차도 IMF사태와 정권 교체 등의 정치·사회적 변동에 휩쓸리며 좌초되었다. 이제 서울대에 남은 개혁 방안은 〈서울대학교법〉에 포함되지 않아 논쟁을 피해갈 수 있었던 '법인화'였다.

김대중 정부는 강력한 '대학 구조조정'을 추진했지만, 학내외의 반발에 부딪쳐 지지부진했다. 그러나 이 시기 형성된 정부의 고등교육 재정 부담 완화 기조는 후임 정부들에 계승되어 법인화 추진정책의 논리가 되었다. 노무현 정부는 사학개혁을 마무리 지은 후 적극적으로 국립대 법인화 정책을 추진하기 시작했다. 서울대는 이에 대응하여 독자적으로 법인화를 모색하기 시작했다. 서울대는 개별 입법에 의한 법인화를 통해 정부로부터의 특혜적인 재정 지원을 계속 보장받고자 했다. 노무현 정부는 서울대와 달리 모든 국립대의 법인화를 일괄적으로 규정하는 입법을 추진했지만, 뒤이어 들어선 이명박 정부는 개별 입법에 의한 국립대 법인화를 추진하여 서울대와 보조를 맞췄다. 서울대는 정부 및 국회와 법안을 협의하는 과정에서 재정 지원을 보장받기 위해 심혈을 기울이는 모습을 보여주었다. 서울대의 입장에서 재정 지원의 보장은 법인화의 성패를 가늠하는 핵심적인 사안이었다.

현재 정부와 서울대가 함께 추진하고 있는 서울대 법인화는 그동안 대학교육의 공공성을 지키는 '최후의 보루'로 여겨져왔던 국공립대의 위상을 흔들리게 하는 지배구조 개혁 논의라는 점에서 시장주의적 대학개혁 논의의 '절정'이라 할 수 있다. 법인화 논의에서 효율성을 강조하는 논리들은 넘쳐나지만, 민주성·공공성은 충분히 고려되지 못하고 있다. 그러한 모습을 보여주는 일례로 2011년 6월 열린 법인화 문제 관련 국회 토론회에서 정부 측이 발표한 문건을 보면, 국립대 법인화의 추진 배경으로서 "글로벌 무한경쟁 사회에서 국가경쟁력 제고", "대학 혁신을 위한 총장의 강력한 리더십 발휘" 등 효율성을 강조하는 논리들만 제시했을 뿐 학문의 자유 보호, 대학 운영의 민주화, 교육복지 확충 등 민주성·공공성 논리는 챙기지 않았다. 비록 각론에서 기초학문 보호, 등록금 인상 억제 등을 주장했지만, 반대 여론을 의식한 해명의 성격이 강하다.[42] 민주성·공공성의 핵심 가치인 학문의 자유나 교육복지를 진지하게 고민하는 모습은 찾기 어렵다.

한편 법인화는 정부로부터 충분한 재정 지원을 받으면서도 운영상의 자율성을 확보하기 위한 지극히 특권적인 내용의 개혁안이라는 점에서, 1990년대 중반 추진했던 〈서울대학교법〉과 본질적으로 성격이 같다. 서울대가 2009년에 처음 법인화 법안을 발표했을 때 특혜 논란이 재연되었던 이유도 이 때문이라 볼 수 있다. 다만 이전처럼 논란이 가열되지 않는 이유는, 현재의 법인화는 이전과 달리 정부와의 타협을 거치면서 추진되고 있어서 서울대의 '독단'이 잘 부각되지 않기 때문이라 보인다. 어쩌면 이것이 서울대가 뜨거운 비난에 한 번 데이면서 얻은 '지혜'일 수도 있겠다.[43)]

7. 10년 주기로 본 한국 사회의 한일협정 인식 60년[*]

◎ 오제연

10년 단위로 돌아오는 한일협정 '주년'

2025년은 한국과 일본의 국교 정상화를 골자로 한 한일협정이 체결된 지 60주년이 되는 해이다. 역사에서 '주년週年'이 갖는 의미는 각별하다. '주년'을 통해 우리는 과거 역사를 다시 한번 돌아보고 그동안 제기되었던 여러 문제를 정리할 기회를 갖는다. 이 과정에서 어떤 사람은 그 역사를 긍정적으로, 의례적으로 기념하고 싶어한다. 반면 어떤 사람들은 이를 비판적 성찰의 계기로 삼으려 한다. 그래서 특정 '주년'이 되면 역사를 기억하려는 다양한 움직임이 나타나고, 그러한 움직임이 기존 인식을 강화하거나 반대로 새로운 인식을 촉발한다.

이 글이 다루려는 '한일협정'도 마찬가지다. 한일협정 체결 후 지금까지 10년 단위의 주년이 계속 돌아왔다. 그때마다 이를 기억하는 수많은 움직임이 있었고, 또 목소리가 터져나왔다. 이는 한일협정이 가지고 있는 기본적인 성격과 함께, 각 주년의 시대적 상황을 반영한다. 따라서 특정 '주년'에 한국 사회가 한일협정과 한일관계를 어떻게 기억하고 성찰하고 전망했는지를 분석하면, 한일협정의 역사적 실체 및 그 후 60년간의 한일관계사를 잘 이해할 수 있다. 이에 이 글에서는 한국 사회가 한일협정 10주년, 20주년, 30주년, 40주년, 50주년 당시 한일협정과 한일관계를 어떻게 바라보았는지를 관련 언론 기사를 중심으로 살펴보고자 한다.

냉전기 경제와 안보 중심의 인식

10주년(1975): '협력'의 빛과 그림자

1965년 6월 22일 일본 도쿄에서 한국의 이동원 외무장관과 일본의 시이나 외상이 '한일기본조약', '한일문화재 및 문화협력에 관한 협정', '한일어업협정', '재일교포 법적 지위와 대우에 관한 협정', '한일재산 및 청구권 문제 해결과 경제협력에 관한 협정'에 서명했다. 이때 체결된 1조약 4협정을 흔히 '한일협정'이라고 부른다. 이로써 1951년 시작 이래 약 14년 만에 한일회담은 타결되고, 한국과 일본은 정식 국교를 맺게 되었다.

당시 한국에서는 격렬한 반발이 일어났다. 한일협정 체결 1년 전인 1964년 3월부터 대학생을 중심으로 한일회담 반대운동이 전개되어 6월 3일 절정에 이르렀다. 박정희 정권은 이 6·3항쟁을 계엄령을 통해 군대를 동원하여 탄압했다. 한일협정이 체결된 1965년에는 6월 22일 한일협정 체결 이전부터 시작된 반대운동이, 체결 이후 '비준 반대', 또 국회 비준 이후에는 '비준 무효화'를 주장하며 거의 1년 내내 지속되었다. 한국에서 한일협정에 대한 반발이 컸던 것은, 첫째,

식민주의 청산과 밀접한 관련이 있는 과거사 문제가 제대로 해결되지 못했기 때문이었고, 둘째, 이 협정을 계기로 일본이 '신식민주의'에 입각해 다방면에서 다시 한국에 침투해 한국을 종속시킬 수 있다는 우려 때문이었다.

한국 내의 격렬한 반대에도 불구하고 미국의 냉전전략 덕분에 한일협정은 체결될 수 있었다. 1950년대 중반 이후 세계적 냉전의 성격이 군사적 대치에서 '정치·경제 전쟁'으로 전환하면서 제3세계의 경제발전을 둘러싼 체제 간 우월성 경쟁이 격화되었다. 소련의 평화 공세, 경제 공세에 대항하여 제3세계 개발의 중요성이 부각되었지만, 미국의 재정과 국제수지 악화는 재원 조달을 어렵게 했다. 이를 타개하기 위해 미국은 1957년부터 대외 원조를 줄이는 한편 각 지역 내 주요 동맹국에 책임을 분담시켰다. 동아시아에서는 일본의 적극적 역할과 함께, 높은 수준의 지역통합이 요구되었다. 특히 1963년 말부터 베트남 문제에 적극적으로 개입하기 시작한 미국은 일본에 더 많은 역할과 책임을 부여하면서 한일회담에 대한 압력을 가중시켰다.[1)]

식민주의 청산과 관련된 핵심 현안에서 한일 양국 간에 여전히 근본적인 견해차가 존재했음에도, 미국의 냉전전략이라는 구심점과 한일 양국의 경제와 안보상의 필요가 맞물려 한일협정은 체결되었다.[2)] 당시 박정희 정권도 정권의 정당성 확보를 위해 경제 개발이라는 과제가 매우 시급했던 만큼, 식민주의 청산이라는 의의와 명분을 취하는 대신 즉각적인 일본 자본 유입을 선택했다. 이 과정에서 일본은 '식민지배에 따른 과오 청산'이라는 역사적 관점을 배제한 방침을 일관되게 고집하여 사실상 '경제협력 방식으로의 타결'을 이끌어냈다.[3)]

한일협정 10년 후인 1975년, 한국에서는 아직도 박정희 정권이 계속 유지되고 있었다. 오히려 1972년 유신쿠데타를 통해 민주주의 국가에서는 유례를 찾기 힘든 억압적인 독재가 자행되고 있었다. 이러한 상황에서 맞이한 10주년에 한일협정의 근본적인 문제점을 성찰하는 것은 사실상 불가능했다. 당시 한국 언론에서는 한일협정 10주년 관련 기사(사설, 칼럼, 보도)들을 많이 내보냈지만, 한일협정에서 제대로 처리하지 못한 식민주의 청산문제를 언급한 경우는 거의 없었다. 모든 언론 기사는 한결같이 한일협정이 체결되던 당시 한일 양국 정부가 강조한 경제와 안보 관점에 입각해 지난 10년간 한일관계를 되돌아보았다.

한국 언론들은 한일협정 뒤 한일 경제협력을 통해 한국 경제가 성장할 수 있었다는 점을 인정했다. 물론 "경제협력이 그들(일본: 필자 주)을 위한 '장사'가 된다는 사실"도 함께 부연했다.[4] 각 대학에서 발행되던 신문들도 비슷한 논조를 유지했다. 일례로 1975년 7월 《고대신문》은 〈한일 국교 정상화 10년의 회고〉라는 특집 기사에서 한일 양국이 한일협정 이후 "서로의 실리를 다져갔다"고 평가했다.[5] 이런 분위기 속에서 박정희 정권 스스로도 한일협정 10년을 결산하며 "지난 10년간의 경제협력은 괄목할 만한 것"이라고 자평했다.[6]

한일협정 타결로 일본에서 대규모 자금이 들어온 후 10년 동안 한국 경제가 높은 성장을 했던 만큼 한국과 일본의 경제협력 자체는 분명 한일협정의 '빛'이었다. 그러나 그 속에는 짙은 '그림자'가 드리워져 있었다. 갈수록 심화하는 한일 간의 무역역조 문제였다. 1975년 한일협정 10주년과 관련해 작성된 한국 언론의 기사들은 대부분 한일 경제협력과 관련된 것이었는데, 그 내용에서 핵심은 경제협력의 성과보다는 무역역조라는 심각한 문제점에 대한 지적이었다. 《매일경제신문》은 한일협정 10주년을 결산하면서 "정상화 10년 동안 한국 경제가 경협과 무역 면에서 일본에 지나치게 경사傾斜되고" 있으며, 1965년 한국의 대일 무역적자는 "1억 2,200만 달러에 머물렀으나" 1974년엔 "10배인 12억 달러를 넘어"섬으로써 심각한 무역역조에 시달리고 있다고 지적했다.[7] 《동아일보》 역시 한일협정 10주년과 함께 더불어 8·15해방 30주년을 함께 맞이하면서 "대미 무역수지는 점차 개선되고 있는 데 반해 대일 무역역조는 수출입 규모가 늘수록 확대"되고 있으며, 이렇듯 "주고 뺏어간다는 국제 경제의 냉엄한 논리가 한일관계에서 단적으로 드러나고 있다"고 지적했다. 여기에 더해 《동아일보》는 1971년 불황 때 일본 자본으로 세운 차관기업들이 부실기업으로 다수 전락한 것은 일본 자본의 질적인 측면과 관련이 있다고 덧붙였다.[8]

한일협정 10주년을 맞아 한국 언론들이 앞다투어 무역역조 문제를 제기했던 것은 무역역조 자체가 심각했기 때문이기도 했지만, 1975년 12월에 청구권 자금의 사용이 완료되는 것과도 관련이 있었다. 즉 한국 언론들은 청구권 자금 사용 완료가 기존과는 다른 새로운 한일 경제협력의 계기가 될 것으로 기대하고 기존 경제협력의 문제점을 적극적으로 제기했던 것이다. 이때 한국 언론이 제시한 새로운 경제협력의 원칙은 한마디로 '호혜'였다. 일례로 《매일경제신문》은 사설을 통해 "우리가 생각하는 경제협력은 대등한 입장에서 상호 호혜 원칙에 입각해서 최근의 국제 경제 정세를 감안한 새로운 차원에서의 협력을 의미하는 것"이라고 주장했다. 그러면서 일본에 지속적인 자본 및 기술 제공 및 무역수지 균형 노력을 촉구했다.[9] 그러나 기존의 수직적 경제협력을 수평적이고 호혜적인 경제협력으로 바꿔야 한다는 주장은, 일본의 각성과 배려를 촉구하는 수준에 머물러 실제 경제 현실을 바꿔내지는 못했다.

이렇듯 한일협정 10주년인 1975년에는 청구권 자금 사용 종료와 맞물려 한국 언론에 한일 경제협력 기사가 주로 실렸지만, 종종 한일간 안보협력 문제가 언급되는 경우도 있었다. 특히 1975년 4월 남베트남의 반공정부가 결국 붕괴되자 이를 계기로 한국과 일본의 안보협력 문제가 적극 제기되었다. 사실 1974년까지 한국과 일본의 정치적 관계는 1973년 김대중 납치사건과 1974년 육영수 암살사건이 연이어 일어나면서 최악의 상황으로 치닫고 있었다. 그러나 1975년 4월 '인도차이나 사태'가 일어나자 한국은 미국이 남베트남 반공정부의 붕괴를 방관한 것처럼 한국에 대한 안보 공약을 지키지 않을 수 있다고 우려하면서, 그 대안으로 일본에 한국 안보에 대한 더 적극적이고 직접적인 기여를 요청하기 시작했다. 일본 역시 '인도차이나 사태'를 계기로 한국 안보에 대한 논의를 활발하게 진행하기 시작했다.[10]

그러나 안보협력 문제에서 일본은 한국보다 훨씬 소극적이었다. 일례로 1973년 12월 이후 거의 2년 만인 1975년 9월에 제8차 한일각료회의가 개최되었는데, 이때 한국 언론들은 이 회의에서 안보적 측면의 한미일 삼각협력 문제가 더 구체적으로 논의될 것이며 특히 한국 정부는 한반도에서 분쟁이 일어날 경우 일본 정부가 취할 태도를 확인하려 할 것으로 예상했다.[11] 그러나 실제 이 회의 직후 발표된 문안에서 "이 지역(한반도)의 긴장 완화를 촉진하고" "동북 아시아의 평화와 안정에 크게 공헌한다" 이외에 한국 안보에 대한 특별한 언급은 나오지 않았다.[12] 이와 관련하여 《동아일보》는 정치적 측면에서 "한일 간의 최대의 마찰적 요소는 일본의 대對한반도관에 대한 인식 차이"라고 지적했다. 즉 일본이 국교 정상화 이후에도 재일한인(조선인) 북송을 계속했고 조총련을 비호했으며, 끊임없이 북한과 접근을 시도해 한국을 자극했고, "앞으로 남북한 등거리외교 추진으로 양국 관계를 저해할 우려가 있다"는 것이었다. 하지만 《동아일보》는 같은 기사에서 "인도차이나 사태 이후 한일 양국은 극동의 평화 유지와 안보를 위한 협력 강화의 필요성을 인정하고 있으며 이러한 필요성은 한미일 삼각 안보체제를 서서히 굳혀가고 있다"고 평가했다.[13] 즉 의심스러운 구석이 없는 것은 아니지만 일본이 경제협력은 물론 안보협력에 있어서 한국에 필요한 존재이며 그 중요성이 커졌다는 인식이었다. 그리고 한일 안보협력 문제는 1980년대 '신냉전'이 격화되면서 더욱 강조되기 시작했다.

20주년(1985): '공조'와 '종속'의 길항

1970년대 말 이란혁명과 소련의 아프가니스탄 침공을 계기로 위기의식이 커진 미국은 1980년대 레이건 행정부 출범 이후 대소 군사력 우위를 바탕으로 세계 전 지역에서 소련과 대결하며 팽창을 분쇄하는 강경책을 견지하기 시작했다. 이를 흔히 '신냉전'이라고 부른다. 1980년 미국 대통령 선거에서 승리하자마자 레이건은 한국, 일본과의 정상회담을 통해 한일 양국과의 동맹관계를 재확인하고 동아시아에서 소련의 위협에 대항할 수 있는 냉전 연합을 구축하려 했다.

전두환 정권 역시 이전 박정희 정권 말기에 악화된 한미관계를 회복해 부족한 정통성을 인정받고자 했다. 그 결과 1981년 레이건 대통령 취임 직후 곧바로 워싱턴에서 한미 정상회담이 열렸다. 1981년 2월 2일 한미 정상회담을 통해 한국 정부는 한미동맹의 완전한 회복과 함께, 일본의 대규모 경제 지원을 이끌어내려 했다. 전두환 대통령은 "이 지역의 안전보장을 위해 일본이 보다 적극적인 역할을 해야 한다"고 강조하고 "일본이 오늘날의 번영을 향유할 수 있는 것은 한국과 미국이 공산 진영에 대한 방파제 역할을 하고 있기 때문이므로", "경제협력 방식으로 한국을 돕지 않으면 안 된다"고 주장했다. 이 같은 전두환 대통령의 한국 '전초기지'론과 일본의 지역적 역할에 대한 강조는 일본에 더 많은 역할과 책임을 부여하고자 했던 레이건 행정부가 환영할 만한 일이었다.[14)]

1982년 11월 취임한 일본의 나카소네 총리도 취임 직후 일본 총리로서 역사상 최초로 한국을 공식방문하여 한일 간 경제협력 문제를 해결하고 견고한 한일관계를 구축하려 했다. 1983년 1월 11일 서울에서 열린 한일 정상회담에서 나카소네 총리는 '한일 신시대'의 도래를 선언하면서 "한국의 방위 노력이 아시아의 평화 유지에 기여"함을 인정했다. 이 자리에서 전두환 대통령은 "한일 양국은 사실상 동맹국이다"라는 점을 분명히 했고, 나카소네 총리도 "중국과 소련은 공산주의로서 똑같은 먹이가 있으면 야합한다. 적절히 대응하여 쐐기를 박을 필요가 있다"고 답했다. 즉 공통의 전략적 인식을 토대로 전두환과 나카소네는 한미일이 단결하여 소련, 중국 및 북한의 위협에 대항하기로 다짐한 것이었다.[15] 이후 전두환과 나카소네는 종종 전화로 공동 관심사를 논의할 정도로 친숙해졌다. 전두환-나카소네 시기 한국과 일본은 "제2의 한일 간 외교 정상화"라는 표현이 나올 정도로 협력의 시대를 구가했다.[16] 또한 나카소네 총리는 1983년 한일 정상회담 일주일 후 미국을 방문하여 레이건 대통령과 정상회담을 갖고 미국과 일본이 '공동운명체'임을 확인했다. 이렇게 하여 레이건 대통령, 나카소네 총리, 전두환 대통령 사이에 지도자 수준의 전략적 파트너십이 탄생하여 동아시아에서 소련의 위협에 대항할 수 있는 냉전 연합이 구축되었다. 세 나라의 전략적 협조는 '신냉전'의 거의 전 기간 계속 유지되었다.[17]

한일협정 20주년인 1985년은 신냉전하 한미일 공조가 정점에 이르렀던 때였다. 이에 따라 한일협정 20주년은 이전의 10주년이나 이후 이어지는 30주년, 40주년과 비교했을 때 가장 우호적인 분위기 속에서 기념되었다. 특히 20주년이 시작되기 직전인 1984년 9월 6일 전두환 대통령이 한국의 국가원수로서는 최초로 일본을 방문했는데, 여기서 히로히토 일왕이 직접 과거사에 대한 유감을 표명함으로써 양국의 분위기는 그 어느 때보다 좋아졌다. 이는 한국 언론들이 1985년 새해 벽두부터 한일협정 20주년에 큰 의미를 부여하는 계기를 마련했다. 일례로 《매일경제신문》은 1985년 1월 1일 자 신문에 〈성년 맞은 한일국교 지난 20년, 새로운 20년〉이라는 특집 기사를 싣고, 한일협정 20주년을 맞이하여 한일 양국이 "보다 성숙한 관계를 이룩, 21세기를 지향하는 선린의 동반자"가 될 것을 기대한다고 했다.[18] 또 10주년 때와는 달리 한일협정 20주년을 기념하는 다양한 방송 프로그램이

기획되고 다채로운 문화교류 행사, 학술행사가 열렸다.

한일협정 20주년 기념행사들은 형식적으로는 민간 차원에서 이루어졌으나, 실제로는 한국과 일본 정부의 긴밀한 협의 속에서 진행되었다. 즉 1985년 5월 일본 도쿄에서 열린 한일 외무부 아주국장 회의에서 한일협정 20주년에 따른 문화교류 문제가 중점 논의되었고, 그 결과 정부 차원의 행사는 갖지 않는 대신, 민간 차원에서 이를 기념하는 양국 인사교류 및 행사를 벌이기로 합의했던 것이다. 이러한 한일협정 20주년 기념행사의 하이라이트는 한일협정 체결일인 6월 22일 전두환 대통령과 나카소네 총리가 이를 기념하여 약 20분 동안 전화 통화를 갖고 양국 간의 긴밀한 우호관계 발전을 다짐한 일이었다. 이러한 비공식적이지만 친밀한 방식의 이벤트는 양국 정상의 밀착된 관계를 과시한 것으로, 뒤에서 살펴볼 한일협정 30주년, 40주년 당시 냉랭한 분위기 속에서 진행된 공식적인 한일 정상회담과 여러모로 대비되는 면이 많았다.

한일협정 20주년은 외형적으로 보았을 때 분명 10주년 당시보다 한일 간의 '우호'와 '공조'가 훨씬 더 강조되었다. 그러나 한일관계의 '빛'이 강조될수록 '그림자' 역시 더 짙어졌다. 이는 한국 언론의 보도에서도 마찬가지였다. 10주년 때 집중적으로 지적되었던 무역역조는 이후 10년 동안 더욱 확대되어 1965년 이후 1984년 10월 말까지 20여 년 사이에 대일 누적적자가 295억 5,200만 달러에 달했다. 이는 한국의 총 대외적자 384억 4,400만 달러의 76.9퍼센트를 차지하는 것이었다. 특히 1983, 84년의 경우 대일 적자가 전체 무역적자를 훨씬 상회, 타국에서의 흑자로 대일 적자를 상쇄하는 상황이었다.[19] 이렇게 대일 무역역조 현상이 심화하자 한국에서는 이를 '종속'의 차원에서 바라보는 시각이 많아졌다.

《동아일보》는 한일협정 체결 20주년을 맞아 게재한 6월 21일 자 사설에서 "해가 갈수록 깊어지는 무역역조 현상"이 "과거 한일수교 반대론자들의 우려", 즉 "한국의 시장을 '일본의 하청경제화' 또는 '일본 경제의 중소기업권'으로 떨어트릴지도 모른다는 우려"를 부인하기 어렵게 했다고 지적했다. 그리고 여기에 더하여 "문화 전반의 역조 현상도 심각하다"면서, "도서 등 이른바 고급문화의 유입도 현저하지만 대중가요 등 이른바 하급문화의 침투 현상도 과소평가할 수 없는 형편이다"라고 우려했다.[20]

다음 날인 6월 22일 자 《매일경제신문》의 사설은 《동아일보》와 미묘한 차이를 드러냈다. 이 사설은 "과거는 아직 청산되지 못했으며, 이해와 선린의 새로운 관계를 정립하자는 수교였으나 아직도 이에 대한 일본 측의 성의가 의심스러운 것이 지금의 한일관계"라고 지적했다. 그러나 이 사설은 일본에 대한 과도한 비난을 경계했다. "유독 우리에 대해서만 무역상의 특별조치를 강구하여 우리의 적자를 일소하라"고 요구하거나, "우리에게만은 모든 기술을 이전해야 한다"고 요구하는 것, 즉 "우리에 대해서만 특별한 조치를 취해야 한다"고 일본에 요구하는 것은 온당치 못하기 때문이라는 것이다.[21] 한일관계를 특수 관계에서 보편 관계로 전환해야 한다는 《매일경제신문》 사설의 결론은 하루 전날 나온 《동아일보》의 사설에서도 강조한 것이었지만, 무역역조를 문화 침투와 더불어 '종속'이라는 측면에서 접근한 《동아일보》와 관점의 차이가 있었다. 이는 경제신문으로서 일본과의 경제협력에 주안점을 뒀던 《매일경제신문》의 보수적인 입장과, 당시 상대적으로 진보적이었던 《동아일보》의 특징을 각각 반영한 것이었다.

반면 각 대학에서 발행되던 신문들은 한일협정 20주년의 한일관계를 더욱 '종속'적인 관점에서 인식했다. 우선 《고대신문》은 1985년 11월 '외채' 및 '종속' 문제와 관련한 특별대담을 기획했다. 이 대담에서 주종환 동국대 교수는 "우리가 미, 일에 많은 빚을 지고 있고 앞으로도 계속 빚을 져야 하기 때문에 경제적으로 일종의 종속관계를 벗어나기" 어려울 것으로 예상하고, "한일 간에 경제적 종속관계가 정치적 관계로까지 확대되지는 않을까" 우려했다. 반면 왕연균 중앙대 교수는 "미일에 대한 경제적 종속" 시각을 비판하면서, "미국보다는 일본 상품이 우리 기업에 적합"하며 "일본 상품을 많이 도입하는 것은 당연하다"고 주장했다. 그리고 "무역이 증가하게 되면 그에 비례하여 무역 당사국은 서로 발전이 촉진된다"는 점을 강조했다.[22] 이러한 두 사람의 인식 차이는 앞서 살펴본 《동아일보》와 《매일경제신문》의 인식 차이와 유사한 측면이 있다.

대학가에서는 무역역조로 대표되는 경제적 종속에 더 민감한 반응을 보이면서, 무역역조 해결을 위한 근본적인 대책 마련을 주장했다. 위 《고대신문》의 다른 기사는 1984년 말 현재 외채 431억 달러는 세계 4위에 해당하는 엄청난 것으로, 앞으로도 수출입 모두 외국에 의존하는 정도가 커져 "외채 원금은 고사하고 이자 상환액도 충당할 수 없고 이자를 상환하기 위한 신규 외채 도입이라는 악순환은 외채의 누증만을 가속화할 뿐"이라고 지적하였다. 또한 무분별한 외국 자본과 외국 기술 도입은 “한 기업에는 이익이 될지 모르나 궁극적으로는 경제구조 자체를 취약하게 만들고 선진국에 종속될 우려마저 있다”고 경고했다. 그리고 그 해결책으로 ‘중화학공업’ 비중 축소, ‘재벌’이 아닌 ‘중소기업’ 육성, ‘농업경제’ 회생 등을 제시했다.[23)]

대학생들은 당시 제도권 언론에서는 잘 다루지 않았던 한미일 삼각 안보체제로 대표되는 군사적 종속에도 큰 우려를 나타냈다. 1983년 “나카소네의 방한으로 체결된 40억 달러 안보경협”은 “군사동맹까지 포함하는 직접적인 동맹관계를 전제로 하는 것”으로 “일본 자본의 군사 영역 진출에 의한 한국의 대일 군사 종속화를 초래할 위험을 안고” 있었기 때문이었다. 나아가 “한일 군사동맹이 한일 간의 관계를 넘어 미국을 정점으로 한 삼각 안보동맹 체제의 한 고리이자, 미국 세계전략의 첨단에 배치”되었기에 우려는 더욱 커졌다.[24)]

이렇게 대학생들이 ‘종속’문제에 민감했던 것은, 1980년대 전후 대학생들 사이에 사회과학에 관심이 커지면서, 한국과 같이 권위주의 정권과 종속적 경제구조를 갖고 있는 남미의 사례를 바탕으로 한 ‘종속이론’이 대학가에 유행했던 것과 관련이 있다. 또한 당시 대학생들에게 일본은 물론 미국에 대한 비판적 인식이 확산하면서 한일관계를 미국의 냉전전략하에서 더욱 구조적으로 바라보는 시각이 커진 것도 영향을 끼쳤다. 그러나 이러한 경제와 안보를 중심으로 한 한일관계 인식은 1990년대 이후 냉전체제가 붕괴하고 한일 간 과거사 문제가 급부상하면서 그 초점이 급격하게 이동하게 되었다.

탈냉전기 과거사와 영토문제의 전면화

30주년(1995): 한일 간 '기억'전쟁

1980년대까지 냉전체제의 규정을 받던 한일관계는 1990년대 냉전체제의 붕괴에 따라 급속하게 변화하기 시작했다. 우선 한국은 '북방외교'를 적극 추진하여 소련, 중국을 포함한 사회주의 진영과 관계를 정상화했다. 특히 중국과의 수교는 한국의 대일본 외교전략에도 근본적인 수정을 가져왔다. 냉전체제하에서는 한국과 일본 사이에 과거사 문제 등으로 갈등이 생기더라도 안보 논리를 내세워 미온적 타협이나 봉합이 가능했다. 그러나 중국과의 관계 정상화로 한국은 냉전 논리에서 벗어나 과거사 문제에 더 분명한 목소리를 낼 수 있게 되었고, 필요에 따라서는 중국과의 연대도 가능해졌다.[25)]

다음으로 1980년대 후반 "단군 이래 최대 호황"으로 일컬어지는 '3저 호황기'를 지나면서 한국 경제는 질적으로 변화하기 시작했다. 만성적인 무역적자에서 벗어났으며 '세계화'의 구호 속에서 개방경제 체제를 더욱 강화하였다. 물론 대일 무역적자는 계속 확대되었지만 이는 수출이 늘어나는 과정에서 수반되는 불가피한 현상에 불과했다. 오히려 한때 30퍼센트를 넘었던 한국의 대일 수출 비중이 1994년 14퍼센트 정도로 축소되면서 경제적 측면에서 일본에 대한 의존도는 계속 줄어들고 있었다. 반면 대對중국 수출이 급증하면서 한국 경제에서 일본이 차지하는 비중과 역할은 크게 감소하였다. 때문에 '일본에 의한 종속'이라는 두려움은 상당히 완화되고 경제적으로도 당당하게 일본을 상대할 수 있는 자신감이 커졌다.[26)]

이에 발맞춰 1987년 6월항쟁 이후 한국의 민주화가 급속하게 진전하면서 이제까지 냉전체제와 군사정권의 억압으로 인하여 봉인되었던 식민지배와 전쟁범죄 피해자들의 목소리가 분출하기 시작했다. 특히 1991년 김학순 할머니를 비롯한 일본군'위안부' 피해자들이 자신들의 피해사례를 폭로하고, 개인보상과 권리회복을 주장하면서 한국은 물론 일본 사회에 큰 충격을 주었다.[27] 이후 일본군'위안부' 문제는 한일관계에 있어 새로운 핵심 의제가 되었는데, 이는 특히 과거사 문제에 대한 일본 측의 입지를 크게 약화시켰다.[28] 그 결과 1992년 일본의 미야자와 총리가 방한하여 위안부 문제에 대해 사죄했고, 1993년 8월에는 고노 관방장관이 담화를 통해 일본군의 위안부 관여와 강제동원을 인정하고 공식 사과했다. 같은 해 11월에는 호소카와 총리가 방한하여 '창씨개명' 등을 구체적으로 언급하면서 식민지배를 사죄했다. 1995년 7월에는 무라야마 총리가 '여성을 위한 아시아 평화 국민기금'을 발족하고 8월에는 총리 담화를 통하여 식민지배와 침략에 대하여 "통절한 반성과 진심으로 사죄"를 표명했다. 1996년에는 하시모토 총리가 방한하여 '창씨개명'과 위안부 문제에 대해 사죄했다.[29]

덕분에 한일협정 30주년이 되던 1995년이 시작될 때만 해도 한일관계는 그다지 나쁘지 않았다. 1995년 2월에는 한일 양국의 외무장관이 회담을 갖고 9~10월경에 한일협정 30주년 경축 공동행사를 개최하기로 합의했다.[30] 또한 일왕의 11월 방한이 추진되기도 했다.[31] 그런데 1995년은 한일협정 30주년이기도 했지만, 한국에는 해방 50주년, 일본에는 종전 50주년이 되는 해이기도 했다. '50'이라는 숫자가 주는 무게감은, 앞서 언급한 탈냉전 이후 변화와 맞물려 한일협정 30주년이 이전의 10주년, 20주년과 달리 해방/종전 50주년의 연장선에서 기억되게 만들었다. 이 과정에서 그동안 경제와 안보협력 논리 속에 가려졌던 한일 간 '과거사' 문제가 급부상하였다.

당시 일본의 무라야마 내각은 그동안 이어진 과거사에 대한 인정과 사과의 맥락 속에서 1995년 종전 50주년을 맞이해 국회 차원의 '식민지 지배와 침략행위에 대한 사죄 및 부전不戰 결의'(이하 '사죄 및 부전 결의')를 추진했다. 그러나 일본 정부의 움직임과는 정반대로, 일본의 극우세력들은 과거사를 사죄하기보다는 침략을 부정하고 전쟁을 정당화하는 역사 인식을 노골적으로 드러냈다. 우선 1995년 종전 50주년을 앞두고 1994년 12월까지 일본의 광역지방의회 가운데 12개 현縣의회가 일본 전몰자에 대한 추도와 감사의 결의를 하였다. 또한 일본의 극우세력들은 무라야마 내각이 추진하고 있던 국회의 '사죄 및 부전 결의'에 강력 반발하면서 이에 반대하는 모임을 만들고 세력을 키웠다. 이들은 침략전쟁과 식민지 지배를 정당화하는 발언들을 쏟아내어 한국 등 주변국을 계속 자극하였다.

일본 극우세력들의 과거사 왜곡 시도에 맞서 김영삼 정권은 1995년 1월 16일 한일협정 30주년을 맞아 한일협정 관련 외교문서를 일부 공개했다. 이로써 지난 30년 동안 그 진상이 드러나지 않았던 한일협정 체결의 상세한 내용이 알려졌고, 무엇보다 한국 사회 전반에 한일협정에 대한 관심을 제고하였다. 이 과정에서 협정 조문과 관련하여 논란이 커졌는데, 특히 한일병합의 합법성에 대해 한국과 일본이 갖고 있는 상이한 한일협정 해석이 부각되었다. 즉 한일기본조약에는 과거 한일 간에 맺었던 조약들의 무효시점과 관련하여 "이미 무효이다are already null and void"라는 문구가 들어갔는데, 이 문구는 한일 양국의 주장을 모호하게 절충한 것으로 양국 모두 자신에게 유리한 방향으로 해석할 수 있었다. 즉 한국은 '이미'라는 시점을 과거 각 조약의 체결 시점으로 해석하여 1910년 한일병합조약과 그 이전 조약들이 애초부터 무효, 즉 불법이었다고 주장했지만, 일본은 '이미'의 시점을 제2차 세계대전 패전 이후로 해석하여 한일병합조약 등이 합법이었다고 주장했던 것이다.[32)]

한일병합의 합법성 문제는 1995년 1년 내내 한일 간 큰 쟁점이 되었다. 여기서 중요한 계기가 1995년 6월 3일 일본의 와타나베 전 외상이 무라야마 내각에서 추진 중이던 국회의 '사죄 및 부전 결의'와 관련해 "한일합방조약은 우호적으로 체결되었다"고 발언한 사건이었다.[33)] 일본 정부가 서둘러 진화에 나섰으나, 이 발언을 '망언'으로 규정한 한국에서는 이미 거센 반발이 일어난 뒤였다. 게다가 일본 무라야마 내각이 추진한 '사죄 및 부전 결의'가 일본 극우세력의 반발로 인해 '사죄'와 '부전不戰'이라는 표현을 모두 빼고 '역사를 교훈으로 평화에의 결의를 새롭게 하는 결의'라는 모호한 제목으로 6월 9일 어렵게 중의원을 통과하자 한국 내 여론은 더 악화되었다.

와타나베 '망언' 직후 6월 22일 한일협정 체결 30주년을 맞이하면서, 한국 언론은 지난 10주년, 20주년과 달리 한일협정 자체의 문제점에 논의의 초점을 맞췄다. 《매일경제신문》과 같은 보수적인 경제신문들은 여전히 "경제 부문에서 한국과 일본의 상호 의존성"과 "대일 무역역조" 문제를 강조했으나,[34)] 《동아일보》는 "'돈의 논리'에 의해 체결된 한일협정은 수많은 '굴욕'을 안고" 있었으며, "이 때문에 협정 이후 동등한 한일관계를 수립해나가는 데 심각한 걸림돌로 작용했다"고 한일협정을 비판했다.[35] 특히 1995년 6월 22일 자 《동아일보》는 '재일동포 법적 지위'와 '배상금' 문제 등 한일협정과 관련한 세부 문제들을 조목조목 제기하고, 1964~1965년에 전개된 한일협정 반대운동을 상세하게 소개했다. 이는 지난 10주년, 20주년 때는 거의 언급되지 않았던 부분이었다.

이러한 분위기 속에서 한국의 시민사회는 기존 한일협정을 파기하고 새로운 협정을 체결할 것을 요구하기 시작했다. 1995년 6월 22일 한일협정 체결 30주년을 맞아 광복회 등 91개 시민사회 단체로 구성된 '바른 역사를 위한 민족회의' 대표들은 한국 외무부를 방문해 "굴욕적인 한일기본조약을 파기하고 다시 체결하라"는 대정부 건의문을 제출했다.[36] 이후에도 현 한일협정 파기와 재협상, 그리고 "국민합의를 바탕으로 한" 새로운 조약 체결을 촉구하는 주장들이 언론에 계속 등장했다.[37] 그러나 김영삼 정권은 이러한 시민사회의 요구를 수용하지 않았다. 한일협정 파기와 재협상은 정치적 부담이 너무 컸던 것이다.

한국 정부가 일정한 선을 긋고 있었지만 한일관계에 대한 한국 내 부정적 인식은 갈수록 커져갔다. 결국 김영삼 정권은 8·15해방 50주년을 앞두고, 악화된 국민 여론을 감안하여 2월에 일본 정부와 합의한 한일협정 30주년 한일 공동사업 개최를 전면 백지화하기로 결정했다. 또 민간 차원에서의 기념사업 개최는 반대하지는 않되 이에 대한 정부의 지원을 자제하기로 했다. 이제 한일협정은 기념하기에 껄

끄러운 대상이 되었다.[38)]

한일협정 30주년을 맞아 한일 양국 재계 총수, 신세대 경영인, 정부 관료 등이 잇달아 서울서 회동하면서 경제협력을 강화하려는 노력도 있었지만,[39)] 한일관계는 곧 더 큰 난관에 부딪혔다. 일본 정치인 중 그동안 과거사 문제에 가장 전향적인 자세를 보여오던 무라야마 총리가 1995년 10월 5일 일본 국회 답변 과정에서 한국에 대한 병합조약은 "당시 국제관계 등 역사적 사정 속에서 법적으로 유효하게 체결, 실시됐다"고 발언한 것이었다. 사실 무라야마 총리의 발언은 그동안 일본 정부가 견지한 입장을 다시 확인한 것에 불과했다. 그래서 그는 한일병합조약이 "법적으로 유효했다는 인식과 한반도 통치에 대한 정치적·도의적 평가는 별개 문제"라고 주장하기도 했다.[40)] 이에 한국 외무부는 10월 10일 한일병합조약이 "우리 국민의 의사에 반하여 강압적으로 체결됐으며 원칙적으로 무효"라는 입장을 분명히 했다. 그리고 한일병합조약의 합법성과 관련하여 한일기본조약 2조에 대한 일본 측 해석을 재검토해줄 것을 요구했다. 이는 한국 정부가 한일협정 자체를 문제삼은 것으로 극히 이례적인 조치였다.[41)] 한국 국회도 10월 16일 본회의에서 "대한제국과 일본제국 간의 늑약에 대한 일본의 정확한 역사 인식을 촉구하는 결의안"을 만장일치로 채택했다.[42)]

1995년 11월 8일 일본의 에토 총무처 장관이 지난 10월 기자간담회에서 "식민지시대 일본이 한국에 좋은 일도 했다"고 한 발언이 뒤늦게 알려지면서 한일관계에 또다시 격랑이 일어났다.[43)] 이에 한국 정부는 곧바로 유감 성명을 내는 동시에 일본 정부에 에토 장관의 해임을 요구했다.[44] 그리고 사태 수습 차 일본 정부가 한국에 파견하려했던 고노 외무장관의 방한을 거부하고, 18일로 예정되었던 한일 정상회담 취소를 검토하기 시작했다.[45] 결국 에토 장관은 11월 13일 장관직을 사퇴했다.[46] 다음 날 무라야마 총리는 김영삼 대통령에게 친서를 보내, 한일병합조약에 의해 "한국민에게 견디기 힘든 고통과 슬픔을 준 데 대해 깊은 반성과 사과"를 표한 뒤, 병합조약과 그 이전의 한일 간 조약들이 "쌍방의 불평등한 관계에서 체결된 것"이라는 점을 다시 한번 확인했다. 단, 문제가 된 자신의 '한일병합조약 합법' 발언이나 에토 장관의 발언에 대해서 언급하거나 사과하지는 않았다.[47] 어쨌든 한일 정상회담은 11월 18일 예정대로 열릴 수 있었다.

한마디로 한일협정 30주년이었던 1995년은 축하와 기념의 해였다기보다, 한일협정에 대한 근본적인 문제 제기 속에서 한일 간 과거사를 둘러싼 기억전쟁이 본격적으로 시작된 원년이었다. 탈냉전의 변화된 환경 속에서, 한일협정 30주년은 해방/종전 50주년과 맞물려 과거사를 중심으로 기억되었다. 이 과정에서 30년 전 체결된 한일협정이 갖고 있는 근본적인 문제점, 특히 식민주의 청산을 외면하고 경제와 안보 통합을 위해 이를 봉합했던 문제점들이 한꺼번에 수면 위로 떠올랐다. 한일협정 30주년은 그것을 축하하는 시간이 아니라 근본적으로 회의하는 계기가 되었다. 그래서 한국에서는 정부의 분명한 선 긋기에도 불구하고 한일협정의 폐기 및 개정 요구가 끊이지 않고 분출했던 것이다. 간혹 일부 보수적 언론매체들이 한일 양국 정부가 생산적인 해결책의 모색이 없이 국내 여론에 따라 감정적이고 강경한 외교 수사만 남발함으로써 상호 적대감만 부추긴다는 점을 지적하기도 했으나,[48] 거의 모든 한국 언론들은 '망언'으로 대표되는 일본 측의 왜곡된 과거사 인식을 강하게 비판하는 입장을 취했다. 그런 의미에서 한일협정 30주년이 과거사 기억전쟁의 원년이 된 것은, 식민주의 청산이라는 첫 단추를 잘못 채운 채 졸속으로 체결된 1965년 한일협정의 '사후 복수'였다고 평가할 수 있다.

40주년(2005): '한일 우정의 해'의 역설

한일협정 30주년인 1995년 치열한 과거사 기억전쟁을 치른 뒤 한국과 일본 사이에는 잠시 우호적인 분위기가 만들어졌다. 1998년 김대중 대통령은 김영삼 정권에서 해결되지 못한 한일어업협정 문제를 매듭지었고, 같은 해 10월 8일 오부치 총리와의 정상회담에서 '21세기 새로운 한일 파트너십 공동선언'을 발표했다. 이 선언에서 양국 정상은 과거사를 직시하면서도 미래지향적 한일관계를 구축해나가자고 밝혔다. 그리고 이러한 정신하에서 한일 양국은 국민교류의 확대는 물론 일본 대중문화의 단계적 개방 등 획기적인 조치들에 합의했다.[49] 1990년대 말 이러한 우호적인 한일관계 이면에는 외부적인 요인들이 작용하고 있었다. 즉, 1997년 IMF 구제금융을 받게 된 한국은 외환위기를 벗어나기 위해 일본으로부터 거액의 차관을 도입해야 했고, 반면 일본은 북한의 대포동 미사일이 자국의 영토를 넘어 태평양에 떨어지는 쇼크를 맛보면서 한국과의 안보협력을 강화할 필요를 느꼈던 것이다.[50]

그러면서 한일관계는 냉전시대의 수직적 관계를 벗어나 점차 수평적 관계로 자리를 잡아나갔다. 이러한 변화는 앞서 언급한 대로 한국의 지속적인 경제성장과 민주화에 따른 한국인의 자신감 회복 덕분에 가능했다. 젊은 세대일수록 일본을 능동적으로 접하고자 하는 경향이 강했다. 또한 냉전체제 붕괴가 미소 대립과 같은 대규모 충돌의 가능성은 감소시켰지만, 중국의 부상, 북핵위기 등과 더불어 오히려 지역적 분쟁 가능성과 그에 따른 안보적 부담을 높였는데, 일본의 입장에서도 이러한 변화에 효과적으로 대처하기 위해 한국과의 협력이 더욱 요청되었다.[51)]

2005년 한일협정 40주년의 시작도 나쁘지 않았다. 무엇보다 지난 10~30주년과 달리 이 시기에는 민간 차원의 한일 교류의 폭이 크게 확대되었다. 1998년부터 시작된 일본 대중문화 개방으로 한국에서 일본문화를 접할 수 있는 기회가 대폭 늘어 〈러브레터〉와 같은 일본 영화가 흥행했을 뿐만 아니라, 일본에서도 한국 영화 〈쉬리〉와 드라마 〈겨울연가〉, 〈대장금〉 등이 인기리에 방영되면서 한류 열풍이 일어났다.[52)] 또한 1999년 방한 일본인 수가 200만 명을 넘어선 이후 2006년까지 매년 230만 명 이상을 유지했고, 방일 한국인의 숫자도 꾸준히 늘어나 2001년에 117만 명이었던 것이 2004년에는 157만 명, 그리고 2006년에는 212만 명을 기록했다.[53)]

이러한 분위기를 바탕으로 2003년에 출범한 노무현 정권도 정권 초기에는 대일 온건정책을 추진했다. 2003년 6월 한일 정상회담 뒤 공동기자회견에서 노무현 대통령이 "이번에는 과거사를 언급하지 않기로 작정하고 왔다"고 말할 정도였다. 2004년 7월 한일 정상회담에서도 노무현 대통령은 "참여정부 임기 중에는 과거사를 외교 쟁점으로 제기하지 않겠다"는 의사를 거듭 밝혔다. 이에 화답하여 고이즈

미 총리도 2005년 3월부터 9월까지 일본 아이치 만국박람회 기간에 일본을 방문하는 한국인들을 위해 잠정적으로 비자를 면제할 것을 선언하고, 항구적인 비자 면제까지 검토하기 시작했다.[54] 또한 2005년이 막 시작되었을 때, 일본 정부는 한일협정 40주년을 기념하여 나루히토 일본 왕세자 부부의 방한을 추진하기도 했다.[55] 한국 언론들 역시 한일협정 40주년을 맞는 2005년 연초부터, 한류와 같은 고무적인 변화를 바탕으로 한일관계가 더 나아질 것이라 전망했다.[56] 이에 한일 양국 정부는 한일협정 40주년인 2005년을 '한일 우정의 해'로 지정하고 1년 내내 각종 교류행사를 벌이기로 합의했다. 1월 서울과 도쿄에서 각각 열린 '한일 우정의 해' 개막식에는 노무현 대통령과 고이즈미 총리가 직접 참석하여, 양국 정부가 2005년 한일협정 40주년에 큰 의미를 부여하고 있음을 대내외에 분명하게 보여줬다.

하지만 일본 시마네현에서 독도를 되찾겠다며 1905년 자신들이 일방적으로 독도 편입 고시를 내렸던 2월 22일을 '다케시마(독도의 일본식 지명)의 날'로 선포하려 하면서 한일관계는 급속히 냉각되었다. 시마네현 의회 의원들은 2005년 1월 초부터 '다케시마의 날' 선포 제안을 담은 조례안 처리를 위해 적극적으로 움직였다. 한국 측의 강한 반발에도 불구하고 '다케시마의 날' 제정 조례안은 2월 23일 시마네현 의회에 상정되었다. 그런데 이 조례안이 상정되던 날 다카노 주한 일본대사가 서울 한복판에서 기자회견을 통해 "다케시마는 역사적으로나 법적으로 일본의 영토"라고 주장함으로써, 한국 내 여론은 더욱 악화되었다. 《경향신문》은 당시 한국의 격앙된 분위기를 "한반도가 반일감정으로 소용돌이치고 있다", "시민들의 분노가 극에 달하

고 있다"고 묘사했다.[57)]

일본의 독도 도발에 직면한 노무현 대통령은 임기 중에 과거사 문제를 거론하지 않겠다고 한 기존 입장을 바꿔, 3·1절 기념식 연설을 통해 일본의 과거사 도발을 강하게 성토했다. 연설의 절반 정도가 한일 과거사 문제에 대한 것이었다.[58)] 이 연설에서 노무현 대통령은 "과거 피해 배상"을 거론했는데, 이는 1951년 샌프란시스코강화조약에 한국의 참여가 봉쇄당한 뒤 한일 간 과거사 청산 과정에서 사실상 배제되었던 '배상'문제를 50여 년 만에 다시 제기한 것이었다. '배상'이란 기본적으로 일본제국주의의 식민지배를 '불법행위'로 파악하는 것을 전제로 하는 것으로, 한일협정에서 규정한 '청구권 자금' 혹은 '경제협력 자금'과는 근본적으로 차원을 달리하는 것이었다.[59)] 반면 일본 측은 노무현 대통령의 3·1절 발언에 대해 불편한 감정을 숨기지 않으면서 이를 '국내 정치용 선전' 정도로 치부해버렸다. 특히 일본 정부는 시마네현의 '다케시마의 날' 제정 시도에 대해 "지방의 문제에 관여할 수 없다"며 사실상 이를 용인했다. 결국 2005년 3월 16일 일본 시마네현 의회는 '다케시마의 날' 제정 조례안을 통과시켰다.

'다케시마의 날' 조례안이 통과되자 한국 정부는 3월 17일 NSC(국가안전보장회의) 상임위원회 회의를 열고, 일본의 독도 도발에 대해서는 영유권 수호 차원을 넘어 해방의 역사를 부인하는 '제2의 한반도 침탈'로 간주하고 강력하게 대처할 것을 골자로 한 대일 신독트린을 발표했다.[60)] 《경향신문》은 한국 정부의 대일 신독트린 발표를 "남은 2005년의 대일관계를 한일협정 40주년이 아니라 을사늑약 100주년과 광복 60주년에 중점을 두고 풀어가겠다는 선언"으로 해석하고,

"지난 40년간 한일관계를 규율해왔던 '1965년 체제'가 변화의 시점에 도달했다"고 평가했다.[61] 과거사는 물론 영토문제까지 불거진 상황에서 한일협정은 더 이상 기억될 의미가 없었다.

곧이어 2005년 4월에는 극우세력이 만든 후소샤 교과서 등 일본 역사 교과서의 검정 결과가 발표되었는데, 그동안 한국 측이 강력히 수정을 요구한 왜곡된 역사서술이 거의 바뀌지 않았을 뿐 아니라, 여러 교과서에서 독도를 일본 땅으로 표기하는 등 오히려 개악이 이뤄져 한일관계를 더욱 경색시켰다. 이로써 '한일 우정의 해'는 사실상 파탄 난 것이나 다름없었다. 이후 6월 20일 한일협정 체결 40주년을 이틀 앞두고 노무현 대통령과 고이즈미 총리의 한일 정상회담이 열렸다. 대좌한 2시간 중 1시간 50분 동안 과거사 관련한 대화를 나눴지만 두 정상은 독도 영유권과 역사 교과서 문제, 신사참배 문제 등에 대해 내내 평행선을 달렸다.[62]

2005년 8월 종전 60주년을 맞아 고이즈미 총리는 "식민지배와 침략으로 다대한 손해와 고통을 안겨준 데 대해 통절한 반성과 사죄를 표명한다"는 담화를 발표했다.[63] 그러나 곧 10월 17일 야스쿠니 신사를 전격 참배함으로써 그 진정성을 의심받았다. 이러한 분위기는 2005년이 마무리될 때까지 크게 달라지지 않았다. 이렇게 한일 양국은 '한일 우정의 해'라는 구호가 무색할 만큼 전에 없이 관계가 악화한 상태로 2005년 한일협정 40주년을 마무리하였다.[64]

한일협정 40주년 당시 한국 언론들은 격앙된 반일 분위기를 반영하여 모든 매체가 동일하게 독도문제 등 일본의 도발에 한국 정부가 단호하게 대처할 것을 주문했다. 또한 일본 정부에 더 이상의 도발을 자제하고 과거사에 대한 입장을 전향적으로 바꿀 것을 요구했다. 독도문제의 경우 '영토'의 문제, 즉 '주권'과 결부된 문제였기 때문에, 이론의 여지가 없이 모두가 일본을 규탄하고 한국 정부의 단호한 대응을 강조했던 것이다.

그러나 점차 이념적으로 양극화 되어가던 한국 내 정치 및 언론 지형으로 인해, 한일관계 전반에 대해서는 언론매체에 따라 미묘한 강조점의 차이가 나타났다. 1990년대 중반까지 상대적으로 진보적인 입장을 보이다가 김대중, 노무현 정권을 거치면서 보수매체로 탈바꿈한 《동아일보》는 2005년 1년 내내 북한 압박을 위한 한미일 공조와 신자유주의적 경제통합을 강조했다.[65] 또한 한일 양비론의 입장에서 노무현 정권이 앞세운 '자주외교'를 '포퓰리즘'이자 '어설픈 아마추어리즘'으로 폄하하고, 자존자대自尊自大의 외교를 벗어날 것을 요구했다.[66] 반면 진보적 언론매체인 《한겨레신문》은 일본의 과거사 도발에 대한 더 분명하고 단호한 대응을 주문했다. 특히 "일이 벌어지면 흥분했다가 시간이 지나면 아무 일 없었다는 듯이 손을 내미는 어정쩡한 외교로는 일본의 이런 시대착오적 행태를 막기 어렵다"고 질타했다.[67] 이처럼 한국의 보수언론은 과거 한일협정 체결 당시의 논리인 한일 간 경제와 안보협력을 여전히 강조했던 반면, 진보언론은 한일 간 '과거사' 청산문제에 더욱 집중하는 모습을 보였다.

2005년 한일협정 40주년에 또 하나 주목해야 할 부분은 한일 간 민간교류가 가져다준 이중적인 결과다. 2005년은 이전에 비해 양국 사이의 민간교류가 그 어느 때보다 활성화된 시기였다. '한류'는 그 대표적인 사례였다. 여기에 인터넷이 대중화되면서 국경을 넘나드는 개방적 양방향 소통의 환경이 마련되기 시작했다. 덕분에 민간 차원에서 종래와 달리 직접 혹은 간접적으로 이웃 나라를 접할 수 있는 기회가 대폭 늘어나 상호 이해와 상생을 촉진할 수 있었다. 하지만 인터넷 공간에서는 표피적으로 드러난 부분적 특성만을 가지고 상대방을 아군과 적군으로 나누는 이분법적 사고가 갈수록 힘을 얻었다. 인터넷 교류는 소통의 촉진만이 아니라 오히려 귀속집단의 정체성과 상대방에 대한 고정관념을 더욱 강화하는 '집단 극단화' 현상으로 이어졌다.

특히 2000년대 들어 일본 내의 내셔널리즘적 기운이 인터넷에서 니챤네루(2ch) 등을 통해 급속히 확산되었다.[68] '일본도 할 말을 해야 한다', '강한 일본이 되어야 한다'는 주장이 인터넷 공간에서 젊은 층을 중심으로 점차 설득력을 얻어갔다.[69] 이는 일본 측이 과거사나 독도문제에서 한국을 자극하는 독단적 주장들을 반복하게 만듦으로써 한일관계를 악화시키는 근본 원인이 되었다. 이 같은 일본 민간의 우경화는 자연스럽게 한국의 반일감정을 자극하여 이것이 다시 일본 내 대한對韓 감정을 악화시키는 악순환을 초래했다.

50주년을 거쳐 원점으로 회귀한 한일협정 60주년

한일협정 50주년이었던 2015년의 한일관계도 시작부터 냉랭했다. 일본의 우경화 속에서 2012년 말 집권한 일본의 아베 총리는, '일본군의 위안부 강제동원'을 인정한 1993년 고노 담화와 '일본의 식민지배와 침략에 통절한 반성과 진심 어린 사죄'를 표명한 1995년 무라야마 담화를 수정하려는 움직임을 보여 한국 등 주변국을 크게 자극했다. 반면 한국은 2012년 이명박 대통령이 독도를 전격적으로 방문하고 과거사에 대해 일왕의 사죄를 요구하면서 일본 측의 거센 반발을 불러일으켰다. 2013년에 출범한 박근혜 정권 역시 국민 여론을 의식하여 일본에 강경한 태도를 견지했다. 때문에 2015년 한일협정 50주년의 경우, '50'이라는 숫자의 무게에도 불구하고 지난 주년들과 달리 한일협정을 통해 한일관계를 기념 혹은 기억하는 계기들이 특별히 마련되지 않았다. 한일 양국 정상이 상대국 대사관이 각각 개최한 한일 국교 정상화 50주년 기념행사에 참석해 축사를 하는 정도였다.

50주년이 끝나가던 2015년 12월 말 한일 양국 정부는 위안부 문제를 일본 정부가 출연하는 기금을 통해 해결하기로 전격 합의했다. 2000년대 후반부터 미국은 러시아 및 중국과 다시 한번 '신냉전'이라고 불리는 패권 경쟁을 벌이며 동아시아에서 한미일 공조체제의 강화를 도모했다. 이에 한일 정부는 양국 관계에서 가장 큰 걸림돌 중 하나였던 위안부 문제의 '최종적' 및 '불가역적' 해결을 시도한 것이었다. 그러나 피해자들의 의사와 관계없이 또 일본의 진정한 사과 없이 이루어진 이 합의는 야당과 시민사회의 거센 비판에 직면해 제대로 이행되지 못했다.

문재인 정권 등장 이후 2018년 한국 대법원이 일본의 식민지배 당시 강제동원 피해자에게 일본 기업이 배상하도록 판결을 내린 뒤 한일 간 갈등은 최고조에 달했다. 이에 반발한 일본 정부가 2019년 한국에 대해 핵심 소재의 수출을 규제하는 보복 조치를 내리자, 한국에서는 반일감정의 격증 속에서 광범위한 일본 상품 불매운동이 전개되었다. 비례하여 일본에서도 '혐한嫌韓' 정서가 더욱 커졌다. 한일 정부의 관계는 물론, 2011년 동일본 대지진 당시 한국인들의 온정과 지원 덕분에 소생했던 한일 국민의 우의는 또다시 흔들릴 수밖에 없었다.

2022년 윤석열 정권이 들어서면서 한국 측 기류가 크게 바뀌었다. 2023년 3월 6일 한국 정부는, 2018년 대법원 판결에 따라 일본 기업들이 강제동원 피해자에게 지급해야 할 배상금을 국내 재단을 통해 대신 배상하는 이른바 '제3자 변제' 방안을 발표했다. '통 큰' 결단 덕분에 윤석열 대통령은 일본은 물론 미국에서 환대를 받았지만, 대법원 판결과 피해자의 의사를 무시하며 역사 정의를 거스르는 행태에 한국 내 여론은 강하게 반발했다. 그 배경에는 역시 러시아와 중국 견제에 힘을 쏟고 있는 미국의 한미일 공조 강화 구상이 자리 잡고 있었다. 이 같은 냉전적 구도의 부활은 1965년을 연상시킨다. '굴욕' 외교라는 비판과 격렬한 저항 속에서도 당시 박정희 정권은 한일협정 체결을 강행했다. 한국군의 베트남전쟁 파병까지 겹쳐 그 어느 때보다 밀착한 한미관계를 바탕으로, 그해 박정희 대통령은 미국을 국빈 방문할 수 있었다. 2023년 강제동원 피해자에 대한 제3자 변제안 발표 직후 윤석열 대통령도 미국 국빈 방문길에 올랐다. 미국의 의도와 전략에 따라 윤석열 정부는 사실상의 한미일 동맹 구축을 위해 '중요한 건 일본의 마음'이라는 말까지 서슴지 않으며 일본과 밀착을 시도했던 것이다. 이렇게 2025년 한일협정 60주년을 맞아 한일관계의 역사는 1965년의 원점으로 회귀하였다.[70)]

물론 2025년 4월 윤석열의 탄핵 및 파면과 6월 이재명 정권의 출범으로 향후 한일관계 역시 변화가 불가피해졌다. 하지만 식민주의 청산을 외면한 현재의 한일협정이 계속 유지되는 상태에서는 한일관계를 근본적으로 개선할 돌파구를 찾기가 쉽지 않다. 앞으로 한국과 일본이 지금까지 보여온 냉전적 교류 협력 혹은 탈냉전적 대립 갈등 구도에서 벗어나기 위해서는, 무엇보다 국가가 아닌 시민사회 영역에서 교류와 협력을 강화하고 공존과 화해의 기반을 구축할 필요가 있다. 그러기 위해서는 한국과 일본의 시민사회가 더욱 성숙해져야 한다. 이는 극단적 사고를 부추기는 한국과 일본 내부의 '사회 양극화' 현상에 대한 성찰과 극복에서 시작할 수 있을 것이다.[71)]

8. 한국의 역사 갈등과 과거사 정리

-묵은 갈등의 소환인가 새 정체성 형성의 진통인가

◎ 정용욱

갈등의 기원

해방 직후 미군 점령 당국이 한국인들이 가장 중요하게 생각하는 문제가 무엇인지 조사했다. 점령지의 여론조사를 담당했던 미군정 공보부가 발간한 보고서는 당시 한국인들이 가장 우려한 문제를 (1) 분할점령의 경위에 대한 명확한 해명, (2) 일본인 재산(적산) 처리에 관한 미국의 정책, (3) 미군정이 고용한 통역관들에 대한 불신, (4) 미군의 대체통화 발행 여부, (5) 인플레이션, (6) 토지 분배, (7) 미군정의 과거 친일파 고용 순으로 정리했다.[1)] 보고서는 미군이 한반도에 진주한 지 정확하게 한 달 반이 지난 시점에 발간되었다. 조사 결과는 식민지에서 갓 해방된 지역의 주민들이 생각했을 법한, 해결을 기다리는 현안들의 우선순위를 있는 그대로 보여준다.

위에서 열거한 사항들은 미군 점령기에 그 어느 것도 제대로 해결되지 않았다. 우선 분할점령으로 초래된 남과 북의 인위적 분할은 일제의 억압과 착취로 붕괴된 한국인 삶의 복원 차원에서나 미소 양군의 점령통치 측면에서나 여러 가지 문제를 야기했다. 독립정부 수립과 관련하여 한국문제의 전후 처리 방침이 1945년 연말 모스크바 3상회의(이하 '3상회의')에서 결정되었으나 그 결정에 따라 개최된 미소공동위원회(이하 '미소공위')에서 미소는 끝내 합의점을 찾지 못했고, 한반도의 북위 38도선 이남과 이북에 서로 다른 정부가 수립되었다. 남한의 경우 적산 처리나 토지개혁은 미군 점령 기간 중 제대로 해결되지 않았다. 화폐 남발로 인한 초인플레 현상과 물가 등귀 역시 식량위기와 더불어 점령기 내내 미군정을 괴롭혔다.

한국인들의 우려는 해방 이후 한국 사회가 해결해야 할 문제들과 직접적으로 연결되었는데 과제의 미해결은 그것에만 그치지 않았고, 한국인들 사이에 씻기 어려운 갈등과 반목을 초래했다. 점령기 내내 독립정부 수립 방안, 식민지 유제와 잔재 청산을 둘러싸고 한국인들 사이에 충돌이 끊이지 않았고, 10월항쟁과 같이 한국인들과 점령군 당국이 충돌하기도 했다. 10월항쟁은 군정의 양곡 공출, 비효율적인 쌀 배급 등 미군정 식량정책의 실패가 직접적인 원인이었으나 식량 공출 과정에서 경찰이 보여준 자의적이고 잔인한 수법, 배급 과정에서 경찰과 관리의 부정과 부패 등 청산되지 않은 일제 식민지배의 유산과 밀접하게 결합되어 있다.[2)]

해방 직후 한국 사회가 당면한 가장 큰 역사적 과제인 일제의 식민지배 청산작업은 인적 청산과 물적 청산으로 나눌 수 있는데 인적 청산의 핵심 과제가 '친일파', 즉 매국노, 부일협력자, 친일간상배를 처단하는 것이었다면 물적 청산의 핵심 과제는 토지개혁이었다. 토지개혁은 인구의 절대다수가 농민이고, 또 그 대부분이 소작농인 상황에서 토지소유권을 경작자에게 주어 농촌의 봉건적 사회관계를 청산하고, 농업 경영의 합리화와 한국 사회의 민주화, 근대화를 이룩하기 위한 필수 과정이었다. 그러나 미군정기에 토지개혁은 전면적으로 시행되지 않은 채 점령 종식 직전에 미군정이 설립한 신한공사가 관리했던 과거 동양척식주식회사 소유 농지를 작인들에게 분배하는 데 그쳤고, 그 외 일본인 지주 또는 조선인 지주 소유 농지의 재분배는 한국 정부 수립 이후에야 가능했다. 미군정은 사안의 중요성과 시급성을 잘 알았지만 남한의 정치·사회적 상황을 저울질하며 토지개혁을 한국 정부 수립 이후 시점으로 계속 미루었다. 토지개혁이 단지 토지의 소유권과 경작권 변동에 그치지 않고 농촌의 사회적 관계를 크게 변화시킬 것이고, 미군정은 그러한 세력관계의 변화가 점령통치에 끼칠 영향을 우려했다.

10월항쟁의 원인, 배경과 항쟁 주체들이 내걸었던 요구사항, 점령기는 물론 남한 정부 수립 이후에도 계속되었던 농지개혁 및 적산 관리와 처분을 둘러싼 논란에서 나타나듯이 식민지배의 물적 청산과 인적 청산은 서로 연결되어 있는데 반민족행위특별조사위원회의 해체에서 상징적으로 드러나듯이 친일파 청산문제도 남한 정부 수립 이후 제대로 해결되지 않은 채 역사의 부채로 남았다.

분할점령이라는 규정성과 미소 간 대결 구도의 현실화는 해방 이후 한국 사회 내부의 갈등과 대립을 해결하기보다는 촉진하고 강화했다. 그리스·터키 원조를 공개적으로 천명한 1947년 3월 미국 대통령 트루먼의 의회 연설은 대소對蘇 정책의 강경 노선으로의 선회를 알리는 냉전의 신호탄이었다. 당시 국내 신문들은 이는 "냉정하게도 전쟁을 각오한 연설"이자 "그 결과는 불가피한 전쟁"일 것이라는 미국 신문들과 상·하 양원 의원들의 논평을 그대로 인용 보도했다. 당시 미국 워싱턴 D.C.에 체류 중이던 이승만은 트루먼의 연설에 대해 "강경화하여가는 미 정책을 환영하는 바이며 남조선 단독정부를 즉시 수립한다는 것은 조선에 있어서의 공산주의 투쟁의 최선 방책인 동시에 남북통일을 하는 데 있어서도 최선의 조치라고 생각한다"는 메시지를 발표했다.[3] 한민당 선전부장 함상훈 역시 이 소식을 접한 뒤 기자회견에서 "남조선만이라도 자치정부가 수립되어 조선문제를 유엔에 호소하여 남북통일의 주동체가 되기를 바란다"는 취지로 발언했다.[4]

트루먼 독트린의 발표는 단정 추진세력을 크게 고무했고, 그들은 자신들의 정치적 행동 방침을 선전하기 위해 이를 적극적으로 활용했다. 한민당 핵심 지도자였던 김성수와 장덕수는 미소공위 재개가 가시화될 무렵인 1947년 5월 초 미소공위 미국대표단을 방문하여 주한미군사령부 정보부장 존 웨컬링John Weckerling에게 한때 미국의 정책이 허약해서 어쨌든 3상회의 결정에 반대하는 한국 정당들을 모두 배제하는 데 동의한 것이 아닌가 생각했는데 공산주의 확산을 막기 위해 터키와 그리스에 원조하기로 했다는 트루먼 대통령 발표를 보고 미국 정책에 크게 만족했다며, "이제는 밤에 잠을 잘 수 있을 것"이라는 발언을 남겼다.[5]

이승만은 논평에서 단정 수립이 반공투쟁의 최선의 방책이며, 미국의 냉전정책에 편승해서 단정을 수립하고 투쟁을 통해서 통일을 이루겠다는 의도를 감추지 않았다. 정부 수립 이후 이승만이 지속적으로 표방한 북진통일론이 훨씬 이전부터 그의 노선 속에 자리 잡았음을 보여준다. 당시 미국 국무부와 미군정은 소련 측과 미소공위 재개를 논의 중이었지만 이승만과 한민당은 트루먼 독트린의 발표를 오히려 반공투쟁과 단정 수립 캠페인을 강화할 수 있는 호재로 인식했다. 그리고 1947년 늦여름 2차 미소공위가 결렬되는 정세 변화 속에서 어느 때부터 어떤 이유라는 것을 분명히 지적할 수 없을 만큼 자연스럽게 미군의 남한 주둔 이유가 공산군의 방어에 있는 것처럼 되어버렸다. 미군이 없으면 남한마저 적화할 것이기에 미군은 주둔해야 하며 38선은 필요한 것처럼 되어갔다. 이승만이 냉전에 편승하여 단정을 수립하고 전쟁을 통해 통일을 완수하려고 했다면, 김구는 냉전을 추수하는 것은 민족을 냉전의 희생물로 만들어 결국 동족상잔의 길로 내몰고 한반도를 극동의 화약고로 만들 것이라며 이에 반대하여 김규식과 함께 남북협상의 길로 나아갔다.

냉전 도래와 냉전 수용 여부가 한국 사회와 동북아시아 정세에 초래할 변화, 한국 사회 내부에 끼칠 영향은 1948년에 들어서자 한국의 정치인들뿐만 아니라 지식인들에게도 초미의 관심사이자 현안이었고, 이후 남한의 정세 변화를 이끄는 핵심적 요소가 되었다. 평론가 오기영은 "미국의 세계 원조가 세계의 평화를 재건하며 피폐와 기아상태에 빠져 있는 인류를 구제하려는 것보다도 공산주의에 대한 그들의 냉정 전쟁의 동맹군이 된다는 엄격한 조건부"라며, 원조 수혜국에서 원조의 혜택을 실질적으로 받는 계급이 누구인가 묻는다. 그는 그리스, 터키, 중국, 일본의 예를 들며 그것은 미국의 원조로부터 이익을 얻는 특권계급과 미국의 원조를 독점하고 인민을 냉정 전쟁에 휘몰아넣고 있는 반동정권이라고 지적했다. 특히 냉전에 휩쓸려 들어간 약소국가들이 가장 큰 희생자가 될 것이고, 냉전의 도래가 한국 사회에 가져온 "조국의 통일과 독립은 가망이 없다"는 심리 현상에 대하여 한국인이 내세울 것은 오직 하나 민족자결의 원칙이라며 글을 맺는다.[6)]

해방 이후 제대로 청산되지 않은 식민지배의 잔재와 유제가 한국 사회에 갈등을 유발했다면 그것에 더하여 냉전의 도래와 현재화는 제주4·3사건과 여순사건 등에서 보듯 곳곳에서 유혈이 낭자한 사태를 몰고 왔으며 폭력에 의해 수많은 사람이 희생되기에 이르렀다. 충돌과 대립이 남과 북의 서로 다른 정부 수립으로 이어지자 당대인들이 예언했듯이 '내쟁內爭 같은 국제전쟁이요, 외전外戰 같은 동족전쟁'을 치르게 되었고,[7)] 결국 남북 분단이 고착되었다. 내전으로 시작한 전쟁이 국제전으로 비화하면서 통일은 민족 내부의 힘만으로는 해결할 수 없는 복잡한 문제가 되었고, 동시에 민족 내부에 치유하고 화해하기 어려운 상처, 분열과 대립을 가져왔다.

한국 사회가 분단에서 전쟁에 이르는 과정에서 치른 분열과 대립이 초래한 역사적 부채를 다시 직시하게 될 때까지는 꽤나 오랜 시간을 기다려야 했다. 한국 사회의 다양하고 구체적인 정치·사회적 갈등의 당사자들 가운데 억압에 참여한 행위자들은 언제나 냉전체제의 대립 논리를 활용하여 자신과 다른 의견을 억누르려고 했다. 그러나 민주화운동이 대중적으로 확산되면서 역사적 진실을 복원하려는 움직임이 활성화되기 시작했다.

민주화운동과 과거사 청산

1980년 5월의 광주민주화운동은 1979년 10월 박정희 대통령 사망 이후 발효된 계엄령하에서 계엄 해제와 민주화를 요구하는 민주화운동 세력과 군사독재를 유지하려는 전두환 등 신군부의 투쟁으로 촉발되었다.

광주항쟁은 발생 당시에는 '폭동' 또는 '소요사태'로 불렸다. 이러한 관점은 학살에 직접 가담했던 신군부에 의해 계획적으로 조작되었고, 제도언론에 의해 대량 유포되었다. 신군부는 '광주폭동사태의 경위와 진상'을 북한의 고정간첩과 김대중 추종세력을 지칭하는 '불순분자들'이 "조직적이고 치밀한 배후조종과 교묘한 선동을 통하여 광주 지역 시민들의 지역감정을 폭발·흥분시킴으로써 걷잡을 수 없는 군중심리의 폭발로 유도하여 사태를 최악의 상황으로 몰아넣었다"고 주장했다.[8] 이러한 주장은 신군부 세력이 자기들의 쿠데타를 합리화하고 그것에 대한 저항이 전국적으로 확산되는 것을 막기 위해 고안한 모략 선전에 가까운 것이었지만, 전두환 집권 초기인 1980년대 전반의 서슬 퍼런 상황에서는 '공인된 진리'로 취급되었고, 일부 극우세력은 지금도 여전히 그러한 주장을 펼친다.

광주항쟁에 대한 진상규명은 집권세력과 제도언론의 선전이 횡행하는 속에서 진실을 알리려는 노력, 광주항쟁에서 폭발한 민중들의 민주화 실천 의지와 노력을 계승하려는 작업으로부터 비롯되었다. 광주항쟁 계승운동은 1981년부터 매년 5월 이루어진 대학가의 추도행사를 매개로 성장했다. 공식적으로는 1988년 5월까지 추도행위가 금지되었기 때문에 집단적 추도행사 자체가 일종의 투쟁이었다. '5월 행사'로 불리는 이 추도행사는 정치 정세와 밀접히 연결되었고, 전두환 정권하의 비합법기를 거쳐 노태우 정권하의 준합법기, 문민정부 수립 이후의 합법기, 그리고 1997년 5·18국가기념일 제정 이후 공식 의례기로 진전되었다.[9)]

항쟁 참가자들과 학생운동권을 중심으로 한 민주화운동 진영은 광주항쟁의 진상을 전국적으로 알리는 한편 학살자 처벌에 관한 요구를 제기했다. 1985년 5월 전남대 총학생회가 "5·18원흉 처단하자"는 유인물을 발표했는데, 여기에서 전두환을 위시한 5명이 '5적'으로 규정되었다. 책임자 처벌은 1988년 학생운동 진영에서 나온 "구속 전두환, 퇴진 노태우"라는 구호를 통해 대중적 요구로 확산되었다. 서울에서도 '광주학살–5공 비리 주범 구속처벌을 위한 투쟁본부'를 결성해 이에 동참했다.[10)]

1988년 국회에서 야당이 다수당이 되자 전 정권의 비리를 조사하는 '5공청문회'와 함께 5·18의 진상을 규명하기 위한 '광주청문회'가 개최되었다. 광주청문회는 광주항쟁을 본격적으로 제도권 정치에서 다루는 계기가 되었다. 청문회는 신군부가 파견한 공수부대의 야만적인 살상행위에 대한 광주 시민들의 자위적 항쟁과 신군부의 반민주적 폭거에 대한 저항운동으로서의 의미를 강조하면서 광주항쟁을 '광주의거', '광주시민항쟁'으로 규정했다. 이러한 견해는 군의 과잉 진압에 따른 봉기와 시민들의 순수한 투쟁을 부각시키는 데 성공했으나, 광주민주화운동의 역사적이고 구조적인 원인을 고찰하는 데에는 실패했다. 이 견해는 광주민주화운동을 "파괴된 자유민주주의 헌정 질서의 복원운동"으로 파악했다.

광주항쟁 진상규명은 1987년 6월항쟁을 거치면서 근본적으로 전환되었다. 1988년 11월부터 개최된 광주청문회에서 광주항쟁의 무력진압에 공을 세워 서훈을 받은 군인들 명단이 공개되었고, 다수의 군부 지도자들이 증언대에 섰다. 그러나 이 청문회가 광주의 진실에 좀 더 가깝게 다가갈 수 있는 기회를 제공할 것이라는 기대는 무산되었다. 오히려 진압 책임자들은 여전히 과거의 생각을 유지하거나 진실을 회피한다는 사실만 부각되었다. 특히 쟁점인 학살 명령 최고책임자와 미국의 개입 여부는 밝혀지지 않았다. 때문에 광주청문회는 정치세력들 간의 타협에 의해 적절한 수준에서 광주의 진실을 관리한 결과라는 평가를 받았다.

5·18 유관 단체들과 광주 시민, 민주화운동 진영이 주장한 광주문제 해결 5원칙은 진상규명, 책임자 처벌, 보상, 명예회복, 광주정신 계승을 위한 기념사업이었다. 특히 진상규명과 책임자 처벌이 핵심이었고, 양자는 서로 연결되어 있다. 진상규명은 1980년 5월 17일 계엄 확대와 야수적 진압의 의도성 여부, 5월 21일의 발포 명령과 진압작전 전반의 책임문제로 구성되는데 진상규명이 미흡한 상태에서 책임자 처벌은 명확하게 이루어지기 어려웠고, 헬기 사격문제, 전두환 사자 명예훼손 재판 등의 형태로 지금도 여전히 논란이 계속되고 있다.

1993년 출범한 문민정부는 책임자 처벌문제를 덮어두려고 했으나 1994년 5월 군부 지도자들에 대한 공소시효 문제가 제기되면서 이 문제가 사회적 쟁점이 되었다. 1995년 7월 검찰은 이른바 신군부 세력들에게 공소시효 만료로 5·18과 관련하여 내란죄를 적용할 수 없다는 최종 결정을 했는데, 이 결정은 오히려 꺼져가던 책임자 처벌 운동의 불길을 지피는 계기로 작용했다. 이에 대한 항의가 7월 말부터 전국적으로 전개되었고, 5·18진상규명과 광주항쟁정신 계승 국민위원회 주도로 항의시위가 조직되기 시작했다. 그리고 5·18특별법 제정 범국민대책위원회가 조직되어 11월까지 6차례의 범국민대회를 개최했다.

노태우 전 대통령의 비자금이 폭로되어 정치적 위기에 몰린 김영삼 정권은 5·18특별법 제정을 지시하기에 이르렀고, 〈5·18민주화운동 등에 관한 특별법〉이 12월 여야 합의로 통과되었다. 이 법은 과거의 잘못된 역사를 청산한다는 취지에서 가해자 단죄와 피해자 명예회복을 핵심 내용으로 하였다. 특별법 제정으로 김영삼 정권이 내세운 '역사 바로 세우기'가 절정에 이르렀고, 이 법에 의해 12·12쿠데타 및 5·18 탄압 주체들이 구속되었다. 1997년 4월 전두환 무기징역을 최고로 그들 가운데 14명이 실형을 선고받았다.

두 전직 대통령이 권력에서 물러난 지 불과 수년 만에 구속되어 실형을 선고받은 것은 세계사적으로 드문 일이다. 그러나 이 '역사 바로 세우기'는 광주항쟁 처리의 주체가 누구여야 하는가, 처벌의 범위는 어디까지인가, 진실 고백이 없는 처벌은 무엇을 의미하는가에 대한 의문을 제기했다. 이 법에 의해서도 끝내 진실 고백은 이루어지지 않았고, 처벌과 정의의 완전한 의미에 도달하지 못했다. 또한 학살현장의 책임자 처벌도 이루어지지 않았다. 이들은 1997년 대통령 선거 국면에서 지역감정 해소라는 명분으로 사면·복권이 기정사실화되었다.

광주항쟁은 발생 당시에는 폭도들의 '소요'로 규정되었으나 현재의 시점에서는 한국 사회의 민주화운동을 집약한 것으로 평가되고, 공식적으로 '5·18광주민주화운동'으로 자리매김되었다. 그것은 1980년 5월 광주에서 자행된 군부의 민간인 학살에 대한 진상규명 노력이 이후 지속적으로 전개되었기 때문에 가능했다. 동시에 그러한 노력은 광주항쟁 계승을 위한 민주화운동의 연장으로 간주되었다. 그 과정에서 '광주사태'의 실체적 진실에 한 발짝 다가갔고, 또 광주항쟁의 역사적 의의를 밝힐 수 있었다. 광주항쟁이 1980년 5월 18일 이후 '열흘'에 머물지 않고 이후 민주화운동을 통해서 외연을 확장하고, 그 의미를 심화시켜간 과정은 한국 현대사에서 과거사가 역사의 일부분으로 정착되는 과정을 잘 보여준다.

1987년 6월항쟁으로 한국 사회가 민주화의 도정에 들어서자 광주항쟁뿐만 아니라 해방 직후 또는 그 이전 과거사에 대한 재인식 작업이 시민사회를 중심으로 펼쳐지기 시작했다.

> 제주4·3은 이제 두 가지의 역사를 갖는다. 그 하나는 4·3이라는 숫자로 표상되는 저항과 수난의 사건 자체의 역사이고, 다른 하나는 국가권력에 의해 반세기 넘게 가려졌던 사건의 진실을 파헤쳐 오늘날 평화와 인권과 화해와 상생의 이정표로 거듭나게 한 4·3 진실규명의 운동사 그것이다.[11]

이 인용문은 제주4·3항쟁 발발 이후 벌어진 민간인 학살 진상을 규명하기 위해 오랜 기간 노력해온 인사가 그 과정을 회고하며 쓴 글의 첫머리다. 제주4·3은 한쪽에선 '폭동'으로 매도되고 다른 한쪽에선 '항쟁'으로 불리며, 가운데 어디쯤에선가는 '사건'이나 '사태'로 불리면서 발생 이후 70년이 지났지만 아직도 명칭을 정하지 못하고 있다. 위 인용문도 '제주4·3' 또는 그저 4·3이라는 숫자로 부르고 있다. 역사가는 그가 탐구하는 과제의 역사적 진실을 찾아가는 긴 여정을 거쳐 해당 사안의 이름 짓기에 도달하는데, 한국 사회는 사건 발생으로부터 긴 시간 진실을 찾는 작업을 부정했고, 지금도 여전히 이름을 둘러싼 논란을 계속하고 있다.[12)]

제주4·3은 1948년 4월 3일 경찰서 습격으로 시작된 제주도 민중들의 남한 단독선거 반대운동과 그 이후 경찰과 군인, 우익단체의 토벌 과정에서 벌어진 대규모 민간인 학살을 가리킨다. 이승만 정권과 뒤이은 군사독재 정권하에서 이 사건의 희생자들과 그 유족들은 침묵을 강요당했다. 하지만 1987년 이후 한국 사회가 민주화의 길로 들어서자 4·3은 망각의 늪에서 수면 위로 떠올랐으며, 희생자 유족은 물론 시민, 학자들이 진상규명을 본격적으로 요구하기 시작했다. 존 메릴, 박명림 등 국내외 학자들이 4·3을 학문적 논의의 장으로 끌어들였고, 민간 차원의 진상조사가 본격화했다.[13)] 특히 1988년부터 10년 넘게 《제주일보》와 《제민일보》 4·3취재반이 연재한 희생자와 목격자 증언은 풍부한 사실적 근거 위에서 진상을 규명할 수 있는 토대를 마련했다. 《제민일보》의 〈4·3은 말한다〉 시리즈는 800여 종의 국내외 자료와 3,000여 명의 증언을 확보함으로써 연재가 가능했는데, 그렇게 많은 증언자가 참여했다는 것은 진상규명에 대한 제주도민의 열망을 보여준다.[14)]

4·3의 경우 역사 인식의 심화 과정이 진상규명과 명예회복, 책임자 처벌 등과 같은 현실적 과제의 해결과 역사의식의 회복, 자료원의 확대와 동시적으로 이루어졌다는 점이 특징적이다. 4·3 연구 자체가 불가피하게 4·3이 남긴 역사적·현실적 과제의 해결을 전제하고, 역으로 후자의 해결은 4·3 연구의 심화와 대중적 차원에서 역사 인식의 확대를 돕는 작용을 했다. 1993년 제주도의회에 4·3특별위원회가 결성되었고, 제주도민들의 진상규명 요구는 전국적인 연대운동으로 발전해서 1997년에는 '제주4·3 제50주년 기념사업 추진 범국민위원회'가 출범했다. 그리고 김대중 정부에 들어서서 〈4·3 진상규명과 명예회복을 위한 특별법〉이 제정 통과되었다.[15)]

현재 4·3 연구의 최대 쟁점은 학살 책임 규명과 이에 대한 미국의 연루문제다. 진상규명을 요구하는 측은 학살의 책임당사자로서 서북청년회와 같은 우익 청년단체, 경찰, 군대를 들고, 학살 주범으로 이승만 정권과 미군정의 책임을 추궁하였다. 미국의 연루문제에 대해서는 미군정이 4·3 발생 시 통치 주체이자 권력 담당자였고, 주한미군이 민간인 대량학살을 가져온 강경 진압과 초토화 작전을 입안했으며, 작전권을 쥐고 있었다는 점을 들었다.[16)]

4·3이 분단이 진행되는 과정에서 일어난 비극이라고 한다면 일본군'위안부' 문제는 일본제국주의의 식민지 지배가 낳은 상흔의 역사적 해결을 요구하는 움직임이었다. 일본군'위안부' 문제는 1930년대부터 1945년까지 일본이 조선을 비롯한 식민지와 중국, 필리핀, 인도네시아, 베트남 등의 점령지에서 군의 광범위한 개입하에 강압, 사기 또는 기타의 불법적 방법으로 최소 8만에서 20만 명의 여성들을 동

원하여 그들을 일본군 성노예로 만든 사건이었다.[17)]

위안부 문제를 조직적으로 제기한 계기는 1990년 11월 한국정신대문제대책협의회(정대협, 현 정의기억연대)의 결성이었다. 한국의 37개 여성단체와 개인이 모여서 결성한 이 단체는 결성 이후 위안부 강제연행에 대한 일본 정부의 공식 사죄와 배상을 요구했다. 정대협과 위안부 할머니들은 자신들의 요구를 관철하기 위해 1992년 1월부터 서울에 있는 일본대사관 앞에서 "일본군 성노예제 문제 해결을 위한 정기 수요시위"를 벌이기 시작했다. 세계에서 가장 오래된 이 시위는 2025년 1월 1일까지 1,681회 개최되었다.[18)]

일본 정부의 공식 사죄와 배상을 요구하는 남한 사회의 움직임에 북한도 호응했고, 이후 이 운동은 일본 시민단체와 연계를 통해 국제적 운동으로 발전했다. 정대협은 1993년 6월 비엔나 세계인권회의와 민간포럼에서 북한, 필리핀과 연대하여 아시아여성인권협의회Asia Women Human Rights Council와 함께 '일본군 성노예의 전쟁범죄: 해결되지 않은 아시아 위안부 문제' 포럼을 개최했고 "유엔이 성노예 범죄를 조사하고 국제 상설재판소를 설치해줄 것, 세계인권회의가 현재의 여성 인권문제뿐 아니라 일본군'위안부' 같은 과거의 문제도 다룰 것, 일본은 범죄에 대한 법적 책임을 질 것" 등을 명시한 성명서를 채택했다.[19)]

진상규명과 사죄, 전쟁범죄의 인정과 전범자 처벌, 배상을 요구하는 국제 사회의 움직임은 구체적인 결실을 맺었다. 1996년 52차 유엔 인권위원회에 제출된 라디카 쿠마라스와미Radhika Coomaraswamy 특별조사관의 〈전쟁 중 군대 성노예 문제에 관한 조선민주주의인민공화국, 대한민국, 일본에 대한 조사 보고서〉는 용어의 정의, 역사적 배경 등과 함께 3개국 정부의 입장 및 도덕적 책임, 권고 등 문제 해결의 중요한 원칙과 기준을 제시했다. 특히 일본 정부에 제시한 마지막 6개항의 권고문은 정대협의 입장을 전폭적으로 반영했다. 또 1998년 8월 유엔인권소위원회는 위안부 문제에 대한 일본 정부의 배상을 요구하는 게이 맥두걸Gay McDougall 보고서를 채택했다. 〈전시 조직적 강간, 성노예, 노예적 취급 관행에 관한 특별보고서〉는 위안부 문제가 명백히 국제법 위반이라는 근거를 밝혔고, 피해자 배상과 책임자 처벌을 권고했다. 위안부 문제의 역사적 해결을 위한 국제 연대운동은 도쿄 '2000년 여성국제전범법정' 개최로 이어졌고, 그 자리에서 위안부 문제를 포함한 전쟁 책임문제에 대해 천황에게 직접 책임을 묻기에 이르렀다. 위안부 할머니들과 정대협의 국제연대 활동은 그 후에도 계속되었고, 2007년 앰네스티와 함께 네덜란드 의회 결의안 및 유럽의회 결의안 채택을 이끌어냈다. 유럽의회 결의안은 27개 회원국 언어로 모두 번역되었다.[20]

위안부 문제의 최대 쟁점은 연행의 강제성 여부다. 일본에서 극우세력의 역사관을 대표하는 이른바 '자유주의 사관'의 주창자들은 강제연행, 특히 국가가 강제연행을 주도한 증거가 없으며, 위안부는 자발적인 매춘행위로서 합법적인 상행위였다는 논리를 꾸준히 선전하고 있으며 한국에서는 뉴라이트 계열 일군의 학자들과 극우세력이 이 논리에 동조한다. 일본 정부는 위안부 피해자 보상문제가 '한일 청구권 협정'으로 일단락되었다는 전제하에 도덕적 책임은 인정하나 법적 책임은 없다는 입장이고, 강제연행에 대해서는 이를 부인한다.[21]

앞의 세 사례가 보여주듯 한국 현대사는 대부분 사건 그 자체의 역사와 사건에 대한 왜곡과 조작을 불식시켜나간 당대 또는 후대의 노력이라는 두 개의 역사를 가진다. 세 사례 외에도 6·25전쟁기 민간인 학살, 민주화운동 과정에서 희생된 사람들과 그 과정에서 발생한 각종 인권 침해행위 등 한국 현대사는 밝혀야 할 과거사들이 너무 많다. 한편에 오랜 시간 권력에 의해 억압받거나 침묵을 강요당했던 수난과 저항의 역사가 있고, 다른 한편에 남은 이들이 자신의 힘으로 '망각'을 불식시키고 진실을 파헤쳐간 역사가 있다. 한국 현대사를 수놓은 수많은 사건의 실체적 진실 해명은 많은 경우 과거사 정리라는 통과의례를 요구했고, 그것이 시간적 거리를 두고 한국 현대사의 또 다른 한 부분을 구성했다. 일본군'위안부', 제주4·3항쟁, 광주항쟁, 노근리 사건 등 6·25전쟁기 민간인 학살사건은 어느 것이나 피해자들과 관련자들 자신의 손으로 역사에 대한 망각을 불식시킨 사례들이다. 이들은 자신의 손으로 진상규명과 명예회복, 가해자의 사죄와 책임자 처벌 등과 같은 현실적 과제의 해결과 역사의식의 회복을 동시에 이루어냈다.

과거사 정리문제는 어느 날 갑자기 솟아난 것이 아니다. 광주항쟁 진상규명은 1980년대 민주화운동의 주요 의제였고, 역으로 과거사 청산을 통해서 민주화운동이 성장했다. 1980년대 후반 이후 한국 사회가 과거사 청산을 본격화할 수 있었던 것은 6·25전쟁 이후 장기간의 독재체제를 겪으면서도 투쟁을 멈추지 않았던 민주화운동의 오랜 전통 덕분이고, 1987년 6월항쟁을 통해 국민의 손으로 스스로 민주화를 이루어내고 민주주의 제도를 정착시켰던 경험 덕분이었다. 거기에다 냉전 해체라는 세계사적 변화 역시 큰 역할을 했다. 냉전과 분단의 질서하에서는 그 질서를 비판하거나 손상하는 조그만 시도도 용납되지 않았으나 탈냉전이라는 세계사적 변화가 그간 성장해온 민중들의 역사의식이 개화할 수 있는 분위기를 조성했다.

탈냉전 이후의 기억투쟁

1980년대 중반 이후 민주화운동의 성장 속에서 한국 현대사 연구가 본격화했지만 1990년대 이전만 해도 해방에서 분단에 이르는 과정에서 한국 사회가 치른 희생에 대해서는 연구가 충분히 이루어지지 않았다. 일본으로부터 해방과 미소의 분할점령, 그리고 분단으로 이어지는 과정에서 발생했던 폭력과 희생이 수면 위로 떠오르기 시작한 것은 1990년대에 들어서였고, 그것도 희생자와 피해자 자신의 손을 통해서 비로소 가능했다. 그리고 이들과 민주화운동 과정에서 성장한 사회운동, 시민운동의 결합으로 과거사 청산을 위한 조직적 틀과 동력을 마련했고, 여기에 학계의 참여와 지원도 일조했다. 문민정부, 국민의 정부 시절 민주적 개혁의 진전 역시 과거사 청산에서 일정한 역할을 했다.

한국 사회에서 1980년대가 정치투쟁의 시기이자 사상적으로 질풍노도의 시기였다면, 1990년대는 기억투쟁의 시기였다. 한편에서 민초들의 망각과의 싸움이 전개되었고 이들의 노력에 의해 일제 식민지배 청산과 냉전·분단에 의한 희생자들의 역사적 복권작업이 진행되었다면 다른 한편에서 보수 정치세력을 중심으로 이를 저지, 방해하려는 시도가 끊이지 않았고, 또 일부 보수언론을 중심으로 이승만, 박정희를 무덤에서 되살려내려는 대규모 선전 캠페인이 펼쳐졌다.

1990년대의 현대사 인식에서 특기할 현상의 하나는 언론의 현대사 재해석 캠페인이 다른 어느 때보다 활발했다는 점이다. 언론의 기획물 가운데에는 인물 연구가 많았고, 지도자들에 대한 재조명이 집중적으로 이루어졌다. 《조선일보》의 〈거대한 생애 이승만 90년〉(이하 〈생애〉), 《중앙일보》의 〈이승만과 대한민국 탄생—사진으로 본 일대기〉, 《문화일보》의 〈민족의 큰 스승 백범 김구〉는 모두 1년에 걸친 장기연재였고, 《조선일보》와 《문화일보》는 특별전시회를 대대적으로 개최했다.[22] 《문화일보》의 기획은 본격적 연구라기보다 새로운 사실을 발굴하고 사료를 수집, 정리한다는 측면이 강했고, 학자들을 참여시켜 학계의 의견을 같이 실었다. 《중앙일보》의 이승만 일대기는 이화장에 소장되어 있는 자료들을 중심으로 한말, 일제하, 해방 직후 이승만의 발자취를 정리했다. 단순한 자료 소개는 아니고 은연중 이승만의 사상과 활동을 부각시켰다. 《조선일보》의 이승만 연재는 부분적으로 새로 발굴한 자료도 있고, 특히 사진 등 영상자료를 많이 활용한 것은 다른 신문사들의 기획과 비슷했다. 하지만 자료 수집과 정리가 목표는 아니었고, 그 취지는 이승만에 대한 긍정적 재평가였다.

인물 연구 가운데 《조선일보》의 이승만과 박정희 연재가 특히 눈길을 끌었다. 다른 신문들의 기획이 대부분 새로운 자료와 증언의 수집, 새 자료를 통한 단편적인 재해석의 영역을 그다지 벗어나지 않았다면 《조선일보》의 연재는 인물 연구에 그치지 않고, 이들 개인에 대한 평가로 그들이 살았던 시대에 대한 평가를 대체했다는 점에서 다른 신문들의 연재와 구별된다. 그것은 사실상 한국 현대사에 대한 전반적인 재해석을 의미했고, 그 평가는 학계와 일반 국민의 인식과 상반되는 것이었으며 그런 면에서 파문을 일으켰다.

〈생애〉는 "어떤 이유에서인지 이승만의 정적政敵이 된 온 국민의 상식"을 뒤집고, 이승만을 "한국 근대사를 이끈 역사적 거인"으로 다시 자리매김하기 위한 시도였다. 즉 '친일파 비호자', '친미사대주의자', '분단의 원흉', '탐욕스러운 독재자', '분열주의자', '부정부패의 원흉' 등 이승만을 따라다니는 온갖 부정적 평가는 정권 후반기의 과오 때문에 그를 내팽개쳐버리는 것이고, 이승만을 전체로서 평가하지 못하는 것이기 때문에 이제 "해방 이후 50년간 한국이 걸어온 역사적 공간 속에서 그의 존재를 정확하게 자리매김해야 한다"는 것이다. 〈생애〉는 이를 위해 독자들과 비판자들에게 '역사를 보는 틀'을 바꿀 것을 요구한다. 즉 "자기 부정과 혐오의 인식론에서 벗어나 적극적이고 생산적인 인식론을 바탕으로 역사를 이해하는 틀을 세워야 한다"고 주장한다.[23] 이러한 논리는 일본 극우파의 역사 인식을 대변하는 자유주의 사가들이 자기들과 다른 역사 인식을 '자학사관'이라고 주장한 것을 떠올리게 한다.

〈생애〉는 애초부터 서술 목표가 뚜렷하고, 목적론적으로 서술되어 있기 때문에 먼저 〈생애〉가 결과적으로 전달하고자 하는 메시지를 파악하는 것이 필요하다. '이승만 되살리기'는 이승만에 대한 일종의 이미지 재창출 작업인데, 그것이 궁극적으로 되살리려고 하는 것은 '건국의 주역'이라는 이미지였다.[24] 이 연재물은 이승만의 공적은 적극적이고 능동적으로 부각시키는 반면 이승만의 오류라고 판단되는 부분은 상황 논리로 논점을 비켜가거나 공동책임론을 들먹여 비판의 논점을 흐리게 했다.

〈생애〉의 주장에 대한 사실적 근거와 해석에 대해서는 이미 당시에 허다한 비판이 있었기에 생략하고,[25] 여기에서는 '반민주 독재자 이승만'에 대한 〈생애〉의 인식을 좀 더 구체적으로 살펴보자.

> 반민주적 독재자라고 하는 지적은 일면 타당성이 있다. 그러나 엄밀하게 우리 국민이 민주주의를 할 능력이 있었는지의 물음은 도외시한 채 이승만의 가부장적 통치 행태를 일방적으로 매도하는 것 또한 현실을 무시한 주장에 불과하다. 그를 견제할 세력이 없었던 한국의 정치 상황 또한 문제가 아닌가.
> 그것은 우리 사회 전체의 수준 문제이기도 한 것이지 이승만 혼자 전적으로 책임져야 할 문제는 아니다. 지금도 만족스럽게 민주적이라고 하지 못하는 판국에 식민지에서 해방되고 전쟁을 겪은 지 몇 년 되지도 않은 국민이나 정권에 대해 민주주의 운운하는 것 자체가 얼마나 허황된 것인지는 우리가 30년 군사정권을 겪으면서 얻은 뼈저린 교훈이 아닌가.[26]

인용문은 집권기 이승만의 활동에 대한 〈생애〉의 평가와 역사 인식을 전형적으로 보여준다. 〈생애〉도 이승만이 반민주적 독재자라는 사실을 노골적으로 부정할 수는 없었는지 일단 그러한 지적에 수긍하는 태도를 취한다. 그러나 바로 이어서 독재가 초래된 책임의 일부분을 국민의 민주주의적 무능력에 돌림으로써 사실상 이승만 독재에 대해 면죄부를 주었다. 〈생애〉가 가진 문제점은 바로 모든 역사적 평가를 상대화하는 극단적인 상대주의와 대중을 철저히 불신하는 극도의 엘리트주의이고, 이 양자야말로 〈생애〉가 가진 역사 인식의 가장 큰 특징이다.

〈생애〉의 논리대로라면 한국 국민은 이승만의 독재를 제대로 견제하지 못했을 뿐만 아니라 1960년 4월혁명에 이르러서는 이승만의 깊은 뜻을 망각하고 '위대한 건국의 아버지'를 쫓아낸 무지몽매한 백성들이 되어버린다. 〈생애〉는 그의 외교 노선이 실효를 거두지 못한 것은 한국의 한계이지 이승만의 한계가 아니라고 말한다. 그렇게 따지면 국제 사회에서 현실적인 힘이 없는 약소국의 독립운동은 어차피 주어진 한계 속의 운동이고, 별 실효도 없을 것이기 때문에 있으면 좋지만 없어도 무방한 것이 되어버릴 것이다. 즉, 극단적 상대주의는 독립운동과 민주화운동에 대한 부정으로 연결되는 것이고, 그런 면에서 〈생애〉의 역사 인식은 결과론적 역사 인식, 패배주의와 통해 있다.

《조선일보》의 이승만 연재가 그를 '건국의 주역'으로 자리매김하려는 의도를 가졌다면 박정희 연재는 그를 '근대화의 주역'으로 자리매김하려는 시도였다. 문민정부 수립 이후 《조선일보》의 적극적인 현대사 재해석의 핵심은 '이승만-박정희-김영삼'으로 이어지는 대한민국 정통성 계승론이었다. 또 그 흐름은 '건국-반공-경제발전-민주화'에 대응한다. 여기에서 이승만, 박정희, 전두환은 국력과 국부에 치중한 대표적 인물, 노태우, 김영삼은 정의와 민주에 치중한 대표적 인물로 분류된다. 이러한 현대사 해석이 노리는 것은 한마디로 문민정부가 추구하는 과거사 청산에 반대하고, 김영삼 정권과 역대 정권의 차별성을 정면으로 부정하는 것이었다.[27] 문민정부의 '역사 바로 세우기'대로라면 "5·6공 청산문제는 역사적으로 5·16군사쿠데타의 단죄에까지 미칠 것이고, 더 나아가서는 친일세력의 청산에 가닿을" 수 있기 때문이었다.[28]

그런 면에서 《조선일보》의 현대사 재해석은 수구세력의 자기 정당화, 문민정부의 대안적 민주주의 모델의 부재에 대한 반작용으로 나타난 현상이자[29] 동시에 문민정부의 '역사 바로 세우기'에 대한 대응의 성격을 가졌다.[30] 즉, 김영삼 정부의 개혁에 공세적 비판을 가함으로써 지배층 내 수구세력의 헤게모니를 재확립하고, 수구세력의 역사적 복권과 지배이념의 재창출에 현대사 재해석 작업이 적극적으로 이용되었다. 《조선일보》의 이러한 행동은 전두환 정권기만 하더라도 보수언론이 권력의 시녀로서 독재체제를 수호하는 역할을 했지만 1980년대를 거치면서 언론재벌로 성장했고, 또 문민정부 이후 시중의 호사가들이 특정 언론사 사주를 '밤의 대통령'으로 호칭했듯이 언론이 스스로 권력으로 부상한 것과 무관하지 않았다.

김영삼 정부가 '역사 바로 세우기'를 추진한 것은 문민정부가 태생적으로 안고 있던 정치적 부담인 5·6공 청산문제를 더 이상 미룰 수 없었던 점이 작용했지만 1990년대 들어 부쩍 높아진 국민의 과거사 청산 요청과 현대사 재해석에 대한 관심을 더 이상 무시할 수 없었기 때문이다. 한편으로 냉전 종식이 한국 사회에 초래한 인식의 전환, 즉 현실 사회주의의 몰락이라는 이념적 충격과 '제2의 개항'이라고 일컫는 WTO체제의 등장도 그 시기 현대사 인식을 둘러싼 기억투쟁에 영향을 끼쳤다. 탈냉전 이후 급변한 동북아시아 정세는 한일 간 독도 영유권 분쟁 소동에도 드러나듯이 주변국과의 관계에서도 역사적 재검토를 요청받았다. 또 북한 핵개발 의혹과 북미 핵협상, 김일성 주석의 사망 등 1990년대 전반 남북관계의 격렬한 변화 역시 당시 현대사 재해석을 둘러싼 논란에 영향을 주었다.

1990년부터 본격화된 제국주의의 식민지 지배 청산, 냉전과 분단에 의한 희생자들의 역사적 복권작업은 그것을 억압했던 국가폭력의 실체를 드러내고, 또 그것을 역사적 망각의 늪 속으로 밀어넣었던 독재권력과 가해자의 인권유린 행위를 폭로하거나 고발하고, 또 그에 대한 진상규명을 요청했다. 그런데 그 작업이 진행되는 동안 일부 언론은 과거사 청산이 지향하는 가해 책임문제의 1차적 규명 대상인 독재권력을 옹호하고, 그들을 중심으로 하여 한국 현대사를 재해석하는 선전 활동을 펼쳤다. 상반되는 두 개의 역사 인식이 공공 영역에서 기억투쟁을 벌인 셈이다.

김영삼 정부의 '역사 바로 세우기'는 과거사 청산에 입각한 현대사 재검토를 정부 차원에서 공식화했고, 그 흐름은 김대중 정부와 노무현 정부로 이어져서 친일반민족행위진상규명위원회가 2005년 설치되기에 이르렀다. 위원회는 약 4년 6개월여 조사 활동을 벌였고, 그 결과를 4부 25권 2만 1,000여 쪽의《친일반민족행위 진상규명 보고서》로 발간했다. 오랫동안 한국 사회에서 금기 영역에 속해 있던 친일문제를 국가 차원에서 정리했다는 것 자체가 역사적으로 중요한 의미를 가졌다.[31] 비슷한 시기에 민간에서도 친일인명사전 편찬 활동이 전개되어 친일인명사전 편찬위원회와 민족문제연구소가 2009

년에 총 3권, 3,000여 쪽에 달하는 《친일인명사전》을 출간했다. 이 사전은 애초 민간에서 진행되던 친일인명사전 편찬사업에 지원되던 정부 예산이 국회에서 보수 야당과 관료의 반대로 전액 삭감되자 네티즌들의 호소에 따라 시민들이 자발적인 모금운동을 벌여 모은 성금으로 만들었다.[32)]

이 성금 모금을 처음 발의한 계층은 상대적으로 젊은 세대인 네티즌들이었고, 그 캠페인은 친일부역자들의 반민족 행위 자체만을 문제삼은 것이 아니라 그것이 제기될 수밖에 없었던 현대사의 구조를 문제삼았다. 그 캠페인은 이제 친일잔재 청산이 역사적 과제가 되었다는 것을 인정한 위에서 진상규명을 목표로 했고, 그 문제를 역사적으로 정리하지 않고서는 한국 사회의 개혁이나 정치적·사회적 발전은 불가능하다는 인식에 입각해서 전개되었다. 이 사건은 한국 사회에서 시민의식과 역사의식의 관계를 잘 보여준다. 시민들이 민주사회의 주인이자 역사적 주체로서 스스로 자기인식을 천명한 것이다.

새천년이 되자 기억투쟁은 중등교육 한국사 교과서를 두고 펼치는 '역사전쟁'으로 비화했다. 2013년 중반에서 2017년 3월 사이에 한국사 교과서 편찬을 둘러싸고 박근혜 정부와 교육계, 역사학계, 시민사회 사이에서 격렬한 논란과 대립이 펼쳐졌다. 1차전은 2013년 중반부터 2014년 초반까지 교학사 한국사 교과서 검정을 둘러싸고, 2차전은 2015년 8월부터 박근혜 대통령이 탄핵되는 2017년 3월까지 한국사 교과서 국정화를 둘러싸고 전개되었다.

교학사 교과서 검정 사태는 일찍이 이명박 집권기인 2009년에 마련된 개정 교육과정에 의해 고등학교 '역사' 과목이 '한국사'로 바뀌고, 한국 근현대사 교육이 축소된 2011년의 개정 교육과정안 작성 과정부터 예고되었다. 2011년 3월 국사편찬위원회가 역사교육과정 개발정책연구위원회를 구성했고, 그 위원회는 개정 교육과정안을 교육부에 제출했으며, 2011년 7월 교과부 사회과교육과정 심의회가 이를 최종 확정했다. 그러나 2011년 9월 교육부 장관이 그해 5월 창립한 한국현대사학회의 건의에 따라 개정안 중 '민주주의'를 '자유민주주의'로 직권 변경하여 발표했다. 이에 역사교육과정 개발정책연구위원회 위원들이 집단 사퇴하는 사태가 발생했다. 한국현대사학회는 뉴라이트 학자들의 집합체로 창립 당시부터 그들의 편향된 역사 인식 때문에 사회적 파문을 불러일으켰다. 그 단체의 건의에 따라 학자들이 오랜 기간 토론을 거듭하여 만든 교육과정안을 교육부 수장이 임의로 변경한 것은 정부가 스스로 개정 교육과정안을 부정한 것이고, 교육과정 작성 절차를 무시하고, 부인한 셈이었다. 하지만 정부와 보수언론은 이러한 절차상의 문제는 덮어둔 채 사안을 민주주의 대 자유민주주의의 이념 논쟁으로 호도했다.[33)]

2011년의 개정 교육과정안 작성 과정의 파행성이나 그것을 둘러싼 논란을 감안한다면 2013년 8월 교학사의 한국사 교과서가 검정을 통과하면서 일으킨 파행과 논란은 예고된 사태였다. 교학사 교과서는 검정을 통과하기 이전부터 부실과 오류, 편향적인 역사 인식, 역사 왜곡 논란에 휩싸였으나 교육부는 교학사 교과서의 검정 통과를 기정사실화하면서 검정을 통과한 교과서 8종 모두에 수정을 지시했다. 이는 교학사 교과서가 도저히 검정 기준을 통과할 수 없는 상태였음에도 불구하고 그것을 통과시킴으로써 사태의 본질을 호도하고,

다른 교과서들 역시 문제가 많은 것처럼 치장함으로써 교학사 교과서와 교육부에 쏟아질 비판을 희석시키기 위한 것이었다. 그 과정에서 정부, 정치권, 그리고 보수언론이 나서서 '불량 교과서'로부터 비롯된 사안을 이념 논쟁으로 만들었다. 나머지 7종 교과서 집필자들은 한국사집필자협의회를 구성해서 교육부의 수정 권고를 거부하고 대신 자체 수정안을 제출했다. 교학사 교과서는 수정 이후에도 부실과 오류, 편향과 왜곡 논란이 끊이지 않았지만 출판사 자체 수정에 따라 제출된 다른 교과서들과 함께 최종 검정을 통과했다.

이 일련의 과정에서 교학사 교과서 필자들은 정부와 여당은 물론 보수언론의 전폭적인 지원하에 다른 7종의 한국사 교과서를 친북좌파 교과서로 매도하는 이념 공세를 펼치며 교육 현장 진출을 시도했다. 하지만 파문은 교학사 교과서가 교육 현장에서 0퍼센트대의 채택률을 보이며 사실상 퇴출되는 것으로 결말이 났다. 당황한 정부, 여당과 집필자들은 외부세력의 압박과 일부 전교조 교사들의 위협으로 채택이 저지되었다는 등 억지를 부리며 이념 공세를 이어갔다. 하지만 이명박 정권에서, 그것도 위에서 서술한 온갖 편법과 위법을 자행하며 만들어진 개정안에 따라 집필된 교과서를 친북좌파로 몰아가는 것은 자가당착도 그런 자가당착이 없었다.

박근혜 대통령이 역사 교과서 국정화 의지를 공식적으로 처음 밝힌 것은 2015년 광복절 경축사였으나 국정화 추진은 교학사 교과서가 0퍼센트대의 채택률을 보인 때부터 이미 시작되었다. 청와대는 2015년 초반부터 한국사 교과서 국정화 사전준비 작업을 치밀하게 준비했고, 광복절을 전후한 시점부터는 여론화 작업을 진행했다.[34]

교육부는 2015년 10월 초순부터 '국정화 비밀 태스크포스'를 만들어 국정화를 본격적으로 추진했고, 10월 12일 중등학교 한국사 교과서 발행체제를 현행 검정에서 국정으로 전환한다는 내용을 행정예고했다. 행정예고 이전부터 정부와 여당은 국정화 관철에 총력을 경주했고, 지지 여론 조성을 위해 수단과 방법을 가리지 않았다. 집권 여당은 색깔론을 동원하여 "김일성 주체사상을 우리 아이들이 배우고 있습니다"라는 자극적인 현수막을 전국에 내걸었다가 여론의 역풍을 맞자 하루 만에 철거하는 촌극을 연출했다.

역사 교과서 국정화 방침이 발표되자마자 반대 목소리가 역사학계, 역사교육계로부터 시작하여 학부모, 학생, 교육감, 시민단체 등으로 요원의 불길처럼 번져나갔다. 정부와 여당의 막무가내식 여론 조성 노력에도 불구하고 국민 여론은 냉담했다. 20일간의 행정예고 기간에 접수된 의견 47만여 건 중 67퍼센트가 넘는 32만여 명이 국정화를 반대했다. 그러나 교육부는 접수된 의견을 분석하는 절차도 거치지 않은 채, 행정예고가 끝난 바로 다음 날 역사 교과서 국정제 전환을 고시했다. 박근혜 정부의 국정화 강행은 교학사 교과서 사태 당시처럼 국민의 격렬한 반대운동을 불러일으켰다. 500여 개의 범국민 교육·역사·시민 단체가 모여 '한국사교과서국정화저지네트워크'를 구성했고, 전국 곳곳에서 수많은 토론회, 기자회견, 서명운동, 강연, 거리시위 등이 끊이지 않았다. 역사 교과서 국정화 조치는 박근혜 정부의 전반적 국정농단의 일환이었고, 이에 대한 국민적 저항이 종국에는 촛불시위로 이어짐으로써 박근혜 대통령 탄핵을 끌어냈으며, 새로 구성된 정부는 결국 2017년 5월 국정화 고시를 폐지하기에 이르렀다.

교학사 교과서 검정 사태나 역사 교과서 국정화 추진 어느 것이나 정부와 여당이 먼저 국민에 선전포고를 했고, 그것을 관철하기 위해 그들이 동원한 것은 색깔론과 이념투쟁이었다. 그러나 그 결과는 그러한 정부와 여당의 시도가 교육의 자주성, 전문성, 정치적 중립성을 보장하는 헌법정신을 위반했고, 유엔인권위원회 보고서가 선언했듯이 "역사교육이 이념적 조작이나 선전 활동의 도구가 되어서는 안 되며, 열린 토론을 통해 학생들의 비판적이고 책임감 있는 지적 분석력과 해석 능력을 길러주어야 한다"는 것을 새삼 확인하게 만들었다. 어느 경우나 정부와 여당의 주도와 지원하에 집필된 교과서의 서술 내용이 부실과 오류, 편향적인 역사 인식, 역사 왜곡으로 점철되었다는 것이 국민적 공분을 불러일으켜 반대운동의 도화선에 불을 붙였고, 그런 식의 역사 인식 태도와 서술 내용, 그리고 편찬제도가 이 시대의 민주주의 원리나 인권이라는 보편적 가치에 전혀 부합하지 않는다는 것을 확인시켜주었다.

역사 갈등의 안과 밖: 현실의 구조와 역사적 함의

한국 사회의 과거사 문제는 친일반민족 행위나 6·25전쟁기 민간인 학살문제, 군사정권하의 인권침해 문제 등 20세기 한국 역사의 파행적 전개 과정을 그대로 반영한다. 희생자들과 피해자들은 명예를 훼손당하고 보상받을 권리를 박탈당했던 반면 일제 식민지배와 남한의 독재정권에 협력하였거나, 그러한 통치를 수행한 사람들, 그러한 통치를 위해 만들어진 제도와 수단들은 역사가 바뀌어도 극복되지 않고 한국 사회의 민주적 발전을 방해하는 장애물로 작용해왔다. 한국 사회에서 과거사 청산문제는 그러한 유산들이 더 이상 부정적인 영향을 끼치거나 사회 갈등 요인으로 작용하지 못하도록 해야 한다는 사회적 요구에 따라 제기되었고, 이를 해결하기 위해 설치된 여러 진실위원회가 세기말과 세기 초에 걸쳐 10여 년간 활동했다.

그러나 위원회를 이끌었던 관계자들의 평가에서 드러나듯이 위원회는 은폐되었던 많은 사건의 진실을 밝혀냄으로써 개개인의 피해 사실을 확인했고, 그 결과 많은 국가폭력 피해자들의 명예를 회복하는 성과를 거두었지만 진실규명의 측면에서나 가해자 문책의 측면에서나 미흡했고, 여전히 해결해야 할 많은 과제를 남겨놓았다. 오히려 과거사 관련 위원회들이 설치된 뒤 새로 집권한 보수정권은 모든 위원회를 해체하기 위한 법안을 집요하게 추진했고, 위원회 조사에 협조하지 않았으며 자료도 제출하지 않았다. 정부는 위원회의 권고에도 불구하고 잘못된 제도를 개선하기 위해 노력하지 않았으며 마땅히 해야 할 후속 조치도 실행하지 않았다.[35)]

즉, 희생자와 피해자들, 그리고 시민사회의 요구에 의해 과거사 위원회들이 설치되어 진상규명 활동을 벌였지만 대부분 위원회가 기득권 세력과 그 수혜자들의 반발과 방해로 목적을 충실히 수행하기 어려웠다. 과거청산을 위해서는 무엇보다도 과거의 잘못에 대한 확인이 필요하고, 이는 진실의 사회적 회복을 위한 것이다. 사실 우리는 과거사에서 무엇이 진실인지를 이미 알고 있는 경우가 많다. 책임 있는 자와 가해자들이 잘못을 시인하지 않고 있을 뿐이다. 위원회 조사를 통해 과거의 잘못을 사회적으로 확인한 점은 과거사 정리를 반대한 기득권 세력을 포함하여 누구도 이를 부인하지 못할 것이다. 그리고 지난 수십 년간 진행된 한국의 과거사 정리는 한국 사회에서 인권의 기준을 크게 향상시켰고, 궁극적으로 한국 사회를 갈등과 분열로부터 화해와 평화로 이끄는 역할을 했다.[36)]

한국 사회에서 과거사 정리는 소기의 성과와 남은 과제를 간직한 채 여전히 진행 중이다. 시민사회와 학계의 과거사 정리 노력이나 여러 위원회의 활동 결과가 보여주듯이 독재체제의 부정적 유산이 완전히 극복되지 않은 채 남아있고, 과거사 정리에 대한 기득권 세력의 반발과 친일, 독재를 미화하고 여론을 호도하는 일부 언론과 지식인들의 행태도 지속되는 상황에서 한국 사회는 새로운 미래 건설을 위한 역사적 진실의 회복이라는 어려운 과제의 해결을 위해 노력 중이다. 그리고 과거 독재정권하에서 위안부 문제를 제대로 제기할 수 없었던 데에는 반민족행위특별위원회의 해체에 상징적으로 드러나듯이 식민지 역사와 그 부정적 유산을 정면으로 대면할 수 없었던 한국 사회 나름의 배경이 작동했지만 한국과 일본 사이에 국가 차원에서 청산되어야 할 문제들이 전후 미국이 주도하는 동아시아 국제 질서 재편 속에서 제대로 해결되지 않았던 사정 또한 주요하게 작용했다.

일본 역사 교과서의 식민지배 서술을 둘러싼 한일 간 역사 인식의 차이는 어제오늘의 일이 아니다. 이미 국교 정상화 과정에서 한일 양측은 양국 간의 과거사 처리를 둘러싸고 현격한 인식 차를 보였다. 한일협정은 그러한 인식 차를 적극적으로 해결하기보다 그대로 둔 채 양측의 입장을 봉합했다.[37] 양국의 인식 차는 그 후 일본의 보수 또는 극우 정객의 돌출적 '망언'이라는 형태로 반복적으로 표출되었다. 과거 한일 양국 정부는 그러한 망언이나 역사문제를 둘러싼 갈등이 양국의 외교관계를 손상시킬 정도로 발전하지 않도록 조심하는 태도를 취해왔다.

1990년대만 해도 일본 정부는 한일 간 과거사 문제에 관한 한 무라야마 담화, 고노 담화, 미야자와 담화의 '계승'을 표방함으로써 그것의 쟁점화를 피해왔다. 무라야마 담화란 1995년 8월 15일 전후 50주년 기념일에 당시 총리였던 무라야마 도미이치村山富市가 아시아·태평양전쟁과 그 이전에 행한 식민지 지배와 침략에 대해 공식적으로 사죄한 것을 말한다. 고노 담화는 1993년 8월 고노 요헤이河野洋平 당시 관방장관이 일본군이 위안부들을 강제로 징집하고 위안소를 운영했음을 인정한 것이다. 미야자와 담화는 1982년 8월 일본 문부성이 교과서 검정 과정에서 3·1운동을 '데모'와 '폭동'으로, '침략'을 '진출'로 수정하도록 했다는 사실이 알려지면서 외교적 마찰이 빚어지자 미야자와 기이치宮澤喜一 당시 관방장관이 발표한 담화다. 교과서를 기술할 때 한국, 중국 등 주변국의 비판에 충분히 귀를 기울이겠다고 밝혔다.[38]

그러나 아베 집권 2기에 들어서자 아베 신조安倍晋三 수상과 일본 정부가 직접 나서서 역사 관련 3대 담화를 부정했다. 2013년 4월 22일 아베 총리는 일본 의회에서 무라야마 담화를 그대로 계승하지는 않을 것이라고 선언했고, 12월 26일에는 야스쿠니 신사를 참배해서 주변국의 반발을 불러일으켰다. 또 2014년 2월 28일 스가 요시히데 菅義偉 관방장관은 검증팀을 설치해서 고노 담화의 작성 과정을 검증하겠다고 밝혔다. 과거 일부 정객의 '망언'이 이제는 일상적 사안이 되었고, 일본 정부의 공식적 입장으로 자리 잡았다.

그리고 2015년 12월 28일 한일 양국 정부는 "한일 일본군'위안부' 피해자 문제 합의"(이른바 '12·28합의')를 통해 위안부 문제가 "최종적 및 불가역적으로" 해결되었다고 선언했다. 합의가 발표되자 한국의 시민사회는 충격에 빠졌고, 이에 대한 비판과 반대의 목소리가 터져나왔다. 합의는 위안부 할머니와 시민단체들의 반발은 물론 국민의 광범한 반대에 부딪혔고, 박근혜 정부를 향해 합의 폐기 내지 무효화, 재협상 요구가 빗발쳤다. 합의가 피해자들의 권리를 박탈한 채 피해자 중심 문제 해결이라는 국제 사회의 인권 규범을 위배했고, 또 제대로 된 범죄 인정과 공식 사죄, 법적 배상조차 담겨있지 않은 부당한 합의라는 비판에 대다수 국민이 공감했다. 합의는 피해자들로부터 인정받지 못했고, 국민적 합의를 구하는 데도 실패했다. 박근혜 대통령이 탄핵된 뒤 새 정부는 2017년 12월 합의 파기를 사실상 선언했다.

또 2018년 10월 한국의 대법원은 일본제철·미쓰비시三菱중공업 등 일본 기업들을 상대로 한국 내 강제동원 피해자들에 대해 손해배상을 명령하는 판결을 내렸다. 대법원은 이미 2012년에 "1910년 강제병합조약이 불법이었고 일제의 지배는 불법적인 강점에 지나지 않는다"는 역사 인식을 전제로 "외교협정으로 개인청구권이 소멸할 수 없다"는 취지의 판결을 내렸고, 2018년 판결로 마침내 피해자들이 손해배상을 이행할 수 있는 길을 열었다. 이에 일본 정부는 징용 피해자 등에 대한 배상문제는 한일 청구권협정 당시 한국 측에 제공된 총 5억 달러 상당의 유·무상 경제협력을 통해 "모두 해결됐다"며 우리 대법원의 판결을 국제법 위반이라고 비판했다. 12·28합의의 무효화, 대법원의 일본 기업들의 강제징용 피해자들에 대한 배상 판결로 한일 간 외교 갈등은 한층 첨예화했고, 결국에는 2019년 7월 일본 정부가 한국에 대한 수출 규제라는 강경한 경제적 대응책까지 구사하기에 이르렀다.[39]

왜 일본 정부는 굳이 한국, 중국과 외교적 갈등, 한국과 경제적 갈등까지 야기하면서 위안부와 과거사 문제에 대한 과거의 입장과 태도를 바꾸려 하고, 또 자국의 역사 교과서 개정에 강하게 집착하는 것일까? 아베 총리는 집권 이래 '아베노믹스'를 통해 얻은 대중적 지지 위에서 '아베노틱스'를 추진했고, 그것이 지향하는 바는 일본 헌법 9조(전쟁과 군사력 보유 금지)와 96조(개헌 절차 조항)의 개정과 집단적 자위권의 확대였다.[40] 한국 사회가 12·28합의를 충격으로 받아들이고, 언론도 그러한 반응을 그대로 드러내는 보도 태도를 보인 반면, 일본의 언론은 대체로 합의를 긍정적으로 평가하는 분위기였다.

흥미 있는 것은 미국 언론의 반응과 논조 변화다. 12·28합의 직후 수전 라이스Susan Rice 미국 국가안보 보좌관은 "두 나라의 포괄적 합의가 치유와 화해를 위한 중요한 제스처"가 될 것이라고 발표했고, 버락 오바마 미국 대통령은 박근혜 대통령과 전화 회담에서

"정의로운 결과를 얻어낸 용기와 비전을 높이 평가한다"며 추켜세웠다.[41] 정치인, 관료뿐만 아니라 미국의 언론들 또한 12·28합의를 높게 평가했다. 12·28합의 직후《뉴욕타임스》,《워싱턴포스트》,《월스트리트저널》 등 미국 주요 언론은 사설에서 합의를 통해 한일관계의 경색 국면이 상당 부분 해소될 것이며, 미국의 주요한 두 동맹국인 한일의 다방면에서의 협력이 증대될 것이라는 기대를 숨기지 않았다.[42] 미국 언론의 보도 태도 변화를 주시하면서 한국 언론은 미국이 한미일 간의 군사협력을 강화하고 동아시아 지역에서 영향력을 유지하기 위한 목적으로 합의의 조속한 체결을 압박했다고 분석했다.[43]

탈냉전 이후 2010년대 중반까지만 해도 미국 주류 언론은 위안부 문제를 전시 성폭력으로부터 여성인권 보호라는 보편적 차원의 문제로 접근했다. 그러나 2010년대 중반부터 안보협력 문제와 같은 정치적·군사적 사안에 연동시키거나 종속시키는 태도를 강화했다. 미일 양국 언론의 이러한 논조 변화에는 미국의 경우 중국의 부상에 따른 견제의식, '아시아로의 회귀Pivot to Asia'나 재균형Rebalancing 정책과 같이 미국 대외정책과 군사전략의 변화가 중요하게 작용했다. 일본의 경우에도 중국에 대한 강한 경계의식의 발동, 일본 정부 각료의 야스쿠니 신사 참배나 일본 내 역사 수정주의 움직임의 강화 등 2차 아베 정권 출범 이후 우경화 경향의 증폭, 헌법 개정으로 대표되는 일본의 '보통국가화'나 군사대국화 경향이 언론의 태도에 일정하게 영향을 끼쳤다.[44] 양국 언론의 이러한 태도 변화는 동아시아에서 미중 경쟁과 갈등으로 야기된 신냉전의 부상에 대한 나름의 적응 과정으로 볼 수 있다.

이러한 사정은 과거사를 둘러싼 한일 간 역사분쟁이 이 지역에서 제2차 세계대전의 전후 처리가 가진 보다 구조적인 문제와 연결되어 있음을 암시한다. 샌프란시스코체제에서 일본은 미국의 대소·대중 봉쇄를 위한 하위협력자로 기능했고, 일본제국주의의 최대 피해자였던 한국과 중국은 샌프란시스코 평화협상에서 배제됨으로써 동아시아의 집단적이고 진정한 평화가 냉전기에는 이루어지지 못했다.[45] 그러나 1990년대에 들어서서 탈냉전으로 동아시아 질서의 재조정이 현안이 되자 냉전체제에서 봉쇄되었던 과거청산과 진정한 평화 만들기라는 과제가 수면 위로 솟아올랐고, 그것은 제대로 해결의 방향을 찾지 못한 채 일본과 주변국 사이의 영토분쟁과 역사분쟁으로 표출되었다.

20세기 후반 이후 본격화한 각국의 과거사 청산은 진상규명과 책임자 처벌을 핵심으로 하여 '이행기 정의'를 실현하기 위한 다양한 구체적 실천 형태를 마련해왔다.[46] 그러나 과거사 정리는 그것을 초래한 각국의 정치·사회적 구조나 역사적 맥락과 연결될 수밖에 없다. 즉, 한국 사회도 과거사 청산의 일차적 목표로 가해자 처벌과 피해자 구제, 국가폭력이 관철될 수 있었던 법과 제도의 청산을 강조했다.[47] 하지만 한국의 경우 청산해야 할 과거사의 많은 부분이 제국주의 식민지배의 유산, 분단, 냉전의 구조와 직접적으로 연결될 수밖에 없었다. 앞에서 예로 든 제주4·3항쟁 이후 민간인 학살 책임문제나 5·18광주민주화운동의 진상규명에서 미국의 연루 여부가 해명해야 할 최종 과제 중 하나였고, 위안부 문제가 과거사

문제를 넘어서 한일 간 외교 현안, 동북아시아 냉전구조 속 한미일 관계와 연결되어 있는 점 등이 그러한 사정을 잘 보여준다.

돌이켜보면 탈냉전 이후 한국 사회에서 과거사 정리는 역사정치가 으레 그렇듯이 언제나 역사적 논쟁을 수반했고, 또 정치적 문제가 되었다.[48] 논쟁은 학문적 논의 공간보다는 신문, 기념·추모 행사 및 장소와 같이 주로 미디어를 둘러싸고 전개되었다. 1990년대 언론의 현대사 재해석이나, 이명박 정부 시절 대한민국역사박물관 설치와 전시를 둘러싼 논란, 이명박 정부 이래 계속된 건국절 논란이 대표적이다. 한국의 경우 역사정치가 미디어뿐만 아니라 중등학교 교과서 편찬을 둘러싸고 정부와 시민사회의 전면적 대립이라는 형태로 전개되거나 일본과의 외교적 갈등으로 분출되어 계속 현실적 긴장과 갈등을 불러일으켰고, 또 여기에 많은 국민이 참여하여 적극적으로 의사를 표출하고 있다.

역사정치에 대한 시민사회의 광범한 참여는 타국의 과거사 청산 과정에서도 자주 발견할 수 있는 사실이지만 한국의 경우 그 지속성과 실천 과정에서 이룩한 폭넓은 국내적 또는 국제적 연대, 참여 대중의 광범함 등의 측면에서 독보적이다. 그리고 한국의 과거사 청산은 탈식민 과제와 분단, 냉전의 문제와 같이 국가폭력과 인권 유린 사태를 초래한 역사적이고도 구조적 원인을 끊임없이 환기시키며 전개되었다는 점도 특징적이다. 한국 사회의 민주화가 과거사 청산을 위한 배경과 밑받침이 되었지만, 동시에 과거사 청산이나 역사 교과서 편찬을 둘러싼 논란은 한국 사회가 지향해야 할 민주주의 원리나 인권의 개념을 확장하거나 심화하는 역할을 했다. 과거사 정리는 과거의 잘못된 역사 인식을 바로잡는다는 의미와 잘못된 역사가 영향을 끼치고 있는 현실의 왜곡을 바로잡는다는 의미를 모두 포함한다. 그리고 역사정치는 과거에 대한 의미 있는 해석을 통한 역사적 정체성 창출 노력을 수반할 수밖에 없다.

한국 사회의 과거사 정리와 관련하여 청산의 대상이 돼버린 낡은 냉전 이데올로기에 기초한 역사 인식은 그것을 재생산하는 나름의 현실적·구조적 조건을 가지고 있다. 냉전 이데올로기가 한국 사회에 강요될 수 있었던 국내적 조건이 해방 이후 친일파가 청산되기는커녕 득세했던 사정, 반공주의가 역대 독재정권의 정권 안보 이데올로기로 기능했던 사정에 있다면 동북아시아의 냉전구조 그 자체는 한국 사회에 냉전 이데올로기를 강요하는 외적 규정성으로 작용했다. 한국 사회에서 과거사 정리나 현대사 논쟁이 자주 일제 식민지배에 대한 역사적 평가와 친일·반일 또는 친미·반미의 대립 구도, 좌우 대립 내지 색깔 논쟁으로 전환하는 것은 한국 사회 및 주변 정세가 탈냉전 이후에도 여전히 강대국 정치로부터 영향을 받고 있음을 증명한다. 특히 최근 이 문제는 한반도에서 분단의 지속, 이 지역 패권을 둘러싼 미중 갈등과 연동되어 있다.

한국 사회의 민주화는 냉전 이데올로기를 이완시키는 데 일정하게 기여했지만 한국 사회의 뿌리 깊은 분단구조는 여전히 민주주의적 가치마저 빈번히 부정하곤 한다. 미국 사회는 1960년대 후반 이래 민권·인권 운동과 인종차별 철폐운동, 베트남전 반대운동 등을 통해 그 사회의 민주주의적 가치를 확대함으로써 매카시즘을 극복할 수 있었지만, 한국은 민주화운동만으로는 냉전 이데올로기를 완전히 극복할 수 없었다. 한국 사회에서 민주주의의 완전한 개화는 민주화뿐만 아니라 냉전 이데올로기의 극복, 궁극적으로 남북한 분단구조의 해소에 의해서 비로소 가능할 것이다.

탈냉전 이후에도 한반도는 여러 차례 전쟁 일보 직전까지 치닫곤 했지만 그것을 극복하는 데 일정한 역할을 한 남북 정상의 2000년 6·15남북공동선언이나 2018년 4·27판문점선언의 뒤에는 언제나 남북 주민들의 평화와 통일을 향한 염원이 있었다. 남한 주민 가운데 해방과 전쟁을 직접 몸으로 겪은 사람들은 2019년 현재 전체 인구의 약 8.2퍼센트로, 그 비중이 10퍼센트 미만으로 줄었다.[49] 이제 한국 사회가 광복과 전쟁을 직접 경험하지 않았거나 그것에 연루되지 않은 사람들이 인구의 절대다수를 차지하는 사회가 되었다. 아무런 구속 없이 세계를 넘나드는 젊은이들을 위해 역설적이지만 과거사 정리를 통해서 분단을 극복할 수 있는 지혜를 살려내는 작업이 어느 때보다 필요한 시기가 되었다.

주

제1부 냉전과 개발

1장 '전쟁 영웅' 밴 플리트의 전후 민간투자 중개와 한미관계

1) 밴 플리트는 B-26 폭격기 조종사로 한국전쟁에 참전한 외아들 밴 플리트 2세가 1952년 4월 임무 도중 전사하는 아픔을 겪기도 했다. 국가보훈처는 2014년 3월, 밴 플리트 부자를 '6·25전쟁의 영웅'으로 선정하여 그들의 희생과 헌신을 기렸다. 밴 플리트의 생애 전체에 대한 가장 상세한 서술은 폴 F. 브레임Paul F. Braim, 육군교육사령부 자료지원처 번역실 옮김, 《승리의 신념—밴 플리트 장군 일대기》, 봉명, 2002 참고. 한국전쟁과 한국군 훈련 및 증강에 대해서는 백선엽, 〈밴 플리트 장군과 한국군〉, 《군사》 57, 2005, 125~160쪽 참고. 밴 플리트를 '대한민국의 은인'으로 묘사하며 가장 긍정적으로 서술한 저술로는 남정옥, 《밴 플리트, 대한민국의 영원한 동반자》, 백년동안, 2015 참고. 밴 플리트 컬렉션은 조지 마셜 도서관과 플로리다대학의 James Alward Van Fleet Collection을 참고.

2) 폴 F. 브레임, 앞의 책, 2002, 432~433쪽.

3) 1954년 밴 플리트 사절단의 활동에 대해서는 이동원, 〈1954년 밴 플리트 사절단의 동아시아 냉전 구상과 한미관계의 구성〉, 《군사》 120, 2021 참고.

4) 곽경상, 〈해방 후 남한 석유시장의 재편과 울산 정유공장 건설 계획〉, 《동방학지》 176, 2016; 권혁은, 〈5·16군사정부기 미 대한 원조 정책의 성격과 AID-유솜의 역할—초기 울산 공업단지 건설 과정을 중심으로〉, 《역사와 현실》 105, 2017.

5) 손경호, 〈미국의 한국전쟁 정전 정책 고찰—한국군 증강 정책을 중심으로〉, 《미국사 연구》 36, 2012, 150~156쪽.

6) '통천 상륙작전'의 상세한 내용과 긍정적 평가는 콜린 F. 잭슨Colin F. Jackson, 〈잃어버린 기회인가, 아니면 모험인가? 한국에서의 전략적 기회와 위기의 고조(1951년 4~7월)〉, 스티븐 케이시Steven Casey 외 지음, 이상호·박성진 옮김, 《한국전쟁 연구의 새로운 접근》, 한국학중앙연구원 출판부, 2017 참고. 이 글에 대한 비판적 서평은 이동원, 〈한국 학계의 새로운 연구를 자극하는 영미 학계의 한국전쟁 연구〉, 《군사》 107, 2018 참고.

7) James Van Fleet, "Who Says Our Allies Won't Fight?", *Reader's Digest*, February 1953; James Van Fleet, "The Truth About Korea" Part I, *Life*, 11 May 1953 and Part 2, *Life*, 18 May 1953. 예비역이 된 밴 플리트 장군은 "승리를 추구하지 않는 미국의 전략"을 비판했다. 그는 국방부, 특히 육군부와 합참의 장교들이 회유와 타협을 포함하는 "제한전" 군사전략을 채택한 점에 대해 마음이 편치 않았다. 그의 판단에 이러한 정책들은 "전 세계의 공산주의자들에 대해 주도권을 포기하는 것"이었다. 밴 플리트는 《라이프》 지의 기고문이 발간되자마자 복사본을 콜린스 장군과 아이젠하워 대통령에게 발송했다. 나중에 그의 아내 헬렌은 밴이 이 기고문으로 원고료 4만 3,000불을 받았고, 밴은 "연간수입 10만 불 이상" 소득자가 되었으며, 더 많아진 세금을 내기 위해 군인이었을 때보다 훨씬 더 많은 일을 하게 되었다고 말했다(폴 F. 브레임, 앞의 책, 2002, 426~427쪽).

8) 《동아일보》 1951. 5. 30; 《동아일보》 1951. 6. 5; 《동아일보》 1951. 6. 6; 《동아일보》 1951. 6. 12.

9) 이동원, 〈6·25전쟁기 '수도 서울'의 환도와 재건〉, 《6·25전쟁과 1950년대 서울의 사회변동》, 서울역사편찬원, 2018, 61~76쪽.

10) 《경향신문》 1952. 1. 3; 《경향신문》 1952. 1. 11; 《경향신문》 1952. 1. 30.

11) 이동원, 앞의 논문, 2018, 89~95쪽.

[12] 《경향신문》 1952. 3. 24; 《경향신문》 1952. 8. 13; 《경향신문》 1952. 8. 24; 《동아일보》 1952. 9. 7; 《경향신문》 1952. 9. 7; 《동아일보》 1952. 10. 25; 《경향신문》 1952. 10. 25; 《동아일보》 1952. 10. 25.

[13] "Memorandum by the Chairman of the Joint Chiefs of Staff (Radford) to the Secretary of State", *Foreign Relations of the United States, 1952~1954, Korea*, Volume XV, Part 2, IX. March 1~December 31, 1954: U.S.-Korean relations in the post armistice period, Document 879.

[14] 《서울신문》 1954. 3. 8.

[15] "The Secretary of State to the Embassy in Korea", *Foreign Relations of the United States, 1952~1954, The Geneva Conference*, Volume XVI, The Geneva Conference on Korea April 26~June 15, 1954, Document 26.

[16] "The Ambassador in Korea (Briggs) to the Department of State", *Foreign Relations of the United States, 1952~1954*, The Geneva Conference, Volume XVI, The Geneva Conference on Korea April 26~June 15, 1954, Document 28.

[17] 이동원, 〈1954년 밴 플리트 사절단의 동아시아 냉전 구상과 한미관계의 구성〉, 《군사》 120, 2021. 참고.

[18] 《동아일보》 1954. 4. 13; 《경향신문》 1954. 4. 13; 《경향신문》 1954. 4. 23; 《경향신문》 1954. 4. 23; 《동아일보》 1954. 4. 23.

[19] "Preliminary Report of Van Fleet Mission to the Far East", June 3, 1954, RG 330, 330. 2 General Records of the Office of the Secretary of Defense (OSD), 1941~87, 330. 2. 4 Records of Other Special Assistants, Entry 185, Van Fleet Report Files, Box 10, The Republic of Philippines & the Republic of China.

[20] 1950년대 군사 원조를 중심으로 한 미국의 대한 원조 구조와 집행에 대해서는 이동원, 《이승만 정권기 미국의 대한 군사원조 연구》, 서울대학교 국사학과 박사학위 논문, 2019 참고.

[21] National Security Council Report, NSC 5702/2 Note by the Executive Secretary to the National Security Council on U.S. Policy toward Korea, *Foreign Relations of the United States, 1955~1957, Korea*, Volume XXIII, Part 2, Document 240; 박태균, 《원형과

변용, 한국 경제개발계획의 기원》, 서울대학교출판부, 2007, 119~122쪽; 이현진, 《미국의 대한 경제원조 정책 1948~1960》, 혜안, 2009, 217~227쪽.

22) 〈밴 플리트가 이승만에게〉 1955. 11. 3; 1956. 1. 7(국사편찬위원회 사료군 AUS097, Selected Historical Materials in the George C. Marshall Library Relating to Korea: James A. Van Fleet Papers, 이하 Van Fleet Papers); 《동아일보》 1956. 5. 4.

23) 《경향신문》 1956. 5. 10; 《경향신문》 1956. 5. 11; 《동아일보》 1956. 5. 10; 《동아일보》 1956. 5. 11. 밴 플리트의 "값싼 외화 수입" 제안에 대해 문교부는 "외화는 쿼터제에 의하여 수입하게 되어 있는 만큼 그 쿼터 내에 20세기 폭스사 제작 영화도 응당의 배정을 할 수 있으며 기관 설치문제는 외자도입법과 영화법에 의하여 고려하겠다"고 미온적으로 답변했다.

24) 곽경상, 〈해방 후 남한 석유 시장의 재편과 울산 정유공장 건설 계획〉, 《동방학지》 176, 2016, 161~170쪽.

25) 《경향신문》 1955. 10. 28; 《동아일보》 1955. 11. 4.

26) 〈밴 플리트가 이승만에게〉 1956. 6. 28, Van Fleet Papers.

27) 〈밴 플리트가 이승만에게〉 1956. 10. 21; 〈이승만이 밴 플리트에게〉 1956. 11. 8, Van Fleet Papers.

28) 〈밴 플리트가 이승만에게〉 1957. 1. 12, Van Fleet Papers. 랄프 M. 파슨스Ralph M. Parsons는 파슨스사Parsons Corporation의 창업주로 1944년 캘리포니아 파사데나에서 사업을 시작했다. 엔지니어이자 해군 복무 경험도 있던 파슨스는 국방, 안보, 사회기반 시설 건설을 전문으로 하는 기술 중심 회사를 지향했고, 1950년대 한국과 그리스에서 정유공장과 조선소를 건설하고자 했던 것도 그러한 사업 확장의 일환이었을 것이다. 그는 1974년 78세를 일기로 세상을 떠났지만, 파슨스사는 결국 30개국에 정유, 천연가스, 조선, 발전, 관개, 원자력 처리, 금속 및 광물질 광산, 공항, 지하철, 철도, 하수처리 시설, 그리고 NASA 시설을 건설한 글로벌 기업으로 성장했다. 파슨스 재단 웹사이트 참고(http://rmpf.org/about-us/ralph-parsons/).

29) 〈밴 플리트가 이승만에게〉 1955. 11. 3; 1956. 10. 21; 1957. 1. 12, Van Fleet Papers.

30) 〈이승만이 밴 플리트에게〉 1956. 5. 25, Van Fleet Papers.

31) 〈이승만이 밴 플리트에게〉 1957. 1. 28, Van Fleet Papers.

32) 《동아일보》 1959. 12. 17; 〈외자도입촉진법(법률 제532호)〉, 《관보 제2480호》 1960. 1. 1.

33) 〈김일환이 밴 플리트에게〉 1957. 11. 20, Van Fleet Papers.

34) 배저사가 최종 선정된 이유는 분명치 않다. 미국계 유수의 엔지니어 기업들이 정유공장 건설 수주에 나서면서 업체 선정을 둘러싼 경쟁은 치열했다. 울산 정유공장의 관리인으로서 오래전부터 외자 수급 방안을 고민했던 전민제는 포스터 휠러Foster Wheeler사와 연결되어 있었고, 밴 플리트는 파슨스를 지원했다. 이처럼 밴 플리트와 전민제가 상이한 업체를 선호하면서 합동경제위원회에서는 오히려 제3의 업체인 배저사를 최종 선정했을 가능성이 있다. 밴 플리트와 이승만의 지지하에 선두를 달리던 파슨스사는 1957년 현지 조사 이후 공장 건설 최적지로 울산이 아니라 마산을 선정했는데, 이 역시 시공사로 선정되지 못한 원인이 되었을 것이다. 곽경상, 앞의 논문, 2016, 164~179쪽.

35) 곽경상, 앞의 논문, 2016, 176~179쪽; 김승석, 《울산 지역 석유화학산업의 발전 과정》, 울산발전연구원 울산학연구센터, 2006, 54~58쪽.

36) 《경향신문》 1957. 4. 2; 《경향신문》 1957. 4. 13; 《경향신문》 1957. 5. 8. 1정보는 3,000평으로, 3,000정보는 900만 평, 6,400정보는 1,920만 평에 달한다.

37) 《경향신문》 1957. 5. 25; 《동아일보》 1957. 5. 25.

38) 《동아일보》 1956. 9. 4.

39) 《경향신문》 1958. 2. 20.

40) 한국은행 조사부, 《경제연감》 1958, 1~41쪽. 이승만 정부는 전쟁이 수습된 1953년 이후 축산 진흥을 위한 여러 시책을 강구했다. 1953년부터 5개년 축산진흥계획을 시도하였고, 1958년에는 축산부흥 제2차 5개년계획을 세워 부업 형태의 축산에서 유축농업animal agriculture 형태로 전환·발전하는 것을 기본 정책으로 추진했다(〈축산업〉, 《한국민족문화대백과》).

41) 《경향신문》 1957. 6. 4; 《경향신문》 1957. 6. 5; 《경향신문》 1957. 6. 6.

42) 《동아일보》 1957. 3. 24; 《경향신문》 1957. 3. 24; 《동아일보》 1957. 3. 26.

43) 이 "100만 달러"는 앞서 공표된 1억 5천만 환의 약 3.3배에 해당하는 돈으로 공표된 예산을 포함하는 것인지 이와 별도의 '개인' 예산인지 확인하기 어렵다. 그러나 수표 형태로 인편을 통해 전달되었던 것으로 미루어 '개인' 예산일 가능성이 크다.

44) 〈밴 플리트가 스틴슨에게〉 1956. 1. 10; 〈밴 플리트가 이승만에게〉 1956. 6. 28; 1956. 11. 27; 〈이승만이 밴 플리트에게〉 1956. 7. 14; 1956. 8. 25, Van Fleet Papers.

45) 〈이승만이 밴 플리트에게〉 1956. 7. 14; 1957. 3. 17; 1957. 5. 12; 〈밴 플리트가 이승만에게〉 1956. 8. 11; 〈A. C. Cocke가 밴 플리트에게〉 1957. 2. 4, Van Fleet Papers. 1957년 5월 22일 자 밴 플리트의 서신에 의하면 1차분인 200마리의 소, 150마리의 양, 50마리의 염소와 첫해 필수 식량, 물자, 장비를 운송하는 데 15만 달러가 소요되었다.

46) 〈정운갑이 김용우에게〉 1957. 4. 15, Van Fleet Papers.

47) 〈이승만이 밴 플리트에게〉 1957. 5. 12; 〈정운갑이 이승만에게〉 1957. 5. 13, Van Fleet Papers.

48) 〈이승만이 밴 플리트에게〉 1957. 5. 30, Van Fleet Papers.

49) 〈밴 플리트가 이승만에게〉 1957. 9. 26, Van Fleet Papers.

50) 《동아일보》 1958. 9. 30; 《동아일보》 1958. 10. 1; 《동아일보》 1959. 8. 5.

51) 《경향신문》 1962. 10. 10.

52) 《동아일보》 1963. 7. 15; 《경향신문》 1970. 4. 23.

53) 《동아일보》 1960. 4. 23; 《경향신문》 1961. 5. 17.

54) 《경향신문》 1961. 7. 17; 《동아일보》 1961. 7. 17.

55) 《동아일보》 1961. 7. 18; 《동아일보》 1961. 7. 18; 《동아일보》 1961. 7. 19.

56) 《동아일보》 1961. 7. 20; 《경향신문》 1961. 7. 20; 《동아일보》 1961. 7. 21.

57) 《경향신문》 1961. 7. 20; 《동아일보》 1961. 7. 22; 《경향신문》 1961. 7. 25.

58) 《경향신문》 1962. 5. 12; 《경향신문》 1962. 5. 17; 《동아일보》 1962. 5. 18; 《동아일보》 1962. 5. 23; 《동아일보》 1962. 5. 24; 《동아일보》 1962. 5. 24.

59) 권혁은, 앞의 논문, 133~135쪽; "Memorandum for Mr. Mcgeorge Bundy, The White House"(1962. 6. 19), 《5·16과 박정희 정부의 성립(주제별 문서철)》, 한국정신문화연구원 현대사연구소, 1999, 275~278쪽.

60) 《경향신문》 1963. 12. 26; 《경향신문》 1963. 3. 22; 《경향신문》 1964. 8. 14.

2장 한국전쟁이 바꾼 정부의 식량정책과 농민의 부담

* 이 글은 〈한국전쟁 이후 정부 식량정책의 변화—정부 관리 양곡 수급정책을 중심으로〉, 《역사와 경계》 126, 2023; 〈한국전쟁기 정부의 식량수급정책과 농민의 현물 납부 중심으로〉, 《역사문제연구》 29(1), 2025를 수정한 것이다.

1) 《동아일보》 1956. 2. 26.

2) 농업은행, 《농업연감》, 1957, 357~387쪽.

3) 내무부 통계국, 《한국통계연감》, 1960.

4) 김성보, 〈이승만 정권기(1948. 8~1960. 4) 양곡 유통정책의 추이와 농가 경제 변화〉, 《한국사연구》 108, 2003; 김소남, 〈1950년대 임시토지수득세법의 시행과정 연구〉, 《역사와 현실》 43, 2002; 이대근, 《한국전쟁과 1950년대 자본축적》, 까치, 1987; 이명휘, 〈1950년대 농가경제 분석〉, 《경제사학》 16, 1992.

5) 류일환, 〈한국의 농지개혁 후속 조치 연구〉, 서강대학교 박사학위 논문, 2001; 이경란, 〈1950년대 농업협동조합법 제정과정과 농업협동체론〉, 《해방 후 사회경제의 변동과 일상생활》, 혜안, 2009.

6) 김종덕, 《원조의 정치경제학》, 경남대학교출판부, 1998; 박현채, 〈미 잉여농산물 원조의 경제적 귀결〉, 《1950년대의 인식》, 한길사, 1981.

7) 농림부, 〈단기 4283년산 양곡 매입 수량 및 가격 결정에 대한 동의 요청에 관한 건〉, 《국회 및 국무회의 관계 서류철》(국가기록원 BA0085165), 1950.

8) 농지개혁법 입법 과정은 다음 연구성과를 참고했다. 김성호 외, 《농지개혁사연구》, 한국농촌경제연구원, 1989; 한국농촌경제연구원, 《한국 농정 50년사》, 1999; 홍성찬 외, 《농지개혁연구》, 연세대학교출판부, 2001.

9) 농업은행 조사부, 《농은조사월보》 7월호, 1956, 148~149쪽; 한국은행 조사부, 《한국은행조사월보》 1951년 3월호, 1951, 168쪽; 농림부 《농림통계연보》, 1955, 272~275쪽.

10) 한국은행 조사부, 《한국은행조사월보》, 10월호, 1952, 28쪽.

11) 임시토지소득세법의 시행 과정에 대해서는 다음에 자세하다. 김소남, 앞의 논문, 283~284쪽.

[12] 한국은행 조사부, 《한국은행조사월보》 5월호, 1952, 23쪽.

[13] 김소남, 앞의 논문, 294~295쪽.

[14] 대한민국 국회 편, 《2대 (임시)국회회의록》 제11회 제107호 (1951. 12. 1), 6쪽.

[15] 대한민국 국회 편, 《2대 국회회의록》 제12회 제3호 (1951. 12. 24), 6쪽.

[16] 김소남, 앞의 논문, 292쪽.

[17] 한국 재정 40년사 편찬위원회, 《한국 재정 40년사 5》, 1991, 12쪽.

[18] 시장 가격은 1952년 11월부터 1953년 10월 동안 서울시 소매 가격 평균치이다. 한국은행 조사부, 《한국은행조사월보》 7월호, 1955, 24쪽.

[19] 한국은행 조사부, 《한국은행조사월보》 4·5월호, 1953, 54쪽.

[20] 농림부, 《농림통계연보》, 1952~1954년 판.

[21] 농업은행 조사부, 《농업연감》, 1958, 271쪽.

[22] 임상오, 〈한국재정의 구조와 성격(1945~1960)〉, 고려대학교 박사학위 논문, 1990, 32쪽.

[23] 농림부, 《농림통계연보》, 1957, 348~349쪽.

[24] 김소남, 앞의 논문, 295~296쪽.

[25] 농림부, 《농림통계연보》, 1955, 2~3쪽, 122~123쪽.

[26] 한국은행 조사부, 《경제연감 Ⅰ》, 1955, 35~37쪽.

[27] 공정 가격은 일반적으로 국민의 경제생활을 안정시키기 위하여 법령에 따라 정부가 통제하고 결정한 상품의 가격을 의미한다.

[28] 농업은행 조사부, 《농업연감》, 1958, 295~296쪽.

[29] 한국은행 조사부, 《한국은행조사월보》 3월호, 1955, 38쪽.

[30] 미국은 1954년 11월 17일 자 합의의사록에 명시된 180대 1의 환율을 500대 1로 인상하는 것을 추진했다. 미국의 원조 당국자들은 원조물자에 적용되는 환율이 지나치게 낮아 적절한 시장 가격보다 낮은 가격으로 판매되고 있어 손실이 수십억 환에 달한다고 보았다. 원조물자에 높은 환율이 적용되면 그만큼 많은 돈(한화)이 대충자금으로 적립되어 한국의 국방비나 전후 재건 프로그램에 좀 더 많은 돈이 투여될 수 있다고 보았다. 이동원, 〈이승만 정권기 미국의 대한對韓 군사원조 연구〉, 서울대학교 박사학위 논문, 2019, 187~199쪽.

[31] 1956년 인태식 재무부 장관은 물가변동이 환율변동과 연동된 상황에서 물가상승률

계산 시 곡가를 제외해야 한다고 발언했다. 이는 곡가가 물가에 미치는 영향이 그만큼 컸던 것을 잘 보여준다. 《조선일보》 1956. 7. 23.

32) 대한민국 국회 편, 〈영동지방 절량농가 대책에 관한 건의안〉, 《3대 국회회의록》 제19회 제121호(1955. 1. 15).

33) 〈농지개혁법 중 개정법률안〉(1957. 7. 3), 의안정보시스템.

34) 《조선일보》 1953. 12. 4.

35) 김성호 외, 앞의 책, 698쪽.

36) 대한민국 국회 편, 《3대 국회회의록》.제20회 제60호(1955. 6. 15), 2~5쪽.

37) 김성호 외, 앞의 책, 769쪽.

38) 농림부, 〈단기 4288미곡연도 식량수급 계획에 관한 건〉, 《국무회의록》, 1954, 20쪽(국가기록원 BA0085173).

39) 1955년 임시토지수득세 폐지 논의에 대해서는 다음을 참고하라. 김소남, 앞의 논문, 287~289쪽.

40) 《동아일보》 1955. 7. 15; 《조선일보》 1955. 7. 15.

3장 냉전과 재건의 이중주: 1950년대 미군대한원조 프로그램의 수립과 시행

1) 'Armed Forces Assistance to Korea'는 기존에 미군 대한 원조, 주한미군 대한 원조, 미군 한국원조처, 에이팩, 애팍 등 다양한 용어로 번역되었다. 이 글은 이 가운데 당대 한국의 일간지나 정기 간행물에서 가장 일반적으로 사용된 '미군대한원조'라는 명칭을 사용하고자 한다.

2) Andrew J. Birtle, *U.S. Army Counterinsurgency and Contingency Operations Doctrine 1860~1941*, Washington D.C: Center for Military History, 1998, p. 3.

3) Orlando Craig, "Measuring the Immeasurable: Assessing the Effectiveness of Engineering Civic Assistance Projects Towards Achieving National Security Objectives", Master's thesis, U.S. Army Command and General Staff College, 2015, pp. 14~16.

4) "Memorandum by the President to the Secretary of State", 1953. 7. 27; "Draft

Memorandum by the President to the Secretary of State, the Secretary of Defense(Wilson), and the Mutual Security Administrator(Stassen)", 1953. 7. 31, *Foreign Relations of the United States, 1952~1954. Korea*, Volume XV, Part 2; 《동아일보》 1953. 8. 9.

5) "Memorandum of Conversation, by Elizabeth A. Brown of the Office of United Nations Political and Security Affairs", *Foreign Relations of the United States, 1952~1954. Korea*, Volume XV, Part 2; 《경향신문》 1953. 8. 3.

6) "Armed Forces Assistance to Korea" 1953. 8. 26. Box 14, Entry UD 1276, RG 469. 이하 중복되는 자료는 분량상 제목만 표기함.

7) "Armed Forces Assistance to Korea", 1953. 8. 26.

8) "U.S. Troop Aid to Korea", Box 1393, Entry A1 167, RG 338.

9) "Armed Forces Assistance to Korea Program", 1953. 10. 18, Box 1393, Entry A1 167, RG 338.

10) "주일 CINCUNC에서 미 육군성에 보낸 전문: [CINCREP와 한국 총리 간의 AFAK 계획 자금 및 관리에 관한 논의요약 통신문]", 1954. 3. 27, 국가기록원, 관리번호 CTA0000988.

11) "주일 CINCUNC에서 미 육군성에 보낸 전문: [CINCREP와 한국 총리 간의 AFAK 계획 자금 및 관리에 관한 논의요약 통신문]."

12) "Letter from Paik Too Chin, Prime Minister to General Clark", 1953. 8. 6, Box 14, Entry UD 1276, RG 469. 이승만 정권의 전후 재건계획에 관해서는 정진아, 《한국 경제의 설계자들, 국가 주도 산업화와 경제개발계획의 탄생》, 역사비평사, 2022, 4~5부 참조.

13) "W. E. Warne이 G. H. Decker에게 보낸 서신: [AFAK(미군 원조기구) 프로젝트 자금배정—A, B부문프로젝트]", 1957. 11. 5, 국가기록원, 관리번호 CTA0002594.

14) 홍성유, 《韓國經濟와 美國援助》, 박영사, 1962, 54~56쪽; 박광명, 〈해방 이후~한국전쟁기 미국의 대한 원조와 ECA·SEC 원조의 성격〉, 《동국사학》 68, 2020, 345~347쪽.

15) "주한 CINCREP 전문 TOFOA 208", 1953. 11. 11, "주일 CINCUNC에서 미 육군성에 보낸 전문: 1,500만 달러 추가 군사원조 프로그램", 1953. 11. 11, 국가기록원,

관리번호 CTA0000988.

16) "Message from CG Army Eight to CHG Fifth Air Force", 1953. 11. 28, Box 59, RG 338.

17) 1952년 5월 24일에 체결된 한미 경제조정협정에서는 한미합동경제위원회의 설치를 규정했다. 합동경제위원회는 "대한민국 대표 1인과 국제연합국 총사령관 대표 1인으로 구성"되며, 주요 기능은 "대한민국과 통일사령부 간의 효과적인 경제조사를 촉진"하는 데에 있었다. 국사편찬위원회 편, 《실록 대한민국사 자료집, 한국 경제 정책자료 6: 1952. 5~1952. 12》, 국사편찬위원회, 2012, 46~53쪽.

18) "주한 CINCREP 전문 TOFOA 208", 1953. 11. 11, "CAMG에서 주일CINCUNC에 보낸 전문: [CRIK에서의 주한미군 원조계획]", 1953. 11. 24, "주일 CINCUNC에서 미 육군성에 보낸 전문: 1,500만 달러 추가 군사 원조 프로그램", 1953. 11. 11, 국가기록원, 관리번호 CTA0000988.

19) 이동원, 〈1952~1955년, 한국 후방관구 사령부(KComZ)의 창설과 해체〉, 《군사》 91, 2014, 35쪽.

20) 이현진, 《미국의 대한경제원조정책 1948~1960》, 혜안, 2009, 178~185쪽.

21) "Armed Forces Assistance to Korea Program Directive No. 1", 1953. 11. 6.

22) "PUSAN MASTER PLAN", Box 8, Entry UD 1276, RG 469; 《조선일보》 1954. 1. 18.

23) "ARMED FORCES ASSISTANCE TO KOREA PROGRAM", Box 33, Entry A-1 275, RG 338.

24) Neil B. Mills, Lt. Col, USMC, op. cit., p. 81.

25) "ARMED FORCES ASSISTANCE TO KOREA PROGRAM".

26) "Armed Forces Assistance to Korea Program Directive No. 2", 1954. 1. 1, Box 150, Entry A-1 1327, RG 554.

27) 《마산일보》 1954. 2. 4; 1954. 4. 7.

28) "Armed Forces Assistance to Korea Program", Box 2201, Entry A-1 255, RG 338.

29) "Armed Forces Assistance to Korea Program Directive No. 1", 1953. 11. 4.

30) "Armed Forces Assistance to Korea Program Directive No. 1", 1953. 11. 6.

31) "Armed Forces Assistance to Korea Program Directive No. 1", 1953. 11. 4.

32) 제8군 사령관 테일러는 프로그램 구상 단계에서 AFAK 프로그램은 경제적·인도적

중요성을 지니는 동시에, 군사적 상황과 전투 재개를 위한 군의 전반적인 준비상태와 직접적인 관련이 있다는 점을 지적했다. "Letter from Maxwell D. Taylor, General, U. S. Army Commanding to C. Tyler Wood, Economic Coordinator", 1953. 9. 3, Box 14, Entry UD 1276, RG 469.

33) "Armed Forces Assistance to Korea Program", Box 2201, Entry A-1 255, RG 338.

34) "PUBLIC INFORMATION OFFICE Release No. 291, ROK ARMY UNITS ASSIST IN AFAK PROGRAM", 1954. 4. 12, Box 91, Entry A1 1, RG 550.

35) "Armed Forces Assistance to Korea Program", Box 33, Entry A-1 275, RG 338.

36) "Armed Forces Assistance to Korea Program Directive No. 6", 1954. 6. 4, Box 14, Entry UD 1276, RG 469.

37) "Armed Forces Assistance to Korea Program Directive No. 6", 1954. 6. 4.

38) "Armed Forces Assistance to Korea Program – October 1954(Status Report #12)", Box 14, Entry UD 1276, RG 469.

39) "Armed Forces Assistance to Korea Program – December 1954(Status Report #14)", 1955. 1. 26, Box 14, Entry UD 1276, RG 469.

40) "Armed Forces Assistance to Korea Program – November 1955(Status Report #25)", 1955. 12, Box 14, Entry UD 1276, RG 469.

41) "Armed Forces Assistance to Korea Program, Directive No. 9", 1954. 9. 5, Box 14, Entry UD 1276, RG 469.

42) "Armed Forces Assistance to Korea Program – August 1954(Status Report #10)", Box 14, Entry UD 1276, RG 469.

43) "Armed Forces Assistance to Korea Program – November 1954(Status Report #13)", Box 14, Entry UD 1276, RG 469.

44) "군부대의 한국프로젝트 지원 개요서—학교, 공중위생 시설, 고아원, 공공 시설 등 건축 관련 AFAK(미군 원조기구) 프로젝트", 국가기록원, 관리번호 CTA0002577.

45) 금보운, 〈군사도시의 지역사회 관계 형성—주한미군의 근린 정책과 '기지생활권'을 중심으로(1957~1971)〉, 《도시연구: 역사·사회·문화》 29, 2022, 154~155쪽.

46) "AFAK Project Completion Report(Report Control Symbol KGL-19)", 1955. 7. 6, Box

2199, Entry A-1 255, RG 338(AUS004_103_00C0027); 《조선일보》 1955. 3. 2; 1955. 7. 17; 《경향신문》 1955. 7. 13; 《동아일보》 1955. 7. 16.

47) "AFAK Project Completion Report(Report Control Symbol KGL-19)", 1955. 6. 2, Box 2199, Entry A-1 255, RG 338.

48) "AFAK PROJECT COMPLETION REPORT(Reports Control Symbol KGL-19)", 1955. 7. 8, Box 2199, Entry A-1 255, RG 338.

49) "Armed Forces Assistance to Korea Program Directive No. 1", 1953. 11. 4.

50) "Armed Forces Assistance to Korea Program Directive No. 2", 1954. 1. 1.

51) 주한미공보원에 대해서는 허은, 〈1950년대 '주한 미공보원'(USIS)의 역할과 문화전파 지향〉, 《한국사학보》 15, 고려사학회, 2003 참조.

52) 《조선일보》 1959. 5. 9.

53) "Armed Forces Assistance to Korea Program - November 1954(Status Report #13)."

54) 이 글에서 참고한 사료에는 여론조사 결과의 전문이 아닌 요약본이 수록되어 있다. 여론조사는 조사 방식이나 질문지의 내용 및 항목 구성 등에 따라 그 결과가 달라질 가능성이 있기 때문에 본 여론조사의 신뢰성에도 의문을 제기할 수 있다. 그렇지만 시행 주체 측에서 유효 표본을 확보하기 위해 다양한 방안을 강구했으며, 인터뷰 대상 수가 많고, AFAK 프로그램을 긍정적으로 평가하는 응답자의 수가 그렇지 않은 응답자에 비해 절대다수였기 때문에 전반적인 여론을 파악하는 데에는 큰 무리가 없다고 판단하여 분석을 진행했다.

55) "Armed Forces Assistance to Korea", Box 91, Entry A1 1, RG 550.

56) 'Annex D, 1959.6: Contributions of military resources to economic and social progress', p. 132.

4장 '냉전 지식'으로서 경영학 보급과 한국의 수용

: 1950년대 워싱턴 프로젝트를 중심으로

1) 한국경영학회, 《한국경영학회 50년사》, 한국경영학회, 2007, 7쪽; 김균·이헌창, 《한국 경제학의 발달과 고려대학교》, 고려대학교출판부, 2005, 31~35쪽.

[2] 워싱턴 프로젝트에 파견된 현지 팀의 구성과 활동은 크게 3단계의 변화를 겪었다. 이 중 찰스 길리랜드가 이끌었던 1기 팀의 활동 기간은 1958년 3월부터 1960년 3월까지, 제임스 쉰들러가 이끈 2기 팀의 활동 기간은 1960년 4월부터 1962년 7월까지, 존 월쉬가 이끈 3기 팀의 활동 기간은 1962년 9월부터 1964년 3월까지였다. 본 연구는 그중에서도 프로젝트팀이 가장 왕성한 활동을 벌였던 1958년 3월부터 1960년 3월까지의 초기 활동을 다룬다.

[3] 이는 흔히 기업 자체를 대상으로 삼아 기업의 창설부터 운영, 해체까지 전 과정을 다루는 순수이론적 성격이 강한 독일경영학(경제경영학)과 비교된다.

[4] 1951년 10월 10일 제정된 미 공법 165호, 1951년 상호안전보장법은 유럽, 근동 및 아프리카, 아시아·태평양, 중남미에 대한 군사, 경제 원조를 규정한 법이다. 상호안전보장법은 1961년 대외원조법FAA(Foreign Assistance Act)으로 변화할 때까지 대외 원조의 군사적 지향성이라는 기조를 유지하는 법적 기반으로 작동했다고 평가받는다. 상호안전보장법은 1953년 제정된 상호안전보장법부터 상호방위원조Mutual Defense Assistance, 개발원조Development Assistance, 기술협조Technical Cooperation라는 세 개의 큰 범주로 재분류되었는데, 이 중 기술협조는 포인트 포Point Four로부터 시작된 저개발국 원조를 이어받은 것이었다. 기술협조 범주는 대외원조법이 제정되는 1961년까지 존속했고, 역사적으로 볼 때 워싱턴 프로젝트는 이러한 상호안전보장법하 기술협조 범주로서 한국에 도입되었다고 볼 수 있다. 워싱턴 프로젝트의 도입기인 1958년부터 1960년까지를 주로 다루고 있는 이 글은 이러한 대한 원조의 맥락을 고려하고 또한 워싱턴 프로젝트가 저개발국 대상 기술 원조인 기술협조로서 도입되었다는 점을 강조하기 위해 일반적으로 사용되는 기술 원조라는 용어 대신 기술협조를 사용한다.

[5] 포인트 포 사업이란 1949년 1월 미국의 트루먼 대통령이 제창한 저개발국 개발을 위한 원조로, 중남미 지역에 주로 초점을 맞추었으며 주로 기술 원조 형태의 원조가 공여되었다.

[6] 1950년대 실시된 미국의 기술협조의 성격에 대해서는 한봉석, 〈1950년대 미국의 대한 기술원조 연구〉, 성균관대학교 박사학위 논문, 2017, 170~181쪽 참고.

[7] 한봉석, 앞의 논문, 2017, 172~173쪽.

8) International Cooperation Administration, *Technical Cooperation Through American Universities*, Washington D.C.: International Cooperation Administration, 1957, pp. 35~40.

9) 유럽에는 행정학, 경영학 등의 실용 학문을 특정 직업단체의 후원을 받는 기술교육 기관에서 교육해온 오랜 전통이 있어 경영학을 대학에서 교육하는 일이 어려웠다. 이로 인해 유럽에 미국 경영학과 관리administration 지식을 전파시키고자 했던 마셜 플랜의 경영학 기술 원조도 대학을 통한 경영학 교육보다는 주로 '산업생산성센터industry productivity center'들을 세우고 이곳에서 교육을 실시하는 것을 도모했다(The Brookings Institution, *op.cit*, p. 44).

10) 국제협조처는 행정학·경영학 기술협조 목표를 명확히 'Administrative Modernization'으로 규정했다. 이는 수원국의 발전단계와 고유의 문화에 알맞은 관리기술을 발전시키고 관리 구조와 절차를 구축하는 것으로 정의되었다(The Brookings Institution, *op.cit*. pp. 4~10).

11) The Brookings Institution, *op.cit*. pp. 11~15.

12) 이현진, 《미국의 대한경제원조정책 1948~1960》, 혜안, 2009, 145~159쪽.

13) 〈Korea–Proposed Relief, Rehabilitation and Defense Support Program, Fiscal Year 1954〉, RG 469, Entry 478, Box 1.

14) 〈The Education Program in Korea〉, RG 469, Entry 450, Box 2.

15) 앞의 자료.

16) 김규삼, 《연세대학교 경영학교육 40년》, 연세대학교출판부, 1994, 24쪽; Martin Bronfenbrenner, *op.cit*., p. 196; 백낙준이 미군정기부터 미 정부에 큰 영향력을 가진 교육가였다는 점, 그의 전시 문교부 장관으로서의 이력, 경제조정관 윌리엄 원이 프로젝트와 관련해 백낙준의 공로를 치하하는 언급을 여러 번 남긴 점 등으로 미루어 볼 때 이는 설득력 있는 설명이라 할 수 있다.

17) 〈Education–Agreements〉, RG 469, Entry UD 1276.

18) "윌리엄 원이 백낙준에게"(1958. 5. 19), 〈Public Administration(Jan.1957~Jun.1958)〉, RG 469, Entry UD 1276.

19) 미 국제협조처는 저개발국 정부의 산업에 대한 지나친 통제와 직접적인 개입이 경제

발전을 지연시킨다고 보았고 따라서 저개발국 경제발전을 위해서는 민간기업의 역할이 중요하다고 보았다(International Cooperation Administration, Office of Industrial Resources, 발행 일자 미상, "ICA Work in Industrial Resources", Washington D. C.: International Cooperation Administration, pp. 3~8).

20) "Address for Chamber of Commerce of Korea, Seoul, May 16, 1958, Dynasty Room Bando, 12:30 P.M."(1958. 5. 16), 〈Public Administration(Jan. 1957~Jun. 1958)〉, RG 469, Entry UD 1276.

21) 2장에서 살펴보았듯이 유럽의 경영학 기술협조에서 일차적으로 중시된 것은 인간관계론적 접근을 강조함으로써 마르크스주의에 토대를 두고 있던 기존 유럽의 노사관계를 협조적 분위기로 변화시키는 것이었다. 이에 따라 유럽에서 전개된 생산성 향상운동에서 생산성 향상은 노사협조를 통해 달성될 수 있는 것으로 선전되었고 노동자는 자본가 또는 경영인과 함께 운동에 참여하는 주체이기도 했다. 이에 따라 생산성본부의 운영과 미국에 파견된 이른바 '생산성 시찰단'에는 주요 노동단체와 노동자들이 참여하였다(A. Carew, *Labour under the Marshall Plan: The politics of productivity and the marketing of management science*, Manchester, U.K.: Manchester University Press, 1987).

22) Washington University Program in Korea(이하 WUPIK), 〈First Semi-Annual Progress Report(1958. 2. 1~1958. 8. 1)〉, p. 9.

23) Washington University Program in Korea(이하 WUPIK), 〈First Semi-Annual Progress Report(1958. 2. 1~1958. 8. 1)〉, p. 2; WUPIK, 〈Operational Plan〉(1958. 1. 1), pp. 13~14.

24) 신수식, 《고려대학교 경영대학 100년사》, 고려대학교출판부, 2006, 214~216쪽.

25) WUPIK, 〈Evaluation Report〉(1959. 6. 1), p. 2.

26) 앞의 자료, p. 3.

27) WUPIK, 〈Second Semi-Annual Progress Report(1958. 8. 1~1959. 2. 1)〉, pp. 9~10; 김규삼, 앞의 책, 33쪽.

28) 김규삼, 앞의 책, 34쪽.

29) 고려대에서는 윤병욱, 송기철, 김해천 교수가 1950년대 독일에 유학해 학위를 취득한 바 있었다.

30) 신수식, 앞의 책, 2006, 235~238쪽.

31) WUPIK, 〈Detailed Work Plan for Washington University Project in Business Administration〉(1958. 12. 6), pp. 9~10.

32) Charles E. Gilliand, Jr., 〈Correspondence: Dr. Gilliland, Jr.가 L. J. Buchan에게〉(1959. 9. 24)

33) 앞의 자료.

34) 워싱턴대학에서 진행된 교육 프로그램에 참여한 교수진의 명단은 다음과 같다. 김순식, 성창환, 정수영, 조익순, 조구연, 유세환, 김효록, 이창렬, 윤병욱, 이준범, 김명윤, 김행권(이상 고려대학교), 이정환, 정종진, 이기을, 김규삼, 임익순, 이길현, 김상겸, 송태영, 이종하, 송자, 이규원, 이제민, 황일청(이상 연세대학교).

35) 1960년에도 프로그램이 기획되었으나 4월혁명의 여파로 실제로 시행되지는 못했다.

36) WUPIK, 〈1958 Management Development Program–Narrative Report〉(WUPIK, 〈First Semi–Annual Report Washington University Project〉(1958. 2. 1~1958. 8. 31) 부록 A).

37) TC–PA, "Briefing Comment for ICA/W Trip"(1958. 5. 27), 〈Public Administration 1958 (Jan. 1957~Jun. 1958)〉, RG 469, Entry UD 1276.

38) "Address for Chamber of Commerce of Korea, Seoul, May 16, 1958, Dynasty Room Bando, 12:30 P.M."(1958. 5. 16), 〈Public Administration(Jan. 1957~Jun. 1958)〉, RG 469, Entry UD 1276.

39) WUPIK, 〈1958 Management Development Program–List of Participant〉(WUPIK, 〈First Semi–Annual Report Washington University Project〉(1958. 2. 1~1958. 8. 31) 부록 A).

40) "Proposed Letter from EC to Minister Song"(1958. 7. 3), 〈Public Administration (July. 1958~Dec. 1958)〉, RG 469, Entry UD 1276.

41) WUPIK, 〈1958 Management Development Program– Program〉(WUPIK, 〈First Semi–Annual Report Washington University Project〉(1958. 2. 1~1958. 8. 31) 부록 A).

42) WUPIK, 〈1958 Management Development Program–List of Participant〉(WUPIK, 〈First Semi–Annual Report Washington University Project〉(1958. 2. 1~1958. 8. 31) 부록 A).

43) TC–PA, "Briefing Comment for ICA/W Trip"(1958. 5. 27), 〈Public Administration

1958 (Jan. 1957~Jun. 1958)〉, RG 469, Entry UD 1276.

44) 김규삼, 앞의 책, 47~48쪽.

45) 정대훈, 〈1950년대 말~1960년대 초 전력 3사의 통합 논의〉, 《역사와 현실》 105, 2017, 48~49쪽.

46) 권혁은, 〈1950년대 은행 귀속주 불하의 배경과 귀결〉, 《역사와 현실》 98호, 2015 참고.

47) 이봉규, 〈한국전쟁 이후 한국의 행정학 연구와 관리management론〉, 《역사비평》 141, 2022, 251쪽.

48) 정진아, 〈1950년대 군의 경제문제 개입과정—공병대와 육군파견단의 활동을 중심으로〉, 《이화사학연구》 37, 2008 참고.

49) 윌리엄 원이 송인상 부흥부 장관에게, "Business Administration Project"(1958. 7. 18), 〈Public Administration(July. 1958~Dec. 1958)〉, RG 469, Entry UD 1276.

5장 1950년대 '한국 국보전' 개최와 한국 '전통'의 구현

* 이 글은 한진금, 〈1950년대 '한국 국보전Masterpieces of Korean Art'의 개최와 한국 '전통'의 형성〉, 《역사문제연구》 54, 2024의 일부를 수정, 보완한 것이다.

1) 《동아일보》 1952. 11. 3.

2) 《동아일보》 1954. 12. 4.

3) Dulles→The American Embassy, Seoul, "The International Art Exhibition as a Expression of Friendship and Gratitude", 1955. 1. 12, RG 59 Internal Affairs of Korea, 1955~1959(이하 RG59로 표기), 895B.44/1-1255.

4) David Finley→Dulles, 1956. 11. 25, 〈Korean Exhibitin-1956 Traveling Exhibition〉, National Gallery of Art Archives.

5) Allan Lightner Jr.→David Finley, 1956. 5. 23, 〈Korean Exhibition-1956 Traveling Exhibition〉, National Gallery of Art Archives.

6) 한국과 미국 측의 의견을 중간에서 조율하며 실질적으로 전시를 조직한 이델리아 홀(1899~1979)은 컬럼비아대학교와 뉴욕대학교에서 중국어 및 역사학 대학원 과정을

수료하고 컬럼비아대학교에서 석사학위를 받았다. 이후 보스턴미술관 아시아미술부 보조큐레이터 등을 거쳐 1943년 4월 전략사무국OSS의 극동과에서 활동했다. 2차 세계대전 종전 후에는 국무부 문화협력과 컨설턴트로 로버츠위원회에 합류하여 동아시아 지역의 예술작품, 기념물, 기록물 등에 대한 보고서를 작성했고 이후에도 약탈문화재 반환을 위한 목소리를 냈다.

7) American Commission for the Protection and Salvage of Artistic and Historic Monuments in War Areas, p. 162.

8) Ardelia Hall→John Walker, 1959. 6. 25, 〈Korean Exhibition-General Traveling Exhibition〉, National Gallery of Art Archives.

9) Ardelia Hall→John Walker, 1956. 3. 15, 〈Korean Exhibition-1956 Traveling Exhibition〉, National Gallery of Art Archives.

10) Allan Lightner, Jr.→Russell Pimpton, Thomas Howe, Jr., 1956. 5. 23, RG59, 895B.44/5-2356.

11) Dudley Easby Jr.(Metropolitan Museum of Art)→Allan Lightner, Jr., 1956. 5. 28, RG59, 895B.44/5-2856.

12) Alan Priest→John Worker, 1956. 7. 17, 〈Korean Exhibition-1956 Traveling Exhibitions〉, National Gallery of Art Archives.

13) Ardelia Hall, "General Reports of Mission to Korea by the Arts and Monuments Adviser of the Department of States", 1955, RG59.

14) 《조선일보》 1955. 11. 23.

15) Ardelia Hall→George Stewart, 1955. 10. 14, RG59, 895B.44/10-1455.

16) Strom→Secretary of State, 1955. 4. 21. RG59, 895B.44/4-2155.

17) 《조선일보》 1954. 11. 7.

18) Department of States, "Report of Meeting, June 8, 1956, Departmet of State, on the loan exhibition of Korean national treasures", 〈Korean Exhibition-1956 Traveling Exhibitions〉, National Gallery of Art Archives; John Walker, 1956. 6. 12, "Memorandum: Korean Exhibition", 〈Korean Exhibition-General Traveling Exhibition〉, National Gallery of Art Archives.

19) "Art treasures from Korea", Time, 1957. 12. 16, p. 76~79.

20) Charles Fahs, "CBF's telephone conversation with Miss Ardelia Hall", 1957. 12. 17; Huntington Cairns→Charles Fahs, 1959. 6. 22, Rockefeller Foundation records, RG 1.2(Projects)(FA387a), Series 200R, Box386, Folder 3351.

21) 미국 국립미술관 공식 홈페이지 전시 소개 참조.

22) The Royal Ontario Museum→National Gallery of Art, 1958. 1. 14, 〈Korean Exhibition-General Traveling Exhibition〉, National Gallery of Art Archives.

23) Perry Cott→Ricahrd Brown, Thomas Howe, Richard Fuller, Joseph Noble, Perry Rathbone, Robert Griffing, Richard David, 1959. 5. 19, 〈Korean Exhibition-General Traveling Exhibition〉, National Gallery of Art Archives.

24) Enzo Crea(Enciclopedia Universale Dell'arte)→Perry Cott, 1959. 12. 2; Elizabeth Clarke(Thames and Hudson Ltd)→John Walker, 1959. 2. 16 〈Korean Exhibition-General Traveling Exhibition〉, National Gallery of Art Archives.

25) 김재원, 《경복궁 야화》, 탐구당, 1991, 109쪽.

26) 《조선일보》 1954. 9. 24; 《조선일보》 1955. 5. 12; 해외전시위원회 명단은 문교부, 앞의 책, 10~11쪽 참조.

27) 미군정기 문교부 교화국장이었던 기파드는 도자기를 주로 다루는 고미술상이기도 했다. 전시회 추진 초기 그리핑과 함께 방한하는 등 전시회 조직을 위해 애썼으며 전시품 선정위원 후보로도 거론되었으나, 공식 박물관 위원이 아니기 때문에 국무부에서 지원을 거절하였다. Ardelia Hall→Robert Griffing, 1956, 〈Korean Exhibition-General Traveling Exhibition〉, National Gallery of Art Archive.

28) Ardelia Hall→John Walker, 1956. 3. 15, 〈Korean Exhibition-1956 Traveling Exhibitions〉, Natioanl Gallery of Art Archives.

29) David Finley→Ardelia Hall, 1956. 3. 20, 〈Korean Exhibition-1956 Traveling Exhibitions〉, Natioanl Gallery of Art Archives.

30) Robert Griffing→Ardelia Hall, 1956. 4. 12; Robert Griffing→David Finley, 1956. 4. 14; Robert Griffing→David Finley, 1956. 5. 4, 〈Korean Exhibition-1956 Traveling Exhibitions〉 files, atioanl Gallery of Art Archives.

31) C.J.Yu→James Wilson, 1956. 5. 10; Dudley Easby, Jr.→Allan Lightner, Jr., 1956. 5. 28, RG59, 895B.44/5-2856.

32) 이길중, 〈이승만 정부의 공보실 설립과 운영(1955~1960)〉, 《역사문화연구》 83, 한국외국어대학교 역사문화연구소, 2022, 145~146쪽.

33) 이승만→임병직, 1955. 2. 16, 《이승만 관계 서한자료집 7》, 국사편찬위원회, 1997, 108쪽.

34) Honekee Karl, "Introduction", *Handbook of Korea*, Office of Public Information Republic of Korea, 1955.

35) 문화공보부, 《문화공보 30년》, 1979, 124~125쪽.

36) 프란체스카→올리버, 1955. 4. 21, 《이승만 관계 서한자료집 7》, 국사편찬위원회, 1997, 250쪽.

37) 이승만→임병직, 1955. 2. 18, 앞의 책, 1997, 111~112쪽.

38) 임병직→올리버, 1955. 2. 11, 앞의 책, 1997, 88~89쪽.

39) 임병직→이승만, 1955. 2. 9, 앞의 책, 1997, 74쪽.

40) 임병직→이승만, 1955. 3. 5, 앞의 책, 1997, 147쪽.

41) 1954년에 출판된 소설가 제임스 미치너의 저서이다. 에도시대 일본 판화를 소재로 한 작품으로, 정부의 규제 속에서 일본 판화가들이 어떻게 활기 있게 예술의 생명력을 유지할 수 있었는지를 보여주는 내용이다.

42) 임병직→이승만, 1955. 1. 30, 앞의 책, 57쪽. 한국 문화와 관련된 책을 집필할 작가로는 《플로팅 월드》의 저자인 제임스 미치너를 비롯해, 펄 벅, 인류학자 마가렛 미드 등이 거론되었다. 작가를 한국으로 직접 초청해 한국 관련 책을 집필시킨다는 구상이었다.

43) 이승만→임병직, 1955. 2. 10, 앞의 책, 1997, 78쪽.

44) 《조선일보》 1955. 2. 27.

45) 《조선일보》 1955. 9. 15.

46) 《조선일보》 1956. 10. 18.

47) 임병직→이승만, 1955. 6. 2, 앞의 책, 356쪽.

48) 김법린. 〈제15회 국회 정기회의 속기록 제77호〉 1953. 5. 30, 14쪽.

49) 〈제20회 국회 정기회의 속기록 제32호〉 1955. 4. 21, 6쪽.

50) 민병태, 〈긴급한 국제적 외교 향상〉, 《자유공론》 창간호, 한국자유총연맹, 1958, 101쪽.

51) 프란체스카→올리버, 1957. 12. 27, 《이승만 관계 서한자료집 9》, 국사편찬위원회, 1997, 178쪽.

52) 이승만→임병직, 1958. 1. 21, 《이승만 관계 서한자료집 9》, 국사편찬위원회, 1997, 183쪽.

53) 이상록, 〈전통의 현대화 담론과 민족주체성의 창조〉, 《사학연구》 116, 2014, 450쪽; 서영채, 〈민족, 주체, 전통: 1950~60년대 전통 논의의 의미〉, 《민족문학사연구》, 2007, 17쪽.

54) 《조선일보》 1954. 9. 20.

55) 《조선일보》 1957. 5. 22.

56) 《경향신문》 1958. 1. 16.

57) 《경향신문》 1957. 5. 21.

58) 《조선일보》 1955. 5. 11; 《조선일보》 1958. 8. 19; 《경향신문》 1957. 12. 27.

59) 《조선일보》 1958. 4. 19; 《조선일보》 1958. 8. 12.

60) 《조선일보》 1958. 1. 22.

61) 《조선일보》 1958. 4. 19.

62) 《동아일보》 1958. 9. 2.

63) 《조선일》 1958. 10. 1; 《조선일보》 1958. 10. 22; 《동아일보》 1958. 11. 2.

64) 장상훈, 〈박물관과 국보〉, 《새 보물 납시었네, 신국보보물전 2017~2019》, 국립중앙박물관·문화재청, 291쪽.

6장 냉전 속 '평화'를 외치다: 주한미평화봉사단의 탄생

* 이 글은 2021년 6월 《역사와 현실》 120호에 게재한 필자의 글을 수정, 보완한 것이다.

1) Charles Goldberg, 〈Peace Corps' Burden〉, 《여보세요*Yoboyayo*》 Vol. 2 No. 3 (November, 1967), pp. 2, 4; Peter Lomhoff, 〈Peace Corps Unburdened〉, 《여보세요*Yoboyayo*》 Vol. 2 No. 4 (December, 1967), pp. 3~4, 6.

2) 커밍스의 사설이 발행된 다음, 그에 반박하는 기사는 더 이상 실리지 않았다. Bruce G, Cumings, 〈Peace Corps Reburdened〉, 《여보세요*Yoboyayo*》 Vol. 2 No. 5 (Feburary, 1968), pp. 2, 8.

3) Ekbladh, D., *The Great American Mission: Modernization and the Construction of an American World Order*, Princeton University Press, 2010; Searles, P. D., *The Peace Corps Experience: Challenge and Change 1969~1976*, University Press of Kentucky, 1997.

4) Geidel, M., *Peace Corps Fantasies: How Development Shaped the Global Sixties*, University of Minnesota Press, 2015.

5) 김선미, 〈미국의 대한정책과 미국 평화봉사단: 재한 미국 평화봉사단(K1~K51) 활동과 의미〉, 《대한민국 역사박물관 이야기》 13, 2015; 서나래, 〈교실 속 이방인들: 주한 미 평화봉사단의 교육 활동과 그 영향(1966~1981)〉, 연세대학교 박사학위 논문, 2021.

6) Seung-kyung Kim and Michael Robinson, Introduction, Seung-kyung Kim, Michael Robinson ed., *Peace Corps Volunteers and the Making of Korean Studies in the United States*, University of Washington Press, 2020, p. 4

7) '평화Peace'란 당시 사회주의 진영이 선점한 용어였으며 '군단Corps'이란 용어는 군사적 뉘앙스를 담았다. 이로 인하여 평화봉사단이 "제3세계에 대한 미국 제국의 스파이 및 사상공작"의 일환이라는 논란이 줄곧 제기되었다. 미 평화봉사단의 고안자 민주당 하원의원 헨리 루스Henry Reuss가 제기한 '포인트 포 청년단Point Four Youth Corps'과 '평화군단Peace Corps'을 두고 논박이 오갔으나, 초대 단장 슈리버 Sargent Shriver는 "우리는 수십 개의 다른 이름들을 고민했지만, 결국 처음[의 명칭인 'Peace Corps']으로 되돌아왔다"라고 회고했다. Shriver, 1963, "Two Years of the Peace Corps," *Foreign Affairs*, p. 695.

8) 윤충로, 《베트남 전쟁의 한국 사회사—잊힌 전쟁, 오래된 현재》, 푸른역사, 2015; 홍석률, 〈위험한 밀월—박정희·존슨 행정부기 한미 관계와 베트남 전쟁〉, 《역사비평》 2009년 8월호, 2009, 226쪽.

9) 골자는 다음과 같다. 세계 평화와 국제친선을 위해 (1) 초청국의 국가와 지역사회 발

전을 위하여 봉사하고, (2) 초청국 국민들의 미국인들에 대한 이해 증진을 도우며, (3) 귀국 후에는 미국 시민들이 초청국 국민들에 대한 올바른 이해를 할 수 있도록 노력한다. RG 286, Program – Peace Corps II – 1961 Korea Subject Files, FY 1961~63, "Special Message on the Peace Corps – To the Congress of the United States", March 1, 1961.

10) 이 장의 후반부에서는 테네시강 유역 공사 사업의 역사적 유산이 평화봉사단에 어떻게 계승되었는지에 대한 논의가 이어질 것이다.

11) 소설의 저자 레더러와 버딕은 미 평화봉사단 필리핀 프로그램의 사업평가원으로 근무했다. William J. Ledere and Eugene Burdick, *The Ugly American*, 1st ed., New York: Norton, 1958.

12) 정용욱, 〈6·25전쟁~1950년대 후반 북한의 평화운동〉, 《역사와 현실》 91, 2014, 286쪽; Marshall D. Shulman, *Stalin's Foreign Policy Reappraised*, Harvard University Press, 1963 참조.

13) 이리에 아키라, 조진구·이종국 옮김, 《20세기의 전쟁과 평화》, 연암서가, 2016, 34~45쪽; Shulman, *op. cit.*, 1963, pp. 81~82.

14) 김태우, 〈사회주의 진영의 평화론과 북한〉, 《평화인문학이란 무엇인가?》, 아카넷, 2013, 330~337쪽.

15) 1950년대 미국은 원자 분야에서 전 세계적인 과학적·기술적 우위를 점하고 있었다. 미 국무부는 프랑스·독일 등 서구 진영에 유럽원자력공동체Euratom에 결속하도록 권장했다. Euratom은 미국 정부의 '평화를 위한 원자력' 사업의 연장선이었다. 이에 따라 소련은 Euratom을 통해 유럽을 핵으로 무장하려는 미국의 의도를 비판했다. 이것은 아프리카·아시아의 제3세계에 '평화를 위한 원자력'의 허구성을 증명하는 사례가 되었다. John Krige, "The Peaceful Atom as Political Weapon: Euratom and American Foreign Policy in the Late 1950s", *Historical Studies in the Natural Sciences 38-1*, 2013, pp. 5~44.

16) "뉴프런티어", "개발의 10년", "미국을 다시 움직이자" 등 존 F. 케네디의 대선 유세 활동 구호 대부분이 로스토우의 구상이었다. Gilman, Nils, *Mandarins of the Future: Modernization Theory in Cold War America*, Johns Hopkins University Press, 2003, p.

197.

[17] 박태균, 《원형과 변용: 한국 경제개발계획의 기원》, 서울대학교출판문화원, 2007, 130쪽.

[18] 한봉석, 〈1950년대 미국의 대한 기술원조 연구〉, 성균관대학교 박사학위 논문, 2017, 41~42쪽.

[19] Klein, C., *Cold War Orientalism: Asia in the Middlebrow Imagination, 1945~1961*, University of California Press, 2003, pp. 49~60.

[20] 한봉석, 〈구호물자에 담긴 냉전〉, 《통일과 평화》 12-1, 2020, 106쪽.

[21] RG 286, Korea Subject Files, FY61-63; Program-Peace Corps I, 1961, "Summary Report to the President on the Peace Corps", 1961. 2. 28; RG 490, 1962 1st Annual Peace Corps Report, pp. 5~6.

[22] RG 286, Korea Subject Files, FY1961-63, Program-Peace Corps II-1961, "Peace Corps Fiscal Operations", March 28, 1961.

[23] RG 286, Program-Peace Corps, Jan 1962, Korea Subject Files, FY1961-63, Rusk to AID Circular, "Coordination of AID and Peace Corps Cooperative Programs", Nov. 13, 1962; 구체적인 조직 구성에 대해서는 다음 연구 참조. 윤성민, "1장 2절 평화봉사단의 설립과 미국을 위한 평화", 〈주한 미 평화봉사단의 파한 과정과 활동〉, 서울대학교 석사학위 논문, 2020.

[24] 《경향신문》 1961. 3. 2; 《동아일보》 1961. 3. 8; 《경향신문》 1961. 3. 15.

[25] 《조선일보》 1961. 3. 11; 《조선일보》 1961. 3. 15; 《조선일보》 1961. 3. 18.

[26] RG 286, Program-Peace Corps II-1961, Korea Subject Files, FY 1961~63, Telegram Thomas Leren TC-TT to H. D. Farley TC, "Peace Corps Usage Possibilities in TC-TT", Jan 17, 1961.

[27] Peace Corps II-1961, A. M. Shelamer TC-HS to Garnett Zimmerly, TC-P, January 30, 1961.

[28] Peace Corps II-1961, Martin D. Miller to G. Zimmerly TC-P, January 27, 1961.

[29] Peace Corps II-1961, Albert L Bouoner to J Berryhill, Feb 9, 1961

[30] Program-Peace Corps II-1961, From G. Huntington To USIS Officers, "The Peace

Corps", March 21, 1961.

31) 미 평화봉사단의 첫 번째 원칙은 "평화봉사단은 초청받은 국가에만 파견한다"고 규정한다. RG 490, 1st Annual Peace Corps Report, p. 8.

32) 《경향신문》 1961. 3. 18.

33) 《조선일보》 1961. 5. 10.

34) 박태균, 《우방과 제국, 한미관계의 두 신화》, 창비, 2006, 189쪽.

35) 외무부 국제기구조약국 조약과, 〈주한 미대사관 평화봉사단 담당자와의 회담 경과 보고〉, 1961. 12. 13, 《한미 간의 평화봉사단에 관한 협정, 1966》, 16~17쪽.

36) 〈평화봉사단 초청 교섭 현황 보고서〉, 1962. 2. 5, 《한·미 간의 평화봉사단에 관한 협정, 1966》.

37) 케네디는 특히 아프리카와 남아시아에서 공산주의의 심각한 도전을 받는다고 인식하고 있었다. 1960년 17개국에 이르는 아프리카 신생국이 부상하면서 아프리카는 냉전 투쟁의 주요 무대이자 '전장'으로 간주되었다. 케네디는 이 신생국들이 '자본주의 혹은 공산주의 발전모델을 향해 표류할 수 있는 유연한 사회'로 보았기 때문에 평화봉사단을 받아들일 국가들 중 공산주의적 국가들을 자유세계로 전향시킬 방법으로 평화봉사단을 활용하고자 했다. 〈1962년 3월 2일에 있었던 4자회담 경과보고〉, 1962. 3. 3, 《한미 간의 평화봉사단에 관한 협정, 1966》.

38) 홍석률, 앞의 논문, 2009, 218쪽.

39) 박태균, 〈베트남 파병을 둘러싼 한미 협상 과정〉, 《역사비평》 2006년 2월호, 2006, 156쪽.

40) "Memorandum From Secretary of State Rusk to President Johnson", Washington, May 17, 1965. FRUS 1964~1968, Vol. XXIX, Part 1, KOREA, Document 46; "Memorandum From James C. Thomson of the National Security Council Staff to President Johnson", Washington, May 17, 1965, 앞의 자료, Document 47.

41) 도널드 맥도널드, 《한미관계 20년사(1945~1965년): 해방에서 자립까지》, 한울아카데미, 2001, 274쪽.

42) 《경향신문》 1965. 12. 30.

43) Footnote 3 in "Memorandum From Vice President Humphrey to President Johnson",

Jan. 5, 1966, FRUS 1964~1968, Vol. XXIX, Part 1, KOREA, Document 68.

44) *FRUS 1964~1968*, Vol. XXIX, Part 1, Korea, Document 81.

45) RG 59, Entry A1 5419, Box 8, "Memorandum from Brown", 1966. 3. 4, pp. 51~53; RG 59, Lot File 73D360, Box 4, "Report on Agreed Measures No. 2-18, Brown Memorandum", pp. 45~53.

46) 《조선일보》 1966. 2. 1; 《동아일보》 1966. 3. 2.

47) 평화봉사단의 교육 활동에 대해서는 서나래, 〈교실 속 이방인들: 주한 미 평화봉사단의 교육 활동과 그 영향(1966~1981)〉, 연세대학교 박사학위 논문, 2021 참조.

48) Elizabeth Cobbs Hoffman, *All You Need Is Love: The Peace Corps and the Spirit of the 1960s*, Cambridge, MA: Harvard University Press, 2000; Cecília Azevedo, *Em Nome da América: Os Corpos da Paz no Brasil(In the Name of America: The Peace Corps in Brazil)*, São Paulo: Alameda, 2008; Jonathan Zimmerman, *Innocents Abroad: American Teachers in the American Century*, Cambridge, MA: Harvard University Press, 2006; Fernando Purcell, *The Peace Corps in South America: Volunteers and the Global War on Poverty in the 1960s*, Cham, Switzerland: Palgrave Macmillan, 2019.

7장 미국의 식량 원조와 인도주의 구호

: 주한케아의 '근로를 위한 식량'을 중심으로

1) 19세기 유럽의 식량기획이 전후로 이어지는 것에 대해서는 D. John Shaw, World Food Security, A History since 1945, Palgrave MacmillanHoundmills, Basingstokem Hampshire RG21 6XS and 175 Fifth Avenue, New York, B, Y 10010, 2007참조

2) 냉전하 활동했던 이 단체들에 대한 호명은 역사적·법률적으로 변화해왔다. 최원규는 본부가 소재하고 있는 본국 정부의 직접 통제를 받지 않고 외국에서 원조 활동을 전개하는 비영리 민간조직체로서 이들을 '외국 민간 원조단체'라고 호명하였다. 이들은 비정부 조직NGO이며, 비영리 조직NPO의 성격을 지닌다. 최원규, 〈외국 민간 원조단체의 활동과 한국 사회사업 발전에 미친 영향〉, 서울대학교 박사학위 논문, 1996, 각주 1; 반면 미국 정부는 이들을 주로 1949년 농업법 416조-1954년 PL 480

Title 3－평화를 위한 식량법 Title 2의 지원을 받는 단체들로서 USAID 내 등록된 단체들로 인식해왔다. 영문 호명 역시 역사적으로 변천해왔다. USAID 측은 초기 NGO라는 호명을 사용하다가, 1970년 PVO(Private Voluntary Organization)라는 용어를 사용하기 시작했다. 오늘날 이들의 가장 큰 법적 특징은 미국 연방세법 Internatonal Revenue Code Section 501(C)(3)에 의해 연방 소득세를 면제받는다는 점이다. 다만 역사적으로 NGO들은 미국 잉여농산물을, PVO들은 미국 내 민간자금 등을 주로 활용하는 양상은 관찰되었다. Rachel M. Mccleary, *Global Compassion: Private Voluntary Organizations and U.S. Foreign Policy Since 1939*, Oxford University Press; 1st edition (July 2, 2009), pp. 3~20 참조. 이 글에서는 주된 연구 대상이 되는 케아의 경우, 위의 정의에 모두 포함되지만, 인도주의 구호가 지니는 성격을 포함하지 못한다는 점을 반영하여 케아를 '인도주의 구호단체'로 호명하도록 할 것이다. 이는 과거뿐만 아니라 현재의 케아의 활동의 성격을 포함한 것이다. 케아를 제외한 다른 외원단체의 경우들은 한국 정부의 입장에서 호명할 때는, 외국 민간 원조단체, 혹은 외원단체로, 미국 정부의 입장에서 호명할 때는 '민간 자선단체'로 호명함으로써 그 역사적 맥락을 반영하도록 할 것이다.

3) 인도주의 구호의 개념 및 역사에 대해서는 장은하, 〈이상향을 위한 나침반, 인도적 원칙에 관한 고찰〉, 《국제개발협력》 2015년 1호, 2015; 이민주, 〈인도주의 구호는 과연 인도적인가: 90년대 북한 기근 구호 사례 연구〉, 《국제개발 협력연구》 9-1, 2017 등의 논문을 참조할 수 있다.

4) RG 286, Entry P646 con. 3, 'Agency for International Development' 참조.

5) 미국의 대외 농산물 원조법안의 변화에 대해서는 Randy Schnepf, "U.S. Internatilnal Food Aid Programs: Background and Issues", *Congressional Research Service –Informing the legislative debate since 1914– September 14*, 2016 참조.

6) 주로 인용되는 통계에 의하면 해방 이후부터 1961년까지 미국 대한 원조는 약 31억 달러에 이른다. 조금 시기를 확대한 미국의 집계에 의하면 1946~1983년까지 약 142억 50만 달러를 지원하였다. 다만 후자의 통계 방식은 집계 방식, 금액 산정 등이 과도하게 높게 책정되어 있어 지나치게 높게 금액이 산정되었을 수 있다. 1946~1983년 사이 원조 총액은 김종덕, 《원조의 정치경제학—미국의 대한 농산물

원조를 중심으로》, 경남대학교출판부, 1997, 78쪽 표 2-18 참조; 그 외 집계에 따라 다르지만 시기별 미국의 대한 원조 총액에 대해서는, 1950년대는 최상호, 《원조, 받는 나라에서 주는 나라로》, 나남, 2013, 표 6; 박태균, 《원형과 변용—한국 경제개발계획의 기원》, 서울대학교출판문화원, 2007, 40쪽 표 1-4 참조.

7) 찰스 프레드릭 베잇맨Charles Frederick Bateman과 같은 초기 연구들은 미 공법 480호의 선의를 설명하기 위해 미 공법 480호를 비교사적으로 검토했다. 비교적 최근의 연구인 크리스틴 알버그Kristin L. Ahlberg는 미 공법 480호에 대한 비판, 미국 린든 존슨 정부에 대한 비판에 대응하기 위해 '평화를 위한 식량법'의 역사를 인도주의 정책의 부각이라는 면에서 조명하였다. 랜디 슈네프Randy Schnepf는 미국 대외 원조에서 2관 상품이 1관 상품을 대체하기 시작한 시대적 흐름을 잘 분석하였다. 한편 이들과 반대의 입장에서 정다정Dajeong Chung은 1950년대 남한에서 미 공법 480호 2관과 3관의 사용이 미국의 외교정책에 복무하는 프로파간다적 성격을 띠고 있었음을 지적한 바 있었다. Charles Frederick Bateman, *An analysis of the activities under Public Law 480: the Food for Peace Program*, University of Richmond UR Scholarship Repository, 1965; Randy Schnepf, "U.S. International Food Aid Programs: Background and Issues", Congressional Research Service-Informing the legislative debate since 1914~September 14, 2016; Kristin L. Ahlberg, *Transplanting the Great Society-Lindon Johnson and Food for Peace*, University of Missouri Press, Columbia and London, 2008; Dajeong Chung, Foreign Things No Longer Foreign-How South Koreans Ate U.S. Food, (Degree of Doctor of Philosophy in the Columbia University, 2015).

8) 1960년대 2관 202조 개정에 따른 '근로를 위한 식량'사업의 한국 내 명칭은 시기적으로 변화한다. 1964년 사업 시작 당시 한국 정부의 문서에서 '자조근로사업'으로 호명되었으나, 1966년 통합 이후인 1968년 법안 초안에서는 자활지도사업이라고 호명되었다. 김아람에 의하면 1960년대 한국은 정착사업을 구호의 단위로 사용하면서, 2관은 자조근로사업, 3관은 자조정착사업, 혹은 개발사업이라고 호명하였다. 다만 한국 내 명칭이 반드시 이렇게 정리되어 있는 것은 아니다. 예를 들어 2관 사업에는 5·16 이후 부랑아 및 나이 많은 고아, 한센병 완치자 등에 대한 정부의 자활정착사업도 포함된다. 그러나 자활정착사업은 그 외 사업장에서 사용되기도 한다.

따라서 이 글에서는 2관 202조 개정에 따른 '근로를 위한 식량'에 따른 2관 사업은 '자조근로사업'으로 분명히 지칭할 것이다. 다만 제3관 상품이지만 2관 개정에 따라 사용된 상품들, 그리고 한국 내 2관 사업이지만 명칭이 다양한 것들은 일반적으로 '근로를 위한 식량'사업으로 호명하도록 할 것이다. 다만 한국 내 구체적 사업장들이 표방한 명칭은 그 역사성을 살리기 위해 그대로 소개하도록 할 것이다. 한국 내 사업장들의 명칭에 대해서는 김아람, 〈한국의 난민 발생과 농촌정착사업(1945~1960년대)〉, 연세대학교 박사학위 논문, 2017, 115~116쪽 참조.

9) 한미 양측은 제1관 상품을 수원 후 이른바 한미 양측이 비례에 따라 사용할 수 있는 '대충자금' 계정에 한미 간 현지통화액을 적립하는 방식의 농산물 지원을 1971년까지 계속하였다. 다만 1968년부터 이를 대비해, 달러 신용판매에 의한 1관 상품의 도입이 시작되어, 1981년까지 지속되었다. 당대 대충자금을 둘러싼 사용 비용은 한미 간의 갈등 요소 중 하나였는데, 이는 다음의 신문들을 참조할 수 있다. 《조선일보》 1965. 11. 3; 1968. 5. 11.

10) 이상 Randy Schnepf, U.S. Internatilnal Food Aid Programs: Background and Issues, Congressional Research Service–Informing the legislative debate since 1914–September 14, 2016, pp. 2–3.

11) 미국 자선단체들의 해외 구호에 있어서 가장 중요한 조항이다. 미국 상품신용공사 CCC 비축분으로, 미국 농무부가 직접 관할한다. 1949년 미국 농업법에서 처음으로 416조가 등장하였다. Randy Schnepf, Ibid, p.12; 케아 문서 시리즈 2, 서브 시리즈 2.3, 박스 141, State Department, "US Government Agricultural Commodities P.L.480 Title Ⅲ" 참조.

12) 이상 Randy Schnepf, *Ibid*, pp. 9~10 참조.

13) 케아 문서 시리즈 2, 서브 시리즈 2.3, 박스 141, State Department, "US Government Agricultural Commodities P.L.480 Title Ⅲ" 참조.

14) 앞의 문서. 3~4 참조.

15) 미국의 대한 원조에서 '인도주의 구호'에 해당하는 비중이 결코 적지 않다는 것이다. 1955~67 회계연도 내 미국 잉여농산물은 시장 수입 가격으로 약 8억 2,900만 달러가 한국에 도입되었다. 그중 2관과 3관은 1억 8,240만 달러로 전체 도입 상품

의 18퍼센트 내외에 달한다. 한국 측 통계를 참고하자면, 기준과 연도 등은 차이가 있지만, 1953~1961년까지 1관은 2억 3,000만 달러, 2관은 1,500만 달러, 3관은 8,100만 달러가 도입되었다. 이에 따르면, 1950년대 2관과 3관의 도입량은 전체의 30퍼센트에 육박한다. 1960년대는 절대량은 늘지만, 전체 도입분 중에서 비중이 20퍼센트 내외로 축소될 따름이다. 재무부 한국산업은행, 《한국 외자도입 30년사》, 재무부 한국산업은행, 1993, 75쪽; 그 외 이호철은 1954~1962년까지 미 공법 480호에 의한 미국 잉여농산물 협정액을 187억 7,000만 달러로 추산하고, 제1관이 전체의 68.7퍼센트, 2관은 7.7퍼센트, 3관은 23.6퍼센트, 4관은 0.6퍼센트로 추산하였다. 이호철, 〈미국 잉여 농산물 도입의 역사적 의의〉, 《연구보고》 135, 2003, 20쪽, 41쪽 참조.

16) 1954~1973년까지 미 공법 480호 2관 지원 규모는 4억 3,378만 2,000달러에 달했다. 한국은 전 세계 미국의 수원국 중에서 인도에 이어 2위로 2관 상품들을 수원하였고, 전 세계에 지원되는 2관 물량의 12.6퍼센트를 지원받았다. 김종덕, 앞의 책, 1997, 90쪽 참조.

17) RG286, Central Subject Files, Entry P583, FPC Food For Peace FY'68 (2of2), 'Food for Peace in Korea, 1955~1967' (국사편찬위원회 사료 참조코드 AUS056_09_00C0384); 한국 외원 도입 30년사의 경우는 1953~1961년을, 종합해서 이 시기 1관은 203백만 달러, 2관은 4.9백만달러, 3관은 27.0백만달러가 도입되었다고 평가하고, 1962년 이후의 통계를 제시하고, 2관과 3관의 개별 통계치를 제시하고 있다. 한미 양측의 회계연도 기준, 집계 근거 등에 따라 이 시기 통계는 상호 간 차이가 있다.

18) 2관에 대해서는 기존 번역본도 있으나, 여기서는 Agricultural Trade Development and Assistance Act of 1954 and Amendments, 7권, 5호 Compiled by Gilman G. Udell, Superintendent Document Room House of Representatives, U.S. Government Printing Office Washington, 1971, p. 4 참조.

19) Food for Peace, annual report on Public Law 480 Washington, D.C.: For sale by the Supt. of Docs., U.S. G.P.O., 1968, p. 60.

20) 세계식량계획은 유엔판 '평화를 위한 식량' 원조로서, 미국 아이젠하워 대통령의 제안으로 유엔에서 논의가 시작되었다. 1961년 12월 19일 한시적으로 운영될 것을 천

명하며 시작되었다. 유엔경제사회이사회와 유엔식량농업기구FAO의 관리하에 저개발국의 식량 원조를 지원하고자 시작되었다. 김준석·조동준·이왕휘, 《국제기구와 환경·농업·식량: UNEP·FAO·WFP》, 오름, 2015, 65~66쪽 참조; *Ibid*, p. 63.

21) 1954년 통과된 미 공법에서, 3관은 섹션 301, 섹션 302, 섹션 303, 섹션 304, 섹션 305로 구성되었다. 섹션 301은 1949년 농업법 섹션 407의 수정에 따라 미국 내 구호에 대해 서술하였고, 섹션 302는 1949년 농업법 416조에 근거하여, 국내외에 상품을 판매하는데, 그중 (4) Committee on Voluntary Foreign Aid of the Foreign Operations Administraions 또는 다른 연방 정부의 적절한 부서가 해외 기부에 사용할 수 있도록 승인하였다. 섹션 303은 기타 물자, 상품, 설비 등을 CCC상품과 교환할 수 있도록 하였고 섹션 304는 지원 대상을 우호국으로 한정하였고, 섹션 305는 CCC 상품 처리를 2관에서 처리하며, 미국산이라는 것이 인식되어야 한다라는 것 등이 포함되어 있었다. 1954~1961 미 회계연도 내 한국은 총 367만 9,000달러의 물량을 바터제로 한국과 교환하였다. ICA, 원자력위원회, 미 국방부가 주로 이 교환에 참여하는데, 한국의 경우 주로 텅스텐을 교환하였다. Report on activities carried on under Public law 480, 83d Congress. Message from the President of the United States transmitting the report. Washington, D. C., U. S. Govt. Print. Offp. p. 47 참조.

22) 이들 외원단체들은 KCAC에 등록을 통해 물자를 지원받을 수 있었다(1953년 7월 8일자 민간기관의 구호물자 도입에 관한 각서 제2호). 한국 정부 보건사회부 측도 마찬가지로 등록을 받았으나, 1955년 한미 간 민간 구호협정 이전에는 양자의 리스트가 일치하지 않는다. 본 협정은 한국 구호 활동에 참여한 '미국' 자선단체들에 대한 면세통관, 국내 비과세 문제를 다루고 있었기 때문에, 한국 내 활동하는 외원단체들은 반드시 양국 정부에 등록을 해야 했다. 이에 대해서는 최원규, 《외국 민간원조단체의 활동과 한국 사회사업 발전에 미친 영향》, 117쪽 각주 10, 126~130쪽 참조.

23) 이 단체들은 3관 상품을 사용하여 구호사업에 참여하였다. 다만 미국 잉여농산물이 들어오는 경로는 1–4관 외에도 세계식량계획 등의 변수가 있고, 사회사업 외의 영역에서 미국 잉여농산물이 정부에 의해 지원되기도 하였기 때문에, 이들 8개 단체만이 미국 잉여농산물을 활용하였다고 한정할 수는 없다. RG286, Central Subject Files, Entry P 583, FPC Food For Peace FY'68 (2of2), 'Food for Peace in Korea,

1955~1967', p. 6((국사편찬위원회 사료 참조 코드 AUS056_09_00C0384) 참조.

24) 1966년 개정은 미국 민간 자선단체들을 산아제한사업에 투입하는 것은 물론, 포장, 운송, 선적, 해외 운송, 전달에 이르는 일체의 비용을 정부가 책임지기로 하였다(203조 개정). 또한 이 법의 개정으로 종래 사용 불가능했던 가공식품들 또한 대외원조에 사용할 수 있게 되면서, 미국 대외 원조에서 2관 사용의 길이 더욱 활짝 열리게 되었다.

25) 1960년 미 공법 480호 2관 202조의 개정을 통해 미국 잉여농산물은 저개발국의 토지 개척, 댐 공사, 도로 확장, 농촌 개발 등에 사용할 수 있게 되었다. 다만 여전히 1관 및 4관하에서와 같은 상품의 판매는 허용하지 않았다. Charles Frederick Bateman, *Ibid*, p. 16.

26) Food for Peace, annual report on Public Law 480 Washington, D.C.: For sale by the Supt. of Docs., U.S. G.P.O., 1968, p. 16.

27) 1960년대 미 공법 480호 2관이 개정 이전 '근로를 위한 식량'이 등장할 수 있는 것은, 1958년부터 미국 정부가 시범적으로 2관을 미국 잉여농산물을 노동집약적인 도로 건설, 수리 관개공사 등에 사용하였기 때문에 가능했다. 이에 대해서는 이기홍, 《경제 근대화의 숨은 이야기》, 보이스사, 1999, 279쪽 참조.

28) "1963년 7. 1~12. 31까지 미 공법 의회 논의 19번째 보고서", Food for Peace, annual report on Public Law 480, Washington, D.C.: For sale by the Supt. of Docs., U. S. G.P.O., 1968, p. 5 참조.

29) 딜론 각서는 1960년 10월 미국을 방문했던 김영선 재무부 장관과 미 국무부 차관 딜론과의 회담에서 제시된 내용을 서신으로 정리한 것이다. 당시 딜론은 1억 6,500만 달러의 국방 원조와 730만 달러 기술협조 원조의 추가 지원을 대가로, 1961년 3월 1일까지, 환율의 현실화, 공공요금의 인상, 경제원조협정의 단일화, ICA 불량 기업체의 정비, 공무원의 봉급 인상문제 등을 한국 정부가 해결할 것을 요구하였다. 이상 딜론 각서에 대한 정황 설명은 국가기록원 편, 《(국가기록원 소장) 주요 정책기록 해설집 Ⅰ: 경제 편》, 국가기록원 기록정보서비스부 기록편찬문화과, 2014, 34쪽 참조.

30) 그러나 후일 회계 결과, 202조 상품은 이 사업에 책정되기는 하였으나, 그 전체 예산이 모두 사용되지는 못했다. 임송자, 〈민주당 정권기 국토건설사업의 추진과정〉,

《사림》 46-0, 2013, 448쪽; 김아람, 〈한국의 난민 발생과 농촌정착사업(1945~1960년대)〉, 연세대학교 박사학위 논문, 2017, 96쪽 참조.

31) 5·16 이후 국토건설단 사업의 추이에 대해서는 유상수, 〈1960년대 민주당 정부의 국토건설사업 연구〉, 한성대학교 박사학위 논문, 2019, 5장 참조.

32) RG 286, Central Subject Files, Entry P. 582, Commodities-Agricultural Surplus Jan. 1961 , "경제개발을 위한 PL 480 이용(타이틀 2, 섹션 202) 1961. 2. 25."

33) RG 286, Central Subject Files, Entry P 582, Commodities-Agricultural Surplus Jan. 1961, "PL480 Section 202-Economic Development Program(1961. 5. 12)" 참조.

34) 이 사업에서 워싱턴 ICA 측이 운송비용 등 중요 경비를 부담하며, 주한유솜 측은 한국 정부 및 민간 자선단체들 사이의 조율을 담당했다. 이상 RG286, Entry P582, Commodities-Agricultural Surplus Jan. 1961, "PL480 Title Ⅱ Work Projects (1963. 3. 19)".

35) Ibid. 참조.

36) 초기 사업은 1년 내 성공적 결과를 확인했을 때 지속할 것을 예정하고 시작되었다. 사업의 큰 내용은 자조근로사업 748개소(계단식 개간, 일반 개간, 토지개량, 간척을 포함), 치수사업 336개소, 사방사업 899개소로 구성되었다. 국무위원 오원선 제출, 〈PL480-Ⅱ 양곡에 의한 자조근로사업 실시현황 (1964. 12. 24)〉, 1964 참조.

37) RG286, Central Subject Files, Entry P 583, FPC: Food For Pleace-Reports FY 1968, "Robert T. Galloway, End Tour Report(1965. 3. 25~1967. 7. 21)", pp. 8~9 참조.

38) 주한케아는 1966년 4월 1일 미리 개발 관련 사업들을 이전하였다. 다만 주한케아의 3관 상품을 이용한 학교 급식 프로그램은 다른 단체들과 함께 동년 7월 1일 한국 정부 측에 이관되었다. Ibid 참조.

39) 1945년 11월 17일 창설하였다. 22개의 미국 내 단체들이 모여 창단했던 당시에는 미국 내 개별 자선을 이름에 반영한 결과로, "미국 구호"가 아닌 '미국의 기부(송부)' 정도의 의미를 지닌, The Cooperative for American 'Remittances' to Europe을 그 단체명으로 삼았다. 1952, 1954년을 거쳐 일부를 변경하여, 'Cooperative for American Relief to Everywhere'로 단체명을 변경했다. 현재는 다시 그 이름에서 '미국'을 빼고, Cooperative for Assistance and Relief Everywhere로 변경하였다. 이상 Heike Wieters,

Ever tried–ever failed? The Short summer of cooperation between CARE and the Peace Corps, *The Lessons of History*, *International Journal*, 2015, pp. 149~150 참조. 한국에서는 케아 혹은 케어로 호명되는데, 여기서는 한국 외원단체에 등록된 '주한케아'라는 명칭을 사용하도록 할 것이다.

40) 1950년대는 유니세프의 우유 급식사업을, 1960년대에는 AFAK의 구호 대행사업 및 난민정착사업을, 1970년대에는 한센병 환자 및 결핵 환자 지원, 가족계획사업, 환경개선 등 다수의 사업에 참여하였다. 이상 주한케아의 1950년대 활동에 대해서는 한봉석, 〈인도주의 구호의 '냉전적 기원'—1950년대 주한케아(C.A.R.E.)의 우유 급식사업과 '푸드 크루세이드Food Crusade'〉, 《사이*SAI*》 28, 2020; 한봉석, 〈구호물자에 담긴 냉전: 주한 케아의 패키지로 살펴보는 냉전과 인도주의〉, 《통일과 평화》 12–1, 2020 참조.

41) 푸드포피스 프로그램 당시 미국 행정부에 대한 케아 측의 로비, 리처드 로이터의 행정부 채용에 대해서는 Wallace J. Chapbell, *The History of CARE: a Personal Account*, New York: Westport, Connecticut London, 1990, 13장 참조; Kristin L. Ahlberg, 앞의 책, 2장 참조.

42) 이것은 1963년 2월 계획안 당시의 기준이다. RG286, Entry P582, Commodities–Agricultural Surplus Jan. 1961, "PL480 Title Ⅱ Work Projects(1963. 3. 19)".

43) 케아 문서, 시리즈 3, 서브 시리즈 3.2, 박스 645, 'Some Aspects of Land Reclamation Project in Korea'. 160파운드는 72킬로그램정도 된다. 다만 이 기준이 현장에 그대로 적용되었는지는 알 수 없다.

44) 그는 한국 정부 측이 2관 사업의 명목하에 구호사업 상품을 너무 탐낸다고 비판하였다. 케아 문서, 시리즈 3, 서브 시리즈 3.2, 박스 634, 1964년 폴더, "미 공법 480 2관 부수 정보. (1964. 4. 9)".

45) 유진·강석구·박경규·김아람, 앞의 글, 260~261쪽 참조.

46) 1965년 주한케아는 당시 자조근로사업에 지원된 3관 상품의 85~95퍼센트가 불법적으로 사용된 사실을 발견하였다. RG286, Central Subject Files, Entry P. 583, FPC–61 Claims made by VolAgencies (1of2), "주한케아 단장 마이클 렐리스Michael G. Rellis가 보건사회부 김원규에게 보내는 편지(1965. 4. 19)"; "탈지유 국내 운송 중 손

해배상에 관한 건(1966. 6. 8)" 참조.

47) 2관 상품에 포함되지만, 개별 운송회사의 사정에 따라 지연되는 경우에도, 2관의 실무기관인 USAID, 혹은 주한유솜 측의 평화를 위한 식량국은 그 책임을 한국 측에 묻거나, 다음 연도로 이월하는 대신, 동 회계연도 내 인도 물량에서의 삭제를 종종 통보하곤 하였다. 외교사료관, 〈M-002-15/1283/761.52US〉, "미국의 잉여농산물(미 공법 480)도입" 참조.

48) RG286, Central Subject Files, Entry P 583, FPC: Food for Peace-Diversion of Flour, Grains, etc. FY 1968 (1of2), 'Market Surveillance - 미 공법 480호 Title 2 Commodities, 4. 27-5. 2 1968'에 수록된 자활지도사업에 관한 임시조치법(안) 참조. 그 외에도 한국 정부는 주기적으로 〈시장유출 외원양곡 단속주보〉를 발간하였으며, 보건사회부 등이 경찰과 함께 현장을 점검하기도 하였다.

49) USOM 측은 계속해서 한국 보건사회부, 경제기획원 등에 유용문제를 해결할 것을 촉구하였고, 결과적으로 '자활지도사업에 관한 임시조치법'이 입안되기도 하였다. 이 법은 13조에 벌칙조항을 만들어서, 물품 관리, 그리고 학교 급식용 양곡을 "사용 교환 매매하거나 기타의 처분을 한 자는 3년 이하의 징역 또는 10만 원 이하의 벌금에 처할 것"을 규정하였다. 결과적으로 한국 정부는 2관 상품의 제대로 된 법률을 입안할 것을 약속하였고, 1968년 이른바 '자활지도사업에 관한 임시조치법'을 의회에 올리기도 하였다. 동법안 13조에 의하면, 양곡의 사용, 매매, 교환 및 처분을 한 자는 3년 이하의 징역 또는 10만 원 이하의 벌금에 처하게 되어 있었다. 당시 대부분 사정을 고려하여, 기소 자체가 되지 않던 것을 고려하면, 이전보다는 개선된 것이었다고 할 수 있다. RG286, Central Subject Files, Entry P 583, FPC: Food for Peace-Diversion of Flour, Grains, etc. FY 1968 (2of2), 'Market Surveillance - 미 공법 480호 Title 2 Commodities, 4. 27~5. 2 1968 참조.

50) 케아 문서 시리즈 3, 서브 시리즈 3.2, 박스 645, 1965년 11월 폴더, "케아 및 USOM 간의 회합 메모(1965. 10. 11)" 참조.

51) 케아 문서, 시리즈 3, 서브 시리즈 3.2, 1969 Jordan-Lesotho 박스 687, 1969년 8~9월 폴더, "구 ASP 클레임 건. (1969. 9. 29)" 참조.

52) 이상 김아람, 앞의 논문, 2017, 98~119쪽 참조.

53) 케아 문서, 시리즈 3, 서브 시리즈 3.2, 박스 645, 12월 폴더, '1965년 6~12월, discursive report' 참조.

54) 이상 Ibid 참조.

55) 케아 문서, 시리즈 3, 서브 시리즈 3.2, 박스 634, 1964년 5월 폴더, '프로젝트 제안서: 삼봉농장'; RG84, Entry PE 625, AID 15-9 Famine Relief & Other Assistance (Title II) 1964, " Sam Bong Ri Tideland Project" 참조.

56) 《경향신문》 1966. 9. 6 참조.

57) 《경향신문》 1968. 7. 11 참조.

58) 식량권 논의의 역사에 대해서는 이인혜, 〈국제법상 식량권 보장에 관한 연구—특허권과의 충돌을 중심으로〉, 이화여자대학교 박사학위 논문, 2018, 7~18쪽 참조.

8장 북한의 '자립적 중공업화' 전략 선택과 추진(1945~1956)

* 이 글은 2022년 12월 〈현대북한연구〉 25권 3호에 게재한 필자의 논문을 수정, 보완한 것이다. 또한 이 글은 2025년 흑룡강성철학사회과학연구계획프로젝트인 '조선신문 중의 항미원조운동 자료 정리 및 연구'(프로젝트 번호: 25SSC004)의 성과임.

1) 김도성, 《자력갱생과 자립적 민족경제》, 조선로동당출판사, 1963; 손철자, 《자력갱생과 자립적 민족경제의 건설은 우리 혁명 승리의 담보》, 조선로동당출판사, 1963; 《주체공업 건설리론》, 과학백과사전출판사, 1979; 김병진, 《자립적 민족경제 건설 경험》, 사회과학출판사, 1983.

2) 김연철, 《북한의 산업화와 경제정책(1953~1970)》, 역사비평사, 2001; 이태섭, 《북한의 경제위기와 체제 변화》, 선인, 2009.

3) 조수룡, 〈전후 북한의 사회주의 이행과 '자력갱생' 경제의 형성〉, 경희대학교 박사학위 논문, 2018.

4) 이주호, 〈북한의 공업화 구상과 북소경제협력(1953~1970)〉, 고려대학교 박사학위 논문, 2022.

5) 서동만, 〈1950년대 북한의 정치갈등과 이데올로기 상황〉, 역사문제연구소 편, 《1950

년대 남북한의 선택과 굴절》, 역사비평사, 1998, 313쪽.

6) 《로동신문》 1947. 2. 20.

7) 이종석, 《조선로동당연구》, 역사비평사, 1995, 275~284쪽.

8) "볼쉐위끼 제14차 대표대회(1925년 12월 18일~21일)", 中共中央马克思恩格斯列宁斯大林著作编译局, 《斯大林全集 7》, 人民出版社, 1946, 280쪽.

9) 랴자놉스키 · 스타인버그, 《러시아의 역사 하》, 까치, 2011, 744~746쪽.

10) "볼쉐위끼 제14차 대회회의에 대한 공작총결(1925년 5월 9일)", 中共中央马克思恩格斯列宁斯大林著作编译局, 《斯大林全集 7》, 人民出版社, 1946, 96쪽; 앞의 글, 110~111쪽.

11) 《로동신문》 1951. 6. 19. 이 글에서 북한 정기간행물은 대부분 김광운, 《북조선실록—연표와 사료》, 코리아데이터프로젝트를 이용하였으나, 편년별로 편찬한 자료집이므로 각 권을 따로 밝히지 않았다.

12) 《로동신문》 1953. 8. 27.

13) 廖蓋隆, 《中國共産黨的光輝70年》, 新華出版社, 1991, 238~242쪽.

14) 《로동신문》 1949. 12. 21.

15) 《로동신문》 1946. 9. 14; 《민주조선》 1955. 7. 28.

16) 《로동신문》 1948. 12. 12.

17) 《슈띄꼬프 비망록》 1946. 10. 22; 《로동신문》 1946. 12. 13.

18) 전현수, 〈해방 직후 북한사 연구의 몇 가지 문제에 대하여〉, 《역사와 현실》 10, 1993, 309쪽.

19) 김일성은 "우리는 우리의 손으로 자주적이고 민주적인 각급 인민위원회를 조직하여 초보적 민주정권을 건립했다"고 밝히며 "금후의 포부는 인민정권 자신이 선포한 당면과업을 적극 실시"라고 말했다. 〈북조선 임시인민위원회는 인민 총의의 정권! 북조선임시인민위원회 위원장 김일성 동지 담화〉, 《정로》, 1946. 2. 14.

20) 김일성, 〈북조선 림시인민위원회의 산업 철도 운수 체신 은행 등의 국유화에 관한 법령 발포에 제하여 조선 인민에게 고함〉, 《정로》, 1946. 8. 11.

21) 〈산업국유화법령에 대하여 북조선공업기술총련맹 성명서 발표〉, 《정로》, 1946. 8. 29.

22) 〈주체적 군수공업의 탄생이 선포된 곳, 평천혁명사적지를 찾아서〉, 《청년전위》, 2001.

2. 23. 북한 연구자들은 이와 관련하여 "주체 조선의 자위적 국방공업 건설의 시작"이라고 의미 부여한다. 김혜련 외, 《절세 위인과 핵강국》, 평양출판사, 2016, 100쪽.

[23] 《로동신문》 1946. 10. 20.

[24] 《로동신문》 1946. 10. 20.

[25] 《로동신문》 1946. 10. 23.

[26] 《로동신문》 1947. 2. 20.

[27] '인민경제 계획화'는 나라의 인민경제 발전계획을 세우고 그 실행을 조직 지도하는 사회주의 국가의 주요한 통일적 지휘 기능과 활동을 말한다. 인민경제 계획화는 계획 작성과 시달, 계획 실행조직과 지도, 총화 등 여러 측면을 포괄한다. 《로동신문》 1947. 8. 21.

[28] 《로동신문》 1947. 2. 20.

[29] 《로동신문》 1947. 3. 18.

[30] 《로동신문》 1948. 2. 8.

[31] 《로동신문》 1948. 2. 20.

[32] 《로동신문》 1948. 9. 11.

[33] 《로동신문》 1949. 1. 29.

[34] 《로동신문》 1949. 2. 4.

[35] 《로동신문》 1950. 2. 27.

[36] 《로동신문》 1949. 4. 8.

[37] 《로동신문》 1950. 3. 17.

[38] 《로동신문》 1950. 6. 22.

[39] 《로동신문》 1951. 3. 5.

[40] 《조선인민군》 1958. 7. 22.

[41] 《로동신문》 1951. 1. 2.

[42] 《로동신문》 1951. 1. 2. 김일성 위원장의 '자력갱생' 제창은 이후 조선로동당의 혁명정신으로 자리 잡았다.

[43] 정일룡, 앞의 보고, 《로동신문》 1951. 3. 5.

[44] 김일성, 〈무기를 더 많이 생산하여 전선에 보내자. 65호 공장 일군들과 한 담화(1951

년 2월 17일)〉, 《김일성전집 13》, 조선로동당출판사, 1995, 141~149쪽.

45) 김일성, 〈희천에 기계공장을 건설하는 데 대하여, 산업상에게 준 지시(1951년 10월 15일)〉, 《김일성전집 14》, 조선로동당출판사, 1996, 96쪽.

46) 《로동신문》 1972. 12. 3.

47) 《로동신문》 1954. 7. 28.

48) 리영환 외, 《조선통사 하》, 사회과학출판사, 2016, 222쪽.

49) 《로동신문》 1954. 4. 22. 이 보고는 전후 최초의 공식 피해보고이다.

50) 《로동신문》 1953. 7. 28.

51) 《로동신문》 1968. 7. 3.

52) 《로동신문》 1953. 8. 11.

53) 중공업성 기사장 정삼용은 바로 다음 날 《로동신문》에 발표한 대회 참관기에서 "정전협정 체결에 제하여 전체 조선 인민에게 공업 복구의 기본방향을 중공업의 확장과 인민생활 안전을 위한 공업들을 급선무로 복구 건설함에 치중하여야 하겠다라고 교시하시였다"고 분명하게 밝혔다. 《로동신문》 1953. 8. 6.

54) 김일성, 〈모든 것을 전후 인민경제 복구 발전을 위하여, 조선로동당 중앙위원회 제6차 전원회의에서 한 보고(1953년 8월 5일)〉, 《김일성 저작집 8》, 조선로동당출판사, 1980, 11~64쪽.

55) 《로동신문》 1953. 8. 30.

56) 전석담, 〈조선로동당의 영도하에 전후 사회주의 건설에서 조선 인민이 달성한 성과와 그 의의〉, 《역사논문집 4: 사회주의 건설편》, 1960, 24쪽.

57) 결론에는 제철공업, 기계공업, 병기공업, 조선공업, 광업, 전기공업, 화학공업, 건재공업, 경공업, 철도운수, 농촌경리, 목축업, 수산업, 임산업, 도시와 농촌 복구 및 그 재건, 교육, 문화 선전 기관, 보건, 체신, 무역, 상업 등 전후 인민경제 복구 발전에 대한 방대한 계획을 나열하듯 명시했다.

58) 10억 루블은 1950년 환율로 미국 2억 5,000만 달러의 금액이다. 와이차코프스키, 〈소련의 가격체계와 루블 환율〉, IMF eLIBRARY.

59) 소련이 10억 루블 원조를 공표한 것은 1953년 8월 8일이다. 《로동신문》 1953. 12. 22.

60) 김일성, 〈모든 것을 전후 인민경제 복구 발전을 위하여, 조선로동당 중앙위원회 제6

차 전원회의에서 한 보고(1953년 8월 5일)〉, 《김일성 저작집 8》, 조선로동당출판사, 1980, 50~54쪽.

61) 《로동신문》 1953. 9. 21.

62) 《로동신문》 1953. 9. 30.

63) 당시 조선로동당 내 다수는 중공업의 우선 발전을 레닌적 원칙과 소련의 사회주의 건설 경험을 북한 실정에 창조적인 적용이라고 이해했다. 《로동신문》 1959. 8. 22; 《로동신문》 1959. 8. 6.

64) 《로동신문》 1953. 11. 26. 중국은 1955년 3월 1일에 신화폐를 발행했다. 신화폐 1원은 구화폐 10,000원이었다. 여기서 언급한 것은 중국의 신화폐를 기준으로 한 것이다. 《로동신문》 1958. 11. 23.

65) 《로동신문》 1954. 7. 28.

66) 《로동신문》 1954. 7. 6.

67) 《로동신문》 1959. 8. 13.

68) 《로동신문》 1955. 3. 15.

69) 김상학, 〈우리나라에서의 사회주의공업화의 특징〉, 《근로자》 제10호(1957), 92쪽.

70) 《로동신문》 1953. 12. 22.

71) 김일성의 '공업의 다면성과 자주성'에 대한 인식은 자체의 자립적 경제토대를 튼튼히 축성하는 방향으로 변해갔다. 1958년 3월 6일 조선로동당 제1차 대표자회의에서 김일성은 "자주적이며 자립적인 경제건설"을 주장하며, 그것은 "우리가 자체로 벌어서 완전히 먹고 살 수 있도록, 즉 자급자족할 수 있는 국가를 만든다는 것을 의미한다"고 밝혔다. 이후 소련 블록과의 갈등을 반영하며 북한의 자립경제 건설에서 국제적 연관성이나 분업에 대한 언급은 점차 줄었다.

72) 《로동신문》 1954. 3. 25.

73) 박창옥은 1956년 1월 4일까지 국가계획위원회 위원장을 맡았지만, 당 정책을 왜곡 집행했다고 비판받고 사라졌다. 《로동신문》 1957. 3. 22. 박창옥의 문제는 "우리나라 경제발전의 형편과 공업구조의 제 특징을 고려함이 없이 기계공업 자체의 생산물 구조를 규정했던 것이다. 그들은 선진국가들의 경험을 기계적으로 모방하여 대규모적 설비들의 생산에 주되는 힘을 기울이면서 인민경제 각 분야에서 요구되는

다양한 부속품들의 생산을 소홀히 했던 것"이다. 방호식, 〈우리나라 공업부문별 구조의 변화와 기계제작공업의 과업〉, 《근로자》 제1호(1958), 72쪽.

74) 《로동신문》 1954. 3. 27.

75) 소련의 북한에 대한 3개년계획 수정 요구에 대해서는 조수룡, 〈전후 북한의 사회주의 이행과 '자력갱생' 경제의 형성〉, 경희대학교 박사학위 논문, 2018, 52~55쪽.

76) 《민주조선》 1953. 9. 25.

77) 《민주조선》 1953. 9. 25.

78) 《로동신문》 1954. 4. 22.

79) 《로동신문》 1957. 2. 15.

80) 《로동신문》 1954. 5. 27.

81) 《로동신문》 1954. 5. 29.

82) 《로동신문》 1954. 5. 29.

83) 《로동신문》 1954. 6. 8.

84) 《로동신문》 1954. 6. 28.

85) 《로동신문》 1954. 7. 21.

86) 《민주조선》 1954. 8. 14; 《로동신문》 1954. 9. 4; 《로동신문》 1954. 10. 9.

87) 김상학, 〈중공업은 국가 공업화의 기초〉, 《근로자》, 제11호(1955), 69쪽.

88) 《로동신문》 1955. 8. 23.

89) 《로동신문》 1957. 8. 13.

90) 1961년 이후 중단되었다가 1985년 재개했다. 《로동신문》 1985. 8. 17.

91) 《로동신문》 1956. 7. 15.

92) 《민주조선》 1955. 12. 30.

93) 《로동신문》 1955. 12. 30.

94) 《로동신문》 1956. 12. 28.

95) 《로동신문》 1956. 4. 24.

96) 《민주조선》 1955. 7. 28.

97) 《로동신문》 1956. 4. 24.

98) 《로동신문》 1956. 4. 25.

99) 《로동신문》 1957. 2. 24.

100) 《로동신문》 1957. 2. 24. 이에 앞서 조선로동당은 1956년 12월 11일 개최한 중앙위원회 전원회의에서 3개년계획 실행에서 중공업의 우선적 발전을 견지하며 경공업과 농업을 동시적으로 발전시킨 당 경제정책을 옳았다고 평가했다. 《로동신문》 1956. 12. 15.

101) 《로동신문》 1960. 4. 20.

9장 냉전기 북한의 상상 지리와 '평양 선언'

* 이 글은 2020년 《통일과 평화》 12권 1호에 실린 필자의 논문을 수정·보완한 것이다.

1) 제1차 아프리카·아시아 인민단결회의의 선언과 결의문은 국회도서관 입법조사국, 《제3세계관계자료집》, 국회도서관, 1978, 23~42쪽.

2) 한설야의 활동에 대해서는 고자연, 〈한설야의 제3세계 인식: 1950년대 중후반의 기행문을 중심으로〉, 《상허학보》 55권. 2019, 제3장을 보라.

3) 한국은 영어식 표현인 '기니'를 쓰고 있으나 북한은 프랑스어식 표현인 '기네'를 사용한다. 이 글에서는 혼란을 피하고자 북한 측 자료의 직접 인용의 경우를 제외하고는 한국식 표현인 '기니'를 사용하도록 하겠다.

4) 제2차 아프리카·아시아 인민단결회의의 선언과 결의문은 국회도서관 입법조사국, 앞의 책, 43~48쪽.

5) 본래 2년마다 개최되는 아프리카·아시아 인민단결회의는 1958년 카이로, 1960년 코나크리에 이어 1962년에 정기 회의가 개최되었어야 했지만, 중국-인도 분쟁과 쿠바 미사일 위기 등으로 인해 국제정세가 급변하며 정기 회의는 1년 연기된 1963년에 개최된다.

6) 동아일보사 안보통일연구소 엮음, 《북한 대외정책 기본자료집 제1권: 북한과 중소분쟁, 북한과 제3세계》, 동아일보사, 1976, 279쪽. 이 선언은 〈아세아 경제 토론회 평양 선언: 자력갱생하여 자립적 민족경제를 건설할 데 대하여〉, 《로동신문》 1964. 6. 24. 기사이기도 하다.

7) 동아일보사 안보통일연구소 엮음, 앞의 책, 280쪽.

8) 동아일보사 안보통일연구소 엮음, 앞의 책, 281쪽.

9) 김일성, 〈아세아경제 토론회에 참가한 대표단을 위하여 차린 연회에서 한 연설(1964년 6월 23일)〉, 《김일성 전집》 33권, 조선로동당출판사, 2000, 271~272쪽.

10) 동아일보사 안보통일연구소 엮음, 앞의 책, 127쪽. 이는 《프라우다》 1964. 8. 18. 기사이다.

11) 동아일보사 안보통일연구소 엮음,, 앞의 책, 129쪽.

12) 동아일보사 안보통일연구소 엮음, 앞의 책, 135쪽.

13) 동아일보사 안보통일연구소 엮음, 앞의 책, 135쪽.

14) 동아일보사 안보통일연구소 엮음, 앞의 책, 141~142쪽.

15) 동아일보사 안보통일연구소 엮음, 앞의 책, 147쪽.

16) 북한과 인도네시아 관계에 대한 인도네시아 측의 관점을 드러내는 연구는 요하네스 술라이만, 〈그리 낯설지 않은 동료들: 1960년대 인도네시아-북한 관계〉, 《동아연구》 71권, 2016.

17) 김일성의 알리 아르함 연설이란 김일성, 〈조선민주주의인민공화국에서의 사회주의 건설과 남조선 혁명에 대하여: 인도네시아 알리 아르함 사회과학원에서 한 강의(1965년 4월 14일)〉, 《김일성 전집》 35권, 조선로동당출판사, 2001.

18) 동아일보사 안보통일연구소 엮음, 앞의 책, 342쪽. 이는 《로동신문》 1975. 6. 8. 기사이다.

19) 김일성, 〈아세아, 아프리카, 라틴아메리카 인민들의 위대한 반제혁명위업은 필승불패이다: 체 게바라 전사戰死 한돐에 즈음하여 아세아아프리카라틴아메리카인민단결기구 기관 리론잡지 《뜨리꼰띠넨딸》 제8호에 발표한 론문 (1968년 10월 8일)〉, 《김일성 전집》 42권, 조선로동당출판사, 2002, 31~32쪽.

20) 《로동신문》 1981. 8. 27.

21) 《로동신문》 1981. 9. 1.

22) 《로동신문》 1981. 9. 1.

23) 김일성, 〈기네와 탄지니아에 조직하는 농업과학연구소에 파견할 일군들과 한 담화(1981년 11월 9일)〉, 《김일성 전집》 74권, 조선로동당출판부, 2008.

24) 백만득, 《조국을 떠나 먼 곳에서》, 문학예술출판사, 2018, 57쪽.

[25] 《로동신문》 1982. 1. 19.

[26] 백만득, 앞의 책, 84쪽.

[27] 백만득, 앞의 책, 85쪽.

[28] 백만득, 앞의 책, 357쪽.

[29] 백만득, 앞의 책, 360쪽.

[30] 한은경, 《위대한 수령 김일성 동지의 불멸의 선군혁명업적》, 과학백과사전출판사, 2018, 336~337쪽.

[31] 리종렬, 《평양은 선언한다》, 문학예술종합출판사, 1997, 521~522쪽.

[32] 《로동신문》 1992. 4. 22.

제2부 민주주의와 역사 인식

1장 5·16 다시 보기

[1] 자료 인용 방식은 대사관 전문, 국무부 전문, 대담 비망록 등으로 간단히 표기했다. AUS로 시작되는 기호는 국사편찬위원회 전자사료관 참조 코드로 자세한 사료군, 사료철 명은 인터넷에서 확인 가능하다. 한국사 데이터베이스 수록 FRUS 자료는 URL 주소를 통해서 관련 자료로 연결된다. 마이크로 필름으로 열람할 수 있는 795문서의 경우는 국사편찬위원회 전자도서관 청구번호를 기록했다. 관련 자료는 국편 외에도 여러 도서관에서 마이크로필름 혹은 이미지 형태로 열람이 가능하다. 기타 연구성과와 신문자료 등은 최소한도로 표기했으며 가급적 생략했다.

[2] 로드니 암스트롱, "한국 증권시장의 상황에 대한 예비 보고서"(1962. 5. 29) 이하 " "로 표시된 내용은 모두 미국 자료에서 직접 인용한 내용들이다.

[3] 미8군 사령관이 합참으로 보내는 전문(1961. 5. 17), AUS003_06_02C0068_040.

[4] "존슨이 로스토우에게 보내는 비망록"(1961. 6. 28), *FRUS*, http://db.history.go.kr/id/frus_012r_0010_0330.

[5] 대사관에서 박정희의 공산주의 관련여부에 대해서 최종적인 결정을 내린 것은 7월

15일경이었다. 대사관 전문 88호(1961. 7. 15), AUS003_05_00C0050.

6) 대사관 전문 577호(1963. 10. 28), AUS003_06_02C0035_013.

7) 대만대사관에서 한국대사관으로 보내는 전문 41호(1961. 5. 25), AUS003_06_02C0069_049.

8) 국무부 전문 1344호(1961. 5. 20), AUS003_06_02C0069_087.

9) 대담 비망록(1961. 5. 21), 795문서, MF 9160, 296쪽.

10) 대담 비망록(1961. 5. 16), AUS003_06_02C0068_061.

11) 쿠데타 세력에게도 이런 종류의 첩보들이 너무 많이 들어와서, 김윤근 해병대 소장은 "쿠데타 세력 중 몇몇, 특히 박정희와 자신은 여순반란 사건 당시 CIC의 조사를 받으면서 '곤혹스러운' 경험을 한 바 있다"고 고백했다. 대사관 전문 1665호(1961. 5. 25), AUS003_05_00C0025_022.

12) 대담 비망록(1962. 8. 24), AUS003_06_02C0124_052.

13) 대사관 전문 1763호(1961. 6. 9), AUS003_06_02C0104_045.

14) 대담 비망록(1961. 7. 9), 795 문서, MF 9160, 367쪽.

15) 대사관 전문 1610호(1961. 5. 20), AUS003_06_02C0069_082.

16) 기록 비망록(1962. 11. 25), AUS003_06_02C0124_017.

17) 대사관 전문 1764호(1961. 6. 9), AUS003_05_00C0050. 박정희는 자신의 공산주의적 경력에 대해서는 언제나 1대 1로만 있을 때 발언했다. 이날 회의 참석자는 그린 대리대사, 통역자, 김종필 등 4명이었다. 버거가 부임해서 처음 만나는 자리에서는 장도영도 함께 있었기 때문에 과거 관련 발언은 꺼내지도 않았었다.

18) 대사관 전문 1894호(1961. 6. 23), AUS003_06_02C0104_007.

19) 헨더슨이 대사에게 보내는 비망록(1961. 7. 5), AUS003_01_00C0370.

20) "박정희 인물평가"(1956. 11. 26), AUS009_04_00C0001_065.

21) 대사관 항공전문 A-273호(1963. 9. 26), AUS003_06_02C0034_005.

22) 성시백 사건은 1950년 5월 15일 체포되어 한국전쟁 발발 직후 처형되었던 해방 정국의 대표적인 간첩사건이었다. 당시 사건으로 군과 정부 소속 150여 명에 대한 수사가 진행되기도 했다.

23) 5·16혁명사 편찬위원회, 《5·16 혁명실기 3》, 142쪽.

[24] 매그루더가 합참으로 보내는 전문 306호(1961. 5. 25), FRUS, http://db.history.go.kr/id/frus_012r_0010_0230.

[25] 대사관 전문 1611호(1961. 5. 20), AUS003_06_02C0069_083.

[26] 국무부 전문 1344호(1961. 5. 21), AUS003_06_02C0069_087.

[27] 대사관 전문 1799호(1961. 6. 13), AUS003_06_02C0104_032.

[28] 《조선일보》 1961. 6. 21.

[29] 《조선일보》 1961. 7. 4.

[30] 대사관 전문 30호(1961. 7. 5), AUS003_05_00C0050.

[31] 대사관 전문 1747호(1961. 6. 7), AUS003_05_00C0050.

[32] 대사관 전문 1798호(1961. 6. 13), *FRUS*, http://db.history.go.kr/id/frus_012r_0010_0310.

[33] 대사관 전문 1893호(1961. 6. 23), AUS003_06_02C0104_012.

[34] 대사관 전문 23호(1961. 7. 4), 795문서, MF9160, 344쪽.

[35] 《조선일보》 1961. 7. 5.

[36] 군부와의 연락관계를 차단하고자 송요찬을 국방장관에서 해임하고 내각 수반에 임명했으며, 나머지 장관 두 명(군인) 역시 교체했다. 《조선일보》 1961. 7. 8.

[37] 대사관 전문 42호(1961. 7. 8), 795문서, MF 9160, 364쪽.

[38] 대사관 전문 45호(1961. 7. 9), *FRUS*, http://db.history.go.kr/id/frus _012_0010_0350.

[39] 대사관 전문 40호(1961. 7. 8), 795문서, MF 9160, 366쪽.

[40] 국무부는 8월 15일, 대변인 린컨 화이트의 성명을 통해서 "민정이양까지 미국은 한국의 진보와 발전을 위해서 함께 노력해나갈 것이다"면서 쿠데타 이후 "가장 우리 기대에 부합되며 또한 고무적인" 성명서를 발표했다. 국무부 전문 262호(1961. 8. 16), 795 시리즈, MF 9161, 253쪽. 버거 대사는 지난 몇 주간 국무부의 긍정적인 성명 발표를 위해 노심초사했는데, 화이트의 성명에 대해서 "아주 흡족해"했다. 대사관 전문 327호(1961. 8. 17), AUS003_06_02C0070_049.

[41] 대사관 항공전문 A-246호(1962. 1. 25), 795문서, MF 9161, 382쪽.

[42] 박정희의 '8·12성명' 발표보다 사흘 앞서 김종필은 기자들을 만나서 "미국의 예"를 들면서 "민주 자유를 무제한 허용"하는 제퍼슨식보다는 "빈약하고 기타 여러 정세

가 다른 나라에서는 해밀턴의 교도식 민주주의가 적합할 것"이라고 말했다. 이는 김종필이 며칠 전에 멜로이 장군에게 전했던 것처럼 "민정으로 이양되더라도 제대로 통치를 하는지 5년 간은 감독을 해야 한다"는 군부 감시기구의 구축과 관련이 있다. 《경향신문》 1961. 8. 10; 대사관 전문 276호(1961. 8. 10), AUS003_05_00C0050.

43) 대사관 항공전문 A-299호(1962. 3. 13), 795문서, MF 9161, 419쪽.

44) 대사관 전문 1042호(1962. 3. 17), 795문서, MF 9161, 434쪽.

45) "정치정화법에 대한 분석", 대사관 항공전문 A-308호(1962. 3. 20), 795문서, MF 9161, 452쪽.

46) 포레스탈이 케네디에게 보내는 비망록(1963. 3. 28), *FRUS*, http://db.history.go.kr/id/frus_012r_0010_0980.

47) 대사관 전문 1045호(1962. 3. 19), AUS003_05_00C0026. 윤보선은 "대사관이 이 법령의 발포를 미리 알고 있었냐"면서 이 법의 폐지를 강력히 요구했다. 버거 대사는 "사전에 몰랐으며 매우 유감스러운 법령"이라고 답했다.

48) 대사관 파견관 전문 393호(1962. 4. 18), 795문서, MF9161, 486쪽.

49) 대사관 전문 1059호(1962. 3. 21), AUS003_05_00C0026.

50) 대사관 파견관 전문 382호(1962. 4. 11), 795문서, MF 9161, 474쪽.

51) 국무부 전문 930호(1962. 3. 22), 795문서, MF 9161, 462쪽.

52) 대사관 파견관 전문 407호(1962. 4. 25), 795문서, MF 9161, 488쪽. 대사관에서는 1962년 봄 무렵 전국 각지에 대한 시찰보고서들을 집중적으로 수집하기 시작했다. 대담 비망록(1962. 3. 22), 795문서, MF 9161, 459쪽.

53) "중정은 비밀리에 여론조사를 해보았지만, 만약 자유로운 정치 활동이 보장된 상황에서는 선거에서 이길 가능성이 별로 없다고 판단하고 있다." 대사관 전문 1043호(1962. 3. 19), AUS003_05_00C0026.

54) 《한국일보》 설국환은 "박정희 의장과 그의 동료들은 앞으로 3, 4년 동안 계속 권력을 장악하게 될 것"이라고 비판적인 입장이었는데 "이러한 설 씨의 입장은 예전과 완전히 달라진 것"이라고 대사관은 코멘트했다. 대담 비망록(1962. 3. 20), 795문서, MF9161, 464쪽.

55) 대사관 항공전문 A-558호(1963. 2. 1), AUS003_06_02C0029_047.

56) 대사관 전문 1045호(1962. 3. 19), AUS003_05_00C0026.

57) 포레스탈이 케네디에게 보낸 비망록(1963. 3. 28).

58) 이보다 좀 뒤지만 서울대 교수 황성모는 "처음에는 지식인들의 자문을 많이 받았지만, 이제 정부는 이들의 조언이 현실성도 없고 쓸모가 없다고 판단해서, 지금은 대부분 지식인이 자문직을 그만두었다"고 고백했다. 대담 비망록(1962. 11. 5), AUS003_06_02C0124_036.

59) 대사관 항공전문 A-285호(1962. 2. 26), 795문서, MF9161, 417쪽; 대사관 전문 1187호(1962. 5. 21), AUS003_05_00C0026.

60) 일본대사관 항공전문 A-951호(1962. 5. 16), AUS003_05_00C0026; 일본대사관 항공전문 A-951호(1962. 5. 16), 795문서, MF 9162, 26쪽.

61) 워커힐 건설 과정에서 관련 자재를 납품했던 게이츠 오덴스라는 미국인 사업자는 "워커힐은 사실상 2,000~3,000만 달러 정도의 비용이 들었지만 실제 집행된 액수는 500만 달러도 되지 않아요. 건설 자재에는 세금도 붙지 않는데, 게다가 이 건물을 설계한 사람은 겨우 월급 130원을 받는 젊은 건축갑니다"라며, 최소 1,500만 달러의 차액이 어디론가 사라졌다고 설명했다. 기록 비망록(1962. 6), AUS003_06_02C0124_077.

62) 증권시장 조작으로 벌어들인 금액에 대해서는 여러 가지 추정이 나오지만, 미대사관의 경제참사관인 암스트롱이 "아주 짜게 계산"한 액수로 치더라도 "모두 400억 환(40억 원)"에 달했다. 대사관 항공전문 A-237호(1962. 10. 15), AUS003_06_02C0014_011.

63) 대사관 파견관 전문 303호(1962. 2. 7), 795문서, MF9161, 395쪽.

64) 유창순은 "증권시장의 불법에 대해서 정부가 별다른 행동을 하지 않는다는 이유로 한국은행 총재직을 사퇴"한 직후여서 긴급히 경제 담당관을 만나서 조작 관련 제보를 한 것으로 보인다. 이 제보가 한국인이 제공한 첫 번째인지는 알 수 없지만, 보고서상으로는 가장 먼저 입수된 정보였던 것으로 보인다. 대담 비망록(1962. 5. 2), AUS003_06_02C0014_019.

65) 대사관 전문 1206호(1962. 5. 29), AUS003_05_00C0026.

66) 버거가 이 질문을 던진 날은 암스트롱이 한국 증권시장 조작에 관한 "예비적 보고

서"를 제출한 것과 같은 날이었다. 로드니 암스트롱, "한국 증권시장의 상황에 대한 예비 보고서"(1962. 5. 29), AUS003_06_02C0014_020.

67) 대사관 전문 1301호(1962. 6. 16), AUS003_06_02C0124_085.

68) 대사관 전문 1281호(1962. 6. 12), AUS003_05_00C0026.

69) 대사관 전문 1300호(1962. 6. 15), AUS003_05_00C0027_023.

70) 대사관 전문 1340호(1962. 6. 26), AUS003_05_00C0027_019.

71) 《경향신문》 1962. 6. 16.

72) 대사관 전문 1312호(1962. 6. 19), AUS003_05_00C0026.

73) 대담 비망록(1962. 7. 6), AUS003_06_02C0124_067.

74) 통화개혁의 주인공으로 대사관에서는 "재건최고회의의 소수 그룹, 박정희, 김종필, 유원식, 재무장관 몇몇 전문가들, 특히 박희범과 김정렴이 포함되어 있다"고 추정했다. 대사관 전문 1327호(1962. 6. 20), AUS003_05_00C0027_022.

75) 대사관에서는 그간 잠잠하다가 1962년 초반부터 모습을 나타내기 시작한 "젊은 대령들"의 상징인 김종필이 제거되지 않는 이상, 1963년의 민정이양이 어떻게 될지 모른다고 판단하고 있었다. 박정희와 김종필을 갈라놓기 위해서 원조문제라는 마지막 카드를 쓸 때가 왔다고 판단했다. "박정희 역시 우리가 (원조액을) 삭감하리란 것을 알고 있다. 그는 원조 삭감에 매우 민감해 있다.……이제 우리는 최종적인 정책을 만들어야 할 때가 왔다." 대사관 전문 1280호(1962. 6. 12).

76) 대사관 전문 66호(1962. 7. 23), AUS003_05_00C0026. 컨트리팀 회의에는 버거와 부대사, 정치참사관 등이 참석하지만 이 회의에는 미8군 사령관과 대사의 특별참모(CIA 한국지부장)도 참석했다. 7월 23일 회의에서, "컨트리팀에서 현재 상황에 대한 리뷰를 했다." 현재 한국 정부는 심각한 경제적 문제들 특히 잘못된 화폐개혁과 주식시장에서의 문제로 심각한 상황이다.……한국 정보부의 활동이 심각한 문제를 낳고 있다. 김종필을 주축으로 한 젊은 대령들의 모임이며 이러한 분파주의는 한국인들 내부에 깊이 뿌리내리고 있다. 그리고 이 문제는 박정희 정부에도 심각한 상황을 불러오고 있다.……최근 발생한 충돌은 반대파(송요찬파)에게 김종필을 제거할 수 있는 호기를 제공해주고 있다. 우리는 이 사안에 대한 개입이 매우 신중해야 한다는 것을 잘 알고 있다. 그러나 우리는 한국인들을 지도하고 가르쳐야만 하며, 때로는 그들에게 좌절

감을 주기도 해야만 한다"라면서 무언가 놀라운 일을 준비하고 있다고 국무부에 보고했다. 대담 비망록(1962. 11. 28), AUS003_06_02C0124_016.

77) 기록 비망록(1962. 8. 19), AUS003_06_02C0124_054.

78) 대사관 파견관 전문 409호(1962. 4. 26). 795문서, MF 9161, 495쪽.

79) 대담 비망록(1962. 8. 14), AUS003_06_02C0124_056.

80) 대사관이 "가장 탁월한 정보제공자"라고 호칭했던 이진수(재무부 관료)는 1962년 11월에 중정 조직이기는 하지만 중정 내부에서도 대부분 비밀리에 진행된 계획이며, 여기에 참가한 직원들이 "훌륭한 급료를 받고 있지만 어디에서 돈이 나오는지는 아무도 모른다"고 귀띔했다. 대담 비망록(1962. 11. 14), AUS003_06_02C0124_028.

81) 송요찬과 방첩대장 김재춘은 모두 관련 자금은 중정이 수거해간 것이라고 이해했다. 송요찬은 내각 수반을 사퇴한 다음 하비브와의 만남에서 "김종필이 자신에게 찾아와서 증권시장 계획을 부분적으로 협의할 때에 항상 1963년 선거를 위해서 자금이 필요하며, 그 자금을 증권시장에서 확보하고자 한다"는 소릴 들었다고 했다. 김재춘 역시 "워커힐호텔, 새나라자동차 거래, 증권시장 스캔들, 통화개혁 등을 꼽았다. 이미 대사관에서도 파악하고 있는 내용이지만 그는 이 사태가 오직 한 사람 그리고 한 기관에 의한 결과라고 지적(이는 김종필과 중정이다). 관련 사건들에서 돈은 모두 중정이 수거해갔다고" 증언했다. 대담 비망록(1962. 7. 10), AUS003_06_02C0124_065; 대사관 항공전문 A-112호(1962. 8. 17), AUS003 _06_02C0124_055.

82) 대담 비망록(1962. 9. 26), AUS003_06_02C0124_049.

83) 대사관 항공전문 A-240호(1962. 10. 15), AUS003_06_02C0124_046.

84) 대사관 항공전문 A-370호(1962. 11. 26), AUS003_01_00C0448.

85) 가장 대담한 발언은 서민호였다. 자신도 일찍이 간첩 포섭 대상으로 직접 접촉한 경험도 있는 서민호는 "혁명분자의 핵심 계층이 4·19 직후 북한 측과 만난 증거가 있다"면서 "김인직 대령(인용자 주: 이주당 쿠데타 사건 피고)의 재판 증언을 그 '증거'라고 제시"했다. 서민호는 "(김인직이) 당시 증언에서 김종필이 4·19 직후 자신을 찾아와서 북한 측과 접촉하기 위해서 자금이 필요하다는 주장을 했다"고 증언했다. 대담 비망록(1962. 12. 12), AUS003_06_02C0124_013.

86) 증권시장 조작 및 통화개혁에도 깊이 관여했던 유원식이 대표적인 인물이다. 그는

"박정희에게 깊은 신뢰를 가지고 있었지만 이제는 아니다"라면서, "박정희와 김종필 그리고 비밀조직이 문제"라면서, "박정희와 김종필이 만들어놓은 조직"이라며 공화당을 비난했다. 기록 비망록(1962. 12. 7), AUS003_06_02C0124_014.

87) 대사관 항공전문 A-437호(1962. 12. 18), AUS003_06_02C0124_008.

88) 대사관 전문 527호(1963. 1. 26), AUS003_05_00C0043_048.

89) 김종필 반대파(김종오 참모총장 등)에서는 유사시에 대비해서 병력을 출동해야 한다고 멜로이 유엔군 사령관에게 병력 동원을 요청했다. 왜냐하면 중정에서 이미 "대규모 병력을 동원해서 김동하와 관련된 해병대 부대 요인들을 체포할 계획을 세우는 중"이라고 했다. 대사관 전문 526호(1963. 1. 23), AUS003_05_00C0043_052.

90) 양측의 충돌에 대한 박정희의 마지막 해법은 "김종필이 정당직을 사임하는 등" 육사 8기생들의 쿠데타 주축세력에서 축출된다는 내용을 담고 있었다. 대사관 전문 526호(1963. 1. 23), AUS003_05_00C0043_052.

91) 대사관에서는 1963년 4월 말에 가서야 "긴장은 가라앉았고 국가 내부에서 충돌이 일어날 급박한 위험 상황은 모면했다"고 보고했다. 대사관 전문 838호(1963. 4. 29), FRUS, http://db.history.go.kr/id/frus_012_0010_1020.

92) 대사는 박정희를 만나 "상황을 더욱 복잡하게 만들 수 있는 국민투표 성명을 발표하지 말 것을 권고한다. 아울러 성명을 발표할 생각이라면 이전에 반드시 나에게 미리 관련 내용을 통보하고 미국 정부와 협의할 시간을 줄 것을 요청한다"면서 협박했다. 당시 박정희가 3·15성명에서 국민투표로 군정 연장을 묻겠다고 했기 때문인데, 4월 28일 국민투표일을 직접 성명을 통해 발표할 예정이었다. 대사관 전문 759호(1963. 4. 2), AUS003_05_00C0039_032.

93) 대사관에서는 윤보선이 이길 것으로 예측하고 있었다. 대사관 전문 765호(1963. 4. 3), AUS003_05_00C0039_028.

94) 대사관 항공전문 A-379호(1963. 11. 9), AUS003_06_02C0035_009.

95) 기록 비망록(1963. 3. 12). AUS003_06_02C0016_036.

96) 대사관 항공전문 A-379호(1963. 11. 9), AUS003_06_02C0035_009.

97) 대사관 전문 565호(1963. 10. 25), AUS003_06_02C0035_014. 버거는 김종필이 "자신이 다시 한번 최고위층이 되었다는 점을 내가 인정해주길 바랬지만" 결코 용서(?) 아

니 용납하지 않을 작정이었다. "나는 그를 박정희의 후임자로 대하지 않고 내가 필요하다고 생각하는 때에 적절하게 활용할 수 있도록 그와 어느 정도 거리를 두고자 한다"고 마지막 문장을 맺고 있다. 사실상의 항복 선언인 셈이다.

98) 대사관 파견관 전문 87호(1961. 8. 30), AUS003_06_03C0005_013; 대사관 파견관 전문 103호(1961. 9. 13), AUS003_06_03C0005_012.

99) 대담 비망록(1962. 6. 29), AUS003_06_02C0124_073.

100) 대담 비망록(1961. 6. 6), AUS003_06_02C0104_085.

101) 대사관 전문 295호(1961. 8. 12), 795문서, MF9161, 217쪽; 대사관 전문 1592호(1961. 5. 20), AUS003_06_02C0069_070; 기록 비망록(1961. 5. 19), AUS003_06_02C0068_015.

2장 발전의 그림자: 1970년 전후 공해의 일상화와 환경권 인식의 씨앗

* 이 글은 필자의 논문 〈1970년 전후 공해公害의 일상화와 환경권 인식의 씨앗〉(《역사문제연구》 45, 2021. 4)을 단행본 체제에 맞게 일부 수정하여 작성했다.

1) 심인보, 〈미국 현대 환경주의의 등장〉, 《동국사학》 54, 2013, 438쪽. 그에 따르면 이 시기에 등장한 현대 환경주의는 '삶의 질' 문제가 초점이었다는 점에서 그전까지의 자연보존운동과는 구별된다.

2) 사상계 편집부, 〈공해추방전—1970년 닉슨 미 대통령 연두교서 중에서〉, 《사상계》 204, 1970, 111~114쪽.

3) 조규상, 〈세계의 공해대책과 한국〉, 《신동아》 94, 1972, 149~151쪽.

4) 광의의 환경문제는 전체 환경의 각 구성요소와 그들의 상호작용 과정에서 원래 기능을 떨어트리는 현상으로, 협의로는 인구·자원·오염 등 사회적 이슈가 된 것으로 구별할 수 있다. 노융희, 〈환경론 서설(3)〉, 《환경논총》 3-1, 1976, 8~16쪽. 이렇게 보면 '공해'는 '환경'문제의 일부가 된다. 이 글은 이러한 시각을 따르되 편의상 공해와 환경, 두 용어를 혼용하기도 했다.

5) 예컨대 환경정책의 발달 과정을 3단계로 나눈 김광임은 1960~1970년대를 환경정책의 태동기로 보고, 정책이 본격적으로 도입되기 시작한 1980년대 이후와 구분했

다. 김광임, 《한국의 환경 50년사》, 한국환경기술개발원, 1996, 225~226쪽. 1960년대는 "절대빈곤의 극복을 위한 경제개발계획에 주력하던 시기로 환경문제에 대한 관심은 전무하다시피"했던 시기이며, 자연환경 정책은 "정부 및 사회의 무지와 무관심 속에서 설 자리를 잃어버렸고, 환경오염 문제는 논의 자체가 터부시되어 언론과 사회단체의 문제 제기조차 제약되었다"는 인식도 이와 상통한다. 노진철, 〈환경문제의 역사: 산업공해, 환경 훼손 그리고 환경위험〉, 《한국사회학회 심포지엄 논문집》, 2008, 51쪽. 환경부, 《환경 30년사》, 2010, 44쪽.

6) 그러한 평가가 집결되는 지점이 〈공해방지법〉(1963. 11. 5, 법률 제1436호)이다. 이 법은 "AID 차관 도입 과정에서 요구조건에 맞추기 위해 급조된 장식적인 법"으로서 "당시 공해가 심각하지 않았고 경제 우선 정책으로 국민들도 필요성 느낄 수 없었기에 형식상의 법으로만 존재"했던 "상징적 정책"으로 평가된다. 노진철, 앞의 논문, 2008, 54쪽; 김광임, 앞의 책, 1996, 230쪽; 문태훈, 〈한국 환경정책의 변화와 과제, 1963~2007〉, 《한국정책학회보》 17-3, 2008, 136쪽; 구연창, 《환경법론》, 법문사, 1981, 135쪽; 환경부, 앞의 책, 2010, 45쪽.

7) 일본에서는 메이지 시대 초기, 공익 또는 공리公利의 반대개념으로 사용되었고, 다이쇼 중기 이후 공업화·도시화의 진전에 따라 공장의 매연·오수·소음이 시민들의 일상생활을 침해하게 되자 환경오염으로 인한 '공중위생의 해악'으로 규정되었다. 미야모토 겐이치, 김해창 역, 《공해의 역사를 말한다: 전후 일본 공해사론》, 미세움, 2016, 8~11쪽.

8) 구연창, 앞의 책, 1981, 30~41쪽. 한편 공해는 1970년대를 거치며 환경문제에 국한되지 않고, 다양한 영역의 조어로 확장되었다. 인간 공해, 정치 공해, 매스컴 공해 등의 표현이 등장했고, 심지어 '공해라는 말의 공해'라고 이야기할 정도였다. 김경재, 〈현행 공해 방지 관계법상의 문제점〉, 《사법행정》 13-6, 1972, 47쪽.

9) 보건사회부, 《국내 주요 도시의 대기오염 급증추세와 공해차량 대책》, 1969. 8. 12, 3~5쪽.

10) 《경향신문》 1968. 2. 12.

11) 가정오수와 산업폐수를 우천 시 빗물을 합쳐 도시 내 하천으로 배출하는 방식.

12) 원문에는 76kℓ로 기재되었다. 오기誤記로 보인다.

13) 합동통신사, 《합동연감(1969)》, 1969, 186~187쪽. 이 시기 새로 건축되는 소위 '문화주택'들은 수세식 변소를 갖추는 경우가 많았다. 그렇지만 정작 배출물을 모아 처리할 정화조 시설이 부족한 탓에 수세식이라 하더라도 대부분의 분뇨는 그대로 하수도로 배출되는, 즉 수세식 변소가 무용인 상황이었다. 《동아일보》 1966. 1. 22; 《매일경제신문》 1970. 6. 23.

한국수자원개발공사는 1971년 한강 유역 수질 추적조사 끝에 한강이 공업 및 관개용수로서는 아직 양호하지만 생활용수로서는 극심한 오염상태에 있고 특히 여러 지천이 합류하는 본류부의 상태는 더 열악하다고 지적했다. 한국수자원개발공사 한강유역합동조사단, 《한강 하류부 수질오염 조사보고서》, 1971. 4.

14) 1969년까지도 지방 주요 도시에 종말처리장이 한 군데도 없었다. 합동통신사, 《합동연감(1970)》, 1970, 213쪽. 보사부가 1968년 처음으로 실시한 전국 20개 하천의 수질오염도 조사에서는 강원도의 소양강과 남대천 등 일부를 제외하곤 대부분의 하천 수질이 인체와 산업안전 기준을 훌쩍 초과하는 것으로 나타났다. 《경향신문》 1968. 4. 24.

15) 1964년 10월에 마련된 공해방지법 시행령에 따르면 주거 지역의 기준은 주간과 야간 각 60/50폰, 준공업 및 상업 지역은 65/55폰, 공업지대는 70/60폰이었다(1968년 5월 시행령 개정으로 법제상 소음 단위는 db로 변화).

16) 《경향신문》 1968. 6. 22.

17) 《경향신문》 1964. 6. 20.

18) 《경향신문》 1965. 10. 26.

19) 김담구, 〈산업재해(르뽀)〉, 《신동아》 75, 1970, 161~162쪽.

20) 《동아일보》 1964. 12. 26.

21) 《동아일보》 1966. 12. 13.

22) 《동아일보》 1963. 10. 4.

23) 후술하는 공해방지법 정비 과정에서도 안전 기준 등을 마련할 때는 외국의 사례를 참고했다. 특히 일본 사례에 대한 의존도가 높았다. 〈공해 안전기준 제정〉(1967. 9. 13, 국립보건연구원-보건사회부), 〈공해 안전기준안 제정〉(1967. 12. 26, 국립보건연구원-보건사회부), 〈현행 공해 안전기준 평가 및 신규 공해 안전기준 제정에 대한 참고자

료〉(1968, 보건사회부 환경위생과), 《고시공고관계》(국가기록원, BA0123999).

24) 이를테면 《동아일보》 1968. 4. 4. 이 기사는 〈공해와 인간수명과의 관계〉란 일본학자의 연구를 소개하고 있다. 환경 원로들의 회고에서도 일본의 영향을 확인할 수 있다. 《조선일보》 논설위원으로 1960~1970년대 다수의 관련 기사를 집필했던 박노경이 대표적이다. 회고의 몇 대목을 인용하면 그는 1965년 동남아 견학 중 약 2주간 일본에 체류했던 경험을 계기로 공해문제의 심각함에 눈을 떴다. 이후 1972년 중앙대가 주최한 공해 세미나에서는 일본인 프리랜서를 만났는데 이후 그를 통해 당시 도쿄대학에서 발행하던 일종의 교과서에 해당하는 《공해원론公害原論》 잡지를 받아보았다. 한편 그는 가깝게 지내던 권숙표 교수가 공해전문가 우이 준宇井純의 글을 소개했던 일화도 털어놨다. 일사회 편, 《그 세월의 뒷모습: 한국 환경야사》, 홍문관, 2011, 37~48쪽. 미루어 짐작해보면 일본의 연구 성과를 수용하고 연구자·운동가들과 알음알음 교류했던 것이 박노경만의 경험은 아니었을 것이다. 다만 이상은 일본 상황에 대한 관심과 교류를 가늠할 수 있는 단편들일 뿐이다. 미국 상황에 대한 견문과 학습도 중요했을 것이니만큼 향후 좀 더 깊이 있게 검토하고자 한다.

25) 《경향신문》 1965. 1. 14.

26) 주 22와 동일.

27) 《매일경제신문》 1968. 7. 18.

28) 《동아일보》 1965. 6. 16; 《동아일보》, 1966. 4. 11; 《동아일보》, 1966. 5. 28.
당시 보사부 보건국 위생과장으로서 공해문제를 담당했던 서정현은 식민지기에 제정된 위생 관계 법규를 새롭게 정비하는 과정에서 〈공해방지법〉을 제정했다고 회고했다. 그는 향후 있을 도시화·산업화를 대비한다는 차원에서 법의 성격이 훈시적·기본적인 것이었다고 설명했다. 《환경과 공해 3》, 한국산업관리연구소, 1980에 실린 '환경보전 정책의 초기 발전과정' 좌담회; 일사회 편, 앞의 책, 2011, 283~284쪽에서 재인용.

29) 주요 내용은 다음과 같다. 공해방지구역 지정(제3조), 공해 안전기준 설정(제4조), 공해 검사 및 공해 방지 조치(제5조), 보사부의 행정명령 발동 권한(제7,8조), 공장·사업장의 의무(공해방지 관리인, 제9조), 보사부의 의무(환경위생감시원, 제11조), 공해방지심의위원회 설치(제12조).

30) 보사부 담당관도 법의 적용 대상이 산업공해에 한정되는 것으로 해석될 여지가 있다는 것을 인정했다. 전원배, 〈산업입지와 공해방지법〉, 《도시문제》 3-4, 1968, 33쪽.

31) 오세덕, 〈환경규제행정기구〉, 《경희법학》 16-1, 1979, 104쪽. 1967년 현재 공해계는 별정직 4명에 불과했다. 공해계가 중심이 되어 1968년에 마련한 '환경보호를 위한 종합계획'이 계획 수립 단계에서 여러 부처의 반대에 부딪쳐 결국 사장되었던 것은 공해 방지 행정이 제대로 집행되기 불가능했던 당대 현실을 잘 보여준다. 한국환경교육학회, 《환경권 시대의 시작과 환경사》, 국립환경과학원, 2013, 21쪽.

32) 차철환, 〈도시의 공해문제〉, 《도시문제》 2-4, 1967, 36쪽.

33) 《동아일보》 1965. 6. 16.

34) 이어 1965년 1월에는 인천·대전 등 전국 29개 시와 강원·전남의 탄광지구 및 공장지대 등 7개 읍면이 추가되었다. 《경향신문》 1965. 1. 13; 《동아일보》 1965. 1. 13. 1971년 7월, 제도 폐지 시 방지구역은 82개 시와 20개 읍면에 달했다.

35) 보사부는 1967년 7월, 국영발전소로는 두 번째로 당인리 화전(마포구 서교동)에 대해서도 법을 발동해 시설개선 명령을 내렸다. 이후 동화전은 약 640만 원을 들여 시설을 개선했고 1968년 1월, 무해판정을 받았다. 《동아일보》 1967. 7. 8; 《매일경제신문》 1968. 1. 13.

36) 〈공해방지구역 지정·공고〉(1965. 1. 18, 서울시-각 구청 및 보건소), 〈공해검사계획〉(1965. 4. 13, 서울시-각 보건소), 《1965년 공해 방지철》(국가기록원, BA0160192).

37) 《경향신문》 1967. 3. 21; 《동아일보》 1967. 3. 21; 《매일경제신문》 1967. 3. 21. 응하지 않은 7개 업체는 1967년 3월, 사용금지 명령을 받았다.

38) 서울시가 1,855개 대상업체를 진단해 공해 발생이 현저한 613개 업체를 대상으로 행정처분을 단행했지만 실효를 거두지 못했다는 기사에서도 상황을 미루어 짐작할 수 있다. 《동아일보》 1967. 2. 15; 《동아일보》 1967. 4. 22.

39) 예를 들어 대기오염의 주범 중 하나인 아황산가스의 안전기준은 5PPM이었는데, 이는 인명을 뺏을 수 있는 충분한 양이었다. 《경향신문》 1970. 4. 3.

40) 이충우, 〈도시와 공해문제-서울특별시를 중심으로〉, 《지방행정》 15-149, 1966, 49~52쪽.

41) 한 잡지 기사는 자동차를 "악취와 독소, 폭음과 먼지를 내뿜으며 폭주"하는 "맹수"

이자 "하나의 흉기"라고 지칭하기도 했다. 박추규, 〈자동차 공해(수필)〉, 《신동아》 66, 1970, 142쪽. 보사부도 서울시 공기오염의 80퍼센트가 배기가스라고 지적한 바 있었다. 《경향신문》 1969. 11. 22.

42) 예컨대 서울시의 경우 1961년 7,818대에서 1970년 6만 442대로 1960년대에 8배 가까이 증가했다. 김재근, 앞의 논문, 1972, 84쪽.

43) 1962년 대한의학협회를 시초로 디젤 자동차가 공중보건상 유해하다는 문제 제기와 논란이 있었다. 원주영, 〈디젤 자동차 시대의 대기오염 관리: 1960~70년대 한국 정부의 공해차량 단속과 책임의 개인화〉, 《환경사회학연구》 24-1, 2020, 306~310쪽.

44) 《동아일보》 1968. 6. 4. 교통부·상공부·재무부·내무부·농림부·건설부·국방부·과학기술처 등 부처별 대책을 강구하기도 했다. 보건사회부, 1969. 8, 앞의 책, 12~26쪽. 1969년부터 주요 대도시의 자동차 검사장에는 배기가스 측정기 설치가 의무화되었고, 1970년에는 엔진 보링 책임제, 예비엔진 활용, 노후 차 신규등록 억제(대도시) 등의 조처도 취해졌다. 교통부, 《교통백서》, 1970, 269쪽; 〈대기오염 방지대책〉(1970. 6. 5, 교통부), 《공로 운수 예규철》(국가기록원, BA0039081).

45) 1968년 시행령을 개정하면서 매연 규정이 추가되었으나 원칙적으로는 '공장·사업장'에서 발생하는 매연이 대상이었다. 정부는 1969년 4월, 차량을 공해 야기 작업장으로 지정-공고하고, 단속에 나섰다. 그러나 교통난 또는 차주들의 요금 인상과 파업·태업 등을 우려한 교통부와 내무부 등 부처 간 이견으로 단속이 제대로 이뤄지지 못했다. 《경향신문》 1969. 11. 22.

46) 권숙표, 앞의 논문, 1969, 21~22쪽; 《경향신문》 1968. 6. 4; 《조선일보》 1969. 11. 20; 《조선일보》 1970. 1. 25 등. 이외에도 다수의 신문·잡지 기사 참고.

47) 《동아일보》 1969. 1. 8.

48) 윤종칠, 〈특집 도시행정과 관계 법령-문제점과 개혁 도시의 환경시설과 현행법-오물처리문제〉, 《도시문제》 3-4, 1968, 41~49쪽.

49) 《동아일보》 1971. 2. 9.

50) 건설부, 《국토계획 기본구상》, 1968, 131~132쪽.

51) 《동아일보》 1967. 4. 22; 《매일경제신문》 1967. 9. 1; 《매일경제신문》 1968. 8. 9. 이외에도 관련 기사 다수.

52) 일례로 앞서 언급한 아황산가스의 피해지점 허용 농도는 5PPM에서 1.5PPM으로 조정되었다.

53) 피해 구제를 돕기 위한 한 방편으로 분쟁 조정 규정(19조)도 신설되었다. 단 이는 사법상의 방해배제 청구 및 손해배상 청구를 원칙으로 한 것으로 아직 국가책임까지 인정한 것은 아니었다. 김경재, 앞의 논문, 1972, 49쪽.

54) 직접 인용한 부분은 유엔인간환경회의에서 채택된 인간환경선언의 일부.

55) 이 회의는 114개 국가 1,200여 명 대표가 참가한 환경문제 최초의 국제회합으로서 '인간환경' 개선과 오염방지, 지구자원의 효율적 관리를 목적으로 내세웠다. 환경문제의 심각성을 인식시키는 한편 이를 해결하기 위한 국제협력의 필요성을 촉구하는 계기로 기능했다. 김광협, 〈하나뿐인 지구 하나뿐인 한국-유엔 인간환경회의의 의의: 부 〈인간 환경선언〉 전문〉, 《신동아》 96, 1972, 234~241쪽.

56) 사전적으로는 환경에 위협과 피해를 미칠 각종 침해를 배제할 수 있는 배타적인 권리. 생존권적 기본권의 하나를 의미한다. 한국환경교육학회, 앞의 책, 2013, 5~6쪽.

57) 여기서 '인간환경'은 인간주거와 천연자원의 관리 및 자연보호, 공해를 주로 한 환경오염문제를 포괄한다. 조규상, 앞의 논문, 1972, 149~151쪽.

58) 미야모토 겐이치, 앞의 책, 2016, 251~257쪽.

59) 조규상, 앞의 논문, 1972, 153쪽.

60) 無名, 〈환경권 사상을 중심으로 본 공해문제: 공해규제 대책에서 환경권 인정으로〉, 《조사월보》 198, 1972.5, 1~24쪽. 이 글은 당시 산업은행 조사과장이었던 성욱기가 썼을 것으로 짐작된다. 그는 논문보다 한 해 앞선 1971년, 한 일간지에 "격변 70년대의 새 학설 시리즈" 두 번째로 '공해경제학'을 소개하는 기사(《조선일보》 1971. 2. 4)를 기고했는데, 내용상 유사한 점이 많다.

61) 《경향신문》 1970. 12. 8. 이 기사는 공해는 기본적 인권의 하나인 환경권에 관한 것으로서 부지불식간 지속적으로 진행되어 인체를 좀먹고 인명을 뺏는 것이니 경제 또는 사회정책적 측면에서만이 아닌, 인권문제로 다뤄야 한다고 주장했다. 물론 이 기사는 시론적인 것으로 엄밀한 법적 견지에서 환경권을 제기한 것은 아니다.

62) 1970년 《신동아》 69에 실린 〈서울특별시를 진단한다—인구·교통·주택·공해·사회문제 등(좌담회)〉 중 김수근의 발언(118~119쪽).

63) 1972년 4월, 중앙대 의대가 주최한 '공해문제 학술세미나'에서 토론자로 참석한 강(우영) 검사의 발언이다. 그는 환경개선이라는 용어는 사람이 사람답게 살 수 있는 인권까지 포함할 수 있는 것으로 현대 복지국가 복지 행정의 중심이라고 덧붙였다. 이에 보사부 서정현 위생관도 동감이라면서 미국 등은 environmental hazard라 하는 바, 개념적으로 환경개선이란 말이 더 온당한 듯하다고 답했다. 토론 결과 분과위에서는 용어를 바꾸는 게 가하다고 결론 내렸다. 중앙대 의과대학 편, 앞의 책, 1972, 99, 100~105쪽.

3장 5공의 어머니: 전두환 정권의 영부인 정치와 새세대육영회

1) 《매일경제》 2022. 6. 18.

2) "Why France probably doesn't want a first lady", CNN 2017년 8월 8일 자 칼럼(https://edition.cnn.com/2017/08/08/opinions/brigitte-macron-first-lady/index.html).

3) 국립국어원에 따르면 해당 용어는 남의 부인에 대한 일반적 경칭이지만, 관행적으로 대통령의 배우자를 지칭하는 것으로 여겨진다(https://stdict.korean.go.kr/search/searchView.do?word_no=460833&searchKeywordTo=3#top).

4) 한국정치학회 및 행정학회 회원 100명을 대상으로 전문가 설문조사를 실시한 결과, 국민적 호감도 항목에서 오로지 육영수만 4점 이상인 4.39점을 받을 수 있었다. 조은희, 《한국정책학회 학술대회》, 2006년 동계호, 2006, 8쪽.

5) 《미디어오늘》 2016년 12월 16일 자 기사(http://www.mediatoday.co.kr/?mod=news&act=articleView&idxno=133983#csidx6bc0e972352e6fc8eee34c4d34e4263).

6) 이민정, 〈퍼스트레이디의 역할 정립에 관한 연구〉, 이화여자대학교 석사학위 논문, 2008, 81쪽.

7) 조은희, 《한국행정학회 동계 학술발표논문집》 2006년 12월호, 2006, 8쪽.

8) 《한국일보》 2014. 5. 30(http://www.hankookilbo.com/v/42cdfd55369e4d08b36426fb6d699cea).

9) 《서울신문》 2017. 9. 21.

10) 《인터넷 여성신문》 2010. 9. 3(http://www.womennews.co.kr/news/46638).

11) 《인터넷 동아일보》 2000. 2. 25(http://news.donga.com/more21/3/all/20000225/7511804/1).

12) 대표적인 연구로 고승현, 〈한국 역대 대통령 영부인들의 정치적 역할에 관한 연구〉, 단국대학교 석사학위 논문, 1994; 함성득, 《영부인론》, 나남출판, 2000; 조은희, 앞의 논문, 2006; 이민정, 앞의 논문, 2008.

13) 1979년 12월 6일부터 제5공화국이 출범할 때까지 지속된 최규하 정부는 재임 기간이 짧고 영부인 정책에 비중을 두지 않았다. 고승현, 앞의 논문, 1994, 38쪽.

14) 천정환, 《1970 박정희 모더니즘》, 천년의상상, 2015, 106쪽.

15) 이민정, 앞의 논문, 2008, 2쪽.

16) 박재영·윤영민, 〈한국의 영부인: 조선일보와 중앙일보의 40년간 보도 분석〉, 《미디어, 젠더&문화》 10, 2008, 98쪽.

17) 《경향신문》 1964. 12. 26.

18) 《경향신문》 1967. 5. 20..

19) 《여성동아》 1985년 7월호. 또한 고위층 인사들의 부인들의 인적 네트워크이기도 했다. 육영수 여사에게 지적받은 한 장관의 부인이 다음 조각에서 밀려났다거나 또한 양지회 회원인 배화여고 후배의 남편이 고속승진을 했다는 등의 이야기가 나오면서 부인들끼리의 경쟁이 치열해지기도 했다(이민정, 앞의 논문, 2008, 77쪽에서 재인용).

20) 〈국내 홍보 영화: 양지회〉, 국가기록원(http://www.archives.go.kr), 관리번호 BA0792175, 1970.

21) 《조선일보》 1969. 5. 6.

22) 《경향신문》 1970. 7. 25.

23) 천정환, 앞의 책, 108~109쪽.

24) 대표적인 견해로 김동노, 〈국가의 정당성 결여와 생활 세계의 왜곡〉, 《현상과 인식》 21-1, 1997, 79쪽.

25) 김동노, 〈박정희 시대 전통의 재창조와 통치체제의 확립〉, 《동방학지》 150, 2010, 34~35쪽(박해남, 〈서울올림픽과 1980년대의 사회정치〉, 2018, 서울대학교 박사학위 논문에서 재인용).

26) 《동아일보》 1973. 5. 21.

[27] 천정환, 앞의 책, 111쪽.

[28] 《경향신문》 1971. 4. 26.

[29] 공보처 홍보국 사진담당관, 〈박정희 대통령 영부인 육영수 여사 논산훈련소 시찰 시 군인과 함께 식사〉, 국가기록원(http://www.archives.go.kr), 관리번호 CET0024343, 1972.

[30] 《동아일보》 1971. 12. 14.

[31] 《동아일보》 1963. 10. 17.

[32] 《경향신문》 1970. 1. 1.

[33] 《경향신문》 1969. 3. 26.

[34] 1956년 인류학자 홀튼Donald Horton과 사회학자 월Richard Wohl이 만든 용어로 대중이 미디어에 등장하는 사람을 일방적으로 친밀하다고 느끼는 과정에서 경험하는 심리적 관계를 뜻한다. Horton, Donald and R. Richard Wohl, "Mass Communication and Para-social Interaction: Observations on Intimacy at a Distance", *Psychiatry* 19: 1956.

[35] 박중동·심미승, 〈대통령비서실의 조직과 기능〉, 《기본연구과제》, 1995년호, 47쪽; 이민정, 앞의 논문, 2008, 43~47쪽.

[36] 《경향신문》 1981. 5. 7.

[37] 《동아일보》 1981. 9. 11; 《동아일보》 1981. 12. 21.

[38] 《동아일보》 1981. 12. 16; 《매일경제》 1982. 12. 15; 《경향신문》 1983. 12. 14.

[39] 《동아일보》 1982. 3. 1.

[40] 국판(63.6cm x 93.9cm) 12페이지 분량으로, A4용지(21cm x 30cm)로 하면 100여 쪽이 넘는다. 〈영부인 이순자 영문 책자 발간, 영부인 1년도 안 되어〉, 해럴드 포토 히스토리(http://photo.heraldcorcom/ptview.php?ud=20150601144332AUI39_20150601145401_01.jpg).

[41] 물론 육영수가 남긴 관행도 한편에서 지속되었다. 이순자 역시 종종 대한적십자사의 '수요봉사'에 참여하여 거즈를 접었다. 《경향신문》 1983. 2. 2; 《경향신문》 1984. 3. 7; 《경향신문》 1985. 2. 27.

[42] 《동아일보》 1984. 1. 23.

43) 《경향신문》 1970. 7. 25.

44) 1982년 초 영부인은 자신이 새세대육영회 업무에 가장 큰 비중을 두고 있다고 대답했다. 《동아일보》 1982. 3. 6; 《경향신문》 1982. 2. 25.

45) 〈새세대육영회 제2회 정기총회 회의록〉, 국가기록원(http://www.archives.go.kr), 관리번호 BA0926314, 1982.

46) 《경향신문》 1983. 2. 18.

47) 《동아일보》 1982. 2. 1; 《동아일보》 1982. 2. 8.

48) 〈문화영화 어린이는 국력의 자원〉, 국가기록원(http://www.archives.go.kr), 관리번호 BA0793217, 1982.

49) 한국어린이육영회, 《한국어린이육영회 10년》, 동아출판사, 1991.

50) 전체적으로 교육 정상화 기조에 맞추어 나가되 특히 평생교육과 관련하여 조기교육을 강조한 것이다. 국가기록원(http://www.pa.go.kr/research/contents/speech/index.jsp). 이후에는 해마다 대통령과 국무총리가 유아교육 확대를 언급했다. 심은희, 앞의 글, 54쪽.

51) 《경향신문》 1981. 5. 7.

52) 《경향신문》 1981. 9. 24.

53) 《경향신문》 1982. 2. 18.

54) 새세대육영회, 《내일의 푸른 꿈을 향하여: 새세대육영회 3년》, 1984.

55) 《경향신문》 1982. 1. 8.

56) 《매일경제》 1983. 4. 21.

57) 1968년 탁아소 설치·운영 요건을 완화하고, '어린이집'으로 명칭을 바꾸었으며, 1978년에는 어린이집을 일반가정 아동에게 개방하였다. 이창수, 〈포괄적 보육서비스를 위한 보육정책의 발전방향 연구〉, 경희대학교 박사학위 논문, 2007(황보영란, 《육아지원연구》 9-2, 2014, 129쪽에서 재인용).

58) 곽윤숙, 《여주군사》, 2005(http://history.yj21.net)(황보영란, 앞의 글, 130쪽에서 재인용).

59) 《동아일보》 1981. 4. 27.

60) 공선화·남취우·명귀희·정계숙·표선숙, 〈해방 후 30년간의 취학전 교육의 변천과정 및 현황〉, 《婦學》 9, 1977, 137쪽.

61) 이원영, 앞의 글, 198~199쪽; 한국어린이육영회, 앞의 책, 139쪽.

62) 《매일경제》 1981. 2. 5.

63) 전두환은 대선 출마를 선언하는 연설과 대통령 취임사에서 "고도경제성장의 부산물로 야기된 계층 간 위화감", "부의 편재"를 가장 먼저 언급한 바 있다. 국가기록원 대통령기록관 연설기록(http://pa.go.kr/research/contents/speech/index04_result.jsp).

64) 〈문화영화 어린이는 국력의 자원〉, 국가기록원(http://www.archives.go.kr), 관리번호 BA0793217, 1982.

65) 문교부, 《문교통계연보》, 1980. 나은경·오경희, 《미래유아교육학회지》 23-1, 2016, 187쪽에서 재인용.

66) 사립유치원연합회, 설립자연합회, 자율장학회 등이 대표적이었다. 심은희, 〈한국 사립유치원의 변천과정: 1980년부터 2008년까지〉, 이화여자대학교 박사학위 논문, 2010, 64쪽.

67) 당시 학부모들로서는 규정된 수업료 이외에 여러 가지 잡비를 추가로 부담하는 유치원보다, 비용이 덜 드는 교회 유치부나 근처 사설 예능학원에 보내는 경우가 많았다. 《주부생활》 1981년 3월. 정부가 본격적으로 유아교육에 개입하기 이전부터 대부분의 유치원이 고질적인 정원미달에 시달렸다는 점을 지적한 의견도 있었다. 《매일경제신문》 1981. 2. 5.

68) 《경향신문》 1982. 12. 21.

69) 김문옥, 〈한국의 영유아보육법령의 변화에 관한 고찰〉, 광주대학교 석사학위 논문, 1999(황보영란, 앞의 글, 130쪽에서 재인용).

70) 국가기록원, 〈새마을유아원시기정책〉(https://www.archives.go.kr/next/search/listSubjectDescription.do?id=002576&sitePage=1-2-1); 홍인혜, 〈영·유아 보육 및 유아교육 정책 변천에 관한 연구〉, 성신여자대학교 박사학위 논문, 2006, 69~70쪽.

71) 〈새세대육영회 실태보고〉, 국가기록원 (http://www.archives.go.kr), 관리번호 BA0926430, 1988.

72) 이사회가 열리면 임원들이 청와대에 모였고, 영부인이 회의를 주도했다. 〈사단법인 새세대육영회 제5차 이사회 회의록〉, 국가기록원(http://www.archives.go.kr), 관리번호 BA0926314, 1982.

[73] 《경향신문》 1981. 5. 17.

[74] 《경향신문》 1981. 10. 2. 이 자리에는 국방장관 부인 박봉자 씨가 배석했다.

[75] 《동아일보》 1981. 6. 18. 이 자리에는 보건사회부 장관 부인 이병렬 씨가 배석했다.

[76] 《경향신문》 1982. 3. 1.

[77] 《동아일보》 1982. 3. 6.

[78] 《경향신문》 1981. 10. 22.

[79] 《동아일보》 1982. 9. 2.

[80] 《매일경제》 1985. 6. 22.

[81] 영부인 역시 고위공직자 부인으로서 직접 참가하기도 했다. 《경향신문》 1983. 2. 22; 《동아일보》 1982. 4. 20.

[82] 《동아일보》 1982. 4. 27.

[83] 《경향신문》 1982. 4. 27.

[84] 박찬종, 〈한국 신자유주의의 사회적 기원: 1980년대 초 금융자유화에서 1997년 외환위기까지의 금융정치〉, 《경제와 사회》 130, 2021, 251쪽.

[85] 《조선일보》 1982. 5. 18.

[86] 《매일경제》 1982. 5. 20.

[87] 《동아일보》 1982. 6. 5.

[88] 《경향신문》 1982. 9. 2.

[89] 《경향신문》 1982. 9. 21.

[90] 《경향신문》 1982. 9. 28.

[91] 《조선일보》 1983. 1. 16.

[92] 《경향신문》 1981. 8. 19.

[93] 《경향신문》 1983. 1. 15.

[94] 《동아일보》 1983. 3. 8.

[95] 《동아일보》 1983. 4. 9.

[96] 이순자는 외국 순방길에 입었던 한복이 예전 왕비가 입었던 의상처럼 화려했다고 사치한 영부인이라는 비난을 들었다. 고승현, 앞의 논문, 1994, 40쪽.

[97] 〈기록영화 새세대육영회 개작 수정안〉, 국가기록원(http://www.archives.go.kr), 관리번

호 BA0793340, 1983.

98) 〈기록영화 새세대육영회 전 3권 해설 대본〉, 국가기록원(http://www.archives.go.kr), 관리번호 BA0793340, 1984.

99) 〈새세대육영회 홍보영화 재녹음〉, 국가기록원(http://www.archives.go.kr), 관리번호 BA0793341, 1986.

100) 5공 청산이 주요 이슈로 떠오른 1988년 10월과 12월 두 차례, 1989년 11월 한 차례 임시총회를 개최했을 뿐이다. 한국어린이육영회, 앞의 책, 54쪽.

101) 한국어린이육영회, 앞의 책, 64쪽.

102) 한국어린이육영회, 앞의 책, 133~134쪽.

103) 한국어린이육영회, 앞의 책, 140~141쪽.

104) 《경향신문》 1984. 2. 9.

105) 심은희, 앞의 글, 55쪽.

106) 새세대육영회, 앞의 책, 16쪽.

107) 새세대육영회, 앞의 책, 26쪽.

108) 정화추진위원회가 일찍이 1980년 10월 유치원·유아원까지 조직을 확장하려고 시도한 적이 있기도 했다. 대부분 시설에서 보모 숫자가 3명 미만인 관계로 위원회가 되기에는 어려웠다. 사회정화위원회, 《사회정화운동사》, 1988, 31쪽.

109) 《동아일보》 1983. 4. 19.

110) 《경향신문》 1983. 4. 19.

111) 《동아일보》 1983. 4. 18.

112) 《중앙일보》 1983. 12. 26.

113) 《경향신문》 1983. 4. 27.

114) 《동아일보》 1983. 4. 27; 《경향신문》 1983. 4. 27.

115) 《동아일보》 1984. 12. 6.

116) 《동아일보》 1984. 12. 6.

117) 한국부인회는 1983년 11월 새세대육영회에 바로 뒤이어 시범 탁아소를 설치하는 등 새세대육영회의 활동과 연동하고 있음을 보여준다. 한국부인회총본부, 《한국부인회 30년사: 1963~1993년》, 1993, 448~449쪽.

118) 시부모와 살기에 편리한 구조로 주택을 설계하도록 권장할 것, 부양자녀에게 세금 감면이나 보조금 지급, 노인 전문병원 건립, 정규 교과과정에 가족관계와 규범, 예의범절 편성, 장남 이외의 자식도 부모에 대한 부양책임이 있다는 의식 확산, 평생교육의 일환으로 노인교육 시행, 대중매체에 3대가족을 묘사할 것 등이 포함되었다. 문화공보부는 건의문을 방송사에 전달했다고 답변하였다. 한국부인회총본부, 앞의 책, 1993, 147쪽.

119) 《경향신문》 1982. 4. 16.

120) 《경향신문》 1985. 1. 17.

121) 《매일경제》 1983. 5. 24; 《경향신문》 1984. 2. 1.

122) 《동아일보》 1984. 12. 26.

123) 《경향신문》 1982. 4. 16.

124) 《동아일보》 1983. 4. 27; 《경향신문》 1983. 4. 27.

125) 《경향신문》 1983. 11. 25.

126) 《동아일보》 1984. 2. 10.

127) 〈새세대육영회 제2회 정기총회 회의록〉, 국가기록원(http://www.archives.go.kr), 관리번호 BA0926314, 1982.

128) 새세대육영회, 앞의 책, 102쪽.

129) 한국어린이육영회, 앞의 책, 118쪽.

130) 새세대육영회, 앞의 책,

131) 한국어린이육영회, 앞의 책, 218쪽.

132) 《경향신문》 1984. 11. 9.

133) 이때 미혼이라는 명칭은 자녀 대신 '결혼'을 할 것/해야 할 것으로 간주한다.

134) 한국부인회총본부, 앞의 책, 1993, 169~171, 178쪽; 《동아일보》 1983. 3. 23; 《동아일보》 1983. 7. 1.

135) 〈새세대육영회 제2회 정기총회 회의록〉, 국가기록원(http://www.archives.go.kr), 관리번호 BA0926314, 1982.

136) 한국어린이육영회, 앞의 책, 145~147쪽.

137) 《한겨레》 1988. 9. 24; 《한겨레》 1988. 12. 4.

138) 한국어린이육영회, 앞의 책, 145~147쪽.

139) 《경향신문》 1984. 11. 6.

140) 한국어린이육영회, 앞의 책, 147~148쪽.

141) 10년사가 쓰여진 1991년에는 "학력 수준의 향상과 노동현장의 여건 변화로 종래 생산직 여성의 상대적 결손환경은 여타 근로환경과 큰 차이를 보이지 않게" 되었으므로, 교육 대상에 변화를 주어야 한다고 전망했다. 한국어린이육영회, 앞의 책, 219쪽.

142) 정부는 1985년부터 부모의 사망, 이혼, 질병, 심신장애, 가출, 복역 등으로 부모가 없거나 노동력과 생활 능력이 없는 직계 혹은 방계혈족을 부양하고 있으며 이로 인하여 생계가 곤란한 결손·결함 세대로서 만18세 미만의 소년·소녀가 경제적, 정신적으로 가사의 실질적인 책임을 지고 생활하는 가정을 소년소녀 가장세대라고 규정하고 〈생활보호법〉 3조 규정에 의해 최저생활을 보장했다. 문선화, 〈아동복지법과 소년·소녀가장세대〉, 1998, 194쪽.

143) 한국어린이육영회, 앞의 책, 219, 329~331쪽.

144) 한국어린이육영회, 앞의 책, 148~149, 161쪽.

145) 한국어린이육영회, 앞의 책, 215-216쪽.

146) 한국어린이육영회, 앞의 책, 147, 201~202, 216쪽.

147) 한국어린이육영회, 앞의 책, 149쪽.

148) 한국어린이육영회, 앞의 책, 200쪽.

149) 한국어린이육영회, 앞의 책, 148, 201, 323쪽.

150) 한국어린이육영회, 앞의 책, 330~331쪽.

151) 이기숙·이은해, 《새마을유아원을 위한 유아교육프로그램 1》, 새세대육영회, 1984, 129쪽.

152) 이기숙·이은해, 앞의 책, 1984, 149쪽.

153) 《경향신문》 1985. 8. 17.

154) 《동아일보》 1974. 8. 19.

155) 《중앙일보》 1974. 8. 19.

156) 박재영·윤영민, 앞의 논문, 2008, 89쪽.

157) 유아 교육계에서는 이 시기를 정부가 처음으로 유아 교육계에 장기적인 계획을 갖고 예산을 투입한 분기점으로 평가한다. 나은경·오경희, 앞의 글, 185쪽, 192쪽.

158) 이민정, 앞의 논문, 2008, 82쪽.

159) 대표적인 기사로《동아일보》1988. 11. 18.

160) 〈제5공화국에 있어서의 정치권력형 비리에 관한 국정조사 결과 시정 조치사항의 보완〉, 국가기록원(http://www.archives.go.kr), 관리번호 BA0926480, 1990.

4장 87년 체제의 한계: "탁 치니 억 하고 죽었다" 대공분실의 생명 연장

* 본 글의 원출처는 다음과 같다. 권혁은, 〈1980년대 대공경찰조직 확대와 박종철 사건 이후 대공분실 개편〉, 《기억과 전망》 49. 이 글은 단행본 수록을 위해 원출처의 자세한 경찰의 조직적 변화를 최대한 간략하게 서술했다. 따라서 대공 경찰조직의 구체적 변화 과정을 알고 싶다면 원출처를 참조하기 바란다.

1) 1980년대를 '혁명의 시대'로 부른 명명에 대해서는 다음을 참조. 이해영 외, 《1980년대 혁명의 시대》, 새로운세상, 1999.

2) 1991년 5월 투쟁은 경찰의 무리한 진압으로 명지대생 강경대 타살사건이 발생한 4월 26일부터 투쟁 지도부가 명동성당에서 완전히 철수하는 6월 29일까지 대략 60여 일에 걸쳐 제6공화국 이후 최대 규모의 시위들이 연속적으로 개최되고, 노태우 정권이 그에 대응해 공안정국을 펼친 국면을 일컫는다. 1987년 6월항쟁과 달리 1991년 5월 투쟁은 대부분의 회고와 연구에서 "잊힌", "좌절"의 기억으로 불린다. 1991년 5월 투쟁에 대한 대표적 회고 및 연구로는 다음을 참조. 김정한, 《대중과 폭력》, 이후, 1998; 91년 5월 투쟁 청년모임 펴냄, 《그러나 지난 밤 꿈속에서 이 친구들이 나에 대하여 이야기하는 소리가 들려 왔다 1991년 5월》, 이후, 2002; 전재호·김원·김정한, 《91년 5월 투쟁과 한국의 민주주의》, 민주화운동기념사업회, 2004; 1991년 열사 투쟁 30주년 기념사업회 엮음, 《1991년 열사 투쟁과 한국 민주주의》, 밥북, 2021.

3) 공식적으로 경찰의 '대공분실'의 명칭이 확인되는 시기는 1977년 이후이다. 그 이전에는 '사찰분실', '중앙 분실', '공작 분실' 등 다양한 명칭이 확인되며 '정보 분실'

역시 존재했다. 따라서 이 글에서는 전 시기를 통칭할 때는 '분실'을, 1977년 이후를 특정할 때는 '대공분실'이란 명칭을 사용한다.

4) 1980년대 대공 경찰기구의 변화를 분석한 보고서로는 다음을 참조. 재단법인 진실의 힘, 《남영동 대공분실 고문실태 조사연구》, 2018; (사)평화박물관건립추진위원회, 《전국 국가폭력 고문 피해 실태조사(3차)》, 2022. 〈전국 국가폭력 고문 피해 실태조사(3차)〉에 참여했던 필자는 이 글에서 보고서가 발굴한 자료를 보다 심층적으로 분석하여 보고서의 내용을 보완할 것이다.

5) 《중앙일보》 1974. 12. 3. 미군정기 사찰과는 수도관구 경찰청과 관구 경찰청에만 설치되었다. 그러나 정부 수립 이후 내무부 치안국에도 사찰과가 설치되었다. 한편 일선 경찰서에는 1946년 2월부터 사찰계가 설치되었다.

6) 1947년 2월 수도관구 경찰청은 전 경기도경찰부 청사에 여자경찰서를 신설했다. 《경향신문》 1947. 2. 15.

7) 진보당 사건 관련자들은 남일사로 연행되어 조사를 받았다. 《중앙일보》 1982. 10. 5.

8) 내무부 치안국, 《한국경찰사 2》, 1972, 601쪽; 서울특별시 기획관리실 법무담당관, 〈서울특별시 경찰국 각과 대사무분장 내규 제정의 건(내훈 제17호)〉, 1952(국가기록원 관리번호 BA0089063). 생산년도가 1952년으로 표기되었지만 실제 자료는 1957년 11월 생산되었다.

9) 4월혁명 이후 경찰개혁에 대해서는 다음을 참조. 신창훈, 〈제2공화국 전후 경찰 중립화 구상과 그 귀결〉, 성균관대학교 석사학위 논문, 2018; 권혁은, 〈4월혁명 이후 최루탄 도입과 그 성격〉, 《사림》 82, 2022.

10) 내무부 치안국, 《제6호 경찰통계연보 서기 1961년》, 1961, 14쪽.

11) 치안국 특수정보과의 사무분장은 "정치, 문화, 외사경찰, 특수사범 수사 및 제반 사찰"에서 "대공 사찰, 외사경찰 및 특수사범 수사에 관한 사항"으로 개정되었다. 〈내무부직제〉, 1960. 6. 22.

12) 다만, 1966년 8월 외사과가 독립하기 전까지는 치안국에 외사 업무를 담당하는 제4계가 존재했고, 서울시경에는 외사 업무 담당 제4계와 신원조사 업무를 담당하는 제5계가 편성되었다. 내무부 치안본부, 《한국경찰사 3》, 1985, 251·580쪽; 서울특별시 기획관리실 법무담당관, 〈서울특별시경찰국 사무분장 규정 개정(제148호)〉,

1962(1963. 2. 19, 국가기록원 관리번호 BA0089353).

13) 일례로 1976년 6월 11일 사망한 이승룡 사건에서 대구 북부경찰서 정보1과 정보2계가 경북대학교를 담당했던 것으로 확인된다. 대통령소속 의문사진상규명위원회, 〈이승룡 사건〉, 《의문사진상규명위원회 보고서 1차(2000. 10~2002. 10)》, 2003, 209쪽.

14) 대표적으로 치안본부 대공분실은 1976년 5월 1일 공작 분실과 AMD가 통합된 조직으로 만들어졌다고 설명된다. 내무부 치안본부, 앞의 책, 1985, 1189쪽.

15) (사)평화박물관건립추진위원회, 앞의 책, 2022, 331쪽.

16) 1973년 '야생화'라는 유인물을 만든 '검은 10월단' 사건으로 조작된 고려대 한사회 회원들은 남산의 '신한무역'에서 심한 고문을 받았다. 《주간경향》 2004. 1. 15.

17) 〈사회안전법〉 제정 배경과 과정에 대해서는 다음을 참조. 유진, 〈제2부 2장 〈사회안전법〉 제정의 배경과 과정〉, 유진 외, 《과거사 청산을 위한 국가폭력 연구(II)—1970년대 보안처분 제도의 형성과 부랑인 단속·수용을 중심으로》, 한국형사정책연구원, 2020.

18) 서울특별시 기획관리실 법무담당관, 〈서울특별시경찰국 정보과 및 외사과 사무분장규정 중 개정 규정(훈령 제431호)〉, 1975(1975. 9. 25, 국가기록원 관리번호: BA0089057); 내무부 치안본부, 앞의 책, 1150쪽.

19) 그러나 아직까지 경찰서 단위에서 대공 경찰은 정보과 산하 3계로 존재했다.

20) 민주인권기념관 홈페이지-역사(https://dhrm.or.kr/tour-history); 〈등기사항 전부 증명서(말소사항 포함)-토지-서울특별시 종로구 옥인동 45-21〉(고유번호 1103-1996-039101).

21) 1980년대 학생운동의 변화에 대해서는 다음을 참조. 조희연, 〈80년대 학생운동과 학생운동론의 전개〉, 《사회비평》 창간호, 1988; 김민호, 〈80년대 학생운동의 전개과정〉, 《역사비평》 3, 1988; 허은, 〈1980년대 상반기 학생운동체계의 변화와 학생운동 문화의 확산〉, 《史叢》 80, 2013.

22) (사)평화박물관건립추진위원회, 《전국 국가폭력 고문 피해 실태조사(1차)》, 2020, 20쪽.

23) 다음 자료에서 유신체제기 '시위' 혹은 '유인물'을 검색하면, 국가보안법이나 반공법과 함께 엮이는 경우를 제외하면 대부분 긴급조치로 유기징역과 자격정지를 받았음이 확인된다. 한국민주주의연구소, 《민주화운동 관련 사건·단체 사전 편찬을 위

한 기초조사 연구보고서—1970년대 사건편》, 2003.

24) 〈내무부직제〉, 1981. 6. 18.

25) 경찰청, 《한국경찰사 4》, 1994, 71쪽.

26) 앞의 책, 1117쪽.

27) 앞의 책, 1118쪽.

28) 경찰청, 《경찰청 과거사진상규명위원회 조사결과 보고서》, 2007, 248쪽.

29) 《경향신문》 1981. 6. 4.

30) "보안사는 70년대 후반부터 학생들의 반정부 시위가 점차 좌경의식화·조직화·폭력화되고 그 주동자들이 이른바 '반제반파쇼 혁명요원'이라는 망상에 젖어있는가 하면 학원가의 각종 유인물에 북괴의 대남 선전용어가 그대로 인용되고 있어 불순 지하조직이 배후에서 조종하고 있을 것이라는 판단 아래 조사하던 중 이번 사건을 밝혀내게 된 것이라고 수사 동기를 밝혔다." 《매일경제신문》 1981. 10. 13.

31) 진실·화해를위한과거사정리위원회, 〈대학생 강제징집 및 프락치 강요 공작 사건(1)〉, 2022, 82~83쪽.

32) 〈내무부직제〉에는 치안본부의 부-과까지만 규정되기 때문에 치안본부 대공과 사무분장 규정상의 변화가 나타났을 것이나, 현재 동자료는 남아있지 않다. 따라서 〈표 3〉에 나타난 조직적 변화는 《한국경찰사 4》를 토대로 재구성한 것이다.

33) 〈표 1〉 참조.

34) 홍승상, 《현장에서 본 좌익의 실체》, 풍산기획, 2010, 204쪽.

35) 치안본부 과장의 자리는 행정책임자이기 때문에 주된 업무가 문서 처리였다. 대공수사단 설치는 경무관인 박처원이 일선에서 계속 대공 수사를 지휘하게 하기 위한 조치였다. (사)평화박물관건립추진위원회, 앞의 책, 2022, 54쪽.

36) 내무부 치안본부, 《제33호 경찰통계연보 1989》, 1990, 19쪽.

37) 민주인권기념관 홈페이지(https://dhrm.or.kr/tour-space) 검색일: 2023. 8. 30.

38) 그렇다면 5계장-공작2과장이었던 이헌만은 대공분실 내에서 실무를 담당하는 역할은 아니었을 것이다.

39) 경찰청, 앞의 책, 2007, 292쪽.

40) 《동아일보》 1982. 8. 4.

41) 경찰청 경무기획국 혁신기획과, 〈대공 정보경찰 인력 증강계획〉, 1984(국가기록원 관리번호 BA0821202).

42) 1983년 경찰 총정원은 6만1,062명이었고 1986년엔 6만 3,471명이었다.

43) (사)평화박물관건립추진위원회, 앞의 책, 2022, 85~88쪽.

44) 경찰청, 앞의 책, 1994, 1118쪽.

45) 《조선일보》 1986. 7. 23.

46) 내무부 치안본부, 앞의 책, 1990, 19쪽.

47) 《조선일보》 1987. 5. 22.

48) 《동아일보》 1987. 5. 29.

49) (사)평화박물관건립추진위원회, 앞의 책, 2022, 64~66쪽.

50) 《경향신문》 1987. 2. 3.

51) 《동아일보》 1987. 2. 18.

52) 두 계획안과 1986년 12월 19일 자 〈경찰직제 개정 추진계획〉은 모두 다음 자료에 담겨 있다. 제주도경찰청 경무과, 〈좌경 의식화 전담 공안분실 신설 운용〉, 1987(국가기록원 관리번호 CA0323850).

53) 앞의 자료, 33쪽.

54) 《한겨레》 1988. 6. 10.

55) 한편, 서울시경의 공안수사단은 장안동 분실(동대문구 장한로12길 62)로 1986년 2월 4일 설립되었다. 〈서울특별시 동대문구 장안동 439-1 등기부 등본〉.

56) 《중앙일보》 1989. 1. 17.

57) 《경향신문》 1989. 2. 10.

58) 경찰청 경무국 인사과, 〈대공 경찰 활성화 계획에 따른 증원 인원 확보〉, 1986(국가기록원 관리번호 CA0314188); 내무부 치안본부, 앞의 책, 1990, 20~21쪽.

59) 서울지방경찰청, 《서울경찰사》, 2017, 244쪽.

60) 《조선일보》 1989. 3. 24.

* 이 글은《중앙사론》54집, 중앙사학연구소, 2021에 게재된 논문을 수정한 것이다.

1) 김정인,《역사전쟁: 역사를 해석하는 싸움》, 책세상, 2016.

2) 박원순,《역사를 바로 세워야 나라가 산다: 한국 현대사의 과거 청산 연구》, 한겨레출판사, 1996; 정용욱, 〈광주민주화운동의 역사적 정착과정〉,《1980년대 한국 사회 연구》, 2005; 나간채,《한국의 5월운동: 민주·인권·정의를 위한 17년의 항쟁사》, 한울, 2012.

3) 나간채 편,《광주민중항쟁과 5월 운동 연구》, 전남대학교 5·18연구소, 1997.

4) 정근식, 〈5월 운동의 성과와 한계〉,《경제와 사회》126, 비판사회학회, 2020, 15쪽.

5) 정용욱, 〈한국의 역사 갈등과 과거사 정리: 해묵은 갈등의 소환인가 새 정체성 형성의 진통인가〉,《역사학보》249, 역사학회, 2021, 22~23쪽.

6) 앞의 논문, 22쪽.

7)《경향신문》1993. 1. 1.

8)《경향신문》1993. 4. 20.

9) 윤영오,《역사 바로 세우기》, 미래미디어, 1996, 48~49쪽.

10) 김영삼 정권의 역사청산 작업 의의를 적극적으로 설명한 윤영오는 "5·16군사정변 이후 굴절된 역사 속에서 '4·19의거'로 표현되어 혁명으로서 정당한 평가를 받지 못한 채 평가절하"되었기 때문에 "국민으로부터 민주적 정당성과 정통성을 부여받은 정부"인 김영삼 정권이 "4·19 민주이념의 의의와 그 정신에 대한 새로운 조명 작업"에 착수하였다고 서술하였다. 윤영오, 앞의 책, 1996, 48쪽.

11)《한겨레》1993. 1. 20.

12)《경향신문》1993. 8. 10.

13)《동아일보》1993. 8. 6.

14)《한겨레》1993. 3. 17;《동아일보》1993. 5. 15.

15)《한겨레》1993. 1. 17.

16)《한겨레》1993. 5. 10.

17)《한겨레》1993. 5. 14.

18) 《한겨레》 1993. 5. 15.

19) 노태우 정부는 정권 인수 이전인 1988년 1월 11일 민주화합추진위원회를 발족시켰다. 민화위는 다음과 같은 내용을 포함한 '광주사태' 치유 방안을 발표했다. 1. 광주사태의 성격을 민주화 노력의 일환으로 재규정, 2. 광주시민과 피해자들에 대한 공식 사과, 3. 유족 및 부상자에 대한 보상과 지원, 4. 망월동 묘지의 공원화 및 위령탑 건립 지원, 5. 사상자들에 대한 재신고 접수. 나간채, 앞의 책, 177쪽.

20) 《동아일보》 1993. 7. 24.

21) 나간채, 앞의 책, 201~202쪽.

22) 나간채, 앞의 책, 203쪽.

23) 《한겨레》 1995. 9. 25.

24) 나간채, 앞의 책, 205쪽.

25) 《한겨레》 1995. 8. 10.

26) 《한겨레》 1995. 8. 4.

27) 《동아일보》 1995. 8. 5.

28) 《한겨레》 1995. 10. 20.

29) 《한겨레》 1995. 10. 27.

30) 《경향신문》 1995. 11. 25.

31) 《동아일보》 1995. 11. 25.

32) 《한겨레》 1995. 12. 13.

33) 《조선일보》 1996. 1. 20.

34) 오인환, 《개혁의 비전: 역사 바로 세우기·나라 바로 세우기》, 공보처, 1996, 3쪽(국가기록원, C12M03924); 나아가 역사 바로 세우기라는 대내 지향적 개혁은 세계화라는 대외 지향정책과 합쳐져 '나라 바로 세우기'로 결집되고 있으며 '나라 바로 세우기'가 충실해지는 것을 전제로 '제2의 건국'이라는 목표를 설정했다고 설명했다. 앞의 책, 10쪽.

35) 《한겨레》 1996. 1. 13; 《경향신문》 1996. 1. 13.

36) 《한겨레》 1995. 12. 7; 《한겨레》 1995. 12. 9.

37) 《한겨레》 1995. 12. 8.

[38] 《한겨레》 1996. 1. 9.

[39] 《한겨레》 1996. 2. 25.

[40] 《조선일보》 1996. 2. 22; 이 토론회는 1월 31일에 열렸다. 〈[포럼] 역사보다 현실 바로 잡자〉 《한국논단》 1996년 3월호, 182쪽.

[41] 같은 자료, 237~239쪽.

[42] 한승조, 〈역사 바로 세우기를 위한 당부〉, 《한국논단》 1996년 2월호, 1996, 66~67쪽.

[43] 《한겨레》 1996. 2. 28.

[44] 《조선일보》 1996. 2. 28.

[45] 《한겨레》 1995. 12. 20.

[46] 나간채, 앞의 책, 208~211쪽.

[47] 김영택, 《5월 18일, 광주: 광주민중항쟁, 그 원인과 전개과정》, 역사공간, 2010, 681~682쪽.

[48] 곽노현, 〈전노 재판 이후의 과거청산: 과제, 원칙, 전략〉, 《이달의 민변》 1996년 8월, 1996, 33쪽(광주광역시 5·18사료 편찬위원회 편, 《5·18광주민주화운동 자료총서 18》, 1999, 675쪽).

[49] 《조선일보》 1997. 4. 18.

[50] 《경향신문》 1997. 4. 18.

[51] 《한겨레》 1997. 5. 16; 《한겨레》 1997. 5. 17; 《동아일보》 1997. 5. 17.

[52] 《한겨레신문》에서 실시한 여론조사에 따르면 조건 없는 사면에 대해 응답자의 73.8퍼센트가 바람직하지 않다고 응답했다. 그리고 사면 자체에 대한 찬반에 대해서는 반대 54.7퍼센트, 찬성 41퍼센트, 모름 4.3퍼센트로 조사되었다. 《한겨레》 1997. 9. 2.

[53] 《경향신문》 1997. 11. 21.

[54] 《동아일보》 1997. 8. 31.

[55] 《한겨레》 1997. 12. 21.

[56] 《한겨레》 1997. 12. 21.

[57] 나간채, 앞의 책, 219쪽.

[58] 《조선일보》 1997. 10. 16.

[59] 물론 박정희 신드롬의 형성 원인을 보수세력의 기획이나 경제위기로만 설명하기는

어려울 것이다. 1990년대 변화된 한국 사회의 정치·경제적 조건들, 즉 (신)자유주의 속에서 나타난 역사 인식의 틀을 지성사·문화사적 측면에서 면밀하게 파악할 필요가 있다. 이는 향후 연구 과제로 남겨둔다.

60) 《조선일보》 1997. 5. 15; 《경향신문》 1997. 7. 14.

61) 박정희 다음으로 이순신 14.1퍼센트, 김구 10.0퍼센트, 안중근 4.3퍼센트였다. 《동아일보》 1996. 12. 31.

62) 《한겨레》 1997. 5. 13.

63) 《조선일보》 1999. 5. 14; 《한겨레》 1999. 5. 14.

6장 공공성 가치의 위축과 특권 유지 : 서울대 법인화 논의의 역사

* 이 장은 2011년 필자가 서울대 국사학과 대학원 석사과정 재학 중 학내 법인화 문제를 목도하고 참여하는 과정에서 《내일을 여는 역사》 제44호(2011. 9)에 기고했던 글이다. 필자는 2013년 박사과정 재학 중 일찍 세상을 떠났다. 그러나 이 글은 '민주주의와 역사 인식'이라는 제2부 주제에 잘 부합한다는 편집진 판단으로 글을 수록하였다. 다만 편집은 오탈자 및 최소한의 비문 수정으로 그치고, 내용은 그대로 두었다.

1) '대학 자율성'은 오랜 연원을 지닌 개념으로서 학문적으로 명료하게 정의하기는 쉽지 않다. 변기용은 '대학 자율성'이란 개념이 학자 개개인이 자신의 교육·연구에서 자율성을 보장받는다는 '학문적 자유academic freedom' 개념과 자율조직으로서의 대학이 정부의 구속받지 않고 자유롭게 의사결정을 한다는 '기관 자율성institutional autonomy' 개념을 동시에 내포한다고 정리했다. 서구 근대 대학의 발전 과정을 돌이켜보았을 때, '대학 자율성' 논의는 20세기 중반까지는 '학문적 자유' 측면이 중심이었으나, 점차 고등교육의 대중화·시장화 경향이 강해지면서 효율성과 책무성 진작을 위해 대학 운영의 자율성을 확보해야 한다는 '기관 자율성' 측면이 중시되기 시작했다고 한다. 변기용, 〈대학 자율화 정책의 쟁점과 대안—5·31 교육개혁 이후의 '시장적' 대학 자율화 논의를 중심으로〉, 《교육정치학연구》 16-1, 2009, 137쪽.

2) 1971년 9월 일군의 서울대 대학원생들이 정부의 대학 통제를 비판하며 학문 자율성

을 보장하기 위한 대학개혁안을 발표했다. 문교부는 즉시 제적 지시를 내렸고, 서울대는 김세균, 박찬동, 최재현 등 세 명을 제적 처분했다. 서울대학교 대학원 학원자유수호위원회. 《대학개혁의 기본방향》. 1971; 《동아일보》 1971. 10. 19.

3) 당시 학생들은 이 개혁안이 교수에게만 권한을 집중시키는 안으로서 학생들의 참여를 배제하기 때문에 "학원의 민주화에 역행하는 시대착오적인 것"이라고 비난하기도 했다. 《서울대학교 60년사》, 2006, 252~253쪽.

4) 민주화 직후 한국대학교육협의회가 개최한 〈대학 자율화에 관한 총·학장 세미나〉에서 기조 강연을 맡은 정범모 교수는 "대학 자율화의 과제에서 가장 선행되어야 할 일은 대학의 탈정치화"라고 지적했다. 각 주제 발표를 맡은 교수들 역시 기존에 정부가 장악했던 권한들을 대폭 대학에 이양하고 자율권을 부여해야 한다고 주장했다. 《경향신문》 1987. 8. 19.

5) 교육개혁심의회, 〈교육개혁종합구상〉, 1987. 195~226쪽.

6) 서울대의 사례를 보면, 민주화 직후인 1987년 9월에 열린 교수협의회 임시총회에서 총장직선제 방안이 최초로 제기된 이래, 한동안 이 문제가 교수 사회의 주된 관심거리였다. 학내외에서 치열한 논쟁이 벌어진 끝에 1989년 8월 열린 학장회에서 직선제를 사실상 확정했다. 1991년 7월에 서울대학교 최초로 총장직선제가 실시되었다. 《서울대학교 60년사》, 328~329쪽.

7) 대통령 자문 교육개혁위원회, 〈세계화·정보화 시대를 주도하는 新교육체제 수립을 위한 교육개혁 방안〉, 1995, 3~4쪽.

8) 한국 사회의 맥락에서 보면 민주화 직후 제기된 대학 자율화 담론에서 민주화 담론이 곧 서구 근대 대학에서의 '학문적 자유' 담론과 상통한다고 볼 수 있다(주 1 참조). 대학에서 '독재의 잔재를 씻고 학문적 자유'를 확보하기 위해서는 지배구조의 민주화가 선결조건이었기 때문이다. 1990년대 민주성 담론이 공공성 가치를 중시해나가는 맥락 역시 '학문적 자유' 개념과 밀접한 관련이 있다. 독재정권 시기에는 '공익'의 외피를 뒤집어쓴 정권의 이익을 위해 대학이 운영되어 학문의 자유가 침해되었다면, 이제는 자본의 '사익'을 위해 똑같은 현상이 일어났기 때문이다. 이러한 견지에서 보면 한국 사회에서 전개된 '대학 자율화' 담론은 서구 근대 대학이 보여주었던 역사적 흐름을 짧은 시간에 압축적으로 경험한 셈이었다고 볼 수 있다.

9) 서울대가 개최한 '서울대 자율적 발전 방안 연구를 위한 공청회'에서 발표자들이 제기한 견해들이다. 《동아일보》 1988. 2. 10. 위의 서울대 개혁 방안들을 국공립대 전반에 관한 정책으로 바꾸어 표현해보자면, ① 국공립대 법인화, ② 각 대학의 실정을 고려한 대학별 특별법 제정, ③ 현행 국공립대 제도 내에서의 점진적 개선 등이라고 할 수 있겠다.

10) 서울대학교, 〈서울대학교 발전 장기계획(1987~2001)〉, 1987. 105쪽.

11) 노태우 정부 시기 동안 대학 지배구조 개혁정책은 지지부진했지만. 수월성을 강조하는 고등교육 정책은 꾸준히 추진되었다. 이를테면 대학 설립을 인가제로 전환하고 대학 정원의 단계적 자율화 정책을 추진했으며. 대학평가 인증제를 실시했다. 다만 대학개혁의 틀을 총체적으로 제시하는 개혁안은 발표하지 못했다. 국정브리핑 특별기획팀, 《대한민국 교육 40년》, 한스미디어, 2007, 147~148쪽.

12) 《서울대학교 60년사》, 256쪽.

13) 《서울대학교 50년사(상)》, 1996, 627쪽.

14) 《서울대학교 60년사》, 217쪽.

15) 서울대학교, 〈서울대학교 2000년대 미래상〉, 1995, 71~72쪽.

16) 〈서울대학교법〉 연구사업에 참여했던 교수들이 주로 법인화에 미온적인 인사들이었을 가능성도 따져볼 수 있다. 대외적으로 법인화 추진 필요성을 제기했던 교수들이 법안 연구사업에 참여하지 못했던 정황을 관찰할 수 있다. 이를테면 김신복 교수(행정대학원)는 일찍부터 대학 자율성 확보를 위해서는 법인화가 절실하다는 견해를 피력해왔다(《동아일보》 1988년 2월 10일). 그는 〈미래상〉 연구사업에 연구위원으로 참여했는데, 특수법인화가 명시되는 데 그의 영향이 미쳤을 수 있다. 그러나 이수성 총장 취임 후의 법안 연구사업에는 관여하지 못했던 것 같다. 위촉된 '연구진'의 명단에도 없다. 한편 이돈희 교수(사범대)의 경우, 그는 1994년 3월 29일 서울대가 개최한 '고등교육개혁 심포지엄'에서 연구발표를 맡았는데, 동일한 기준이 일률적으로 적용되는 보통교육과 고등교육 행정을 분리하고 서울대와 같은 연구 중심 국립대학은 특수법인화해야 한다고 주장했다(《경향신문》 1994년 3월 30일). 이 심포지엄은 〈미래상〉 작성 방향에 영향을 미쳤다(《서울대학교 60년사》, 267쪽). 그러나 그 역시 1995년의 법안 연구사업에는 관여하지 못한 것 같다.

17) 《서울대학교 50년사(상)》, 627~629쪽.

18) 《한국일보》 1996. 3. 14.

19) 《경향신문》 1996. 2. 14; 《한겨레신문》 1996. 2. 9.

20) 《동아일보》 1996. 5. 4.

21) 《서울대학교 50년사(상)》, 631쪽.

22) 평의원회 구성과 관련한 수정안을 자세히 살펴보면, "평의원회는 당연직 평의원과 선임직 평의원으로 구성하되, 당연직 평의원은 부총장, 서울대학교 총동창회장, 서울대학교 기성회장이 되고, 선임직 평의원은 교수대표 30인 이내, 직원대표 2인 이내, 학생대표 2인 이내 및 교외 인사 5인 이내로 한다'고 규정되었다(15조 3항). 법안 설명을 보면 "이와 같이 평의원회를 구성함으로써 교직원과 학생 대표 등 대학 구성원의 의견이 대학 운영에 충분히 반영될 수 있으며……"라고 하여, 해당 조항이 명백히 대학 구성원의 의사를 반영하기 위한 목적임을 밝혔다. 〈서울대학교법 수정(안)〉, 1997. 9(서울대 기록관 소장).

23) 1996년 5월 기획실이 제출한 수정안과 거의 같았다. 《동아일보》 1997. 8. 26.

24) 《국민일보》 1999. 3. 12.

25) 국공립대의 책임운영기관화 방안은 1999년 초부터 논의가 시작되었다. 책임운영기관 제도란 기관의 장이 상급기관과 경영 계약을 체결한 뒤 자율권을 받아 운영하고, 그 성과에 따라 차등적인 지원을 받는 형태의 행정개혁 프로그램이다. 1988년 영국에서 처음 시행하여 당시까지 널리 활용하고 있었다. 김신복, 〈국공립대학의 책임운영기관화〉, 《서울신문》 1999. 10. 14.

26) 김대중 정부 시기에는 국공립대 법인화에 관해서도 정부 내에서 이견이 표출되었다. 이해찬 교육부 장관은 〈교육발전 5개년계획 시안〉을 발표하는 자리에서 "기획예산위 쪽에서 검토하고 있는 국립대의 독립법인화는 실익이 없다고 판단, 큰 의미를 두고 있지 않다"고 발언했다. 《국민일보》 1999. 3. 12.

27) 이 계획안은 본래 '국립대학 발전계획'에 대응하는 대학의 자체적인 발전계획안을 제출하라는 정부의 지시에 따라 작성한 것이지만, 이기준 총장의 조기 퇴임에 따른 행정 공백으로 제출이 늦어져 결국 노무현 정부가 출범한 뒤에야 완성되었다(《서울대학교 60년사》, 276쪽). 굳이 공식적으로 발표하지 않고 내부 방침으로만 활용하기로

결정한 연유도 정부가 바뀌어 국공립대 정책 역시 변동이 생길 가능성이 있었기 때문일 것이다.

28) 《서울대학교 60년사》, 278쪽.

29) 《한겨레신문》 2004. 4. 7.

30) 노무현 정부가 2005년에 들어서 국립대 법인화 정책을 펴기 시작한 데에는 일본과 동남아시아 지역의 여러 국가가 법인화를 추진하고 있던 정세도 어느 정도 영향을 미쳤다고 볼 수 있다. 특히 일부 언론들은 일본의 전면적 법인화에 주목하면서 한국 역시 하루빨리 법인화를 시행해야 한다고 주장했다.

31) 《서울신문》 2005. 5. 7. 원하는 대학부터 법인화시킨다는 방안이 노무현 정부 때 처음 나오지는 않았다. 김영삼 정부가 1995년 5월 발표한 교육개혁안에서도 "원하는 국립대학의 경우 특수법인화를 추진한다"고 하여 선별적 법인화 방침을 제시했다(〈세계화·정보화 시대를 주도하는 新교육체제 수립을 위한 교육개혁 방안〉, 80쪽). 그러나 법인화 추진 의지 자체가 미온적인 상태에서 법인화 추진전략이 심도 있게 논의되기는 어려웠다. 노무현 정부는 적극적으로 국립대 법인화 정책을 추진하는 시점에서 교수·학생 사회의 반발을 감안하여 '선별적·단계적 법인화' 방침을 제시했다.

32) 《한겨레신문》 2006. 1. 4.

33) 《국민일보j》 2005. 9. 29.

34) 《서울대학교 60년사》, 225쪽.

35) 《서울대학교 60년사》, 225쪽; 《서울신문》 2006. 7. 22.

36) 서울대학교, 〈서울대학교 장기발전 계획(2007~2025)〉, 2007, 218쪽.

37) 《경향신문》 2007. 4. 25.

38) 2007년 대선에서 한나라당 이명박 후보는 '국립대 단계적 법인화'를 공약으로 내걸었다(《한국일보2008. 1. 10). 당선된 후에는 2008년 1월 인수위가 발표한 '대학입시 자율화 로드맵'에서 국공립대는 법인화하고 10여 개의 지방대학을 거점 대학으로 육성한다는 방침을 밝혔다(《한겨레신문》 2011. 1. 19). 노무현 정부와 이명박 정부의 '단계적 법인화 정책' 은 표현은 같지만 다른 정책이었다. 노무현 정부는 국립대 법인화를 일괄적으로 규정하는 법안을 만들되 시행을 단계적으로 하고자 했지만, 이명박 정부는 적극적으로 개별 입법을 추진하는 서울대와 보조를 맞추어 전임 정부의 방

침을 뒤집고 개별 입법을 통한 국립대 법인화를 추진했다고 볼 수 있다.

39) 《경향신문》 2009. 8. 4.

40) 2008년 10월 서울대교수협의회가 개최한 국립대 법인화 관련 토론회에서 발표와 토론을 맡은 교수들은 한결같이 고등교육 재정 부담을 줄이기 위해 법인화를 추진하는 정부의 태도를 비판하면서, 서울대 법인화의 전제조건으로 정부의 충분한 재정 지원이 보장되어야 한다고 주장했다. 서울대교수협의회 대토론회, 2008, 〈고등교육에 대한 국가의 책임, 어디까지인가?—국립대 법인화의 문제점과 해결방안〉.

41) 《한국일보》 2009. 11. 24.

42) 김응권(교육과학기술부 대학선진화관 국장), 〈국립대 법인화 정책 방향〉, 《국립대 법인화, 최선입니까? 확실해요?(국회 토론회 자료집, 민주당 김유정 의원 주최)》, 2011, 11~31쪽.

43) 설립준비위원회 홈페이지(http://new.snu.ac.kr)에 실린 법인화 추진 경과를 보면, 1987년에 처음으로 〈서울대학교법〉 제정 필요성을 제기했다는 사실을 밝히면서도 1990년대 중반 〈서울대학교법〉 추진과 관련한 사실들은 전혀 드러내지 않았다. 당시의 법안은 법인화 방안을 담지 않았기 때문이라고 말할 수도 있겠지만, 그렇다면 1987년의 경우도 법인화를 규정하지 않았으므로 언급하면 안 된다. 본문에서 충분히 설명했지만, 1990년대 중반의 〈서울대학교법〉과 2000년대의 법인화는 결국 운영상의 자율성을 확보하려는 대학개혁의 일환으로서 같은 성격이었다. 〈서울대학교법〉 관련 사실이 쏙 빠진 '추진 경과'는 특혜와 관련한 사회적 논란을 재연하고 싶지 않은 서울대 측의 속내를 드러내주는 것만 같다.

7장 10년 주기로 본 한국 사회의 한일협정 인식 60년

* 이 글은 2015년 《역사비평》 111호에 실린 필자의 논문 〈언론을 통해 본 한일협정 인식 50년〉을 한일협정 60주년에 맞춰 수정 보완한 것이다.

1) 민주화운동기념사업회 연구소 엮음, 《한국민주화운동사 1》, 돌베개, 2008, 396~406쪽.

2) 이상봉, 〈냉전 후 한일관계의 특징과 과제—구조적 요인의 변화를 중심으로〉, 《한국민족문화》 17, 2001, 72쪽.

3) 조아라, 〈한일회담 과정에서의 미국의 역할—케네디 정권기 청구권 교섭을 중심으

로〉, 《일본비평》 10, 2014, 306쪽.

4) 《동아일보》 1975. 12. 19.

5) 《고대신문》 1975. 7. 1.

6) 《매일경제신문》 1975. 6. 21.

7) 《매일경제신문》 1975. 6. 23.

8) 《동아일보》 1975. 8. 9.

9) 《매일경제신문》 1975. 12. 19.

10) 《고대신문》 1975. 7. 1.

11) 《동아일보》 1975. 9. 12.

12) 《동아일보》 1975. 9. 16.

13) 《동아일보》 1975. 12. 17.

14) 오코노기 마사오, 〈신냉전에서의 한미일 체제—한일 경제협력 교섭과 삼국 전략협조의 형성〉, 《시장·국가·국가체제》, 아연출판부, 2002, 195~196쪽.

15) 오코노기 마사오, 앞의 논문, 2002, 207~208쪽.

16) 우승지, 〈냉전 시기 한국-일본 협력의 퍼즐: 불개입 가설 대 개입-연합정치 가설〉, 《한국정치학회보》 37-3, 2003, 142~143쪽.

17) 오코노기 마사오, 앞의 논문, 2002, 211~212쪽.

18) 《매일경제신문》 1985. 1. 1.

19) 《매일경제신문》 1985. 1. 1.

20) 《동아일보》 1985. 6. 21.

21) 《매일경제신문》 1985. 6. 22.

22) 《고대신문》 1985. 11. 4.

23) 《고대신문》 1985. 11. 4.

24) 《고대신문》 1985. 6. 3.

25) 박철희, 〈한일 갈등의 반응적 촉발과 원론적 대응의 구조〉, 《한국정치외교사논총》 29-2, 2008, 327~328쪽.

26) 《한겨레신문》 1995. 6. 22.

27) 박진우, 〈여론조사를 통해서 본 한일관계의 상호인식〉, 《일본사상》 27, 2014,

108~109쪽.

28) 이지원, 〈일본의 '우경화'–'수정주의적 역사 인식'과 아베식 '전후체제 탈각'의 한계〉, 《경제와 사회》 101, 2014, 61~62쪽.

29) 박진우, 앞의 논문, 2014, 109~110쪽.

30) 《동아일보》 1995. 2. 12.

31) 《동아일보》 1995. 2. 27.

32) 이원덕, 〈한일협정의 경과〉, 《한일협정을 다시 본다—30주년을 맞이하여》, 아세아문화사, 1995, 86쪽.

33) 《경향신문》 1995. 6. 4.

34) 《매일경제신문》 1995. 6. 22.

35) 《동아일보》 1995. 6. 22.

36) 《한겨레신문》 1995. 6. 23.

37) 《동아일보》 1995. 6. 26; 《한겨레신문》 1995. 6. 28.

38) 《동아일보》 1995. 8. 6.

39) 《매일경제신문》 1995. 10. 5.

40) 《동아일보》 1995. 10. 12.

41) 《동아일보》 1995. 10. 13.

42) 《한겨레신문》 1995. 10. 17.

43) 《동아일보》 1995. 11. 8.

44) 《동아일보》 1995. 11. 10.

45) 《동아일보》 1995. 11. 11.

46) 《동아일보》 1995. 11. 14.

47) 《경향신문》 1995. 11. 15.

48) 《매일경제신문》 1995. 10. 20.

49) 박철희, 앞의 논문, 2008, 333쪽.

50) 이상봉, 앞의 논문, 2001, 88쪽.

51) 《매일경제신문》 2005. 2. 26.

52) 이기완, 〈1945년 이후 일본의 대한 인식과 대한 정책: 지속의 동학〉, 《국제관계연구》

26, 2009, 127~128쪽.

53) 박철희, 앞의 논문, 2008, 339~340쪽.

54) 박철희, 앞의 논문, 2008, 335쪽.

55) 《동아일보》 2005. 1. 3.

56) 《매일경제신문》 2005. 1. 5.

57) 《경향신문》 2005. 2. 25.

58) 《동아일보》 2005. 3. 2.

59) 《경향신문》 2005. 3. 2.

60) 《경향신문》 2005. 3. 18.

61) 《경향신문》 2005. 3. 31.

62) 《동아일보》 2005. 6. 21.

63) 《동아일보》 2005. 8. 16.

64) 《동아일보》 2005. 12. 19.

65) 《동아일보》 2005. 6. 21.

66) 《동아일보》 2005. 12. 19.

67) 《한겨레신문》 2005. 10. 25.

68) 이지원, 앞의 논문, 2014, 71~72쪽.

69) 이지원, 앞의 논문, 2014, 74~76쪽.

70) 오제연, 〈1965년으로의 퇴행〉, 《역사비평》 143, 2023, 2쪽.

71) 이승렬, 〈강제병합 100년과 성장의 공공성〉, 《역사비평》 92, 2010, 223~226쪽.

8장 한국의 역사 갈등과 과거사 정리

: 묵은 갈등의 소환인가 새 정체성 형성의 진통인가

1) 〈한국 정치와 인민—첫 6개월〉, 《주한미군사》 2부 1장, 돌베개, 1988, 49쪽.

2) 이동원, 〈10월 항쟁과 조미朝美공동회담〉, 《해방의 공간, 점령의 시간》, 푸른역사, 2018, 61~65쪽.

3) 《조선일보》 1947. 3. 15.

4) 《독립신보》 1947. 3. 15.

5) NA II, RG 43 Records of the American Delegation, U.S.–U.S.S.R. Joint Commission on Korea, Microfilm Roll 4 〈Minutes of Meetings Between Members of the Joint Commission and Individual Koreans, 1946~47〉, 존 웨컬링, "김성수와 장덕수의 공위 방문"(1947. 5. 6).

6) 오기영, 〈민족 위기의 배경: 냉정 전쟁에 희생되는 조선 독립〉, 《신천지》 3–4, 1948. 4. 30.

7) 《조선중앙일보》 1948. 4. 29.

8) 전두환은 5월 22일 언론기관장들과 간담회 석상에서 광주민주화운동을 소수의 불순분자와 난동 폭도의 '폭동사태'로 규정했다. 전남사회문제연구소 편, 《5·18광주민중항쟁자료집》, 1988, 148쪽; 계엄사 발표문 "광주사태", 사계절 편집부 편, 《80년 전후 격동의 한국 사회 2》, 사계절, 1984, 941~942쪽.

9) 정근식, 〈사회운동과 5월 의례, 그리고 5월 축제〉, 《축제, 민주주의, 지역 활성화》, 새길, 1999.

10) 졸고, 〈광주민주화운동의 역사적 정착과정〉, 《1980년대 한국 사회 연구》, 백산서당, 2005, 179~183쪽. '광주사태'가 광주민주화운동으로 정착되는 과정에 관한 서술은 이 글에 주로 의거했다.

11) 양조훈, 《4·3 그 진실을 찾아서》, 선인, 2015, 5쪽.

12) 4·3 명칭 관련 논의는 박찬식, 〈4·3 연구의 쟁점〉, 제주대학교 평화연구소 편, 《제주 4·3 연구의 새로운 모색》, 제주대학교출판부, 2013. 참고.

13) John R. Merrill, "The Chejudo Rebellion," *Journal of Korean Studies*, Vol. 2, 1980; 박명림, 〈제주도 4·3 민중항쟁에 관한 연구〉, 고려대 석사학위 논문, 1988; 양한권, 〈제주도 4·3폭동에 관한 배경 연구〉, 고려대 석사학위 논문, 1988; 고창훈, 〈4·3 민중항쟁의 전개와 성격〉, 《해방 전후사의 인식 4》, 한길사, 1989.

14) 《제민일보》 4·3취재반, 《4·3은 말한다 1~5》, 전예원, 1994~1998.

15) 양조훈, 앞의 책, 2부 〈가열된 4·3특별법 쟁취운동〉 참고.

16) 양조훈, 〈제주4·3 학살에 대한 미국의 역할과 책임〉, 《내일을 여는 역사》 77, 2019.

17) 국제 사회에서 일본군'위안부'를 가리키는 일반적인 명칭은 '일본군 성노예(Japanese

Military Sexual Slavery'다. '성노예'라는 호칭이 일반화된 것은 1990년대 후반 유엔에서 쿠마라스와미 보고서와 맥두걸 보고서를 발간하고, 2000년 열린 도쿄에서 '여성전범국제법정'이 개최된 이후로 볼 수 있다. '성노예' 표현이 일반화되기 전 한국 사회에서는 '종군위안부', '정신대', '위안부', '일본군 위안부' 등으로 피해자를 호칭했다. 전쟁 시기 '위안부'의 생활실태 및 존재 양상을 고려하면 '성노예'라는 명칭이 적절하겠지만, 당대의 호칭이 '위안부'였다는 점, 그리고 한국 학계 및 시민사회가 일반적으로 '위안부', '일본군 군대 위안부' 등의 명칭을 더 빈번하게 사용해왔다는 점을 고려하여 이 글에서는 '위안부'라는 표현을 그대로 사용했다. 이후 인용표시(' ')는 편의상 생략한다.

18) 〈수요시위〉, 《한국민족문화대백과사전》(https://100.daum.net/encyclopedia/view/14XXE0079680).

19) 졸고, 〈기억투쟁: 새 천년 전환기의 한국 현대사 연구〉, 《청계사학》 16·17 합권호, 2002, 982~983쪽.

20) 앞의 논문, 983쪽; 《오마이뉴스》 2017. 12. 22(http://www. ohmynews.com/NWS_Web/View/at_pg.aspx?CNTN_CD=A0002387691&CMPT_CD=SEARCH).

21) 앞의 논문, 983~984쪽.

22) 《조선일보》와 《중앙일보》의 연재는 1995년, 《문화일보》의 연재는 1995~1996년에 있었다.

23) 이한우, 〈머리말〉, 《거대한 생애 이승만 90년 상》, 조선일보사, 1995. 이 책은 신문에 연재되었던 내용을 그대로 전재하고, 여기에 몇 편의 글을 추가하여 엮었다.

24) 《조선일보》는 연재와 동시에 서울 및 전국 각지에서 '이승만과 나라 세우기' 특별전시회를 개최했다. 그 전시회는 사진과 영상매체를 이용하여 그의 생애를 재구성하였는데, 전시물의 대부분은 해방 이전의 활동과 관계된 것이었고, 해방 이후와 관련된 전시물은 극히 일부에 불과했다. 전시회의 주제를 그렇게 한정한 것은 '과오가 많던 집권 하반기'에 비해 상대적으로 선구적 활동을 했다고 생각되는 성장기와 독립운동기의 '공적'에 초점을 맞추었기 때문일 것이다.

25) 고정휴, 〈독립운동기 이승만의 외교 노선과 제국주의〉, 《역사비평》, 1995년 겨울호; 고정휴, 〈미주지역 독립운동에 관한 연구의 회고와 전망〉, 《韓國史論》 26, 1996; 정

재권, 〈이승만! 이제 진실을 말하자〉, 《한겨레 21》 53호, 한겨레신문사, 1995. 4. 6; 주진오, 〈청년기 이승만의 언론·정치 활동 해외 활동〉, 《역사비평》, 1996년 여름호; 강정구, 〈이승만에 대한 민족사적 평가〉, 《분단과 전쟁의 한국 현대사》, 1996; 정해구, 〈분단과 이승만: 1945~1948〉, 《역사비평》 1996년 봄호.

26) 이한우, 앞의 책, 1995, 297~298쪽.

27) 《조선일보》의 현대사 재해석 논리를 전형적으로 보여주는 글은 조갑제, 〈박정희와 김영삼의 화해〉, 《월간조선》, 조선일보사, 1993년 11월호이다.

28) 윤영오, 《역사 바로 세우기》, 미래미디어, 1996, 122~123쪽.

29) 《한겨레 21》 32호, 한겨레신문사, 1994. 11. 3, 50쪽.

30) 대부분 신문들이 5·6공 청산에 대한 문민정부의 입장을 수긍한 데 비해 《조선일보》는 〈5·18특별법〉 제정 전후부터 계속하여 김영삼 정부의 '일관성 없는', '여론몰이식', '초법적인', '역사 바로 세우기'를 우회적으로 비판했다. 이에 대한 분석으로는 김준태, 〈당신들은 아직도 광주사태인가〉, 《월간 말》, 1996년 5월호.

31) 위원회 활동의 경과와 의미, 한계에 대해서 이준식, 〈뒤늦은 국가 차원의 친일 청산: 친일반민족행위진상규명위원회의 활동을 중심으로〉, 《법과사회》 49, 2015 참고.

32) 졸고, 〈시민과 국사: '고수'와 '해체' 사이〉, 《시민과 세계》 5, 2004, 110~111쪽.

33) 한상권, 〈'뉴라이트' 교학사 《한국사》와 2013년 '역사전쟁'〉, 친일·독재 미화 뉴라이트 한국사 교과서 검정 무효화 국민네트워크 편, 《2013 '뉴라이트' 교학사 《한국사》 검정 통과 무효화 및 채택저지 활동백서》 1권(서울, 2015), 6~10쪽. 이하 '뉴라이트' 교과서 관련 서술은 이 백서 참고.

34) 한상권, 〈박근혜 정부의 역사 교과서 국정화 추진과 국정농단〉, 한국사 교과서 국정화 저지네트워크 편, 《한국사 교과서 국정화 저지 활동 백서 1》, 2018, 21~24쪽. 이하 한국사 교과서 국정화 관련 서술은 이 백서 참고.

35) 안병욱, 〈한국의 민주화와 과거사 청산〉, 유엔 진실, 정의, 배상, 재발 방지 특별보고관 초청 국제 심포지엄, 《국제 인권 기준에서 본 한국의 과거사 청산》, 제주4·3희생자유족회, 제주4·3기념사업위원회, 2019, 13~14쪽.

36) 앞의 글, 14~15쪽.

37) 한일회담 과정에서 양국의 과거사 처리에 대해서는 이원덕, 《한일 과거사 처리의 원

점: 일본의 전후처리 외교와 한일회담》, 서울대학교출판부, 1996 참고.

38) 일본 교과서 역사 왜곡의 전개 과정과 한국의 대응에 대해서는 손승철, 〈일본 역사 교과서 왜곡의 사적 전개와 대응〉, 《한일관계사연구》 40, 2011 참고.

39) 대법원 판결의 배경과 경과, 그 의미에 대해서는 김창록, 〈대법원 강제동원 판결의 위상〉, 《황해문화》 105, 2019년 12월호 참고.

40) 《한겨레》 2013. 6. 17.

41) 《한겨레》 2016. 1. 7.

42) *The New York Times*, 2015. 12. 30; *The Washington Post*, 2015. 12. 29; *The Wall Street Journal*, 2015. 12. 30.

43) 그중 몇 개를 들면 다음과 같다. 《오마이뉴스》 2015. 12. 29; 《미디어오늘》 2016. 1. 4; 《연합뉴스》 2016. 1. 6; 《한겨레》 2016. 1. 10.

44) 2010년대 중반경부터 일본과 미국 언론의 위안부 보도 태도에 관한 분석은 정용욱, 《언론의 역사분쟁 보도와 동아시아 평화—최근 일본과 미국 언론의 '위안부' 보도 사례를 중심으로》, 경제인문사회연구회, 2016 참고.

45) John W. Dower, "The San Francisco System: Past, Present, Future in U.S.-Japan-China Relations" *The Asia-Pacific Journal*, 12-2(2), 2014. 2. 24(https://apjjf.org/2014/12/8/John-W.-Dower/4079/article.html). 존 다우어는 샌프란시스코 체제가 남긴 부정적 유산으로 8가지를 꼽았다. 영토 분쟁, 역사문제 외에 오키나와와 '2개의 일본', 일본 내 미군기지, 일본의 재무장, 일본에 대한 미국의 '핵우산', 중국 봉쇄와 일본의 아시아로부터의 이탈, 일본의 '예속적 독립'이 그것이다. 그는 이들 부정적 유산이 현재 동아시아의 진정한 화해와 평화를 가로막고 있다고 주장한다.

46) '이행기 정의' 개념은 용례도 다양하고, 개념적 확장이 계속 이루어지는 동태적 개념이다. 한국 학계의 용례에 대해서는 이영재, 〈이행기 정의의 본질과 형태에 관한 연구: 공감적 정의 원리를 중심으로〉, 《민주주의와 인권》 12-1, 2012, 141~143쪽 참고.

47) 김동춘, 〈한국 과거청산의 기본 방향〉, 《과거청산 포럼자료집》, 2004, 39쪽.

48) '역사정치Geschichtspolitik'에 대해서는 "외면적으로는 역사 이해와 역사상歷史像의 기초에 대한 성찰을 의미하지만 다른 한편으로 정치적 정체성에 대한 논의를 수반

하고, 내면적으로는 과거의 의미를 해설하고 그 의미화를 둘러싼 투쟁을 전개하는 것"이라는 피터 슈타인바흐Peter Steinbach의 해설을 참고했다. 그는 "역사정치는 과거의 이미지를 향한 것일 뿐만 아니라, 그것이 미래에 어떤 영향을 줄 것인가와 관련되어 있으며, 하나의 개념을 둘러싼 싸움 이상의 것으로 역사적으로 정당화되는 정치적이고 현재적인 의미화와 연관된다"고 본다. Peter Steinbach, "Politik mit Geschichte – Geschichtspolitik?"(역사와 함께 하는 정치—역사정치?), Bundeszentrale für politische Bildung/bpb, 독일연방 시민교육청 웹사이트(https://www.bpb.de/geschichte/zeitgeschichte/ geschichte-und-erinnerung/39789/geschichte-und-politik).

49) 통계청의 2019년 총조사 인구통계 중 내국인 5,000여만 명 가운데 1945년 이후 출생한 내국인은 약 411만 명으로, 그 비율은 약 8.21퍼센트다(https://kosis.kr/statisticsList/statisticsListIndex.do? menuId=M_01_01&vwcd=MT_ZTITLE&parmTabId=M_01_01&entrType=btn&outLink=Y&entrType=btn#content-group).

찾아보기

[ㄱ]

[ㅇ]

[ㅌ]

[ㅍ]

[ㅎ]

오늘의 한국현대사 2

분단과 냉전

2026년 1월 12일 1판 1쇄 인쇄
2026년 1월 19일 1판 1쇄 발행

지은이 정용욱 외 16인
펴낸이 박혜숙
디자인 이보용 김진
펴낸곳 도서출판 푸른역사
우) 03044 서울시 종로구 자하문로8길 13
전화: 02)720-8921(편집부) 02)720-8920(영업부)
팩스: 02)720-9887
전자우편: 2013history@naver.com
등록: 1997년 2월 14일 제13-483호

ISBN 979-11-5612-313-2 94900
979-11-5612-311-8 94900 (세트)